O CONCEITO FUNCIONAL DE NORMA NA JURISPRUDÊNCIA DO TRIBUNAL CONSTITUCIONAL

A FRONTEIRA ENTRE O CONTROLO DE NORMA E O CONTROLO DE DECISÃO

O CONCEITO FUNCIONAL DE NORMA NA JURISPRUDÊNCIA DO TRIBUNAL CONSTITUCIONAL

A FRONTEIRA ENTRE O CONTROLO DE NORMA E O CONTROLO DE DECISÃO

2023

Afonso Brás

ALMEDINA

O CONCEITO FUNCIONAL DE NORMA
NA JURISPRUDÊNCIA DO TRIBUNAL
CONSTITUCIONAL
A FRONTEIRA ENTRE O CONTROLO DE NORMA
E O CONTROLO DE DECISÃO
AUTOR
Afonso Brás

EDITOR
EDIÇÕES ALMEDINA, S.A.
Avenida Emídio Navarro, 81, 3D
3000-151 Coimbra
Tel.: 239 851 904 · Fax: 239 851 901
www.almedina.net · editora@almedina.net

DESIGN DE CAPA
EDIÇÕES ALMEDINA, S.A.

PRÉ-IMPRESSÃO
Patrícia Boleto

IMPRESSÃO E ACABAMENTO
AAAAAAAAA

Julho, 2023

ISBN
978-989-40-1346-4

DEPÓSITO LEGAL
000000/23

ALMEDINA | GRUPOALMEDINA

AGRADECIMENTOS

O texto que agora se publica corresponde, com ligeiríssimas alterações, à dissertação de mestrado em Direito e Ciência Jurídica, na especialidade de Direito Constitucional, entregue no dia 4 de abril de 2021 e defendida em provas públicas no dia 28 de fevereiro de 2022, na Faculdade de Direito da Universidade de Lisboa, perante um júri composto pela Professora Doutora Maria João Estorninho (Presidente), pelo Professor Doutor Carlos Blanco de Morais (orientador), pela Professora Doutora Isabel Alexandre (vogal) e pelo Professor Doutor Miguel Nogueira de Brito (arguente).

Começo por expressar o meu profundo agradecimento ao meu orientador, Professor Doutor Carlos Blanco de Morais. Não só por, num primeiro momento, ter aceitado ser meu orientador, mas também por, ao longo desse percurso, nunca deixar de revelar preocupação pelo estado de elaboração da dissertação, o que se manifestou quer em perguntas sobre "a tese", quer em comentários sobre o seu conteúdo que, se por vezes podem ter sido mais *ácidos*, nunca deixaram de ser essenciais. Tendo a honra de ter sido aluno do Professor durante a minha licenciatura e o meu mestrado, e de, presentemente, fazer parte da equipa docente de disciplinas lecionadas pelo Professor na Faculdade de Direito da Universidade de Lisboa, agradeço, ainda, pela amizade que hoje nos liga, que é manifestamente mais importante que uma dissertação de mestrado.

Devo ainda um agradecimento especial à Professora Doutora Maria João Estorninho, por me dado a honra de, enquanto Presidente do Grupo de Ciências Jurídico-Políticas da Faculdade de Direito da Universidade de Lisboa, ter presidido ao meu júri, agradecimento esse que é extensível à Professora Doutora Isabel Alexandre, na qualidade de representante do Grupo de Ciências Jurídicas da mesma Faculdade. Por fim, manifesto, também, o meu sincero agradecimento ao Professor Doutor Miguel Nogueira de Brito, não só pela sua arguição estimulante, mas, também, por todas as críticas que fez durante essa mesma arguição, demonstrativas de um interesse e de um cuidado na análise da minha dissertação, que muito me honraram e contribuíram para o meu aperfeiçoamento na compreensão de diversas ideias aí expressas.

Se é verdade que elaborar uma dissertação (de mestrado ou de doutoramento) é, por natureza, um trabalho solitário, também não deixa de ser certo que está ao nosso alcance afastar essa pretensa solidão. No meu caso, estaria a mentir se não dissesse que ao longo deste percurso estive sempre bem acompanhado. Na Faculdade, pelos *de sempre*: pelo Tiago, amigo de todas as horas, que nunca deixou de se preocupar, de ajudar e por quem a minha amizade e admiração não cabem nestas linhas; pela Heloísa, por todas as vezes em que me dizia que devia estar a escrever a tese, pela paciência de ouvir as minhas queixas e lamentações, e por tudo o resto, que é o que fica: a amizade que nos une; pelo Gonçalo, meu amigo e companheiro de gabinete, que me confortava sabendo e não sabendo – nomeadamente, quando eu sabia que não estaria sozinho quando chegasse ao gabinete para mais um dia de escrita; e por todos os outros que me ouviram, que me acompanharam e que me aconselharam: o Professor Jorge Reis Novais, o David Duarte, o Pedro Moniz Lopes, o Francisco Paes Marques, o José Duarte Coimbra, a Mariana Melo Egídio, o Jorge Pação, a Benedita Menezes Queiroz, o Jorge Silva Sampaio, o Tiago Barboza, o Pedro Santos Azevedo, a Sara Azevedo, o António Rodrigues. Com alguns conversei e discuti ideias, outros ajudaram-me nas tarefas finais que antecederam a entrega da dissertação, outros acompanharam-me na defesa (presencialmente e à distância). O essencial, contudo, é que todos contribuíram para o resultado que se encontra nestas páginas.

Fora da Faculdade, não posso deixar de referir os meus *amigos de Direito* – o João, a Mercedes, o Francisco, a Catarina, a Rita, a Maria Araújo, o Faustino –, que nunca se esqueceram deste meu empreendimento, e que, à sua maneira, nunca deixaram de me animar e de me motivar; bem como o meu *núcleo duro*, que me acompanha há mais de 15 anos e que esteve (e está) sempre lá, mesmo não sendo de Direito e não percebendo nada "disso": a Maria, a Lorena, o Henrique, a Joana e a Manuela. Sair do "modo tese" e estar com eles, muito me ajudou a não me deixar consumir por uma angústia e dúvida que, muitas das vezes, insistiam em não me largar.

Deixo para o fim a minha Família, nas pessoas dos meus Pais e da minha irmã, por dois motivos: em primeiro lugar, porque nada disto teria sido possível sem o apoio permanente e incondicional dos meus Pais, a quem tanto devo, bem como pelo apoio, à sua maneira, da minha irmã; em segundo lugar, porque durante o período em que escrevia esta dissertação, abateu-se uma nuvem negra sobre a minha Família, traduzida em dois episódios graves e angustiantes. Se, à primeira vista, parece não fazer muito sentido que o esteja a referir, a verdade é que a lição de superação que deles adveio, fez-me perceber que, com esforço e coragem, tudo passa. Até acabar de escrever uma tese, que, comparativamente a esses episódios, tinha uma importância quase nula. E assim foi.

Da Família, lembro-me, ainda, da minha querida Avó, que infelizmente já não está cá e não pode ver "o lente" e a sua empreitada.

A nota final serve para informar que não dedico esta tese a ninguém por uma simples razão: há coisas muito melhores para se dedicar a alguém do que uma dissertação de mestrado em Direito.

Lisboa, maio de 2023.

SUMÁRIO EXECUTIVO

A presente dissertação tem como objeto o conceito *funcional* de norma tal como desenvolvido pela jurisprudência do Tribunal Constitucional. O sistema português de fiscalização da constitucionalidade assenta na ideia de que a jurisdição constitucional deve controlar apenas *normas*, ficando de fora desse controlo atos não normativos, em especial as *decisões judiciais*. Assim, qualquer erro judicial que possa afetar estas últimas deve, por isso mesmo, ser corrigido através do regime de recursos próprio da ordem jurisdicional a que a decisão pertence.

Todavia, e talvez ciente de que isso pudesse constituir uma limitação no acesso dos particulares à jurisdição constitucional, o Tribunal Constitucional desenvolveu um conceito de norma *funcionalmente* adequado ao sistema de fiscalização da constitucionalidade. Este conceito, por sua vez, permite que "norma" seja identificada não apenas com os comandos normativos que advenham de uma autoridade normativa competente reconhecida pelo sistema, mas, também, com o sentido normativo que o juiz *a quo* tenha extraído de um determinado enunciado normativo através de uma operação interpretativa e aplicado na decisão recorrida; com uma norma que, apesar de não expressamente aplicada na decisão recorrida, está nela pressuposta; e, eventualmente, com o resultado adveniente do preenchimento, pelo juiz *a quo*, de um conceito indeterminado ou do recurso a uma cláusula geral.

Como se nota, todas estas situações têm em comum a circunstância de ocorrerem no contexto da decisão judicial recorrida. Surge então a questão de saber se o seu respetivo conhecimento, pelo Tribunal, implica um controlo dessa mesma decisão. A resposta a esta questão é fundamental, pois só a partir dela se poderá saber se o Tribunal Constitucional respeita a fronteira que tem de existir no sistema português de fiscalização da constitucionalidade: nomeadamente, a fronteira entre controlo legítimo de norma e controlo ilegítimo de decisão judicial.

Palavras-chave: Tribunal Constitucional; conceito *funcional* de norma; fiscalização da constitucionalidade; controlo constitucional de norma; controlo constitucional de decisão.

ABSTRACT

The present dissertation is about the *functional* concept of norm as developed by the jurisprudence of the Constitutional Court. The Portuguese system of constitutionality review is based on the idea that the constitutional jurisdiction should only control norms, leaving out of this control non normative acts, especially *judicial decisions*. Thus, any judicial error that may affect the latter must, for this very reason, be corrected through the appeals regime proper to the jurisdictional order to which the decision belongs.

However, and perhaps aware that this could constitute a limitation on the access of individuals to constitutional jurisdiction, the Constitutional Court has developed a concept of norm *functionally* adequate to the constitutionality review system. This concept, in turn, allows the "norm" to be identified not only with the normative commands that come from a competent normative authority recognized by the system, but also with the normative meaning that the judge of appeal has extracted from a particular normative statement through an interpretative operation and applied in the appealed decision; with a norm that, although not expressly applied in the appealed decision, is presupposed therein; and possibly with the result that arises from the judge of appeal's filling in of an indeterminate concept or the use of a general clause.

As can be seen, all these situations have in common the circumstance that they occur in the context of the appealed judicial decision. The question then arises as to whether their respective acknowledgement by the Court implies a control of that same decision. The answer to this question is fundamental, because only based on it will it be possible to know whether the Constitutional Court respects the boundary that must exist in the Portuguese system of constitutionality review: namely, the boundary between legitimate control of a norm and illegitimate control of a judicial decision.

Keywords: Constitutional Court; *functional* concept of norm; review of constitutionality; constitutional control of norm; constitutional control of decision.

ABREVIATURAS E CITAÇÕES

Abreviaturas

CRP – Constituição da República Portuguesa
CC – Comissão Constitucional
CPA – Código do Procedimento Administrativo
TC – Tribunal Constitucional

Citações

A primeira citação de cada obra é ordenada por autor e, por sua vez, pelo título da obra, edição, local de publicação, editora e ano, salvo quando qualquer um destes elementos seja omisso.

Após a primeira citação, cada obra é referida abreviadamente ao longo do texto: mencionando o autor e a(s) primeira(s) palavra(s) do título da obra, no caso de se tratar de uma monografia; ou mencionando o autor e o local onde se encontra publicado, no caso de se tratar de um artigo.

ÍNDICE

§ INTRODUÇÃO, METODOLOGIA E DELIMITAÇÃO DO TEMA

Pode-se hoje afirmar, com meridiana certeza, que o conceito *funcional* de norma é parte integrante do sistema português de fiscalização da constitucionalidade. Se se vislumbrar os principais enunciados constitucionais relativos a esta fiscalização, rapidamente se chegará à conclusão de que ela incide sobre *normas*. Desde cedo, porém, que o Tribunal Constitucional, a partir de uma leitura da Constituição, se deparou com uma questão: sendo o controlo normativo, sobre que normas é que deverá incidir? Além disso, a partir do momento em que a nossa justiça constitucional não compreende o controlo de atos não normativos, nomeadamente das decisões judiciais, como assegurar o respeito entre aquilo que se pode admissivelmente controlar e o que não pode ser objeto de fiscalização, por (já) não consubstanciar um controlo normativo? É precisamente sobre esta circunstância que incide o presente trabalho.

Tendo isto em conta, o ponto de partida a adotar para uma abordagem que se pretende científica, só pode passar pela descrição e análise do comportamento do Tribunal na construção e aplicação deste conceito *funcional* de norma. Assim, todas as premissas e conclusões que se formularão no contexto da presente investigação, terão sempre por base a jurisprudência constitucional. De facto, se esta, enquanto ferramenta da ciência jurídica, assume uma importância inegável, torna-se ainda mais relevante para uma dissertação cujo objeto incide sobre um conceito que adveio exclusivamente de um labor jurisprudencial.

Em face do exposto, e por se entender metodologicamente correto, o presente trabalho será marcado por um permanente *diálogo* com a jurisprudência do Tribunal Constitucional. Se esta circunstância é uma necessária decorrência do que foi referido anteriormente, ressalve-se, também, que apenas serão criticamente analisados aqueles arestos que, em nosso entender, assumem uma importância fundamental para o objeto da nossa investigação. Esta análise, por sua vez, podia assumir duas formas: (*i*) ou uma análise *geral*, por *grupos* de casos; (*ii*) ou uma análise *casuística*, caso a caso. Em termos metodológicos, optamos pela segunda. Com efeito, e tal como se terá oportunidade de verificar, a jurisprudência relativa ao conceito *funcional* de norma é inabarcável. Daí que este tema, bem como as suas necessárias implicações, reclame que se atente, em especial, nos *leading cases* – quer porque estes são (e serão) fundamentais para a compreensão do entendimento da jurisdição constitucional, quer porque, intrincado neste aspeto, serão posteriormente utilizados pelo Tribunal em numerosos acórdãos posteriores. Optou-se, assim, em cada capítulo e/ou secção, por referir o(s) acórdão(s) mais relevante(s) e decompô-lo(s) de forma tripartida: (*i*) sumariamente indicado o que estava em causa; (*ii*) explicitando, seguidamente, a argumentação que foi desenvolvida pelo Tribunal; (*iii*) e, por fim, efetivando uma apreciação crítica, sempre que se justifique.

O que acaba de ser referido é também importante por três outras razões. Em primeiro lugar, porque explica o facto de este trabalho ter uma dimensão essencialmente explicativa. Na verdade, verificar-se-á que a construção do conceito *funcional* de norma e consequente exclusão, pela jurisdição constitucional, daquilo que por esta não pode ser controlado, é marcada por um caminho *errático*, que dificulta a compreensão dos requisitos que cumulativamente devem estar preenchidos para que um comando normativo possa ser objeto de controlo constitucional. Este aspeto, por sua vez, também potencia uma grande fluidez de entendimentos – *jurisprudenciais* e *doutrinários* – quanto à delimitação da fronteira de controlo do Tribunal, em especial quando existem dúvidas sobre se aquilo que se está a controlar é (ainda) uma norma ou (já) uma decisão judicial. Daí que tenhamos a preocupação de, por um lado, clarificar os requisitos que, na nossa perspetiva, e na decorrência da jurisprudência do Tribunal, são imprescindíveis para que se possa falar de norma num sentido *funcionalmente* adequado; e, por outro lado, de analisar criticamente as situações em que a linha que separa o controlo admissível daquele que não pode operar é mais *ténue* – nomeadamente, em sede de *interpretações normativas*, de concretização de *conceitos indeterminados* e/ou de *cláusulas gerais* e, finalmente, de controlo de normas ditas *implícitas* na decisão judicial recorrida. Trata-se, assim, de uma investigação que, não pretendendo *criar* direito, afasta, necessariamente, uma abordagem de *jure constituendo*.

Em segundo lugar, o que se referiu também justifica que, tendo em conta o objeto da dissertação, tenhamos de fazer uma limitação na nossa análise.

Assim, é desde logo necessário clarificar que ela girará em torno da relação que, para esse efeito, é estabelecida entre a jurisdição comum e a jurisdição constitucional, já que, como se verá, o conceito *funcional* de norma e as questões problemáticas que lhe estão associadas colocam-se precisamente aí: se em sede de jurisdição comum o (futuro) recorrente entende que uma determinada norma colide com a Constituição e o juiz *a quo* tem entendimento contrário, então o (agora) recorrente, pressupondo que os requisitos necessários estão preenchidos, pode suscitar essa questão de constitucionalidade junto do TC. Fazendo-o, o Tribunal terá inevitavelmente de determinar se o comando pretensamente normativo que é impugnado pode ser entendido num sentido funcionalmente adequado para efeitos de eventual fiscalização da constitucionalidade. É isso que explica que, de uma parte, a maioria das decisões do Tribunal que será analisada na presente investigação tenha sido produzida em contexto de recurso de decisões negativas de inconstitucionalidade, e, de outra parte, que a problemática associada a uma pretensa criação de normas pela própria jurisdição constitucional não seja aqui suscitada, por extravasar o tema tal como o delimitamos[1].

Em terceiro e último lugar, atentando nas características do nosso sistema de fiscalização da constitucionalidade, verificar-se-á que a jurisprudência analisada, advindo da jurisdição constitucional, é transversal a vários outros temas. Queremos com isto dizer que apesar de esta ser uma tese de Direito (e Justiça) Constitucional, o seu objeto conexiona-se com questões inseridas noutros ramos do Direito, desde o Direito Administrativo ao Direito Penal, e passando inclusivamente pelo Direito Civil. Precisamente por isso, e porque todas essas questões suscitam inúmeros problemas, que, por si só, poderiam ser objeto autónomo de uma outra dissertação, optamos por salientar apenas aqueles que se mostram relevantes para o presente trabalho, sem prejuízo de se indicar referências bibliográficas pertinentes para os que se opta por não abordar. Mesmo assim, e estritamente ligado ao que acaba de se afirmar, note-se que a alusão que se faz às questões que merecem ser mencionadas não é no sentido da sua análise *global* ou *total* – que, como referido, extravasa o âmbito da nossa investigação –, mas, sim, no contexto do problema que estiver a ser analisado e discutido, problema esse que necessariamente girará em

[1] Sobre este aspeto, e sem prejuízo de outros Autores poderem ser referenciados, remetemos para C. Blanco de Morais, *Curso de Direito Constitucional, Tomo II – Teoria da Constituição*, Coimbra: Edições Almedina, 2018, pp. 607 e ss.

torno de saber se uma "norma" poderá, ou não, ser objeto idóneo de controlo de constitucionalidade.

Todas as asserções e entendimentos que serão avançados, formulados no contexto de uma dissertação que tem como pano de fundo o sistema português de fiscalização da constitucionalidade, reportar-se-ão quer à jurisprudência do Tribunal, quer ao Direito Constitucional vigente. Mas por referência àquilo que se afirmou logo no início desta Introdução, é metodologicamente aconselhável que se comece este trabalho por uma dimensão mais teórica.

Assim, o texto que se segue começa por explicar, na Parte I, o caminho histórico que desembocou no *singular* sistema português de fiscalização da constitucionalidade. Trata-se de um caminho que necessariamente teve influências europeias e norte-americanas, que, por sua vez, coincidem com os dois grandes modelos de fiscalização da Constituição – *difuso* e *concentrado*, respetivamente. Referir-se-á, sumariamente, as principais características associadas a esses mesmos modelos, para, num momento posterior, focarmos a nossa análise nas diversas Constituições portuguesas. Perceber-se-á que todas elas acompanharam os avanços (e recuos) históricos operados no continente europeu, embora se conclua pela singularidade da situação portuguesa, na medida em que só bastante tarde é que Portugal vai compreender o verdadeiro significado de um controlo jurisdicional da constitucionalidade. Na análise constitucional que faremos, especial relevância assumirá o período que medeia entre o 25 de Abril de 1974 e a entrada em vigor da Constituição da República Portuguesa de 1976, pois o debate que aí foi travado, não sendo *novo*, no sentido de ser uma consequência de realidades históricas anteriores, vai explicar o atual modelo híbrido de controlo constitucional, que comunga características quer do modelo *difuso*, quer do modelo *concentrado*.

A Parte II, por seu turno, assume-se como o *núcleo* da presente dissertação. Inicialmente, teremos oportunidade de ver se a Constituição adota, ou não, um conceito *material* de norma, no sentido de apenas relevarem aquelas que comunguem das propriedades da *generalidade* e da *abstração*. Depois de se verificar que tal não sucede, e porque o controlo de constitucionalidade que é operado pelo Tribunal é estritamente normativo, necessário se torna saber, então, quais as normas que poderão ser objeto de fiscalização da constitucionalidade. E é exatamente aqui que entra a importante e fundamental análise jurisprudencial.

Percorrendo vários arestos do Tribunal, que remontam ainda ao tempo da Comissão Constitucional, teremos oportunidade de verificar que, num primeiro momento, objeto de controlo será uma norma *formalmente* entendida:

adotar-se-á, assim, aquilo que se designa por conceito *formal* de norma. Sem prejuízo de uma necessária apreciação crítica que terá de ser feita, a análise continuará incidindo agora sobre *leading cases* que contribuíram para que, no final, e ainda hoje, se pudesse falar numa norma no seu sentido *funcionalmente* adequado. Veremos, então, (*i*) quais os requisitos cumulativos que têm de estar presentes para que esse conceito possa ser acionado; (*ii*) de que forma é que a questão de constitucionalidade deve ser suscitada junto do Tribunal, (*iii*) e quais os atos não normativos que necessariamente estão excluídos do sistema português de fiscalização da constitucionalidade.

Um desses atos é, precisamente a *decisão judicial*. Assente que está o conceito *funcional* de norma, veremos, seguidamente, como ele também será alargado àquilo que o Tribunal designa por *interpretações normativas*. De facto, estando as normas contidas em enunciados normativos, e reclamando estes uma interpretação para que aquelas possam ser reveladas, desde cedo que o TC assumirá, de forma pacífica, que objeto de controlo também podem ser as normas extraídas interpretativamente pelo juiz *a quo* de enunciados normativos e aplicadas com esse sentido na decisão judicial. Porém, se este entendimento, como se disse, pode parecer pacífico, desde cedo que se suscitou uma questão crucial: se aquilo que se pretende controlar é uma norma tal como ela foi extraída e aplicada pelo juiz, será que isso não pode perigar a necessária fronteira que tem de haver entre controlo admissível de norma e controlo inadmissível de decisão judicial?

Para o demonstrar, começaremos por analisar as situações mais recorrentes em que tal pode suceder: nomeadamente, quando aquilo que se pretende questionar não é a norma extraída e aplicada, mas, antes, a *norma de decisão*, que coincide com o *ato de julgamento*. Se estes casos parecem facilmente detetáveis, nem por isso a abordagem do Tribunal é coerente, o que, por sua vez, pode potenciar um aproveitamento, por parte do recorrente, dessa instabilidade, para efeitos de acesso à jurisdição constitucional.

Os problemas adensam-se, contudo, quando em domínios sujeitos ao *princípio da legalidade*, a norma, aqui entendida enquanto resultado da interpretação, é atingida através de operações interpretativas que estão vedadas ao juiz – *v.g.*, analogia e/ou interpretação extensiva. Veremos que esta problemática se insere em matérias penais e fiscais e que a resposta do Tribunal, sem prejuízo de se encontrar mais estabilizada, é marcada por um *ziguezaguear* de entendimentos, vertidos quer em arestos, quer em declarações de voto a estes apostas. Esta *fluidez errática*, por sua vez, ora pende para o lado dos que entendem que controlar a norma assim extraída é necessariamente controlar o processo interpretativo que pelo juiz foi seguido, traduzindo-se, a final, num controlo inadmissível da decisão; ora pende para o entendimento de que o controlo, mesmo assim, é exclusivamente normativo, não suscitando qualquer problema.

Depois de formularmos o nosso entendimento quanto a essa questão, passar-se-á para a análise de outras duas situações que podem suscitar dúvidas sobre se aquilo que está a ser controlado é um comando normativo ou uma decisão judicial. A primeira desdobra-se em dois casos: (*i*) por um lado, aquele em que o juiz *a quo*, para efeitos de aplicação de uma norma ao litígio que tem de decidir, precisa de preencher um *conceito indeterminado* que consta do respetivo enunciado normativo de onde extrairá a norma; (*ii*) por outro lado, aquele em que o mesmo juiz, na sua decisão, faz apelo a *cláusulas gerais*, como a *boa-fé* ou o *abuso de direito*. Já a segunda tem que ver com as chamadas *normas implícitas* – *i.e.*, normas que, apesar de não aplicadas expressamente pelo juiz *a quo* na sua decisão, estão nela pressupostas, de tal maneira que o litígio não poderia ter sido resolvido sem lhes fazer apelo em termos de *ratio decidendi*. Como se nota, são duas questões sensíveis, cuja resposta tem necessariamente de ser dada à luz do sistema português de fiscalização da constitucionalidade, do conceito *funcional* de norma a ele associado e do que, com base nisso mesmo, pode e não pode ser controlado pelo Tribunal.

Como referido, todo este percurso será feito num diálogo permanente com a jurisprudência constitucional, nos termos propostos *supra*. Ao mesmo tempo, tornar-se-á também necessário analisar criticamente as respostas doutrinárias para cada uma destas questões, desde logo para verificar se são, ou não, satisfatórias.

Uma vez que a Parte II da nossa dissertação assume especial importância, decidiu-se, em termos metodológicos, e para uma melhor compreensão do nosso raciocínio, formular uma síntese conclusiva no final de cada secção, que, por sua vez, coincide não só com a compreensão do conceito *funcional* de norma, bem como com os casos de fronteira *ténue* entre controlo de norma e controlo de decisão – *v.g.*, (*i*) interpretações normativas; (*ii*) conceitos indeterminados e cláusulas gerais; e (*iii*) normas pressupostas. É também esta opção que explica que não se tenha optado por fazer uma conclusão geral, mas, antes, um balanço de tudo o quanto foi dito, partindo da análise de um acórdão do Tribunal que, em nosso entender, e no contexto da nossa tese, assume especial relevância.

§ CONSIDERAÇÕES INICIAIS

O modelo de justiça constitucional português consagrado na Constituição da República Portuguesa não é fruto do acaso, sendo, antes, um produto da nossa própria história constitucional. É hoje comum afirmar-se que aquele modelo é "híbrido", ou "misto"[2], por combinar duas características que,

[2] Cfr, a este propósito, C. Blanco de Morais, *Curso de Justiça Constitucional, Tomo I – Garantia da Constituição e Controlo da Constitucionalidade*, 2.ª Edição, Coimbra: Coimbra Editora, 2006, pp. 329 e ss.; ID, *Justiça Constitucional. Tomo II – O Direito do Contencioso Constitucional*, 2.ª Edição, Coimbra: Coimbra Editora, 2011, pp. 983 e ss.; M. Lúcia Amaral "O Modelo Português de Justiça Constitucional. Análise Crítica", in *Anuario Iberoamericanode Justicia Constitucional*, Número 11, Madrid, 2007, pp. 31-40; ID, «Queixas Constitucionais e Recursos de Constitucionalidade (Uma Lição de "Direito Público Comparado")», in *Estudos Comemorativos dos 10 Anos da Faculdade de Direito da Universidade Nova de Lisboa*, Vol. I, Coimbra: Edições Almedina, 2008, pp. 496-499; ID, "Acesso dos Particulares à Jurisdição Constitucional", in *Estudos de Homenagem ao Prof. Doutor Jorge Miranda, Volume II – Direito Constitucional e Justiça Constitucional*, Coimbra: Coimbra Editora, 2012, pp. 718-723; ID, "Problemas da Judicial Review em Portugal", in *Revista Themis* – Ano 6, N.º 10, 2005, pp. 96-105; ID, "Justiça Constitucional, Proteção dos Direitos Fundamentais e Segurança Jurídica Ou Que Modelo de Justiça Constitucional Melhor Protege Os Direitos Fundamentais?", in *Anuário Português de Direito Constitucional*, II, Coimbra, 2002, pp. 17-22; M. Lúcia Amaral e R. Afonso Pereira, "Um tribunal como os outros. Justiça Constitucional e Interpretação da Constituição", in *Estudos em Homenagem ao Conselheiro Presidente Rui Moura Ramos*, Volume I, Coimbra: Edições Almedina, 2016, pp. 401 e ss.; J. M. M. Cardoso da Costa, "Justiça Constitucional e Jurisdição Comum (Cooperação ou Antagonismo?)", in *Estudos em Homenagem ao Prof. Doutor José Joaquim Gomes Canotilho*, Volume II, Coimbra: Coimbra Editora, 2012, pp. 193-212; F. Alves Correia, *Justiça Constitucional*, 2.ª Edição, Coimbra: Edições Almedina, 2019, pp. 133-147; M. Benedita Urbano, *Curso de Justiça Constitucional. Evolução Histórica e Modelos do Controlo da Constitucionalidade*, 2.ª Edição, Coimbra: Edições Almedina, 2020, pp. 31-35; J. Miranda, *Fiscalização da Constitucionalidade*, Coimbra: Edições Almedina, 2017, pp. 155-188; R. Medeiros, *A Decisão de Inconstitucionalidade. Os Autores, o Conteúdo e os Efeitos da Decisão de Inconstitucionalidade da Lei*, Lisboa: Universidade Católica Editora, 1999, pp. 10-32; J. Miranda e R. Medeiros, *Constituição Portuguesa Anotada. Tomo III – Organização do Poder Político. Garantia e Revisão da Constituição. Disposições finais e transitórias. Artigos 202º a 296º*, Coimbra: Coimbra Editora, 2007, pp. 704 e ss.;

à partida, poderiam ser consideradas antagónicas: (*i*) por um lado, o Título V, Capítulo I, da CRP, nomeadamente no seu artigo 204.º, consagra um sistema *difuso* de apreciação da (in)constitucionalidade, ao cometer aos "tribunais" (todos eles) o dever de não "aplicar normas que infrinjam o disposto na Constituição ou os princípios nela consagrados"; (*ii*) por outro lado, a mesma CRP não só dedica todo um título – o Título VI – ao Tribunal Constitucional, ao qual compete "especificamente administrar a justiça em matérias de natureza jurídico-constitucional"[3], como, seguidamente, em sede de "Garantia e revisão da Constituição" (Parte IV), em especial no que diz respeito à "Fiscalização da Constitucionalidade" (Título I), consagra um modelo de fiscalização concreta das decisões daqueles tribunais que, em termos incidentais, se debrucem sobre uma questão de (in)constitucionalidade. Deste modo, se numa primeira leitura da Constituição se pode inferir que a jurisdição constitucional se encontra dispersa por todos os tribunais do Estado português, rapidamente se chega à conclusão de que a última palavra em

J. J. Gomes Canotilho, *Direito Constitucional e Teoria da Constituição*, 7.ª Edição, Coimbra: Edições Almedina, 2007, pp. 917-929; J. J. G. Canotilho e V. Moreira, *Constituição da República Portuguesa Anotada*, Volume II, 4.ª Edição, Coimbra: Coimbra Editora, 2010, pp. 898 e ss.; V. Moreira, «A "Fiscalização Concreta" no Quadro do Sistema Misto de Justiça Constitucional», in *Boletim da Faculdade de Direito*, Volume Comemorativo, Coimbra, 2003, pp. 815-831; J. Reis Novais, *Sistema Português de Fiscalização da Constitucionalidade. Avaliação Crítica*, Lisboa: AAFDL Editora, 2021, pp. 81-93 e pp. 129-143; J. de Melo Alexandrino, Lições de Direito Constitucional, Volume II, 3.ª Edição, Lisboa: AAFDL Editora, 2018, pp. 273 e ss.; P. Otero, *Direito Constitucional Português, Volume II – Organização do Poder Político*, Coimbra: Edições Almedina, 2010, pp. 434-463; C. Sarmento e Castro, "O Modelo Português de Justiça Constitucional", in *Estudos em Memória do Conselheiro Luís Nunes de Almeida*, Coimbra: Coimbra Editora, 2007, pp. 380-457; M. dos Prazeres Pizarro Beleza, "Tutela Judicial Efectiva e Acesso dos Cidadãos ao Tribunal Constitucional", in *Julgar*, N.º 29, 2016, pp. 63-71; P. Machete, "O Recurso de Constitucionalidade como Meio de Acesso dos Particulares à Constituição: sentido e limites", in *Estudos em Homenagem a Rui Pena*, Coimbra: Edições Almedina, 2019, pp. 949-954; V. Canas, *Os Processos de Fiscalização da Constitucionalidade e da Legalidade pelo Tribunal Constitucional. Natureza e Princípios Estruturantes*, Coimbra: Coimbra Editora, 1986, pp. 25 e ss.; M. Rebelo de Sousa, *Direito Constitucional, I – Introdução à Teoria da Constituição*, Braga: Livraria Cruz, 1979, pp. 382-396; A. Araújo e T. Pereira, "A Justiça Constitucional nos 30 anos da Constituição Portuguesa: Nota para uma Aproximação Ibérica", in *Jurisprudência Constitucional*, Nº 6, Abril-Junho, 2005, pp. 15 e ss.; G. Almeida Ribeiro, "Judicial Review of Legislation in Portugal: A Brief Genealogy", in F. Biagi, J. O. Frosini e J. Mazzone (eds.), *Constitutional History: Comparative Perspectives*, Brill, 2019, pp. 1-24; A. Cortês e T. Violante, "Concrete Control Of Constitutionality in Portugal: A Means Towards Effective Protection of Fundamental Rights" in *Penn State International Law Review*, Vol. 29, N.º 4, 2011, pp. 760-765. Cfr, ainda, A. Araújo, "A construção da justiça constitucional portuguesa: o nascimento do Tribunal Constitucional", in *Análise Social*, Vol. XXX (134), 1995 (5.ª), pp. 881-946.

[3] Cfr, artigo 221.º da Constituição.

matérias jurídico-constitucionais cabe a uma jurisdição especializada, norteada por um TC, que *concentra* em si essa competência. A singularidade do modelo português de justiça constitucional reside, precisamente, no facto de nenhuma destas duas características excluir a outra, antes se complementando: do prisma do nosso modelo, e tendo como ponto de partida o referido artigo 204.º da Constituição, é perfeitamente natural que um tribunal ordinário ou de recurso, em termos incidentais, aprecie (ou recuse apreciar) uma questão de constitucionalidade, embora tendo presente que a sua decisão, nos termos do artigo 280.º, pode ser objeto de recurso (obrigatório ou facultativo) para o TC, cuja competência e organização é definida, em termos gerais, pelos artigos 221.º a 224.º da Constituição[4].

Esta naturalidade tipicamente portuguesa pode, porventura, ser estranha para outros Estados do continente europeu ou do continente americano, que seguem (ou seguiram) um dos dois modelos típicos de justiça constitucional: o modelo *concentrado* ou o modelo *difuso*. No âmbito da presente investigação, torna-se importante destacar os traços essenciais de cada um destes dois modelos, desde logo para, numa fase posterior, compreender a solução portuguesa. E esses traços essenciais, afinal, e como já foi corretamente notado, acabam por ser a resposta à questão de saber quem deverá ser o intérprete final da Constituição[5].

Antes disso, porém, e porque qualquer um desses modelos pressupõe que haja uma efetiva fiscalização da constitucionalidade, é relevante demonstrar, em termos históricos, as condições de afirmação (e de existência) de uma verdadeira justiça constitucional. O ponto de partida é comum e percorre toda essa história: só poderemos falar de uma justiça constitucional quando erigirmos a Constituição a norma suprema do Estado e, a partir daí, inaugurarmos o *princípio da constitucionalidade*. E este ponto de partida, por sua vez, pressupõe duas condições que só bastante tarde é que serão dadas como adquiridas na Europa continental: (*i*) que a Constituição é uma norma; (*ii*) e que não é uma *espécie* de norma, mas, antes, uma norma *especial*[6] – a norma suprema do Estado. Naturalmente, quando nos referimos a uma qualquer jurisdição, sabemos que isso pressupõe a existência de uma entidade que,

[4] Todos estes artigos, bem como o modelo de recurso consagrado no artigo 280.º da CRP, são posteriormente concretizados pela Lei n.º 28/82, de 15 de Novembro, na sua redação atual (Lei Orgânica do Tribunal Constitucional, doravante "LOTC").

[5] Cfr, M. Lúcia Amaral, *Anuario Iberoamericanode Justicia Constitucional*, Madrid, 2007, p. 22.

[6] Cfr, Garcia de Enterria, *La Constitucion como Norma y el Tribunal Constitucional*, 3.ª Ed., Civitas, 1985, pp. 39-61.

por via jurisdicional, vai resolver um conflito relativo à aplicação de normas a um caso concreto. Se é assim, e tal como aflorado, semelhante raciocínio terá de ser feito quando nos debruçamos sobre a justiça constitucional – por outras palavras, também terá de haver uma entidade com o objetivo de resolver conflitos que decorrem da aplicação de normas constitucionais. E se esta conclusão pode parecer relativamente simples, a verdade é que, como referido, ela pressupõe um entendimento fundamental no âmbito do Estado: a inexistência de uma soberania concreta, mas, antes, de uma soberania da Constituição.

PARTE I
CONSTITUIÇÃO E JUSTIÇA CONSTITUCIONAL

SECÇÃO I
A IDEIA NORMATIVA DE CONSTITUIÇÃO E O SURGIMENTO DE UMA JURISDIÇÃO CONSTITUCIONAL

§ 1. CONTINENTE EUROPEU

1.1. Antigo Regime

I. No continente europeu, só tardiamente é que a supremacia jurídica da Constituição foi dada como adquirida[7]. Com efeito, e iniciando este nosso percurso histórico no Estado Absoluto do Antigo Regime, a soberania do Estado era, evidentemente, associada ao monarca, que detinha um poder absoluto. A ideia de uma Constituição – *rectius*: de uma Constituição em sentido moderno, que limitasse os poderes públicos e, simultaneamente,

[7] Sobre a evolução histórica que sinteticamente abordaremos nas páginas seguintes, e a título exemplificativo, cfr, C. Blanco de Morais, *Curso*, II, pp. 65 e ss.; ID, *As Leis Reforçadas. As Leis Reforçadas pelo Procedimento No Âmbito dos Critérios Estruturantes das Relações Entre Actos Legislativos*, Coimbra: Coimbra Editora, 1998, pp. 30-55; J. Miranda, *Contributo Para Uma Teoria Da Inconstitucionalidade*, 1.ª Edição (reimpressão), Coimbra: Coimbra Editora, 2007, pp. 42 ess; ID, *Manual de Direito Constitucional. O Estado e os Sistemas Constitucionais*, Tomo I, 1, 10.ª Edição, Coimbra: Coimbra Editora, 2014, pp. 129-185; M. Benedita Urbano, *Curso*, pp. 19-28; F. Alves Correia, *Justiça*, pp. 109-114; J. de Melo Alexandrino, *Lições de Direito Constitucional, Volume I*, 3.ª Edição, Lisboa: AAFDL Editora, 2017, pp. 77-92; J. J. Gomes Canotilho, *Direito Constitucional*, pp. 51-58 e pp. 887-895; M. Lúcia Amaral e R. Afonso Pereira, *Estudos*, pp. 382 e ss; J. Reis Novais, *Contributo Para Uma Teoria Do Estado De Direito*, Coimbra: Edições Almedina, 2006, pp. 36 e ss.; A. Salgado Matos, *A Fiscalização Administrativa da Constitucionalidade: Contributo Para o Estado das Relações entre Constituição, Lei e Administração Pública no Estado Social de Direito*, Coimbra: Edições Almedina, 2004, pp. 83-133. Na doutrina estrangeira, cfr, G. Zagrebelsky e V. Marcenò, *Justicia Constitucional, Vol. 1: Historia, Principios e Interpretaciones* Puno: Zela, 2018, pp. 35-85; M. Fioravanti, *Costituzionalismo. Percorsi della storia e tendenze attuali*, Editora Laterza, 2009, pp. 5-52; M. Cappelletti e J. C. Adams, "Judicial Review of Legislation: European Antecedents and Adaptations", in *Harvard Law Review*, 79, 1965/1966, pp. 1209-1213; M. Cappelletti, *Judicial Review in the Contemporary World*, Indianopolis: The Bobbs-Merrill Company Inc., 1971, pp. 1-24 e pp. 25-43; ID, "Judicial Review in Comparative Perspective", in *California Law Review*, Oct. 1970, Vol. 58, N.º 5 (Oct. 1970), pp. 1020-1033; L. Favoreu et al., *Droit Constitutionnel*, 21ème Édition, Paris: Dalloz, 2019, pp. 63-148.

garantisse direitos fundamentais aos cidadãos[8] – era, por isso, inexistente, na medida em que aquele não só concentrava em si o poder, como o fundamento da sua autoridade advinha, precisamente, daquele entendimento de soberania – uma soberania fundada não só na razão, como, também, nos "direitos antigos" de natureza consuetudinária[9]. Ora, sendo este fundamento do poder anterior ao próprio monarca e às várias ordens ou estamentos, era evidente que ele não poderia ser limitado nem, muito menos, controlado.

II. É certo que a existência dessas ordens – nomeadamente, clero, nobreza e povo – levava a que, inexoravelmente, surgissem conflitos entre elas. Estes mesmos conflitos tornavam necessária a existência de regras que disciplinassem a convivência e os equilíbrios entre esses estamentos, não só nas relações entre cada um deles, mas, também, nas relações com o monarca soberano[10]. Consequentemente, e partindo desta necessidade, foram produzidos importantes documentos que tornaram expressos estes acordos particulares entre as diversas forças em conflito, destacando-se a *Bill of Rights* de 1689[11]. Porém, se é verdade que se conferiu uma natureza "fundamental" ou mesmo "constitucional" a essas proclamações, isso foi apenas, e como alguém bem referiu, por força das matérias aí reguladas – em especial, direitos e privilégios reconhecidos às várias ordens – e não porque se entendesse que estes documentos pretendiam limitar os poderes do monarca absoluto, por natureza ilimitáveis[12 13].

[8] Como se terá oportunidade de verificar, em termos históricos uma Constituição será sempre "moderna" quando comparada com a que a antecedeu. No âmbito da presente investigação, "Constituição em sentido moderno" será não só a Constituição que reúne as características apresentadas, mas aquela que, sendo a norma fundamental do Estado, assegura a existência de condições para o surgimento de uma justiça constitucional. Em termos semelhantes, C. Blanco de Morais, *Curso*, II, pp. 71-72.

[9] Cfr, C. Blanco de Morais, *ob. cit.*, p. 69.

[10] Cfr, G. Zagrebelsky e V. Marcenò, *Justicia*, p.37.

[11] Sobre este aspeto, e sem prejuízo do que se referirá posteriormente a propósito da influência do constitucionalismo britânico no movimento constitucionalista norte-americano, cfr, C. Blanco de Morais, *Curso*, II, pp. 76-77.

[12] Cfr, G. Zagrebelsky e V. Marcenò, *Justicia*, p. 37.

[13] Quando nos referimos a uma eventual existência de limitação de poder, será uma limitação "externa" e não "interna", na medida em que, e como foi referido, o monarca absoluto sempre considerou a existência de limites internos ao seu poder, desde o direito natural ao direito antigo –cfr, C. Blanco de Morais, *Curso*, II, p. 69.

III. Por outras palavras, a ideia de uma soberania *concreta* – i.e., de uma soberania concretizada no monarca – impedia o surgimento de um conjunto de regras formalmente diferenciadas, fixas e vinculativas, que não só regulassem os diversos poderes em presença, como, também, limitassem juridicamente o poder do soberano[14]. E a inexistência dessas regras, por si só, justificava, por desnecessidade, a inexistência de uma jurisdição que controlasse e zelasse pela sua observância.

1.2. Revolução Francesa e Rousseau

I. O absolutismo do Antigo Regime, caracterizado pelo arbítrio e pela desigualdade, tornou um conflito entre o soberano absoluto e a burguesia – que, apesar de poder financeiro, reclamava poder político – inevitável. Esse conflito esteve na base da Revolução Francesa de 1789, que, tendo a burguesia como vencedora, vai modificar todo o paradigma até aqui descrito.

Para aquilo que interessa à presente investigação, se é um facto que a Revolução Francesa vai alterar muito dos aspetos identificados a propósito do Antigo Regime – até porque é a uma revolução que nos estamos a referir –, nem por isso se pode afirmar que se inicia um período marcado por uma Constituição moderna, com o sentido que há pouco lhe imprimimos. Com efeito, e com bem refere Zagrebelsky, a Constituição saída da Revolução Francesa, e em jeito de pleonasmo, vai ser uma Constituição Revolucionária[15]. Vejamos.

II. O constitucionalismo decorrente da Revolução, se manteve uma soberania *concreta* – já não coincidente, porém, com o monarca absoluto –, instituiu, ao mesmo tempo, um conceito de *supremacia*. Relativamente à primeira, a influência de Rousseau foi determinante. Este, através do seu contratualismo monista, defendia que todos os homens, que nascem livres e iguais, deviam ceder a sua autonomia originária a favor de um terceiro – o soberano – através de um contrato social. Mas nascendo os homens livres e iguais, então a soberania só poderia residir em todos eles. E partindo desta soberania popular, é evidente que, afinal, ao celebrar-se esse contrato social não está a haver, na realidade, qualquer renúncia (popular) à liberdade individual ou uma

[14] Cfr, G. Zagrebelsky e V. Marcenò, *Justicia*, p. 38.

[15] *Idem*, p. 39.

eventual cedência de autonomia, precisamente pela coincidência existente entre os homens livres e o poder soberano[16].

Assim, e partindo desta ideia, a Revolução Francesa vai deslocar a soberania *concreta* do monarca para o povo – *rectius*: para a burguesia. Este, por (agora) ser soberano, vai ganhar um *poder constituinte* – isto é, o poder de elaborar esse contrato social que, a final, vem a ser a Constituição[17].

1.3. A supremacia da lei

I. Assegurada a soberania popular, e tendo em conta o que foi referido anteriormente, poder-se-ia pensar que o passo seguinte seria conferir uma supremacia jurídica à Constituição elaborada por aquele novo poder. Porém, se essa supremacia vai existir, ela não será jurídica, mas, antes, política.

A Revolução Francesa, logo em 1789, também trouxe consigo a Declaração dos Direitos do Homem e do Cidadão. Se é relevante a ideia de ROUSSEAU expressa no seu artigo 1.º, de que todos os homens nascem e são livres e iguais em direitos, importância crucial tem o artigo 6.º. Para ROUSSEAU, a igualdade jurídica só pode existir se todos os cidadãos tiverem o direito de fazer parte não só do Poder Constituinte, mas, e principalmente, do Poder Legislativo. Fazendo-o, então "a lei é a expressão da vontade geral"[18].

II. Porque é assim, a Constituição Revolucionária vai ser, antes de mais, e principalmente, um documento ordenador do poder, condensando, ao mesmo tempo, os direitos identificados na Declaração, em especial os de

[16] Cfr, G. ZAGREBELSKY e V. MARCENÒ, *Justicia*, p. 38; D. FREITAS DO AMARAL, *História do Pensamento Político Ocidental*, Coimbra: Edições Almedina, 2016, pp. 222-223; L. CABRAL DE MONCADA, *Filosofia do Direito e do Estado. Parte Histórica*, Vol. I, 2.ª Edição (reimpressão), Coimbra: Coimbra Editora, 2014, pp. 223-248; P. OTERO, *Instituições Políticas e Constitucionais*, Volume I, Coimbra: Edições Almedina, 2009, pp. 198-201. Veja-se, ainda, e com referências, M. NOGUEIRA DE BRITO, *A Constituição Constituinte. Ensaio Sobre O Poder De Revisão Da Constituição*, Coimbra: Coimbra Editora, 2000, pp. 165 e ss.

[17] É de referir que a Revolução Francesa também desempenhou um papel fundamental na distinção entre poder constituinte e poder constituído, nomeadamente através de SIEYÉS. Segundo este, o poder constituinte era *inicial* "porque não existe antes dele qualquer outro poder que lhe sirva de fundamento", *autónomo* "porque é independente, só a ele competindo decidir se, como e quando elaborar a Constituição" e *omnipotente* "porque não subordinado a qualquer outra regra de forma ou de fundo" – entre nós, cfr, M. REBELO DE SOUSA, *Direito Constitucional*, I, p. 61. Veja-se, ainda, J. MIRANDA, *Manual*, I, 1, 10.ª Edição, Coimbra: Coimbra Editora, 2014, pp. 169-170.

[18] Cfr, C. BLANCO DE MORAIS, *Curso* II, p. 79; D. FREITAS DO AMARAL, *ob. cit.*, p. 222.

1.ª geração, como a liberdade, a propriedade e a segurança. Por outras palavras, vai ser um documento político[19]. E isto porque, no entender do ambiente revolucionário francês, a igualdade jurídica e a verdadeira defesa de direitos só pode ser assegurada no lugar onde existe uma coincidência entre os defensores dos direitos dos cidadãos e os cidadãos que têm de ser defendidos – isto é, no Parlamento. Essa coincidência, traduzindo-se na aprovação de leis gerais e abstratas, não só garante que o legislador é (sempre) justo, como, também, vai assegurar que a verdadeira supremacia jurídica reside na lei, já que esta, sendo o produto daquele, é a única capaz de salvaguardar, de forma efetiva, as exigências do voluntarismo – a vontade do cidadão é, por isso, a vontade do legislador. Deste modo, o período revolucionário é marcado, simultaneamente, por um absolutismo da vontade geral e uma omnipotência do Parlamento. E esse absolutismo da vontade geral mais não é do que, na realidade, um absolutismo da lei, que, em consequência, vai assumir um lugar central e determinante na ordem jurídica[20].

1.4. A necessária inexistência de controlo da constitucionalidade

I. Residindo a supremacia jurídica apenas e só na lei, e sendo esta a expressão da vontade geral, precisamente por o legislador coincidir, a final, com o soberano, então isso exclui qualquer possibilidade de controlo daquela, pois o Parlamento, em si mesmo, representa a melhor garantia da liberdade. Dito de outro modo, se é a lei que melhor garante a defesa dos direitos e das liberdades dos cidadãos, é evidente que não se podia admitir a sua sindicância e controlo por outro órgão ou poder – *rectius*: tribunais e poder judicial –, sob pena de essa defesa ser posta em causa[21]. A isso acresce a absoluta desconfiança que no período revolucionário se fazia sentir relativamente ao poder judicial, na medida em que se suspeitava que os tribunais mantinham ligações

[19] Cfr, C. Blanco de Morais, *ob. cit.*, pp. 92-93, em especial nota 188. A este propósito, veja-se, também, J. de Melo Alexandrino, *Lições*, I, p. 76.

[20] Precisamente por isso, e como alguém já bem referiu, a ideia traduzida no artigo 16.º da mesma Declaração, de que "qualquer sociedade em que não esteja assegurada a garantia dos direitos, nem estabelecida a separação de poderes, não tem Constituição", "ficou por muito tempo sem tradução prática" – cfr, A. Salgado Matos, *A Fiscalização*, pp. 88-89.

[21] Neste sentido, G. Almeida Ribeiro, "Constituição" in A. Marques e A. Santos Campos (coord.), *Dicionário de Filosofia Moral e Política*, 2.ª série, Lisboa: Instituto de Filosofia da Nova, 2018, disponível em: http://www.dicionariofmp-ifilnova.pt/constituicao/.

ao absolutismo do Antigo Regime[22]. Estes dois aspetos são importantes, na medida em que não só permitem compreender a dissociação que a partir daqui é feita entre *criação* e *aplicação* do Direito[23], como, em particular, fazem com que o monopólio da criação livre do Direito, sem vinculação a nenhum parâmetro jurídico superior, resida no Parlamento e na lei, limitando-se o juiz a ser um mero aplicador daquele, sem qualquer possibilidade de controlo (do conteúdo) da lei e da eventual (in)compatibilidade desta com a Constituição[24].

II. De facto, essa eventual incompatibilidade era absolutamente estranha no período histórico a que nos reportamos. Num "império da lei"[25], a Constituição nunca se pode assumir como uma limitação jurídica de todos os atos jurídico-públicos de grau hierárquico inferior, porque a juridicidade (e hierarquia) reside exclusivamente naquela e não nesta[26]. Este entendimento, aliado ao caráter puramente mecânico do juiz, é suficiente para se afastar qualquer tipo de controlo de constitucionalidade. É verdade, como referido, que a Constituição podia conter determinados direitos. No entanto, esses direitos mais não eram do que "declamações sem realidade jurídica permanente"[27], precisamente porque a sua verdadeira garantia residia na lei soberana. É isto que explica que "todas as constituições do primeiro ciclo constitucional francês tenham constituído textos com maior relevo político do que jurídico, já que em geral não foram acatadas por um poder [soberano] que se exercia à margem das mesmas leis fundamentais"[28] – eram, no fundo, "formalizações políticas de poder fáctico". E se assim era, não reclamavam qualquer tipo de controlo ou garantia jurídica. Por outras palavras,

[22] Cfr. C. Blanco de Morais, *Curso*, II, p. 94.

[23] E que será fundamental para a leitura normativa que Kelsen fará da Constituição, como iremos ver.

[24] Ou, nas célebres palavras de Montesquieu, "o juiz não é mais do que a boca que pronuncia as palavras da lei", entendimento que acabaria por ter consagração na Constituição republicana francesa de 1791.

[25] Cfr, J. Reis Novais, *Contributo*, p. 89.

[26] Como acertadamente refere Blanco de Morais, era "inconcebível que outro poder pudesse questionar a conformidade da mesma lei com a Constituição, dado que tal implicaria reconhecer a existência de uma vontade superior à vontade geral, que constituiria uma contradição lógica" – cfr, C. Blanco de Morais, *Justiça Constitucional*, I, p. 266.

[27] Cfr, C. Blanco de Morais, *Curso*, II, p. 94.

[28] *Idem*, p. 93.

não havia espaço para que se falasse numa Constituição em sentido moderno[29], e muito menos espaço havia para que uma eventual justiça constitucional se pudesse afirmar[30].

III. Porém, ainda quanto a este último aspeto, e antes de avançarmos para o próximo período, é importante dar nota de que se, por um lado, o ambiente revolucionário excluía qualquer hipótese de afirmação (prática) de um eventual modelo de justiça constitucional, nem por isso essa tentativa deixou ser realizada teoricamente. E, a este propósito, SIEYÈS vai ter uma importância crucial.

1.5. A importância de SIEYÈS

I. O Abade de SIEYÈS, que havia sido o "homem da Revolução Francesa", vai ainda desempenhar um papel importante na fase mais radical desta – a do "Terror" – através da defesa da instituição de uma forma de garantia constitucional[31]. Como foi referido, a Constituição do período revolucionário era encarada como um documento organizador dos poderes públicos, e nunca como uma norma jurídica que os juízes deveriam aplicar. SIEYÈS, contudo, tinha um raciocínio diametralmente oposto: entendendo que à Constituição poderia (e deveria) ser conferida juridicidade – *rectius*: que a Constituição deveria

[29] Dito de outro modo, não estávamos perante *constituições paramétricas*, "ou seja, conjuntos de normas jurídicas supra-ordenadas em relação a todos os restantes atos jurídicos e que por estes devessem ser respeitados, sob pena da sua depreciação, mas apenas [perante] *constituições proclamatórias*, ou seja, conjuntos de proclamações ideológicas e de princípios políticos sem eficácia jurídica" – cfr, A. SALGADO MATOS, *A Fiscalização*, pp. 88-99.

[30] A este propósito, falando de uma «"ideia mágica de Constituição"», cfr, L. PEREIRA COUTINHO, *A Autoridade Moral da Constituição. Da Fundamentação da Validade do Direito Constitucional*, Coimbra: Coimbra Editora, 2009, p. 317, assim como pp. 317-325.

[31] Cfr. o texto da proposta apresentada por SIEYÈS na Convenção de 18 Thermidor ano III: Sieyès, "Du jury constitutionnaire (an III)", coligida por P. PASQUINO, *Sieyès et l'invention de la constitution en France*, Paris: Odile Jacob, 1998, pp. 149-150. Sobre o modelo proposto, cfr, entre outros, M. FIORAVANTI, *Sieyès et le jury constitutionnaire: perspectives historico-juridiques*, Annales historiques de la Révolution française 349 | juillet-septembre 2007, pp. 87-103; M. GOLDONI, "At the Origins of Constitutional Review: Sieyès' Constitutional Jury and the Taming of Constituent Power", in *Oxford Journal of Legal Studies*, Vol. 32, N.º 2 (2012), pp. 211–234; ID., "La natura del giuri costituzionale di Sieyès", *Materiali per una Storia della Cultura Giuridica*, Vol. XL, N.º 2, pp. 291-316. Cfr, ainda, M. NOGUEIRA DE BRITO, *A Constituição*, pp. 70-92; C. BLANCO DE MORAIS, *Justiça*, I, pp. 288-289, assim como D. FREITAS DO AMARAL, *História*, pp. 265-275.

ser encarada como norma com valor superior ao da lei –, concluía que esta mais não era do que um corpo de leis obrigatórias. Ora, na medida em que qualquer lei é suscetível de ser violada, e sendo a Constituição um conjunto de leis vinculativas, então, e consequentemente, também ela poderia ser posta em causa, pelo que se tornava imperiosa a sua observância[32].

II. SIEYÈS entendia que a defesa da Constituição não poderia ser atribuída aos juízes comuns, desde logo pelos motivos que há pouco foram avançados, relativos a uma eventual desconfiança. É precisamente por isto que propõe a criação de um *Jury Constitutionnaire*: uma espécie de assembleia, com mais de 100 membros, e que se assumiria enquanto um poder misto, "a meio caminho entre o poder político e o poder judicial"[33]. Este órgão de uma jurisdição *ad hoc*, não só teria a tarefa principal de zelar pela observância do "legado constitucional", como, e principalmente, funcionaria enquanto "tribunal de cassação da ordem constitucional", controlando o caráter "constitucional" das leis e, eventualmente, propondo as modificações à Constituição que se revelassem necessárias às exigências temporais[34].

A tentativa operada por SIEYÈS, contudo, foi gorada. E, tendo em conta o que foi referido anteriormente, não será difícil perceber porquê. De facto, esta construção teórica esbarrava com a realidade revolucionária, marcada por um legicentrismo e uma preponderância absoluta do Parlamento. Como evidenciado, se a lei era a expressão da vontade geral, e porque esta coincidia com o Parlamento, qualquer eventual controlo "externo" das leis seria uma afronta não só ao "império da lei", mas, e sobretudo, ao poder (popular) soberano. Além disso, para os revolucionários, SIEYÈS, ao defender a ideia de que há um legado constitucional que é herdado por cada geração, numa espécie de "continuidade constitucional", ia de encontro a um dos principais ideais da Revolução Francesa, que era o de que qualquer geração tinha o direito a ter a sua própria Constituição[35].

[32] Neste sentido, G. Zagrebelsky e V. Marcenò, Justicia, p. 45. Nas palavras de BLANCO DE MORAIS, SIEYÈS foi responsável pela "construção de um paradigma de Constituição como lei rígida e investida numa posição de supremacia jurídica" – cfr, *Curso*, II, p. 90.

[33] Cfr, G. ZAGREBELSKY e V. MARCENÒ, *Justicia*, p. 44.

[34] Seria, na verdade, e como bem refere BLANCO DE MORAIS, "um órgão misto de fiscalização e de revisão constitucional" – cfr, *Curso*, II, p. 91.

[35] A este propósito, importa não esquecer o artigo 28.º da Declaração de Direitos da Constituição jacobina francesa de 1793, que determinava que "Um povo tem sempre o direito de rever, reformar ou mudar a própria constituição. Uma geração não pode submeter às suas leis as gerações vindouras". Como bem salienta LÚCIA AMARAL, se é verdade que este artigo consagra o princípio (jacobino)

III. Mesmo assim, e para aquilo que importa, esta construção de SIEYÈS foi importante por dois motivos: (*i*) em primeiro lugar, porque tentou imprimir uma leitura normativa à Constituição, num contexto marcado por uma abordagem unicamente política; (ii) em segundo e último lugar, porque, ao sugerir esta forma de garantia constitucional, não só avança com a ideia de "legado constitucional" –i.e., a existência de uma Constituição estável, mas flexível, que procure responder aos desafios temporais das várias gerações, através de uma eventual modificação e não de uma rutura –, como, também, ao propor a criação de uma jurisdição *ad hoc* com competências de controlo constitucional, está, na realidade, a propor a criação de um modelo concentrado de controlo de constitucionalidade. Veremos como estas ideias serão importantes posteriormente.

1.6. Constitucionalismo liberal

1.6.1. *Dualismo* e *compromisso*

I. Como tivemos oportunidade de verificar, se é verdade que a Revolução Francesa deslocou a soberania do Monarca para o povo, nem por isso eliminou o absolutismo: simplesmente, e em linha com aquela deslocação, o regime continuou a ser absoluto, embora esse absolutismo residisse no Povo, que era titular não só do Poder Constituinte, com os direitos de 1.ª geração a ele associados, como, também, do Poder Legislativo. Precisamente porque continuava a existir uma excessiva concentração de poder, era evidente que o conflito, mais uma vez, se tornaria inevitável. Por isso mesmo, depois do terror (revolucionário) em França, bem como do Império de Napoleão Bonaparte, a Monarquia vem a ser restaurada no século XIX, em 1814. Só que esta Monarquia, diferentemente do Antigo Regime absolutista, será uma Monarquia constitucional[36].

da titularidade da soberania, o facto de, simultaneamente, se entender que todo o poder constituído exercido nos termos da Constituição é um poder legítimo e que, dentro desses poderes constituídos, valor primacial tem o poder da lei, não deixa, ao mesmo tempo, de abrir um paradoxo: a saber, se a soberania reside no povo ou, afinal, no direito escrito em nome do povo; e se, residindo neste último, que direito é que é soberano, se o da Constituição, produto do poder constituinte, ou se o da lei ordinária, produto do poder constituído – cfr, M. LÚCIA AMARAL, *A Forma da República. Uma introdução ao Estudo do Direito Constitucional*, Coimbra: Coimbra Editora, 2005, p. 53. Veja-se, ainda, M. NOGUEIRA DE BRITO, *A Constituição*, pp. 125 e ss.

[36] Cfr, J. MIRANDA, *Contributo*, pp. 46-53.

II. A Constituição das monarquias constitucionais marcará, simultaneamente, o surgimento do chamado "constitucionalismo da era liberal"[37]. Este, surgindo inicialmente em França – e coincidindo, por isso, com aquilo posteriormente se denominará de constitucionalismo de *matriz francesa* –, vai também multiplicar-se em numerosos Estados alemães, nomeadamente depois das revoluções radicais democráticas de 1848[38] – ficando assim cunhado de constitucionalismo de *matriz germânica*. Independentemente destas matrizes, o constitucionalismo sobre o qual nos debruçamos será caracterizado por um *dualismo* e por um *compromisso*. *Dualismo* porque, regressando o Monarca aos poderes públicos, haverá que distinguir dois tipos de legitimidade, numa lógica de separação dual – uma legitimidade monárquica, assente naquele, e uma legitimidade democrática ou popular, pertencente à classe social dominante representada no Parlamento: a burguesia. *Compromisso* porque, para preservar a estabilidade política e social – inexistente no período revolucionário – era necessário que essas duas legitimidades se entendessem. Este entendimento teria tradução num pacto celebrado entre o Monarca e a nação[39]. E esse pacto, evidentemente, mais não seria do que a Constituição, que agora deixaria de ter uma natureza *hostil* e *impositiva* adveniente de um poder absoluto. Daí que, concomitantemente com um "constitucionalismo da era liberal", também se fale num "constitucionalismo pactuado e compromissório"[40].

III. Este pacto era possível por duas razões fundamentais: em primeiro lugar, e como referimos, o Monarca volta a ter autoridade soberana. Só que ao contrário do que anteriormente se passava, essa autoridade não tinha um fundamento divino ou racional, antes advindo da "tradição antiga" – por outras palavras, o poder do Monarca não era absoluto. Por sua vez, desaparece o *outro* poder constituinte (absoluto), do povo, que assim deixa de ter "um poder ilimitado (...) para alterar a constituição e as regras do jogo"[41]; em segundo lugar, e nesta sequência, deixando de existir uma *instabilidade intrusiva* típica de um poder absoluto, e que era encarada como uma ameaça permanente aos direitos individuais, nem a burguesia tinha força suficiente para assumir a direção dos poderes públicos, nem o Monarca se conseguia impor,

[37] Cfr, M. Lúcia Amaral e R. Afonso Pereira, *Estudos*, p. 385.
[38] Cfr, C. Blanco de Morais, *Curso*, II, pp. 97-99. Cfr, ainda, A. Salgado de Matos, *A Fiscalização*, pp. 109-133.
[39] Neste sentido, G. Zagrebelsky e V. Marcenò, *Justicia*, p. 62.
[40] Cfr, C. Blanco de Morais, *Curso*, II, p. 97.
[41] Cfr, M. Lúcia Amaral e R. Afonso Pereira, *Estudos*, p. 386.

ilimitadamente, à sociedade. Daí que estes dois elementos – ou estas duas legitimidades –, e como alguém bem notou, "sem serem suficientemente fortes para assumir a soberania inteira, eram suficientemente fortes para condicionar-se reciprocamente"[42]. Assim, o Monarca estaria disposto a limitar o seu poder, contando que a burguesia não fosse excessivamente intrusiva para com ele.

1.6.2. A Constituição como limitação política do poder

IV. A Constituição da monarquia constitucional será, por isso, um documento limitativo do poder. E essa limitação traduz-se, essencialmente, numa nova conceção de separação de poderes. De facto, a partir de agora haverá não só um poder legislativo, que continua a residir no Parlamento, mas, também, um poder executivo, que, em última análise, estava associado ao Monarca[43]. Em consequência, o grande tema do constitucionalismo liberal, na senda que há pouco foi evidenciada, será a relação entre estes dois poderes conflituantes: haveria que garantir sempre essa separação e respeito mútuos, numa lógica de equilíbrio, na medida em que nenhum deles tinha uma legitimidade que derivava de uma norma superior, mas, antes, de um momento anterior à Constituição – o Monarca, da tradição antiga; a burguesia, por ser a representante da vontade geral.

Como bem nota MARIA LÚCIA AMARAL, a Constituição da era liberal surge, por isso, "como um quadro de limitações *a posteriori*" do poder do Monarca, "mas nunca como fonte originária de competências ou de Direito"[44]. Se é assim, nada do "exterior" pode ser oposto àquele, pelo que é ele a tomar

[42] Cfr, G. ZAGREBELSKY e V. MARCENÒ, *Justicia*, p. 62.

[43] Essa associação advinha do facto de o monarca poder nomear e destituir os ministros do Executivo. Importa salientar, porém, que este poder executivo (indireto) do monarca não prejudicava a natureza última do seu (impartilhável) poder, desenvolvida por BENJAMIN CONSTANT. Para este Autor, o monarca seria, ainda, titular de um poder moderador, por natureza neutral, que lhe permitia intervir sobre os demais poderes, numa espécie de árbitro do sistema. Assim, esta neutralidade não só justificava a intervenção do monarca sobre o Executivo, como ainda o legitimava a intervir sobre os demais poderes, nomeadamente sobre o Legislativo, tendo a faculdade de dissolver o Parlamento, bem como de vetar as leis por este aprovadas. Este pensamento terá influência nas Constituições produzidas neste período, principiando com a Carta Constitucional francesa de 1814. Especificamente sobre este aspeto, e entre outros, cfr, C. BLANCO DE MORAIS, *ob. cit.*, pp. 97-98, e P. OTERO, *Instituições*, pp. 233-237.

[44] Cfr, M. LÚCIA AMARAL e R. AFONSO PEREIRA, *Estudos*, p. 386.

a decisão de autolimitar-se. É isto que explica que as constituições deste período sejam *outorgadas* pelo Monarca ou *pactuadas* entre ele e a burguesia. Porém, importa não esquecer uma circunstância que entra em clara oposição com o período revolucionário: precisamente por deixar de haver concentração de poder absoluto, deixa de haver, também, uma soberania concreta. Dito de outro modo, porque na era liberal passa a existir, pelo menos em termos teóricos, dois tipos de legitimidade – i.e., porque passa a existir *dualismo* –, isso faz com que a soberania deixe de ser concreta e passe a ser *indecisa*[45]. E é também esta idiossincrasia que explica que, na perspetiva do Monarca, a Constituição seja outorgada ou pactuada, já que ser uma outorga ou um pacto dependia, em grande medida, da posição de força que o aquele ocupava nesse momento[46].

1.6.3. A lei como símbolo do compromisso: o Estado de Legalidade

V. Tal como há pouco foi exposto, à separação de poderes consagrada na Constituição – em especial, entre o poder legislativo e o poder executivo – correspondia, na realidade, o modelo dual de nação da era liberal: isto é, a separação entre o monarca e a burguesia, que, por sua vez, simbolizava a estabilidade política e social, numa lógica de equilíbrio. Também como referido, era essencial manter e assegurar este mesmo equilíbrio. A questão que surge agora é saber de que forma é que ele poderia ser garantido. E a resposta não pode deixar de ser esta: através da lei.

O Estado do constitucionalismo da era liberal – e, de forma mais expansiva, todo o século XIX –, em linha com o que já tinha sido inaugurado no período revolucionário, será um verdadeiro Estado de legalidade[47]. Entende-se que só a lei é que consegue assegurar este compromisso dual, funcionando como uma espécie de ponte entre o poder legislativo e o poder executivo. A primeira conquista do liberalismo é, por isso, o princípio da *legalidade* e não o da *constitucionalidade*[48].

VI. É verdade que as Constituições da era liberal, nomeadamente as de *matriz germânica*, podiam conferir um poder legislativo partilhado entre o Parlamento

[45] Na feliz expressão de G. Zagrebelsky e V. Marcenò, *Justicia*, p. 63.
[46] Neste sentido, C. Blanco de Morais, *Curso*, II, p. 98.
[47] Cfr, J. Reis Novais, *Contributo*, pp. 121-128.
[48] *Idem*, p. 93-102.

e o Monarca, através da atribuição, a este, de poderes de sanção e de veto sobre as leis aprovadas por aquele[49]. Mesmo assim, outras havia – nomeadamente as de *matriz francesa* – em que a quase-exclusividade daquele poder continuava a residir no Parlamento[50], onde estava representada a única classe dominante – quer dizer, a única classe destinatária das leis aprovadas: a burguesia[51]. O ponto comum, por isso, era o de que a lei, continuando a ser a expressão da vontade geral, e sendo abstrata e racional, continuaria a assegurar que toda a sociedade seria tratada de forma justa e igualitária. Simultaneamente, e para aquilo que interessa agora, ela também funcionava como um limite ao poder – em especial, como um limite ao poder executivo –, já que o seu cumprimento restringia o espaço de atuação daquele.

[49] Mesmo assim, e quando assim era, o conteúdo da lei era exclusivamente acordado pelo Parlamento, sendo que o monarca, através dessa sanção, limitava-se a transformar a lei em comando legal – portanto, uma *lei formal* em *lei material*. Sobre a separação de poderes nas constituições germânicas deste período histórico, cfr, C. Blanco de Morais, *Curso*, II, pp. 98-100.

[50] Para além da Carta Constitucional francesa de 1814, já referida, é ainda de salientar a Carta Constitucional de 1830 que, ao limitar a influência do monarca no poder legislativo, e dando maior importância à Câmara dos Deputados, lançou as bases para o surgimento do parlamentarismo em França. Mesmo assim, e independentemente disso, ambas as Cartas conferiam poderes ao monarca – a este propósito, C. Blanco de Morais, *ob. cit.*, p. 97.

[51] Importa relembrar que o Estado oitocentista, se é verdade que herda o entendimento (indiscutível) de que todos os homens nascem livres e iguais em direitos, não deixa de restringir, em termos simultâneos e contraditórios, esse conceito de "Homem". De facto, se a pertença à comunidade política, teoricamente, não dependia de nenhum título ou de nenhuma integração numa classe, precisamente por força dessa igualdade, para o constitucionalismo da era liberal, o *todos* não significava, necessariamente, todos os indivíduos, mas apenas aqueles dotados de certas capacidades – nomeadamente financeiras – e que, a final, e historicamente, se identificavam com os protagonistas da Revolução Francesa: a burguesia. Ora, se isto era assim, necessariamente o voto – responsável pela representação parlamentar – não poderia ser dessa universalidade abstrata, mas, antes, daqueles concretos protagonistas – do povo ativo. É por isso mesmo que o direito de voto do constitucionalismo oitocentista não é um direito de *todos*, mas apenas de *alguns*. As limitações a este impostas, ao excluírem do seu exercício determinados cidadãos com base em argumentos relativos à sua condição social e económica e relegando-o apenas para aqueloutros do sexo masculino, com capacidade económica e instruídos, não só tornavam este direito censitário, como, por fim, eram responsáveis por essa confluência plena entre representantes e representados, típica de uma sociedade *monoclassista* – que é o mesmo que dizer, de uma sociedade burguesa. A este propósito, e entre nós, veja-se, por exemplo, o que se estabelece quer na Constituição de 1822 (artigos 33.º e 34.º), quer na Constituição de 1838 (artigos 72.º a 79.º). É também neste sentido que Lúcia Amaral, *A Forma*, p. 52, se refere ao voto oitocentista «não como um direito, mas como uma *função*; não como uma categoria universal, mas como uma "qualidade" restrita apenas alguns – os capazes de "discernimento racional"». Veremos como estas limitações terão importância no período subsequente, nomeadamente no que diz respeito à "questão social" iniciada a partir de finais do século XIX.

Em suma: num Estado de legalidade, a lei tinha quase um valor "sagrado", na medida em que era a única capaz de assegurar uma "correspondência entre a legalidade – a sujeição do poder público às normas gerais e abstratas emanadas do Parlamento – e as exigências da justiça numa comunidade de indivíduos livres e iguais"[52].

VII. Mas importa ainda não esquecer que este "novo" poder consagrado na Constituição poderia constituir uma ameaça aos direitos individuais, na medida em que o Executivo saído do constitucionalismo liberal era "tradicionalmente forte, de faculdades ou competência a bem dizer ilimitadas"[53]. Além do mais, e reforçando um aspeto que temos vindo a evidenciar, se é verdade que no âmbito do constitucionalismo da era liberal, as leis, embora continuando a ser exclusivamente aprovadas pelo Parlamento – representante da vontade geral –, podiam ser objeto de controlo pelo monarca através de *sanção real*[54], o mesmo teria de suceder com o Poder Executivo em relação ao Parlamento[55], desde logo por respeito ao equilíbrio dos poderes. Assim, e dito de outro modo, era necessário impor um travão àquele poder.

[52] Cfr, G. Almeida Ribeiro, *DFMP*. De salientar o referido por Lúcia Amaral e R. Afonso Pereira, que falam da reserva de lei enquanto forma de garantir juridicamente a autonomia da sociedade civil, sendo que "[n]a tutela de ambas as autonomias – a da sociedade face ao Estado e a do Estado face à sociedade – é a lei (e não a constituição) a ocupar um lugar central" – cfr, M. Lúcia Amaral e R. Afonso Pereira, *Estudos*, pp. 385-386.

[53] Cfr, A. Rodrigues Queiró, "O controlo da constitucionalidade das leis", in *Estudos de Direito Público*, Vol. II, Tomo II, Coimbra: Imprensa da Universidade, 2002, pp. 213.

[54] De facto, o monarca, ao sancionar a lei, estava simultaneamente a declarar que ela estava conforme com a distribuição de poderes vertida na Constituição, funcionando, assim, como uma fiscalização da constitucionalidade dessa lei, embora de natureza política porque, mais uma vez, não estávamos a falar de Constituição enquanto norma. Ora, se assim era, e se essa sanção poderia funcionar como controlo de constitucionalidade, é evidente que essa intervenção monárquica assim consubstanciada retirava qualquer espaço de controlo aos tribunais.

[55] Além disso, em contexto de Constituições da era liberal, mormente naquelas em que a ação do Executivo dependia do Monarca, era frequente a aprovação dos chamados "decretos ditatoriais" – aqui, o Executivo, aproveitando a debilidade do Parlamento, em especial nas situações em que este se encontrava dissolvido, arrogava-se de determinadas competências daquele em claro desrespeito pela Constituição, já que esta não previa essa possibilidade, precisamente pela separação de poderes que consagrava. Eram, no fundo, decretos de *exceção* cuja inconstitucionalidade seria posteriormente *desculpada* pelo Parlamento, através dos "bills de indemnidade". Assim, a partir desta circunstância, e tal como suprarreferido, o Executivo poderia dispor de poderes ilimitados, que, consequentemente, ameaçavam a lei – que é o mesmo que dizer: ameaçavam os direitos individuais dos cidadãos. Veremos, *infra*, como esta conjuntura assumirá importância na história constitucional portuguesa e, por associação, na afirmação, em Portugal, de uma justiça constitucional.

E este, evidentemente, só poderia ser concretizado através da lei – ou, melhor dizendo, da *reserva de lei*. Esta assegurava que esse poder – que, como se referiu, e em última análise, tinha uma ligação ao Monarca – apenas poderia atuar sobre a sociedade através daquela, pelo que, como vimos, o seu espaço de atuação ficava limitado. Se num primeiro momento se pode pensar que esta circunstância levava a que o Parlamento – ou, em última análise, a burguesia – fosse detentor de um excessivo poder, logo se conclui que assim não é, pelo menos em termos relativos, na medida em que não só a burguesia deixa de ser titular de um poder constituinte capaz de limitar e alterar, a cada momento, a organização política, os poderes públicos e a sua separação consagrada na Constituição, que agora institui um procedimento agravado de revisão[56], como também, e tal como acabamos de evidenciar, o Monarca pode vir a ter funções legislativas partilhadas com o Parlamento, podendo, a final, impedir a entrada em vigor da lei – em especial, das leis contrárias aos direitos da Coroa[57].

VIII. O Estado oitocentista era, assim, e mais uma vez, um Estado onde a lei continuava a ser a principal fonte de Direito. Este "legicentrismo" era beneficiado, ainda, por outro aspeto por demais importante: a inexistência de conflitos normativos. Efetivamente, e retomando o que há pouco foi evidenciado, a sociedade oitocentista era uma sociedade *monoclassista* – i.e., uma sociedade burguesa[58]. Esta classe, por sua vez, era a única que estava representada no Parlamento, pelo que qualquer lei que aí fosse aprovada coincidiria, sempre, com a vontade geral. Se é assim, havendo um único centro de produção normativa – já que o poder legislativo (*rectius*: o poder de fazer as leis) era exclusivamente confiado ao Parlamento, onde legislador e legislado coincidiam[59] –, que, por isso, não tinha concorrência, era expectável que não surgisse nenhum conflito entre normas. Nesta sequência, e logicamente,

[56] Neste sentido, C. Blanco de Morais, *Curso*, II, p. 100. Como se nota, o facto de agora se instituírem mecanismos de revisão da Constituição (mesmo que agravados), vai ao encontro daquilo que Sieyès, em parte, havia defendido. Cfr, *supra*, § 1, 1.5.

[57] Como bem refere Blanco de Morais, "no exercício [pelo monarca] dos *poderes constituídos*, o dualismo manifestou-se de diversas formas", desde o cometimento de poderes legislativos em conjugação com o Parlamento, onde esse poder de dissolução se incluía, até ao uso de regulamentos com caráter independente em matérias não ocupadas por lei – cfr, C. Blanco de Morais, *Curso*, II, p. 100, nota 205.

[58] A este propósito, L. Pereira Coutinho, *A Autoridade Moral*, pp. 317-325.

[59] Referimo-nos aqui, e novamente, ao *conteúdo da* lei. Esse, como se viu, era exclusivamente elaborado pelo Parlamento, sem prejuízo de, e também como se viu, em algumas Constituições o Monarca poder ser responsável pela emanação do comando legal, nomeadamente através de sanção real.

havia espaço para que as relações entre os privados – entre a única classe representada – fossem unicamente reguladas por aquela, já que a sua principal (e, dir-se-ia, exclusiva) função era a de organizar, em termos racionais, o direito quotidiano aplicado à sociedade, assegurando a defesa dos direitos individuais. Assim, porque essa regulação adquire maior certeza e estabilidade se for codificada, e porque a ordenação dos poderes públicos está confiada à Constituição, a verdadeira lei do Estado oitocentista coincidirá com o Código Civil – uma lei que, regulando todos os setores da vida em sociedade, é a manifestação perfeita da "autossuficiência do sistema jurídico estadual"[60], normativo e completo. Novamente, a Constituição é relegada para o domínio político – é, de novo, um mero documento político organizador dos poderes públicos – enquanto o juiz, longe de resolver eventuais conflitos normativos, continua a limitar-se a aplicar a lei ao caso concreto[61].

1.6.4. Consequência: a não afirmação de uma justiça constitucional

IX. Se se reparar, e a final, estão presentes todas as condições para que também neste "longo século XIX"[62] não possa haver a afirmação de uma justiça constitucional: (*i*) se é a lei a principal fonte de Direito, sendo a expressão da vontade geral, não só é ela – e não a Constituição – que precisa de ser defendida, como também não pode haver nenhuma outra norma que desafie a superioridade da lei. Noutros termos, é a soberania (*indecisa*) do Estado – do Monarca e do Parlamento – que não permite que os poderes daquele e a lei sejam superiormente limitados. Neste sentido, e mais uma vez, nega-se uma leitura normativa (suprema) à Constituição, que apenas organiza os poderes públicos através de uma nova conceção de separação de poderes[63];

[60] Cfr, M. Lúcia Amaral e R. Afonso Pereira, *Estudos*, p. 388.

[61] A este propósito, J. Reis Novais, *Contributo*, pp. 77-78.

[62] Expressão retirada de M. Lúcia Amaral e R. Afonso Pereira, *ob. cit.*, p. 399.

[63] É verdade que, olhando para as várias Constituições do período oitocentista, e como refere Blanco de Morais, *Curso*, II, p. 100, todas elas afirmam a sua superioridade constitucional, quer através do próprio preâmbulo, quer através da instituição de procedimentos agravados de revisão. Mas, uma vez mais, essa superioridade era meramente política, já que nenhum valor normativo lhe era conferido. Simultaneamente, "garantia constitucional", neste período, não tinha qualquer relação com uma eventual justiça constitucional: do lado do Monarca, por exemplo, tal manifestava-se através de uma promessa de fidelidade à Constituição, pelo que, inevitavelmente, a garantia desta também assumia contornos exclusivamente políticos, não deixando espaço para o surgimento de um "terceiro" que dirimisse eventuais conflitos constitucionais – neste sentido, G. Zagrebelsky e V. Marcenò, *Justicia*, pp. 65-66.

(*ii*) ao mesmo tempo, e como se acabou de ver, inexistem conflitos normativos que reclamem a presença de um poder externo (*rectius*: de uma jurisdição) capaz de os resolver[64], na medida em que não só a lei é aprovada pelos seus próprios destinatários, como admitir a sua sindicância pelos tribunais poderia minar a efetiva garantia dos direitos e das liberdades fundamentais conferidas por aquela: novamente, o juiz reduz-se a um mero aplicador do Direito, sendo que a livre criação deste continua a residir exclusivamente no Parlamento; (*iii*) deste modo, qualquer conflito que possa surgir será, essencialmente, um conflito político entre legitimidades, que apenas poderá ser dirimido pelos sujeitos da Constituição onde os respetivos poderes estão devidamente distribuídos. Assim, e por outras palavras, se o controlo do legislativo e do executivo é da responsabilidade daqueles sujeitos[65] – i.e., é operado por órgãos políticos representativos das duas forças de poder, assumindo, por isso mesmo, natureza política –, o controlo da Constituição – que não só é encarada unicamente enquanto momento ou processo político, como é entregue aos titulares daqueles poderes –, só poderá ser, também ele, da responsabilidade destes últimos, sendo, portanto, *político* e não jurisdicionalizável[66]. Tudo isto explica (e justifica) a inexistência de condições – teóricas e práticas – de afirmação de uma justiça constitucional[67].

[64] Quer conflitos horizontais (entre normas de diferentes centros de produção normativa), quer conflitos verticais (entre lei ordinária e Constituição).

[65] Cfr, *supra*, nota 54.

[66] Evidentemente, e como acabamos de referir na nota 54, este controlo constitucional, pese embora também possa revestir a forma de verificação de conformidade das normas com a Constituição – *i.e.*, com o pacto que assegura a separação entre as duas legitimidades – não deixa de continuar a ser político, sendo exercido, como referido, ou pelo Parlamento (legitimidade popular) ou, então, pelo próprio Monarca (legitimidade monárquica), através de sanção real. Por outras palavras, e em linha com o que se acaba de afirmar: esse controlo, posto dessa forma, radicará sempre num conflito entre os sujeitos da Constituição, entre as legitimidades – pense-se, por exemplo, no caso de o Parlamento aprovar uma lei contrária aos direitos da Coroa ou o Executivo aprovar um decreto ditatorial: em ambos estes casos, se é certo que o argumento utilizado pode ser o da incompatibilidade daquela norma com a ordenação dos poderes públicos vertida na Constituição, também não deixa de ser verdade que, na realidade, não se está a fazer qualquer tipo de juízo normativo (*rectius*: de uma norma inferior ir de encontro a uma norma superior), já que o parâmetro de controlo é um documento político organizador dos poderes de ambos os sujeitos e não qualquer norma jurídica, muito menos suprema. Independentemente disto, a ideia central mantém-se: se, nos termos constitucionais, o Executivo apenas pode atuar se estiver habilitado por lei (controlo operado pelo Parlamento) e se o Monarca tem a possibilidade de não sancionar determinada lei (controlo operado pelo Monarca), então isso retira qualquer espaço de atuação aos tribunais.

[67] Cfr, J. Miranda, *Contributo*, pp. 42-46.

1.7. A importância da *questão social*

O constitucionalismo da era liberal e o compromisso a ele associado vão ainda servir, curiosamente, como uma espécie de aliança contra novos movimentos sociais que estavam a surgir, nomeadamente vindos das classes trabalhadoras e assalariadas, e que coincidiam com as franjas excluídas do exercício do direito de voto – referimo-nos ao operariado, à fábrica, às classes menos instruídas e, inclusivamente, à mulher. Efetivamente, a chamada "questão social" que adveio do desenvolvimento do capitalismo industrial de finais do século XIX, não só deixou espaço de afirmação para esses movimentos, como também criou condições para que eles se agregassem em centros de protagonistas que passam a reclamar poder[68] – isto é, em partidos políticos. Ainda para este efeito, é de referir que o Manifesto do Partido Comunista é publicado, pela primeira vez, em 1848[69]. Se era assim, e tendo em conta as tendências radicais associadas a esses novos movimentos, era do interesse do monarca e da burguesia que o acordo firmado por ambos através da Constituição durasse o maior tempo possível. Só que a História demonstrou precisamente o contrário[70].

1.7.1. Da *unidade* ao *conflito*

I. A partir do momento em que novos movimentos sociais reclamam o poder – que, até aí, residia exclusivamente no monarca e na burguesia –, rapidamente se percebe que o entendimento constitucional tem de acompanhar essa nova dinâmica. Dito de outro modo, as Constituições já não podem ser, apenas, o reflexo de uma sociedade homogénea – com a consequente ligação unificadora entre legislador e legislado –, mas, antes, têm de ser o reflexo da (nova) sociedade que agora é pluralista. Deixa, por isso, de haver *unidade* e passa a haver *conflito*[71].

[68] Neste sentido, cfr, G. Almeida Ribeiro, *DFMP.*

[69] Sobre este aspeto, cfr, G. Zagrebelsky e V. Marcenò, *Justicia*, pp. 62-63.

[70] Sobre este período histórico, coincidente com o surgimento do Estado Social, e respetivas implicações na garantia da Constituição, cfr, J. Reis Novais, *Contributo*, pp. 179 e ss.; J. Miranda, *Contributo*, 58-63.

[71] Neste sentido, M. Lúcia Amaral e R. Afonso Pereira, *Estudos*, p. 400.

II. E este facto, por si só, gera consequências inevitáveis: (*i*) em primeiro lugar, a burguesia e o Monarca deixam de ter força suficiente para se limitarem reciprocamente, na medida em que a decisão política deixa de estar (exclusivamente) reservada àqueles[72]; (*ii*) este facto decorre, como se viu, da circunstância de novos movimentos sociais terem assento no Parlamento. Se é assim, então a lei deixar de ser a expressão da vontade geral, uma vez que a generalidade (*rectius*: unidade) associada à burguesia desaparece; (*iii*) essa dissipação faz, também, com que a lei tenha de regular as reivindicações da (nova) sociedade civil pluralista – i.e., faz com que a lei tenha de "de descer à regulação de todo um complexo de exigências"[73], de "interesses difusos"; (*iv*) a satisfação destas exigências, pese embora poder continuar (e continua) a ser cumprida pelo Parlamento, também reclama, ao mesmo tempo, novos centros de produção normativa – surgem, por isso, conflitos normativos que têm de ser resolvidos, ao mesmo tempo que se dilui a separação entre atividade legislativa e administrativa[74]. Por fim, e em estreita ligação com este último aspcto, a desconfiança crónica sobre o poder judicial começa a ser superada – os juízes deixam de ser encarados como um símbolo de subserviência ao Antigo Regime e passam a ser a imagem da independência e da imparcialidade, capazes de assegurar, de forma neutra, a defesa dos direitos nesse contexto de conflito social e normativo.

1.7.2. A Constituição enquanto *compromisso social*

III. Face ao exposto, no âmbito das condições de surgimento de uma justiça constitucional há duas conclusões que saem do final do século XIX e do início do século XX e que são absolutamente determinantes para aquela: (*i*) em linha com o referido anteriormente, a afirmação de uma nova sociedade pluralista exige, simultaneamente, que os novos protagonistas possam

[72] Referindo-se, a este propósito, à "falência do dualismo", cfr, L. Pereira Coutinho, *A Autoridade Moral*, pp. 343-349.

[73] Cfr, C. Blanco de Morais, *Curso*, II, p. 105. É precisamente a partir daqui que se vai generalizando aquilo a que hoje apelidamos de "lei-medida". A elas voltaremos mais adiante na nossa investigação.

[74] Como bem refere Lúcia Amaral, "[o] processo de criação do direito já não é, como o era no Estado-de-legalidade, um processo centrado na feitura da lei por parte do Parlamento ou de um qualquer outro legislador que seja único. É antes uma realidade dinamicamente repartida por vários centros de produção de normas – infraestaduais, supraestaduais, sociais – que se organizam também eles num mundo complexo, dúctil e plural" – cfr, M. Lúcia Amaral, *A Forma*, p. 81.

ter assento no Parlamento. Entende-se, por isso, que só uma democracia parlamentar é que consegue responder a esta exigência. Em estreita articulação com este objetivo, também se começa a compreender, a partir de agora, que é essencial que haja acordos entre os vários sujeitos e atores da sociedade e que têm essa representação parlamentar, pois que só assim é que, teoricamente, se conseguirá conter o conflito e a estabilidade será garantida.

IV. E estes acordos são diametralmente diferentes daqueles que identificamos *supra*, a propósito do Antigo Regime, na medida em que o seu objetivo não é o da autotutela de cada grupo, antes se traduzindo, a final, numa decisão coletiva – *i.e.*, numa decisão que é pensada a partir da e que beneficia toda a sociedade[75]; (*ii*) ainda neste âmbito, começa-se a questionar qual será a melhor forma de se garantir, em termos duradouros, esse esforço comum. E a resposta é clara: através de uma Constituição, já que só através dela é que se poderá assegurar a convergência necessária e o compromisso social. É claro que este entendimento é também fruto de outro tão ou mais importante: a circunstância de deixar de haver um poder dominante efetivo – deixar de haver uma luta pela soberania, na medida em que esta se dilui naquela pluralidade social. Assim, e novamente, entende-se que a soberania tem de deixar de ser *concreta* e passar a ser *abstrata*. Que é o mesmo que dizer: passar a residir na Constituição – a garantidora da unidade e da estabilidade[76] [77].

1.7.3. A permanência do *princípio da legalidade*

V. Ressalve-se, porém, o seguinte: se é verdade que, à partida, a garantia primária desta unidade deveria decorrer da Constituição, nas democracias

[75] Cfr, G. ZAGREBELSKY e V. MARCENÒ, *Justicia*, pp. 77-78. Cfr, ainda, L. PEREIRA COUTINHO, *A Autoridade Moral*, pp. 362-369.

[76] Este entendimento, evidentemente, é reflexo do sentimento geral em contexto de transição do século XIX para o século XX. Queremos com isto dizer que, apesar de ser o entendimento dominante, nem todos o perfilhavam – um exemplo de um pensamento conflituante, em defesa de uma (ainda) soberania concreta, é o de CARL SCHMITT, como teremos oportunidade de verificar *infra*.

[77] Nas palavras de LÚCIA AMARAL, essa garantia que é firmada pelas Constituições explica-se pelo facto de se entender que elas têm de ser a «expressão estável de *pactos de convivência entre os "partidos" ou "grupos conflituantes"; que regulem os processos de competição democrática; que protejam as minorias e que limitem o poder das maiorias; que definam valores comuns; que incorporem, enfim, aqueles princípios que garantem a unidade do Estado (ou melhor, a unidade entre os membros do povo do Estado), não obstante a pluralidade das forças sociais*» – cfr, M. LÚCIA AMARAL, *A Forma*, p. 76.

parlamentares, e em simultâneo com este entendimento, a principal ameaça a essa unidade – e, portanto, à Constituição – vinha, precisamente, do órgão preponderante desse sistema de governo: do Parlamento, do lugar onde se determinam os equilíbrios políticos gerais – enfim, da lei, nomeadamente quando o seu conteúdo fosse contrário àquela. Há, por isso, uma mudança estrutural relativamente ao constitucionalismo dualista, onde, como se viu, essas ameaças provinham maioritariamente do Executivo. Acontece, porém, que se é um facto que os tribunais podiam (e deviam) aplicar a lei ao caso concreto e defendê-la no caso de esta ser violada – portanto, em casos de *ilegalidade* –, a lógica de defender a Constituição contra a lei (ou, se se preferir, contra o Parlamento) ainda não estava presente.

VI. É verdade que, por um lado, e como vimos, parecia que começavam a estar criadas as condições de afirmação de um *outro* poder, dissociado do típico poder judicial, que garantisse e defendesse, em termos secundários, a unidade que era primariamente assegurada pela Constituição e o respetivo equilíbrio de forças contra as ameaças a essa mesma unidade, em especial aquelas advenientes da lei parlamentar. Começava-se, por isso, a sentir a necessidade de, finalmente, assegurar a conformidade de todos os atos do poder político – e, em especial, da lei – relativamente às disposições constitucionais. Só que, por outro lado, e para que isso efetivamente se concretizasse, faltava um "pequeno" passo que, no final, deixaria uma enorme marca: aceitar uma leitura normativa da Constituição e, consequentemente, deslocar o *princípio da legalidade* para um *princípio da constitucionalidade*[78].

1.8. O debate Kelsen vs. Schmitt

Na Europa continental, a aceitação de que a Constituição tem, ela própria, um valor normativo, esteve na base de um aceso debate que ocorreu no início do século XX entre Carl Schmitt e Hans Kelsen. E, como teremos oportunidade de verificar, a história veio dar razão a um dos protagonistas. Já muito foi escrito sobre este debate, mas, para aquilo que nos interessa, importa destacar que ele se centra em duas temáticas que reclamam entendimentos diametralmente opostos: (*i*) qual o valor de uma Constituição;

[78] Assim, J. Miranda, *Contributo*, pp. 77-84.

e (*ii*) qual a principal tarefa de qualquer jurisdição – ou, de uma forma mais ampla, o que significa julgar[79].

1.8.1. Schmitt: uma noção política de Constituição

I. Carl Schmitt parte de uma conceção estrita de jurisdição, na medida em que entende que ela se traduz numa decisão de uma concreta situação de vida com base numa lei. A lógica associada a este raciocínio é, por isso, de natureza

[79] Como se compreende, a bibliografia relativa ao debate entre Kelsen e Schmitt é inabarcável. Precisamente por isso, reportar-nos-emos, apenas, às referências bibliográficas que entendemos terem sido mais úteis para efeitos da nossa breve exposição no contexto da presente dissertação. Assim, e em termos nacionais, cfr, M. Lúcia Amaral, "Revisitar Carl Schmitt: a defesa da Constituição", in C. Blanco de Morais e L. Pereira Coutinho (org.), *Carl Schmitt Revisitado*, Lisboa, 2014, ICJP, pp. 133-149, disponível em: https://bit.ly/3Kr6jYb; J. Lamego, "Kelsen e Carl Schmitt", in P. Moniz Lopes (coord.), *O Pensamento de Hans Kelsen. Influências, Contexto e Atualidade*, 1.ª Edição, Lisboa: AAFDL Editora, 2020, pp. 19-31; ID, *A Teoria Pura do Direito de Kelsen*, Lisboa: AAFDL Editora, 2019, pp. 193-205; C. Blanco de Morais, "O significado do debate Schmitt-Kelsen e a razão do seu retorno no primeiro quartel do Século XXI", in P. Moniz Lopes (coord.), *O Pensamento*,, pp. 203-213; M. Benedita Urbano, *Curso*, pp. 67-71; F. Alves Correia, *Justiça*, pp. 114-119; J. M. M. Cardoso da Costa, "Algumas Reflexões em Torno da Justiça Constitucional", in *Boletim da Faculdade de Direito, Studia Juridica* 41, Colloquia – 3, Coimbra: Coimbra Editora, 1998, pp. 114-117; J. Reis Novais, *Sistema Português*, pp. 25-32. Na doutrina estrangeira, veja-se, S. Lagi, "Hans Kelsen and the Austrian Constitutional Court (1918-1929)|", in *Revista Co-herencia*, Vol. 9, N.º 16, Enero – Junio 2012, pp. 273-295; M. Cappelletti, Judicial Review, pp. 45-68; B. A. Schupmann, *Carl Schmitt's State and Constitutional Theory*, Oxford: Oxford University Press, 2017, pp. 153-171; O. Bassok, "The Schmitelsen Court: The Question of Legitimacy", in *German Law Journal* (2020), 21, pp. 131–162; J. de Miguel Bárcena e J. Tajadura Tejada, "Kelsen Y Schmitt: Dos Juristas En Weimar", in *Revista de Historia Constitucional*, N.º 20, 2019, pp. 367-400; S. L. Paulson, «Hans Kelsen and Carl Schmitt: Growing Discord, Culminating in the "Guardian" Controversy of 1931"», in J. Meierhenrich e O. Simons (eds.). *The Oxford Handbook of Carl Schmitt*, Oxford: Oxford University Press, 2016, pp. 510-531; T. Olechowski, "The beginnings of constitutional justice in Europe", in M. Rask Madsen e C. Thornhill, *Law and the Formation of Modern Europe*, Oxford: Oxford University Press, 2014, pp. 88-92; P. Pasquino, "A Political Theory of Constitutional Democracy: On Legitimacy of Constitutional Courts in Stable Liberal Democracies", in T. Christiano et al. (eds.), *Morality, Governance, and Social Institutions*, Palgrave Macmillan, 2018, pp. 200-219; J. Juan Moreso, "Kelsen On Justifying Judicial Review", in G. Ramirez Cleves, *Ecos de Kelsen: Vida, obra y controversias*, Universidad Externado de Colombia, 2012, pp. 354-378; M. Troper, "Kelsen Y El Control de Constitucionalidad, Derechos Y Libertades", in *Revista Del Instituto Bartolomé De Las Casas*, Universidad Carlos III de Madrid. Instituto Bartolomé de las Casas: Boletín Oficial del Estado, 1995, pp. 307-332. Tendo em conta estas obras consultadas, e porque todas elas, de uma maneira ou de outra, convergem na respetiva análise, apenas referir-nos-emos a elas isoladamente quando isso se justificar.

subsuntiva: o juiz, ao analisar um determinado caso concreto, deve subsumi-lo à lei (ou, mais corretamente, à norma) e extrair daí as devidas consequências de *dever-ser*. No entender de SCHMITT, esta tarefa era facilitada pelo facto da lei – *rectius*: da lei ordinária – ser suficientemente precisa, não oferecendo dúvidas quanto à sua eventual aplicação ao caso. Por oposição – entendia este Autor –, na medida em que as normas constitucionais eram caracterizadas por serem genéricas e não suficientemente precisas[80], então não poderia ser associada qualquer jurisdição à Constituição, uma vez que não é possível haver subsunção a normas genéricas[81].

a) A atividade constitucional enquanto atividade política

II. Deste modo, e seguindo este entendimento, toda a questão constitucional – ou melhor dizendo, toda a questão de direito constitucional – diz respeito ao conteúdo da norma de direito constitucional – i.e., da lei constitucional. Por ser vago e genérico, há que determiná-lo. Porém – e é aqui que reside uma das *pedras de toque* – se um juiz determina o conteúdo de uma lei constitucional, não está a realizar a tarefa subsuntiva tipicamente associada à jurisdição: está, antes, a tomar uma decisão. Uma decisão que não é baseada em nenhuma lei. Logo, não está a exercer qualquer função jurisdicional: não está a julgar[82]. Fica, por isso, a questão: a existir, que tipo de atividade seria esta? Segundo SCHMITT, uma atividade política com natureza constitucional[83]. Por outras palavras, qualquer questão que chegasse a um eventual Tribunal Constitucional seria sempre uma questão que, embora mascarada

[80] Como, por exemplo, as vertidas em princípios constitucionais ou aquelas que incorporavam e enunciavam valores.

[81] Cfr, C. SCHMITT, *La Defensa De La Constitución. Estudio Acerca de las Diversas Especies Y Posibilidades de Salvaguarda de La Constitución*, Editorial Tecnos, 1983, p. 48. Cfr, ainda, C. BLANCO DE MORAIS, *Curso*, II, pp. 394-395, em especial p. 397; F. ALVES CORREIA, *Justiça*, pp. 116-117; G. ZAGREBELSKY e V. MARCENÒ, *Justicia*, p. 84

[82] Cfr. C. SCHMITT, *ob. cit.*, p. 77. Como bem nota BLANCO DE MORAIS, esta conclusão também advinha do facto de o objeto da sentença do juiz não assentar "numa argumentação convincente, mas na autoridade com que elimina a dúvida e as argumentações alternativas" – cfr, C. BLANCO DE MORAIS, *Curso*, II, p. 397. Dito de outro modo, existindo diversas soluções argumentativas, o juiz tem de escolher uma em detrimento de outras; esse ato de escolha, por sua vez, é verdadeiramente uma decisão; porém, esta decisão não radica em nenhuma lei, pelo que, como se viu, não se poderá falar em jurisdição. No mesmo sentido, G. ZAGREBELSKY e V. MARCENÒ, *ob. cit.*, p. 85.

[83] Cfr, C. SCHMITT, *La Defensa*, p. 93. Ou, nas palavras de BLANCO DE MORAIS, qualquer juiz que estabelecesse um sentido normativo como correto seria, na realidade, um "legislador constitucional", sendo que essa circunstância, "[à] luz da separação de poderes (...) seria inaceitável" – *ob. cit.*, p. 397.

de puramente judicial, seria substancialmente política, pelo que não podia ser confiada a um órgão daqueloutra natureza, não autorizado a exercer funções políticas. É claro que este juízo se encontra diretamente associado ao outro ponto de partida, que o influencia de forma determinante – qual a leitura que deve ser feita da Constituição. E para SCHMITT, a resposta não podia deixar de ser mais clara: uma leitura política.

b) Garantia constitucional enquanto garantia política

III. Tal como foi evidenciado, o contexto histórico-social em que decorre o debate a que nos estamos a referir, é um contexto de conflito (ou de desagregação) social, marcado pelo surgimento de vários movimentos que reclamavam o poder. SCHMITT, partindo desta evidência, volta a recuperar a ideia de soberania *concreta* para assegurar a unidade do Estado, rejeitando, ao mesmo tempo, uma leitura compromissória da Constituição, seja ela entre legitimidades, seja entre os sujeitos da nova sociedade pluralista.

IV. Quando, no parágrafo anterior, nos referimos a "lei constitucional" não o fizemos inocentemente. É que, e em boa verdade, SCHMITT faz uma distinção entre *Constituição* e *lei constitucional*. Para este jurista, a *Constituição* é a decisão política fundamental do Estado – isto é, a decisão relativa à unidade (política) do Estado, identificada com as normas constitucionais de maior relevância para essa mesma unidade, como as referentes à estrutura do Estado e à organização dos poderes públicos[84]. Desta forma, atentar contra a Constituição seria, no limite, atentar contra essa unidade, sendo sinónimo de desagregação do Estado – do seu próprio fundamento. Logo, *garantia constitucional* seria, para SCHMITT, garantir a unidade política daquele, sendo, por isso, uma tarefa exclusivamente política. Ainda segundo este raciocínio, e como vimos, não só o Parlamento – enquanto representante do pluralismo – seria uma ameaça (permanente) a essa unidade, como permitir a existência de uma justiça constitucional que tutelasse e defendesse grupos (sociais) que contribuíam para a desagregação do Estado seria atentatório da Constituição

[84] Cfr, C. SCHMITT, *ob. cit.*, p. 226. Cfr, ainda, C. BLANCO DE MORAIS, *Curso*, II, pp. 392-393; F. ALVES CORREIA, *Justiça*, pp. 116-117; M. BENEDITA URBANO, *Curso*, 2016, pp. 68-69; M. LÚCIA AMARAL, "O Modelo Europeu de Justiça Constitucional. Origens e Fundamentos", in *Estudos Em Memória do Conselheiro Artur Maurício*, Coimbra: Coimbra Editora, 2014, pp. 1038-1039; G. ZAGREBELSKY e V. MARCENÒ, *Justicia*, pp. 93-94.

assim entendida[85]. Quem deveria ter a missão da sua defesa existencial – que é o mesmo que dizer: quem deveria restaurar a unidade – seria o soberano, investido de poderes excecionais, nomeadamente sobre o Parlamento.

V. Aqui, SCHMITT identificava o soberano com o Chefe de Estado, já que só ele – símbolo da unidade – é que tinha competência para declarar o estado de exceção e, consequentemente, adotar medidas adequadas às circunstâncias com base em poderes ilimitados decorrentes dessa situação excecional[86]. A *garantia constitucional*, por isso, seria uma garantia política[87] [88].

c) Lei constitucional e atividade política

VI. Assente que está o significado político da Constituição na perspetiva de SCHMITT, assim como a garantia a ela associada, resta saber se, para o mesmo Autor, esta também assumiria idêntica natureza quando relacionada com a *lei constitucional*. Sucintamente, e retomando o que há pouco foi referido, *lei constitucional* identificar-se-ia com aquelas normas (de conteúdo *vago* e *genérico*) que estavam contidas na Constituição para adquirirem uma maior

[85] Cfr, C. SCHMITT, *La Defensa*, p. 141.

[86] *Idem*. É de salientar que, no que diz respeito ao Chefe de Estado, SCHMITT retirava esta competência excecional do artigo 48º da então Constituição de Weimar de 1919, que, inclusivamente, e dentro de determinados pressupostos, permitia a suspensão de importantes direitos fundamentais, como a liberdade individual, a liberdade de manifestação e de pensamento, bem como o próprio direito de propriedade. A este propósito, cfr, C. BLANCO DE MORAIS, *Justiça*, I, pp. 270 e 274.

[87] Cfr, C. SCHMITT, *ob. cit.*, pp. 213 e ss. Nas palavras de M. LÚCIA AMARAL, e por força do exposto, "[a] a garantia da constituição movia-se (...) naturalmente fora do domínio do jurídico, e, portanto, fora do domínio do poder jurisdicional" – cfr, M. LÚCIA AMARAL, *Estudos*, p. 1039.

[88] Neste enquadramento, há ainda que clarificar um aspeto: a Constituição schmittiana nasce, evidentemente de um poder constituinte – *rectius*: de um ato desse mesmo poder através do qual o povo decide sobre a sua unidade política, exprimindo o sentido da existência da comunidade. É neste âmbito que falamos de Constituição enquanto unidade política. Porém, tal não significa reconhecer uma soberania à Constituição, nomeadamente em termos de soberania concreta. Como referido, a contraposição desta unidade política do povo estava representada no pluralismo do Parlamento. A partir do momento em que aquela unidade é posta em causa, sente-se a necessidade de alguém intervir para a recuperar. E esse "alguém" não só é titular dessa Constituição, que adveio daquele poder constituinte, e, portanto, do povo, como ela lhe garante os poderes necessários para salvaguardar e recuperar a dita unidade a partir do momento em que lhe reconhece individuação face aos outros órgãos do Estado, nomeadamente o Parlamento. É neste contexto que falamos, novamente, de uma soberania *concreta* do Chefe de Estado. Veja-se, a este propósito, o referido por M. LÚCIA AMARAL, *Estudos*, pp. 1038-1039 e F. ALVES Correia, *Justiça*, pp. 117-118. Cfr, ainda, C. BLANCO DE MORAIS, *Curso*, II, p. 392.

estabilidade, encontrando-se vinculadas a ela[89]. Mas importa não esquecer um aspeto fundamental: estavam inseridas numa Constituição que tinha um valor político. Como se viu, se é verdade que a garantia da Constituição, sendo política, apenas pode ser cometida ao Chefe de Estado, também não deixa de ser verdade que, a partir do momento em que SCHMITT traduz a ideia de julgamento numa lógica subsuntiva, conclui que essa operação de subsunção não pode ser realizada relativamente a normas genéricas, e refere que, em consequência, qualquer questão de julgamento relativa a uma *lei constitucional* – por natureza genérica – diz respeito à determinação do seu conteúdo – não sendo, por isso, uma decisão baseada numa lei –, então essa atividade, e a final, será, também ela, uma atividade política, na medida em que determinar o conteúdo de uma *lei constitucional* é não só determinar o conteúdo de uma lei com natureza política, como, ao mesmo tempo, consubstancia, da parte do juiz, uma decisão de atuação por natureza estranha à subsunção típica de uma jurisdição na lógica *schmittiana*, indo de encontro à própria separação de poderes[90]. Estar-se-ia, como se referiu, perante uma atividade política com natureza constitucional. Portanto, e de novo, também aqui se exclui qualquer intervenção de um poder de natureza jurisdicional[91].

1.8.2. KELSEN: uma noção normativa de Constituição

VII. Pelo que foi exposto, não é despiciendo afirmar-se que SCHMITT, ainda em linha com um entendimento típico do Estado (burguês) de legalidade, associava a tarefa do juiz a uma espécie de aplicação mecânica do Direito:

[89] Que, apesar de também resultarem da vontade constituinte, não são "expressão de nenhuma unidade, muito menos de unidade existencial da comunidade política à qual se destina[m]" – cfr, M. LÚCIA AMARAL, *Estudos*, p. 1038. Portanto, a lei constitucional já não se identificaria com aquelas normas essenciais à unidade e estrutura do Estado, mas, ao invés, com os "interesses sociais que em dado momento histórico combinam um certo modo de convivência, interesses esses que a lei tutela" – idem. Veja-se, ainda, C. BLANCO DE MORAIS, *Curso*, II, p. 392, bem como pp. 394-395, que se refere às leis constitucionais como «um conjunto de "formas normativas" que instrumentalizam, na esfera do direito, a vontade soberana».

[90] Cfr, C. SCHMITT, *La Defensa*, pp. 89-90, bem como *supra*, nota 83.

[91] É verdade que, como nota BLANCO DE MORAIS, SCHMITT entende, em parte, que o juízo subsuntivo que envolve a aplicação de uma norma a um caso concreto é diferente daquele que envolve a adequação de uma norma inferior a uma norma superior inscrita na Constituição. Só que, mesmo assim, o problema mantém-se, na medida em que a indeterminação do conteúdo normativo associada às normas constitucionais dificultava raciocínios de ordem subsuntiva – cfr, C. BLANCO DE MORAIS, *Curso*, II, p. 397.

a partir do momento em que define jurisdição enquanto decisão de uma situação concreta baseada numa lei, configura o juiz como um mero aplicador do Direito ao caso concreto[92], rejeitando qualquer outro tipo de função, nomeadamente a eventual descoberta de normas advenientes da interpretação de enunciados normativos.

VIII. Kelsen, por sua vez, está nos antípodas deste entendimento. Hans Kelsen, respondendo a Carl Schmitt, rejeita, desde logo, uma aplicação mecânica do Direito, afirmando que uma decisão judicial não se pode reduzir, apenas, a uma operação lógica. A partir daqui este jurista oferece uma conceção de jurisdição distinta daquela que havia sido apresentada por Carl Schmitt. Para Kelsen, jurisdição não significa, apenas, aplicar direito a um caso concreto. Para aquilo que nos interessa, jurisdição também implica dúvida interpretativa sobre a própria norma a aplicar, que é o mesmo que dizer que o juiz, quando realiza a sua tarefa de subsunção de um caso concreto a uma norma, também *pode* (e, em certas circunstâncias, *deve*) esclarecer, em abstrato, o sentido da norma que pretende aplicar[93].

IX. De facto, se não houvesse dúvidas interpretativas, então nunca existiriam controvérsias jurídicas, mas apenas controvérsias factuais – a existir algum problema, ele nunca estaria localizado na norma, que seria perfeitamente precisa, mas no facto[94]. Como é evidente, a realidade demonstra precisamente o contrário, já que o mesmo facto pode espoletar a eventual aplicação de diversas normas, sendo que a aplicação de uma delas àquele caso apenas ocorrerá quando as dúvidas interpretativas sobre qual aplicar estiverem esclarecidas. Portanto, e num primeiro momento, Kelsen conclui que também é função de qualquer juiz esclarecer o conteúdo de uma norma quando as circunstâncias do caso assim o determinem, sendo que uma verdadeira jurisdição começa aí – no momento em que o conteúdo das normas se torna duvidoso ou controvertido[95].

92 No mesmo sentido, C. Blanco de Morais, *Curso*, II, p. 397.

93 Cfr, H. Kelsen, "Quem deve ser o guardião da Constituição?", in H. Kelsen, *Jurisdição Constitucional*, 3.ª Edição, São Paulo: WMF Martins Fontes, 2013, pp. 254-255.

94 *Idem*. Neste sentido, G. Zagrebelsky e V. Marcenò, *Justicia*, pp. 87-88.

95 Cfr, H. Kelsen, *ob. cit.*, pp. 254-255.

a) A *Stufenbautheorie* e o controlo de constitucionalidade

X. O conceito de jurisdição é, por isso, substancialmente diferente em KELSEN e em SCHMITT. E essa diferença, no que a KELSEN diz respeito, será importante para perceber a outra relativa à conceção da Constituição. Como foi avançado, a partir do momento em que SCHMITT confere uma natureza exclusivamente política à Constituição, subtrai qualquer putativa intervenção jurisdicional sobre ela. Ora, KELSEN, ao defender que a jurisdição é (também) o esclarecimento do conteúdo de uma norma, provoca, em simultâneo, outra questão, que é a de saber se isso pode acontecer relativamente à Constituição. Como bem se percebe, uma resposta positiva apenas poderá ser avançada se se sufragar que aquele documento político de que fala SCHMITT é, afinal, uma norma. E é precisamente este o entendimento de KELSEN.

XI. Através da sua Teoria Pura, este Autor avança com uma conceção gradualista do Direito (*Stufenbautheorie*), assente numa estrutura hierárquica da ordem jurídica, afirmando que o fundamento de validade de uma norma apenas pode ser a validade de uma outra norma. Noutros termos, há sempre uma relação de influência entre a norma que condiciona e aquela que é condicionada, já que uma mesma norma não só é válida por força de outra norma superior que permitiu a sua produção e, consequentemente, lhe conferiu essa validade, como, ao mesmo tempo, permite a produção e atribui validade a uma norma inferior[96]. E segundo o mesmo Autor, é na Constituição que encontramos o grau mais elevado de direito *positivo* da ordem jurídica – que é o mesmo que dizer, é na Constituição que encontramos a norma mais importante da ordem jurídica estadual *positiva*[97].

[96] Cfr, H. KELSEN, *Teoria Pura do Direito*, 7.ª Edição da Tradução Portuguesa, Coimbra: Edições Almedina, 2008, pp. 215 e ss. Sobre a *Stufenbautheorie*, cfr, G. FABIÃO, "Ordenamento jurídico e stufenbautheorie" in P. MONIZ LOPES (Coord.), *O Pensamento*, pp. 113-119.

[97] Cfr, H. KELSEN, "A Jurisdição Constitucional (Exposição de Hans Kelsen)", in H. KELSEN, *Jurisdição*, pp. 130-131. Referimo-nos a direito *positivo* uma vez que, na linha da mesma teoria gradualista, KELSEN entende que acima da Constituição existe ainda outra norma, que é a mais elevada – a chamada norma fundamental (*Grundnorm*). Esta norma difere da Constituição por não estar positivada nem, muito menos, ser o produto de um eventual poder constituinte. A *Grundnorm* – ao invés – "não é posta por uma autoridade, mas pressuposta como a mais elevada", sendo, por isso, hipotética. Por sua vez, não só vai conferir validade e fundamento à Constituição, como, em simultâneo, será "o fundamento de validade último que constitui a unidade desta interconexão criadora" que é a ordem jurídica estadual– cfr, H. KELSEN, *Teoria*,

XII. Há, portanto, uma diferença radical quanto à solução apresentada por SCHMITT: para KELSEN, a Constituição é uma norma. Este entendimento acarreta, em termos imediatos, duas consequências cuja importância é fundamental: (*i*) em primeiro lugar, e por força do anteriormente exposto, todo o ato *criador* de Direito é, ao mesmo tempo, ato *aplicador* de Direito e vice-versa[98]; (*ii*) se assim é, então a própria lei parlamentar – que, como vimos, era o ato criador de Direito por excelência – também se traduz num ato de aplicação de Direito – i.e., também pode ser objeto de vinculações jurídicas, nomeadamente à norma superior que lhe confere validade: a Constituição[99]. De facto, e como alguém bem referiu, a *Stufenbautheorie* permitiu aquilo que nunca até aí havia sido permitido: "construir o direito constitucional – enquanto vinculação da lei à constituição, entendida ela própria como norma jurídica cogente"[100]. No fundo, a Constituição passou a ser a "norma sobre o político, isto é, sobre o Estado, o seu poder e a sua organização"[101]. Uma questão de direito constitucional já não é uma mera descoberta do conteúdo de uma norma vaga e genérica, que se traduz numa decisão política subtraível

pp. 251. Entre nós, clarificando que, para KELSEN, "a ideia de Constituição seria um facto fundamental predicado por uma norma geral do Direito Internacional Público de hierarquia superior à das normas da ordem jurídica interna dos Estados", cfr, C. BLANCO DE MORAIS, *Curso*, II, p. 377.

[98] A este propósito, cfr, G. ZAGREBELSKY e V. MARCENÒ, *Justicia*, p. 88 e M. LÚCIA AMARAL, *Estudos*, p. 1036.

[99] Como bem refere KELSEN, "a legislação está subordinada à Constituição, da mesma forma que a justiça e a administração estão subordinadas à legislação, e, por conseguinte, o postulado da constitucionalidade das leis é, teórica e tecnicamente, idêntico ao postulado da legalidade da jurisdição e da administração" – cfr, H. KELSEN, *Jurisdição*, p. 151. Mesmo assim, e ainda acompanhando este raciocínio, há que salientar que o legislador, no seu processo criativo, só se encontra vinculado à Constituição pelo processo (ou forma) e, excecionalmente, pelo conteúdo, que não pode ir de encontro a determinados princípios gerais. Por oposição, e especificamente no que ao Tribunal Constitucional diz respeito, a atividade do juiz constitucional – que KELSEN configura enquanto "legislador negativo" – é totalmente determinada pela Constituição, pelo que a livre criação típica do legislador "está neste caso quase completamente ausente". É também por aqui que KELSEN conclui que a função de um eventual Tribunal Constitucional "é idêntica à de qualquer outro tribunal; consiste principalmente em aplicação e unicamente numa medida reduzida em criação do direito" – idem, p. 153. Porém, e independentemente disso, a ideia essencial de KELSEN mantém-se ainda hoje: "nem o processo de feitura das leis pode ser entendido como um processo inteiramente livre de vinculações jurídicas, nem o processo de aplicação do direito por parte dos tribunais pode ser concebido como uma realidade inteiramente vinculada, mecânica e não criadora" – cfr, M. LÚCIA AMARAL, *A Forma*, p. 74.

[100] Cfr, M. LÚCIA AMARAL, *Estudos*, pp. 1036-1037.

[101] *Idem*.

a qualquer juiz. Agora, e de forma muito diferente, uma questão de direito constitucional, amplamente considerada, consiste em controlar se os atos normativos – em especial, se a lei – estão, ou não, de acordo com a Constituição. É um *controlo de constitucionalidade.*

b) Garantia constitucional e *princípio da constitucionalidade*

XIII. Se atentarmos bem, também para Kelsen, e ao contrário de Schmitt, não é necessário qualquer tipo de soberano para recuperar uma unidade política putativamente destruída, já que a teoria sufragada por este Autor permite, finalmente, que a soberania deixe de ser *concreta* e passe a ser *abstrata*, ao identificar-se com a própria Constituição. E note-se que esta soberania é, ao mesmo tempo, política e jurídica. Por um lado, e como foi referido, o contexto político-social do início do século XX é marcado por um conflito entre diversas forças que se querem afirmar simultaneamente. Também como foi avançado, a democracia parlamentar torna-se o melhor remédio para, à partida, atenuar esse conflito. Mas, para Kelsen, a essência da vida política é o compromisso entre as partes: só englobando as várias sensibilidades – i.e., o *pluralismo* – em procedimentos comuns orientados para o compromisso é que se consegue uma unidade política[102]. E esses procedimentos comuns traduzem-se, precisamente, numa Constituição[103].

XIV. Por outro lado, a acrescer a essa unidade política faltava ainda assegurar a unidade jurídica que advinha da *Stufenbautheorie*, que, como vimos, transforma a Constituição na norma mais importante da ordem jurídica positiva. Ora, essa mesma Constituição, sendo a tradução normativa do político, estabelece limites (normativos) aos poderes do Estado – ao fazê-lo, regula normativamente o compromisso e o pluralismo da vida política: a vida constitucional[104] – enfim, assegura essa mesma unidade[105]. Assim, e conforme aflorado *supra*, a *garantia constitucional* não será, como Schmitt, uma defesa política da Constituição baseada em poderes excecionais que permitem, no limite, suspender algumas das suas disposições; muito diferente disso,

[102] Neste sentido, G. Zagrebelsky e V. Marcenò, *Justicia*, p. 92; M. Benedita Urbano, *Curso*, p. 69.

[103] Cfr, H. Kelsen, *Jurisdição*, pp. 286-287.

[104] Cfr, G. Zagrebelsky e V. Marcenò, *ob. cit.*, pp. 94-95; M. Lúcia Amaral, *Estudos*, p. 1037.

[105] Conforme é referido pelo próprio Kelsen, a "noção de Constituição conservou um núcleo permanente: a ideia de um princípio supremo que determina a ordem estatal no seu todo e a essência da comunidade constituída por esta ordem" – cfr. H. Kelsen, *Jurisdição*, p. 130

a *garantia constitucional* traduzir-se-á, num controlo sobre os atos normativos para apurar se estes são, ou não, conformes à Constituição, entendida como fundamento positivo (último) de validade de todos eles[106].

XV. A partir daqui, da mesma maneira que o *princípio da legalidade* postulava que todos os outros poderes – em especial, o executivo – deviam obediência à lei, fruto deste raciocínio de Kelsen, ao lado daquele princípio surge, também, o *princípio da constitucionalidade*, mas com um alcance bastante mais alargado do que o relativo à lei, na medida em que, ao conferir-se uma supremacia formal, material e funcional à Constituição, e sendo esta (também) uma "norma sobre o político", tanto a lei – *i.e*, tanto os *atos normativos* – como *todos os restantes atos do Estado* passam a dever-lhe obediência[107].

Se se verificar que essa conformidade não existe, isso significa que os limites estabelecidos por aquela norma fundamental foram ultrapassados, o que, por si só, também tem outro significado: que a unidade jurídica assegurada pela Constituição foi afetada. E tendo-o sido, é necessária a intervenção de um poder que a restaure.

XVI. Chegados aqui, há duas conclusões fundamentais relativas ao pensamento de Kelsen que devem ser apreendidas: (*i*) em primeiro lugar, a Constituição é uma norma. E não é uma mera espécie de norma, sendo, antes, uma norma *especial* – aquela que fundamenta a validade de todos os atos normativos da ordem jurídica positiva; (*ii*) se é assim, e porque qualquer ato normativo que contrarie outro de um escalão superior é, à partida, inválido, também o ato normativo que contrarie a Constituição o será. Só que a questão, agora, é saber quem deverá verificar essa invalidade.

[106] Cfr, G. Zagrebelsky e V. Marcenò, *ob. cit.*, pp. 94-95; M. Lúcia Amaral, *Estudos*, p. 1037. De acordo com Kelsen, *Jurisdição*, p. 139, as "garantias necessárias à proteção da Constituição" podem ser "preventivas", quando "tendem a evitar a produção de atos irregulares" ou "repressivas", quando "reagem contra o ato irregular uma vez produzido, tendem a impedir a sua renovação no futuro, a reparar o dano que ele causou, a fazê-lo desaparecer e, eventualmente, a substituí-lo por ato regular". Cfr, ainda, F. Alves Correia, *Justiça*, p. 116.

[107] Assim, atente-se no artigo 3.º, n.º 3, da nossa Constituição, que estipula que "[a] validade das leis *e dos demais atos do Estado* (...) depende da sua conformidade com a Constituição" (itálico nosso). A este propósito, cfr.., J. J. Gomes Canotilho e V. Moreira, *Constituição da República Portuguesa Anotada*, Volume I, 4.ª Edição, Coimbra: Coimbra Editora, 2007, pp. 213-219, e J. Miranda e R. Medeiros, *Constituição Portuguesa Anotada*, Tomo I, 2.ª Edição, Coimbra: Coimbra Editora, 2010, pp. 116-121.

c) A necessidade de uma *jurisdição constitucional*

XVII. Conforme se avançou *supra*, o conceito de jurisdição em KELSEN é substancialmente diferente daquele proposto por SCHMITT, já que o primeiro Autor entende que o juiz também pode, quando as circunstâncias assim exigirem, interpretar o conteúdo de uma determinada norma – genérica ou não[108]. Porém, e para aquilo que interessa neste ponto, importa não esquecer a realidade judicial do início do século XX, onde a interpretação de normas genéricas ou abertas era estranha à maioria dos juízes. É verdade que KELSEN, em sintonia com SCHMITT, também entendia que a Constituição – enquanto centro de distribuição de competências (e de limitações) aos diversos poderes do Estado – não deveria conter normas demasiado vagas, sob pena de se transformar numa mera declaração de princípios jurídicos indeterminados, ameaçando a segurança e a previsibilidade do Direito[109].

XVIII. Porém, se é um facto que estes valores não foram ameaçados, não deixa de ser verdade que a maioria das Constituições contém normas deste tipo. Ora, em linha com o raciocínio anterior, e partindo da *Stufenbautheorie*, os tribunais comuns do início século XX, herdeiros de uma tradição legalista, aplicavam direito infraconstitucional aos litígios concretos – essa justiça era, por isso, uma justiça *de casos*. A partir do momento em que se admite o controlo da conformidade dos atos normativos com a Constituição (*rectius*: com normas de conteúdo maioritariamente principialista), essa justiça deixa de ser uma justiça *de casos* e passa a ser uma justiça *de normas*[110]. A isto acresce outro facto tão ou mais importante: o juiz comum, quer aplicando direito infraconstitucional ao caso, quer interpretando uma norma – *rectius*: uma norma infraconstitucional[111] – está, ainda, a exercer o seu poder judicial. Para KELSEN, e seguindo a lógica de que um ato criador de Direito é, simultaneamente, um ato que aplica Direito e vice-versa, anular uma lei por força da sua desconformidade à Constituição seria, ao mesmo tempo, criar uma norma geral de sentido contrário a essa mesma lei, sendo uma formulação negativa do poder

[108] Cfr, H. KELSEN, *Jurisdição*, pp. 89-90, bem como *supra*, 1.8.2., VIII.

[109] Cfr, H. KELSEN, *ob. cit.*, pp. 169-170. Cfr, ainda, G. ZAGREBELSKY e V. MARCENÒ, *Justicia*, pp. 89-90.

[110] Assim, M. LÚCIA AMARAL, *Anuario Iberoamericano de Justicia Constitucional*, p. 29.

[111] Seguimos a terminologia que é utilizada por KELSEN, não se operando (ainda) a dissociação entre *norma* e *enunciado normativo*. Cfr, *infra*, Parte II, Secção II, §1, 1.1.

legislativo. Atribuir essa tarefa a um juiz, por isso, seria atribuir-lhe, em parte, um poder legislativo[112].

XIX. Partindo destas evidências, e concluindo que o controlo de constitucionalidade se assumia como uma tarefa especial, KELSEN entende que a jurisdição comum não estava preparada para a exercer, pelo que ela teria de ser confiada a *outra* jurisdição, fora da jurisdição comum, e a *outro* tribunal, que não um tribunal comum. Em consequência, surge, finalmente, também sob a pena de KELSEN, a proposta de criação de uma jurisdição especializada para este controlo especial – a *jurisdição constitucional*[113].

[112] Cfr, H. KELSEN, *Jurisdição*, pp. 151-152. Entre nós, cfr, F. ALVES CORREIA, *Justiça*, p. 116; M. BENEDITA URBANO, *Curso*, p. 70.

[113] Não deixa de ser curioso, no entanto, como KELSEN, em Jurisdição, p. 153, e num primeiro momento, conclui que a atividade do legislador negativo, sendo "verdadeiramente jurisdicional" acaba, ao mesmo tempo, por ser "idêntica à de qualquer outro tribunal", já que "[o]s princípios essenciais que entram em linha de conta na sua constituição [v.g., da atividade jurisdicional] são os mesmos que fazem parte da organização dos tribunais". Só noutro escrito, do mesmo ano que este último – 1928 –, é que Kelsen acaba por afirmar que a tarefa de invalidar um ato normativo contrário à Constituição deve ser confiada não a um "qualquer outro tribunal", mas, antes, a um tribunal singular, com uma composição e processos especiais – cfr, H. KELSEN, "A garantia constitucional da Constituição (Exposições e debates na sessão de outubro de 1928 do Instituto Internacional de Direito Público)", in *Jurisdição*, pp. 119 e ss. Entre nós, apenas referindo este último aspeto, cfr, M. LÚCIA AMARAL, *Estudos*, p. 1037. Afirmando que "a natureza do juízo constitucional (...) não pode ser assimilada à *iurisdictio* em sentido estrito, nem à *legislatio*, [uma vez que] pertence a uma dimensão diferente relativamente à qual estes conceitos não podem valer: a justiça constitucional pertence a um *tertium genus*", cfr, G. ZAGREBELSKY e V. MARCENÒ, *Justicia*, p. 91.

§ 2. ESTADOS UNIDOS DA AMÉRICA

Nos parágrafos anteriores verificamos que a afirmação de uma justiça constitucional na Europa continental foi tardia, reclamando, pelo menos, três séculos. Antes de nos focarmos no primeiro dos dois modelos típicos daquela, proposto por Kelsen e que acabou por vingar em praticamente todo o continente europeu, é importante, em termos sucintos, dar nota dessa afirmação no outro lado do Atlântico, nomeadamente nos Estados Unidos da América. É que, como se verá, a estranheza europeia associada a um controlo constitucional de normas – em especial, da lei – desde cedo foi assumida com relativa naturalidade no continente norte-americano. E vários foram os fatores que contribuíram para que assim fosse. Vejamos quais[114].

[114] A este propósito, e cingindo-nos às obras que efetivamente foram utilizadas e que, direta ou indiretamente, encontram receção nas páginas seguintes, cfr, M. Lúcia Amaral, *Anuario Iberoamericano de Justicia Constitucional*, pp. 22-31; ID, *Estudos Comemorativos dos 10 Anos da Faculdade de Direito da Universidade Nova de Lisboa*, I, pp. 483-489; ID, *Themis*, pp. 88-98; C. Blanco de Morais, *Justiça*, I, pp. 274-280; M. Benedita Urbano, *Curso*, pp. 53-75; F. Alves Correia, *Justiça*, pp. 133-141; J. Miranda, *Fiscalização*, pp. 123-132; J. J. Gomes Canotilho, Direito Constitucional, pp. 895-905; R. Medeiros, *A Decisão*, pp. 17-32; J. Reis Novais, *Contributo*, pp. 53-59; J. Miranda, *Contributo*, pp. 53-58; D. Moura Vicente, *Direito Comparado*, Volume I, 4.ª Edição, Coimbra: Edições Almedina, 2021, pp. 288-293; G. Almeida Ribeiro, *Constitutional History: Comparative Perspectives*, pp. 6-10. Na doutrina estrangeira, cfr, M. Fioravanti, *Costituzionalismo*, pp. 53 e ss; R. Grote, "Judicial Review", in *Max Planck Encyclopedia of Comparative Constitutional Law*, 2018, parágrafos 9 a 12; S. Benvenutti, "The Referral Mechanism and the Role of Ordinary Judges: Cappelletti and beyond", in *ICON* (2016), Vol. 14 No. 2, pp. 474-479; F. R. Aumann, "The Doctrine of Judicial Review", in *Kentucky Law Jo*urnal 20, no. 3 (March 1932), pp. 276-303; M. Cappelletti, *Judicial Review*, pp. 45-68; ID, "The Expanding Role of Judicial Review in Modern Societies," in *Revista Juridica*, 58, N.º 1 (1989), pp. 1-18; M. Cappelletti e J. C. Adams, *Harvard Law Review*, pp. 1207 e ss.; Edward S. Corwin, *Doctrine of Judicial Review*, Princeton: Princeton University Press, 1914, pp. 1-81; P. Pasquino, "Constitutional Adjudication and Democracy. Comparative Perspectives: USA, France, Italy", in *Ratio Juris*. Vol. 11, N.º 1, March 1998, pp. 38-50.

2.1. A influência do constitucionalismo britânico

I. Num território colonizado pelo Império Britânico, é evidente que, aquando da Revolução Americana que se iniciou com a Declaração da Independência de 1776 e culminou com a Constituição Federal de 1787, as 13 colónias que a efetivaram e que, a partir daí, se quiseram organizar política e juridicamente, beberam de muitas influências do pensamento político-filosófico que provinha da "Mãe-Pátria". A primeira dessas influências situa-se, desde logo, na *Glorious Revolution* de 1688[115].

II. Se é verdade que a Inglaterra do século XVII, por força das sucessivas violações por parte do monarca aos limites impostos ao exercício do seu poder pelo "direito antigo", também foi marcada por revoluções anti-absolutistas, que inclusive foram responsáveis por, num dado momento da História, terem instaurado um (breve) regime republicano[116], a *Glorious Revolution* vai partir de um conflito religioso que culminará com o derrube de Jaime II e a subida ao poder do príncipe holandês protestante Guilherme de Nassau, responsável pela instauração de uma nova ordem monárquica. Essa ordem é "nova" porque, precisamente, o seu fundamento vai ser diferente daqueloutra que até aí vigorava. E, neste aspeto, o pensamento de JOHN LOCKE vai ser fundamental.

2.1.1. A importância de JOHN LOCKE

III. Em termos sucintos, LOCKE, que é para muitos considerado o primeiro defensor do liberalismo político[117], parte, também, da ideia de limitação do poder através de um contrato – em especial, de um *contrato de governo*. Residindo a soberania nos cidadãos que formam a sociedade, estes não

[115] Cfr, C. BLANCO DE MORAIS, *Curso*, II, p. 72 e ss.

[116] Referimo-nos à revolução republicana protagonizada por OLIVER CROMWELL, no século XVII, e que foi responsável pelo surgimento da primeira Constituição republicana escrita, em 1653 – o *Instrument of Government* –, donde constava uma ordenação dos poderes públicos, com a respetiva concentração do poder executivo já não no monarca, mas (agora) no *Lord Protector* – i.e., em OLIVER CROMWELL. Ao absolutismo do monarca seguiu-se, por isso, uma ditadura republicana – cfr, C. BLANCO DE MORAIS, *ob. cit.*, p. 73, nota 135.

[117] Assim, D. FREITAS DO AMARAL, *História*, pp. 188 e ss. Cfr, ainda, M. NOGUEIRA DE BRITO, *A Constituição*, pp. 14-28; L. CABRAL DE MONCADA, *Filosofia do Direito*, pp. 205-223; P. OTERO, *Instituições*, pp. 186-189. Para uma análise da perspetiva de LOCKE por comparação com a de ROUSSEAU, cfr, M. NOGUEIRA DE BRITO, *ob. cit.*, pp. 129-137.

transferem todos os poderes a favor do monarca, mas apenas aqueles que permitem assegurar a convivência social e a proteção da vida, da liberdade e da propriedade – *rectius*: dos direitos individuais naturais[118]. Deste modo, qualquer delegação de poderes, a existir, será limitada, tendo sempre em vista o bem comum. Mas ficava a faltar saber, ainda, quais os poderes que seriam transferidos e de que forma é que operaria essa transferência. Aqui, LOCKE entende que a delegação de poderes deveria operar por vários órgãos diferentes, que representassem os vários estratos sociais – ao ser assim, e como foi referido, o monarca deixaria de ser titular de todos os poderes, que é o mesmo que dizer que deixaria de ser titular de um poder absoluto. Assim, o poder legislativo, que era o símbolo do elemento democrático, seria transferido para o Parlamento; o poder Executivo e federativo, que representava o elemento monárquico, residiria no Monarca; e os tribunais, por fim, exerceriam a função jurisdicional[119]. Note-se, assim, como na Inglaterra do século XVII, ainda antes da Revolução Francesa, a ideia de divisão de poderes como forma de impedir a existência de um poder absoluto estava bem presente. E esta presença era de tal forma importante que todo o pensamento que acaba de ser exposto terá consagração expressa num documento político fundamental – a *Bill of Rights* de 1689.

2.1.2. *Bill of Rights*: natureza constitucional?

IV. Quanto a esta circunstância, importa relevar o seguinte: a *Bill of Rights*, de forma inequívoca, "reafirmou as liberdades antigas, reforçou os poderes do Parlamento, garantiu o direito de petição, consagrou a reserva tributária da instituição parlamentar, salvaguardou liberdades e garantias contra certas penas cruéis e multas exorbitantes e protegeu direitos de propriedade"[120]. Se a partir daqui se pode pensar que esse documento, em certa medida, tem natureza constitucional – melhor dizendo: tem natureza normativo-constitucional –, também se percebe que assim não é (nem pode ser) por duas ordens de razão que se encontram intimamente relacionadas: em primeiro lugar porque, um pouco à semelhança do que sucedia nas Constituições da era liberal, a supremacia da *Bill of Rights* era uma supremacia política;

[118] Cfr, D. FREITAS DO AMARAL, *ob. cit.*, pp. 191-192.

[119] *Ibidem*, pp. 192-193. Veja-se, ainda, C. BLANCO DE MORAIS, *Curso*, II, p. 74.

[120] Cfr, C. BLANCO DE MORAIS, *ob. cit.*, p. 75.

e este facto, por si só, explica-se pela outra razão: é que, em Inglaterra, a ideia de Constituição nunca coincidiu com um documento escrito. *Constituição,* ao invés, sempre se identificou (e identifica-se) com a *common law* – uma pluralidade de normas não escritas que, nem por isso, deixam de ser fundamentais, na medida em que se identificam com matérias constitucionais, sejam as relativas à distribuição dos diversos poderes e funções do Estado, seja as respeitantes às liberdades e direitos individuais. É por isso que, apesar de não terem consagração expressa são, ainda assim, "interiorizadas pela Comunidade e reconhecidas pelos tribunais"[121].

V. Tendo em conta o que acabou de se explanar, e que leva alguns Autores a, corretamente, afirmarem que a realidade inglesa não pode ser enquadrada na noção de Constituição em sentido moderno[122], não se pense, porém, que isso afasta qualquer eventual influência que a revolução liberal britânica poderá ter na afirmação dessa mesma Constituição, que, como se sabe, tem de ser garantida.

2.1.3. A *Higher Law* de *Edward Coke*

VI. Para aquilo que nos interessa, importa dar nota decisão do juiz Edward Coke, que no *Caso Thomas Bonham,* ainda em 1610, e quase 60 anos antes da *Glorious Revolution,* considerou que aquelas regras constitucionais não escritas, mais do que *common law,* seriam *Higher Law* – isto é, teriam um valor superior às leis do Reino[123]. Se, por um lado, esta doutrina não teve uma grande adesão, o que também foi dificultado pelo primado que foi conferido à lei parlamentar a partir da Revolução liberal de 1688, por outro lado, e como teremos oportunidade de verificar, ela terá uma influência determinante no constitucionalismo norte-americano[124].

[121] *Idem.*

[122] É o caso de Blanco de Morais, que, como já se referiu, define constituição em sentido moderno como o "conjunto sistematizado de normas escritas e solenes que limitam juridicamente o poder e garantem os direitos dos cidadãos" – cfr, C. Blanco de Morais, *Curso,* II, p. 71. Partindo desta definição, e tendo em conta o que se expôs, é evidente que aí não se pode inserir a realidade constitucional inglesa do século XVII.

[123] Sobre esta decisão, veja-se C. Blanco de Morais, *ob. cit.,* p. 76, bem como M. Benedita Urbano, *Curso,* p. 55, nota 127.

[124] Cfr, C. Blanco de Morais, *Justiça,* I, p. 275.

VII. Independentemente disso, a importância do juiz é inequívoca: de facto, a *common law*, precisamente por ser não escrita, reclama "alguém" que seja capaz de a assegurar, quer no prisma do equilíbrio de poderes, quer, em especial, no que diz respeito à proteção dos direitos e das liberdades. E esse "alguém" identificar-se-á, inevitavelmente, com o poder judicial.

2.2. A realidade norte-americana: uma *sociedade plural*

I. A realidade norte-americana em finais do século XVIII era substancialmente diferente daquela que caracterizava a Europa continental no mesmo período. Como tivemos oportunidade de analisar[125], o movimento constitucional europeu, nesse "longo século XIX" que começou em finais do século XVIII e durou até à primeira metade do século XX, foi caracterizado por uma preocupação dominante: assegurar um equilíbrio entre duas legitimidades – a popular, adveniente da burguesia, e a monárquica, que provinha do Rei. Isto explicava que a Constituição fosse, por isso, um mero documento político ordenador dos poderes do Estado, precisamente para se (tentar) assegurar esse mesmo equilíbrio. Simultaneamente, e durante o mesmo período, a sociedade do constitucionalismo europeu era homogénea, identificando-se com a classe social dominante, que, em consequência, transformava a lei – que advinha do Parlamento onde aquela tinha representação – no principal (e único) instrumento jurídico de proteção dos direitos individuais. Se o absolutismo do Monarca se dissipou, o absolutismo da lei prevaleceu, transformando o Estado do constitucionalismo da era liberal num verdadeiro Estado de legalidade, traduzido num legicentrismo. Esta circunstância, a que acrescia uma separação de poderes rígida e estática e uma total desconfiança relativa ao poder judicial, fazia com que este se limitasse a aplicar a lei, estando por isso interditado de controlar a sua observância pelos outros poderes[126].

[125] Cfr, *supra*, 1.6.

[126] De facto, a principal preocupação nessa separação de poderes era garantir, em simultâneo, que cada poder tivesse as suas competências (exclusivas) próprias e que não invadisse nenhum dos outros, pelo que a lógica de controlo recíproco era estranha. Em consequência, não havia condições para admitir um controlo das leis do Parlamento pelo poder judicial – neste sentido, embora por referência ao modelo de separação de poderes norte-americano, M. Benedita Urbano, *Curso*, p. 56.

II. O inverso acontecia no outro lado do Atlântico. Como alguém bem referiu, a sociedade norte-americana do século XVIII era aquilo que os europeus no início do século XX chamariam de sociedade moderna. Com efeito, a grande maioria dos colonos era, na realidade, constituída por verdadeiros imigrantes que fugiram de uma Europa dominada por conflitos religiosos. Assim, ao típico monismo da sociedade europeia opunha-se, no território norte-americano, um verdadeiro pluralismo – religioso, mas também social[127]. Tendo uma sociedade plural como ponto de partida, o constitucionalismo britânico, conforme foi referido, vai ter uma influência determinante naquela, que culminará com a declaração de independência das 13 colónias britânicas. Esta influência fez-se sentir a dois níveis: político e jurídico – por outras palavras, no que diz respeito à separação (e convívio) de (entre os) poderes, bem como à supremacia jurídica da Constituição Federal.

2.2.1. O Parlamento britânico enquanto ameaça aos direitos

III. Seguindo a linha do que anteriormente foi exposto, a revolução liberal britânica de 1688 vai não só ser o símbolo de uma separação de poderes típica de um governo limitado, como também será fundamental para a afirmação de direitos individuais dos cidadãos. Na linha do que foi exposto, todo este (novo) pensamento chegará, inevitavelmente, às colónias britânicas. E chegará num contexto propício ao surgimento de uma revolução. Na verdade, e mais uma vez em oposição à realidade da Europa continental, os colonos norte-americanos viam no Parlamento britânico – *rectius*: da Mãe-Pátria – a principal ameaça aos seus direitos, já que este, no entender daqueles, aprovava um conjunto de leis que excediam as suas competências. Precisamente por isso, e para aquilo que interessa, a luta dos colonos pela liberdade surge não tanto na sequência de abusos de poder do Monarca, mas, em especial, do Parlamento – não é por isso de estranhar que este órgão – e, se se quiser, a lei – não tinha, nem de longe nem de perto, o caráter sagrado que lhe era impresso no continente europeu[128]. Para os colonos norte-americanos, o Parlamento precisava de ser refreado – que é o mesmo que dizer: o exercício do poder legislativo, traduzido na lei, precisava de ser controlado.

[127] Assim, M. Lúcia Amaral, *A Forma*, pp. 63-64; G. Zagrebelsky e V. Marcenò, *Justicia*, p. 60.

[128] Neste sentido, M. Benedita Urbano, *Curso*, p. 54.

2.2.2. A importância da Constituição de Filadélfia de 1787

IV. A esta preocupação política acrescia outra que, vistas bem as coisas, apesar de também se assumir como política, será determinante para que à primeira seja impresso um caráter jurídico. A partir do momento que as trezes colónias se tornam independentes, surge a questão de saber se faz sentido uni-las ou agregá-las numa única entidade – isto é, se faz sentido formar uma Federação de Estados. É precisamente no contexto desse debate – que, como se sabe, girou em torno de *federalistas* e *antifederalistas* – que a Constituição de Filadélfia de 1787 é produzida, acabando por vingar a primeira corrente[129].

V. Ora, se assim é, e se aquilo que se estava a elaborar era uma Constituição Federal, o problema principal que se colocava era o de saber como assegurar esse federalismo – *i.e*, como assegurar essa união[130]. Para os federalistas, em Estados tão diferentes num território tão vasto, a tal congregação só se conseguiria atingir se, por um lado, e em termos simultâneos, houvesse não só instituições políticas (federais) comuns a todos os Estados federados, mas também, e por outro lado, que a relação dessas mesmas instituições – desses mesmos poderes – fosse feita de maneira que todos se pudessem controlar reciprocamente, numa lógica de *checks and balances*. Como alguém bem referiu, esta mesma lógica, para além de "impedir os excessos de um poder tão distante e tão central", traria "duas vantagens inestimáveis – tanto a força da união quanto a moderação e o equilíbrio do seu poder"[131]. Dito de outro modo, a partir do momento em que qualquer Estado, sem prejuízo da sua subordinação ao poder federal, percebe que pode não só dispor de determinados poderes que garantem a sua autonomia, como, ao mesmo tempo, contribuir, em termos igualitários com os outros Estados, para limitar aquele, então entenderá que isso só é possível precisamente por estar enquadrado numa união de Estados onde os poderes, sendo distribuídos de forma equilibrada, evitam concentrações que podem perigar o contrato estabelecido na Constituição.

[129] Sobre este debate, e em termos gerais, cfr, C. Blanco de Morais, *Curso*, II, pp. 84-87.

[130] Neste sentido, M. Lúcia Amaral, *A Forma*, pp. 60-61.

[131] *Idem*, p. 61.

2.2.3. A ideia de *supremacia jurídica* da Constituição

VI. É exatamente esta circunstância que explica que esse *contrato federal* – a Constituição – seja o reflexo dessa dupla preocupação: não será, por isso, uma Constituição que incorpora direitos fundamentais, mas, antes, que estabelece a forma de relacionamento entre os poderes legislativo, executivo e judicial[132]. A partir daqui, pode-se imediatamente perguntar qual a diferença substancial relativamente às Constituições liberais europeias, que, como vimos, também se limitavam a ser documentos ordenadores dos poderes políticos.

VII. De facto, se a Constituição de Filadélfia se limita a ser, também ela, um documento desse tipo, sem nada dispor relativamente a direitos fundamentais, então parece que, uma vez mais, não poderemos falar de uma Constituição em sentido moderno, ou, no mínimo, numa Constituição que marque o início daquela que será, a final, uma Constituição em sentido moderno. Porém, rapidamente percebemos que assim não é quando atentamos no parágrafo segundo da Artigo VI da Constituição de 1787 – é aqui que reside a diferença absolutamente fundamental relativamente às Constituições que surgiam na Europa continental a partir da Revolução Francesa: a cláusula que reconhece a supremacia jurídica da Constituição, garantindo a esta, para além do (já) primado político, um primado jurídico[133].

2.3. A afirmação de uma *judicial review*

I. A consagração desta eficácia normativa da Constituição norte-americana, não tendo surgido por acaso, foi determinante para a rápida afirmação de um controlo judicial de constitucionalidade no continente norte-americano. Em termos sucintos, e para aquilo que nos interessa, tal foi consequência

[132] Como bem refere Lúcia Amaral, "[o] o que ela [a Constituição] contém é apenas um *Frame of Government*: os sete artigos destinam-se a regular o exercício dos poderes legislativo, executivo e jurisdicional no âmbito da recém-criada União ou Federação de Estados (...)" – cfr, M. Lúcia Amaral, *A Forma*, pp. 59-60. Logo, a supremacia deste documento, pelo menos num primeiro momento, apenas poderia ser política, já que dispunha sobre os poderes do Estado – *rectius*: poderes federais – e política era a preocupação associada à distribuição desses mesmos poderes.

[133] Referindo que esta cláusula constitui, precisamente, uma "[primícia] do princípio da constitucionalidade", cfr, C. Blanco de Morais, *Justiça*, I, p. 277.

de um conjunto de fatores: (*i*) em primeiro lugar, o facto de, como referido, o constitucionalismo norte-americano ser herdeiro de uma separação de poderes que, ao contrário daquela que foi estabelecida na Europa continental a partir do século XVIII, não era estrita nem *estática*, mas, ao invés, *dinâmica* e símbolo de uma interdependência funcional: por outras palavras, a principal preocupação não era que cada poder tivesse as suas próprias competências e não invadisse outro(s), mas que cada um, dispondo dessas mesmas competências, tivesse capacidade para controlar os demais, desde logo para obstar a essa mesma invasão; (*ii*) nessa sequência, as competências de cada poder, bem como a forma de relacionamento entre cada um, constavam da Constituição, que, como vimos, era essencialmente encarada enquanto *Frame of Government*; (*iii*) claro está que os federalistas, a partir do momento em que consagraram essa separação e interdependência de poderes no texto constitucional, perceberam a imediata necessidade de assegurar que não houvesse um abuso ou excesso no exercício desses mesmos poderes, que, no limite, poderia pôr em causa o "contrato" estabelecido naquele documento – isto é, a União federal; (*iv*) logo, porque imprimir um mero valor político à Constituição seria manifestamente insuficiente, os federalistas resolveram este problema ao estabelecer, no parágrafo 2 do Artigo VI, que "Esta Constituição e as leis complementares (...) constituirão a lei suprema do país; os juízes de todos os Estados serão sujeitos a ela, ficando sem efeito qualquer disposição em contrário na Constituição ou nas leis de qualquer dos Estados"[134].

II. E repare-se como esta solução absolutamente inovadora permitia responder àquela dupla preocupação que identificamos anteriormente: por um lado, e ao estabelecer esse *Frame of Government*, assegurar a força da União; por outro, ao imprimir supremacia jurídica à Constituição, bem como ao estabelecer um mecanismo rígido de revisão constitucional, salvaguardar o respeito e o equilíbrio dos (e entre os) poderes[135].

[134] Questionando se esta *supremacy clause* é, ou não, o verdadeiro fundamento da supremacia jurídica da Constituição, veja-se M. Benedita Urbano, *Curso*, pp. 54-55.

[135] De facto, e se atentarmos no preâmbulo da Constituição, percebemos que o seu fundamento radica na legitimidade popular, já que é o Povo – o "We, the People" – que a estabelece. Em termos simultâneos, e como se viu, a melhor forma de preservar essa legitimidade e assegurar a "União perfeita" é através de uma separação e interdependência dos poderes federais, ao mesmo tempo garantindo que a Constituição é a lei suprema da União – de facto, só assim é que se conseguirá imprimir um caráter duradouro a essa Constituição. Só que a garantia jurídica desta hierarquia e a durabilidade constitucional a ela associada reclamam, ao mesmo tempo, que a cláusula constitucional que a estabelece (bem como toda a Constituição) não possa ser subvertida através de

III. Por fim, faltava responder à questão principal: sendo a Constituição a *supreme law of the land*, quem deveria assegurar esse mesmo respeito? Quem deveria controlar se a mesma era, ou não, respeitada? Note-se que o Artigo VI, se é verdade que afirma que "os juízes de todos os Estados serão sujeitos a ela", nada dispõe sobre um eventual poder de controlo ou supervisão sobre a Constituição. Aqui, e mais uma vez, os antecedentes históricos serão determinantes para obtermos uma resposta.

2.3.1. Confiança no poder judicial e influência da *Higher Law*

IV. Como foi analisado, o constitucionalismo norte-americano, se é certo que estabelece uma separação dinâmica de poderes, é também, herdeiro de duas influências determinantes do constitucionalismo britânico: (*i*) em primeiro lugar, de uma confiança no poder judicial: como referido, a *common law*, precisamente por ser um conjunto de "regras constitucionais não escritas", reclamava alguém capaz de a assegurar, quer no prisma do equilíbrio de poderes, quer, em especial, no que diz respeito à proteção dos direitos e das liberdades. E esse "alguém" identificar-se-á, inevitavelmente, com o poder judicial e o juiz; (*ii*) em segundo lugar, e também como explicitado, se é verdade que "doutrina COKE" não vingou imediatamente na Inglaterra do século XVII, a lógica a ela associada e que dela deflui – i.e., de Constituição enquanto *Higher Law* e de uma eventual ilegitimidade de uma lei que dispusesse contra aquela – chegará às colónias britânicas e inspirará, ainda antes da independência e da Constituição Federal, um controlo judicial das leis – *rectius*: das leis aprovadas pelas colónias e das Cartas coloniais – , nomeadamente daquelas que eventualmente atentassem contra as leis do reino[136].

V. Se é verdade que o parâmetro de controlo não era – nem poderia ser – uma Constituição, há registo de casos de controlo de leis em relação a Constituições de Estados, nomeadamente no período que medeia entre a Declaração de Independência e a Constituição[137]. Estes fatores, que se juntam àqueloutro

uma simples revisão constitucional. Por isso mesmo é que, associada à *supremacy clause*, é também estabelecido um mecanismo rígido de revisão constitucional – veja-se, para esse efeito, o que dispõe o Artigo V. Neste sentido, C. BLANCO DE MORAIS, *Curso*, II, p. 88.

[136] Neste sentido, M. BENEDITA URBANO, *Curso*, p. 55, bem como C. BLANCO DE MORAIS, *Justiça*, I, p. 276.

[137] *Idem*.

que já referimos relativo ao descontentamento crescente dos colonos quanto aos abusos cometidos pelo Parlamento inglês, são reveladores de que nos Estados do continente norte-americano pré-revolução estava instalado um clima propício à aceitação de um controlo das leis por parte do poder judicial – poder esse que, em simultâneo, era visto como garantidor do respeito pelo equilíbrio de poderes e da defesa dos direitos, livre de qualquer preconceito ou desconfiança típica que marcou o período que sucedeu à Revolução Francesa na Europa continental.

2.3.2. O contributo de Alexander Hamilton

VI. A acrescer ao que acaba de ser exposto, e já no âmbito da Constituição Federal de 1787, há ainda que destacar o contributo doutrinário determinante de Alexander Hamilton, um dos principais defensores do federalismo. Como salientamos há pouco, se é um facto que o controlo jurisdicional das leis não ficou consagrado na Constituição norte-americana, nem por isso ele deixou de ser teorizado por Hamilton logo no ano seguinte à sua aprovação. Aquele, no seu "O Federalista n.º 78", de 28 de maio de 1788, relativo ao "Departamento Judicial", partindo da ideia de que o poder judicial, apesar de ser o mais fraco dos três poderes consagrados na Constituição, desde logo porque "não tem Força nem Vontade, mas apenas juízos", dependendo "em última instância da ajuda do braço executivo para a eficácia dos seus juízos"[138], entende, ao mesmo tempo, e em linha com o que temos vindo a expor, que "nunca pode haver perigo vindo desse quadrante para a liberdade geral do povo (...) enquanto o judicial permanecer verdadeiramente distinto tanto da Legislatura como do Executivo"[139]. E esse perigo não existe – continua – porque, precisamente, os tribunais foram "concebidos para serem um corpo intermediário entre o povo e a legislatura, com o intuito de (...) manter esta última dentro dos limites traçados para a sua autoridade"[140] na Constituição.

VII. Repare-se como esta ideia resume aquilo que até aqui temos vindo a analisar relativamente à influência do constitucionalismo norte-americano no surgimento de um modelo de justiça constitucional: a existência de uma

[138] Cfr, A. Hamilton, J. Madison e J. Jay, *O Federalista*, 2.ª Edição, Fundação Calouste Gulbenkian, 2011, p. 683.
[139] *Idem*, p. 684.
[140] *Ibidem*, p. 685.

Constituição que, enquanto norma suprema, estabelece limites ao exercício dos poderes; a suscetibilidade de esses limites serem excedidos pelo poder legislativo; e, ainda, a necessidade de esses abusos serem controlados pelo poder judicial. Partindo daqui, HAMILTON chega à derradeira conclusão: "Uma Constituição é, de facto, e assim deve ser olhada pelos juízes, uma lei fundamental. Portanto, pertence-lhes averiguar (...) o significado de qualquer lei particular procedente do corpo legislativo. Se vier a dar-se o caso de existir uma divergência irreconciliável entre as duas, a que tem obrigatoriedade e validade superior deve, sem dúvida, ser preferida, ou, por outras palavras, a Constituição deve ser preferida ao decreto, a intenção do povo à intenção dos seus agentes"[141].

VIII. Note-se, ainda, que HAMILTON, dentro deste raciocínio, e em linha com os *checks and balances*, tem a preocupação de assegurar que a sua conclusão não vai de encontro a essa dinâmica, ao pretensamente elevar o poder judicial a um patamar superior relativamente aos demais poderes, nomeadamente ao legislativo: tal não acontece porque, independentemente do poder, a vontade do povo corporizada na Constituição é sempre superior; se assim é, no caso de essa vontade ser contrariada por um ato de um determinado poder, então cabe ao juiz dar preferência à vontade do povo – isto é, dar preferência à Constituição[142].

2.3.3. *Marbury* v. *Madison*

IX. Se o controlo jurisdicional das leis, aliado à hierarquia jurídica da Constituição, passaram a ser reconhecidos doutrinariamente, faltava ainda dar o passo final – serem reconhecidos pelo poder judicial, de tal maneira que um ato normativo que fosse contrário àquela devesse ser considerado inválido pelos tribunais. E veja-se, uma vez mais, como todas as condições para que isso acontecesse estavam presentes: existência de uma separação dinâmica de poderes; absoluta confiança no juiz; Constituição enquanto norma suprema; entendimento (teórico) de que, corporizando a Constituição a vontade do povo, qualquer ato que a contrariasse deveria ser afastado pelo juiz

[141] Cfr, A. HAMILTON, J. MADISON e J. JAY, *O Federalista*, p. 685.

[142] Sobre a importância de Hamilton na construção teórica do controlo jurisdicional das leis, cfr, C. BLANCO DE MORAIS, *Justiça*, I, pp. 272 e ss.; M. BENEDITA URBANO, *Curso*, pp. 56-57.

em benefício daquela. A estas, surgiu ainda outra tão ou mais importante: como há pouco foi referido, o debate que presidiu à Constituição girou em torno de ideias federalistas e antifederalistas. A primeira corrente, ao contrário da segunda, opunha-se à consagração constitucional expressa de direitos dos cidadãos, desde logo porque, entre outos motivos, vários Estados já dispunham de declarações de direitos nas suas Constituições, além de que consagrar *certos* direitos em detrimento de outros poderia fazer com que os de fora deixassem de ser reconhecidos enquanto tal, perdendo o seu valor intrínseco[143]. Porém, se é certo que esta corrente acabou por vencer, nem por isso uma *Bill of Rights* deixou de ser inserida nos primeiros dez aditamentos à Constituição Federal, em 1789. A partir daqui os direitos aí consagrados, embora não de forma taxativa, passaram a gozar de natureza constitucional, fazendo parte, por isso, da norma suprema do Estado.

X. É neste contexto que, quase 15 anos depois do primeiro aditamento à Constituição, acontece o inevitável: no famoso caso *Marbury v. Madison*, de 1803, John Marshall, juiz-presidente do Supremo Tribunal Federal norte-americano, partindo da Constituição, que, como vimos, além de ser a norma suprema do Estado, consagrava, simultaneamente, um *limited and balanced government*, afirma que é da competência dos tribunais verificar se os limites aí estabelecidos foram, ou não, transgredidos, devendo tomar uma decisão se constatar essa transgressão. Se é verdade que esta decisão do Supremo Tribunal teve origem numa disputa política, ela foi fundamental porque Marshall entendeu que uma determinada lei de 1789 era contrária à Constituição Federal precisamente porque o Congresso – *rectius*: a Legislatura – tinha ultrapassado os seus limites ao aprová-la[144]. A partir daqui, e aplicando

[143] Assim, C. Blanco de Morais, *Curso*, II, p. 85.

[144] Já muito foi escrito sobre a decisão de John Marshall. Sucintamente, porém, importa esclarecer que ela parte, como referido, de uma disputa política; uma vez mais, o contexto era o da luta política entre federalistas e antifederalistas. Especificamente, em 1800 Thomas Jefferson – antifederalista – é eleito Presidente dos EUA, afastando do cargo John Adams – federalista. Jefferson, com o seu resultado, consegue não só a Presidência – *i.e*, o poder executivo –, como, também, o domínio do Congresso, que, como sabemos, representava a Legislatura. Por outras palavras, o antifederalismo passaria a dominar os principais poderes públicos dos EUA, cuja separação e dinâmica constavam de uma Constituição Federal. Receando que esse domínio se alastrasse ao poder judicial e, no limite, fizesse perigar a própria Constituição, John Adams, antes da tomada de posse de Jefferson e do novo Congresso, fez com que este, ainda com uma composição favorável ao federalismo, aprovasse uma reforma ao sistema judiciário norte-americano, traduzida no *Judiciary Act*, de 1801. Este, não só afastava aqueloutro de 1789, como, para aquilo que nos interessa, ampliava o número de tribunais federais –

a lógica que já havia sido inaugurada por HAMILTON, MARSHALL toma uma decisão que terá um impacto profundo: se a Constituição Federal é a norma suprema do Estado, superior a qualquer outra; e se a lei que estava a ser analisada ia de encontro a essa mesma Constituição; então, e consequentemente, essa lei deveria ser declarada inválida por inconstitucionalidade[145] [146]. A hierarquia da Constituição – o seu valor supremo – era *jurisdicionalmente* reconhecida e aplicada. Com isso, e em termos simultâneos, estava finalmente inaugurada a *judicial review* – isto é, o controlo *jurisdicional* das leis.

XI. Tendo em conta o anteriormente referido, escusado será dizer que, por relação à Constituição Federal, este controlo foi verdadeiramente uma invenção, já que esta nada previa a esse respeito[147]. De qualquer forma,

os chamados *circuit courts* – e criava novos *district courts*. Ainda no poder, e no âmbito desta reforma, ADAMS tratou de nomear um conjunto de juízes pró-federalismo, onde se incluía WILLIAM MARBURY. Estas nomeações vieram a ser aprovadas pelo Senado de maioria (ainda) federalista, pelo que o passo que se seguia era o de autenticar as comissões e enviá-las aos novos juízes. Acontece que THOMAS JEFFERson toma posse em março de 1801. Verificando que o poder judicial corria o risco de ser capturado por federalistas, que podiam obstar às reformas por aquele desejadas, JEFFERSON ordena ao Secretário de Estado – JAMES MADISON – que suspenda o envio das comissões aos novos juízes, recusando-lhes dar posse. É nesta sequência que WILLIAM MARBURY intenta uma ação junto do Supremo Tribunal contra JAMES MADISON, invocando o *Judiciary Act* de 1789 e requerendo que esse *Supreme Court*, com base nessa lei, obrigasse JAMES MADISON a dar posse a MARBURY. Como se sabe, a decisão ficará a cabo de JOHN MARSHALL, ele próprio um convicto federalista, que havia sido nomeado para aquele Tribunal por JOHN ADAMS. Sobre esta decisão, e entre nós, veja-se M. BENEDITA URBANO, *Curso*, pp. 59-64, F. ALVES CORREIA, *Justiça*, pp. 135-136 e C. BLANCO DE MORAIS, *Justiça*, I, pp. 277-280.

145 Cfr, F. ALVES CORREIA, *Justiça*, p. 136.

146 Vale a pena citar as palavras do próprio MARSHALL: "It is emphatically the province and duty of the judicial department to say what the law is. Those who apply the rule to particular cases, must of necessity expound and interpret that rule. If two laws conflict with each other, the courts must decide on the operation of each. So if a law be in opposition to the constitution; if both the law and the constitution apply to a particular case, so that the court must either decide that case conformably to the law, disregarding the constitution; or conformably to the constitution, disregarding the law; the court must determine which of these conflicting rules governs the case. This is of the very essence of judicial duty. If, then, the courts are to regard the constitution, and the constitution is superior to any ordinary act of the legislature, the constitution, and not such ordinary act, must govern the case to which they both apply" – cfr, *William Marbury v. James Madison, Secretary of State of the United States, February*, 1803, pp. 177-178, disponível em: https://cutt.ly/mg9zNgv.

147 Neste sentido, M. LÚCIA AMARAL, *A Forma*, p. 62. Entendendo, porém, que o parágrafo segundo do artigo VI podia ser «passível de conjugação com o art. III, Sec. 2, que definia as competências judiciais, as quais abarcariam todos os casos de "direito e equidade", surgido no âmbito da Constituição, leis e tratados», sendo que, "[da] relativa ambiguidade das duas formulações" surgem as premissas de MARSHALL, que serão determinantes para a afirmação da *judicial review*, cfr, C. BLANCO DE MORAIS, *Justiça*, I, p. 277.

estabelecendo o parágrafo segundo do artigo VI que "os juízes de todos os Estados serão sujeitos a ela", é evidente que esta sujeição, a partir de agora, é duplamente entendida: (*i*) por um lado, o poder judicial, como qualquer outro, não poderá exceder os limites que lhe são impostos pela Constituição – como se viu, tal circunstância era quase impossível de acontecer, desde logo porque esse poder, por comparação aos restantes, era considerado o mais fraco, muito por força de ser aquele que tinha a menor suscetibilidade de lesar os direitos dos cidadãos[148] (*ii*) por outro lado, e em jeito de compensação, essa sujeição também vai significar um robustecimento a partir do momento em que também se entende (e se assume) que o poder judicial é o único capaz de controlar a transgressão daqueles mesmos limites, em especial as transgressões do poder mais forte – da Legislatura – podendo (e devendo) declarar inválidos, por inconstitucionalidade, quaisquer atos normativos contrários à Constituição.

2.3.4. O juiz como garante jurídico da Constituição

XII. Finalmente, é de destacar outro aspeto de suma importância que também decorre da "invenção" da *judicial review* e que, como iremos ver, será o oposto daquilo que se passará na maioria dos Estados da Europa continental: é que, para a justiça constitucional norte-americana, este *poder-dever* – isto é, o *poder* de examinar a constitucionalidade de qualquer ato normativo e o *dever* de o declarar inválido – *rectius*: nulo –, por inconstitucionalidade, se ele for contrário à Constituição – é um *poder-dever* de todo e qualquer juiz[149]. Por outras palavras, e em consequência de tudo o que foi exposto até aqui, a justiça constitucional norte-americana, (não só, mas também) por ter absoluta confiança no poder judicial, atribui essa função não a um órgão diferente, não a uma jurisdição especializada situada fora da jurisdição comum, mas, antes, a todos os tribunais: sem prejuízo de haver um tribunal supremo – o Supremo Tribunal Federal – que terá a última palavra e cujas decisões serão vinculativas para os restantes, o controlo de constitucionalidade pode (e deve) ser operado por qualquer juiz. Assim, não se trata de um controlo *concentrado* numa entidade (e jurisdição) especializada – isto é, em juízes

[148] Assim, A. Hamilton, p. 683. Aliás, e como referido supra, desde cedo que o poder judicial foi encarado pelos norte-americanos como aquele que era capaz de assegurar os seus direitos e liberdades individuais.

[149] Cfr, M. Lúcia Amaral, *A Forma*, p. 63.

constitucionais –, mas, ao invés, num controlo espalhado por todo o poder judicial – por todos os juízes comuns. Falamos, por isso, de um controlo *difuso*.

XIV. Chegados aqui, note-se como o constitucionalismo norte-americano, no que à justiça constitucional diz respeito, esteve sempre um século avançado quando comparado com o constitucionalismo do continente europeu. De facto, logo no final do século XVIII e no início do século XIX foi dada como adquirida uma realidade que, no que à Europa continental diz respeito, só no início do século XX é que começará a ser teoricamente discutida e depois concretizada, apenas se sedimentando e consolidando na segunda metade desse mesmo século.

Se se reparar, e a partir do momento em que se encara a Constituição enquanto norma suprema, a lógica associada à decisão de JOHN MARSHALL não pode gerar qualquer tipo de celeuma: de facto, se uma lei é contrária à Constituição, o juiz deve declarar a sua inconstitucionalidade e não aplicá-la ao caso concreto. A questão de fundo, porém, é outra: é a de saber que juiz é que deve declarar essa mesma inconstitucionalidade.

XV. Como acabou de se analisar, para a justiça constitucional norte-americana todo e qualquer juiz – de qualquer tribunal ordinário, seja ele superior ou inferior – é titular desse *poder-dever*. E este entendimento pode até expandir-se e universalizar-se se, porventura, não esbarrar com uma Constituição que encare essa tarefa, esse *poder-dever*, como especial e, sobretudo, diferente, não o equiparando aos típicos poderes do juiz comum, nomeadamente o de aplicar a lei ao caso concreto. Dito de outro modo: que encare essa tarefa como um privilégio do legislador[150], reclamando, por isso, uma jurisdição especializada que a exerça – que é o mesmo que dizer: reclamando a presença não de um qualquer juiz, mas, ao invés, de um juiz diferente – um juiz constitucional. E, como se viu, é exatamente este o entendimento de KELSEN e que marcará a maioria das Constituições da Europa continental surgida na segunda metade do século XX.

[150] Assim, G. ZAGREBELSKY e V. MARCENÒ, *Justicia*, p. 52.

§ 3. A NECESSIDADE DE UM TRIBUNAL CONSTITUCIONAL NO CONSTITUCIONALISMO EUROPEU

3.1. Duas distintas realidades

I. Hans Kelsen, olhando para a realidade norte-americana e comparando-a com aquela da Europa continental, rapidamente se deu conta de que não era possível transportá-la, sem mais, para um constitucionalismo ainda marcadamente influenciado pelo período liberal e pelo consequente Estado de Legalidade. Como tivemos oportunidade de analisar[151], os tribunais comuns do início século XX limitavam-se a aplicar direito infraconstitucional aos litígios concretos, numa típica justiça *de casos*.

II. A partir do momento em que Kelsen entende a Constituição como a norma fundamental (e suprema) da ordem jurídica estadual positiva e constrói a *garantia constitucional* enquanto controlo sobre os atos normativos para apurar se estes são, ou não, conformes à Constituição, essa justiça deixa de ser apenas de *casos* e passa a ser, também, uma justiça de *normas*. Posta a questão de outra forma: pela primeira vez em dois séculos, um juiz que habitualmente se limitava a exercer uma função de subsunção – *v.g.*, aplicando uma determinada norma infraconstitucional à resolução de um litígio – vê-se confrontado com uma tarefa que, até aí, lhe era absolutamente estranha. Mais uma vez, esta realidade da Europa continental era radicalmente oposta àquela dos recém-criados Estados Unidos da América, onde, por força de uma unidade de juízos e de um controlo difuso, a justiça de casos convivia com a justiça de normas em perfeita normalidade.

[151] Cfr, *supra*, §1, 1.8.2., *c)*, XVIII.

III. É a partir desta circunstância que nasce uma questão essencial: estava o juiz ordinário da Europa continental em condições de exercer essa nova função, que era a de apreciar a compatibilidade de uma determinada norma com a Constituição, à semelhança do juiz ordinário norte-americano? E a resposta era não, não estava. No seguimento do que se acabou de referir, e se analisarmos os antecedentes históricos referidos *supra*, rapidamente percebemos uma possível justificação: num contexto de legicentrismo, marcado por uma separação de poderes rígida e estática e uma desconfiança primária relativamente ao juiz, este, sendo titular de um poder tipicamente fraco que se traduzia em aplicar a lei – ou melhor dizendo: a norma – ao caso concreto, não tinha condições para, de forma *abrupta*, aplicar e interpretar um novo tipo de normas – as normas constitucionais[152]. Se é verdade que esta explicação pode fazer sentido (e, em certa medida, faz), KELSEN, como alguém bem referiu[153], tinha outras justificações para não defender a instituição de um controlo difuso de constitucionalidade na Europa continental saída do período oitocentista.

3.1.1. *Judicial review* e *princípio da unidade*

IV. Como acabou de se ver, o controlo de constitucionalidade norte-americano estrutura-se em torno de um princípio que reclama a intervenção de todos os tribunais nessa tarefa – o *princípio da unidade*[154]. Dito de outro modo, a *judicial review* não é confiada, apenas, a um tribunal (especial) de uma jurisdição especializada, fora da jurisdição comum – inexiste, assim, um controlo de constitucionalidade concentrado nessa entidade, mas, ao invés, disperso por todo o poder judicial. Precisamente por isso, uma questão de direito constitucional pode sempre surgir, em termos incidentais, num litígio que, à partida, reclama unicamente a intervenção do direito comum. Se se quiser,

[152] A este propósito, cfr, S. SWEET, "Why Europe Rejected American Judicial Review – and Why it May Not Matter", in *Michigan Law Review*, Vol. 101, 2003, pp. 2744 e ss.
Saliente-se, aliás, que esta fraqueza do poder judicial não foi compensada com um robustecimento semelhante àquele do juiz norte-americano, atribuindo-lhe (também) a tarefa de desaplicar normas contrárias à Constituição. É verdade que, como se irá ver, e por força da evolução da própria sociedade europeia – de *monista* para *pluralista* – a desconfiança sobre o juiz se foi esbatendo, mas, mesmo assim, a tarefa essencial a ele associada manteve-se.

[153] Cfr, M. LÚCIA AMARAL, *Anuario Iberoamericano de Justicia Constitucional*, pp. 27-31.

[154] Neste sentido, M. LÚCIA AMARAL, *ob. cit.*, p. 22. Em idêntico sentido, mas falando em "modelo unitário", M. BENEDITA URBANO, *Curso*, p. 17.

e por outras palavras, a dimensão constitucional é diluída nos litígios que são apreciados por todos os tribunais[155] – simplesmente, a partir do momento em que a questão de direito constitucional é incidentalmente trazida a juízo, o mesmo juiz, e unicamente para essa questão, deixa de o ser de uma justiça de *casos* e passa a sê-lo (também) para uma justiça de *normas*. Se entender que a norma em apreço é contrária à Constituição, a decisão que aí tomar, sem prejuízo de poder ser objeto de recurso, traduzir-se-á numa declaração de nulidade absoluta com efeitos *inter partes* – isto é, numa atuação declarativa[156]. É verdade que também existe um Supremo Tribunal Federal, o que nos podia levar a pensar que ele seria, na realidade, esse tribunal especial dessa pretensa jurisdição especializada, que é a jurisdição constitucional.

V. Não é assim, porém. Na linha do anteriormente exposto, qualquer decisão de um juiz relativa à compatibilidade de uma norma com a Constituição Federal pode ser objeto de recurso para um tribunal superior. E este recurso, por sua vez, pode chegar, finalmente, ao Supremo Tribunal Federal, que é o principal tribunal superior dos Estados Unidos da América – é o seu tribunal supremo – e terá a última palavra[157]. Pese embora isto seja assim, importa destacar dois aspetos: (*i*) em primeiro lugar, esse recurso não é ilimitado. Não é toda e qualquer questão de (in)constitucionalidade que pode chegar ao Supremo Tribunal, já que este, na maioria das vezes, e em função da sensibilidade da questão constitucional que possa estar presente, escolhe aqueles casos sobre os quais se pretende pronunciar[158]; (*ii*) em segundo lugar, e para aquilo que nos interessa, não se trata de um verdadeiro Tribunal Constitucional de um sistema concentrado de controlo de constitucionalidade: com efeito, e como iremos ver, este modelo atribui competência

[155] Assim, M. Benedita Urbano, *ob. cit.*, p. 18.

[156] Veja-se, a este propósito, F. Alves Correia, *Justiça*, p. 136: como bem refere o Autor, a decisão do juiz ordinário será meramente declaratória porque, precisamente, aquele se limita a declarar uma nulidade preexistente – isto é, limita-se a "declarar a nulidade absoluta da norma, cujo vício existe desde a sua origem" – a lei inconstitucional é, por isso, nula desde que *nasceu*, tendo essa declaração eficácia *ex tunc*. Simultaneamente, essa declaração acarretará, também, uma desaplicação da mesma norma, mas apenas ao caso concreto – *rectius*: àquele processo e para aquelas partes. É isto que explica que, juntamente àquela atuação declarativa, a decisão do juiz apenas tenha efeitos *inter partes* – assim, M. Benedita Urbano, *Curso*, p. 30, bem como C. Blanco de Morais, *Justiça*, I, pp. 281-282.

[157] Sobre a repartição competencial do exercício da fiscalização no sistema difuso norte-americano, cfr, D. Moura Vicente, *Direito Comparado*, pp. 299-301; C. Blanco de Morais, *ob. cit.*, pp. 280-281.

[158] Cfr, M. Benedita Urbano, *ob. cit.*, p. 31.

exclusiva a um tribunal especial para efeitos de controlo de constitucionalidade, subtraindo essa tarefa ao juiz ordinário. Manifestamente, não é esse o caso no que diz respeito ao Supremo Tribunal Federal na relação com os demais tribunais inferiores. É verdade que ele terá a última palavra: porém, e ao contrário daqueloutro modelo, não só se trata de um tribunal do mesmo sistema judiciário ordinário, como, também, não terá a palavra *exclusiva*, pelo menos até a questão ser por ele apreciada[159].

VI. Independentemente destes aspetos, há ainda outro a destacar e que será determinante para a solução propugnada por HANS KELSEN: num sistema de *common law*, marcado por uma absoluta confiança no juiz e por uma pluralidade de normas não escritas, mesmo que fundamentais, a jurisprudência desempenhará um papel essencial. É precisamente por isso que desde cedo que na ordem jurídica estadual norte-americana, à semelhança da inglesa, se instituiu a *regra do precedente*, que reclama que as decisões dos tribunais superiores sejam vinculativas para os demais tribunais inferiores que pertençam à mesma jurisdição[160]. Assim, quando uma questão de constitucionalidade é objeto de recurso para um tribunal superior, a decisão que aí for tomada vinculará não só esse tribunal, como todos os tribunais inferiores dessa jurisdição. E esta regra assume ainda maior importância quando o recurso chega ao Supremo Tribunal Federal – aí, vigora uma regra do precedente mais reforçada, que é a relativa ao princípio do *stare decisis*: por outras palavras, quando o Supremo Tribunal Federal se pronuncia sobre uma questão de constitucionalidade, a sua decisão é vinculativa e deve ser respeitada por todos os tribunais da Federação, bem como pelos órgãos públicos[161].

159 Precisamente porque já houve prévia pronúncia de (in)constitucionalidade por parte do juiz ordinário do tribunal inferior.

160 Cfr, C. BLANCO DE MORAIS, *Justiça*, I, pp. 281-282. Sobre a regra do precedente, cfr, ainda, D. MOURA VICENTE, *Direito Comparado*, pp. 321-322.

161 Atendendo à regra do precedente e ao *stare decisis* verifica-se, afinal, que os efeitos *inter partes* típicos do sistema difuso são, em certa medida, relativizados pelo próprio sistema – por um lado, e no que àquela regra diz respeito, as decisões de um tribunal de recurso, sobre um determinado caso, vão vincular os tribunais inferiores da mesma jurisdição em eventuais casos semelhantes futuros, ainda não decididos; por outro lado, relativamente à *stare decisis*, e como foi visto, a decisão do Supremo Tribunal vinculará todos os tribunais, de todas as jurisdições, bem como os órgãos públicos – assim, M. BENEDITA URBANO, *Curso*, p.32. Sobre a *stare decisis*, e por todos, cfr, R. H. FALLON, Jr., "Stare Decisis and the Constitution: An Essay On Constitutional Methodology", in *New York University Law Review*, Vol. 76, 2001, pp. 570 e ss.

3.1.2. Europa continental e *princípio da separação*

VII. Numa Europa continental profundamente marcada por um Estado de legalidade oitocentista, é evidente que a jurisprudência não assumia (nem podia assumir) a mesma importância. De facto, e como vimos, o juiz devia obedecer unicamente à lei, tendo esta lógica prevalecido mesmo após se quebrar a barreira que permitiu a compreensão da Constituição enquanto norma jurídica fundamental do Estado[162]. Se era assim – *i.e.*, se a regra do precedente era estranha ao juiz europeu –, como seria possível instituir, na Europa, um modelo de controlo de constitucionalidade semelhante àquele dos EUA?[163] A isto acrescia o facto de se encarar o controlo de constitucionalidade – uma justiça de *normas* – como uma tarefa substancialmente diferente daquela de aplicar a norma ao caso – da justiça de casos. Assim, e para KELSEN, a solução nunca poderia passar por uma *unidade*, mas, ao invés, por uma *separação*[164].

VIII. Se, por força do exposto, uma questão de direito constitucional era manifestamente distinta de uma questão de direito comum, então isso apenas poderia significar uma coisa: que o juiz comum deveria continuar a exercer a sua justiça de *casos* – *i.e.*, a aplicar direito infraconstitucional – e a justiça de *normas* deveria ser confiada não ao poder judicial dito comum, mas a um novo poder, distinto daquele, estando representado num tribunal pertencente a uma outra jurisdição, que não a jurisdição comum: falamos, claro está, de um Tribunal Constitucional de uma jurisdição especializada – a jurisdição constitucional[165].

[162] Recorde-se, a este propósito, o artigo 203.º da Constituição da República Portuguesa, que estipula que "Os tribunais são independentes e *apenas estão sujeitos à lei*" (itálico nosso).

[163] Neste sentido, M. LÚCIA AMARAL, *Anuario Iberoamericano de Justicia Constitucional*, p. 29; M. BENEDITA URBANO, *Curso*, p. 73.

[164] Como referido *supra*, 2.2.3., a partir do momento que se entende a Constituição como a norma estadual suprema e fundamental, a lógica de desaplicar uma norma que lhe seja contrária assume um caráter quase universal. A partir daí, a principal questão reside no *quem* – i.e., quem é que deve proceder a essa desaplicação. Se se entender essa tarefa enquanto um *privilégio do legislador*, reclamando alguém *especial*, fora da jurisdição comum, então não poderá haver *unidade*, tendo de existir, ao invés, *separação*.

[165] Assim, M. LÚCIA AMARAL, *Anuario Iberoamericano de Justicia Constitucional*, pp. 29-30; M. BENEDITA URBANO, *Curso*, p. 31.

3.2. Um Tribunal Constitucional de uma jurisdição constitucional

I. Com esta solução, a separação que Kelsen defendia era assegurada: o monopólio (exclusivo) relativo à apreciação de questões de direito infraconstitucional residia na jurisdição comum; por oposição, o outro monopólio (também ele exclusivo) relativo à apreciação de questões de direito constitucional residia na jurisdição constitucional. Assim, e por força disso mesmo, o controlo de constitucionalidade não seria difuso, mas, antes, *concentrado* – i.e., concentrado no órgão detentor desse novo monopólio: o Tribunal Constitucional.

II. Se isto era assim, a essa separação de jurisdições teria de corresponder, necessariamente, uma distinção de juízes. De facto, se se entregava o controlo de constitucionalidade a um tribunal especial fora dos tribunais da jurisdição comum, certamente que os juízes desses tribunais não poderiam ser os pertencentes a esta última jurisdição. Só que este entendimento poderia ser obstaculizado por um aspeto que há pouco foi evidenciado. A propósito do sistema difuso norte-americano, referimos que uma questão de direito constitucional poderia conviver normalmente ao lado de uma questão de direito comum; sempre que aquela surgisse em juízo, de forma incidental, o juiz ordinário resolvê-la-ia, verificando se a norma em apreço era, ou não, compatível com a Constituição. Se é certo que o modelo concentrado configura o Tribunal Constitucional como o único tribunal competente para apreciar questões de direito constitucional, também não deixa de ser verdade que uma questão dessa natureza pode surgir – e surge, em grande medida – num litígio concreto que esteja a ser apreciado pelo juiz ordinário. Quando é assim, o que fazer?

3.2.1. O *reenvio prejudicial* enquanto corolário do *princípio da separação*

III. Por força do *princípio da separação* não podemos permitir que esse juiz se pronuncie sobre essa questão. Logo, para Kelsen, só haveria uma única solução: a partir do momento em que o juiz ordinário não é competente para decidir sobre a constitucionalidade de uma norma, sempre que seja confrontado com uma questão dessa natureza num determinado litígio deve suspender a instância e remeter a questão ao Tribunal Constitucional, sendo que só após a sua pronúncia é que essa suspensão poderá ser levantada – é o chamado *reenvio prejudicial*[166].

IV. Mais uma vez se nota a diferença substancial relativamente ao modelo difuso: enquanto neste pode haver (e há) uma amálgama entre as questões de direito comum e de direito constitucional, decidindo o juiz ordinário sobre ambas em simultâneo[167], no modelo concentrado é imperioso haver uma clara destrinça entre essas mesmas questões, explicada pelo facto de aquele juiz não ser competente para apreciar uma questão de direito constitucional – na verdade, e em jeito de exemplo, uma questão pode inicialmente ser (apenas) de direito comum; porém, a partir do momento em que, em termos incidentais, é suscitada uma questão constitucional, a solução é diferente em cada caso: num controlo difuso, o juiz (ordinário) decide-a nesse mesmo processo; num controlo concentrado, o juiz (ordinário) tem de suspender a instância e remeter (apenas) a questão de direito constitucional para o Tribunal Constitucional, aguardando a sua pronúncia. Note-se, assim, como através do *reenvio prejudicial* este duplo monopólio fica (novamente) assegurado: o juiz comum apenas se debruça sobre o direito ordinário; o juiz constitucional, apenas sobre o direito constitucional[168].

[166] A este propósito, veja-se M. LÚCIA AMARAL, *Anuario Iberoamericano de Justicia Constitucional*, p. 24. Cfr, ainda G. ALMEIDA RIBEIRO, *Constitutional History: Comparative Perspectives*, pp. 2-4 e C. BLANCO DE MORAIS, *Justiça*, I, p. 290.

[167] Se se quiser, e dito de outro modo, no modelo norte-americano o juiz decide uma questão constitucional (direito constitucional) no contexto de aplicação de uma norma a um caso concreto (direito comum), pelo que estarão sempre presentes interesses próprios das partes em juízo. Diferentemente, num controlo concentrado – no seu modelo *puro*, pelo menos –, a apreciação de constitucionalidade não é operada em função de nenhum caso concreto – com efeito, e como referido, o Tribunal Constitucional apenas tem de apreciar, em termos *abstratos* e *objetivos*, se uma determinada norma é, ou não, compatível com a Constituição, desligado de quaisquer considerações *subjetivas* que digam respeito ao caso que o juiz ordinário terá de decidir depois da pronúncia daquele Tribunal, suscitada em sede de reenvio prejudicial.

[168] Mesmo assim, não podemos deixar de concordar com LÚCIA AMARAL quando afirma, em *Anuario Iberoamericano de Justicia Constitucional*, p. 34, que esta separação típica do modelo concentrado não é tão *linear* quanto parece. De facto, quando o juiz ordinário toma a decisão de suspender a instância para reenviar a questão constitucional para o Tribunal Constitucional, não deixa de efetivar uma certa apreciação de constitucionalidade através dessa mesma decisão, desde logo para deslindar se, efetivamente, se está perante uma questão dessa natureza que reclame a intervenção daquele Tribunal.

3.2.2. A decisão de inconstitucionalidade

V. Por fim, e no seguimento de tudo o que até aqui foi exposto, falta ainda evidenciar um último aspeto diferenciador destes modelos e que também foi avançado por KELSEN: explicitamos, *supra*, que a pronúncia de um qualquer tribunal norte-americano relativa a uma questão de direito constitucional traduzir-se-ia numa atuação declarativa, com efeitos *inter partes*, embora esta última pudesse ser relativizada pela *stare decisis* que acompanha a pronúncia (final) do Supremo Tribunal Federal. Com efeito, sendo a nulidade (absoluta) daquela norma preexistente – *i.e.*, existente desde o "nascimento" dessa mesma norma –, o juiz apenas se limita a declará-la com eficácia *ex tunc*. Daí que a sua atuação seja *declarativa*, não beliscando o sistema de fontes.

VI. Por oposição, no sistema concentrado o entendimento é diametralmente diferente: até à pronúncia definitiva do Tribunal Constitucional, a norma que este irá apreciar é perfeitamente válida. Dito de outro modo, a decisão de inconstitucionalidade num sistema concentrado nunca será *declarativa*, mas, ao invés, *constitutiva*: o Tribunal Constitucional não *declarará* nula, mas, antes, *anulará* uma norma, e essa mesma decisão terá sempre efeitos *erga omnes* – *i.e*, a norma declarada inconstitucional desaparecerá da ordem jurídica, não podendo mais ser aplicada – e não *inter partes*[169], pese embora a sua eficácia seja *ex nunc*[170].

3.2.3. Juiz constitucional e juiz comum

VII. Se atentarmos bem, esta orientação de KELSEN não é estranha nem surge por acaso: como referido *supra*[171], para este Autor, e seguindo a lógica de que um ato criador de Direito é, simultaneamente, um ato que aplica Direito e vice-versa, anular uma lei por força da sua desconformidade à Constituição seria,

[169] Que se explica (não só, mas também) por a decisão do Tribunal não ser tomada em contexto de aplicação de uma norma a um caso concreto, mas, antes, em termos *abstratos* e *objetivos* – cfr, *supra*, nota 166. A este propósito, veja-se C. BLANCO DE MORAIS, *Justiça*, I, p. 291.

[170] Neste sentido, F. ALVES CORREIA, *Justiça*, p. 137. Nas palavras deste Autor, "o Tribunal Constitucional não declara propriamente uma *nulidade*, antes *anula*, *cassa*, uma lei, que, até à publicação da decisão de inconstitucionalidade, era válida e eficaz. É a decisão judicial que desconstitui a validade da norma jurídica, preservando-se até então os efeitos decorrentes da aplicação da mesma (eficácia *ex nunc*)". Veja-se, ainda, M. BENEDITA URBANO, *Curso*, p. 31.

[171] Cfr, *supra*, 18.2., *a)*, XII.

ao mesmo tempo, criar uma norma geral de sentido contrário a essa mesma lei, sendo uma formulação negativa do poder legislativo – o juiz constitucional, por isso, e através da sua decisão, seria um "legislador negativo"[172], sendo que a sua atuação beliscaria sempre o sistema de fontes, já que criaria uma nova "norma" geral oposta àquela que anulou[173]. Só que enquanto o legislador está legitimado democraticamente, o mesmo não acontece, à partida, com os juízes do Tribunal Constitucional: de facto, estes não têm de apresentar um programa político e ir a eleições, aguardando o voto popular para saberem se, a final, têm ou não assento no Tribunal, numa lógica de legitimidade eleitoral. Como é evidente, isto poderia gerar problemas no que diz respeito ao princípio democrático, desde logo pelo facto de um conjunto reduzido de indivíduos poder não só contrariar a vontade do legislador, como, ao mesmo tempo, assumir, em certa medida, esse mesmo papel[174]. Para KELSEN, a resposta a este problema era clara: teria de haver uma legitimação democrática indireta do juiz constitucional.

VIII. Assim, o sistema concentrado de controlo de constitucionalidade terá, ainda, outra característica diferenciadora do sistema difuso norte-americano: como se disse, à separação de jurisdições corresponderá, também, uma separação de juízes. O juiz constitucional não será um juiz comum, mas, antes, um juiz cuja nomeação dependerá, em certa medida, do próprio legislador democraticamente legitimado, bem como, eventualmente, dos outros poderes do Estado onde esteja presente essa mesma legitimidade, seja ela direta (no caso do Chefe de Estado) ou indireta (no caso do Governo)[175 176].

[172] Cfr, H. KELSEN, *A Jurisdição*, pp. 151-152

[173] Como bem refere LÚCIA AMARAL, enquanto a justiça comum *aplica* o sistema de fontes, a justiça constitucional *modifica-a* – cfr, M. LÚCIA AMARAL, *Anuario Iberoamericano de Justicia Constitucional*, p. 30.

[174] A este propósito, J. REIS NOVAIS, *Sistema Português*, pp. 49-55.

[175] Nas palavras de KELSEN, "[e]ntre os modos de recrutamento típicos, não recomendamos sem reservas nem a simples eleição pelo Parlamento, nem a nomeação exclusiva pelo chefe de Estado ou pelo Governo. Talvez pudéssemos combiná-los, elegendo, por exemplo, os juízes pelo Parlamento mediante apresentação pelo Governo, que teria de escolher vários candidatos para cada um dos cargos a ocupar, ou vice-versa". Além disso – continua – é "igualmente importante excluir da jurisdição constitucional os membros do Parlamento ou do Governo, visto que são precisamente os seus atos que aquela deve controlar. É tão difícil quanto desejável afastar toda e qualquer influência política da jurisdição constitucional", sendo que, "[s]e este perigo é particularmente grande, é quase preferível aceitar, mais do que uma influência oculta e por conseguinte incontrolável dos partidos políticos, a sua participação legítima na formação do tribunal: por exemplo, fazendo com que uma parte dos lugares seja ocupada através da eleição pelo Parlamento, tendo em conta a força relativa dos partidos" – cfr, H. KELSEN, *Jurisdição*, p. 154.

[176] Sobre este aspeto, cfr, M. LÚCIA AMARAL, *Anuario Iberoamericano de Justicia Constitucional*, p. 30.

E é precisamente por isso que, ao contrário do norte-americano, o juiz constitucional da Europa continental não é (nem pode ser) encarado como um juiz como os outros – é que "os outros", por oposição, para além de desempenharem uma função substancialmente diferente da daquele, não gozam de uma legitimidade democrática indireta na sua escolha e no exercício das suas funções.

§ 4. CONCLUSÃO: SISTEMA DIFUSO E SISTEMA CONCENTRADO DE FISCALIZAÇÃO DA CONSTITUCIONALIDADE

I. A evolução histórica até aqui descrita culmina, pois, em dois modelos típicos de controlo de constitucionalidade: o modelo *difuso* e o modelo *concentrado*. E as diferenças entre ambos são substanciais. Assim, sucintamente e em traços gerais[177]:

II. No modelo *difuso*, e por força do *princípio da unidade*, qualquer juiz é competente para apreciar uma questão de constitucionalidade, não havendo diferenciação entre juiz comum e juiz constitucional. Desta forma, se num litígio que corra num tribunal for suscitada, em termos incidentais, uma questão constitucional, o mesmo juiz que deve resolver o caso aplicando direito comum é também competente para apreciar essa mesma questão de constitucionalidade. Deverá, assim, averiguar se a norma incidentalmente invocada

[177] É de referir que as diferenças que aqui apresentamos dizem respeito aos dois modelos no seu estado *puro*. Queremos com isto dizer que tanto o modelo difuso norte-americano, quanto a versão primitiva (e kelsiana) do modelo concentrado foram posteriormente recebidos por jurisdições de outros Estados, que não os EUA e a Áustria, de onde provieram. Esses Estados, aquando dessa receção, adaptaram ambos os modelos e, com isso, muitas das suas características originais. Para efeitos de análise dos modelos americano e concentrado do controlo da constitucionalidade, e sem prejuízo das referências bibliográficas já citadas supra, nas notas 7 e 114, cfr, L. Favoreau, "Modèle Européen et Modèle Américain de Justice Constitutionnelle", in *Annuaire International de Justice Constitutionnelle*, N.º 4, 1990, pp. 51-66; P. Pasquino, "Constitutional Adjudication and Democracy, pp. 40-50; P. C. Vilallon, *La Formación del Sistema Europeo de Control de Constitucionalidad (1918-1939)*, Madrid: Centro de Estudios Constitucionales, 1987, pp. 232 e ss., pp. 341 e ss; A. H. Garcia, "El recurso de amparo en el modelo kelseniano de jurisdicción constitucional ¿un elemento atípico?", in *InDret Revista Para El Análisis Del Derecho*, 2011, pp. 1-23. Em especial, sobre as adaptações à versão kelsiana de modelo concentrado, cfr, M. Benedita Urbano, *Curso*, pp. 74-75; M. Lúcia Amaral, *ob. cit.*, p. 32. Por fim, para um panorama geral dos vários modelos de justiça constitucional presentes nos Estados que compõem a União Europeia, cfr, M. Lúcia Amaral, *ob. cit.*, pp. 18-19, bem como P. Pasquino, *Ratio Juris*, pp. 38-50, já citado.

vai, ou não, de encontro à Constituição. No caso de a conclusão ser positiva, o juiz deve declarar a inconstitucionalidade – *rectius*: nulidade – dessa norma. Esta decisão, por sua vez, é meramente declarativa, na medida em que a nulidade é preexistente: sendo assim, e em consequência, ela terá uma eficácia *ex tunc*. A acrescer a esta circunstância, se é verdade que a decisão do juiz tem efeitos *inter partes*, ela pode, ainda, ser objeto de recurso. Se o for, e por força da regra do precedente, a pronúncia que advier de um tribunal de recurso vinculará não só aquele juiz, mas, também, todos os juízes de tribunais inferiores que pertençam à mesma jurisdição. Por fim, e cumpridos determinados pressupostos, a questão constitucional em apreço pode ainda chegar ao Supremo Tribunal Federal. Se este concluir pela inconstitucionalidade, esse juízo, por força da *stare decisis*, é vinculativo para *todos* os tribunais, devendo ser por eles respeitado, bem como para (e pelos) órgãos públicos.

III. No modelo *concentrado*, e por força do *princípio da separação*, o juiz comum está interditado de decidir uma questão constitucional, da mesma maneira que o juiz constitucional não pode decidir uma questão de direito comum. Este modelo pressupõe, por isso, a existência de duas jurisdições: a jurisdição comum, constituída pelo poder judicial ordinário e que apenas pode decidir no âmbito do direito infraconstitucional, e a jurisdição constitucional, uma jurisdição especializada, constituída por um novo poder refletido num tribunal especial – o Tribunal Constitucional – com competências exclusivas de decisão sobre todas as questões de constitucionalidade. Nesta lógica, se, porventura, for incidentalmente suscitada uma questão constitucional num litígio que corra num tribunal ordinário, o juiz da causa deve suspender a instância e remeter essa questão ao Tribunal Constitucional para que este decida sobre a sua eventual inconstitucionalidade – é o chamado *reenvio prejudicial*: um reenvio daquela questão previamente ao juízo final do tribunal ordinário. Logo, só após a pronúncia do Tribunal Constitucional é que aquele poderá retomar a instância. Se o Tribunal concluir pela inconstitucionalidade da norma, a sua decisão será constitutiva: a norma em questão, até aí, era perfeitamente válida, pelo que essa pronúncia não se consubstanciará numa declaração de nulidade, mas, ao invés, numa anulação. Por outras palavras, só a partir da decisão do Tribunal Constitucional é que a norma é inconstitucional, pelo que a eficácia nunca poderá ser *ex tunc*, mas, sim, *ex nunc*. Por fim, essa pronúncia terá efeitos *erga omnes*, pelo que vinculará todo o poder judicial, bem como os restantes órgãos públicos, que, a partir daí, não mais poderão aplicar aquela norma.

IV. Note-se, por fim, e em linha com o que foi explicitado, como o surgimento de uma fiscalização jurisdicional da constitucionalidade, seja no seu modelo norte-americano, seja no seu modelo europeu, pressupõe, necessariamente, uma supremacia formal, material e funcional da Constituição sobre a lei – que é o mesmo que dizer: pressupõe o *princípio da constitucionalidade*. E se é verdade que essa relação é inequívoca, percebeu-se que nem sempre a evolução desse princípio era simultânea à afirmação de uma *judicial review*: se no continente norte-americano houve uma sintonia entre ambos os momentos, a Europa continental foi marcada por um claro desfasamento; aqui, se a ideia de uma subordinação da lei à Constituição se vai construindo ao longo dos séculos – de tal forma que vai influenciar o outro lado do Atlântico –, uma verdadeira fiscalização jurisdicional da constitucionalidade, no seu modelo concentrado, só se afirmará – e, a partir daí, se expandirá – na primeira metade do século XX.

SECÇÃO II
A EVOLUÇÃO EM PORTUGAL

§ CONSIDERAÇÕES INICIAIS

Analisada a evolução histórica da ideia de justiça constitucional no continente europeu e norte-americano, cabe agora dar nota dessa mesma evolução em Portugal. É que, como se verá, ela explica, em grande medida, a solução que se encontra hoje preconizada na Constituição da República Portuguesa e que justifica, em parte, que o Tribunal Constitucional, posteriormente, tenha sentido necessidade de clarificar o que entende por *norma* para efeito de recurso de inconstitucionalidade em sede de fiscalização concreta. Antes de nos debruçarmos sobre esta evolução, uma nota metodológica: como é evidente, não é objetivo da presente investigação dissecar, de forma minuciosa, o modo como a justiça constitucional, entre nós, se veio afirmando. Precisamente por isso, daremos uma breve nota sobre o período monárquico e republicano, a que se seguirá uma referência à Constituição de 1933 para, finalmente, e também em termos sucintos, nos focarmos na Constituição de 1976[178].

Um facto assente na evolução histórica da justiça constitucional em Portugal é o de que ela não terá como pano de fundo qualquer debate científico *profundo* em torno do valor – político ou jurídico – da Constituição[179]. Se, como alguns afirmam, e por força do constitucionalismo liberal, começam a surgir, em especial na doutrina, sinais de uma eventual receção e compreensão do *princípio da constitucionalidade*[180], a verdade é que este, em todos os períodos

[178] Para uma periodificação da história constitucional portuguesa, cfr, J. de Melo Alexandrino, *Lições*, II, pp. 21-28. Veja-se, também, P. Otero, *Direito Constitucional Português, Volume I – Identidade Constitucional*, Coimbra: Edições Almedina, 2010, pp. 253-255.

[179] Cfr, M. Lúcia Amaral e R. Afonso Pereira, *Estudos*, p. 401.

[180] Cfr, M. Rebelo de Sousa, *O Valor Jurídico do Acto Inconstitucional*, Lisboa, 1988, p. 41, sendo fundamental, a este propósito, o estudo de José de Magalhães Collaço, *Ensaio Sobre a Inconstitucionalidade das Leis no Direito Português*, Coimbra: França e Armenio, 1915. De referir que Marcelo Rebelo de Sousa ainda retira este princípio dos próprios textos constitucionais do século XIX,

históricos que caracterizam a Constituição, se encontra desligado desta última entendida no seu sentido moderno, precisamente pela existência de um conjunto de circunstancialismos que impedem aquele debate – ou que, a existir, o tornam meramente circunstancial ou acessório –, sendo que este impedimento se manterá, em certa medida, até à Constituição de 1976. Mas, para o demonstrar, e simultaneamente para entender essa mesma evolução, comecemos pelo início – isto é, pelas Constituições da monarquia constitucional[181].

desde logo por estes – principiando com a Constituição de 1822 –, entre outros aspetos, estabelecerem "pormenorizadamente um processo específico de revisão constitucional" e por o Rei e os deputados jurarem obedecer à Constituição. Porém, se é certo que dos exemplos que o Autor oferece pode resultar "evidente que a própria Constituição estabelece uma distinção entre o texto constitucional, por um lado, a lei, por outro, e os diplomas do chamado Poder Executivo, em terceiro lugar", a verdade é que, como vimos, o princípio da constitucionalidade pressupõe uma supremacia formal, material e funcional da Constituição, o que, de modo evidente, não decorre dos exemplos citados: o juramento de obediência à Constituição, podendo significar um valor (formal e funcional) acrescido desta, não a transforma numa constituição paramétrica – i.e., numa Constituição em sentido moderno –, desde logo pela inexistência de garantia efetiva do texto constitucional.

181 A este propósito, J. Miranda, *Contributo*, pp. 93 e ss.

§ 1. O PERÍODO MONÁRQUICO

1.1. As Constituições monárquicas enquanto documentos políticos

I. Como tivemos oportunidade de salientar[182], o constitucionalismo europeu da era liberal foi marcado, essencialmente, por aquilo que se apelidou de Estado de Legalidade – um Estado onde a norma – *rectius*: a lei – tinha um primado indiscutível, sendo a expressão genérica e abstrata da vontade coletiva. Precisamente por isso, a soberania residia (não só, mas também) no Parlamento, responsável pela feitura dessa mesma lei e pela regulação coletiva da sociedade. E quanto a este entendimento, como seria de esperar, desde logo por se inserir no continente europeu, Portugal não era exceção[183].

II. Assim, e nessa lógica, todas as constituições monárquicas – *i.e*, a Constituição de 1822, a Carta Constitucional de 1826 e a Constituição de 1838

[182] Cfr, *supra*, Secção I, 1.6.3.

[183] Aparentemente em sentido contrário, defendendo que a realidade constitucional portuguesa de oitocentos se afastou do paradigma europeu, afirmando haver em Portugal, inclusivamente, "sinais empíricos" de um "sistema difuso de controlo de constitucionalidade" na segunda metade do século XIX, A. Manuel Hespanha, "Direitos, Constituição e Lei no Constitucionalismo Monárquico Português", in *Themis*, N.º 10, 2005, pp. 7-40. Porém, não só este Autor não demonstra esses mesmos sinais, como parece explicar este período histórico com conceitos e dados atuais, assim deformando uma realidade que, por se situar num determinado espaço temporal, apenas pode ser compreendida à luz dos cânones e entendimentos próprios desse mesmo período. Neste mesmo sentido, acusando A. M. Hespanha de, com o seu artigo, proceder a uma "leitura revisionista", cfr, A. Salgado Matos, "Silva Ferrão e o Nascimento do Princípio da Constitucionalidade em Portugal", in *Estudos em Homenagem ao Professor Doutor Jorge Miranda, Volume I – Direito Constitucional e Justiça Constitucional*, Coimbra: Coimbra Editora, 2012, p. 296, nota 9.

– encaram a natureza desse documento como meramente política[184]. Adquirida essa mesma natureza, a consequência, no que ao âmbito da presente investigação diz respeito, é inevitável: as três Constituições referidas excluem do seu texto uma fiscalização da constitucionalidade das leis pelos tribunais, cometendo-a, essencialmente, a órgãos políticos, nomeadamente ao Parlamento[185] [186]. Por outras palavras, e em linha com as restantes constituições europeias do mesmo período, a fiscalização da constitucionalidade era, na sua essência, política, já que era exercida pelo principal órgão político desse período histórico[187]. Mesmo assim, há um circunstancialismo que vai influir nas constituições da monarquia constitucional portuguesa, em especial na Carta Constitucional de 1826, que, com duas interrupções[188], vai vigorar até 1910.

[184] Por opção metodológica, não nos debruçaremos sobre o período pré-constitucional que antecede as Constituições monárquicas. Sobre este período, cfr, A. M. Hespanha, "O Constitucionalismo Monárquico Português: Breve Síntese", in *História Constitucional*, n.º 13, 2012, pp. 478-482; C. Blanco de Morais, *Justiça*, I, pp. 309-310; M. da Glória Garcia, *Da Justiça Administrativa em Portugal, Sua Origem e Evolução*, Lisboa: Universidade Católica Editora, 1994, pp. 354 e ss.

[185] Neste sentido, M. Rebelo de Sousa, *Direito Constitucional*, I, p. 382; C. Blanco de Morais, *ob. cit.*, pp. 310 e ss.; A. Salgado Matos, *Estudos*, I, p. 296.

[186] Como salienta Blanco de Morais, estas três Constituições nada dispunham quanto a um eventual processo de fiscalização da constitucionalidade das leis, antes se retirando do poder que atribuíam às Cortes para velar pela sua integralidade a conclusão de que este órgão parlamentar seria competente para não só deliberar as leis, como, também, fiscalizar a sua constitucionalidade – cfr, C. Blanco de Morais, *ob. cit.*, p. 311. Neste seguimento, veja-se, respetivamente, os artigos 17.º e 102.º, I, da Constituição de 1822; os artigos 15.º, §§ 6.º e 7.º, 139.º e 145.º, § 28.º, da Carta; e os artigos 15.º e 37.º, I, da Constituição de 1838.

[187] Como nota A. Salgado Matos, *ob. cit.*, p. 296, e tal como já avançamos, é evidente que isto se explica pelo facto de essas Constituições refletirem "os pressupostos da recusa do princípio da constitucionalidade presentes no constitucionalismo francês e alemão oitocentista", nomeadamente (i) uma visão rígida do princípio da separação de poderes; (ii) a supremacia da lei e (iii) a partilha do poder legislativo entre o Rei e o Parlamento, através da atribuição, àquele, do poder de sanção real dos diplomas aprovados por este. Sobre os vários sistemas de fiscalização da constitucionalidade e sua reflexão nas Constituições monárquicas, cfr, M. Rebelo de Sousa, *Direito Constitucional*, I, pp. 373-374.

[188] Nomeadamente, a 3 de maio de 1828, aquando da convocação dos três estados do reino, por D. Miguel, em oposição à Carta, e que perdurou até 27 de maio de 1834, com a Convenção de Évora-Monte que pôs termo à guerra civil entre os absolutistas de D. Miguel e os liberais de D. Pedro; bem como a de 9 de setembro de 1836, quando a Constituição de 1822 foi reposta pela Revolução Setembrista até à redação da Constituição de 1838, e que perdurou até 27 de janeiro de 1842, quando o golpe de Estado de Costa Cabral proclamou a restauração da Carta. Sobre estes "interregnos", cfr, J. de Melo Alexandrino, *Lições*, II, pp. 38-39.

1.2. Os *bills de indemnidade* e a doutrina de Silva Ferrão

I. Na esteira do que acabou de se expor, a Carta Constitucional, à semelhança das Constituições europeias de uma monarquia dualista ou compromissória, vai também conferir ao Rei, para além do Parlamento, um poder co-legislativo que se traduzia na faculdade que aquele dispunha de sancionar as leis que fossem aprovadas pelas Cortes e que se enquadrava no novo poder que a Carta criava para o monarca – o poder moderador[189]. Só que, se por um lado a recusa de sanção real, que (não só, mas também) poderia ser fundamentada na contrariedade das leis com a Constituição, assumindo, assim, um controlo (também político) de constitucionalidade, apenas foi usada uma única vez[190], por outro lado, o Parlamento da monarquia constitucional vertida na Carta – e, com ele, o poder legislativo – nunca foi um poder efetivo, pois sucessivas eram as crises constitucionais que se traduziam na dissolução da Câmara dos Deputados e, a final, na inatividade e paralisação do legislador.

II. Quando assim era, o Executivo, ao arrepio da Carta, assumia as funções de legislador, emitindo os já referidos decretos ditatoriais[191], que, posteriormente – i.e., quando aquela Câmara se voltasse a reunir – seriam confirmados (sanados) pelo Parlamento, através dos *bills de indemnidade*[192]. Se é verdade que esta situação não era exclusivamente portuguesa, também não deixa de ser certo que ela motivou um debate doutrinário em torno de saber se

[189] Cfr, respetivamente, os artigos 13.º e 74.º, § 3, da Carta. A este propósito, veja-se C. Blanco de Morais, *Justiça*, I, pp. 269-270.

[190] Referimo-nos à recusa de sanção real a uma lei, com fundamento na sua inconstitucionalidade, operada pela Rainha D. Maria II em 30 de setembro de 1837. No entanto, acompanhamos Blanco de Morais, *ob. cit.*, p. 313, que interpreta esta recusa não com base num *verdadeiro* fundamento de inconstitucionalidade, mas, antes, por se enquadrar num período de maior conflitualidade entre as duas instituições de uma monarquia dualista portadoras de distintas legitimidades – Rainha e Parlamento –, onde a Rainha tinha maior preponderância em detrimento do Parlamento, sendo que, quando isso sucedia, era possível "um exercício do poder de veto fundado em todo o tipo de justificações (nelas incluída a da garantia da Constituição)". Em sentido aparentemente oposto, sustentando que esta recusa de sanção, juntamente com a doutrina que então estava a ser produzida, contribuiu para a crescente consciencialização do princípio da constitucionalidade, M. Rebelo de Sousa, *O Valor*, p. 55.

[191] Cfr, *supra*, nota 55.

[192] Cfr, C. Blanco de Morais, *Justiça*, I, p. 314. Veja-se, ainda, J. Miranda, *Manual de Direito Constitucional. O Sistema Constitucional Português*, Tomo I, 2, 10.ª Edição, Coimbra: Coimbra Editora, 2014, p. 48.; P. Otero, *O Poder de Substituição em Direito Administrativo. Enquadramento Dogmático--Constitucional*. Vol. I, Lisboa: Lex, 1995, pp. 335 e ss.

inconstitucionalidade orgânica daí adveniente poderia ser suscetível de ser apreciada, ou não, pelos tribunais[193].

III. É um dado assente que esta tese – *rectius*: a possibilidade de se reconhecer ao poder judicial a competência para desaplicar atos feridos de inconstitucionalidade orgânica – foi primeiramente avançada por Silva Ferrão[194]. Porém, e ao contrário de outros Autores, não somos da opinião de que Silva Ferrão tenha sido responsável pelo nascimento do princípio da constitucionalidade em Portugal[195]. Como alguém bem referiu[196], a justificação que Silva Ferrão oferece para permitir essa pretensa desaplicação não se funda num valor jurídico (ou material) superior da Constituição, que confere ao juiz um poder de declarar inválido o ato que foi aprovado pelo Executivo em desrespeito da Carta Constitucional, mas, antes, no juramento de fidelidade à Carta Constitucional – portanto, num valor formal ou funcional.

IV. Por outras palavras, se é um facto que aquele Autor entende que o juiz, no cumprimento do seu dever, está obrigado a verificar se "as Partes, os processos, [e] as acções, tem qualidade de legitimas", reconhece, também, que ele terá de indagar, ao mesmo tempo, se o diploma que está a aplicar ao caso concreto tem "o cunho de Lei"[197]. Só que a lógica aqui presente, parece-nos, é uma lógica processual, de mera verificação. No fundo, os pressupostos para o processo ser admitido são dois: (*i*) a legitimidade das partes e (*ii*) a existência de uma lei. Se, porventura, o juiz entendesse que o segundo pressuposto não estava preenchido – *i.e.*, se verificasse que a lei não tinha advindo do órgão emissor responsável pela sua aprovação –, isso não significava que o ato em questão estava ferido de algum desvalor jurídico, permitindo ao juiz invalidá-lo por desrespeito à Carta Constitucional. Pelo contrário, tal significava, tão-só, que o juiz não admitiria aquele processo.

[193] Cfr, C. Blanco de Morais, *Justiça*, I, p. 314.; M. Lúcia Amaral e R. Afonso Pereira, *Estudos*, pp. 404-409; A. Araújo, *Análise Social*, pp. 884-885.

[194] Sobre a importância fundamental de Silva Ferrão para a fiscalização jurisdicional da constitucionalidade em Portugal, cfr, por todos, A. Salgado Matos, *Estudos*, I, pp. 293-322, em especial pp. 313-322.

[195] No sentido oposto, A. Salgado Matos, *ob. cit.*, p. 415.

[196] Cfr, M. Lúcia Amaral e R. Afonso Pereira, *Estudos*, pp. 405-406.

[197] Cfr, F. A. F. Silva Ferrão, *Analyse critica e jurídica, Demonstrativa Da Improcedencia Dos Argumentos, Com Que, Na Camara Dos Senhores Deputados Da Nação Portugueza Foi Sustentada A Proposta De Lei Regulamentar Do § 3.º Do Artigo 145.º Da Carta Constitucional Da Monarchia*, 1850.

V. De facto, é inequívoco que a realidade constitucional europeia ao tempo do escrito de Silva Ferrão não era ainda compaginável com o surgimento, em qualquer Estado, do moderno princípio da constitucionalidade e, com ele, de uma verdadeira fiscalização da constitucionalidade. No entanto, e tal como Silva Ferrão demonstra, isso não era impeditivo que, doutrinariamente, este assunto fosse estudado, sendo que, posteriormente àquele, também outros Autores se vão debruçar sobre esta temática, nomeadamente Alberto dos Reis ou Marnoco e Souza[198]. Porém, importa sempre ressalvar que esses desenvolvimentos doutrinários são sempre realizados no contexto acima referido[199].

1.3. O Acórdão do Supremo Tribunal de Justiça, de 1907

I. Se em termos doutrinários esse debate estava, inequivocamente, a ser desenvolvido, a questão que se coloca agora é a de saber se também os tribunais se manifestaram nesse mesmo sentido. E, neste âmbito, importa dar uma nota muito sumária sobre um acórdão do Supremo Tribunal de Justiça, de 1907, na medida em que as suas conclusões são muito úteis para demonstrar o *óbvio*: que ainda estava presente uma verdadeira cultura de legalidade, pelo que qualquer controlo de constitucionalidade seria político, não se equacionando, sequer, atribuir-se um valor jurídico superior à Constituição que, consequentemente, reclamasse a intervenção judicial para efeitos do seu eventual controlo.

[198] Cfr, A. Araújo, *Análise Social*, p. 885.

[199] A acrescer a este aspeto, é ainda importante dar nota de que Silva Ferrão, se é verdade que constrói esta teoria, não desenvolve o desvalor associado à inconstitucionalidade nem como se processaria a sua declaração – ambas características típicas de uma justiça constitucional moderna e que já haviam sido avançadas nos EUA, a propósito do seu modelo de controlo de constitucionalidade. Além disso, se analisarmos a obra deste Autor, verificamos que não há praticamente referência a uma eventual justiça constitucional subjetiva, e as que há são manifestamente tímidas. Ora, tal é compreensível quando concluímos que a lógica do entendimento de Silva Ferrão gira em torno da relação entre os poderes estabelecida na Constituição, o que vai ao encontro da dinâmica de oitocentos, em que as Constituições eram documentos organizativos dos poderes públicos, pelo que seria importante que, honrando essa separação de poderes, nenhum deles invadisse o outro – nomeadamente, na feitura de uma lei. Assim, e traduzindo em linguagem atual, a preocupação seria (unicamente) a inconstitucionalidade orgânica. Em sentido semelhante, salientando, precisamente, que apesar de as Constituições monárquicas poderem conter manifestações de uma pretensa superioridade formal e/ou funcional, a elas era estranha a "desvalorização do acto inconstitucional [e a] garantia efectiva da Constituição", cfr, M. Rebelo de Sousa, *O Valor*, p. 42.

II. Esta decisão debruçou-se sobre a circunstância de um juiz ordinário, pela primeira vez, se ter recusado a aplicar um decreto ditatorial pelo facto de este ainda não ter sido confirmado pelo Parlamento. Para aquilo que interessa agora, o Supremo, de forma bastante clara e natural, conclui que, nos termos da Carta Constitucional de 1826, era às Cortes que competia "velar pela observância da constituição, não podendo, em face de tais preceitos, as atribuições *políticas* desses dois poderes [do poder moderador do Rei e do poder legislativo do Parlamento] passar (...) para o poder judicial; e muito menos permitir-se este suprir as omissões ou o abandono, que das suas atribuições possa fazer o parlamento, o que não só levaria os juízes ao *exercício de funções políticas*, tão contrário ao seu ministério, como poderia ocasionar conflitos entre os dois poderes com desprestígio para ambos"[200].

III. De facto, e sempre dentro da lógica europeia oitocentista, se o poder legislativo era atribuído, em primeiro lugar, ao Parlamento, seguindo-se a sanção real, não faria qualquer sentido atribuir um eventual poder de controlo das leis aos tribunais, o que, a acontecer, poderia ferir os poderes legislativo e moderador[201]. Por aqui se vê como a cultura reinante no Portugal

[200] Cfr, Acórdão do Supremo Tribunal de Justiça, de 23 de Julho de 1907, disponível em A. Araújo e M. Nogueira de Brito, "Para a História da Fiscalização da Constitucionalidade em Portugal", in *Revista Brasileira de Direito Constitucional*, N.º 2 (Jul-Dez 2003), pp. 280-286. Em comentário ao acórdão, os Autores – p. 282- fazem referência ao Decreto de 11 de Julho de 1907, que, precisamente, instituiu um recurso para o Supremo Tribunal de Justiça das decisões dos tribunais inferiores que desaplicassem decretos do poder executivo e no contexto do qual esta decisão é proferida. Para A. Araújo e M. Nogueira de Brito, este diploma "foi responsável pela primeira introdução entre nós de uma forma de concentração de competência atinente à constitucionalidade". Porém, e em oposição a este entendimento, somos a concordar com A. Salgado Matos, *Estudos*, I, p. 320, nota 129, quando afirma que o objetivo daquele Decreto não foi o de impor uma fiscalização judicial concentrada da constitucionalidade, mas, antes, o de reagir "à pressão doutrinal e jurisdicional" no sentido de que a desaplicação jurisdicional era proibida. Assim, o recurso para o Supremo havia sido instituído "com a única e exclusiva finalidade de que esta instância mandasse o tribunal recorrido reformar a sentença ilegal", pelo que o principal objetivo "não era que o Supremo Tribunal fiscalizasse a constitucionalidade da norma desaplicada (...), mas que *fiscalizasse a constitucionalidade da própria decisão de desaplicação* (...)". Este entendimento não só vai ao encontro dos factos, na medida em que o Supremo, a partir deste Decreto, passou a mandar reformar as decisões de desaplicação das instâncias inferiores, como também se insere na cultura de legalidade que reinava nos tribunais, e que, por isso mesmo, era estranha a qualquer controlo de constitucionalidade operado pelo poder judicial, como o próprio Acórdão referido acabou por afirmar.

[201] Nas palavras de Blanco de Morais, "o carácter pactício da actividade legislativa nos regimes dualistas, centrado na co-decisão legiferante entre Parlamento (que deliberava as normas legais) e Monarca (que as sancionava constitutivamente), dispensava a criação de órgãos supra-partes destinados a resolver controvérsias decorrentes da contradição do direito ordinário e a Constituição"

oitocentista era, evidentemente, uma cultura de legalidade e não uma cultura de constitucionalidade.

IV. É verdade que em 1899 se desejou uma reforma constitucional e que dela constava um projeto de lei em que se pretendia alterar o artigo 119.º da Carta, passando-se a prever a competência de os tribunais recusarem a aplicação de decretos ditatoriais ao caso concreto, tendo sido esta competência alargada, no âmbito da mesma reforma, por proposta de 14 de março de 1900, ao permitir-se a mesma recusa também à lei proveniente do Parlamento[202]. Porém, essa reforma não se chegou a concretizar. Como bem refere a decisão a que nos acabamos de reportar, se se sentiu necessidade de alterar a Carta nesse sentido, então isso significava que, até aí, os tribunais não dispunham dessa mesma competência[203]. E, não se tendo gorado a reforma, continuariam a não dispor.

1.4. Decretos ditatoriais: a causa de um aparecimento precoce da fiscalização da constitucionalidade?

I. Chegados aqui, a verdade é que há Autores que entendem que os decretos ditatoriais viriam a ser um dos fatores de aparecimento precoce da fiscalização jurisdicional de constitucionalidade das leis em Portugal[204]. Não podemos, contudo, acompanhar este entendimento. Com efeito, sabemos que a *judicial review* se traduz na possibilidade de os tribunais fiscalizarem a constitucionalidade das leis, no sentido de averiguar se estas são, ou não, conformes àquela, podendo invalidá-las no caso de concluírem pela sua incompatibilidade. Ora, como acabamos de analisar, a lógica presente no Portugal de oitocentos, decorrente de um Estado de Legalidade, não era uma lógica de defesa da Constituição contra a lei, mas, ao invés, de defesa da lei contra o Executivo, explicada pela sucessiva debilidade parlamentar característica da monarquia constitucional portuguesa.

– cfr, C. Blanco de Morais, *Justiça*, I, p. 270.

[202] Cfr, M. Lúcia Amaral e R. Afonso Pereira, *Estudos*, p. 410; M. Rebelo de Sousa, *O Valor*, pp. 52-53; C. Blanco de Morais, *ob. cit.*, p. 315.

[203] Cfr, Acórdão do Supremo Tribunal de Justiça, de 23 de Julho de 1907, disponível em *Revista Brasileira de Direito Constitucional*, p. 279.

[204] Cfr, J. Miranda, *Manual*, I, 2, p. 48.; A. Araújo, *Análise Social*, p. 885; A. Araújo e M. Nogueira de Brito, *ob. cit.*, p. 282.

II. Assim, qualquer possibilidade de controlo judicial que foi suscitada neste período histórico girou em torno de um controlo de atos do Executivo em defesa do Parlamento, e não de controlo da lei em defesa da Constituição, o que também é explicado por se entender que, por força disto mesmo, seria ilógico que o mesmo órgão que aprova as leis as fosse posteriormente controlar[205]. E isto foi assim porque, mais uma vez, se entendia que a Carta Constitucional tinha valor (exclusivamente) político, não assumindo um valor jurídico paramétrico, capaz de conferir ao juiz um poder para declarar a invalidade dos atos que estivessem com ela desconformes – por outras palavras, porque o *princípio da constitucionalidade* era, ainda, uma realidade estranha, pelo menos em termos jurisdicionais.

III. E este contexto, como se viu, impregnou quer a doutrina, quer a jurisprudência: se é verdade, como se avançou, que a primeira pode ter sido responsável por lançar a questão de saber se o poder judicial dispunha de competência para controlar uma lei face à Carta[206] [207], é inquestionável que esse discussão não se enquadra no debate científico que surgiria na Europa continental, a propósito do eventual valor jurídico a conferir à Constituição, mas, tão-só, "no contexto da debilidade do parlamentarismo português"[208]; já quanto à jurisprudência, e como se viu, para esta estava perfeitamente assente que o juiz nunca se poderia substituir à tarefa (política) de controlo de constitucionalidade atribuída ao Parlamento, sob pena de, a partir daí, assumir funções contrárias à sua natureza. Tudo visto, não se pode afirmar que a monarquia constitucional tenha sido responsável pelo surgimento (ainda que prematuro) de uma fiscalização jurisdicional da constitucionalidade, já que não era de controlo de (verdadeiras e modernas) leis de que se falava, e muito menos de controlo de constitucionalidade de leis.

[205] Neste sentido, M. Rebelo de Sousa, *O Valor*, p. 50.

[206] Como refere Blanco de Morais, *Justiça*, I, p. 315, os debates doutrinários que à época foram travados, e que estiveram na origem das propostas de reforma constitucional de 1899 e de 1900, foram responsáveis para que fossem "lançados os fundamentos políticos e doutrinários para a evolução do sistema de fiscalização da constitucionalidade".

[207] Importa notar, contudo, que "lei", à época, não era entendida no seu sentido moderno, enquanto congregadora de direitos fundamentais protegidos e consagrados na Constituição, e que, por isso mesmo, reclamam um novo poder, capaz de assegurar que esta se conforme com aquela, mas, antes, num mero sentido regulatório da vida em sociedade.

[208] Cfr, M. Lúcia Amaral e R. Afonso Pereira, *Estudos*, p. 408.

§ 2. O PERÍODO REPUBLICANO

Era, portanto, este o contexto presente aquando da implantação da República, em 1910, e da feitura da Constituição Republicana de 1911. No seguimento do que acabamos de expor, se a doutrina foi – *rectius*: estava a ser – importante para se tomar consciência do *princípio da constitucionalidade*, traduzido, numa primeira fase, na subordinação do poder legislativo à Constituição, e se, de certa forma, esse debate doutrinário teve amparo no próprio debate que decorreu aquando da Assembleia Nacional Constituinte de 1911[209], a Constituição que desta vai resultar assume especial importância porque, pela primeira vez, vai atribuir expressa e textualmente, no seu artigo 63.º, competência ao poder judicial para desaplicar atos inconstitucionais[210] [211].

[209] Neste sentido, M. Rebelo de Sousa, *O Valor*, pp. 56-57. Sobre o debate travado entre os constituintes de 1911, em especial no que diz respeito à consagração do princípio da fiscalização jurisdicional da constitucionalidade, cfr, M. Rebelo de Sousa, "Um exemplo de actualidade da Constituição de 1911 – O seu Artigo 63.º", in *A Assembleia Constituinte e a Constituição de 1911*, Lisboa, 2011, pp. 395-413, em especial pp. 398 e ss. Sobre este último aspeto, e com importantes referências doutrinárias da época, cfr, A. Salgado Matos, *Estudos*, I, p. 321, nota 133.

[210] Sobre o artigo 63.º da Constituição de 1911 e a respetiva importância no eventual surgimento, em Portugal, de uma fiscalização jurisdicional de constitucionalidade, cfr, C. Blanco de Morais, *Justiça*, I, pp. 316-318; M. Rebelo de Sousa, *O Valor*, pp. 56-66; Id, *A Assembleia*, pp. 395-413; M. Lúcia Amaral e R. Afonso Pereira, *Estudos*, pp. 410-412; A. Araújo, *Análise Social*, pp. 885-888; M. Nogueira de Brito e A. Araújo, *Revista Brasileira de Direito Constitucional*, pp. 282-283; M. Galvão Teles, "A concentração da competência para o conhecimento jurisdicional da inconstitucionalidade das leis", in M. Galvão Teles, *Escritos Jurídicos*, I, Coimbra: Edições Almedina, 2013, p. 40; J. Miranda, *Contributo*, pp. 105-106.

[211] Importa notar que o avanço na eventual compreensão do verdadeiro significado do princípio da constitucionalidade não significava (e não significou), necessariamente, um avanço na compreensão da importância do surgimento de uma real fiscalização jurisdicional da constitucionalidade. É que, se o primeiro, como se viu, se operou num contexto marcadamente doutrinário, o segundo apenas se poderia concretizar no âmbito judicial, onde, como vimos, a cultura de legalidade ainda reinava.

2.1. O artigo 63.º da Constituição de 1911

I. Nos termos deste enunciado constitucional, os tribunais ordinários, nos casos concretos que reclamassem a sua decisão, poderiam recusar aplicar (não só, mas também) uma lei inconstitucional[212], embora essa apreciação de constitucionalidade – e, eventualmente, recusa de aplicação –, para além de apenas ser possível se alguma das partes a invocasse, não podendo os tribunais, oficiosamente, debruçar-se sobre ela, teria efeitos *inter partes*. Ora, verificando o que se encontra estipulado no artigo 63.º, é fácil concluir que a Constituição de 1911 instituiu, em Portugal, pela primeira vez, um (*i*) sistema de fiscalização jurisdicional concreta da constitucionalidade, na medida em que cada tribunal apreciaria a eventual inconstitucionalidade de uma lei aquando da sua aplicação a um caso concreto; (*ii*) incidental e por via de exceção, por essa (exceção de) inconstitucionalidade apenas poder ser suscitada pelo particular, por incidente, num determinado processo judicial[213]; (*iii*) sendo que, quanto aos órgãos competentes, esse mesmo sistema era *difuso*, na medida em que o exercício do *poder-dever* atribuído pelo referido artigo pertencia a todo e a qualquer juiz de todo e qualquer tribunal ordinário[214].

II. Antes de atentarmos neste aspeto, importa salientar que a Constituição republicana teve forte influência da Constituição (também republicana) do Brasil, de 1891, que, por sua vez, havia sido inspirada na Constituição norte-americana. Queremos com isto dizer que este sistema difuso foi também consagrado nessa Constituição brasileira, pelo que a Assembleia Constituinte de 1911 se limitou a adotar a mesma solução que aí se encontrava estipulada[215].

[212] Sobre a discussão em torno do artigo 63.º, no sentido de saber se o sistema por este inaugurado pressupunha, apenas, o controlo da constitucionalidade material das leis ou dos diplomas emanados do poder executivo ou das corporações com autoridade pública, ou se, ao invés, idêntico controlo poderia ser operado independentemente do vício que estivesse em causa, cfr, C. Blanco de Morais, *ob. cit.*, pp. 316-317; M. Rebelo de Sousa, *O Valor*, p. 58; M. Lúcia Amaral e R. Afonso Pereira, *Estudos*, pp. 410-411. Pela nossa parte, entendemos ser de sufragar o segundo entendimento, desde logo porque artigo 63.º, ao referir-se à "conformidade com a Constituição", não pretendia limitar essa conformidade unicamente à natureza material do vício. Se essa tivesse sido a intenção do legislador constituinte, teria, em consequência, de haver uma diferenciação no texto constitucional.

[213] Sobre a distinção entre sistemas cuja inconstitucionalidade pode ser apreciada por via principal, aqueles em que essa inconstitucionalidade só pode ser suscitada por incidente e aqueloutros em que se cumula a via principal com a via incidental, cfr, M. Rebelo de Sousa, *Direito Constitucional*, I, pp. 378-381.

[214] Mas não de todo e qualquer tribunal, note-se.

[215] Cfr, A. Araújo, *ob. cit.*, p. 886; C. Blanco de Morais, *ob. cit.*, p. 316; G. Almeida Ribeiro, Constitutional History: Comparative Perspective, pp. 13-14; M. Lúcia Amaral e R. Afonso Pereira,

2.1.1. A inauguração de um verdadeiro sistema de fiscalização da constitucionalidade?

III. Se a realidade presente até 1910 era aquela que acabamos de descrever, a instauração, sem mais, de um controlo difuso de constitucionalidade das leis parece que consubstanciava, no que a este aspeto diz respeito, uma verdadeira *rutura* com o entendimento que havia marcado o anterior período histórico. De facto, se esse controlo se inspirou (in)diretamente naquele que era operado nos EUA, então parece que, a partir de agora, se podia afirmar que em Portugal não só se entendia a Constituição como norma suprema e fundamental do Estado, como qualquer ato que a contrariasse deveria ser declarado nulo – por inconstitucionalidade[216] – por todo e qualquer juiz: por outras palavras, parece que a Constituição de 1911 instituía verdadeiramente uma fiscalização jurisdicional da constitucionalidade, muito antes de qualquer outra Constituição da Europa continental do mesmo período[217]. Mas será que foi mesmo assim? Em nosso entender, a resposta não pode deixar de ser negativa, residindo a sua explicação em dois aspetos absolutamente fundamentais.

ob. cit., pp. 410-411. De acordo com estes dois Autores, o facto de a Constituição de 1911 ter recebido influência da Constituição brasileira e, dessa forma, da Constituição dos EUA, não é suficiente para sustentar que "[aquela] acolheu, por essa via, a experiência americana da *judicial review of laws*", além de que, mesmo que o tenha sido, (...) Portugal não compreendeu, muito menos, assimilou, os fundamentos teóricos que estão na base da tradição norte-americana da *judicial review*". Contra a "visão distorcida" da pretensa existência de uma "fortíssima corrente doutrinária" que advoga que a aceitação, pelos constituintes de 1911, do princípio da fiscalização jurisdicional da constitucionalidade teria merecido uma grande resistência, o que se explica por força de "referências parcelares da realidade, que importa desfazer", cfr, M. Rebelo de Sousa, *A Assembleia Constituinte*, pp. 398 e ss.

[216] Sobre o valor do ato inconstitucional no âmbito da Constituição de 1911, cfr, por todos, M. Rebelo de Sousa, *O Valor*, pp. 61-63.

[217] Parece ser este o entendimento de Jorge Miranda, *Manual de Direito Constitucional, Tomo VI – Inconstitucionalidade e Garantia da Constituição*, 4.ª Edição, Coimbra: Coimbra Editora, 2013, pp. 157-158, que defende que "seria a Constituição de 1911 (apesar do seu fortíssimo carácter parlamentarista) a primeira Constituição europeia a prescrever a fiscalização jurisdicional da constitucionalidade das leis sob forma difusa e concreta", bem como de M. Rebelo de Sousa, *Direito Constitucional*, I, p. 383, quando afirma que o artigo 63.º consubstanciou "a primeira tentativa europeia para adoptar o sistema norte-americano de fiscalização jurisdicional difusa". Em sentido próximo, cfr, J. Reis Novais, *Teoria das Formas Políticas e dos Sistemas de Governo*, 2.ª Edição, Lisboa: AAFDL Editora, 2019, pp. 116-117.

IV. Em primeiro lugar, na experiência relativa aos decretos ditatoriais que marcou a fase final da monarquia portuguesa, e que havia gerado um descontentamento cada vez maior. É que importa ressalvar que será ela a responsável pelo facto de a Constituição ter instituído um sistema de governo parlamentar, com uma enorme concentração de poderes no Congresso[218]. Isto fez com que, a partir daí, o Parlamento passasse a ter uma preponderância quase absoluta face ao Executivo[219]. Assim, o primeiro dado histórico que podemos retirar para entendermos que a Constituição de 1911 não inaugurou, entre nós, uma verdadeira *judicial review* reside aí – na circunstância de, agora, o Parlamento ser o centro do poder, controlando o Executivo. Se era assim, já não haveria o risco de este assumir os poderes daquele, passando temporariamente por legislador, ao arrepio da Constituição.

V. Em segundo e último lugar, importa não esquecer que um dos poderes do Congresso era o de "[v]elar pela observância da Constituição e das leis (...)"[220]. Percebe-se, por isso, que apesar de a Constituição de 1911 ter atribuído esse (suposto) poder ao juiz de desaplicar um ato inconstitucional, manteve o seu próprio controlo no Parlamento. Dito de outro modo, a lógica que havia precedido a República – a cultura de legalidade que, consequentemente, se traduzia num sistema de fiscalização da constitucionalidade por órgão político[221] – ainda estava bem presente – dir-se-ia, até, que estava ainda mais presente: concentrando o Parlamento a maioria dos poderes, incluindo o poder legislativo, quem melhor do que ele para controlar a observância da Constituição e das leis? Daí que, em consequência, pouco sobrasse para os tribunais – que é o mesmo que dizer: pouco ou nada sobrasse para um controlo jurisdicional de constitucionalidade[222].

[218] Cfr, a este propósito, o artigo 26.º da Constituição de 1911.

[219] Neste sentido, M. Lúcia Amaral e R. Afonso Pereira, *Estudos*, p. 410; A. Araújo, *Análise Social*, p. 886; M. Nogueira de Brito e A. Araújo, *Revista Brasileira de Direito Constitucional*, p. 283.

[220] Cfr, respetivamente, o artigo 26.º, 2.º, da Constituição de 1911.

[221] Novamente, sobre as "cinco grandes modalidades" de sistemas de fiscalização da constitucionalidade atendendo à natureza do órgão ou órgãos, cfr, M. Rebelo de Sousa, Direito Constitucional, I, pp. 373-374.

[222] Como bem referem M. Nogueira de Brito e A. Araújo, *Revista Brasileira de Direito Constitucional*, p. 283, "[e]m face de um parlamento perante o qual se dobrava o executivo, o poder judicial tinha naturais dificuldades de afirmação".

VI. Tendo em conta o exposto, parece que no Portugal republicano ainda reinava o entendimento dominante da monarquia constitucional: a Constituição era encarada enquanto norma organizatória dos poderes públicos, com um valor meramente político, pelo que político deveria ser o seu controlo, atribuído, por isso mesmo, ao Congresso.

2.1.2. Uma possível explicação para o artigo 63.º

VII. Como explicar, então, a solução adotada no artigo 63.º? Inquestionável parece ser o facto de se conferir ao juiz o *poder-dever* de desaplicar uma lei inconstitucional. Porém, para além de esta solução não ter sido precedida de qualquer debate científico *de fundo*[223], a verdade é que ela se explica, em primeiro lugar, em termos *reativos*: em linha com o que já havia sido aflorado na tentativa de reforma constitucional de 1899-1900, era preciso dar um sinal claro ao Executivo de que não mais poderia assumir as vestes de legislador em desrespeito da Constituição, e que, se isso acontecesse, o poder judicial poderia recusar a aplicação desse ato ao caso concreto, sem qualquer margem para dúvidas. É isto que explica, em primeiro lugar, que a solução vertida no artigo 63.º se refira a "diplomas emanados do Poder Executivo".

VIII. Este fator aliou-se a uma circunstância de conveniência, já avançada, e que foi a de a Constituição de 1911 ter ido beber muito das suas soluções à Constituição brasileira de 1891. Como se disse, esta "transportou" a *judicial review* americana para a ordem jurídica brasileira. E o legislador constituinte de 1911 fez exatamente o mesmo por referência à Constituição republicana de 1891. Só que, ao fazê-lo, e na ausência daquele debate que a deveria ter precedido, alargou *abrupta e inesperadamente* – por nada na cultura jurídica

[223] Neste sentido, M. Lúcia Amaral e R. Afonso Pereira, *Estudos*, p. 410. De facto, e como já avançamos, ao desconstruir a visão de que a solução vertida no artigo 63.º havia merecido uma forte oposição na Constituinte, M. Rebelo de Sousa, *A Assembleia Constituinte*, p. 398, afirma que "a temática do então denominado Poder Judicial poucas ou nenhumas observações críticas suscitou na discussão na generalidade", sendo que a discussão na especialidade do então artigo 48.º, que seria a primeira versão do futuro artigo 63.º, "foi breve e relativamente pacífica". Se, por um lado, se pode pensar que tal sucedeu porque a solução a adotar seria perfeitamente natural, por outro, e tendo em conta o que temos vindo a expor, talvez isso se explique pelo desconhecimento (político) sobre a matéria que, à data, imperava.

portuguesa apontar nesse sentido – o objeto de controlo conferido ao juiz[224]. Se, num primeiro momento, se pode pensar que isto consubstanciou uma verdadeira rutura com o que até aí havia sido experienciado, rapidamente se percebe, porém, que todo este circunstancialismo teve uma consequência *gattopardiana:* tudo mudou, embora tudo tenha ficado na mesma.

2.1.3. Uma "mudança" inconsequente

IX. Na realidade, estavam presentes todas as condições para essa inalteração: num contexto em que ainda imperava uma cultura de legalidade, onde o Parlamento dispunha da maioria dos poderes, incluindo o de controlo da Constituição, e em que esta não era encarada enquanto norma fundamental e paramétrica, garantidora de direitos fundamentais, que papel caberia aos tribunais? Praticamente nenhum.

X. Ademais, importa atentar no próprio artigo 63.º para se perceber três aspetos de relevante importância: (*i*) como referido, o juiz ordinário apenas poderia apreciar uma questão de constitucionalidade se ela fosse suscitada pelas partes. Ora, em linha com o que acabou de se dizer – *rectius*: negar valor jurídico à Constituição, desde logo para efeitos de garantia de direitos fundamentais – qual era a *parte* que, por um lado, eventualmente suscitaria uma questão desse tipo? Por outro lado, e mesmo que aquela agisse nesse sentido, qual era juiz que, herdando todos os ensinamentos da tradição europeia, estava preparado para "exercer tão relevante competência constitucional"?[225] (*ii*) Neste seguimento, aliás, e confirmando que a mudança *abrupta* que foi operada pelo artigo 63.º não acompanhou a realidade da cultura jurídica de então, não será por acaso que este enunciado normativo apenas atribui ao juiz o poder de *desaplicar* e não de *invalidar* aquela lei, o que, se à partida parece

[224] Na verdade, surgiram propostas na Constituinte mais consentâneas com a cultura de legalidade que então imperava – nomeadamente, limitando o objeto da fiscalização aos atos do poder executivo. De facto, e neste seguimento, não terá sido por acaso que o constituinte José Machado Serpa, que foi um dos autores dessas propostas, se tenha manifestado veementemente contra a possibilidade "de um juiz, com uma simples penada poder anular toda a obra do poder legislativo", esquecendo-se a Constituinte que a principal "função" do poder judicial era, precisamente numa lógica de legalidade, "aplicar a lei e mais nada" – cfr, M. Rebelo de Sousa, *A Assembleia Constituinte*, p. 400. Cfr, ainda, A. Araújo, *Análise Social*, p. 886.

[225] Cfr, M. Rebelo de Sousa, *A Assembleia Constituinte*, p. 411.

estranho num sistema de fiscalização jurisdicional de constitucionalidade, em especial quando importado dos EUA[226] [227], logo se justifica pelo facto de (ainda) se entender que o juiz pertencia a uma justiça de *casos* e não de *normas*[228]; (*iii*) por fim, e intimamente ligado a este último aspeto, num sistema de *civil law*, a *regra do precedente*, que, como vimos, constitui uma das marcas mais características do controlo de constitucionalidade norte-americano, era desconhecida, pelo que esse facto levaria, inevitavelmente, a que uma mesma lei pudesse ser desaplicada por um juiz, mas aplicada por outro, gerando incerteza e descredibilidade[229].

XI. Analisado o período republicano, podemos concluir que, no que diz respeito à sua influência no surgimento da justiça constitucional portuguesa, a Constituição de 1911 teve um curioso papel: textualmente, inaugurou um sistema difuso de controlo jurisdicional de constitucionalidade; realisticamente, herdou todos os ensinamentos do período histórico anterior.

[226] Onde, como se viu, o juiz declara a nulidade da lei inconstitucional – cfr, *supra*, Secção I, §3, 3.2.2., V.

[227] Mesmo assim, no sentido de que o efeito de um juízo concreto de inconstitucionalidade, nos termos do artigo 63.º, seria a da "nulidade do acto inconstitucional assim implicitamente reconhecida", embora sem possuir eficácia *erga omnes*, cfr, M. Rebelo de Sousa, *ob. cit.*, p. 410. Idêntico entendimento pode já ser encontrado em *O Valor*, pp. 65-66, sendo importante salientar, como faz o Autor, que "[n]a época, a doutrina, muito lacónica, limita[va]-se a dizer que os tribunais não deveriam aplicar as leis existentes violadoras da Constituição", o que vai ao encontro do que acabamos de referir. Não tomando posição, apenas mencionando que pelo facto de nem a Constituição, nem a legislação ordinária, acolherem regras processuais que conferissem força obrigatória geral às decisões dos tribunais, estas «valeriam apenas com eficácia "inter-partes"», cfr, C. Blanco de Morais, *Justiça*, I, p. 318.

[228] Como salienta M. Galvão Teles, *Estudos*, I, p. 38, e tal como se explanou *supra*, a tradição europeia, de origem francesa, ainda sufragava a ideia "do juiz [enquanto] mero aplicador mecânico da lei, do juiz rigorosamente subordinado à lei, que se torna incapaz por isso de a julgar a ela própria".

[229] Neste sentido, M. Lúcia Amaral e R. Afonso Pereira, *Estudos*, p. 411, nota 68. É também neste contexto que se percebe a proposta do constituinte António Macieira, que, temendo uma eventual divergência entre os tribunais caso a fiscalização difusa merecesse consagração constitucional, sugeriu que as decisões sobre a constitucionalidade das leis só produzissem efeitos depois da confirmação do Supremo Tribunal de Justiça, para o qual seria sempre possível haver recurso – cfr, M. Galvão Teles, *ob. cit.*, p. 41 e A. Araújo, *Análise Social*, p. 887. O argumento da incerteza e da instabilidade será também mais tarde utilizado, quer no contexto da Constituição de 1933, quer na Assembleia Constituinte de 1975, por aqueles que, aí, defendiam a consagração de um modelo concentrado de controlo de constitucionalidade. Cfr, *infra*, § 5.

A consequência, por isso, não é de estranhar: durante a I República, poucos ou nenhuns foram os casos em que o poder judicial fez uso da competência que lhe foi atribuída pelo artigo 63.º[230].

[230] Como bem sintetiza M. Rebelo de Sousa, *A Assembleia Constituinte*, p. 411, "[a] instabilidade política da I República, associada aos contornos parlamentares puros, ao temor dos próprios tribunais perante o exercício de tão relevante competência constitucional e ainda à inércia da tradição europeia (de matriz francesa) avessa ao novo sistema de fiscalização – tudo isso explicaria o facto de o Artigo 63.º não passar de uma intenção dos constituintes não concretizada nos menos de 20 anos de vigência da Lei Fundamental de 1911". No mesmo sentido, reconhecendo a «"quase total inoperacionalidade" do novo sistema implantado, que pouco mais configurou do que um precedente emblemático para outras constituições posteriores», cfr, C. Blanco de Morais, *Justiça*, I, p. 318. Sustentando que "é lícito afirmar que os frutos não foram notáveis", cfr, M. Galvão Teles, *Estudos*, I, p. 40. Por fim, falando de um "balanço modesto" da aplicação do artigo 63.º, cfr, A. Salgado Matos, *Estudos*, I, p. 321.

§ 3. O PERÍODO DA CONSTITUIÇÃO POLÍTICA DE 1933

3.1. O artigo 123.º da Constituição: um entusiasmo (muito) moderado

I. Tendo em conta o anteriormente referido, poder-se-ia pensar que uma eventual nova Constituição iria conseguir clarificar, finalmente, quais os termos em que poderia operar um controlo jurisdicional de constitucionalidade, fazendo coincidir o texto constitucional com a realidade vertida na prática. Porém, a Constituição Política de 1933 – que, como sabemos, vigorará até 1974 –, se é verdade que também se dedicou a esta matéria, pouco ou nada acrescentou ao sistema saído da Constituição republicana de 1911[231]. Se no que a esta última diz respeito o ponto de partida, como vimos, era o artigo 63.º, no âmbito da Constituição de 1933 temos de nos deter no artigo 122.º – que, mais tarde, por força da Lei n.º 1963, de 18 de dezembro de 1937, passará a artigo 123.º. De acordo com este enunciado normativo, "nos feitos submetidos a julgamento, não [podiam] os tribunais aplicar leis, decretos ou quaisquer outros diplomas que [infringissem] ou [ofendessem] os princípios nela consignados". Vistas bem as coisas, este artigo não diferia muito daquele da anterior Constituição, consagrando, por isso, um sistema difuso de controlo jurisdicional de constitucionalidade[232]. Além disso, e como alguém bem referiu,

[231] Sobre a Constituição de 1933 e o regime de fiscalização jurisdicional da constitucionalidade por esta instituído, cfr, M. Rebelo de Sousa, *Direito Constitucional*, I, pp. 383-385; Id, *O Valor*, pp. 66-86; C. Blanco de Morais, *Justiça*, I, pp. 318-323; A. Araújo, *Análise Social*, pp. 888-897; M. Galvão Teles, *Estudos*, I, pp. 41 e ss; M. Caetano, *A Constituição de 1933: Estudo de Direito Político*, Coimbra: Coimbra Editora, 1957, pp. 155-161; A. Gonçalves Pereira, "Da Fiscalização da Constitucionalidade das Leis no Ultramar", in *Revista da Faculdade de Direito da Universidade de Lisboa* (RFDUL), Lisboa, 1965, pp. 171-221; J. Miranda, *Manual*, VI, p. 158.

[232] Neste sentido, M. Rebelo de Sousa, *Direito Constitucional*, I, p. 384; C. Blanco de Morais, *ob. cit.*, p. 319; J. Miranda, *ob. cit.*, pp. 155-156; M. Lúcia Amaral e R. Afonso Pereira, *Estudos*, p. 412.

esse mesmo sistema até ia mais além do que aquele de 1911[233]: por um lado, o *poder-dever* era confiado aos "tribunais", deixando de haver uma limitação aos "tribunais ordinários"; por outro, esses mesmos tribunais poderiam, agora, em termos oficiosos, apreciar a (in)constitucionalidade das normas que deveriam aplicar aos casos concretos, sem estarem na dependência da arguição das partes[234].

II. Só que esta visão moderadamente entusiasmante esbarava, imediatamente, com os § 1.º e 2.º do artigo referido. De facto, de acordo com estes, o controlo de constitucionalidade consagrado no artigo 123.º não abrangia as inconstitucionalidades orgânicas e formais dos diplomas emanados dos órgãos de soberania – estas, por oposição, apenas poderiam ser apreciadas pelo Parlamento, que já não se identificava com o Congresso, mas, ao invés, com a Assembleia Nacional[235]. Assim, aos tribunais apenas era permitido que se pronunciassem sobre eventuais inconstitucionalidades materiais que atingissem leis, decretos ou quaisquer outros diplomas[236] [237].

[233] Cfr, J. Miranda, *Manual*, VI, p. 158; A. Araújo, *ob. cit.*, p. 888.

[234] De facto, e na esteira da explicação dada por C. Blanco de Morais, *Justiça*, I, p. 320, a partir do momento em que o enunciado normativo refere que os tribunais "não podem", então tal "supõe, contrariamente ao que sucedia com a Constituição de 1911, o poder-dever de um controlo oficioso pelos juízes". No mesmo sentido, J. Miranda, *Manual*, VI, p. 158; M. Rebelo de Sousa, *Direito Constitucional*, I, p. 384; M. Caetano, *A Constituição*, p. 157; M. Lúcia Amaral e R. Afonso Pereira, *Estudos*, p. 412.

[235] Cfr, respetivamente, o artigo 91.º, n.º 2, da Constituição de 1933, que, à semelhança da Constituição de 1911, estipulava que competia à Assembleia Nacional "[v]igiar pelo cumprimento da Constituição e das leis".

[236] É precisamente por esta circunstância que M. Rebelo de Sousa, *O Valor*, p. 70, afirma que o sistema de fiscalização da constitucionalidade instituído pela Constituição de 1933 é "misto: de fiscalização jurisdicional, quanto aos actos normativos do poder político materialmente inconstitucionais, sejam eles legislativos ou não, emanados ou não de órgãos de soberania, e ainda dos actos também normativos do poder político formal e organicamente inconstitucionais, desde que não emanados de órgãos de soberania ou emanados destes mas não sujeitos a promulgação pelo Presidente da República; de fiscalização política, em concorrência com a fiscalização jurisdicional, quanto a todos os actos normativos do poder político, qualquer que seja a inconstitucionalidade verificada, e, em exclusivo, quanto aos actos do poder político, legislativos ou não, promulgados pelo Presidente da República". No mesmo sentido, cfr, J. Miranda, *Manual*, IV, p. 155; C. Blanco de Morais, *Justiça, I*, pp. 320-322. Analisando esta subtração de poderes aos tribunais e falando num "grave retrocesso" comparativamente a 1911, cfr, J. Miranda, *ob. cit.*, p. 158 e A. Salgado Matos, *Estudos*, I, p. 322.

[237] Sobre a caracterização do valor do ato inconstitucional em função da diferenciação de competências entre órgãos jurisdicionais e políticos, cfr, M. Rebelo de Sousa, *ob. cit.*, pp. 77-86.

3.2. A relativização do poder judicial num regime autoritário

I. Tendo em conta o cenário que acabou de se descrever, facilmente chegamos à conclusão de que, mais uma vez, uma mudança que à partida poderia ser positiva levou a que tudo ficasse exatamente como estava. Contudo, há que dar nota de determinados aspetos históricos que ajudam (ainda mais) a compreender esta realidade que insistia em manter-se inalterada.

II. Num regime autoritário como aquele que foi instituído pela Constituição de 1933 e que vigorou até 25 de Abril de 1974, o Executivo, ao contrário da Constituição de 1911, vai assumir uma preponderância funcional sobre o Parlamento[238], pelo que a preocupação deixa de ser a de defender a (agora) Assembleia Nacional contra as investidas daquele. A isto acrescia o facto de esse mesmo Parlamento ser constituído unicamente por um partido, que se identificava na totalidade com o Executivo.

III. No que ao tema da presente investigação diz respeito, estas circunstâncias geravam duas consequências imediatas: (*i*) em primeiro lugar, isso fazia com que o Executivo pudesse alargar a sua esfera de atuação legislativa. Uma legislação *autoritária* ou *ditatorial* era (não só, mas também) aquela que podia ser aprovada ao arrepio de uma Constituição de valor meramente semântico[239] – dito de outro modo, sendo o regime de aprovação de diplomas pelo Executivo bastante mais flexível do que aquele do Parlamento, estando este dominado pelo partido que apoiava o Governo e sendo a Lei Fundamental entendida enquanto Constituição semântica, era evidente que estavam criadas todas as condições para que surgissem, em especial, inconstitucionalidades orgânicas e formais, pelo que fazia todo o sentido que o seu controlo fosse subtraído aos tribunais e atribuído à Assembleia Nacional, sendo, por isso, meramente político. E, ao ser assim, é evidente que esta, pela razão

[238] Desde logo propiciado pela essência do regime político e do sistema de governo que estiveram em vigor durante a vigência da Constituição de 1933. Sobre este aspeto, cfr, por todos, J. Reis Novais, *Teoria*, pp. 117-121. Cfr, ainda, J. Miranda, *Manual*, I, 2, pp. 82-86.

[239] Neste sentido, M. Rebelo de Sousa, *A Assembleia Constituinte*, p. 412. Sobre o valor semântico conferido às Constituições, nelas se incluindo a de 1933, cfr, a classificação ontológica de K. Loewenstein, *Teoria de la Constitucion*, Ariel, 1976, pp. 216-222.

que acabamos de expor, nada faria[240]; (*ii*) em segundo lugar, e neste seguimento, os tribunais ficariam "reduzidos" a um mero poder de controlo de (in)constitucionalidade material.

3.2.1. Um "mero" controlo de inconstitucionalidades materiais

IV. Poder-se-ia pensar, à primeira vista, que esse poder era relevante, desde logo por força da importância associada a essa inconstitucionalidade, explicada pelo facto de se estar perante uma contrariedade direta com o conteúdo de uma disposição vertida na Lei Fundamental[241]. Só que, como alguém já referiu, no contexto autoritário que caracterizou Portugal até 1974, uma inconstitucionalidade deste tipo era a que menos preocupava o Estado Novo, na medida em que implicava "uma menor interferência nas competências dos outros poderes do Estado (...) por comparação com a que resultaria do reconhecimento da competência para o controlo da constitucionalidade formal da lei"[242].

V. Ademais, uma Constituição meramente semântica, que secundarizava os direitos fundamentais dos cidadãos, dificilmente tinha condições para se afirmar como norma fundamental, hierarquicamente superior a todas as outras e vinculativa para os poderes públicos, já que o Estado em que se inseria não era um Estado de Direito Democrático[243].

[240] Como bem sintetiza M. Rebelo de Sousa, *idem*, «o legislador constituinte apontava para um sistema de governo autocrático, antevia o esvaziamento da Assembleia Nacional e o papel progressivamente relevante da legislação governativa, e a fórmula engendrada permitiria uma total imunidade constitucional dessa legislação (bem como da emanada da Assembleia submissa), imunidade essa garantida, em última instância, pela subordinação do Presidente da República ao "consulado do Presidente do Conselho de Ministros"». Afirmando que a apreciação dos vícios orgânicos e/ou formais era uma "questão meramente política", pelo que deveria ser realizada «em circuito interno e [liberta] do "*ruído da rua*" dos tribunais, por um órgão político (mediante a iniciativa dos seus titulares ou de um outro órgão político que era o Governo», cfr, C. Blanco de Morais, *Justiça*, I, p. 321.

[241] Neste sentido, M. Rebelo de Sousa, *ob. cit.*, p. 371.

[242] Cfr, M. Lúcia Amaral e R. Afonso Pereira, *Estudos*, p. 412. Sustentando que a solução vertida na Constituição de 1933 "pretenderia, à primeira vista, salvaguardar a divisão de poderes [e] a primazia das funções política e legislativa do Estado", cfr, M. Rebelo de Sousa, *A Assembleia Constituinte*, p. 412.

[243] Não será por acaso que M. Rebelo de Sousa, *O Valor*, p. 73, afirma que todas estas circunstâncias que temos vindo a descrever, nomeadamente as relativas à existência de um regime autoritário,

3.2.2. Uma (ainda) *cultura de legalidade*

VI. Por fim, a tudo isto acrescia outra circunstância tão ou mais importante: o facto de a cultura jurídica reinante nos tribunais ainda ser aquela herdada do Estado de legalidade oitocentista – portanto, uma cultura de legalidade, traduzida numa justiça de *casos*, e não uma cultura de constitucionalidade, de uma justiça de *normas*.

VII. Os tribunais – todos eles – ainda estavam habituados a *aplicar* a lei ao caso concreto, resolvendo um litígio, e não a efetuar juízos interpretativos sobre o conteúdo de uma norma, com o objetivo de saber se ela ia de encontro àqueloutra de natureza fundamental e que se identificava com a Constituição, *declarando-a* inconstitucional se fosse esse o caso. Ora, como sabemos, é precisamente esta a tarefa que os juízes, num sistema difuso, devem realizar em sede de controlo jurisdicional de constitucionalidade, incluindo, evidentemente, o controlo de constitucionalidade material, que, como acabou de se ver, coincidia com o único poder dessa natureza que aqueles dispunham em relação à Constituição de 1933[244]. Só que esse poder, precisamente pelos motivos que agora foram expostos, consistia, uma vez mais, numa mera desaplicação e não numa *invalidação* – isto é, numa declaração de inconstitucionalidade pelo tribunal[245].

de uma Constituição semântica e a subtração de poderes aos tribunais, "[acarretaram] óbvios sacrifícios aos direitos dos cidadãos". Daí que também possamos fazer a mesma pergunta que fizemos a propósito da Constituição de 1911: se era este o cenário, e sem prejuízo de agora poder haver controlo oficioso, qual era a parte que suscitaria uma inconstitucionalidade material junto de um tribunal?

[244] Para M. Lúcia Amaral e R. Afonso Pereira, *Estudos*, p. 412, e em linha com o que se referiu *supra* na nota 239, este "poder dos juízes não era, propriamente, levado a sério" precisamente por no Estado Novo não se recear que o poder judicial pudesse controlar a constitucionalidade material da lei, já que essa faculdade, ao contrário daquela decorrente de um controlo de constitucionalidade formal e/ou orgânica, era a que menos interferia no equilíbrio dos poderes do Estado.

[245] Novamente sobre esta problemática, salientando que "[a]o contrário do que sucedera nas fases anteriores, a doutrina constitucional debruça-se atentamente sobre [esta] questão, ainda que, por curiosa coincidência, a natureza do regime político vigente retira quase toda a importância prática à matéria", cfr, por todos, M. Rebelo de Sousa, *O Valor*, pp. 76-86.

3.3. A ineficácia do sistema de controlo de constitucionalidade

I. Tudo visto, se o controlo de constitucionalidade orgânica e formal era meramente político, cabendo à Assembleia Nacional, e se a fiscalização jurisdicional de constitucionalidade (material) foi confiada a tribunais onde ainda predominava uma cultura de estrita obediência à lei com o consequente não questionamento do seu conteúdo, não é de surpreender que nos 41 anos em que a Constituição Política de 1933 esteve em vigor também tenham sido muito raros os casos em que um juiz tenha recusado a aplicação de uma norma com fundamento na sua inconstitucionalidade[246].

II. Assim, e mais uma vez, a (in)eficácia de um sistema de controlo da constitucionalidade pelos tribunais inaugurado por essa Constituição não andou muito longe daquela que caracterizou a Lei Fundamental republicana de 1911[247]. Parece, por isso, que se pode afirmar, como alguém já o fez, que ambos estes documentos se mostraram sempre adiantados em relação à cultura jurídica reinante nos tribunais – o texto constitucional, portanto, ultrapassava a realidade [248].

[246] O mais conhecido diz respeito à decisão do juiz Ricardo da Velha, de 1973, relativa à lesão do direito de inviolabilidade do domicílio, então garantido pelo artigo 8.º, n.º 6, da Constituição de 1933. Sobre esta decisão, cfr, J. Miranda, "Inviolabilidade do Domicílio", in *Revista de Direito e Estudos Sociais*, Vol. XIX, 1974, pp. 379 e ss.

[247] Afirmando que "[o] sistema de controlo de constitucionalidade instituído na Constituição de 1933 revelou um carácter relativamente nominal", cfr, C. Blanco de Morais, *Justiça*, I, p. 322. Em sentido semelhante, cfr, ainda, M. Galvão Teles, *Estudos*, I, p. 40; A. Araújo, *Análise Social*, p. 889; M. Rebelo de Sousa, *A Assembleia Constituinte*, p. 412; J. Miranda, *Manual*, VI, pp. 155-156.

[248] Cfr, A. Araújo, *Análise Social*, p. 890. Ressalve-se, no entanto, que esse adiantamento não se deveu a um desejo de *rutura* por parte de um legislador constituinte pretensamente conhecedor de um sistema de fiscalização jurisdicional de constitucionalidade e de um valor paramétrico a atribuir à Constituição: no caso da Constituição de 1911 porque, como se viu, o sistema de fiscalização por esta inaugurado limitou-se a espelhar aquele que estava previsto na Constituição Brasileira de 1891, sem debate científico de fundo associado; já que no que diz respeito à Constituição de 1933, esta repetiu a fórmula de 1911, embora despindo-a da sua eventual relevância. Queremos com isto dizer que, apesar de ter havido esse desfasamento, ele não foi consequência de uma mudança de cultura jurídica (em especial nos tribunais) e, consequentemente, de compreensão sobre o real sentido e alcance do princípio da constitucionalidade e da *judicial review*, sem prejuízo de, como salientamos, terem surgido debates doutrinários em torno desta problemática, que foram evidentemente evoluindo à medida que a Europa continental se libertava da tradição revolucionária francesa.

§ 4. O DEBATE EM TORNO DE UM SISTEMA CONCENTRADO DE CONTROLO DA CONSTITUCIONALIDADE

Antes de nos centrarmos no sistema de controlo jurisdicional de constitucionalidade instituído pela Constituição da República Portuguesa de 1976, importa dar uma brevíssima nota sobre um aspeto que no contexto do presente capítulo assume especial importância. Até aqui temos analisado a evolução histórica da afirmação, em Portugal, de uma fiscalização jurisdicional da constitucionalidade – isto é, da possibilidade de os tribunais (ou de um Tribunal) apreciar(em) a constitucionalidade de determinadas normas, no sentido de verificar se elas são, ou não, conformes à norma mais importante e fundamental do Estado – a Constituição –, com a possibilidade de as declarar inconstitucionais se concluírem pelo sentido negativo. Já vimos, também, que há dois modelos propostos para essa fiscalização, seja aquele que confere essa competência a todos os tribunais, em termos difusos, seja aqueloutro que a concentra num tribunal de uma jurisdição especializada. E é precisamente neste último aspeto que importa que nos detenhamos.

É que, pelo menos desde a Constituição de 1911, à margem da (não) evolução da *judicial review* em Portugal e da inexistência de debate científico ela associado, houve, contudo, um debate em torno da questão de saber se fazia sentido concentrar uma competência de controlo de constitucionalidade num único tribunal – por outras palavras: se fazia sentido a existência de um sistema concentrado de controlo de constitucionalidade[249] [250].

[249] A este respeito, cfr. A. Araújo, *Análise Social*, pp. 886 e ss.; M. Galvão Teles, *Estudos*, I, p. 41 e ss.; M. Rebelo de Sousa, *Direito Constitucional*, I, p. 384, nota 432; A. Gonçalves Pereira, *RFDUL*, pp. 11 e ss.; J. Miranda, *Manual*, VI, pp. 159-162.

[250] Importa não esquecer, porém, que ainda antes da I República já tinha existido o Decreto de 11 de Julho de 1907, que, como vimos, ao instituir um recurso para o Supremo Tribunal de Justiça das decisões dos tribunais inferiores que desaplicassem decretos do poder executivo, parece ter inaugurado, em certa medida, uma forma de concentração de competência no que diz respeito

4.1. Na Constituição de 1911

I. De facto, logo na Constituinte de 1911 surgiram propostas nesse mesmo sentido: a título de exemplo, não só aquela de GOULART DE MEDEIROS, que entendia que ao Supremo Tribunal de Justiça deveria ser atribuída competência para julgar "qualquer reclamação contra a promulgação de leis inconstitucionais"[251], aqueloutra de ANTÓNIO MACIEIRA, que sugeriu que as decisões sobre a constitucionalidade das leis só produzissem efeitos depois da confirmação daquele mesmo Tribunal[252], mas, também, a de JOSÉ BARBOSA, que, no artigo 46.º do seu "Projecto de Constituição", confiava ao Supremo o poder de "suspender, por sentença, as leis que [fossem] contrárias à Constituição da República"[253]. Analisadas estas propostas[254], poder-se-á pensar que, afinal, a solução vertida na Constituição de 1911 era, de facto, única na Europa continental: não só instituía um sistema de fiscalização jurisdicional *difusa* da constitucionalidade, como essa mesma solução havia sido precedida de um debate em torno de saber se faria ou não sentido concentrar aquela fiscalização num único tribunal. Porém, e no seguimento do que atrás foi evidenciado[255], não era assim.

II. Uma vez mais, importa não esquecer que esta fiscalização jurisdicional de constitucionalidade não era entendida no seu verdadeiro sentido: de controlo de uma norma – de uma lei – por referência à mais importante de todas elas, a Constituição. Como se viu, se é verdade que existia um debate em torno do *princípio da constitucionalidade*[256], também não deixava de ser certo que tal princípio ainda não se encontrava enraizado na cultura jurídica, razão pela qual Constituição de 1911 continuava a não ser encarada enquanto Constituição moderna, isto é, enquanto norma fundamental garantidora de direitos fundamentais, pelo que a inexistência desse valor jurídico paramétrico é suficiente para se concluir que não podemos falar de um real controlo jurisdicional a ela associado.

à inconstitucionalidade. Porém, cfr, *supra*, nota 199, o que afirmamos em relação a este diploma, na esteira do entendimento de A. SALGADO MATOS.

[251] Cfr, Diário da Assembleia Nacional Constituinte, sessão n.º 49, de 15 de Agosto de 1911, disponível em: https://debates.parlamento.pt/catalogo/r1/c1911/01/01/01.

[252] *Idem.*

[253] Cfr, JOSÉ BARBOSA, *Projecto de Constituição*, Lisboa: Typographia Bayard, 1911, p. 14.

[254] Sobre as restantes propostas que também foram apresentadas nesse período, cfr, A. ARAÚJO, *ob. cit.*, p. 887 e J. MIRANDA, *Manual*, VI, pp. 160-161.

[255] Cfr, *supra*, Secção II, §1, 1.4.

[256] Veja-se, a este propósito, A. SALGADO MATOS, *Estudos*, I, p. 321, nota 133.

III. Em linha com o que foi exposto, a fiscalização jurisdicional da constitucionalidade não se traduzia num poder que o juiz dispunha no sentido de verificar se uma determinada norma era, ou não, conforme à Constituição, com possibilidade de a invalidar se concluísse pela sua contrariedade. Esse controlo não decorria, por isso, de um valor jurídico superior vertido na Constituição, mas, antes, de uma separação (política) de poderes refletida num documento (político) organizador dos poderes públicos. Como se viu, a preocupação fundamental – e *reativa* – era assegurar que a experiência dos decretos ditatoriais que marcou o período final da Monarquia não se repetisse na República, pelo que essa fiscalização tinha em mente dar esse mesmo sinal: isto é, assegurar a distribuição de poderes vertida na Constituição, conferindo aos tribunais a faculdade de desaplicar diplomas do Executivo que eventualmente repetissem a fórmula daqueles decretos, embora essa pretensa separação fosse consumida pela omnipotência do Congresso.

IV. Portanto, se é verdade que podemos afirmar que na Constituinte de 1911 foi debatido um eventual sistema concentrado de fiscalização jurisdicional de constitucionalidade, nem por isso podemos deixar de dizer, ao mesmo tempo, que esse debate foi feito num contexto histórico bastante particular, que evidentemente desconhecia o real fundamento associado a esse controlo. Não é de estranhar, por isso, que o resultado final – textual e prático – tenha sido aquele que foi evidenciado[257].

4.2. Na Constituição de 1933

I. Mas também no âmbito da Constituição Política de 1933 surgiram propostas no sentido de concentrar a competência de fiscalização de constitucionalidade num único órgão. Há, desde logo, que dar nota da Carta Orgânica do Império Colonial, de 1933, que no seu artigo 199.º instituía um sistema de controlo concentrado de constitucionalidade das leis do ultramar no Conselho Ultramarino[258]. Apesar de a esta solução terem sido dirigidas

[257] Sem prejuízo da advertência de Machado Serpa, conforme salientamos *supra*, nota 224.

[258] A este propósito, cfr, M. Galvão Teles, *Estudos*, I, p. 42; M. Caetano, *A Constituição*, pp. 158 e ss.; J. Miranda, *Manual*, VI, p. 159; M. Rebelo de Sousa, *O Valor*, pp. 71-72; A. Araújo, *Análise Social*, pp. 891-897; C. Blanco de Morais, *Justiça*, I, p. 322.

algumas críticas[259], a verdade é que ela vai servir de inspiração para que alguns defendam o seu alargamento à metrópole.

4.2.1. A defesa da solução da Carta Orgânica do Império Colonial e a sua rejeição

II. Foi o caso de MARCELLO CAETANO que, partindo dos inconvenientes apontados ao sistema difuso[260], entendia que a solução constitucional da Metrópole deveria coincidir com a Ultramarina, concentrando-se a competência de fiscalização no Tribunal dos Conflitos[261]. Também o deputado AFONSO AUGUSTO PINTO, em 1959, vai apresentar um projeto de alteração ao artigo 123.º, no sentido de atribuir aos Supremos Tribunais de Justiça, Militar e Administrativo – portanto, ao Supremo Tribunal de cada uma das ordens de jurisdição –, a competência de apreciação da constitucionalidade[262]. A rejeição desta proposta assume uma importância acrescida, já que advém de um parecer da Câmara Corporativa, da autoria de AFONSO QUEIRÓ, que, por sua vez, é demonstrativo da cultura jurídica que caracterizava os tribunais e que há pouco evidenciamos: de facto, para AFONSO QUEIRÓ, a solução consagrada no artigo 123.º da Constituição era manifestamente suficiente, não necessitando de alteração, nomeadamente no sentido daquela propugnada por AFONSO AUGUSTO PINTO. E isto porque, no entender desse Professor, conferir a "um pequeno colégio de magistrados, de mentalidade normativista (...), um poder fundamentalmente constituinte", significaria a consagração

[259] De facto, havia quem entendesse que este tipo de fiscalização que operava no Ultramar era inconstitucional, por violação do artigo 123.º da Constituição de 1933. Neste sentido, A. GONÇALVES PEREIRA, RFDUL, pp. 11 e ss.; J. MIRANDA, *Manual*, VI, p. 159, que afirma que esta solução foi "de duvidosa constitucionalidade até 1971"; M. GALVÃO TELES, *Eficácia dos Tratados na Ordem Interna Portuguesa (Condições, Termos e Limites)*, Lisboa, 1967, pp. 139 e ss.; M. REBELO DE SOUSA, *O Valor*, p. 72, nota 96. No sentido inverso, cfr, por todos, M. CAETANO, *A Constituição*, pp. 157-158; *ID, Manual de Ciência Política e Direito Constitucional*, 5.ª Ed., Lisboa, 1965, pp. 620 e ss. Para um panorama geral sobre o debate doutrinário associado a esta problemática, cfr, J. MIRANDA, *Contributo*, pp. 206-209.

[260] Nomeadamente aqueles que se apontaram *supra*, Secção II, §2, 2.1.3., X, nota 229. A estes, M. CAETANO, *A Constituição*, p. 159, acrescenta outro: "[o] Poder político hesitará em dobrar-se às decisões da 1.ª instância e não cederá no propósito da aplicação da lei antes de se esgotarem as jurisdições dos tribunais superiores".

[261] Cfr, M. CAETANO, *Manual*, pp. 622 e ss.

[262] Cfr, Diário das Sessões da Assembleia Nacional, n.º 90, de 8 de Abril de 1959, pp. 415 e ss., disponível em: https://debates.parlamento.pt/catalogo/r2/dan/01/07/02/090/1959-04-07.

de um "*gouvernement de juges*"[263] – isto é, significaria atribuir-lhes uma competência política contrária à natureza das suas funções, já que se estaria a permitir, por essa via, que os tribunais se pudessem intrometer nessa função política que era a atividade legislativa. Assim, a fórmula original do artigo 123.º seria "muito mais equilibrada, na medida em que não erige os tribunais em geral num poder capaz de validamente revogar as leis e decretos-leis"[264] [265].

4.2.2. A revisão constitucional de 1971

III. Mesmo assim, a revisão constitucional de 1971 veio reforçar os desejos de concentração da competência de controlo de constitucionalidade, ao aditar, no seguimento de uma proposta do Governo[266], um novo parágrafo ao artigo 123.º, onde se estipulava que "a lei poderá concentrar em algum ou alguns tribunais a competência para a apreciação da inconstitucionalidade referida no corpo do artigo e conferir às decisões desses tribunais força obrigatória geral"[267]. Se é verdade que, aquando da proposta, AFONSO QUEIRÓ, no âmbito de um novo parecer da Câmara Corporativa, voltou novamente a tecer algumas reservas[268], certo é que essa mesma Câmara acabou por dar o seu aval,

[263] Cfr, Parecer n.º 16/VII, in Actas da Câmara Corporativa n.º 58, de 12 de Maio de 1959, pp. 722-725, disponível em: https://debates.parlamento.pt/catalogo/r2/acc/01/07/02/058/1959-05-12. Neste mesmo Parecer, AFONSO QUEIRÓ aproveita, ainda, para criticar os defensores de um modelo concentrado de fiscalização jurisdicional de constitucionalidade, nomeadamente MARCELLO CAETANO e as críticas que este formulou ao controlo difuso – cfr, *supra*, nota 260: para AFONSO QUEIRÓ, não parece ser necessário assegurar "um grau de uniformidade jurisprudencial que transcenda o que se julga suficiente quanto à generalidade dos pontos de direito controvertidos nos tribunais", não sendo "de lamentar que o poder político se não conforme facilmente com as decisões que, em matéria de inconstitucionalidade dos seus diplomas, sejam tomadas na 1.ª instância". Consequentemente, adotar um modelo concentrado significaria "abandonar um sistema que não deu motivos de queixa e [substituí-lo] por outro que se justifica em certos países mais com vista a resolver os conflitos constitucionais de competência entre os elementos básicos de Estados federativos, do que a controlar a constitucionalidade das leis e mais diplomas" – cfr, *idem*, pp. 724-725.

[264] *Idem*, p. 724.

[265] Note-se que este entendimento de AFONSO QUEIRÓ já havia sido avançado, em parte, no seu "O controlo da constitucionalidade das leis", in A. RODRIGUES QUEIRÓ, *Estudos*, II, Coimbra: Universidade, pp. 79-90.

[266] Em linha com o que o então Presidente do Conselho, MARCELLO CAETANO, havia defendido em tempos – cfr, *supra*, notas 258 e 259.

[267] Cfr, Lei n.º 3/71, de 16 de Agosto, disponível em: https://dre.pt/application/conteudo/621715.

[268] Cfr, Parecer n.º 22/X, de 16 de Março de 1971, parágrafos 145 a 148, in Actas da Câmara Corporativa n.º 67, disponível em: https://debates.parlamento.pt/catalogo/r2/acc/01/10/02/067/1971-03-16.

pelo que, a partir daí, estava dado o ponto de partida para que alguns (e reputados) juristas defendessem rapidamente a concretização da possibilidade aberta por aquela revisão[269] [270].

IV. Foi não só o caso de MIGUEL GALVÃO TELES[271], como, também o de JOSÉ MAGALHÃES GODINHO, que chegou mesmo a propor a criação de um Tribunal de Garantias Constitucionais, que, em sede de recurso, se pronunciaria pela decisão proferida pelo tribunal judicial, sendo aquele obrigatório se essa mesma decisão fosse no sentido da inconstitucionalidade; se, por sua vez, aquele Tribunal a confirmasse, então declararia a norma inconstitucional com força obrigatória geral[272]. Importa ainda salientar que a proposta de MAGALHÃES GODINHO, para além de se assemelhar à solução que posteriormente ficará vertida na Constituição de 1976, atribuía, ainda, por via de um *recurso de amparo*, o direito a qualquer cidadão de requerer àquele Tribunal a declaração de inconstitucionalidade de "determinada norma referente a qualquer dos direitos, liberdades e garantias individuais concedidos na Constituição e que os infrinja, dificulte, limite ou suprima o seu exercício"[273], numa vertente subjetivista de justiça constitucional.

[269] No sentido de que esta revisão constitucional consagrou "constitucionalmente o regime de fiscalização que, mediante integração de lacuna, a doutrina entendia, já antes de 1971, ser o mais indicado", remetendo para os ensinamentos de MARCELLO CAETANO, cfr, M. REBELO DE SOUSA, *O Valor*, p. 73.

[270] Dubitativamente, afirmando que a mudança trazida pela revisão constitucional de 1971 "[faria] supor uma evolução do sistema em direcção ao reforço da componente jurisdicional, com uma maior aproximação ao modelo americano", e, portanto, cremos, ao sistema difuso, cfr, C. BLANCO DE MORAIS, *Justiça*, I, p. 323.

[271] Cfr, M. GALVÃO TELES, *Estudos*, I, pp. 44-54. É curioso destacar que, neste escrito, MIGUEL GALVÃO TELES defendia dois aspetos que viriam a ser determinantes para o atual sistema "híbrido" de controlo jurisdicional de constitucionalidade: (*i*) em primeiro lugar, o facto de, com sistema concentrado, os tribunais inferiores poderem continuar a deter competências para formular juízos de inconstitucionalidade; (*ii*) em segundo e último lugar, o facto de, também em sistema concentrado, poder haver recurso, embora, aqui, manifestando "dúvidas de que isso se mostre verdadeiramente desejável" – cfr, *Idem*, p. 50.

[272] Cfr, J. MAGALHÃES GODINHO, *Direitos, Liberdades e Garantias Individuais*, Lisboa: Seara Nova, 1973, pp. 184 e ss.

[273] *Idem*, pp. 211 e ss. Sobre esta proposta, cfr, A. ARAÚJO, *Análise Social*, pp. 895-896.

4.3. Conclusão: a Democracia como solução para a afirmação de uma justiça constitucional

I. Chegados aqui, importa fazer duas notas: (*i*) em primeiro lugar, e em certa medida em linha com o que há pouco se referiu a propósito da Constituição de 1911, a existência deste debate e a possível concretização das soluções nesse contexto propostas não acarretava, necessariamente, uma transformação da fiscalização jurisdicional de constitucionalidade: com efeito, há que destacar que essa putativa concentração de controlo foi sempre construída em torno da Constituição de 1933 – embora isto seja óbvio, é de relembrar que estávamos no âmbito de uma Constituição semântica, que as inconstitucionalidades orgânicas e formais estavam subtraídas ao controlo judicial[274], pelo que as soluções oferecidas diziam apenas respeito às inconstitucionalidades materiais, e que as características típicas dos tribunais de uma Europa continental herdeira da tradição francesa ainda se encontravam bem presentes em Portugal[275], em nada se distinguindo relativamente ao período histórico da anterior Constituição, e sendo, inclusivamente, agravadas por força do sistema político que se assumiu a partir de 1933. Daí que voltasse a haver um desfasamento entre as soluções propostas e o entendimento do verdadeiro fundamento do controlo jurisdicional de constitucionalidade; (*ii*) no entanto, esse desfasamento era compensado doutrinariamente – queremos com isto dizer que, para certa doutrina, nomeadamente para os dois Autores há pouco referidos, o verdadeiro significado e a verdadeira importância de uma *judicial review*, aliados ao valor jurídico paramétrico de que deveria dispor uma Constituição, não eram ignorados ou desconhecidos.

II. Porém, e ao mesmo tempo, Miguel Galvão Teles e José Magalhães Godinho tinham perfeita consciência de que um sistema de controlo jurisdicional de constitucionalidade – independentemente do modelo adotado – só se poderia concretizar quando as condições para essa concretização estivessem reunidas: isto é, quando existisse um regime democrático que

[274] Tanto na versão original da Constituição de 1933, como depois da revisão constitucional de 1971.

[275] Como, aliás, o próprio M. Galvão Teles reconhecia a propósito da análise ao projeto de revisão constitucional apresentado pelo Governo, aí afirmando que "ainda hoje [os juízes] se consider[a]m aplicadores mecânicos da lei" – cfr, M. Galvão Teles, *Estudos*, I, pp. 48-49.

conferisse, finalmente, aquela importância jurídica fundamental à Constituição[276]. Assim, se é um facto que a ideia de concentrar a competência de controlo de constitucionalidade não é nova, remontando a 1911, ela só terá condições para se afirmar de forma plena, juntamente com uma verdadeira fiscalização jurisdicional da constitucionalidade, depois do 25 de Abril de 1974[277]. E veremos como aqueles trabalhos doutrinários virão a ter influência na Constituição que sairá desse novo regime democrático.

[276] De facto, e no que ao primeiro Autor diz respeito, Miguel Galvão Teles é perentório ao afirmar "que Portugal não [dispunha] das condições indispensáveis para a criação de um [Tribunal Constitucional]", na medida em que "[o] regime dos tribunais constitucionais exige um pluralismo político suficientemente amplo, uma abertura relativamente larga do sistema", sob pena de "transformar-se em mero instrumento dos órgãos governativos" – cfr, M. Galvão Teles, *Estudos, I*, p. 51.

[277] De referir, contudo, no seguimento das memórias de D. Freitas do Amaral, *O Antigo Regime e a Revolução – Memórias Políticas (1941-1975)*, Lisboa: Bertrand Editora, 1995, pp. 143-144, que, supostamente, já próximo do 25 de Abril de 1974, Marcello Caetano, em consequência da possibilidade aberta pela revisão constitucional de 1971, preparava um decreto-lei que, inspirado no projeto de Afonso Augusto Pinto, de 1959, atribuía a competência para fiscalizar a constitucionalidade das leis ao Supremo Tribunal de cada ordem de jurisdição – Judicial, Administrativa e Militar.

§ 5. O PERÍODO DEMOCRÁTICO

O 25 de Abril de 1974 não trouxe uma mudança imediata de paradigma no que diz respeito ao controlo jurisdicional de constitucionalidade, o que apenas se veio a concretizar com a aprovação da Constituição da República Portuguesa de 1976 (doravante, CRP76). Até essa data, por isso, é importante dar nota dos momentos históricos mais relevantes para o âmbito da presente investigação. No entanto, e antes desse momento, há também que notar metodologicamente o seguinte: como sabemos, já muito foi escrito sobre este período histórico, pelo que não é (nem pode ser) nosso objetivo debruçarmo-nos sobre ele com o mesmo detalhe[278]. Assim, apenas iremos fazer referência àqueles aspetos que, em nosso entender, e para efeitos do nosso trabalho, assumem maior importância e merecem ser destacados.

5.1. A Lei n.º 3/74, de 14 de Maio

I. Primeiramente, importa dar nota da Lei n.º 3/74, de 14 de Maio, que tinha como objetivo definir a estrutura constitucional transitória que regeria o país até à entrada em vigor da CRP76[279]. Por força do seu artigo 1.º, que estipulava que a Constituição Política de 1933 se manteria transitoriamente em vigor em tudo o que não contrariasse os princípios expressos no Programa

[278] Sobre o controlo jurisdicional de constitucionalidade operado no período transitório decorrido entre 25 de Abril de 1974 e 25 de Abril de 1976, data da entrada em vigor da CRP76, cfr, C. Blanco de Morais, *Justiça*, I, pp. 323-325; J. Miranda, *Manual*, VI, pp. 162-166; M. Lúcia Amaral e R. Afonso Pereira, *Estudos*, pp. 414-420; M. Rebelo de Sousa, *O Valor*, pp. 74-76; *ID*, *Direito Constitucional*, I, p. 385; A. Araújo, *Análise Social*, pp. 897-911.

[279] A Lei n.º 3/74, de 14 de Maio, pode ser consultada em: https://dre.pt/application/conteudo/623395.

do Movimento das Forças Armadas (doravante, MFA), o já analisado artigo 123.º manter-se-ia em vigor, à exceção do § 2, que, como sabemos, subtraía aos tribunais o controlo das inconstitucionalidade orgânicas e formais, na medida em que, segundo entendimento unânime na doutrina e jurisprudência da época, esse preceito estava intimamente ligado ao anterior regime, pelo que dever-se-ia considerar abolido[280].

II. Ora, se era assim, esta circunstância acarretava uma consequência imediata: a partir da Lei n.º 3/74, de 14 de Maio, e do entendimento a ela associado, os tribunais (*todos* eles) passariam a dispor de poderes para desaplicar leis, decretos ou quaisquer outros diplomas que estivessem feridos de qualquer tipo de inconstitucionalidade, e não, apenas, de inconstitucionalidade material. Só que, mesmo assim, e nos termos da mesma lei, continuava a existir uma fiscalização política da constitucionalidade, que era exercida não só pela Junta de Salvação Nacional (artigo 10.º, 1.º), pelo Presidente da República (artigo 7.º, 1.º), mas, também, e em especial, pelo Conselho de Estado, que podia, inclusivamente, "declarar com força obrigatória geral, mas ressalvadas sempre as situações criadas pelo casos julgados, a inconstitucionalidade de quaisquer normas" (artigo 13.º, n.º 1, 3.º).

III. Apesar de a Lei em análise não especificar de que forma é que operaria este controlo por parte do Conselho de Estado, é importante notar que logo em 1974 e, talvez, até de forma inadvertida, convivam em Portugal duas realidades: por um lado, todos os tribunais, de forma difusa, dispunham do poder de *desaplicar* qualquer norma que entendessem estar ferida de qualquer tipo de inconstitucionalidade; por outro lado, só o Conselho de Estado – órgão misto civil e militar[281] – é que dispunha da competência (exclusiva) em *declarar* a inconstitucionalidade de normas com força obrigatória geral[282]. Estando hoje demonstrado que no período imediatamente a seguir à Revolução os tribunais em nada mudaram a sua passividade em relação ao poder que

[280] A este propósito, cfr, J. Miranda, *A Constituição de 1976 – Formação, Estrutura e Princípios Fundamentais*, Lisboa: Livraria Petrony, 1978, pp. 71 e ss., em especial p. 73; M. Rebelo de Sousa, *Direito Constitucional*, I, p. 285; ID, A Assembleia Constituinte, p. 413.

[281] Cfr, artigo 12.º, n.º 1, da Lei n.º 3/74, de 14 de Maio.

[282] Esta circunstância leva M. Rebelo de Sousa, *O Valor*, p. 75, a classificar o sistema de fiscalização de constitucionalidade deste período transitório como "misto, comportando uma vertente de fiscalização política e outra de fiscalização jurisdicional, uma e outra incidindo sobre todos os actos normativos do poder político, qualquer que fosse a modalidade de inconstitucionalidade".

lhes era conferido pelo então artigo 123.º e que agora era ampliado pela Lei n.º 3/74, de 14 de Maio[283], chegamos à conclusão, uma vez mais, de que, pelo menos durante esse espaço de tempo, houve um desfasamento entre aquilo que estava constitucionalmente consagrado[284] e aquilo que era efetivamente praticado[285] [286].

5.2. A 1.ª Plataforma de Acordo Constitucional

I. Ora, o MFA teve, desde logo, a preocupação de que os princípios subjacentes ao seu Programa ficassem vertidos na CRP76[287]. E esta preocupação tornou-se ainda mais imediata depois do 11 de Março de 1975, que, entre outros aspetos, levou à feitura da Lei n.º 5/75, de 14 de Março[288], e à correspetiva extinção da Junta de Salvação Nacional e do Conselho de Estado, que foram substituídos pelo Conselho da Revolução[289]. Assim, aquele Movimento,

[283] Neste sentido, A. Araújo, *Análise Social*, p. 898, afirmando que, "salvo raras excepções, os tribunais abdicaram de exercer o imenso poder que a Lei n.º 3/74 lhes atribuía". Em sentido semelhante, defendendo que durante este período "vigorou um regime de ditadura militar, no decurso do qual, a fiscalização da constitucionalidade pouco mais foi do que um sarcasmo, [sendo] atribuída, por via incidental, aos tribunais (*que nunca a exerceram*)" (itálico nosso), cfr, C. Blanco de Morais, *Justiça*, I, p. 323, e J. J. Gomes Canotilho, *Direito Constitucional*, p. 915, nota 4. Cfr, ainda, M. Rebelo de Sousa, *A Assembleia Constituinte*, pp. 413-414, que afirma que essa passividade se explica "porque as continuidades culturais são sempre mais fortes do que antevêem aqueles que promovem a inovação", destacando que "muitos anos haviam conformado na lei e nos homens, os tribunais, à lógica de um ordenamento anti-democrático".

[284] Referimos *constitucionalmente* consagrado na medida em que a Lei n.º 3/74, de 14 de Maio, tinha valor constitucional, conforme consta do seu preâmbulo.

[285] A este propósito, e como justificação para esse desfasamento, que, por sua vez, vai ao encontro do que temos vindo a afirmar, são de destacar as palavras de António Araújo, *Análise Social*, p. 898: «[d]e facto, a "cultura da constitucionalidade" só começou a impregnar a prática judiciária quando foi difundida "a partir de cima", por órgãos especificamente orientados para a defesa da Constituição (a Comissão Constitucional e, depois, o TC)».

[286] Denunciando "inúmeros atropelos do regime militar em relação à observância das leis constitucionais por ele editadas", cfr, C. Blanco de Morais, *Justiça*, I, p. 324.

[287] Como bem referem M. Lúcia Amaral e R. Afonso Pereira, *Estudos*, p. 415, e tal como teremos oportunidade de verificar, "os deputados eleitos à Assembleia Constituinte não eram livres na elaboração da Constituição, uma vez que os princípios a que a mesma deveria obedecer tinham já sido negociados, mesmo antes do início dos trabalhos, entre o Movimento das Forças Armadas e os partidos políticos".

[288] Que pode ser consultada em: https://dre.pt/application/conteudo/317346.

[289] Por força da extinção da Junta de Salvação Nacional e do Conselho de Estado, e correspetiva substituição pelo Conselho da Revolução, este novo órgão militar, nos termos do artigo 6.º da Lei

representado, agora, por este novo órgão militar, vai negociar com os partidos políticos que teriam assento na Assembleia Constituinte[290], em 13 de abril de 1975, a 1.ª Plataforma de Acordo Constitucional, para que, precisamente, os termos desta integrassem "a futura Constituição Política a elaborar e aprovar pela Assembleia Constituinte"[291] [292].

II. Para aquilo que nos interessa, esta Plataforma vai reduzir drasticamente a competência de que dispunham os tribunais relativamente ao eventual controlo jurisdicional de constitucionalidade. Com efeito, se é verdade que eles, por força do disposto no ponto 1, alínea *f)*, eram considerados órgãos de soberania, ao mesmo tempo, nos termos do ponto 3.2, alínea *b)*, não só a sua competência para apreciar eventuais inconstitucionalidades era reduzida para as inconstitucionalidades formais, como o Conselho da Revolução (doravante, CR) passaria a poder "[d]ecidir, com força obrigatória geral, sobre a constitucionalidade das leis e outros diplomas legislativos" – dito de outro modo, se o mesmo ponto 3.2. restringia a competência de apreciação dos tribunais àquele tipo de inconstitucionalidade, é evidente que o poder para apreciar os restantes dois tipos – *i.e.*, as inconstitucionalidades orgânicas e materiais – passaria para o CR.

n.º 5/75, de 14 de Março, passa a dispor das competências daqueles dois órgãos relativas à fiscalização da constitucionalidade. Há, por isso, a partir daí, uma quase total concentração do controlo político de constitucionalidade no Conselho da Revolução. Dizemos "quase total" na medida em que, como vimos, nos termos do artigo 7.º, 1.º, da Lei n.º 3/74, de 14 de Maio, o Presidente da República também dispunha (e continuava a dispor) de um poder de fiscalização política da constitucionalidade.

[290] Nomeadamente, Partido Socialista, Partido Popular Democrático, Partido Comunista Português, Partido do Centro Democrático Social, Movimento Democrático Português-Comissão Democrática Eleitoral e Frente Socialista Popular. A Aliança Operário-Camponesa aderiria mais tarde.

[291] Cfr, 1.ª Plataforma de Acordo Constitucional, B), 2, cujo texto pode ser consultado em: https://app.parlamento.pt/LivrosOnLine/Vozes_Constituinte/med01100340i.html#_ftn1. Importa ressalvar que já nos termos do artigo 3.º, n.º 1, da Lei n.º 3/74, de 14 de Maio, "[à] Assembleia Constituinte caber[ia] elaborar e aprovar a nova Constituição Política".

[292] Sobre o quadro histórico que antecedeu esta Plataforma, cfr, por todos, M. Galvão Teles, "A Segunda Plataforma de Acordo Constitucional entre o Movimento das Forças Armadas e os Partidos Políticos", parágrafos 1 a 7, in *As Vozes da Constituinte As Vozes da Constituinte – uma exposição virtual, 25 anos depois....*, 2004, disponível em: https://app.parlamento.pt/LivrosOnLine/Vozes_Constituinte/home.html. Para este Professor, "[o conteúdo desta Plataforma], começado a negociar antes do 11 de Março de 1975, correspondeu, depois deste, a um *diktai* de esquerda militar, que, entretanto, assumira predominância no Conselho da Revolução, aceite por alguns dos partidos subscritores como modo de assegurar as eleições para a Assembleia Constituinte".

III. Ao mesmo tempo, este novo órgão, nos termos da alínea *e)* do mesmo ponto, estava incumbido de "[v]igiar pelo cumprimento das leis ordinárias e apreciar os atos do Governo ou da Administração". Assim, é facilmente percetível que a 1.ª Plataforma de Acordo Constitucional vem não só reforçar os poderes de controlo político do CR, como também lhe vai atribuir relevantes poderes de fiscalização da constitucionalidade das leis e dos diplomas legislativos, e ainda para mais em termos decisórios[293].

IV. Esta excessiva concentração de competências no CR explica-se por dois motivos, um já habitual, outro nem tanto: (*i*) em primeiro lugar, pelo facto de nesse momento de transição democrática ainda não estar apreendido (e compreendido), pelos tribunais, o verdadeiro significado e fundamento, quer da Constituição (que ainda não existia), quer da fiscalização jurisdicional de constitucionalidade – *i.e.*, pelo facto de ainda não imperar uma *cultura de constitucionalidade*. Como se viu, isto fez com que não só houvesse um desfasamento entre o previsto na Lei n.º 3/74, de 14 de Maio, e o praticado nos tribunais, como, simultaneamente, não tivesse havido "reações significativas da magistratura" ao estabelecido no 1.º Pacto[294]; (*ii*) em segundo lugar, porque o MFA (e, por consequência, o CR) entendia que a grande maioria dos juízes, nomeadamente aqueles dos tribunais superiores, tinha ligações ideológicas ao Estado Novo, pelo que era bastante conveniente que lhes fossem subtraídos determinados poderes capazes de pôr em causa as conquistas da Revolução. E dentre esses poderes, o principal seria, sem dúvida, a possibilidade de os juízes poderem desaplicar e invalidar a legislação saída da Revolução com fundamento em inconstitucionalidade, nomeadamente em inconstitucionalidade orgânica e/ou material[295].

[293] Assim, J. Miranda, *Manual*, VI, p. 163. Afirmando que a solução que decorria da 1.ª Plataforma consubstanciava "a politização da fiscalização da constitucionalidade em todo o seu esplendor, como penhor da interpretação e aplicação revolucionária e progressista do futuro texto constitucional", cfr, M. Rebelo de Sousa, *A Assembleia Constituinte*, p. 414. Do mesmo Autor, cfr, ainda, *Direito Constitucional*, I, p. 385.

[294] Cfr, *supra*, nota 283. Cfr, ainda, A. Araújo, *Análise Social*, p. 899.

[295] Neste sentido, A. Araújo, *idem*; M. Lúcia Amaral e R. Afonso Pereira, *Estudos*, p. 417; J. Miranda, *Manual*, VI, p. 163; M. Rebelo de Sousa, *Direito Constitucional*, I, p. 386. É curioso notar que esta preocupação em muito se assemelha àquela que, no contexto da Revolução Francesa, os revolucionários tiveram relativamente ao poder judicial saído do Antigo Regime, e que, entre outros aspetos, vai ser determinante para a cultura de legalidade e consequente redução do juiz a um mero aplicador mecânico da lei – cfr, *supra*, Secção I, §1, 1.4., I.

5.3. Os projetos de Constituição

I. Era ponto assente que a CRP76, que viria a ser a primeira Constituição de um Estado de Direito Democrático, teria de deixar de ser semântica para passar a ser material, garantindo e protegendo, finalmente, os direitos fundamentais dos cidadãos. Tendo este entendimento presente, e em linha com o estabelecido na 1.ª Plataforma, em julho de 1975 os diversos partidos políticos com assento na Assembleia Constituinte apresentaram os seus projetos de Constituição. Para o âmbito da presente investigação, importa destacar o seguinte:

(*i*) O projeto do Partido Socialista (doravante, PS)[296], no seu artigo 72.º, alínea *b)*, transcrevia o estabelecido no ponto 3.2. do Pacto. No entanto, relativamente à articulação entre os tribunais e o CR, o artigo 97.º consagrava um sistema de subida para este órgão militar das "questões de qualquer diferendo sobre a legitimidade constitucional de fundo de algum diploma legal suscitado pelas partes e cuja resolução seja necessária para a decisão da causa", sendo que "[o]s tribunais também poder[iam] suscitar oficiosamente o mesmo incidente junto do Conselho da Revolução, quando tive[ssem] dúvidas sobre a legitimidade constitucional de diploma legal nas condições apontadas". Por outras palavras, o n.º 1, do artigo 97.º, propunha essa subida para as questões de inconstitucionalidade material e orgânica, enquanto o n.º 2 consagrava a regra que também decorria da Plataforma – o dever de os tribunais não aplicarem diplomas formalmente inconstitucionais[297]. Porém, e ao arrepio do Pacto, é de referir que o projeto do PS ainda defendia a criação, junto do Presidente da República (doravante, PR), de um "Conselho de Defesa das Liberdades e de Garantia Constitucional", que, entre outras competências, seria responsável por "[d]ar parecer, segundo lei a publicar, sobre

[296] Que pode ser consultado em: https://app.parlamento.pt/LivrosOnLine/Vozes_Constituinte/home.html

[297] Esta circunstância leva Jorge Miranda a acusar o projeto do PS de ser "pouco ambicioso" – cfr, J. Miranda, *Manual*, VI, p. 163. Referindo que este projeto era «mais conforme ao Pacto MFA/Partidos do que os projectos do CDS e do PPD, já que não previa fórmulas mais ou menos subtis de "tornear" as competências do CR (caso do projecto do CDS) nem atribuía aos tribunais competência para conhecer das questões de inconstitucionalidade orgânica», cfr, A. Araújo, *Análise Social*, p. 904.

a constitucionalidade de qualquer projeto de lei ou decreto-lei a publicar" (artigos 69.º e 70.º, alínea *b*))[298];

(*ii*) O projeto do Partido Popular Democrático (doravante, PPD)[299] estabelecia que o CR tinha a competência para "[d]eclarar, com força obrigatória geral, a inconstitucionalidade das leis e outros diplomas legislativos, mas ressalvando sempre as situações criadas pelos casos julgados" (artigo 92.º, n.º 5). Por sua vez, já nas "Disposições finais e transitórias", nomeadamente no Artigo I, era estabelecido que caso um tribunal entendesse que uma lei, decreto-lei ou outro diploma legislativo a aplicar a um julgamento violasse materialmente a Constituição, então deveria suspender a instância e fazer subir, em separado, ao STJ, a questão de inconstitucionalidade. Se, porventura, este concluísse pela inconstitucionalidade, então deveria submeter o acórdão ao CR para que este concedesse a respetiva homologação, que faria com que a norma deixasse de vigorar. Já o controlo das inconstitucionalidades orgânicas e formais continuaria a cargo de todos os tribunais, em termos difusos[300];

(*iii*) Também o projeto do Partido do Centro Democrático Social (doravante, CDS)[301] refletia o que havia ficado estabelecido na Plataforma, ao dispor, no artigo 78.º, n.º 2, que o CR decidia, com força obrigatória geral, sobre a constitucionalidade das leis e outros diplomas legislativos, sem prejuízo da competência dos tribunais para apreciar a sua inconstitucionalidade formal. Porém, em termos expressos, completamente ao arrepio do Pacto e, até, em termos contraditórios com o próprio projeto, previa a criação de um Tribunal Constitucional (doravante, TC) que iria coexistir com o CR. Ao TC, entre outras,

[298] Para A. Araújo, *Análise Social*, p. 904, "[n]ão é difícil adivinhar que este órgão poucas ou nenhumas possibilidades teria de funcionar na prática – pelo menos, com um mínimo de qualidade e credibilidade –, já que por ele passaria o controlo preventivo da constitucionalidade de *toda* a produção legislativa parlamentar e governamental". Mesmo assim, no sentido que este órgão "poderia ter sido o primeiro órgão específico dirigido à fiscalização preventiva da constitucionalidade no Direito português", cfr, J. Miranda, *Manual*, VI, p. 163.

[299] Que pode ser consultado em: https://app.parlamento.pt/LivrosOnLine/Vozes_Constituinte/home.html.

[300] Como bem nota A. Araújo, Análise Social, p. 903, nota 76, o facto de, nos termos deste projeto, os tribunais disporem de competências para apreciar as inconstitucionalidades orgânicas e formais "não respeitava o ponto 3.2., alínea *b*), do Pacto, que (...) só reservava ao poder judicial a fiscalização da inconstitucionalidade formal". Neste seguimento, não é por isso de estranhar que J. Miranda, *Manual*, VI, p. 163, também afirme que o projeto do PPD visava "extrair do sistema de fiscalização pelos tribunais judiciais o máximo de compressão dos poderes do Conselho da Revolução".

[301] Que pode ser consultado em: https://app.parlamento.pt/LivrosOnLine/Vozes_Constituinte/home.html.

competiria apreciar a inconstitucionalidade formal das leis e outros diplomas legislativos, emitir parecer sobre a inconstitucionalidade orgânica e material dessas leis e diplomas, apreciar a inconstitucionalidade orgânica, formal e material de quaisquer normas não legislativas e de qualquer ato jurídico-público concreto, bem como defender os direitos, liberdades e garantias dos cidadãos quando violados ou afetados por ação ou omissão das autoridades, num *recurso de amparo* que teria de ser estabelecido por lei (artigo 140.º). Em termos de processo de fiscalização e relacionamento com o CR, qualquer questão de constitucionalidade que fosse admitida por um tribunal ou por este suscitada oficiosamente, subiria em separado ao TC: se a inconstitucionalidade suscitada fosse orgânica ou material e incidisse sobre uma lei ou outro diploma legislativo, o TC emitiria parecer e remetê-lo-ia, juntamente com o processo, ao CR, que teria de decidir e comunicar essa decisão ao TC, para que este informasse o tribunal ordinário; se a inconstitucionalidade suscitada fosse, por um lado, formal e incidisse sobre lei ou diploma legislativo, ou, por outro lado, fosse orgânica, formal ou material e incidisse sobre quaisquer normas não legislativas e atos jurídicos públicos, então o TC decidi-la-ia imediatamente. Por sua vez, seria o CR a determinar se as suas decisões teriam força obrigatória geral ou efeitos *interpartes*, enquanto as decisões do TC teriam sempre efeitos *interpartes* (artigos 134.º e 135.º);

(*iv*) Por fim, os projetos do Movimento Democrático Português/Comissão Democrática Eleitoral (doravante, MDP/CDE)[302] e do Partido Comunista Português (doravante, PCP)[303] eram os mais restritivos. O primeiro apenas estabelecia no seu artigo 97.º que "[o]s tribunais apreciarão a inconstitucionalidade formal dos diplomas legislativos"; já o do PCP dispunha, no seu artigo 106.º, que o CR "decidirá, com força obrigatória geral, por sua iniciativa ou a requerimento dos tribunais sobre a constitucionalidade das leis e outros diplomas com força de lei", sendo que os tribunais apenas poderiam "deixar de aplicar um diploma legal que jul[gassem] viciado de inconstitucionalidade formal", remetendo-se para a lei "os trâmites a seguir quando se levantar o incidente da inconstitucionalidade perante os tribunais" (artigo 106.º, n.ºs 2 e 3).

[302] Que pode ser consultado em: https://app.parlamento.pt/LivrosOnLine/Vozes_Constituinte/home.html.

[303] Que pode ser consultado em: https://app.parlamento.pt/LivrosOnLine/Vozes_Constituinte/home.html.

5.3.1. Duas conclusões

II. Tudo visto, podemos desde já retirar duas conclusões – uma relativa ao eventual modelo de controlo jurisdicional de constitucionalidade a ser implementado, outra relativa ao processo de fiscalização concreta: (*i*) de facto, e analisados os projetos, verificamos que todos eles atribuem aos tribunais poderes de fiscalização de constitucionalidade, numa clara opção por um modelo *difuso*: com efeito, para o PS, PCP e MDP/CDE os tribunais não poderiam aplicar diplomas formalmente inconstitucionais, o mesmo sucedendo para o PPD, embora englobando as inconstitucionalidades orgânicas, e o mesmo para o CDS, apesar de, neste caso, este *poder-dever* ser conferido a um TC[304]; (*ii*) já no que diz respeito ao processo de fiscalização concreta, nomeadamente às inconstitucionalidade orgânicas e materiais, decorre dos projetos do PS, PPD, CDS e, em parte, do PCP, que aquele poder conferido aos tribunais já não existiria neste caso, uma vez que esse controlo seria operado por via (mais ou menos aproximada) do *reenvio prejudicial*, típico do modelo austríaco ou "kelsiano" de fiscalização de constitucionalidade[305].

III. E note-se como, à exceção do projeto do CDS, a competência de controlo de constitucionalidade seria concentrada no CR. Deste modo, logo em julho de 1975 tivemos um relance daquilo que iria ser o nosso modelo de fiscalização de constitucionalidade – por um lado, os tribunais continuariam a ter competência para apreciar e decidir questões de constitucionalidade (embora menores); por outro, o CR teria sempre a última palavra relativamente às inconstitucionalidades orgânicas e materiais, de forma incidental e por via de exceção.

5.3.2. Um debate (necessariamente) relativizado

IV. Se é um facto que apenas o projeto do CDS fazia referência à criação de um Tribunal Constitucional, também não deixa de ser verdade que em 1975 surgiram propostas doutrinárias no mesmo sentido[306].

[304] Para A. Araújo, *Análise Social*, p. 902, nota 74, a fórmula do projeto do CDS "respeitava, pelo menos na aparência, o ponto 3.2., alínea b), do 1.º Pacto MFA/Partidos, que (...) reservava aos tribunais apenas o controlo da inconstitucionalidade formal".

[305] Cfr, *supra*, Secção I, §3, 3.2.1.

[306] Referimo-nos, nomeadamente, aos trabalhos de J. Miranda, *Um Projecto de Constituição*, Braga, 1975 e de F. Lucas Pires, *Uma Constituição para Portugal*, Coimbra: Edições Almedina, 1975. Para uma análise destas propostas, cfr, por todos, A. Araújo, *Análise Social*, pp. 899-901.

V. Mas se o debate ocorria no âmbito doutrinário e ocorreu, em parte, no âmbito político, desde logo para efeitos de elaboração dos projetos de Constituição, importa não esquecer que no momento em que esses mesmos projetos foram apresentados na Assembleia Constituinte o país vivenciava o Verão Quente de 1975, que, inevitavelmente, teve consequências naquela, nomeadamente no que diz respeito aos assuntos constitucionais que aí deveriam ser discutidos – melhor dizendo, o modelo de fiscalização de constitucionalidade a adotar na Constituição foi relegado para segundo plano, já que as *preocupações constitucionais* dos deputados, nesse período, eram outras[307] [308].

[307] De acordo com A. Araújo, *Análise Social*, p. 905, "até à celebração do 2.º Pacto MFA/Partidos, em 26 de Fevereiro de 1976, apenas em duas ocasiões se fizeram breves referências na Constituinte ao problema do controlo de constitucionalidade". Destas duas, há que destacar a intervenção de Jorge Miranda, na 6.ª Comissão, a 17 de dezembro de 1975. Aí, o então deputado Jorge Miranda, do PPD, em contradição com o projeto do seu partido que havia sido apresentado, defende a criação de um Tribunal Constitucional por entender que a solução preconizada pelo 1.º Pacto, ao atribuir "ao Conselho da Revolução, órgão político, órgão formado por militares, a competência exclusiva para a declaração da inconstitucionalidade material das leis" representava um "retrocesso na tradição constitucional portuguesa". Assim, o deputado defendia que se criasse um Tribunal Constitucional com "competência especializada e concentrada para apreciar a conformidade das leis e dos mais actos do poder com a Constituição", sendo a fiscalização organizada "por via de excepção, através dos incidentes que fossem suscitados em quaisquer tribunais e que devessem subir ao tribunal constitucional, em vez de, como sucedia nas duas Constituições anteriores, serem os próprios tribunais a decidir, com os inconvenientes da desconformidade de julgados daí advenientes". Esta intervenção assume especial importância, também, pelas respostas dos então deputados José Luís Nunes, do PS, e Barbosa de Melo, do PPD: o primeiro porque, ao responder a Jorge Miranda, defende (e advoga), pela primeira vez, "um sistema híbrido em que houvesse um tribunal constitucional como única competência para apreciar, fora dos feitos submetidos a julgamento, a constitucionalidade ou inconstitucionalidade de um diploma (...), mas que aos tribunais de 1.ª instância fosse dada uma ampla competência, uma total competência para dizerem ou recusarem a aplicar em concreto a lei, quando ela for formal ou materialmente inconstitucional"; o segundo porque, em linha com este último entendimento, afirma que "não pode ser negado a qualquer juiz o poder de ser ele um garante no julgamento da própria Constituição", defendendo um "sistema da fiscalização disseminada da Constituição por parte de todos os tribunais" – cfr, Diário da Assembleia Constituinte, n.º 96, de 17 de Dezembro de 1975, pp. 3099-3106, disponível em: https://debates.parlamento.pt/catalogo/r3/dac/01/01/01/096/1975-12-16/3083.

[308] Esta circunstância leva M. Lúcia Amaral e R. Afonso Pereira, *Estudos*, p. 416, a afirmar que "longe de resultar de um debate científico aprofundado sobre a razão de ser da justiça constitucional e de qual o seu papel em democracia, o desenho do sistema português de fiscalização da constitucionalidade ficou marcado, nos seus elementos essenciais, por contingências históricas do período de transição para a democracia", sendo que a "indefinição e instabilidade política que caracterizam esse período impediu que então tivesse tido lugar um debate público alargado sobre qual o modelo de fiscalização da constitucionalidade a adotar na Terceira República portuguesa".

5.4. As propostas de revisão da 1.ª Plataforma de Acordo Constitucional

I. Como sabemos, este período conturbado terminou com o 25 de Novembro de 1975, que, como também se sabe, veio "marcar a vitória da conceção da legitimidade revolucionária transitória aliada à legitimidade democrática"[309]. Assim, não só consagrou o triunfo dos moderados do MFA, que agora ocupavam o CR, como também teve consequências na dinâmica que se queria imprimir à futura Constituição, que, a partir daí, deveria refletir aquela nova conceção das legitimidades. Se era assim, haveria que alterar a 1.ª Plataforma de Acordo Constitucional, o que veio efetivamente a ser decidido na Assembleia Constituinte a 10 de dezembro de 1975. Tomada essa decisão, o CR requereu àqueles partidos que haviam subscrito o primeiro documento que lhe apresentassem propostas de revisão. E foi precisamente isso que aconteceu a 30 de dezembro de 1975.

II. Em termos sucintos, e focando-nos apenas no que diz respeito ao âmbito da presente investigação, há que salientar o seguinte[310]:

(*i*) O PS defendia a criação de um Supremo Tribunal Constitucional, cuja competência seria a de velar pela conformidade formal e material das leis à Constituição, sendo composto por representantes do CR, da Assembleia da República (doravante, AR) e do Supremo Tribunal de Justiça (doravante, STJ);

(*ii*) O PPD defendia a criação de um Conselho da República, onde estariam representantes das Forças Armadas e cuja competência seria (não só, mas também) a de "vigiar pelo cumprimento da Constituição e das leis (...) podendo para o efeito intentar os procedimentos judiciais que julgar necessários", embora não densificando de que forma, se isso consubstanciaria um eventual controlo de constitucionalidade, e, em caso afirmativo, de que tipo;

(*iii*) O PCP defendia expressamente a manutenção da competência atribuída ao CR pelo ponto 3.2. da 1.ª Plataforma, analisado *supra*;

[309] Cfr, M. Galvão Teles, *As Vozes da Constituinte*, parágrafo 5.

[310] Estas propostas podem ser encontradas em M. Galvão Teles, *As Vozes da Constituinte*, "Anexo I – Propostas dos Partidos Políticos de Revisão da Primeira Plataforma de Acordo Constitucional".

(*iv*) O CDS sugeria a substituição do CR por um Conselho de Estado, embora mantendo neste a competência de "[v]elar (...) pelo cumprimento da Constituição e das leis". Ao mesmo tempo, este partido também defendia que se deviam "eliminar todas as funções que, na versão anterior [da Plataforma] atribuíam ao Conselho da Revolução poderes próprios (...) dos tribunais", embora sem concretizar de que forma é que deveria ocorrer essa eliminação, em termos de distribuição de poderes[311];

(*v*) Por fim, o MDP/CDE referia expressamente que um dos "pontos não passíveis de discussão" seria o da manutenção da competência do CR de decidir, com força obrigatória geral, sobre a constitucionalidade das leis e outros diplomas legislativos. E isto porque, no seu entender, num período de transição democrática «a função de "Tribunal Constitucional" tem que ser exercida por um órgão que disponha de autoridade e meios de fazer respeitar efetivamente a Constituição». Este entendimento é curioso porque não só se refere taxativamente a um Tribunal Constitucional, como, em termos simultâneos, entende que as funções típicas daquele podem ser asseguradas por um órgão de natureza militar, pelo menos transitoriamente.

5.4.1. A Contraproposta do Conselho da Revolução

III. Recebidas estas propostas, o CR solicitou apoio a dois reputados juristas para que as analisassem e, a partir daí, formulassem uma proposta de revisão da 1.ª Plataforma da autoria do CR. Relativamente à fiscalização jurisdicional da constitucionalidade, esses dois juristas – Miguel Galvão Teles e Luís Nunes de Almeida – não só foram buscar influências àquilo que, em tempos, já haviam defendido[312], como aos próprios projetos de Constituição

[311] Assim, e curiosamente, esta proposta de revisão apresentada pelo CDS, e para aquilo que interessa agora, não só fazia (muito) poucas referências ao poder judicial, como se afastava por completo do projeto de Constituição que havia sido apresentado por este partido e onde, como se viu, se previa a criação de um Tribunal Constitucional: com efeito, ao defender a criação de um Conselho da República com competências de controlo de constitucionalidade, o CDS parecia querer que se regressasse à velha fórmula de fiscalização política. Este facto é curioso porque, como referido, o projeto de Constituição do CDS era aquele que mais contrariava o que havia ficado estabelecido na 1.ª Plataforma, pelo que seria expectável que se "recriasse" essa solução na proposta de revisão do Pacto.

[312] No que a Miguel Galvão Teles diz respeito, referimo-nos ao escrito de sua autoria, de 1971 – cfr, M. Galvão Teles, *Escritos*, I, pp. 23-54.

que tinham sido apresentados pelos partidos em julho de 1975 e àqueles que acabavam de ser recebidos, relativos à alteração do 1.º Pacto[313]. Partindo daí, elaboraram um texto que ficou conhecido como "Contraproposta do Conselho da Revolução"[314]. Analisando esse projeto, e no que diz respeito à matéria de que se ocupa o presente trabalho, há que salientar o seguinte:

(*i*) Nos termos do disposto no ponto 3.2., o CR seria o garante do "cumprimento da Constituição". Precisamente por isso, e com base no ponto 3.4., a ele competia não só "[p]ronunciar-se, por iniciativa própria ou a solicitação do Presidente da República, sobre a constitucionalidade de quaisquer diplomas, antes de os mesmos serem promulgados, "[v]elar pela emissão das medidas necessárias ao cumprimento das normas constitucionais", podendo, inclusivamente, "substituir-se aos órgãos legislativos normalmente competentes, no caso de estes não as cumprirem", como também "[j]ulgar as questões de inconstitucionalidade suscitadas nos tribunais". Daqui se percebe, desde já, que a Contraproposta atribuía não só uma fiscalização preventiva e por omissão ao CR, como também lhe atribuía o poder de julgar questões de inconstitucionalidade levantadas nos tribunais, no âmbito da fiscalização concreta;

(*ii*) Relativamente a este último aspeto, o CR teria competência para conhecer das questões de constitucionalidade de quaisquer *atos* suscitados nos tribunais, seja na forma de questão prévia, seja quando a lei permitisse, a título de questão principal, a impugnação direta dos atos e o fundamento residisse na sua inconstitucionalidade – portanto, oficiosamente ou a requerimento das partes. A subida das questões ao CR, porém, estava dependente de uma análise da "viabilidade da arguição" pelo tribunal onde fossem levantadas ou pelo "tribunal da mesma ordem para quem eventualmente [coubesse] recurso". A decisão eventualmente a ser tomada pelo CR vinculava os tribunais "nos casos em que as questões [tivessem] sido suscitadas e as declarações de constitucionalidade [possuíam] força obrigatória geral";

[313] Sobre o contexto histórico que rodeou a elaboração da 2.ª Plataforma de Acordo Constitucional, cfr, por todos, M. Galvão Teles, "A Segunda Plataforma de Acordo Constitucional entre o Movimento das Forças Armadas e os Partidos Políticos", in *As Vozes da Constituinte,* já citado. Cfr, ainda, ID, "A competência da competência do Tribunal Constitucional", in Escritos, I, pp. 178-179 e J. Miranda, *Manual,* VI, pp. 164-165.

[314] Cfr, "Contraproposta inicial do Conselho da Revolução para a negociação da 2.ª Plataforma de Acordo Constitucional", disponível em: https://app.parlamento.pt/LivrosOnLine/Vozes_Constituinte/home.html.

(*iii*) Por fim, e nos termos do ponto 3.9., junto do CR funcionaria uma Comissão Constitucional (doravante, CC) que disporia de três competências: em primeiro e segundo lugares, a de dar parecer sobre a constitucionalidade dos diplomas que fossem apreciados pelo CR em sede de fiscalização preventiva, bem como sobre a existência de violação das normas constitucionais por omissão; por fim, a de *dirigir* os processos relativos ao julgamento das questões de constitucionalidade suscitadas nos tribunais, perante o CR, e preparar as deliberações que este tivesse de tomar, submetendo-lhe projetos de acórdão.

a) A defesa (gorada) de um sistema concentrado de fiscalização da constitucionalidade

IV. Vista a Contraproposta, se é verdade que ela vai beber da concentração de competência que já havia sido sugerida pelos partidos políticos nos seus projetos de Constituição, bem como pelo 1.º Pacto, vai retirar, ao mesmo tempo, e ao arrepio desses mesmos documentos e das propostas de alteração à Plataforma, qualquer poder de apreciação de constitucionalidade ao juiz, concentrando-a no CR, auxiliado pela CC. Assim, e por outras palavras, instituía um verdadeiro sistema (europeu) concentrado de fiscalização da constitucionalidade, embora num órgão de natureza militar[315].

V. Como já tivemos oportunidade de referir, importa não esquecer o contexto histórico *dualista* que se vivia e que, por sua vez, reclamava uma *dupla preocupação*: os militares, por um lado, não queriam que os juízes dispusessem de poderes relevantes capazes de pôr em causa as conquistas da Revolução, nomeadamente aqueles que se traduziam em apreciar a constitucionalidade da legislação revolucionária; por outro lado, os partidos políticos, tendo em conta a vitória da conceção da legitimidade revolucionária transitória aliada à legitimidade democrática saída do 25 de Novembro e que motivou a revisão

[315] Neste sentido, M. Lúcia Amaral e R. Afonso Pereira, *Estudos*, p. 418, que afirmam que o mecanismo introduzido pela Contraproposta, "suspensão da instância seguida de reenvio (...) aproximava-se do modelo europeu de controlo concentrado e afastava-se definitivamente da tradição portuguesa de reconhecer ao poder judicial a competência para controlar a constitucionalidade das leis". Por sua vez, J. Reis Novais, *Sistema Português*, pp. 82-83, também advoga que o modelo europeu foi não só "tendencialmente acolhido nos diferentes projectos de Constituição apresentados pelos partidos políticos e que era também sustentado pela mais importante doutrina que, na época, vinha laborando sobre o problema, como foi igualmente esse o sentido da proposta que (...) o Conselho da Revolução apresentou aos partidos políticos".

do 1.º Pacto, entendiam que os militares não podiam concentrar em si competências que poderiam fazer perigar a afirmação do poder democrático, como a do controlo de constitucionalidade[316].

VI. Só que, e tendo em conta a solução apresentada por esta Contraproposta, podemos ir ao encontro daqueles que entendem que ela consubstanciava, pelo CR, uma "hegemonia quase completa do sistema de fiscalização da constitucionalidade"[317].

b) A oposição do PPD: a proposta de Barbosa de Melo

VII. Tendo em conta o que se acabou de referir, e como recorda Miguel Galvão Teles, não terá sido por acaso que "a matéria da inconstitucionalidade foi das mais vivamente discutidas nas negociações que se seguiram à Contraproposta"[318]. E isto explica-se, precisamente, por aquela preocupação que acabamos de referir, que levou a que houvesse uma oposição justificável dos partidos políticos à solução preconizada pelo CR[319].

[316] Neste sentido, afirmando que esta dualidade "explica por que razão não foi possível atribuir sem mais ao poder judicial o poder para controlar a constitucionalidade das leis", já que "as forças revolucionárias receavam que com isso pudessem ficar comprometidos os objetivos e as conquistas da Revolução", cfr, M. Lúcia Amaral e R. Afonso Pereira, *ob. cit.*, p. 417. Simultaneamente, continuam os Autores, idem – "os partidos políticos não estavam dispostos a aceitar uma solução que passasse por pôr nas mãos dos militares o controlo da constitucionalidade das leis", visto que isso "comprometeria seriamente a afirmação do poder democrático".

[317] Cfr, A. Araújo, *Análise Social*, p. 908.

[318] Cfr, M. Galvão Teles, *As Vozes da Constituinte*, parágrafo 18.

[319] Criticando este "receio imediatista e conjuntural de uma intervenção excessiva dos militares por parte de um partido político" – no caso, o PPD –, e acusando-o de ser o responsável pelo sistema atual de fiscalização da constitucionalidade, cfr, J. Reis Novais, *Sistema Português*, p. 85. Para Reis Novais, e como vimos, não só a solução preconizada pela Contraproposta ia ao encontro do modelo europeu de controlo de constitucionalidade, pelo que "seria totalmente razoável e expectável" aceitá-la (p. 83), como "a *negociação* em causa nestas matérias não era verdadeiramente o resultado de uma discussão entre *militares e políticos* (...), mas sim de uma *negociação/debate* entre os juristas que, de um e do outro lado, se responsabilizavam pela condução dos trabalhos preparatórios" – ID, p. 83, nota 74. Não partilhamos, porém, desta leitura dos acontecimentos. É certo que a negociação era feita entre juristas, mas esses mesmos juristas representavam as sensibilidades em causa, pelo que as propostas que por eles viessem a ser apresentadas teriam de respeitar as preocupações do CR e dos partidos políticos, respetivamente. E é evidente que essas preocupações se inseriam nesse contexto dualista liderado por *militares* e *políticos*. Neste seguimento, e no caso do CR, "[e]ra dado assente que [este órgão] interviria no controlo da constitucionalidade", conforme M. Galvão Teles, *As Vozes da Constituinte*, p. 179, viria mais tarde a admitir. Retornaremos a este ponto mais adiante.

VIII. Desses, o principal opositor foi, sem dúvida, o PPD, que, pela pena de Barbosa de Melo, rapidamente fez chegar ao CR um "Documento do PPD sobre Fiscalização da Inconstitucionalidade e Direito de Veto"[320]. Aí, este partido entendia, em primeiro lugar, que a fiscalização preventiva deveria "restringir-se aos diplomas que [versassem] matérias especialmente importantes", já que a amplitude conferida pela Contraproposta permitiria "à maioria do CR secar a produção legislativa"; por sua vez, relativamente ao julgamento das inconstitucionalidades, o PPD entendia que "os poderes do CR em tal matéria nem [deveriam] levar o CR a ter de intervir nas bagatelas ou questões menores de inconstitucionalidade, nem [podiam] interferir com o exercício da função jurisdicional confiada aos tribunais", sendo que concentrar todas as decisões de inconstitucionalidade nas mãos do CR forçaria "este órgão a imiscuir-se em assuntos de relevo muito secundário na vida jurídico-política da comunidade"; por fim, ainda acrescentava que ao reservar ao CR "o poder de julgar os casos concretos em que [fosse] suscitada a inconstitucionalidade, [estar-se-ia] a roubar aos tribunais atribuições que numa democracia lhes [deveriam] ser escrupulosamente reservadas", sendo que "a garantia da Constituição só pode ser eficaz se todos os tribunais tiverem, no cumprimento da sua missão específica, o dever de a conhecer e aplicar diariamente".

IX. Atentando na argumentação expedida pelo PPD, não se pode dizer que ela é *inovadora*: na realidade, vai ao encontro não só do que o partido havia defendido aquando da apresentação do seu projeto de Constituição[321], como, em parte, da solução estabelecida na 1.ª Plataforma e que respondia às preocupações históricas *dualistas* – por um lado, e em respeito do princípio democrático, garantir que os tribunais dispunham de poderes de apreciação de constitucionalidade; por outro, e horando as conquistas da Revolução,

[320] Este documento pode ser encontrado em M. Galvão Teles, *As Vozes da Constituinte*, "Anexo II – Documento do PPD sobre a Fiscalização da Inconstitucionalidade e Direito de Veto". Veja-se, também, J. Miranda, *Manual*, VI, p. 164.

[321] Como se viu, de acordo com este projeto, se é verdade que as inconstitucionalidades materiais deveriam ser apreciadas pelo STJ através de um regime aproximado ao do reenvio prejudicial, já o controlo das inconstitucionalidades orgânicas e formais continuaria a cargo de todos os tribunais, em termos difusos. E veja-se, ainda, como o entendimento subjacente a esta proposta vai ao encontro daqueloutro também expresso por Barbosa de Melo, mas na Assembleia Constituinte – cfr, *supra*, nota 307.

concentrar a última palavra nessa matéria na entidade que representava o MFA. Assim, o PPD propõe o seguinte modelo:

(*i*) Nos feitos submetidos a julgamento, os tribunais não podiam aplicar normas que infringissem o disposto na Constituição ou ofendessem os princípios nela consignados (n.º 1);
(*ii*) Se a norma que entendiam não aplicar constasse de lei, decreto-lei ou diploma equiparável, então haveria recurso obrigatório dessa decisão (de não aplicação) para um tribunal especial e diferente dos demais, que seria composto pelo Provedor de Justiça, cinco juízes do STJ, cinco juízes do Supremo Tribunal Administrativo e um membro do CR, que, sendo Presidente, teria voto de qualidade (n.ºs 2 e 3);
(*iii*) Se a recusa de aplicação fosse baseada numa inconstitucionalidade orgânica[322], então este tribunal, depois de a verificar, comunicá-la-ia ao CR, que poderia proceder à respetiva declaração de inconstitucionalidade com força obrigatória geral (n.º 5);
(*iv*) Se, ao invés, o fundamento fosse o de inconstitucionalidade material, o CR apenas poderia declarar a inconstitucionalidade com força obrigatória geral quando essa questão fosse suscitada perante aquele tribunal em três casos concretos (n.º 4).

X. Esta solução apresentada pelo PPD assume especial importância por dois motivos: (*i*) em primeiro lugar, porque vai recuperar as ideias principais que haviam constado dos projetos de Constituição apresentados pelos partidos

[322] Embora a proposta não o refira expressamente, aqui dever-se-iam incluir, também, as inconstitucionalidades formais. De facto, decorre deste articulado que existe uma diferenciação entre as situações de inconstitucionalidade material (n.º 4) e as de inconstitucionalidades relativas a vícios orgânicos (n.º 5). Dito de outro modo, se a circunstância relativa a uma inconstitucionalidade orgânica reclama o regime previsto no n.º 5, e porque, muitas vezes, o vício de competência ou orgânico pode ser equiparado ao vício de forma, desde logo quando este respeita à preterição de formalidades na prática do ato inconstitucional, faz todo o sentido que às inconstitucionalidades formais também se aplique esse mesmo regime. Em sentido oposto, e inexplicavelmente, A. Araújo, *Análise Social*, p. 909, refere que "[s]e a aplicação da mesma norma fosse recusada em três casos concretos, com fundamento em inconstitucionalidade material *ou orgânica*, aquele tribunal submetê-la-ia à apreciação do CR, que, se assim o entendesse, deveria declarar a sua invalidade com forma obrigatória geral" (itálico nosso), sendo que "[a] inconstitucionalidade formal de qualquer norma era comunicada ao CR e este poderia proceder de imediato à declaração da sua invalidade" (*idem*, nota 93). Admitimos, porém, que se possa tratar de um lapso, na medida em que a proposta do PPD é clara ao reservar os casos de inconstitucionalidade orgânica àqueles do n.º 5 e a incluir no n.º 4 os casos de inconstitucionalidade material, única e exclusivamente.

políticos, bem como da 1.ª Plataforma: não só volta a atribuir aos juízes, de forma mais generosa que o 1.º Pacto, poderes de apreciação de *todos* os tipos de inconstitucionalidade, numa clara opção por um sistema difuso, como confere a competência última (e exclusiva) de declaração de inconstitucionalidade com força obrigatória geral ao CR, concentrando neste órgão esse poder; (ii) em segundo e último lugar, e como iremos ver, porque vai ser determinante não só para alteração do entendimento do CR vertido na Contraproposta[323], como para a solução que virá a ficar consagrada na 2.ª Plataforma e, a final, na própria CRP76.

XI. É verdade que a proposta do PPD foi aceite "com alguma relutância" por MIGUEL GALVÃO TELES[324], que, como se viu pela Contraproposta, preferia afastar em definitivo o modelo difuso e substituí-lo pelo modelo "kelsiano". É também verdade que há quem entenda que esta oposição do PPD foi sustentada não em "razões de opção estratégica", mas "simplesmente no receio

[323] De facto, importa referir que depois da Proposta do PPD, e antes da 2.ª Plataforma de Acordo Constitucional, o CR ainda apresentou aos partidos políticos o chamado "Texto Intermédio do Conselho da Revolução", que pode ser encontrado em M. GALVÃO TELES, *As Vozes da Constituinte*, "Anexo III – Texto Intermédio do Conselho da Revolução". Este documento, também da autoria de MIGUEL GALVÃO TELES e LUÍS NUNES DE ALMEIDA, apesar de manter alguma das soluções advenientes da Contraproposta, vai também ao encontro de muitas das pretensões do PPD, ao mesmo tempo acolhendo algumas novidades, nomeadamente no que diz respeito ao recurso proposto por BARBOSA DE MELO. Assim, se um tribunal decidisse não aplicar uma norma constante de lei, decreto-lei ou decreto regulamentar ou diploma equiparável com fundamento em inconstitucionalidade, haveria que esgotar previamente os recursos ordinários, na medida em que só a partir daí é que haveria recurso, que, para além de ser restrito à questão de inconstitucionalidade, não só seria gratuito, mas, também, obrigatório para o MP (ponto 3.10.2.). Além disso, o recurso não seria dirigido a um tribunal especial, como pretendia o PPD, mas, antes, à CC que já constava da Contraproposta, presidida por um membro do CR e com competências consultivas e de decisão, nomeadamente no que diz respeito às inconstitucionalidades submetidas por recurso interposto nos termos anteriores, mas, também, àqueloutras, também submetidas por recurso, respeitantes a decisões que aplicassem norma que já houvesse sido julgada inconstitucional por essa Comissão (pontos 3.10.3, 3.10.4., 3.11.1. e 3.12.). Por fim, é ainda de salientar que este "Texto Intermédio" conferia ao CR a possibilidade de se pronunciar, com força obrigatória geral, sobre a constitucionalidade de quaisquer diplomas já promulgados, a solicitação (não só, mas também) de 5.000 cidadãos eleitores (ponto 3.7., alínea c)), numa espécie de *ação popular de inconstitucionalidade*. Esta última proposta, tendo em conta um dos Autores, não é estranha, na medida em que M. GALVÃO TELES a ela já se referia em 1971 – cfr, M. GALVÃO TELES, *Escritos*, I, pp. 35-36 e bibliografia aí citada.

[324] Cfr, M. GALVÃO TELES, "A Segunda Plataforma...", parágrafo 19. Noutro escrito, MIGUEL GALVÃO TELES justificaria a proposta do PPD com "receios [da parte do PPD, relativos à Contraproposta] na altura porventura compreensíveis, mas que julgo que os factos não confirmaram" – cfr, ID, *Escritos*, I, p. 179.

conjuntural de uma intervenção excessiva do Conselho da Revolução neste domínio", tendo sido determinante para a não consagração do modelo europeu de controlo concentrado[325]. No entanto, e em linha com o que temos vindo a referir, não nos podemos alhear dos factos históricos antecedentes que não só explicam esta oposição, mas, também, o modelo que viria a ficar estabelecido na CRP76:

(*i*) Em primeiro lugar, e como se viu, "proteger" a legitimidade democrática saída das eleições para a Assembleia Constituinte era uma preocupação real para os partidos políticos que aí viriam a ter assento. Isso explica não só as soluções políticas preconizadas nos vários projetos de Constituição apresentados por aqueles em 1975, como também, e em especial, a solução relativa à fiscalização de constitucionalidade, que, neste aspeto, teria de passar por atribuir aos juízes um poder nesse mesmo sentido, em linha com um sistema difuso que, pelo menos teoricamente, pese embora desligado, até ao período que agora analisamos, da compreensão do seu verdadeiro fundamento, não era estranho em Portugal;

(*ii*) Também em termos teóricos, a ideia de concentrar numa entidade – independentemente da sua natureza – a competência de controlo de constitucionalidade não era *nova*[326]. Tendo em conta a existência do Conselho da Revolução, e honrando a legitimidade revolucionária saída do 25 de Abril de 1974, era perfeitamente natural e compreensível que este órgão dispusesse dessa atribuição;

(*iii*) Este duplo entendimento, que, como vimos, caracteriza as preocupações dualistas que marcaram este período histórico, era partilhado pelos dois maiores partidos da Assembleia Constituinte: PPD e PS. Relativamente ao primeiro, e como referido[327], é verdade que o então deputado Jorge Miranda, numa intervenção na 6.ª Comissão, em Dezembro de 1975, já depois de ser aprovada a necessidade de se rever o 1.º Pacto, mas em contradição com o projeto de Constituição apresentado pelo seu partido em julho desse mesmo ano, defende a instituição de um modelo de fiscalização concentrado, de tipo "kelsiano", através da criação de um Tribunal Constitucional que conheceria

[325] Referimo-nos, novamente, a Jorge Reis Novais – cfr, *supra*, nota 319.

[326] Cfr, *supra*, Secção II, § 4.

[327] Cfr, *supra*, nota 307.

(e decidiria) das questões de constitucionalidade suscitadas em litígios concretos através de um reenvio prejudicial. Este deputado entendia ser esta a melhor solução a adotar, não só porque obstava à desconformidade de julgamentos que um sistema difuso saído da Constituição de 1911 poderia acarretar, como era a única capaz de responder a uma Constituição "complexa", que exigia "especialização", ao contrário da de 1911 – que é o mesmo que dizer: exigia outro juiz com competência exclusiva para sobre ela se debruçar, que não o juiz ordinário. Porém, esta intervenção teve não só oposição do PS, como do próprio PPD: o primeiro partido, por via do deputado José Luís Nunes, fala expressamente num "sistema híbrido", afirmando que a fiscalização da constitucionalidade "[devia] ser inicialmente posta no tribunal de 1.ª instância e só como resíduo" num eventual Tribunal Constitucional, contestando a existência de recursos ilimitados para este, na medida em que tal poderia "emperrar a máquina legislativa"; o segundo, por via do deputado Barbosa de Melo, autor da proposta do PPD analisada *supra*, defendia uma "fiscalização disseminada" da Constituição por todos os tribunais, que teria de ser mantida[328].

XII. Tudo visto, a oposição do PPD não parece ter sido apenas baseada num "receio conjuntural", tendo-se fundando numa "opção estratégica" que, apesar de ter sido avançada pelos partidos políticos em julho de 1975, vai buscar muitas influências históricas anteriores. Não foi, por isso, uma objeção *abrupta* ou *surpreendente*, mas, antes, natural e compreensível. Aliás, e num simbolismo que não pode deixar de ter relevância, a solução que acabou por ficar consagrada na CRP76 – que coincide com a 2.ª Plataforma, que, por sua vez, remonta à resposta do PPD à Contraproposta do CR – virá a ser aprovada por unanimidade na Assembleia Constituinte, sem qualquer tipo de objeção[329].

[328] *Idem.*

[329] Cfr, Diário da Assembleia Constituinte, n.º 116, de 10 de Março de 1976, pp. 3827-3840, em especial p. 3840. Não deixa de ser curioso que o então deputado Jorge Miranda, aquando desta votação, e em contradição com o que antes havia afirmado, nomeadamente na 6.ª Comissão, a 17 de dezembro de 1975, acabe por se congratular "pelo facto de os tribunais continuarem a ter, na vigência da Constituição de 1976, um poder de fiscalização da constitucionalidade das leis – fiscalização da constitucionalidade material, orgânica e formal –, poder esse que é alargado mesmo em relação à Constituição de 1933, porque nessa Constituição, como sabem, os tribunais não podiam conhecer da inconstitucionalidade orgânica e formal de diplomas promulgados, que eram obviamente os diplomas mais importantes" – cfr, Diário da Assembleia Constituinte, n.º 116, de 10 de Março de 1976, p. 3840.

5.5. A Constituição de 1976

5.5.1. A solução da 2.ª Plataforma de Acordo Constitucional

I. Chegados aqui, resta saber, portanto, que solução foi essa, a que acabou por ficar assente na 2.ª Plataforma de Acordo Constitucional, assinada em 26 de fevereiro de 1976[330]. Tendo em conta a oposição do PPD traduzida no documento analisado *supra*, o "Texto Intermédio do Conselho da Revolução", bem como o compromisso que teria de ficar firmado entre militares e partidos políticos, para aquilo que nos interessa importa destacar o seguinte:

(*i*) Enquanto "garante do cumprimento da Constituição", o CR dispunha exclusivamente do poder de se pronunciar preventivamente, por iniciativa própria ou a solicitação do PR, "sobre a constitucionalidade de quaisquer diplomas"; simultaneamente, velava "pela emissão das medidas necessárias ao cumprimento das normas constitucionais, podendo emitir recomendações para o efeito"; por fim, e em termos sucessivos, poderia ainda "[p]ronunciar-se, com força obrigatória geral, sobre a constitucionalidade de quaisquer diplomas já promulgados, a solicitação do Presidente da República, do Presidente da Assembleia da República, do Primeiro-Ministro, do Procurador-Geral da República [e] do Provedor de Justiça" (ponto 3.7.)[331];

(*ii*) Em termos de fiscalização concreta, os tribunais (todos eles) não poderiam aplicar normas que infringissem o disposto na Constituição ou os princípios nela consignados, "cabendo-lhes, para o efeito, apreciar a existência de inconstitucionalidades" (ponto 3.10.2.). Se essa recusa de aplicação com fundamento em inconstitucionalidade se reportasse a uma norma que constasse de lei, decreto-lei ou decreto regulamentar ou diploma equiparável, então haveria recurso obrigatório gratuito por parte do Ministério Público, restrito a essa questão, para que a mesma pudesse ser julgada, em termos definitivos, pela Comissão Constitucional (doravante, CC). Este recurso obrigatório, porém, apenas poderia ocorrer "uma vez esgotados os recursos ordinários que [coubessem]", embora devesse sempre ocorrer

[330] Que pode ser consultada em: https://app.parlamento.pt/LivrosOnLine/Vozes_Constituinte/home.html.

[331] Desaparecia, portanto, a ação popular de inconstitucionalidade que constava do "Texto Intermédio do Conselho da Revolução" – cfr, *supra*, nota 323.

relativamente a "decisões que [aplicassem] uma norma antes julgada inconstitucional por aquela Comissão" (pontos 3.10.2. e 3.10.3, respetivamente);

(*iii*) Se esta CC julgasse materialmente inconstitucional, "em três casos concretos, uma mesma norma, [poderia] o Conselho da Revolução declarar a inconstitucionalidade com força obrigatória geral, sem ofensa dos casos julgados", sendo que, para as inconstitucionalidades orgânicas ou formais, "[bastaria] um julgamento de inconstitucionalidade pela Comissão Constitucional, para que o Conselho da Revolução [pudesse] proceder à sua declaração com força obrigatória geral (pontos 3.10.4 e 3.10.5, respetivamente);

(*iv*) Por fim, a CC, onde o membro do CR teria voto de desempate, para além de dar obrigatoriamente parecer em sede de fiscalização preventiva e por omissão, *julgava* as questões de inconstitucionalidade que lhe fossem suscitadas nos termos do ponto *(iii)* (ponto 3.12.).

II. Analisada a solução vertida na 2.ª Plataforma de Acordo Constitucional, verificamos, como alguém já afirmou, que se trata de uma "solução de compromisso entre a [Contraproposta do CR] e as objeções levantadas pelos partidos, designadamente pelo PPD"[332]. E veja-se, ao mesmo tempo, como esse compromisso é, afinal, entre as duas legitimidades – democrática e revolucionária: por um lado, o CR, para além de dispor da competência exclusiva para se pronunciar em sede de fiscalização preventiva e sucessiva, tinha, ainda, em termos concentrados e também exclusivos, a competência para declarar com força obrigatória geral as inconstitucionalidades julgadas pela CC; por outro lado, e em termos concretos, todos os tribunais disporiam de competência para apreciar e decidir sobre quaisquer questões de (in)constitucionalidade, sendo que o seu julgamento definitivo caberia à CC, que, ao contrário da Contraproposta, já não se limitava a preparar os projetos de acórdão a enviar para o CR, antes julgando a questão definitivamente[333].

[332] Cfr, A. Araújo, *Análise Social*, p. 909. No mesmo sentido, M. Lúcia Amaral e R. Afonso Pereira, *Estudos*, p. 420. Mesmo assim, sobre as diferenças entre a 2.ª Plataforma e a Contraproposta, bem como aquela e a Proposta do PPD, cfr, por todos, A. Araújo, *ob. cit.*, pp. 910-911. Lamentando que o CR tenha concedido na Proposta do PPD, cfr, J. Reis Novais, *Sistema Português*, p. 84.

[333] Razão pela qual Miguel Galvão Teles a ela se refere enquanto "verdadeiro tribunal de constitucionalidade" – cfr, M. Galvão Teles, "A Segunda Plataforma...", parágrafo 19.

III. Acresce, ainda, que esta CC seria constituída, na sua quase totalidade, por personalidades que não advinham do poder militar, tal como decorre do ponto 3.11.1. da Plataforma[334] [335]. Mais uma vez, o 2.ª Pacto estava em linha com a lógica que já advinha pelo menos desde julho de 1975: em termos *difusos*, dispersava o poder de controlo de constitucionalidade por todos os tribunais; em termos *concentrados*, e por via de *recurso*[336], reservava a decisão final ao CR. Como se referiu, não era uma opção surpreendente, nem muito menos estranha – era, antes, uma opção que decorria de um entendimento unânime na Assembleia Constituinte e de um contexto histórico marcado por um dualismo de legitimidades saídas do 25 de Abril de 1974[337].

IV. Olhando para aquilo que ficou estipulado na 2.ª Plataforma, e como alguém já referiu, é certo que a evolução natural (ou, pelo menos, a esperada) dos acontecimentos levaria a que, no futuro, as funções da CC e do CR viessem a ser substituídas por um Tribunal Constitucional[338]. Porém, tal não era possível no momento histórico em que se situa o presente parágrafo por dois motivos: (*i*) em primeiro lugar, porque o CR queria ter uma palavra

[334] De facto, Miguel Galvão Teles reconhece, por um lado, que "o Conselho da Revolução interviria no controlo da constitucionalidade", mas que, precisamente por isso, e tendo em conta as preocupações manifestadas pelos partidos políticos, "se propôs a criação, junto dele, de uma Comissão Constitucional, composta em parte por magistrados judiciais, em parte por juristas não magistrados" – cfr, M. Galvão Teles, *Escritos*, I, p. 179. Assim, por outras palavras, e como acertadamente refere António Araújo, «a CC actuava aqui como uma "válvula de segurança" civilista, um contraponto ao peso que tinha de se reconhecer aos militares» – cfr, A. Araújo, "O 2.º Pacto MFA/Partidos: entrevista a Miguel Galvão Teles", in *Malomil*, 2015, disponível em: http://malomil.blogspot.com/2015/04/o-2-pacto-mfapartidos-entrevista-miguel.html. No âmbito desta entrevista, e em linha com o que acabamos de elucidar, Miguel Galvão Teles ainda acrescenta que "a ideia [de concentrar a competência no CR] foi do Conselho da Revolução, que queria ter um papel a desempenhar. A certa altura, foi encontrada uma fórmula em que o Conselho da Revolução tivesse uma palavra a dizer...", que foi a da CC, sendo que "a ideia [desta] foi minha [*v.g.*, de Miguel Galvão Teles]", precisamente uma personalidade que não advinha do poder militar – *idem*.

[335] No sentido de que a circunstância de existir uma CC assim constituída não impediu o PPD, ainda assim, de manter o seu "receio imediatista", rejeitando "a visão de que não seriam verdadeiramente os militares a decidir as questões de constitucionalidade", cfr, J. Reis Novais, *Sistema Português*, p. 85.

[336] Residindo neste *recurso por inconstitucionalidade* o verdadeiro traço inovatório (e distintivo) da 2.ª Plataforma no que à fiscalização concreta da constitucionalidade diz respeito.

[337] Sobre este contexto histórico, para além de tudo aquilo que até aqui já foi referido, cfr, ainda, a entrevista a Miguel Galvão Teles a que fizemos referência na nota 333.

[338] Cfr, J. Reis Novais, *Sistema Português*, p. 83.

(ou a palavra) final, o que não aconteceria se aquele Tribunal – i.e., um órgão jurisdicional e não militar – viesse a ser criado[339], ao que acresce a circunstância de, à data, só um deputado da Constituinte ter sugerido a sua criação[340]; (*ii*) em segundo e último lugar, e intricado com o que se acabou de explicitar, porque o próprio contexto histórico assim o ditava – i.e., ditava não só um certo imediatismo de soluções que permitissem responder às preocupações das duas legitimidades, como também retirava espaço para uma "reflexão aprofundada sobre o sistema de justiça constitucional em Portugal"[341]. De facto, reflexão existiu, o que é demonstrável não só pelas diversas propostas dos partidos políticos e do CR em sede de projetos de Constituição e de revisão do 1.º Pacto, como, também, pelos (poucos e limitados) debates na Assembleia Constituinte; só que, simplesmente, e em linha com o que temos vindo a afirmar, qualquer debate ou reflexão estava condicionado pela instabilidade política que se vivia, e que, ao reclamar esse imediatismo de soluções que fossem ao encontro das pretensões dos partidos políticos e dos militares, fazia com que aquela reflexão nunca pudesse ser *aprofundada*.

V. Além disso, e neste seguimento, sendo a existência de um Tribunal Constitucional típica de Estados de Direito Democráticos, com Democracia consolidada, é evidente que as condições para o seu surgimento (e debate

[339] Daí que quaisquer soluções apresentadas por MIGUEL GALVÃO TELES e LUÍS NUNES DE ALMEIDA tivessem de ter em conta isso mesmo – *i.e.,* a exigência do CR em querer intervir no controlo da constitucionalidade, no âmbito da sua legitimidade revolucionária. Portanto, e novamente, rejeitamos o entendimento de Reis Novais que, ao mencionar que a negociação da 2.ª Plataforma era apenas entre juristas, pretensamente desligados dos seus representantes, parece querer dar a entender que era perfeitamente razoável a solução preconizada pela Contraproposta, que ia no sentido de se instituir um sistema de fiscalização da constitucionalidade similar ao modelo que começava a generalizar-se na Europa, pelo que a sua aceitação pela outra parte seria expectável. É que, conforme dissemos *supra*, nota 319, se é um facto que teórica e academicamente esse sistema até poderia ser aquele que fizesse mais sentido aos juristas presentes na negociação, realisticamente – *rectius*: da forma como foi apresentado na Contraproposta, nomeadamente no sentido da concentração exclusiva dos poderes de controlo de constitucionalidade no CR –, a sua aceitação era incomportável para a outra sensibilidade – *i.e*, para os juristas que representavam os partidos políticos e, com eles, a legitimidade democrática. Daí que fosse sempre necessária uma solução de compromisso.

[340] Nomeadamente JORGE MIRANDA, conforme referido supra, nota 307. Porém, e como refere MIGUEL GALVÃO TELES, "Jorge Miranda não contava nessa altura nos bastidores do PPD", sendo que "foi afastado do processo" [v.g., da elaboração da Proposta do PPD, apresentada na sequência da Contraproposta] – cfr, A. ARAÚJO, "O Pacto...".

[341] Cfr, M. LÚCIA AMARAL e R. AFONSO PEREIRA, *Estudos*, p. 421.

associado) não se encontram preenchidas quando uma legitimidade democrática tem de conviver lado a lado com uma legitimidade revolucionária[342]. Assim, e por outras palavras, só quando esta desaparecesse de cena e fosse final e totalmente substituída por aquela, é que essas mesmas condições existiriam – que é o mesmo que dizer: só aí é que uma eventual reflexão a ser feita sobre essa matéria poderia ser aprofundada. E, de facto, foi o que veio a acontecer em 1982.

5.5.2. A solução da CRP76: um primeiro sistema de fiscalização da constitucionalidade

VII. Tudo visto, e tal como já foi avançado, a solução que acabou por ficar consagrada na CRP76 coincide com aquela vertida na 2.ª Plataforma de Acordo Constitucional:

(*i*) As competências do CR relativas à fiscalização preventiva, por omissão e sucessiva, que no 2.º Pacto constavam do ponto 3.7., passaram a ter previsão, em termos genéricos, no artigo 146.º da Constituição, e, em termos concretos, nos artigos 277.º, 279.º e 281.º, respetivamente;

(*ii*) Por sua vez, o poder (*difuso*) de os tribunais apreciarem a existência de inconstitucionalidades nos feitos submetidos a julgamento ficou vertido no artigo 207.º da Constituição, enquanto os aspetos relativos à recusa de aplicação de uma norma com fundamento em inconstitucionalidade e recursos associados, em sede de fiscalização concreta, encontraram previsão no artigo 282.º, embora com uma *nuance* relativamente ao 2.ª Pacto: nos termos do n.º 3 do referido artigo, se a norma que os tribunais se recusassem a aplicar constasse de um diploma que não lei, decreto-lei, decreto regulamentar, decreto regional ou diploma equiparável, então esses mesmos tribunais "[julgariam] definitivamente acerca da inconstitucionalidade";

(*iii*) No que diz respeito às competências da CC, que na Plataforma constavam do ponto 3.12., a Constituição dedicou-lhes o artigo 284.º;

[342] Como aliás, Jorge Miranda acabará por reconhecer em 1992– cfr, J. Miranda, "Nos dez anos de funcionamento do Tribunal Constitucional", in *Legitimidade e Legitimação da Justiça Constitucional: Colóquio no 10.º Aniversário do Tribunal Constitucional*, Coimbra: Coimbra Editora, 1995, p. 94.

(*iv*) Por fim, a competência *concentrada* (e exclusiva) do CR para declarar a inconstitucionalidade de normas com força obrigatória geral, seja nos casos em que a CC julgasse materialmente inconstitucional, em três casos concretos, uma mesma norma, seja naqueloutros relativos às inconstitucionalidades orgânicas ou formais, passaram a ter respaldo nos artigos 280.º e 281.º da nova Lei Fundamental[343].

VIII. Como foi referido, as soluções relativas à fiscalização jurisdicional da constitucionalidade foram aprovadas por unanimidade na Assembleia Constituinte. Assim, a partir da entrada em vigor da nova Constituição da República Portuguesa, estava oficialmente inaugurado o sistema português de controlo de constitucionalidade: um sistema onde, por um lado, todos os tribunais dispunham de poderes de apreciação e de decisão relativamente à existência de inconstitucionalidades nos feitos submetidos ao seu julgamento; por outro lado, e em termos simultâneos, um sistema onde uma entidade – neste caso, (ainda) de natureza militar – concentrava em si a competência exclusiva para declarar a inconstitucionalidade de normas com força obrigatória geral, seja por sua própria iniciativa, seja por solicitação de outras entidades, e seja, muito em especial, por força de recursos para a CC das decisões dos tribunais que tivessem recusado a aplicação de uma norma por entenderem que ela era inconstitucional[344].

IX. Não é por isso de estanhar que se apelide o nosso sistema de "híbrido", na medida em que ele comunga de duas idiossincrasias associadas aos modelos *difuso* e *concentrado* – em linha com o primeiro e, em consequência, com o *princípio da unidade*, confere um poder de fiscalização jurisdicional de constitucionalidade a todos os tribunais; honrando o segundo, nomeadamente

[343] No sentido de que "[o] cometimento do poder de fiscalização constitucional a um órgão militar, cujos membros eram, ademais, despossuídos de qualquer formação jurídica, constituiu um anacronismo e uma inútil entorse autocrática do período de transição para a democracia plena, registado entre 1976-1982", cfr, C. Blanco de Morais, *Justiça*, I, p. 327.

[344] Partindo desta circunstância e, por isso mesmo, classificando "o sistema de fiscalização da constitucionalidade consagrado na Constituição [de 1976] [como] *sistema misto*, visto que distribui a competência para aquela fiscalização por um *órgão político especial* (o Conselho da Revolução) e por *órgãos jurisdicionais* (os Tribunais e a Comissão Constitucional, quando funciona como Tribunal de recurso)", cfr, M. Rebelo de Sousa, *Direito Constitucional*, I, pp. 385-386. Sobre o sistema de fiscalização de constitucionalidade inaugurado pela CRP76, cfr, ID, pp. 382-397; ID, *O Valor*, pp. 86-98; C. Blanco de Morais, *Justiça*, I, pp. 325-328; J. Miranda, *Manual*, VI, pp. 166-170; M. Lúcia Amaral e R. Afonso Pereira, *Estudos*, pp. 420-422.

o *princípio da separação*, estipula que esse mesmo poder não prejudica a competência exclusiva e última de declaração de inconstitucionalidade com força obrigatória geral, que se encontra concentrada numa entidade separada e diferente daqueles tribunais: o Conselho da Revolução. Se é certo que este carácter *misto*, só por si, já era uma inovação relativamente aos sistemas de controlo de constitucionalidade de outros Estados da Europa continental[345], a verdade é que ainda acrescia outro aspeto também ele idiossincrático deste sistema híbrido e que será determinante para a presente investigação: o *recurso por inconstitucionalidade* em sede de fiscalização concreta e o consequente acesso ao Tribunal Constitucional[346].

5.6. A revisão constitucional de 1982

I. Como alguém já referiu, a criação da CC acabou por ser muito importante para o equilíbrio entre as duas legitimidades, já que, através dela, se conseguiu "manter o poder imponente no Conselho da Revolução, mas (...) atribuir [à CC] o poder eficiente"[347]. Não terá sido por acaso que entre 1976 e 1982 tenha havido uma sintonia quase total entre ambos estes órgãos[348].

[345] Conforme refere M. Rebelo de Sousa, *Direito Constitucional*, I, p. 386, "[e]mbora seja frequente a consagração de sistemas mistos de órgãos políticos e jurisdicionais, o sistema português contém larga zona de originalidade", desde logo pelo facto de "[o] Conselho da Revolução, um órgão político-militar, [ser] competente para fiscalizar preventivamente a constitucionalidade, bem como para declarar com força obrigatória geral a inconstitucionalidade por acção e para formular recomendações sobre matéria de inconstitucionalidade por omissão".

[346] Neste sentido, M. Lúcia Amaral, *Anuario Iberoamericano de Justicia Constitucional*, p. 25: "A absoluta singularidade do sistema português de fiscalização da constitucionalidade das normas – singularidade absoluta, pelo menos, no contexto cultural que nos interessa, que é o europeu – decorre do facto de, entre nós, a figura do reenvio prejudicial ter sido substituída pela do recurso para o Tribunal Constitucional". Dito de outro modo, o acesso ao Tribunal Constitucional efetua-se por via de recurso e não por via de incidente – cfr, ainda, M. Galvão Teles, *Escritos*, I, p. 167.

[347] As palavras são de Miguel Galvão Teles – cfr, A. Araújo, "O 2.º Pacto...".

[348] Sobre a CC e o sistema de fiscalização da constitucionalidade até à revisão de 1982, cfr, por todos, M. Lobo Antunes, "A fiscalização da constitucionalidade das leis no primeiro período constitucional: a Comissão Constitucional", in *Análise Social*, vol. XX (81-82), 1984, pp. 309-336. De acordo com este escrito, ficamos a saber que nos 213 pareceres emitidos pela CC, só em 13 situações é que o CR decidiu em sentido contrário àquela. Mesmo assim, denunciando as situações em que o CR "agia na base de critérios puramente políticos, como foi o caso da declaração de inconstitucionalidade da lei de delimitação de sectores da economia, o qual teve efeitos particularmente nefastos para o País", cfr, C. Blanco de Morais, *Justiça*, I, p. 328. Sobre o papel da CC, cfr, ainda, A. Araújo, *Análise Social*, pp. 912-918.

II. Porém, e como sabemos, Portugal, em 1977, havia formalizado o seu pedido de adesão à então Comunidade Económica Europeia, que era constituída por Estados onde a Democracia estava absolutamente consolidada – que é o mesmo que dizer: Estados onde as instituições eram, todas elas, decorrentes de uma legitimidade democrática, não havendo um órgão determinante para o seu regular funcionamento fundado numa legitimidade revolucionária[349]. Este pedido de adesão, mais do que simbólico, vinha no seguimento de um consenso partidário que se estava a formar[350] tendente a um resultado absolutamente fundamental para a Constituição saída do 25 de Abril de 1974: a vitória definitiva da legitimidade democrática sobre a legitimidade revolucionária. Se era assim, então essa mesma Constituição teria de ser alterada, desde logo para efeitos de expurgação do peso revolucionário a ela impresso. E esta alteração, para aquilo que nos interessa, seria marcada por uma circunstância de importância fundamental: a extinção do Conselho da Revolução.

III. Como foi oportunamente salientado, este dispunha de competências legislativas, de consulta e de controlo (concentrado) de constitucionalidade de normas. Assim, no que a esta última diz respeito, todos os partidos políticos, à exceção do PCP[351], convergiam no mesmo sentido: substituir o CR por um Tribunal Constitucional. E foi, de facto, o que veio a acontecer com a revisão constitucional de 1982.

5.6.1. A necessidade de um Tribunal Constitucional

IV. É verdade que ainda antes de 1982 já existia um consenso doutrinário relativamente à existência de um Tribunal Constitucional (doravante, TC), que, como acabou de se explicitar, rapidamente impregnou os partidos políticos

[349] Como acertadamente aponta A. Araújo, *Análise Social*, p. 918, “as Comunidades Europeias dificilmente tolerariam a presença de um Estado [*v.g.*, Portugal] cuja vida política era condicionada por um órgão não democrático, dotado de uma legitimidade exclusivamente revolucionária e composto apenas por militares”.

[350] Em particular, entre os dois maiores blocos partidários com representação na AR – a Frente Republicana Socialista, formada pelo PS, pela União da Esquerda para a Democracia Socialista (UEDS) e pela Ação Social Democrata Independente (ASDI), e a Aliança Democrática, coligação partidária que integrava o PPD, o CDS e o Partido Popular Monárquico. Neste sentido, cfr, M. Lúcia Amaral e R. Afonso Pereira, *Estudos*, p. 422.

[351] *Idem*.

representados na Assembleia da República[352]. Também como referido *supra*, a criação de um TC seria, a final, uma característica da evolução natural do sistema de controlo de constitucionalidade inaugurado pela CRP76, sendo que o contexto político vivido à data da primeira revisão daquela era substancialmente distinto do saído da Revolução de 1974 – mais concretamente, já não existia, na prática (pelo que teria de deixar de existir no texto constitucional), uma legitimidade revolucionária capaz de, simultaneamente, impedir uma reflexão aprofundada sobre esta matéria e condicionar as futuras soluções a incluir na Constituição. Neste seguimento, e como há pouco se explicitou, não é de estranhar que todos os projetos que foram apresentados no contexto da revisão constitucional de 1982, à exceção do do PCP, pugnassem pela criação de um TC, que sucederia ao CR no que ao controlo de constitucionalidade diz respeito.

V. Não pretendendo fazer uma análise exaustiva de todos esses projetos[353], há, no entanto, que dar nota de que a discussão político-partidária em torno do TC não foi pacífica. Porém, essa discussão incidia mais sobre os aspetos relativos à fiscalização preventiva, por omissão, e, também, pese embora em menor medida, aos da fiscalização concreta – *i.e*, girava em torno de questões particulares e não de fundo. Queremos com isto dizer que todos os projetos que foram apresentados mantiveram o modelo-base instituído pela CRP76 – portanto, o sistema "híbrido": por outras palavras, não houve nenhuma proposta de *rutura* para com o modelo inaugurado pela nova Constituição, sendo que todas elas podem ser consideradas uma *evolução na continuidade.*

5.6.2. Uma fiscalização *jurisdicional* da constitucionalidade

VI. Para o âmbito da presente investigação interessa-nos, em especial, as alterações que se queriam efetivar no âmbito da fiscalização concreta. Aí, PCP, Aliança Democrática (doravante, AD) e Frente Republicana Socialista (doravante, FRS) entendiam que o *recurso por inconstitucionalidade* deveria ser alargado às decisões dos tribunais que aplicassem normas arguidas de inconstitucionais pelas partes; no entanto, enquanto os projetos do PCP e da AD

[352] Para uma análise das propostas que ainda antes de 1982 advogavam a criação de um TC, cfr, A. Araújo, *ob. cit.*, pp. 919-927.

[353] Para uma análise dos projetos de revisão constitucional apresentados pelos partidos e respetivo contexto histórico que rodeou essa mesma revisão, cfr, A. Araújo, *Análise Social*, pp. 927-935.

estipulavam que tal só poderia acontecer se estivesse em causa a violação de um direito, liberdade e garantia, o projeto da FRS entendia que esse recurso só poderia ser admitido pelo TC se a questão de inconstitucionalidade não fosse manifestamente infundada e não irrelevante para a causa[354].

VII. Se atentarmos bem, verificamos que o que estava aqui em questão era a tentativa de instituir uma espécie de *recurso de amparo*, que, como se viu, era não só uma preocupação que remontava, pelo menos, à então Contraproposta do CR[355], como também era partilhada por outras Constituições da Europa continental[356]. As soluções para a revisão constitucional de 1982, onde se inclui esta que estamos a analisar, acabaram por ser decididas entre a AD e o PS num acordo extraparlamentar que pretendeu resolver um impasse que, entre outras, também incidia sobre a matéria relativa ao TC. E atingido o acordo entre esses dois partidos, verificamos que a Constituição saída da revisão constitucional de 1982, e no que ao controlo de constitucionalidade diz respeito, vai acarretar as seguintes modificações[357]:

(*i*) Em primeiro lugar, é criado um TC que sucede ao CR no que diz respeito à competência de controlo concentrado de constitucionalidade (artigos 284.º e 285.º). Em termos genéricos, o TC, por ser um tribunal – e, por sua vez, por pertencer a uma nova e distinta jurisdição, a *jurisdição constitucional* –, passa a dispor de competência exclusiva no que diz respeito à fiscalização *jurisdicional* abstrata de constitucionalidade – seja em termos preventivos, seja por omissão ou em termos sucessivos (artigos 278.º, 281.º e 283.º) –, bem como relativamente à fiscalização *jurisdicional* concreta, onde terá sempre a última palavra em sede de recurso;

354 Veja-se A. Araújo, *ob. cit.*, pp. 927-928.

355 De facto, este documento, nomeadamente no seu ponto 3.7, alínea *a)*, conferia ao CR o poder de conhecer das questões de inconstitucionalidade de quaisquer *atos* suscitados nos tribunais, pelo que, como refere J. Reis Novais, *Sistema Português*, p. 83, "em algum modo, se configurava embrionariamente o que poderia ser um posterior desenvolvimento de um recurso de amparo". Já no documento posterior – *rectius*: "Texto Intermédio do Conselho da Revolução" –, pese embora, como se viu, não estivesse em causa um *recurso de amparo*, mas, antes, uma *ação popular de inconstitucionalidade* – cfr, *supra*, nota 323 –, a preocupação mantinha-se: permitir aos particulares um acesso direto ao TC.

356 Veja-se, a este propósito, M. Galvão Teles, *Estudos*, I, pp. 35-36 e bibliografia aí citada. Cfr, ainda, C. Blanco de Morais, *Justiça*, I, pp. 297-300.

357 O texto resultante da revisão constitucional de 1982 pode ser consultado em: https://app.parlamento.pt/LivrosOnLine/Vozes_Constituinte/home.html.

(*ii*) Em segundo lugar, ligado a este último aspeto e também para aquilo que nos interessa, é de referir que os tribunais (todos eles) continuavam a dispor do *poder-dever* de não aplicar normas que infringissem o disposto na Constituição (artigo 207.º). Porém, e numa inovação trazida por esta revisão e que será determinante para o tema que preside à presente investigação, o *recurso por inconstitucionalidade* em sede de fiscalização concreta deixa de estar dependente do esgotamento dos recursos ordinários e, muito em especial, passa a incidir não só sobre as decisões dos tribunais que recusem essa aplicação com fundamento em inconstitucionalidade (artigo 280.º, n.º 1, alínea *a*)), como, também, sobre aqueloutras que apliquem uma norma cuja inconstitucionalidade tenha sido suscitada durante o processo (artigo 280.º, n.º 1, alínea *b*));

(*iii*) Por fim, e em linha com o referido em (*i*), seja em sede de fiscalização abstrata, seja em sede de fiscalização concreta, nomeadamente por via daquele *recurso*, caberia ao TC a palavra final. Concretizando: qualquer decisão que por ele fosse tomada em fiscalização abstrata teria força obrigatória geral (artigo 281.º, n.º 1); por oposição, no âmbito da fiscalização concreta, sendo os recursos para o TC restritos à questão de constitucionalidade, a decisão do Tribunal teria efeitos *interpartes* a não ser que a norma arguida de inconstitucionalidade já tivesse sido por aquele julgada inconstitucional em três casos concretos, situação em que, à semelhança do anterior caso, a decisão passaria a ter força obrigatória geral (artigo 281.º, n.º 2).

VIII. Porque nunca é demais insistir neste ponto, verificamos, de novo, que a Constituição modificada pela revisão de 1982, no que à fiscalização da constitucionalidade diz respeito, mantém a estrutura fundamental herdada da sua versão originária[358], pese embora com uma diferença substancial e de elevada

[358] Embora seja de referir o relevantíssimo debate (este sim, aprofundado) que foi travado em sede de Comissão Eventual para a Revisão Constitucional, nomeadamente a propósito do artigo 282.º. Com efeito, nesse debate foram discutidos três aspetos absolutamente essenciais e que nesta investigação já foram referidos: (*i*) a proposta da AD, em particular a alteração relativa à eventual admissão de recurso para o TC por parte de cidadãos quando os tribunais comuns tivessem aplicado uma norma arguida de inconstitucionalidade por violação de algum direito, liberdade ou garantia desses cidadãos; (*ii*) a proposta do PCP, no sentido desta última; (*iii*) bem como a proposta da FRS, que pretendia retirar a fiscalização difusa da constitucionalidade aos tribunais e concentrá-la exclusivamente no TC, optando-se, assim, por um modelo europeu de controlo de constitucionalidade. Este debate assume especial importância porque a AD, pelo então deputado Costa

importância: se, por um lado, continua a existir um sistema "híbrido" com as características apontadas *supra*[359], por outro não deixa de ser certo que só a partir de 1982 é que passa a existir, pelo menos em termos completos, um verdadeiro sistema de fiscalização *jurisdicional* de constitucionalidade[360].

Andrade – que havia trabalhado com Barbosa de Melo na Proposta do PPD analisada *supra*-, vai rejeitar a proposta da FRS por entender, por um lado, que ela poderia "vir a provocar uma avalancha de casos sobre o [TC]" e porque, por outro lado, seria "de manter um salutar diálogo e tensão, de certa maneira dialética, entre duas entidades colocadas em lugares diferentes" – nomeadamente, tribunais comuns e TC –, sendo que "[c]riar uma solução de monopólio das decisões constitucionais poderia ter o perigo de criar quase um Estado dentro do próprio Estado". Este entendimento – *rectius*: manutenção do sistema difuso – foi também defendido pelo PCP, através do então deputado Vital Moreira. Já no que diz respeito à FRS, o então deputado Luís Nunes de Almeida – que, como se viu, juntamente com Miguel Galvão Teles havia elaborado a Contraproposta do CR, que pretendia instaurar um modelo europeu de controlo de constitucionalidade, embora num contexto histórico muito particular –, ao defender a proposta apresentada, vai insistir nos inconvenientes que o sistema difuso de controlo de constitucionalidade acarreta, desde um "profundo alargamento do processo", visto que, à data, o artigo 282.º, na sua versão originária, exigia que o recurso para o TC apenas se poderia concretizar depois de esgotadas todas as vias de recurso internas, até aos "eventuais conflitos que se podem vir a gerar entre os tribunais comuns e o [TC]". Esta intervenção de Luís Nunes de Almeida, curiosamente, vai ser determinante para o sistema de fiscalização de constitucionalidade saído da revisão constitucional de 1982, na medida em que, nas suas palavras, e após as referidas intervenções da AD e do PCP, "[s]uponho que não existe grande abertura para o nosso sistema [i.e., o proposto pela FRS], nem por parte da AD, nem por parte do PCP. Nessa medida, com algum desgosto, *resta tentar encontrar um sistema que possa satisfazer as preocupações de todas as partes*" (itálico nosso). Partindo daqui, e numa tentativa de conciliação dos dois entendimentos antagónicos, Luís Nunes de Almeida vai sugerir que o recurso por inconstitucionalidade sugerido pela AD e pelo PCP não só não esteja dependente do esgotamento dos recursos ordinários, como, simultaneamente, não se restrinja ao âmbito da violação dos direitos, liberdades e garantias". Por sua vez, AD e PCP aceitariam esta proposta desde que se mantivesse o controlo difuso por parte de todos os tribunais, o que veio efetivamente a suceder. Nascia, assim, o atual sistema português de fiscalização jurisdicional da constitucionalidade – cfr, Diário da Assembleia da República, II Série – Suplemento n.º 72, de 27 de Março de 1982, pp. 1457-1480, disponível em: https://debates.parlamento.pt/catalogo/r3/dar/s2rc/02/02/072S1/1982-01-14.

359 O que mais uma vez confirma a circunstância de este modelo não ter surgido por qualquer "receio", desde logo porque essa estrutura fundamental "híbrida" – posta em prática nos 5 anos que antecederam a primeira revisão constitucional – se manteve. Dito de outro modo, ao contrário da proposta da FRS (que, como vimos, rapidamente cedeu face às críticas da AD e do PCP), a discussão que se travou em sede de revisão constitucional fez-se em torno da melhoria do sistema e não da sua radical transformação.

360 De facto, como referem M. Lúcia Amaral e R. Afonso Pereira, *Estudos*, p. 423, "[a] longa tradição de reconhecer ao poder judicial a competência para controlar a constitucionalidade das leis, conhecida e praticada (...) desde o século XIX português, mantinha-se assim intacta, apesar da decisão de instituir o Tribunal Constitucional". No entanto, uma coisa é a criação do TC, outra, bem diferente, é o sistema de controlo de constitucionalidade que se pretende. Daí

IX. De facto, se, até aí, os tribunais ordinários dispunham, teoricamente, de poderes nesse sentido, conferindo natureza jurisdicional a essa fiscalização, o mesmo não acontecia em termos concentrados, quer pela natureza do controlo – *v.g.*, político e não jurídico (como nas Constituições de 1911 e 1933) –, quer pela natureza do órgão responsável por esse mesmo controlo – seja o Parlamento, seja o CR. Ora, a partir do momento em que se cria uma jurisdição especializada, destacada da jurisdição comum, e, consequentemente, um Tribunal Constitucional, autonomizado dos restantes tribunais, a natureza jurisdicional do controlo passa a operar *duplamente* – seja em termos *difusos*, seja, finalmente, em termos *concentrados*. Assim, se a CRP76 inaugurou o sistema português de controlo de constitucionalidade, a revisão constitucional de 1982 conferiu-lhe plena jurisdicionalização[361]. Não é despiciendo afirma-se, portanto, que só 30 anos depois do início da disseminação dos modelos de controlo de constitucionalidade pela Europa continental é que em Portugal, finalmente, se apreendia (e compreendia) o seu verdadeiro significado e importância[362].

que tendo em conta a nota anterior, não possamos concordar com estes dois Autores quando afirmam –cfr, *idem* – que "havia acordo quanto à manutenção, no essencial, do sistema de controlo da constitucionalidade de *normas* que já existia e que foi praticado, com a coadjuvação da Comissão Constitucional, desde 1976 até então". A proposta da FRS – que, insistimos, era uma das duas coligações com maior representatividade na AR –, e respetiva discussão, demonstram precisamente o contrário.

[361] Não podemos deixar de referir as palavras de Vital Moreira aquando do debate a que nos referimos *supra*, na nota 357, e que, ao responder à sugestão de conciliação vinda do deputado Luís Nunes de Almeida, vai tecer importantes considerações sobre o sistema português de fiscalização da constitucionalidade: "A fiscalização concreta seria da competência dos tribunais, manter-se-ia – para nós isso é importante – o sistema difuso, sendo o Tribunal Constitucional um tribunal de revista normal. Para as matérias de inconstitucionalidade deixaria de haver recursos obrigatórios, salvo no caso de um tribunal aplicar norma anteriormente julgada inconstitucional, mantendo-se, nesse caso, o recurso obrigatório. (...) Deixaria ainda de haver necessidade de percurso de todos os tribunais até chegar ao Tribunal Constitucional, com o encurtamento dos actuais tempos de julgamento (...). Haveria, pois, uma maior transparência do sistema" – cfr, Diário da Assembleia da República, II Série – Suplemento n.º 72, de 27 de Março de 1982, p. 1460, disponível em: https://debates.parlamento.pt/catalogo/r3/dar/s2rc/02/02/072S1/1982-01-14.

[362] Sobre o sistema de fiscalização da constitucionalidade saído da revisão constitucional de 1982, cfr, C. Blanco de Morais, *Justiça*, I, pp. 329 e ss.; J. Miranda, *Manual*, VI, pp. 170-174.

5.7. A importância do *recurso por inconstitucionalidade*

I. A grande novidade deste sistema português de fiscalização jurisdicional de constitucionalidade, aliada à sua natureza híbrida, é a criação de um *recurso por inconstitucionalidade*. Vimos como, num primeiro momento, este se restringia às decisões dos tribunais que recusassem aplicar uma norma por a considerarem inconstitucional, e de que como ele veio a ser alargado, em 1982, às decisões que aplicassem uma norma cuja inconstitucionalidade tivesse sido suscitada pelas partes durante o processo. Como tivemos oportunidade de evidenciar, esta última solução, que acabou por sair do acordo interpartidário de revisão constitucional firmado entre a AD e o PS, afastava-se daqueloutras que, nesse contexto, haviam sido apresentadas e que tendiam para a instituição de uma espécie de *recurso de amparo*.

5.7.1. Nota prévia

II. Antes de nos debruçarmos sobre este último aspeto, importa notar o seguinte: analisando o sistema de controlo de constitucionalidade saído da CRP76, bem como da revisão constitucional de 1982, verificamos que ele se traduz numa justiça constitucional *objetiva* – isto é, numa justiça constitucional que, em termos preventivos ou sucessivos, apenas analisa a (in)constitucionalidade de normas e não de atos – *rectius*: de atos não normativos –, nomeadamente daqueles que se traduzem numa lesão a direitos fundamentais e que podem resultar, por exemplo, de uma decisão judicial[363].

III. De facto, se um cidadão entender que uma decisão de um tribunal ordinário viola um determinado direito fundamental seu – porque, por exemplo, ela acarreta uma restrição desproporcionada a esse mesmo direito –, não poderá de ela recorrer para o TC, na medida em que este apenas aprecia normas. O mesmo já não sucederia se, em Portugal, existisse um *recurso de amparo*. Tendo este entendimento presente, não é de estranhar que aqueles projetos a que há pouco nos referimos tenham surgido no contexto da revisão constitucional de 1982: aí, ao estipular-se que o recurso por inconstitucionalidade deveria abranger decisões que aplicassem normas arguidas de

[363] Assim, e a título meramente exemplificativo, J. Reis Novais, *Sistema Português*, pp. 131-134; G. Almeida Ribeiro, *Constitutional History: Comparative Perspective*, p. 22.

inconstitucionais pelas partes, desde que estivesse em causa a violação de um direito, liberdade ou garantia, ou que essa questão de inconstitucionalidade não fosse manifestamente irrelevante para a causa, estar-se-ia, ao mesmo tempo, a impregnar uma justiça constitucional *objetiva* com aspetos materialmente *subjetivos*, já que, se essa solução acabasse por ser adotada, os cidadãos passariam a dispor de um acesso *direto* ao TC, pese embora determinados requisitos tivessem de estar preenchidos[364].

IV. Sucede, porém, e como se viu, que aquelas propostas acabaram por não vingar; ao invés, o que ficou estabelecido foi uma solução enquadrada, precisamente, numa justiça constitucional *objetiva* – a possibilidade de os particulares recorrerem de uma decisão judicial que aplicou uma norma por aqueles entendida como sendo inconstitucional[365]. É verdade que neste recurso,

[364] Mesmo assim, se esta hipótese tivesse merecido consagração não estaríamos perante um verdadeiro *recurso de amparo*, mas, antes, perante uma espécie – ou melhor dizendo, perante uma aproximação – desse (ou a esse) mesmo recurso. De facto, um *recurso de amparo*, com maiores ou menores *nuances*, incide sobre atos não normativos e assenta, por isso mesmo, na defesa dos cidadãos; ao invés, os modelos propostos em sede de revisão constitucional de 1982 foram sempre configurados enquanto recursos de constitucionalidade de normas jurídicas, assentes, consequentemente, na defesa de normas constitucionais. Assim, e por outras palavras, enquanto no primeiro caso falamos de um recurso *direto* de inconstitucionalidade, na medida em que um determinado cidadão pode *diretamente* recorrer ao TC caso considere que um determinado ato não normativo vai de encontro a algum dos seus direitos fundamentais, indo o TC pronunciar-se *diretamente* sobre a pretensão *desse mesmo cidadão*, no segundo caso, ao invés, falamos de um recurso *indireto*, precisamente porque o que está em causa não é nenhum ato não normativo que lesou um cidadão e sobre o qual o TC se pronunciará, mas, antes, uma *norma* que o particular entende que é inconstitucional, sendo que é sobre ela que haverá decisão do TC, que, se for no sentido da inconstitucionalidade, beneficiará *indiretamente* aquele cidadão. Sobre esta circunstância, cfr, por todos, J. Reis Novais, "Em defesa do recurso de amparo constitucional (ou uma avaliação crítica do sistema português de fiscalização concreta da constitucionalidade)" in *Themis*, n.º 10, 2005, pp. 91 e ss., bem como C. Blanco de Morais, *Justiça*, I, pp. 298-300.

[365] Como referimos *supra*, nota 357, a consagração desta solução adveio da tentativa de conciliação do deputado Luís Nunes de Almeida, que entendia que a proposta preconizada pela AD e pelo PCP, de restrição do recurso ao âmbito da violação dos direitos, liberdades e garantias do particular, poderia criar "uma situação de disparidade entre normas constitucionais que seriam mais suscetíveis de proteção (...) do que outras". Também como referido, a proposta de conciliação havia de ser aceite, em primeiro lugar, pelo PCP. Se é verdade que essa aceitação, num primeiro momento, motivou algum receio por parte da AD – *rectius*: de Costa Andrade – de que pudesse haver um aumento significativo de recursos para o TC, defendendo, por isso mesmo, a manutenção de limitações a esse mesmo recurso, também é certo que o PCP, através de Vital Moreira, insistiu na inexistência de limites precisamente por não estarmos perante um recurso de amparo. Nas palavras do deputado, "essa limitação aqui, em sede de recurso indireto, não tem justificação.

ao contrário do primeiro, os particulares assumem especial importância, já que são eles que entendem que uma determinada norma é inconstitucional, norma essa que acabou por ser aplicada pelo tribunal comum. Porém, da forma como esse recurso está construído – que se enquadra, precisamente, numa lógica de justiça constitucional *objetiva* – o fundamento não é (nem pode ser) a decisão em si considerada, mas o facto de ela aplicar uma norma que, supostamente, é inconstitucional. Logo, aquilo sobre o qual o TC se vai debruçar nunca será a *decisão*, mas, antes, a *norma*. É evidente que esta solução, em termos reflexos ou indiretos, pode acabar por tutelar os particulares, nomeadamente se estes virem a sua pretensão satisfeita pelo TC, pelo que não é descabido afirmar-se que ela pode ser representativa, ainda que em termos limitados, de uma justiça constitucional *subjetiva*.

V. Porém, essa pretensa representação é praticamente nula quando verificamos que o ponto essencial continua a ser o mesmo: a impossibilidade de um cidadão aceder diretamente ao TC nos casos em que um determinado ato não normativo tenha violado um direito fundamental seu. No exemplo que há pouco avançamos, a única forma de o particular recorrer para o TC da decisão que consubstanciou uma restrição desproporcionada a um direito fundamental, residiria na eventual circunstância de o tribunal ordinário, no fundamento que presidiu à decisão, ter aplicado uma norma que o particular entendia ser inconstitucional. Se isso tivesse sucedido, o recurso poderia operar; caso contrário, e à partida, o particular ficaria privado do referido acesso. Porém, se fosse o primeiro caso, e uma vez mais, o TC não iria avaliar o fundamento da decisão daquele tribunal, que motivou a referida restrição, mas, unicamente, a norma arguida de inconstitucional pelo particular, arguição essa (e pretensa inconstitucionalidade) que pode até ser infundada, no sentido de não alterar resultado final vertido naquela mesma decisão.

Teria justificação em sede de recurso de amparo verdadeiro e próprio, isto é, em sede de recurso directo de inconstitucionalidade que não está hoje na Constituição e que ninguém propôs. Talvez possa vir a ser proposta numa ulterior revisão constitucional e, nessa altura, estaríamos de acordo em manter a limitação de recurso de amparo (recurso directo), por inconstitucionalidade, aos casos de direitos, liberdades e garantias", mas até esse momento manter-se-ia o regime proposto, sendo que o recurso "ficaria ao alcance da generalidade das pessoas, que não sendo convencidas pela decisão do tribunal, o qual não se decidiu pela inconstitucionalidade, poderão recorrer para a instância suprema de controle de constitucionalidade". Como referido, a AD acabaria por ceder – cfr, Diário da Assembleia da República, II Série – Suplemento n.º 72, de 27 de Março de 1982, pp. 1465-1466, disponível em: https://debates.parlamento.pt/catalogo/r3/dar/s2rc/02/02/072S1/1982-01-14.

5.7.2. A Proposta de Lei n.º 130/II

VI. A partir de 1982, portanto, os particulares passam a dispor de um mecanismo de acesso *indireto* ao TC, sendo que a circunstância de não se instituir um *recurso de amparo* em muito se explica pela natureza "híbrida" do nosso próprio sistema, na medida em que aquele é típico dos modelos concentrados ou "kelsianos"[366]. Mas, se é um facto que a solução inicialmente proposta pela AD aquando da abertura do processo de revisão constitucional não vingou, nem por isso ela vai ficar esquecida. É que, simultaneamente à revisão constitucional de 1982, preparava-se, também, a Lei de Organização, Funcionamento e Processo do Tribunal Constitucional (doravante, LOTC)[367]. Estando, à época, a AD no poder, ficou decidido que os responsáveis pela sua elaboração seriam duas figuras de elevada importância para a justiça constitucional portuguesa, não só pelo papel que, nesse âmbito, e até aí, haviam desempenhado, mas, também, por aquele que ainda viriam a desempenhar – falamos de António Barbosa de Melo e José Manuel Cardoso da Costa. Como sabemos, o primeiro foi o grande responsável pelo sistema de fiscalização de constitucionalidade consagrado na CRP76[368], enquanto o segundo viria a ser, num futuro muito próximo, juiz e Presidente do recém-criado TC[369].

[366] Como bem refere G. Almeida Ribeiro, *Constitutional History: Comparative Perspective*, p. 3., o sistema europeu de fiscalização da constitucionalidade – que, como se viu, coincide, em maior ou menor medida, com o modelo "kelsiano" –, nomeadamente o "sistema-padrão", comunga três características principais, sendo uma delas – que o Autor caracteriza de "*quasi*-standard", "the procedure enabling individuals to adress to the Constitutional Court complaints against decisions by public authorities, particular ordinary courts, that infringe upon certain fundamental rights. I cal it *quasi*-standard feature because it exists in some but not by any means in all systems of constitutional justice that, according to all accounts, conform to the European model. The most prominent examples of such a procedure are the German *Verfassungsbeschwerde* and the Spanish *recurso de amparo*".

[367] Cuja apreciação e votação pela AR da referida proposta de lei, Marcelo Rebelo de Sousa, então Ministro dos Assuntos Parlamentares, entendia corresponder "como que a uma segunda fase do processo iniciado pela revisão da Constituição" – cfr, Diário da Assembleia da República, I Série – Número 134, de 8 de outubro de 1982, p. 5647, disponível em: https://debates.parlamento.pt/catalogo/r3/dar/s2rc/02/02/134/1982-10-07.

[368] Cfr, *supra*, 5.4.1., *b)*.

[369] Sendo que, conforme relembra Miguel Galvão Teles, Cardoso da Costa já havia participado na elaboração do já analisado "Documento do PPD sobre Fiscalização da Inconstitucionalidade e Direito de Veto", precisamente ao lado de Barbosa de Melo – cfr, M. Galvão Teles, "A Segunda Plataforma...", Nota Prévia.

VII. Não é objeto da presente investigação analisar o contexto e, em especial, os debates que antecederam a aprovação da LOTC, vertida na Proposta de Lei n.º 130/II[370]. Para aquilo que interessa ao nosso trabalho, importa notar, como alguém já referiu, que aqueles dois juristas, olhando para a Constituição saída da revisão de 1982, verificavam que ela, se é verdade que agora previa dois recursos por inconstitucionalidade, não regulava os respetivos requisitos e processo[371]. A partir daqui, é de destacar o seguinte:

(*i*) No que à fiscalização concreta diz respeito – *rectius*: aos dois recursos por inconstitucionalidade –, a grande preocupação de Barbosa de Melo e de Cardoso da Costa era instituir *filtragens* no acesso ao TC[372]. Relativamente ao primeiro recurso, não existiam problemas de monta, na medida em que ele era "acionado", em exclusivo, pelo tribunal comum, quando decidia não aplicar uma norma com fundamento na sua inconstitucionalidade, pelo que a questão, à partida, nunca seria infundada. Assim, as principais questões giravam em torno do segundo recurso, já que, como este ficou consagrado na CRP pós-revisão constitucional de 1982, não era claro, em especial, se o particular podia recorrer da aplicação de qualquer norma que tivesse sido por ele arguida de inconstitucional, mesmo se essa norma não tivesse sido determinante para a decisão do tribunal ou da sua aplicação não tivesse decorrido uma violação de um determinando

[370] Sobre este aspeto, na doutrina, cfr, J. M. Cardoso da Costa, "A elaboração da Lei do Tribunal Constitucional", in J. Miranda e M. Rebelo de Sousa (coord.), *A Feitura das Leis*, Vol. I, Instituto Nacional de Administração, Oeiras, 1986, pp. 85-95; A. Araújo, *Análise Social*, pp. 935-945. Sobre os debates que antecederam a aprovação da LOTC, veja-se a respetiva apresentação da proposta de lei à AR e consequente discussão a partir daí – cfr, Diário da Assembleia da República, I Série – Número 134, de 8 de outubro de 1982.

[371] Neste sentido, A. Araújo, *ob. cit.*, p. 936. Aliás, o próprio artigo 280.º, n.º 4, do texto constitucional saído da revisão de 1982 estipulava que "Os recursos previstos na alínea *b)* do nº 1 e na alínea *c)* do n.º 3 [i.e., os recursos de decisões que tivessem aplicado normas cuja inconstitucionalidade ou ilegalidade houvesse sido suscitada durante o processo] só podem ser interpostos pela parte que haja suscitado a questão da inconstitucionalidade ou da ilegalidade, *devendo a lei regular o regime de admissão desses recursos*" (itálico nosso).

[372] Em linha, precisamente, com a preocupação que a AD havia demonstrado aquando da tentativa de conciliação proposta pela FRS: como vimos, esta, ao ceder na manutenção do controlo difuso, reclamava que a proposta da AD – *rectius*: a alteração relativa à eventual admissão de recurso para o TC por parte de cidadãos quando os tribunais comuns tivessem aplicado uma norma arguida de inconstitucionalidade – não se restringisse ao âmbito dos direitos, liberdades ou garantias desses cidadãos – cfr, *supra*, nota 358.

direito fundamental[373]. Desta forma, não terá sido por acaso que o então Ministro dos Assuntos Parlamentares, MARCELO REBELO DE SOUSA, aquando da apresentação da Proposta de Lei n.º 130/II em 7 de outubro de 1982, e indo ao encontro de uma preocupação de Barbosa de Melo que já remontava ao período da discussão da Contraproposta do CR[374], tenha afirmado que aquela "[assegurava] que a intervenção do Tribunal Constitucional se [limitava] tendencialmente às questões significativas da vida constitucional. Por isso se acentua a opção de momento da interposição de recurso e se fixam requisitos específicos de admissibilidade dos recursos de amparo"[375];

(*ii*) Concretamente, e no que a este último aspeto diz respeito, BARBOSA DE MELO e CARDOSO DA COSTA recuperaram as ideias que haviam sido avançadas pela AD aquando da revisão constitucional de 1982, sugerindo, no artigo 90.º da proposta, que o recurso de aplicação de normas cuja inconstitucionalidade houvesse sido suscitada pelas partes só seria admitido desde que não fosse infundado e estivesse em causa uma questão constitucional relevante ou a violação grave de

[373] Veja-se, a este propósito, a destrinça que é feita na "Memória Justificativa" da Proposta de Lei n.º 130/II, ponto III, 1), e que, precisamente, no entender da AD, justifica a alteração proposta: «Se uma qualquer norma for considerada inconstitucional ou ilegal por decisão de um tribunal, é evidente a gravidade constitucional do caso daí resultante: está sempre em causa, nalguma das suas valências, o princípio estrutural da separação de poderes. Mas já não é assim no caso de a arguição de inconstitucionalidade não ter sido coberta pela autoridade do tribunal em que foi produzida. Em tal hipótese julga-se que, entre os requisitos de admissibilidade da queixa, deve conter-se não só a exigência de que "os recursos não sejam manifestamente infundados", mas também, e sobretudo, a exigência de que "esteja em causa a violação de um direito fundamental [do] recorrente"» – cfr, Diário da Assembleia da República, II Série – Número 142, de 7 de Outubro de 1982, p. 2687, disponível em: https://debates.parlamento.pt/catalogo/r3/dar/s2/02/02/142/1982-10-07/2687.

[374] De facto, no "Documento do PPD sobre Fiscalização da Inconstitucionalidade e Direito de Veto", BARBOSA DE MELO já referia que "os poderes do CR em tal matéria [v.g., julgamento das inconstitucionalidades] [não] devem levar o CR a ter de intervir nas bagatelas ou questões menores de inconstitucionalidade". Para reforçar esta mesma ideia, mas agora na "Memória Justificativa" da Proposta de Lei n.º 130/II, BARBOSA DE MELO, em jeito de brincadeira, dá um exemplo do que poderia configurar uma *bagatela*: "De outro modo [i.e., sem as filtragens que a proposta defendia], uma diferença de quaisquer 50$ numa derrama lançada pela freguesia para fazer face à despesa do conserto do caminho vicinal poderia ocupar por longo tempo o trabalho dos juízes constitucionais" – cfr, Diário da Assembleia da República, II Série – Número 142, de 7 de Outubro de 1982, p. 2687.

[375] Cfr, Diário da Assembleia da República, I Série – Número 134, de 8 de outubro de 1982, p. 5647.

um direito fundamental do recorrente[376]. Esta sugestão, se, por um lado, ia de encontro àquilo que havia sido decidido em sede daquela revisão, também se aproximava, por outro, da experiência constitucional alemã e italiana[377]. E, de facto, se ela fosse aprovada conseguir-se-ia instituir as desejadas filtragens no acesso ao TC, já que lhe seria atribuída, "em considerável medida (...) uma *discretionary jurisdiction*"[378];

(*iii*) Ora, no seguimento do que referimos *supra*, para além de este recurso não poder ser apelidado de "amparo", a verdade é que aquelas filtragens vão ser criticadas pelo PCP, ASDI e, em parte, pelo PS: por um lado, e no que diz respeito à necessidade de exaustão dos recursos ordinários, entendia-se que a solução vertida na Proposta de Lei "[restringia] a possibilidade de os cidadãos recorrerem ao Tribunal Constitucional das decisões que [aplicassem] normas cuja inconstitucionalidade [tivesse] sido suscitada durante o processo"[379]; por outro lado, e atinente ao *objeto* desse mesmo recurso, também se estranhava o facto de ele, preconizado (agora) desta forma, ir de encontro ao que supostamente se havia debatido (e decidido) anteriormente, na medida em que, pelos vistos, "a ideia não era, realmente, configurá-lo como um recurso de amparo, mas configurá-lo em termos mais amplos"[380].

[376] Além disso, e recuperando uma ideia que havia sido debatida em sede de revisão constitucional e relativamente à qual a AD manifestou preocupação, a Proposta de Lei n.º 130/II, nomeadamente no seu artigo 69.º, n.º 2, recuperava (e recuperou) a necessidade de, no que a este recurso diz respeito, ele apenas ser possível quanto a decisões dos tribunais que não admitissem recurso ordinário, ou por a lei o não prever ou por já haverem sido esgotados todos os que no caso cabiam, salvo os destinados a uniformização de jurisprudência.

[377] De facto, e em sede de *reenvio prejudicial*, enquanto na Alemanha, seja oficiosamente, seja a requerimento das partes, basta o juiz ordinário entender que determinada norma vai de encontro à Constituição para poder submeter uma questão prejudicial de constitucionalidade ao Tribunal Constitucional – i.e, basta haver uma convicção de inconstitucionalidade por parte do tribunal *a quo* –, em Itália tal só acontece se, porventura, a questão constitucional arguida não for manifestamente infundada (*non manifesta infodatezza*) – cfr, M. Galvão Teles, *Escritos*, I, p. 167 e C. Blanco de Morais, *Justiça*, I, pp. 297-298.

[378] Cfr, A. Araújo, *Análise Social*, p. 938.

[379] De facto, este aspeto foi fortemente criticado pelo PCP, que, através do deputado José Manuel Mendes, afirmava que "a proposta cria obstáculos em cadeia aos recursos através de uma dissuasora articulação com os recursos ordinários. É menos árduo escalar a serra da Estrela, Sr. Presidente e Srs. Deputados, do que chegar ao Tribunal Constitucional" – cfr, Diário da Assembleia da República, I Série – Número 134, de 8 de outubro de 1982, p. 5650. O PS, através do deputado Almeida Santos, também alinharia nas críticas.

[380] Cfr, a intervenção do deputado Fernando Condesso, do PSD – Diário da Assembleia da República, I Série – Número 134, de 8 de outubro de 1982, p. 5655. Neste seguimento, importa

5.7.3. A solução da Lei n.º 28/82, de 15 de Novembro

VIII. A análise na especialidade da Proposta de Lei n.º 130/II foi cometida à Comissão Eventual para o Tribunal Constitucional. Como há pouco se avançou, não é nosso objetivo debruçarmo-nos sobre as discussões aí tidas, bem como sobre as que ocorreram no debate na generalidade[381]. Há apenas que notar que, face ao que acabamos de expor, não terá sido surpreendente que a solução final que adveio daquela Comissão, decorrido o prazo de 10 dias que lhe foi atribuído para alcançar o consenso necessário[382], apesar de acolher a solução processual de exaustão dos recursos ordinários, tenha deixado cair os requisitos de admissibilidade do recurso respeitantes à violação de um direito fundamental do recorrente, propostos por Barbosa de Melo e Cardoso da Costa, optando, ao invés, "por um modelo mais generoso – porventura, demasiado generoso (...)"[383]. Este modelo é, afinal, o que ainda hoje se encontra previsto na Lei n.º 28/82, de 15 de Novembro, que aprova a "Organização, Funcionamento e Processo do Tribunal Constitucional", nomeadamente no seu artigo 70.º[384]. Se nele atentarmos, e o conjugarmos com o já citado artigo 280.º da Constituição, aliado à natureza do nosso sistema de controlo de constitucionalidade, temos a retirar as seguintes conclusões:

dar nota da importante intervenção de Jorge Miranda, então deputado da ASDI, em sede de discussão na generalidade desta proposta. Jorge Miranda teceu duras críticas à Proposta n.º 130/II, mas, para aquilo que nos interessa, nomeadamente no que diz respeito ao recurso de decisões que tivessem aplicado norma cuja inconstitucionalidade houvesse sido suscitada durante o processo, aquele deputado, para além de acertadamente frisar que esse recurso era "impropriamente chamado recurso de amparo (como se diz na nota justificativa)", ainda criticou "[a] fixação de requisitos de admissão (...), através da referência à violação de um direito fundamental – o que, não se apoiando na letra e no sistema da Constituição, *subverte ainda o consenso encontrado na Comissão de Revisão Constitucional*" (itálico nosso) – cfr, Diário da Assembleia da República, I Série – Número 137, de 14 de outubro de 1982, p. 5760, disponível em: https://debates.parlamento.pt/catalogo/r3/dar/01/02/02/137/1982-10-13/5745?org=PLC&plcdf=true.

[381] Estas discussões podem ser consultadas em: https://www.parlamento.pt/ActividadeParlamentar/Paginas/DetalheIniciativa.aspx?BID=30873.

[382] Cfr, A. Araújo, *Análise Social*, p. 943.

[383] *Idem*, p. 938.

[384] A Lei n.º 28/82, de 15 de novembro, na sua redação atual, pode ser consultada em: http://www.pgdlisboa.pt/leis/lei_mostra_articulado.php?nid=423&tabela=leis.

(*i*) Precisamente por a natureza do nosso modelo ser "híbrida", não se encontra previsto, entre nós, o *reenvio prejudicial* e o *recurso de amparo*, típicos do modelo europeu de fiscalização[385];

(*ii*) Ao invés, e numa opção típica de uma justiça constitucional *objetiva*, nos termos do artigo 280.º, n.º 1, alínea *b)*, da Constituição, e do artigo 70.º, n.º 1, alínea *b)*, da LOTC, o particular apenas pode recorrer para o TC das decisões dos tribunais que apliquem *norma* cuja inconstitucionalidade haja sido suscitada, por ele, durante o processo – a análise do TC incidirá, por isso, sobre a *norma*, e não sobre nenhum *ato não normativo*, nomeadamente a própria decisão judicial;

(*iii*) Este recurso, se é verdade que *processualmente* encontra uma limitação, na medida em que, nos termos do mesmo artigo 70.º, n.º 2, "apenas cabe de decisões que não admitam recurso ordinário, por a lei o não prever ou por já haverem sido esgotados todos os que no caso cabiam, salvo os destinados a uniformização de jurisprudência", não encontra, porém, qualquer limitação ou filtragem *substantiva*, pelo que o seu objeto pode incidir sobre uma *qualquer* norma, assegurando-se, contudo, que ela tenha constituído fundamento da decisão judicial.

[385] Na verdade, e em linha com o que se expôs *supra*, nota 366, Gonçalo Almeida Ribeiro ainda acrescenta às características típicas do modelo europeu de controlo de constitucionalidade o facto de existir uma fiscalização abstrata (como acontece entre nós – cfr, artigo 281.º da Constituição), e, em especial, a circunstância de uma questão constitucional poder chegar à apreciação do TC por via incidental, sendo que, quando isso acontece, "the ordinary judge suspends the lawsuit and sends the proceedings to the Constitutional Court for *preliminary review* of the constitutionality of the contentious law" – cfr, G. Almeida Ribeiro, *Constitutional History: Comparative Perspective*, p. 2.

§ 6. CONCLUSÃO: CONTROLO *NORMATIVO* DE CONSTITUCIONALIDADE E ALGUNS PROBLEMAS PENDENTES

I. Todas estas soluções parecem fazer sentido num modelo de fiscalização que, como referido, se insere numa justiça constitucional *objetiva*. Mesmo assim, a inexistência de filtragens no recurso referido faz com que a porta do TC esteja definitivamente aberta aos particulares, o que até leva alguns Autores a considerarem o atual sistema de fiscalização concreta da constitucionalidade, em especial o vertido nos enunciados normativos citados, como uma espécie de "quase-recurso de amparo"[386]. De facto, e num primeiro momento, parece que o nosso sistema de controlo de constitucionalidade conseguiu a proeza de, por um lado, assumir a sua natureza marcadamente objetivista, mas, por outro, impregnar a fiscalização concreta com resquícios subjetivistas, ao permitir ao particular um acesso indireto ao TC por via de recurso.

II. Porém, se esta circunstância, à partida, pode parecer benéfica e meritória, rapidamente verificamos que a maioria das lesões aos direitos fundamentais não é operada por normas – isto é, através de *restrições* –, mas, antes, por atos

[386] É o caso, entre outros, de V. Moreira, "A fiscalização concreta no quadro do sistema misto de justiça constitucional", in *Boletim da Faculdade de Direito, Volume Comemorativo*, Coimbra, 2003, pp. 815-848, em especial p. 846.

não normativos que provêm do poder político, da Administração ou do juiz – isto é, através de *intervenções restritivas*[387] [388].

III. Se é um facto que delas podem os nosso tribunais conhecer, desde o de 1.ª instância até ao Supremo Tribunal de Justiça ou Administrativo, respetivamente, é também certo que, simultaneamente, e por força do que foi exposto, elas estão subtraídas à tutela do TC, precisamente por não estar em causa a violação de uma norma por outra norma, mas, antes, por um ato individual e concreto[389]: assim, e em linha com o que já avançamos, se um particular entender que uma intervenção restritiva operada pela Administração ou pelo juiz vai de encontro a um direito fundamental seu, e se o juiz ordinário não lhe der razão, a única forma que aquele tem de poder aceder (indiretamente) ao TC é a de *descobrir*, em termos expressos ou implícitos, na decisão judicial que lhe negou o pretendido, uma eventual norma que a tenha fundamentado – *rectius*: uma norma que tenha fundamentado essa intervenção restritiva – e reputá-la de inconstitucional. De facto, só aí, nos termos dos enunciados normativos citados *supra*, é que poderá haver recurso dessa decisão, na medida em que ela, supostamente, aplicou uma norma inconstitucional

[387] Enquanto numa *restrição* falamos de uma afetação negativa de um direito fundamental produzida por uma *norma*, geral e abstrata, que, não sendo inconstitucional, modifica a norma de direito fundamental que foi restringida – havendo, por isso, uma *relação entre normas* –, nas *intervenções restritivas* referimo-nos a *atos* pontuais, individuais e concretos que afetam negativamente uma posição jusfundamentalmente protegida por uma norma de direito fundamental, norma essa que, contudo, permanece inalterada. Neste último caso, para além de haver uma relação entre *ato individual e concreto* e *norma*, torna-se necessário averiguar se a desvantagem operada por aquele à posição protegida pela norma foi feita de forma inconstitucional ou não. Sobre a diferença entre restrições e intervenções restritivas, cfr, por todos, J. Reis Novais, *As Restrições aos Direitos Fundamentais Não Expressamente Autorizadas pela Constituição*, 3.ª Edição, Lisboa: AAFDL Editora, 2021, pp. 192 e ss.

[388] Como bem refere Reis Novais, a "violação pontual e concreta dos direitos fundamentais, sem que na base e na causa do ato lesivo esteja uma norma inconstitucional, é, com segurança, aquela em que se verifica a esmagadora maioria das situações reais de lesão inconstitucional dos direitos fundamentais", na medida em que, "em Estado de Direito democrático, e atendendo aos sucessivos filtros que um ato legislativo tem de superar, só excecionalmente a lei restritiva de direitos fundamentais contém inconstitucionalidades" – cfr, J. Reis Novais, *Sistema Português*, p. 149.

[389] Esta circunstância leva Reis Novais a afirmar que, por um lado, "os tribunais comuns, *e só eles*, decidem a título definitivo as questões de eventual inconstitucionalidade de atos, incluindo todas as eventuais lesões aos direitos fundamentais que resultem de ações, de decisões ou de omissões" (itálico nosso), e que, por outro lado, o Tribunal Constitucional "decide da inconstitucionalidade de normas, *mas só de normas*, ficando absolutamente afastado – contrariamente ao que acontece com os Tribunais Constitucionais do *modelo europeu* e com os Supremos Tribunais do *modelo americano* – da decisão de eventuais inconstitucionalidades/violações aos direitos fundamentais não resultantes de normas" – cfr, J. Reis Novais, *Sistema Português*, pp. 86-87.

e o TC apenas pode analisar essa (suposta) norma e não a intervenção restritiva – no caso, a decisão judicial.

IV. Tendo isto presente, e talvez com a preocupação de compensar uma eventual falta de proteção dos particulares, o Tribunal, partindo da constatação que acaba de ser feita – *i.e.*, que, para aquilo que nos interessa, apenas conhece de recursos de decisões em que haja sido aplicada uma norma que aqueles entendem ser inconstitucional – vai desenvolver jurisprudencialmente o seu conceito de norma, chegando ao resultado que é hoje apelidado de *conceito funcional de norma*, e que, segundo a doutrina, visa retirar do nosso sistema de fiscalização da constitucionalidade "o máximo de possibilidades garantísticas que ele podia razoavelmente comportar"[390].

V. Contudo, há um problema que pode surgir. Se é verdade que o recurso por inconstitucionalidade é estritamente normativo, a outra verdade inequívoca, intrincada nesta, é a de que o Tribunal, apenas apreciando a constitucionalidade de normas, não pode analisar atos não normativos, destacando-se, em especial, a própria decisão recorrida. Ora, e também como se terá oportunidade de analisar, se no conceito funcional de norma estão incluídos não só comandos normativos, mas, também, normas que o juiz extrai, na sua decisão, e por via interpretativa, de enunciados normativos, assim como normas que, não tendo sido expressamente aplicadas na decisão recorrida, estão nela *pressupostas*, o Tribunal corre o risco de *aparentemente* estar a controlar uma norma, mas *realisticamente* estar a fiscalizar a decisão judicial do tribunal *a quo*. A diferenciação de situações é manifestamente necessária, pois que nela reside a fronteira entre aquilo que a jurisdição constitucional *pode* e *não pode* fazer.

VI. Assim, interessa agora compreender de que maneira é que esse conceito foi construído e, mais do que isso, se a *força expansiva*[391] que lhe tem sido conferida pelo TC pode levar a que este, em certos casos, esteja a extravasar as suas competências, por, na verdade, estar a operar um controlo sobre uma decisão judicial, que, sendo um ato não normativo, é logicamente estranha ao sistema português de fiscalização da constitucionalidade.

É o que se verá já de seguida.

[390] Cfr, J. Reis Novais, *ob. cit.*, p. 202.

[391] A expressão é de R. Medeiros, "A Força Expansiva do Conceito de Norma no Sistema Português de Fiscalização Concentrada de Constitucionalidade", in *Estudos em Homenagem ao Prof. Doutor Armando M. Marques Guedes*, FDUL, 2004.

PARTE II

CONCEITO FUNCIONAL DE NORMA, CONTROLO DE NORMA E CONTROLO DE DECISÃO

SECÇÃO I
A CONSTRUÇÃO DO CONCEITO FUNCIONAL DE NORMA

§ CONSIDERAÇÕES INICIAIS

Terminamos o capítulo anterior fazendo menção ao *conceito funcional de norma* que foi construído pelo TC, explicitando, em linhas muito gerais, o(s) objetivo(s) a ele inerente(s). Como é evidente, depois de inaugurado o sistema de fiscalização da constitucionalidade, torna-se necessário delimitar o âmbito de intervenção do TC nessa mesma fiscalização[392]. Daí que

[392] A este propósito, cfr, C. Blanco de Morais, *Justiça*, I, pp. 416 e ss.; ID, C. Blanco de Morais, "Fiscalização da Constitucionalidade e Garantia dos Direitos Fundamentais: Apontamentos sobre os Passos de uma Evolução Subjectivista", in *Estudos em Homenagem ao Professor Doutor Inocêncio Galvão Telles*, Coimbra: Edições Almedina, 2003, pp. 107 e ss; J. J. Gomes Canotilho, *Direito Constitucional*, pp. 932 e ss.; J. J. Gomes Canotilho e V. Moreira, *Constituição da República Portuguesa Anotada*, II, pp. 879 e ss.; Rui Medeiros, *A Decisão*, pp. 320 e ss.; ID, *Estudos em Homenagem ao Prof. Doutor Armando M. Marques Guedes*, pp. 182-194; ID, "Futuro da Fiscalização Concreta em Portugal: Uma Proposta de Evolução na Continuidade", in *Estudos em Homenagem ao Professor Doutor Manuel Afonso Vaz*, Porto: Universidade Católica Editora, 2020, pp. 359 e ss.; J. M. Cardoso da Costa, *A Jurisdição Constitucional em Portugal*, 3.ª Edição, Coimbra: Edições Almedina, 2007, pp. 29-63; J. Reis Novais, *Sistema Português*, pp. 129-145; C. Sarmento e Castro, *Estudos em Memória do Conselheiro Luís Nunes de Almeida*, pp. 388-398; C. Santos Botelho, *A Tutela Directa dos Direitos Fundamentais. Avanços E Recuos Na Dinâmica Garantística Das Justiças Constitucional, Administrativa E Internacional*, Coimbra: Edições Almedina, 2010, pp. 137-147; J. Miranda, *Manual*, VI, pp. 166 e ss; ID, *Fiscalização da Constitucionalidade*, pp. 189 e ss; F. Alves Correia, *Justiça*, pp. 149-188; C. Queiroz, *Justiça Constitucional*, Vila Franca de Xira: Petrony Editora, 2017, pp. 33-45; C. Lopes do Rego, *Os Recursos de Fiscalização Concreta na Lei e na Jurisprudência do Tribunal Constitucional*, Coimbra: Edições Almedina, 2010, pp. 165 e ss.; J. Miranda e R. Medeiros, *Constituição Portuguesa Anotada*, III, pp. 701 e ss; M. Rebelo de Sousa e J. de Melo Alexandrino, *Constituição da República Portuguesa Comentada*, Lisboa: Lex, 2000, pp. 413 e ss; A. Nadais, A. Vitorino e V. Canas, *Lei Sobre Organização, Funcionamento e Processo do Tribunal Constitucional (Introdução e Normas Complementares)*, Lisboa: AAFDL, 1984, pp. 25-35; L. Lopes Martins, "O Conceito de Norma na Jurisprudência do Tribunal Constitucional", in *Boletim da Faculdade de Direito*, N.º 75, Coimbra, 1999, pp. 599-646; A. Araújo e J. P. Cardoso da Costa, "III Conferência da Justiça Constitucional da Ibero-América, Portugal e Espanha", separata do Boletim do Ministério da Justiça, n.º 493, Lisboa, 2000, pp. 21-26; A. Cortês e T. Violante, *Penn State International Law Review*, pp. 7-9; T. Violante e J. Miguel Silva,

este conceito assuma uma importância crucial na presente investigação, tornando-se premente averiguar de que maneira ele foi construído e desenvolvido por aquele Tribunal. É o que se fará de seguida[393].

"O Objeto do Processo nos Recursos de Constitucionalidade: Reflexões à luz do Sistema Português de Fiscalização Concreta", in *Estudos em Homenagem ao Conselheiro Presidente Rui Moura Ramos*, Volume I, Coimbra: Coimbra Editora, 2016, pp. 547-561.; G. Almeida Ribeiro, *Constitutional History: Comparative Perspectives*, pp. 22-24.

[393] No âmbito da presente investigação, é relevante destacar que apesar de o conceito funcional de norma fazer parte do objeto do processo em sede de fiscalização da constitucionalidade, é apenas nesse mesmo conceito que nos iremos focar. Queremos com isto afirmar que não nos debruçaremos sobre as diversas questões atinentes ao objeto do processo (especialmente) em sede de fiscalização concreta da constitucionalidade, bem como sobre as relativas aos requisitos e pressupostos associados (especialmente) ao recurso de decisões negativas de inconstitucionalidade. Assim, e quanto ao objeto do processo em sede de fiscalização concreta da constitucionalidade, cfr, por todos, C. Blanco de Morais, *Justiça*, II, p. 700 e ss., assim como o último artigo citado na nota anterior. Por sua vez, e por haver princípios e pressupostos processuais que são comuns, sobre o objeto do processo em sede de Direito Processual Civil, cfr, A. Varela, J. M. Bezerra e Sampaio e Nora, *Manual de Processo Civil*, 2.ª Edição, Coimbra: Coimbra Editora, 1985, pp. 241 e ss.; M. A. Domingues de Andrade, *Noções Elementares de Processo Civil*, Coimbra: Coimbra Editora, 1979, pp. 318 e ss.; A. Anselmo de Castro, *Direito Processual Civil Declaratório*, Vol. I, Coimbra: Livraria Almedina, 1981, pp. 199 e ss.; J. P. Remédio Marques, *Acção Declarativa À Luz Do Código Revisto*, 3.ª Edição, Coimbra: Coimbra Editora, 2011, pp. 223-228; J. Lebre de Freitas, *A Ação Declarativa Comum À Luz do Código de Processo Civil de 2013*, 4.ª Edição, Coimbra: Gestlegal, 2017, pp. 45 e ss.; J. de Castro Mendes e M. Teixeira de Sousa, *Manual de Processo Civil*, Volume I, Lisboa: AAFDL Editora, 2022, pp. 20 e ss. Já sobre os pressupostos atinentes aos recursos de decisões negativas de inconstitucionalidade, cfr, *infra*, Secção II, § Considerações Iniciais, VI, e nota 575.

§ 1. CONSTITUIÇÃO E CONCEITO *MATERIAL* DE NORMA

Logo na versão originária da CRP76, se se atentar nos artigos referentes à fiscalização da constitucionalidade – *v.g.*, artigo 207.º e artigos 277.º a 282.º –, verifica-se, em linha com o que já foi mencionado anteriormente, que o controlo constitucional operado pelo TC é estritamente *normativo*. Quer os tribunais comuns, em sede de fiscalização difusa, quer o TC, em fiscalização preventiva e em fiscalização sucessiva (concreta e abstrata), efetivam um controlo constitucional de *normas* alegadamente inconstitucionais. Em tudo o mais – *i.e.*, em atos não normativos, em atos que não implicam criação de Direito, mas apenas a sua aplicação – está excluída a intervenção da jurisdição constitucional suprema[394]. Mas se esta realidade, à primeira vista, parece não levantar quaisquer problemas, ela implica, ao mesmo tempo, e de forma necessária, que haja uma pré-compreensão do conceito de *norma*.

À partida, e de forma imediatista, poder-se-ia pensar, em linha com uma conceção clássica, que o TC apenas conheceria daqueles comandos normativos que comungassem das características típicas que normalmente se associam a uma norma jurídica – nesse seguimento, a jurisdição constitucional apenas fiscalizaria comandos normativos que, em termos simultâneos, fossem *gerais* e *abstratos*, aplicando-se, respetivamente, a uma pluralidade

[394] Cfr, por todos, C. Lopes do Rego, "O Objeto Idóneo dos Recursos de Fiscalização Concreta da Constitucionalidade: As *Interpretações Normativas* sindicáveis pelo Tribunal Constitucional", in *Jurisprudência Constitucional*, n.º 3, Julho-Setembro 2004, pp. 4-15. Note-se que o entendimento deste autor será posteriormente recuperado na *ob. cit.* anteriormente, pp. 26-52. Especificamente sobre a fiscalização da constitucionalidade por referência à CRP76, e sem prejuízo da bibliografia citada na nota anterior, cfr, J. Miranda, *Fiscalização*, pp. 166-171. Veja-se, ainda, M. Rebelo de Sousa, *Direito Constitucional*, I, pp. 385 e ss; J. J. Gomes Canotilho, *Direito Constitucional*, pp. 913 e ss.; e F. Lucas Pires, *Teoria da Constituição de 1976: A Transição Dualista*, Coimbra, 1988, pp. 258 e ss.

indeterminada de sujeitos e de situações. Adotar-se-ia, assim, aquilo que se pode designar de conceito *material* de norma[395].

[395] Para efeitos da presente dissertação, referir-nos-emos à terminologia que é adotada pelo TC e que, como referido, corresponde àquela que é comummente utilizada na literatura jurídica. Mesmo assim, não podemos deixar de ressalvar que partilhamos do entendimento de que a generalidade é a "única propriedade verdadeiramente autónoma da previsão das normas", contendo essa previsão, necessariamente, um elemento subjetivo – i.e., o destinatário da norma – e um elemento objetivo, coincidente com a situação de facto que é pressuposto de aplicação dessa mesma– neste sentido, P. Moniz Lopes, *Derrotabilidade Normativa e Normas Administrativas. O Enquadramento das Normas Regulamentares na Teoria dos Conflitos Normativos. Parte I – A Estrutura da Norma e a Derrotabilidade Normativa*, Lisboa: AAFDL Editora/Lisbon Law Editions, 2019, p. 101.
Com efeito, sendo hoje um dado adquirido que a estrutura da norma passa por uma previsão, por um operador deôntico e por uma estatuição, e sabendo-se que a autoridade normativa não pode ter conhecimento de todos os casos que poderão instanciar a aplicação de uma norma por serem subsumíveis à sua previsão– naquilo que se designa de *défice epistémico* –, é evidente que "a criação de normas é [sempre] uma operação de generalização", e que, precisamente por força do défice apontado, a sua expressão linguística "em termos de tipos, categorias ou classes constitui uma fatalidade" (idem, pp. 95-96). Assim, atentando num conjunto de particulares, e com base numa prévia seleção de um critério comparativo adequado ao fim que se pretende atingir com a formulação de uma categoria, verificar-se-á que esse conjunto partilha de características comuns, sendo essa comunhão o "pólo aglutinador da categoria [a formular]", pois que a partir daí gerar-se-ão casos modelo, numa lógica de sentido particular-geral, e que serão "a matéria-prima da normação" – *Idem*, pp. 96-99. Assim, serão esses casos modelo que serão objeto de regulação normativa, através da definição do respetivo status deôntico – imposição, proibição ou permissão. Ora, a partir do momento em que tal sucede, ou seja, "[q]uando se formula uma norma a partir de casos modelo, são generalizados tanto o elemento subjectivo como o elemento objectivo da previsão". Há uma generalização do elemento subjetivo, na medida em que se passa "dos destinatários do caso modelo a todos os destinatários indetermináveis, que participem das propriedades causalmente relevantes para o efeito estatuído"; e há uma generalização do elemento objetivo, pois que agora o status deôntico procederá "para todos os casos em que as condições objectivas da norma ocorram" – ibidem, pp. 100-101. Daí que se entenda que a abstração é, apenas, "um subtipo de generalização mais concretamente a generalização das condições objetivas da norma (...)". Em sentido próximo, D. Duarte, *A Norma de Legalidade Procedimental Administrativa. A Teoria da Norma e a Criação de Normas de Decisão na Discricionariedade Instrutória*, Coimbra: Edições Almedina, 2006, p. 75. Na doutrina estrangeira, cfr, por todos, E. Bulygin, "Normas, proposiciones normativas y enunciados jurídicos", in. C. E. Alchourron e E. Bulygin, *Análisis Lógico y Derecho*, Madrid: Centro de Estudios Constitucionales, 1991, pp. 169 e ss.
Face ao exposto, e tendo por base o conceito de norma agora avançado, a ela não se podem reconduzir "os sentidos de dever ser individuais, ou seja, os que possibilitam a determinação dos diferentes destinatários, no momento constitutivo (ou integrativo) da norma", cfr, D. Duarte, *idem*.
No entanto, e regressando à terminologia adotada pelo TC, se é verdade que há um controlo constitucional de comandos gerais e abstratos, nem por isso ele também não se deixa de estender a comandos gerais e concretos (leis-medida), comandos individuais e abstratos e, muito especificamente, a comandos individuais e concretos, que mais não serão do que atos administrativos sob forma legal, mas que poderão ser suscetíveis de fiscalização por força da adoção de um conceito *formal* de norma, como se verá de seguida.

Porém, atentando quer na Constituição, quer na jurisprudência do Tribunal, verificamos que não é assim. Uma vez que as próximas páginas serão dedicadas a essa análise jurisprudencial, temos, então, de verificar o que se encontra disposto na Lei Fundamental.

1.1. Norma e ato legislativo

I. Importa, desde logo, fazer uma ressalva que, no presente contexto, assume inegável importância. Quando nos referimos a "normas", no sentido de saber se a Constituição apenas considera aquelas que detêm as características tradicionais apontadas, estamos naturalmente a referir-nos a normas – melhor dizendo, a *conteúdos normativos* – contidas em atos jurídico-públicos, entendido estes enquanto "forma de produção de enunciados (...) onde se integram expressões linguísticas de normas e decisões que finalisticamente servem o propósito de inserir novas normas e decisões no ordenamento jurídico"[396] e que, dependendo da função do Estado que estiver em causa, podem assumir diversas formas[397].

Na doutrina nacional, sobre a generalidade e abstração enquanto pretensas características da norma jurídica, cfr, M. Teixeira de Sousa, *Introdução ao Direito*, Coimbra: Edições Almedina, 2012, pp. 151-154, que, a este propósito, fala nas "características da lei". No mesmo sentido, cfr, J. Miranda, *Manual de Direito Constitucional. Tomo V – Actividade Constitucional do Estado*, 4.ª Edição, Coimbra: Coimbra Editora, 2010, pp. 159-165; ID, *Atos Legislativos*, Coimbra: edições Almedina, 2019, pp. 80-87. Cfr, ainda, J. de Oliveira Ascensão, *O Direito – Introdução e Teoria Geral*, 13.ª Edição, Coimbra: Edições Almedina, 2005, pp. 505-510; J. Baptista Machado, *Introdução ao Direito e ao Discurso Legitimador*, Coimbra: Edições Almedina, 2010 (Reimp.), pp. 91-93.; A. Castanheira Neves, *Metodologia Jurídica – Problemas Fundamentais*, Coimbra: Coimbra Editora, 2013, pp. 176 e ss.; M. Nogueira de Brito, *Introdução ao Estudo do Direito*, Lisboa: AAFDL Editora, 2017, pp. 102 e ss; D. Freitas do Amaral, *Manual de Introdução ao Direito*, Vol II., Coimbra: Coimbra Editora, 2019, pp. 78-80.

[396] Cfr, P. Moniz Lopes, *Derrotabilidade Normativa e Normas Administrativas. O Enquadramento das Normas Regulamentares na Teoria dos Conflitos Normativos. Parte II – Separação de Poderes, Legalidade e Transitividade Normativa. Parte III – Normas Regulamentares e Conflitos Normativos*, Lisboa: AAFDL Editora/Lisbon Law Editions, 2019, p. 85. Adotamos, aqui, a definição que nos parece mais correta. Para uma definição mais ampla, veja-se, por exemplo, Blanco de Morais, que entende que ato jurídico-público é "toda a decisão imputada aos órgãos de um ente coletivo que se mostra apta à produção de consequências jurídicas na prossecução de fins públicos a que se encontra adstrita" – cfr, C. Blanco de Morais, *Curso de Direito Constitucional. Lei e Sistema Normativo*, Tomo I, Coimbra: Edições Almedina, 2022, p. 67.

[397] Seguimos de perto a explicação que a este propósito nos é dada por C. Blanco de Morais, I, pp. 67 e ss.

II. Uma dessas formas é, precisamente, a de atos legislativos. Este esclarecimento não é despiciendo porque se por um lado, e como se sabe, o *princípio da constitucionalidade* impõe que a validade das *leis* – portanto, de atos normativos com valor legislativo[398] – e dos demais atos do Estado depende da sua conformidade com a Constituição[399], por outro, e talvez por causa desta partição entre *leis* e *demais atos do Estado*, se se vislumbrar a doutrina que se debruça sobre a generalidade e a abstração, constata-se que ela gira em torno de saber se a "lei" tem de ser geral e abstrata[400]. Não nos parece, contudo, que a discussão possa ser feita nestes termos, pois que aquilo que se pretende deslindar é se a Lei Fundamental impõe um conceito *material* de norma, sendo que, se a resposta for positiva, o conteúdo dos atos legislativos tem necessariamente de ser composto por comandos normativos que partilhem dessas propriedades.

III. Em parte percebe-se que essa discussão tenha as "leis" como ponto de partida, já que, nos termos da Constituição, a autoridade normativa competente à luz do sistema identifica-se (essencialmente) com a Assembleia da República. No entanto, e de novo, não se pode olvidar que o artigo 277.º, n.º 1, da Constituição, determina que a fiscalização da constitucionalidade tem como objeto "normas". Mas que normas? Só as contidas em diplomas legislativos? Só as gerais e abstratas?

IV. Ora, atentando na doutrina e na Lei Fundamental, parece ser hoje pacífico o entendimento dominante que constata que "não resulta do texto constitucional um enunciado explicitamente determinante da generalidade e da abstração como definitórias do *conteúdo* do acto legislativo"[401] [402] (itálico nosso)

[398] Em linha com a terminologia (não exclusiva, evidentemente) adotada por Gomes Canotilho, *Direito Constitucional*, pp. 720-721.

[399] Veja-se, novamente, o artigo 3.º, n.º 3, da Constituição. A este propósito, e ressalvando precisamente a circunstância de o princípio da constitucionalidade, tal como está previsto constitucionalmente, ser "mais amplo de que o tradicional princípio da constitucionalidade das *leis*", cfr, J. J. Gomes Canotilho e V. Moreira, *Constituição Portuguesa*, I, p. 217. Dos mesmos autores, cfr, também, *Fundamentos da Constituição*, Coimbra: Coimbra Editora, 1991, pp. 246 e ss.

[400] Cfr, *supra*, nota 395.

[401] Cfr, P. Moniz Lopes, *Derrotabilidade*, II e III, p. 90.

[402] No mesmo sentido, embora com diferentes matizações, cfr, P. Otero, *O Poder de Substituição em Direito Administrativo. Enquadramento Dogmático-Constitucional*, Vol. II, Lisboa: Lex, 1995, p. 628; M. Afonso Vaz, *Lei e Reserva da Lei. A Causa da Lei na Constituição Portuguesa de 1976*, 2.ª Edição, Coimbra: Coimbra Editora, 2013, p. 361.; J. J. Gomes Canotilho, *Direito Constitucional*, p. 720;

Exceção a este entendimento parece ser aquele perfilhado por Luís Pereira Coutinho, que sustenta que o conteúdo da lei tem necessariamente de ser *material* – portanto, composto por normas gerais e abstratas[403].

Para este Autor, se é verdade que só em casos específicos é que a Constituição reclama essas duas propriedades, daí não se pode inferir, contudo, "um princípio geral não excecionado"[404], no sentido de nos restantes casos haver uma liberdade de conteúdo. É que, continua o Professor, é o próprio princípio do Estado de Direito Democrático que reclama essa exigência, na medida em que admitir que o conteúdo da lei possa ser livre fomenta a "arbitrariedade", a "imponderabilidade", a "imprevisibilidade", bem como a "incontrolabilidade"[405], que, precisamente, faz perigar a afirmação daquele princípio.

Assim, e porque não perfilhar um entendimento que passe por necessariamente exigir a generalidade e a abstração no conteúdo de atos legislativos põe também em causa o princípio da separação de poderes, uma lei ou um decreto-lei apenas será válido se o seu conteúdo, em termos integrais, for preenchido por normas gerais e abstratas[406].

Não podemos concordar com esta sensibilidade. De facto, se é verdade que dos enunciados que excecionalmente exigem a generalidade e a abstração não se pode retirar um princípio geral de sentido contrário, também não deixa de ser certo que desses mesmos enunciados não se pode concluir que aquelas propriedades são constitucionalmente exigidas *sempre* e *em qualquer caso*. Além disso, se vingasse o entendimento proposto por Pereira Coutinho, como se justificaria a existência (pacífica, e admitida constitucionalmente) de leis-medida, que, como se sabe, são gerais e concretas? Parece-nos, por isso, que não só a realidade demonstra o contrário desta sensibilidade, como, de novo, e agora em termos

J. Miranda, *Atos Legislativos*, pp. 78-79; J. Reis Novais, *As Restrições*, p. 802.; C. Blanco de Morais, *Curso*, I, pp. 152-154. Veja-se, ainda, e em termos gerais, P. Fernández Sánchez, *Lei E Sentença. Separaçao Dos Poderes Legislativo E Judicial Na Constituição Portuguesa*, Volume II, Lisboa: AAFDL Editora/Lisbon Law Editions, 2017, pp. 400 e ss. Por fim, e para um apanhado geral da questão, cfr, J. de Melo Alexandrino, *Lições*, II, pp. 195-204.

403 Cfr, L. Pereira Coutinho, "As Duas Subtracções: elaboração de uma reconstrução da separação entre as funções de legislar e administrar", in *RFDUL*, 2000, pp. 99 e ss., em especial pp. 108 e ss.

404 *Idem*, p. 108.

405 *Idem*, p. 113.

406 Cfr, L. Pereira Coutinho, *RFDUL*, pp. 126-127.

reforçados, é inequívoco que da Constituição, salvo casos excecionais, não decorre esta exigência em termos gerais[407].

V. Na verdade, se o enunciado constitucional presente no artigo 18.º, n.º 3, da Lei Fundamental, estipula expressamente que as leis restritivas de direitos, liberdades e garantias têm de "revestir caráter geral e abstrato", verifica-se, contudo, e em termos simultâneos, que não só essa imposição constitucional reveste caráter *excecional* – que é o mesmo que dizer: tem de suceder *nessa situação* e *para esse efeito* –, como, no que à restrição de um direito fundamental diz respeito, pode ser suscetível de relativização[408].

VI. Daí que, por um lado, seja legítimo concluir por uma inexigência geral de um conceito *material* de norma, e, por outro, "que a generalidade e abstração serão propriedades contingentes dos actos legislativos"[409 410].

[407] Em escrito recente, PEREIRA COUTINHO continua a afirmar que "[d]evem ser subtraídos à forma de lei todos aqueles conteúdos individuais e/ou concretos em que não se revele imprescindível que o legislador intervenha por força do princípio democrático e do princípio do Estado social (primeira subtração)", bem como "todos aqueles conteúdos individuais e/ou concretos a respeito dos quais deve ser a Administração a decidir em razão da sua configuração organizatória e procedimental (segunda subtração)" – cfr, L. PEREIRA COUTINHO, *Direito Constitucional. Sumários sobre Atos Legislativos*, Lisboa: AAFDL Editora, 2020, p. 10. Mesmo assim, clarifica o seu entendimento: de facto, para este Autor não está em causa a «"definição" da lei (...), mas antes [a] "validade" da lei (isto é, [o] cumprimento de exigências dirigidas ao conteúdo do ato legislativo, requisitos de validade da lei)» (p. 10). Assim, "o que aqui está em causa não é propriamente regressar à tese substancialista ou afastar a tese formalista sobre o conceito de lei (...). Admitindo-se que a lei se define pela forma, o que se acrescenta é que essa não pode descer *validamente* ao individual e/ou concreto (isto é, pode ser inválida) se isso importar uma violação do princípio do Estado de Direito (...)" (p. 11). Nesta perspetiva, "a lei individual e/ou concreta só será válida se às exigências do princípio do Estado de Direito se sobrepuserem, em concreto, as exigências do princípio democrático e do princípio da socialidade" (p. 11).

[408] Sobre a fluidez e relativização da exigência de generalidade e abstração nas leis restritivas de direitos, liberdades e garantias, e que vai servir de base para a distinção entre restrição e intervenção restritiva, já aflorada, cfr, por todos, J. REIS NOVAIS, *As Restrições*, pp. 801-815.

[409] Cfr, P. MONIZ LOPES, *Derrotabilidade*, II e III, p. 90. Afirmando a "ausência de um critério unitário de norma jurídica na Constituição", cfr, C. BLANCO DE MORAIS, *Curso*, I, p. 83. Coerentemente com aquilo que acaba de ser referenciado, veja-se, ainda, J. MIRANDA, *Manual*, V, p. 145, que qualifica as leis-medida e as leis de amnistia enquanto "leis gerais e concretas". Em sentido semelhante, criticando, aliás, a excessiva vagueza dos conceitos de "generalidade e abstração", M. LÚCIA AMARAL, *Responsabilidade e Dever de Indemnizar do Legislador*, Coimbra: Coimbra Editora, 1998, pp. 274-288.

[410] Outras manifestações de exigência (não cumulativa) desses requisitos podem ser encontradas nos artigos 49.º, n.º 1, que fala em "lei geral", assim como no 38.º, n.º 3, que estipula que "[a] a lei assegura, com caráter genérico (...)", ambos da Constituição. Para mais exemplos, cfr, J. MIRANDA, *Atos Legislativos*, p. 81.

1.2. Três questões pendentes

I. De facto, e como teremos oportunidade de verificar já de seguida, é esta realidade que explica (e justifica) quer a existência de *leis-medida*, quer, muito especificamente, a existência de atos administrativos sob forma legal. É claro que quando um ato legislativo contém comandos que são individuais e, ou, concretos, tal, como alguém já referiu, "consubstanciará sempre uma interferência – mesmo que, em determinados casos, constitucionalmente admissível – no âmbito funcional das competências administrativas"[411], que, no limite "poderá operar uma preempção competencial de outras funções estaduais, nomeadamente de competências administrativas, regulamentares e decisórias"[412], suscitando, inevitavelmente, questões problemáticas ao nível da norma de separação de poderes. A questão, porém, é que sem prejuízo de uma necessária reserva de administração que, em certos casos, pode (e deve) existir[413], a verdade é que o TC sempre admitiu como pacífica a circunstância de um ato administrativo estar contido num diploma legal[414].

II. Ora, se isto é assim, e novamente vislumbrando o artigo 277.º, n.º 1, da Constituição, a verdade é que o controlo constitucional não deixa de incidir necessariamente sobre *normas*. E se acabou de se concluir que a Constituição não adota, em termos gerais, um conceito *material* de norma, de tal forma que comandos gerais e concretos são constitucionalmente admissíveis, então surgem algumas questões que nos parecem pertinentes:

[411] Cfr, P. Moniz Lopes, *ob. cit.*, p. 91.

[412] *Idem.*

[413] Assim, C. Blanco de Morais, *Curso*, I, pp. 159-165. Cfr, também, J. J. Gomes Canotilho, *Direito Constitucional*, pp. 722 e ss. Na doutrina administrativista nacional, veja-se, entre outros, M. Rebelo de Sousa e A. Salgado de Matos, *Direito Administrativo Geral, Tomo I – Introdução e Princípios Fundamentais*, 2.ª Edição, Dom Quixote, 2006, pp.136-140; D. Freitas do Amaral, *Curso de Direito Administrativo*, Volume II, 3.ª Edição, Coimbra: Edições Almedina, 2016, pp. 9-29; P. Otero, *Manual de Direito Administrativo*, Volume I, Coimbra: Edições Almedina, 2013, pp. 295 e ss.; P. Costa Gonçalves, *Manual de Direito Administrativo*, Vol. 1, Coimbra: Edições Almedina, pp. 103 e ss.; M. Aroso de Almeida, *Teoria Geral do Direito Administrativo*, 8.ª Edição, Coimbra: Edições Almedina, 2021, pp. 107 e ss. Cfr, ainda, L. Pereira Coutinho, RFDUL, pp. 99 e ss.; e J. Reis Novais, *Separação de Poderes e Limites da Competência Legislativa da Assembleia da República*, Lisboa: Lex, 1997, pp. 64 e ss; N. Piçarra, "A Reserva de Administração", in *O Direito*, N.º 122, II, 1990, pp. 325 e ss.

[414] Embora esse entendimento possa ser, em certa medida, objeto de crítica, como teremos oportunidade de salientar mais adiante.

1) Só as normas contidas em diplomas legais é que poderão ser suscetíveis de fiscalização da constitucionalidade?
2) Se um ato administrativo, sendo um ato não normativo, por se traduzir num comando individual e concreto de eficácia consuntiva, pode ser incorporado num ato legislativo, isso significa que ele poderá ser controlado constitucionalmente pelo TC?
3) Inversamente, se há normas que não estão contidas em atos legislativos, será que (também) poderão chegar ao conhecimento do Tribunal? E se sim, quais?

Eis o que importa ver de seguida.

§ 2. A CONSTRUÇÃO DO CONCEITO *FUNCIONAL* DE NORMA PELA JURISPRUDÊNCIA CONSTITUCIONAL

Se se analisar a jurisprudência constitucional, verifica-se que o TC, pese embora pudesse partir do referido conceito *material* de norma, vai moldá-lo à luz da "natureza e [d]o sentido da função que ao Tribunal se quis atribuir, a saber, a de controlo da conformidade constitucional do ordenamento jurídico objetivo estabelecido pelo Estado, *lato sensu*, enquanto quadro em que vai desenvolver-se a atuação jurídica das entidades públicas e dos particulares"[415]. Na verdade, a partir do momento em que se constata que a Constituição não exige, em geral, as propriedades da generalidade e da abstração para que se possa falar em norma, há que conjugar essa circunstância com aquilo que se referiu aquando do desenvolvimento histórico operado no capítulo anterior[416]: a necessidade de o Estado intervir na vida económica e social ser cada vez mais frequente, o que não poderá deixar de ter consequências na sua "atuação jurídica", mais concretamente no que diz respeito ao legislador, que, para acompanhar esse mesmo desenvolvimento, terá de regular aspetos destacados e particulares da sociedade, assim ditando normas que não vão comungar das típicas características[417]. A questão, agora, é saber

[415] Cfr, J. M. Cardoso da Costa, *A Jurisdição*, pp. 34-35.

[416] Cfr, *supra*, Parte I, Secção I, §1, 1.7.

[417] Situamo-nos, pois, no período referente ao Estado Social, onde, partindo-se desta constatação, começa a sentir-se a necessidade de produzir as já referidas "leis medida", assim como "leis individuais e concretas", com o objetivo de incidirem sobre situações particulares carentes de regulação. Sobre esta circunstância, cfr, por todos, C. Blanco de Morais, *As Leis Reforçadas*, pp. 83 e ss. Cfr, ainda, J. Miranda, *Atos Legislativos*, pp. 12-43: J. de Melo Alexandrino, *Lições*, II, pp. 202-205.; M. Lúcia Amaral, *Responsabilidade*, pp. 264-274; e J. Miranda, *Manual*, V, pp. 165 e ss. Cfr, ainda, M. Esteves de Oliveira, *Direito Administrativo*, Vol. I, Coimbra: Edições Almedina, 1980, pp. 20-28; J. J. Gomes Canotilho, *Direito Constitucional*, pp. 717-720; D. Duarte, "Lei-Medida e Democracia Social", in *Scientia Iuridica*, N.º 238-240, Tomo XLI, Braga, 1992 pp. 301 e ss; J. Miranda, *Manual*, V, pp. 146-147; M. Rebelo de Sousa, *Direito Constitu*cional, I, p. 256; P. Otero, *O Poder de Substituição*, II, pp. 627-628.

se essa conjugação terá ou não relevância na definição do conceito de norma para efeitos de fiscalização da constitucionalidade. E a resposta não poderá deixar de ser afirmativa.

2.1. A primeira abordagem: um conceito *formal* de norma

2.1.1. O Parecer n.º 3/78, de 19 de Janeiro

I. O labor jurisprudencial que culminou no *conceito funcional de norma* teve a sua origem logo na Comissão Constitucional. Para aquilo que releva para a presente investigação, importa salientar, em primeiro lugar, o Parecer da Comissão Constitucional n.º 3/78, de 19 de Janeiro, relatado por Joaquim Costa Aroso[418].

> Na origem estava um pedido de fiscalização preventiva da constitucionalidade requerida pelo PR ao CR, nos termos do artigo 277.º, n.º 1, da CRP76, e reportado aos artigos 1.º a 4.º do Decreto-Lei n.º 147-D/75, de 21 de março, e aos artigos 1.º e 2.º do Decreto-Lei n.º 42/76, de 20 de janeiro. Muito sumariamente, em ambos estes diplomas se determinava a expulsão das fileiras das forças armadas dos implicados nos golpes "contrarrevolucionários" de 11 de março e 25 de novembro, respetivamente. Interessa-nos, em especial, a análise da CC aos artigos 1.º a 4.º do primeiro diploma: aí, enquanto nos artigos 1.º a 3.º se estabelecia certas sanções e os seus efeitos para os agentes de certa infração, o artigo 4.º, embora na primeira parte remetesse para o CR a aplicação do disposto nos anteriores artigos, determinava na segunda parte, e desde logo, a aplicação dessas mesmas sanções "aos indivíduos constantes da lista anexa". O PR entendia que as medidas presentes do artigo 1.º revestiam natureza administrativa, sendo "verdadeiras punições disciplinares". A CC, depois de concluir que dispunha de competência para fiscalizar normas anteriores à Constituição, vai excogitar se ela se mantém para normas "que não revistam caráter geral e abstrato (...), por terem destinatários pessoas certas e determinadas (...) (os autores de tais golpes), e até, num deles, perfeitamente identificados pelos seus nomes e postos, não sendo, assim, de caráter geral".

[418] Que pode ser encontrado em "Pareceres da Comissão Constitucional, 4.º Volume, Do N.º 31/77 ao N.º 7/78", disponível em https://bit.ly/3kNGLLf.

a) A argumentação da Comissão Constitucional

II. Neste Parecer, a CC vai desenvolver a sua argumentação numa dupla vertente:

(*i*) Em primeiro lugar, responde à questão de saber se o CR dispõe de competência para controlar constitucionalmente as *leis-medida*, entendendo ser isso que está em causa no decreto-lei em crise. E responde afirmativamente: dando por adquirido o que foi atrás explicitado, no sentido de existir uma necessidade crescente de o legislador ter de editar normas que não são gerais e/ou abstratas, a CC alicerça o seu entendimento, em primeiro lugar, no facto de as normas em questão constarem de um decreto-lei, sendo, por isso, "independentemente do seu conteúdo, abrangidas no artigo 282.º (fiscalização *concreta* da inconstitucionalidade), que se basta com o facto de se tratar de *norma constante de lei, decreto-lei, decreto-regulamentar, decreto-regional ou diploma equiparável*"[419]. Se é assim, então «[o] Conselho da Revolução pode, nesse contexto, declará-las *inconstitucionais "erga omnes"* (isto é, tanto para os sujeitos abrangidos nas previsões como para as autoridades executoras do comando imperativo neles contido), por via do n.º 2 do artigo 281.º»[420]. Além disso, conclui, se se ficasse por um conceito *material* de norma, no sentido de o CR apenas poder fiscalizar normas caracterizadas pela generalidade e abstração, estar-se-ia dele a excluir o controlo de normas que, "mais facilmente até do que as normas jurídicas com os clássicos atributos", "podem incorrer nos vícios de incompetência, por serem emanadas de órgão constitucionalmente incompetente, ou de forma, por se não ter observado o processo que a Constituição prescreve para a sua válida formação". Por outras palavras, "[a] Constituição poderia ser violada impunemente, o que estaria em desarmonia com o sistema apertado de fiscalização e garantia criado pela atual Constituição"[421].

[419] Cfr, parágrafo 5 do Parecer.

[420] *Idem.*

[421] *Ibidem.*

III. Sem prejuízo do que se dirá já de seguida, a primeira nota que se pode retirar é a de que a CC, engenhosamente, argumenta em termos de *forma* e em termos de *conteúdo*: em termos de *conteúdo*, reconhece que as "leis-medida" não deixam de poder ser identificadas enquanto ato de criação de Direito, sendo, por isso, incluídas no conceito de "norma" para efeitos, em especial, do artigo 281.º da CRP76, que fala quer em "normas", no n.º 1, quer em "quaisquer normas", no n.º 2; em termos de *forma* porque, mesmo que se concluísse no sentido de que normas que não são gerais nem abstratas não deveriam ser objeto de fiscalização da constitucionalidade, a verdade é que elas constavam de um decreto-lei, de um diploma legal, o que é suficiente para serem abrangidas pelo artigo 282.º da CRP76.

(*ii*) O que acaba de ser mencionado é relevante, já que, tendo em conta a especificidade dessa "lei-medida" com o entendimento que lhe é dado pela Comissão, esta, em segundo lugar, vai atentar a sua análise naquilo que apelida de "*leis-pessoais*" – isto é, uma "*espécie*" de norma contida num diploma deste *género*, numa lei-medida. De facto, e como foi referido, se é verdade que o decreto-lei em questão estabelece, em primeiro lugar, determinadas sanções a aplicar, seguidamente, na segunda parte do artigo 4.º, aplica essas mesmas sanções a dezanove oficiais que constam de uma lista anexa ao diploma. Para a CC, estar-se-ia, no fundo, "a *aplicar* certa norma anterior, do mesmo (...) diploma, tal como faria a Administração ou a Jurisdição por ato separado, só com a diferença de se conter dentro dum ato de força formalmente superior. Não seriam, portanto, normas jurídicas, mas atos administrativos ou jurisdicionais; não faria sentido declarar com força obrigatória geral um ato que, por si, não dispunha desta eficácia, mas duma eficácia pessoal ou individual"[422]. Na verdade, no âmbito de uma justiça constitucional *objetiva*, há uma diferença entre considerar possível a fiscalização de *normas*, mesmo que "individuais e concretas", e o eventual controlo de *decisões*, tenham estas natureza administrativa ou judicial; portanto, entre atos de *criação* de Direito e atos de *aplicação* desse mesmo Direito[423].

[422] Cfr, parágrafo 5 do Parecer.

[423] Daí que, como se verá, os atos de aplicação de Direito ficarão excluídos do sistema português de fiscalização da constitucionalidade.

IV. Mesmo assim, apesar de se estar perante um comando individual e concreto de aplicação de direito, que, por isso mesmo, e como tudo levaria a crer, não poderia ser objeto de fiscalização da constitucionalidade, a verdade é que a CC vai declarar que o CR tinha competência para o efeito. E o argumento *formal*, de novo, vai assumir importância fundamental: conclui a Comissão, "o [facto de o] ato administrativo (se é que assim pode qualificar-se) se conter em norma com força legal e, portanto, geral (com eficácia *erga-omnes* e não apenas *inter-partes*) é suficiente para lhe conferir o caráter de norma para o efeito do n.º 1 do artigo 281.º"[424].

V. No fundo, a *forma* do diploma consome o seu *conteúdo*, pelo que mesmo que estejamos perante um "ato administrativo" com eficácia *inter partes*, o facto de ele constar de um diploma legal – *i.e.*, de uma fonte, aprovada por uma autoridade normativa competente segundo as formas previstas, e da qual brotará uma norma – faz com que seja possível falar em "norma" e, consequentemente, proceder à sua declaração de inconstitucionalidade com força obrigatória geral.

b) Nota intermédia

VI. Antes de prosseguir, é importante dar nota de um argumento avançado pela CC que, cremos, padece de alguma falta de clareza: para sustentar o entendimento de que a dita "lei-pessoal" pode ser objeto de fiscalização, a Comissão centra-se na utilidade que a declaração de inconstitucionalidade com eficácia *erga omnes* pode vir a ter, nomeadamente porque, entre outros aspetos, pela "perda (...) da eficácia geral que andara inerente à força do diploma em que o ato se continha", deixará de "haver vinculação ou obediência por parte das entidades de Administração ou Jurisdição", que "podem retirar as devidas consequências legais", podendo, "inclusivamente, no caso da aludida segunda parte do artigo 4.º, concluir que o ato nela contido é uma sentença inexistente por ser seu autor uma entidade que nem então nem hoje detinha poderes jurisdicionais"[425].

VII. Para a Comissão, só a partir dessa declaração é que tal é possível, mas, "[a]té lá, assim como não seria possível falar de inconstitucionalidade orgânica

[424] Cfr, parágrafo 5 do Parecer.
[425] Cfr, parágrafo 5 do Parecer.

(ato emanado dum órgão sem poderes decisórios *v.g.* jurisdicionais) (...), por o órgão legislativo ter invocado a sua competência legislativa exclusivamente, assim também não é possível falar de sentença inexistente". Parece-nos que a CC, aqui, é vítima da sua própria ideia: ao elevar a importância do argumento *formal* na fundamentação, parece ignorar por completo o eventual *conteúdo* do diploma. Na verdade, se o Governo aprova um decreto-lei cujo conteúdo coincide com o exercício de uma competência que não lhe pertence, é evidente que essa inconstitucionalidade não pode ficar silente pelo facto de esse conteúdo constar de um diploma legal que, tendo em conta a sua forma e a respetiva norma habilitante – coincidente com o exercício da função legislativa – foi aparentemente aprovado pelo órgão com aptidão tal, pois que, independentemente dessa aparência, não só o exercício dessa competência não está a ocorrer no respeito pela correlação entre essa categoria de competências em causa e o órgão típico da função constitucionalmente definida, como está a ir de encontro a uma norma constitucional que correlaciona um órgão com a aptidão para criar direito sobre determinada matéria[426].

c) As críticas

VIII. Feita esta nota, a verdade é que na CC também houve quem criticasse o entendimento subjacente ao Parecer n.º 3/78. Foi o caso de Luís Nunes de Almeida e Jorge Miranda, que, como vimos, haviam desempenhado um

[426] Esta argumentação, à primeira vista, parece esvaziar a doutrina da CC, no sentido de ser possível a fiscalização de um ato administrativo sob forma legal, nomeadamente quando se pensa na situação de, por exemplo, a Assembleia da República (AR) aprovar uma lei cujo conteúdo de resume a um ato daquela natureza. Porém, rapidamente se percebe que não é assim quando se constata, de novo, que não só as leis medida – portanto, de feição executiva – são passíveis de serem produzidas pelo poder legislativo sem se pôr em causa a sua validade, como o Governo, enquanto órgão máximo da Administração, é também titular daquele poder. Além disso, e estritamente ligado a este último aspeto, não existe uma fronteira rígida entre lei e reserva de administração (tendencialmente dirigida ao Governo), a que acresce, ainda, a referência que hoje consta do n.º 4 do artigo 268.º da Constituição, que se reporta a "atos administrativos (...) independentemente da sua forma". Daí que esta situação seja diferente daquela a que se faz referência no texto – v.g., o poder legislativo aprovar um diploma cujo conteúdo lhe é *absolutamente* estranho, por pertencer, *exclusivamente*, a outro poder do Estado: por exemplo, aprovar-se um diploma que se consubstancia na resolução de uma controvérsia contenciosa. Assim, enquanto um ato administrativo sob forma legal pode ser "salvo" precisamente por essa circunstância, o mesmo já não parece ser possível quando esse mesmo ato tenha natureza exclusivamente judicial. Sobre esta circunstância, assim como a problemática associada à lei e reserva de administração, veja-se, de novo, a bibliografia citada nas notas 413 e 417.

importante papel na Assembleia Constituinte e ainda viriam a assumir idêntica importância na revisão constitucional de 1982[427], e que entenderam que o CR não tinha competência para se pronunciar sobre a inconstitucionalidade da segunda parte do artigo 4.º do Decreto-Lei n.º 147-D/75, de 21 de março. Numa argumentação muito próxima, estes dois membros da CC defenderam, no essencial, o seguinte:

(*i*) Primeiramente, mesmo que se adote a posição clássica, no sentido de reduzir as características essenciais da norma jurídica à generalidade e abstração, não se pode afirmar, como fez a Comissão, que é possível proceder à fiscalização da disposição vertida na segunda parte do artigo 4.º, pelo facto de ela estar contida num decreto-lei. De facto, se o artigo 282.º, n.º 1, da CRP76, referia norma constante de decreto-lei, a verdade é que o primeiro requisito é esse mesmo: haver uma *norma* contida num decreto-lei. Ora, se se entende que uma disposição individual, concreta e pontual não é uma norma, como é que se pode suscitar a aplicação do artigo 282.º[428]?

(*ii*) Para além disso, Luís Nunes de Almeida e Jorge Miranda são perentórios ao afirmar que se à partida até pode ser relativamente pacífico que o conceito doutrinário de norma evoluiu no sentido de nele serem incluídas as disposições individuais e concretas, não se pode afirmar que seja isso que esteja presente no caso em apreço. Por outras palavras, a segunda parte do artigo 4.º não poderia ser entendida como uma *norma* individual e concreta, mas, antes, como um "verdadeiro e próprio ato administrativo, embora sob a forma legal"[429];

(*iii*) Nesta senda, se estamos a falar de um ato administrativo, então ele terá de ser suscetível de anulação contenciosa pelos tribunais administrativos, e não de declaração com força obrigatória geral pelo CR. De facto, e se isso fosse possível, estar-se-ia a "admitir que o Conselho da Revolução [podia] declarar com força obrigatória geral, a inconstitucionalidade de qualquer ato administrativo (abrangido pelo conceito de norma, enquanto comando individual e concreto) ferido de ilegalidade, por violação da lei constitucional". Ora, como se disse, tal é função própria dos tribunais administrativos – do contencioso de anulação[430];

427 Cfr, *supra*, Parte I, Secção II, §1, 1.6.

428 Cfr, parágrafo 5 da declaração de voto do vogal Luís Nunes de Almeida.

429 *Idem*. Veremos como este argumento desempenhará um papel importante adiante.

430 Cfr, parágrafo 5 da declaração de voto do vogal Luís Nunes de Almeida.

(*iv*) Por fim, e no seguimento desta última ideia, sublinha-se, ainda, a natureza da declaração com força obrigatória geral, destinada a "normas suscetíveis de aplicação repetida". Num "ato administrativo – enquanto comando individual e concreto (...) – na medida em que não é suscetível de aplicação repetida, a declaração da respetiva inconstitucionalidade equivale à sua anulação, pelo que a força obrigatória geral se resume, afinal, à força obrigatória para o caso concreto"[431]. Daí que haja sempre duas vias tendencialmente não sobrepostas – portanto, sem conflito positivo de jurisdição: para *normas*, controlo de constitucionalidade; para *atos individuais*, impugnação contenciosa[432].

IX. Tornava-se assim claro que estes dois vogais não acolhiam o entendimento *formal* vertido no Parecer, assim negando a circunstância bastante de o "ato" em causa constar de um diploma legal para ser objeto de fiscalização da constitucionalidade[433]. Curiosamente, o CR não seguiu o entendimento vertido no Parecer n.º 3/78[434], declarando não se considerar competente para apreciar a eventual inconstitucionalidade da disposição constante da segunda parte do artigo 4.º do Decreto-Lei n.º 147-D/75, de 21 de março[435].

X. Mesmo assim, este parecer vai lançar as bases do conceito de norma para efeitos da jurisprudência constitucional e, consequentemente, do âmbito do poder de fiscalização do TC. Podemos afirmar, até, que ele vai inaugurar a primeira parte deste conceito – um conceito *formal* de norma: assim, e tendo este juízo como ponto de partida, parece que o TC pode sindicar comandos

[431] *Idem*.

[432] Cfr, parágrafos 3 e 4 da declaração de voto do vogal Jorge Miranda.

[433] Embora não se possa deixar de reconhecer que esse ato, apesar de assumir um conteúdo singular, pode ser reportado a um critério político de decisão associado ao princípio democrático, que, postulando uma "abertura variável do conteúdo de actos legislativos aprovados por órgãos democraticamente legitimados por sufrágio directo", permite a "regulação de casos jurídicos pontuais e contingentes por acto legislativo" – cfr, P. Moniz Lopes, *A Derrotabilidade*, II e III, p. 90 – pode ser enquadrado naquelas "leis aparentemente individuais", que "não saem da campo da função legislativa, porque alicerçam-se em opções políticas" – cfr, J. Miranda, *Manual*, V, p. 147.

[434] Considerações semelhantes às dos dois vogais referidos também seriam feitas pela vogal Isabel de Magalhães Collaço, em declaração de voto ao Parecer em questão. De referir, ainda, e sem prejuízo da nota anterior, que Jorge Miranda, mesmo depois de abandonar a CC, continuou crítico desta jurisprudência – veja-se, a este propósito, e por todas as restantes obras do Autor, *Fiscalização*, pp. 196 e ss.

[435] Cfr, Resolução do Conselho da Revolução n.º 24/78, de 26 de Janeiro.

que, embora tenham natureza individual e concreta, estejam inseridos em diplomas legais[436]; ou, dito de outro modo, norma será "todo o comando contido em lei, mesmo quando [represente] um comando exclusivamente individual, pontual e concreto"[437].

2.1.2. O Parecer n.º 13/82, de 31 de Março

XI. Um entendimento que não foi unânime necessitava, pois, de ser esclarecido. E foi isso que veio a acontecer pouco tempo depois, no Parecer n.º 13/82, de 31 de Março, relatado por CARDOSO DA COSTA[438].

> Na origem estava um pedido de fiscalização sucessiva da constitucionalidade dirigido ao CR, requerido pelo Provedor de Justiça, nos termos do artigo 281.º, n.º 1, da CRP76[439], e reportado ao Decreto-Lei n.º 554/80, de 25 de novembro. Tratava-se de um diploma que apenas continha dois artigos, sendo que o problema residia nos n.ºs 1 e 2 do artigo 1.º, que não só determinavam a caducidade de certos arrendamentos e o termo das ocupações de imóveis que o Estado havia cedido a título definitivo à Ordem das Irmãs Franciscanas Clarissas do Desagravo de Lisboa, como estipulavam um prazo e um procedimento para o consequente despejo dos respetivos locais.
>
> Para aquilo que interessa à nossa investigação, o Provedor de Justiça sustentava que (*i*) o conteúdo do Decreto-Lei em questão era de "feição individual e concreta"; (*ii*) sendo, materialmente, "um ato administrativo a que o Governo deu a forma de decreto-lei" com o objetivo de dirimir "um conflito de interesses privados", o que, no entender daquele, ia de

[436] Cfr, C. LOPES DO REGO, *Os Recursos*, p. 27. Cfr, ainda, para além da bibliografia citada em notas anteriores, L. LOPES MARTINS, *BFDUC*, pp. 604 e ss; I. DOMINGOS e M. MENÉRES PIMENTEL, "O Recurso de Constitucionalidade (espécies e respectivos pressupostos)", in *Estudos sobre a Jurisprudência do Tribunal Constitucional*, Lisboa, p. 445.

[437] Cfr, J. REIS NOVAIS, *Sistema Português*, p. 203.

[438] Que pode ser encontrado em "Pareceres da Comissão Constitucional, 19.º Volume, Do N.º 8/82 ao N.º 17/82", disponível em https://bit.ly/2TBTnKc.

[439] Apesar de ser um parecer emitido em 1982, ano da primeira revisão da Constituição, a verdade é que ele ainda se reporta à CRP76. Isto porque não só o Decreto-Lei em crise é de 1980, mas, também, porque o parecer, datando de 31 de março, é anterior à data da Lei Constitucional n.º 1/82, de 30 de setembro.

encontro ao então artigo 206.º da CRP76[440]; por fim, ainda alegava que (*iii*), ao dar forma legal a esse ato, o Governo impedia os cidadãos de exercerem o seu direito de recurso contencioso, nos termos no então artigo 269.º, n.º 2, da CRP76.

XII. Como se nota, os principais vícios invocados reportavam-se, essencialmente, a uma eventual usurpação da função judicial pelo poder legislativo, embora sob a capa de um "ato administrativo", assim como a uma limitação do direito de recurso contencioso dos particulares.

a) A clarificação da Comissão Constitucional

XIII. Atento o exposto, Cardoso da Costa vai aproveitar essa circunstância não só para revisitar o Parecer n.º 3/78, mas, também, e simultaneamente, para desenvolver a argumentação aí expedida. Vejamos como.

(*i*) Antes de mais, e de forma aprofundada por comparação a 1978, esclarece que a referência do artigo 281.º, n.º 1, da CRP76, não vai dirigida a um conceito *material* de norma, no sentido em que a competência do CR "se delimitaria em função da estrutura, do conteúdo e do alcance precetivo dos diferentes comandos jurídicos, e não da respetiva proveniência e forma". Assim, e de forma "indiscutível", conclui que esse preceito constitucional toma a noção de norma no seu conceito *formal* – isto é, o conceito «mais corrente ou imediato da expressão — aquele que a associa (...) à representação de um "preceito" ou "disposição" estabelecido por ato do poder legislativo ou de um poder regulamentar, e constante do diploma que incorpora esse ato». Para reforçar esta consideração, não só afirma que «a nossa Constituição não fornece "qualquer apoio para uma definição material de lei, como ato legislativo geral e abstrato", como, para justificar isso mesmo, invoca doutrina que, à época, já ia nesse mesmo sentido[441];

(*ii*) Porém, como a problemática atinente ao ato administrativo não tinha ficado devidamente elucidada no Parecer n.º 3/78, no sentido de saber se o CR também disporia de competência para apreciar a constitucionalidade daquilo que foi apelidado de "ato administrativo sob a forma

[440] Atual artigo 202.º, n.º 2.

[441] Cfr, ponto IV do Parecer, nota 138.

legal", Cardoso da Costa vai afirmar que se é certo, como foi referido, que a Constituição não fornecia (e continua a não fornecer) nenhum indício quanto à eventual existência de um conceito *material* de norma, também era "seguro" que, ao prever o controlo de constitucionalidade de normas, a Lei Fundamental «teve em vista não toda a atividade dos poderes públicos mas apenas um sector dela, a saber, o que se traduz na *emissão de regras de conduta ou padrões de valoração de comportamentos* (i. é., de "normas"): deste modo, fora desse específico controlo ficam os puros *atos de aplicação* dessas regras ou padrões, que são os atos jurisdicionais e os atos administrativos, stricto sensu» (itálico nosso)[442];

(*iii*) Ora, se é isso que acontece, e tendo em conta aquilo que estava a ser apreciado pela Comissão, poder-se-ia pensar que ela iria decidir no sentido da não apreciação da constitucionalidade, já que, como se avançou, argumentava-se, uma vez mais, que também neste caso se estaria perante um ato administrativo, embora sob a forma legal. Não foi esse, contudo, o entendimento de Cardoso da Costa. Com efeito, e segundo o relator, «um preceito legal que rege para um caso concreto, e que nessa medida se apresenta com uma eficácia equivalente à de um ato administrativo, nunca é um puro ato de "aplicação" do direito pré-existente, pois que simultaneamente se traduz num ato de "criação" de direito novo: é que nele estabelece-se também a regra aplicável ao caso, regra que muitas vezes (se não normalmente) constitui um desvio ou uma exceção às que de outro modo seriam aplicadas, mas que justamente se torna necessária para conferir à providência administrativa adotada o seu mesmo fundamento de validade (de validade "legal", claro)». Além disso, continuava, "ainda quando o preceito em causa não represente qualquer desvio ao direito anterior, e nada lhe acrescente prima facie, não deixa ele de produzir também um efeito normativo: o de tornar de antemão certo e indiscutível esse direito, no caso concreto"[443];

(*iv*) Assim, clarificando aquilo que havia sido primeiramente avançado no Parecer n.º 3/78, Cardoso da Costa é perentório ao explicitar que mesmo num preceito ou disposição legal de conteúdo individual e concreto e com eficácia consuntiva "vai implicitamente contida uma norma", pelo que "não há razão para subtrair (...) à possibilidade do controlo previsto no artigo 281°, nº 1, da Constituição"[444].

[442] *Idem.*

[443] Cfr, ponto IV do Parecer.

[444] *Idem.*

b) Um entendimento estabilizado

XIV. Cardoso da Costa ainda aproveitou para rebater outra crítica que havia sido avançada nas declarações de voto de Luís Nunes de Almeida e Jorge Miranda, relativa à putativa atribuição ao CR de funções típicas dos tribunais administrativos[445], e o que é certo é que este parecer, ao contrário do anterior, apenas teve uma declaração de voto de vencido de um vogal, mas não relativa ao entendimento que se acabou de expor, que coincide com o conceito *formal* de norma[446].

XV. E também diversamente do que havia sucedido em 1978, o CR acabou por aderir, na totalidade, ao entendimento analisado e, em consequência, não declarou a inconstitucionalidade do Decreto-Lei n.º 554/80, de 25 de novembro[447].

[445] De forma muito sumária, Cardoso da Costa sustentava que, à luz da CRP76, entender que cabia recurso direto para os tribunais administrativos de preceitos legais com eficácia equivalente à de um ato administrativo era "de verificação altamente duvidosa", na medida em que, em linha com o que então escrevia Afonso Queiró, "não se encontrando os decretos-lei individuais, por impossibilidade lógica, hierarquicamente subordinados a outros decretos-lei (ou à lei), não podem ser anulados com base em ilegalidade, donde resulta que a tutela contenciosa não tem aí sentido" – cfr, o Parecer citado, nota 146. Desta forma, se se conclui nesse sentido – *i.e.*, inimpugnabilidade judicial direta desses preceitos –, então a única via que restará será, pois, a do artigo 281.º, n.º 1, da CRP76, pelo que não fazia qualquer sentido invocar uma violação do artigo 269.º, n.º 2, CRP76.

[446] O Parecer também acaba por afastar a eventual violação do então artigo 206.º da CRP76 invocada pelo Provedor de Justiça, pois que, segundo o relator, o «objetivo [do diploma] não é o de decidir uma controvérsia ou litígio contencioso, ou uma "questão de direito", suscitada entre a Ordem das Irmãs Franciscanas Clarissas do Desagravo de Lisboa e os ocupantes dos prédios cedidos pelo Estado a essa Ordem (...), mas o de "modificar" o direito aplicável às suas mútuas relações». Além disso, e interessantemente, Cardoso da Costa ainda acrescenta que «[n]ão será, pois, por resolver um conflito de interesses (...) que um diploma legal representará uma usurpação da função jurisdicional: para que isto suceda será necessário que tal diploma se situe no plano específico desta função (que "desça" a esse plano)». E que plano será esse? Aquele em que os tribunais «são chamados a decidir "questões de direito", ou seja, questões em que cada uma das partes invoca o direito vigente, para tutela do seu ou dos seus interesses, em termos opostos, ou pelo menos divergentes, daqueles em que o faz a outra parte», e não «conflitos que se traduzem antes numa pretensão de mudança do direito aplicável a certa situação ou a certo tipo de situações (seja a mudança do direito "legal", seja a do direito "contratual" que as rege)» – cfr, ponto V do Parecer. Veja-se, ainda, a nota 444, *supra*.

[447] Resolução do Conselho da Revolução n.º 63/82, de 7 de Abril.

2.1.3. Conceito *formal* de norma: características

XVI. Chegados aqui, e partindo dos dois pareceres analisados, podemos adicionar mais elementos ao conceito de norma desenvolvido pela jurisprudência constitucional – assim, norma será não só (*i*) toda a "disposição contida num diploma legal", mesmo que apresente natureza individual, concreta e pontual; (*ii*) mas sê-lo-á, também se, estando aí contida e apresentando essa mesma natureza, ainda tiver eficácia *consuntiva* – portanto, esgotando a sua execução por, tendo eficácia equivalente a um ato administrativo, ser autoaplicativa[448].

XVII. Assim, a título de exemplo, se um diploma legal contiver uma disposição cuja eficácia seja semelhante à de ato materialmente administrativo, não será por esse motivo que ela deixará de poder ser objeto de fiscalização da constitucionalidade – na verdade, e em linha com o que acabou de se expor, (*i*) não só está incorporada num diploma produzido no exercício de uma competência estadual de conformação do ordenamento, como (*ii*) essa disposição, identificada enquanto tal, incorpora ela mesmo, de forma implícita, uma norma que a credencia, já que não estaremos a falar apenas de um ato de *aplicação* de direito que já existe (portanto, de um ato administrativo propriamente dito), mas, sim, de ato de *criação* de direito: no caso, de criação da regra de conduta – da *norma* – que, como referido, credenciará a aplicação do ato administrativo vertido na disposição e que será simultaneamente aplicável ao caso.

XVIII. Ora, se há criação de direito, mesmo que de forma implícita, há norma, também ela implícita. E há norma produzida por uma autoridade normativa competente que condiciona a conformação do ordenamento[449]. Logo, deve ser objeto de fiscalização da constitucionalidade. Quando isso sucede, e como já foi corretamente referido, "o que aí [será] sujeito a fiscalização não [será] o ato administrativo contido em lei, mas o critério normativo implícito que [justificou] a inserção do comando individual no texto da lei para evitar a eventual ilegalidade de um ato que, de outra forma, estava desprovido de cobertura legal"[450].

[448] Cfr, J. M. M. Cardoso da Costa, *A Jurisdição*, pp. 35-36, nota 36.

[449] Cfr, J. M. M. Cardoso da Costa, *ob. cit.*, p. 35.

[450] Cfr, J. Reis Novais, *Sistema Português*, p. 203.

XIX. Na verdade, e partindo desta afirmação, se um ato administrativo, isoladamente considerado, efetivar uma intervenção restritiva num direito fundamental sem fundamento de validade, então ele será, em abstrato, passível de impugnação contenciosa junto dos tribunais administrativos, na medida em que tratar-se-á, simplesmente, de um ato puramente aplicativo ferido de ilegalidade e, portanto, estranho à fiscalização constitucional. A partir do momento em que estamos a falar de uma disposição contida num diploma legal, mesmo que autoaplicativa, já não falaremos (só) dessa aplicação, mas antes de criação – de criação da norma para aquele caso concreto, que se traduzirá nessa intervenção restritiva. Neste caso, ao contrário do anterior, apesar de estar presente de forma implícita, temos uma norma, nomeadamente a que credencia a referida intervenção, que, agora sim, já terá fundamento de validade.

XX. Deste modo, não se pode reduzir o problema a uma mera aplicação de direito anterior que já existe – típico de um ato excluído do controlo constitucional –, na medida em que ele só passa a existir, só se torna de antemão certo e indiscutível, a partir do momento em que o Estado, através do seu poder legislativo, produz um diploma legal e, com ele, cria esse mesmo direito que será depois aplicado[451]. E porque assim é, há, portanto, que averiguar se essa criação foi, ou não, conforme à Constituição.

> Se se reparar, foi exatamente isto que fez a CC. Como referimos *supra*, o Estado havia cedido os imóveis em questão a uma ordem religiosa, sendo que essa cessão foi feita com a cláusula de os prédios serem preservados e utilizados para os fins religiosos para que haviam sido cedidos. Acontecia, porém, que à data da cessão esses prédios se encontravam em parte ocupados por particulares, estranhos à Ordem cessionária – havia, por isso, que terminar com esses arrendamentos, o que não foi feito no diploma que procedeu à cessão. Assim, e através do Decreto-Lei n.º 554/80, de 25 de novembro, esse "lapso" foi corrigido.

[451] Embora (agora) constante de um diploma legal, tal não permite que se passe a falar de uma *restrição* em detrimento de uma *intervenção restritiva*, na medida em que não só uma restrição tem de ser produzida por uma norma geral e abstrata – que não é o caso –, como a posição jusfundamentalmente protegida continua, em termos materiais, a ser negativamente afetada por um ato administrativo, mesmo que incorporado num ato do poder legislativo – portanto, continua a haver um ato pontual, individual e concreto. Veja-se, a este propósito, a nota 387 *supra*.

Ora, entendeu a Comissão que, se é um facto que o diploma, através das disposições em questão, determinava a caducidade daqueles arrendamentos e o termo das ocupações, traduzindo-se numa intervenção restritiva no direito à habitação daqueles particulares, a verdade é que essas mesmas disposições, apesar de poderem ter eficácia equivalente à de um ato administrativo – *v.g.*, eficácia consuntiva, esgotando-se com a sua execução –, continham ainda, de forma implícita, uma norma – nomeadamente, a que estabelecia, para contratos de arrendamento individualizáveis e individualizados, um regime que, à partida, se afastava do comum para esse tipo de contratos, e que eventualmente poderia ser mais gravoso para os arrendatários: portanto, o putativo "direito novo". Se esta era a norma que credenciava a medida cuja aplicação aqueles arrendatários iriam ficar sujeitos – portanto, se esta era a "regra de conduta" aplicável ao caso concreto, que se iria traduzir na referida intervenção, através de um despejo –, então haveria que averiguar a sua constitucionalidade à luz de determinados princípios vertidos na Constituição[452].

[452] Em sentido semelhante, veja-se o Acórdão n.º 80/86, de 11 de março (Plenário; Sucessivo; MONTEIRO DINIZ), disponível em: https://bit.ly/3tMwYcg. Em causa estava um pedido de fiscalização da constitucionalidade requerido pelo Provedor de Justiça relativamente às normas dos artigos 5º, nº 1, e 6º, nº 1, do Decreto-Lei nº 233/80, de 18 de Julho, que determinava que os funcionários das secretarias dos tribunais administrativos tivessem as categorias, direitos, deveres, incompatibilidades, vencimentos e outros abonos que competiam aos funcionários de justiça. Para aquilo que nos interessa, o Primeiro-Ministro entendia que as "normas dos artigos 5º, nº 1, e 6º, nº 1, do Decreto-Lei nº 233/80 [continham] e [davam] execução apenas a *um acto materialmente administrativo*, transitório, que se esgotou imediatamente no tempo ao aplicar-se a *um só caso concreto*, perfeitamente identificado à partida, e que determinou a providência correlativa", pelo que, "[n]ão possuindo a essencialidade e a tipicidade das normas jurídicas, aqueles preceitos [eram] materialmente insuscetíveis de apreciação pelo Tribunal Constitucional". O TC, por sua vez, teve entendimento diverso: para esta jurisdição, "[t]ais preceitos [tinham] de haver-se, desde logo, como *normas*, porquanto se acha[vam] vertidos no articulado de um acto formalmente legislativo (um decreto-lei). Mas, admitindo-se e aceitando-se que o conceito tradicional e corrente de norma jurídica com as suas características inerentes de *generalidade* e *abstracção* não é já um conceito pacífico, em que a sua univocidade e permanência se possam manter em todas as situações, também numa perspectiva material, se pode afirmar que naqueles preceitos se comporta[va] um *critério de decisão*. Com efeito, ali se define uma regra de acesso na carreira de escrivão de direito, de sentido diverso à regra geral que se acha estatuída no diploma sobre as carreiras dos funcionários de justiça. A não ser essa regra e o critério de decisão que ela contém, o direito aplicável ao caso concreto seria *outro*, e conduziria a uma diferente solução no plano material".

XXI. Veremos, adiante, de que forma é que o caráter implícito de uma norma pode gerar alguns problemas em contexto de fiscalização da constitucionalidade, nomeadamente quando essa norma dita implícita é reportada a uma decisão judicial, que, claro está, sendo um ato jurisdicional – portanto, puramente aplicativo de proposições precetivas –, e estando inserido, como vimos, no âmbito de uma justiça constitucional tendencialmente *objetiva*, está evidentemente excluído do controlo do TC.

XXII. Por agora, e também sem prejuízo do que criticamente se dirá de seguida sobre este conceito formal, recuperando as interrogações que foram avançadas *supra*, se o que estiver incorporado num diploma legal pode ser objeto de fiscalização da constitucionalidade por via do conceito *formal* de norma, o que sucede às normas que não estão contidas em atos legislativos? Também poderão sê-lo?

2.2. A segunda abordagem: um conceito *funcional* de norma

2.2.1. O Acórdão n.º 26/85, de 15 de Fevereiro

I. É partindo dessa questão que temos de atentar, por fim, no aresto que não só vai consolidar tudo aquilo que tem vindo a ser explicitado, como será aquele que, a partir da sua prolação, mais vezes será utilizado pelo Tribunal Constitucional para efeitos de *conceito funcional de norma* – falamos do Acórdão n.º 26/85, de 15 de Fevereiro, do Tribunal Constitucional, e também relatado pelo (agora) Juiz Conselheiro Cardoso da Costa[453].

> Estava em causa a apreciação preventiva da constitucionalidade, requerida pelo Presidente da República ao abrigo do (agora) artigo 278.º, n.º 1, da Constituição, e que se reportava ao artigo 1.º de dois projetos de decreto-lei que o Governo pretendia ver promulgados. Estes artigos determinavam a extinção das então CTM — Companhia Portuguesa de Transportes Marítimos, E. P. –, e da CNN — Companhia Nacional de Navegação, E. P., respetivamente. Resumidamente, o Presidente da República entendia que (*i*) esses preceitos iam de encontro ao então artigo 83.º da Constituição, que estipulava que todas as nacionalizações

[453] E que pode ser encontrado em: https://bit.ly/3zvWbrp.

efetuadas após o 25 de abril de 1974 eram irreversíveis; (*ii*) que o Governo necessitaria de ter obtido autorização legislativa da AR para legislar sobre aquela matéria; e que (*iii*) as comissões de trabalhadores daquelas empresas públicas deveriam ter sido ouvidas. O que suscita interesse neste aresto é que o Primeiro-Ministro, na sua resposta, entendia que o TC não deveria conhecer do pedido, na medida em que (*i*) "o ato de extinção de uma empresa é um ato materialmente administrativo"; (*ii*) que "[o] Governo, como órgão superior da Administração Pública [artigos 185° e 202°, alínea d), da Constituição], praticou (...)"; (*iii*) pelo que "o controlo da validade do ato poderia caber não em sede constitucional, mas em sede de contencioso administrativo".

Daí que, face ao exposto, o TC, como questão prévia, tenha de ter decidido se os preceitos em apreço estavam sujeitos ao regime de fiscalização da constitucionalidade.

II. Trata-se de uma decisão que, como se vê, não só foi emitida por referência à Constituição após a sua primeira revisão constitucional, de 1982, como proveio já não da Comissão Constitucional, mas, sim, do Tribunal Constitucional, enquanto órgão exclusivamente competente para, em termos definitivos, decidir em matérias de natureza jurídico-constitucional[454].

a) A argumentação do TC

III. Precisamente por esta circunstância, e aproveitando a oportunidade que lhe foi dada, fazia todo o sentido que esse novo órgão dessa nova e verdadeira jurisdição constitucional fixasse o seu entendimento quanto ao conceito de norma para efeitos de acesso ao TC. E foi exatamente isso que Joaquim Cardoso da Costa fez, partindo dos pareceres que haviam sido emitidos pela extinta Comissão Constitucional.

[454] Veja-se, a este propósito, o artigo 213.º e os artigos 277.º e ss. da CRP82. É de destacar, muito em especial, que a partir desta revisão já cabia recurso para o (agora) TC das decisões dos tribunais que recusassem a aplicação de *qualquer norma* com fundamento em inconstitucionalidade, ou que aplicassem uma *norma* cuja inconstitucionalidade houvesse sido suscitada durante o processo (artigo 280.º da CRP82) – cfr, *supra*, Parte I, Secção II, §5, 5.7. Sobre a fiscalização da constitucionalidade a partir da revisão constitucional de 1982, e por todos, C. Blanco de Morais, *Justiça*, I, pp. 329-337.

Assim, e de forma muito sucinta:

(*i*) Refere-se, de novo, que na averiguação do que seja "norma" para o efeito dos procedimentos específicos de controlo da constitucionalidade, não pode partir-se duma noção material daquela, doutrinária e aprioristicamente fixada, e designadamente da que liga ao mesmo conceito as notas da "generalidade e abstração"[455];

(*ii*) Consequentemente, e pela primeira vez fazendo essa referência, afirma-se que «o que há de procurar-se, para o efeito do disposto nos artigos 277° e seguintes da Constituição, é um conceito funcional de "norma", ou seja, *um conceito funcionalmente adequado ao sistema de fiscalização da constitucionalidade aí instituído e consonante com a sua justificação e sentido*» (itálico nosso)[456];

(*iii*) E que conceito é esse? Aquele que tem em vista «o controlo dos atos do poder normativo do Estado (lato sensu) — e, em especial, do poder legislativo — ou seja, [aqueles] atos que contêm uma "regra de conduta" ou um "critério de decisão" para os particulares, para a Administração e para os tribunais»[457]. Partindo daqui, é evidente que não podemos incluir nesta definição todos os atos do poder público – quer dizer, nela não podemos incorporar os atos de aplicação, execução ou "utilização" de normas, sejam estas constitucionais ou infraconstitucionais;

(*iv*) Logo, ao controlo operado pelo Tribunal Constitucional «escapam, por um lado (e como já a Comissão Constitucional salientara), as decisões judiciais e os atos da Administração sem carácter normativo, ou atos administrativos propriamente ditos; e, por outro lado, os "atos políticos" ou "atos de governo", em sentido estrito (como, v. g., os atos do Presidente da República respeitantes à dissolução da Assembleia da República, à nomeação do Primeiro-Ministro, etc.)»[458];

(*v*) Mesmo assim, e continuando a seguir o acórdão, onde «um ato do poder público for mais do que isso, e contiver uma regra de conduta para os particulares ou para a Administração, ou um critério de decisão para esta última ou para o juiz, aí estaremos perante um ato "normativo", cujas injunções ficam sujeitas ao controlo da constitucionalidade»[459];

[455] Cfr, parágrafo 8 do acórdão.

[456] *Idem.*

[457] Cfr, parágrafo 8 do acórdão.

[458] *Idem.*

[459] *Ibidem.*

(*vi*) Dito isto, e recuperando o argumento relativo à simultaneidade da criação e aplicação de direito, era inevitável concluir pela apreciação da constitucionalidade dos preceitos em crise, uma vez em que, para o TC, ainda se estaria perante um ato normativo – com efeito, e num raciocínio que já não nos é estranho, um preceito legal individual e concreto, mesmo quando possui eficácia consuntiva, se por um lado "pode conter ou esgotar a sua própria execução", não deixa, por outro lado, "de credenciá-la normativamente (legalmente) e de fornecer o critério para a sua apreciação sub specie júris"[460].

IV. Como se nota, e em especial por referência a *iii)*, essencial seria que o comando fosse normativo por provir de uma autoridade normativa – de um "poder normativo do Estado" –, pelo que logicamente teriam de ficar excluídos da fiscalização os atos do poder público que não revestissem essa natureza, por, precisamente, não terem derivado de uma autoridade com competência para a formulação de normas. Mesmo assim, tendo isto presente, e no que diz respeito a *v)*, este aresto chama corretamente à atenção para um aspeto que assume importância fundamental e que será mais tarde retomado pelo TC: a circunstância de o poder legislativo não ser o único "poder normativo do Estado", razão pela qual sempre que um ato de um poder público "contiver uma regra de conduta", o que implica, por sua vez, que esse poder, para esse efeito, tenha sido reconhecido enquanto autoridade normativa competente, então estaremos perante uma norma suscetível de controlo por parte do TC.

b) A adição de um novo conceito de norma

V. Com o Acórdão n.º 26/85, o Tribunal Constitucional inaugurava, assim, o *conceito funcional de norma* – agora, "norma" já não seria, apenas, um comando individual, pontual e concreto que, por estar incluído num diploma legal, poderia ser objeto de controlo (*conceito formal de norma*); norma também seria, como alguém já avançou, «qualquer proposição "precetiva" em alguma dimensão[461]»; i.e., qualquer proposição que contivesse uma regra de conduta ou um critério de decisão para os particulares, para a Administração e/ou para os tribunais, e isto "independentemente da natureza formal do diploma jurídico em que viesse inserido", pois que, nas palavras do aresto analisado,

460 *Ibidem.*

461 Cfr, J. M. M. Cardoso da Costa, *A Jurisdição*, p. 35.

e no seguimento do que acabou de ser referido, não são apenas os atos do poder legislativo aqueles que estão abrangidos por este conceito, mas, sim, os "atos do poder normativo do Estado (lato sensu)". Logo, e de novo, essencial é que estejamos perante um poder normativo público[462] – *v.g.*, um poder que, para o efeito, seja considerado autoridade normativa competente, capaz de gerar regras de conduta e critérios de decisão, capaz de criar direito –, pelo que, logicamente, os atos sem caráter normativo, que se traduzem apenas na aplicação ou execução de normas jurídicas, ficarão de fora do controlo de constitucionalidade[463].

VI. E esclarecido que está este conceito, que evidentemente decorre de todo o labor que até então havia sido desenvolvido pela Comissão Constitucional, não se estranha que uma disposição de um ato legislativo identificada enquanto ato materialmente administrativo, por ter uma eficácia a este equivalente, seja objeto de fiscalização da constitucionalidade pelo TC: (*i*) de facto, trata-se de uma "disposição" incluída num diploma legal (argumento *formal*); (*ii*) pelo que, e cumulativamente, essa mesma "disposição", conforme já se analisou, não se reduz a um puro ato de aplicação – portanto, a um ato não normativo –, pois que também contém, implicitamente, uma "regra de conduta", um "critério de decisão", devendo, por isso, ser considerada um comando normativo que, acrescente-se, provém de um poder normativo público (argumento *funcional* ou de *conteúdo*)[464].

[462] Nas palavras do TC, nomeadamente no Acórdão n.º 157/88, de 7 de Julho (Plenário; Sucessivo; Cardoso da Costa), «todos os atos (...) de um qualquer poder "normativo" público [devem] ficar e [ficam] abrangidos por semelhante sistema de fiscalização, independentemente do seu conteúdo» – disponível em: https://bit.ly/3kTv8Cq.

[463] Neste sentido, C. Lopes do Rego, *Os Recursos*, pp. 28-29; L. Lopes Martins, *BFDUC*, p. 605; I. Domingos e M. Menéres Pimentel, *Estudos*, pp. 451-452; C. Sarmento e Castro, *Estudos*, pp. 395-397; J. J. G. Canotilho, *Direito Constitucional*, pp. 939-943; G. Canotilho e V. Moreira, *Fundamentos da Constituição*, Coimbra: Coimbra Editora, 1991, pp. 247 e ss.; C. Blanco de Morais, *Justiça*, I, pp. 417 e ss.; J. Reis Novais, *Sistema Português*, pp. 131-133; F. Alves Correia, *Justiça*, pp. 191-195; J. Miranda, *Fiscalização*, pp. 196-200. Especificamente sobre a exclusão dos atos políticos, cfr, C. Queiroz, *Os Actos Políticos no Estado de Direito. O Problema do Controle Jurídico do Poder*, Coimbra: Edições Almedina, 1990, pp. 171 e ss.

[464] Recuperamos, em parte, a dicotomia que é feita por Lopes do Rego, *Os Recursos*, p. 27.

c) Os argumentos de Nunes de Almeida e Mário de Brito

VII. Naquilo que se torna relevante para a nossa investigação, a verdade é que a argumentação de Cardoso da Costa não convenceu dois juízes conselheiros – nomeadamente, Mário de Brito e, de novo, Luís Nunes de Almeida:

i) Para o primeiro, as disposições daqueles dois decretos-lei não deveriam ter sido objeto de fiscalização por parte do TC, por este não ter "competência para conhecer do pedido". Sustentava Mário de Brito que essa incompetência poderia até ser suprida na versão originária da Constituição "onde, justamente a propósito da fiscalização preventiva da constitucionalidade, se falava em constitucionalidade de um decreto (nº 3 do artigo 277°), em apreciação da constitucionalidade de um diploma (nº 4 do mesmo artigo), em inconstitucionalidade de qualquer diploma (nº 1 do artigo 278°) e em inconstitucionalidade dos diplomas [artigo 284°, alínea a)], dando a entender que o que era objeto de fiscalização eram diplomas legais em sentido formal, e não em sentido material". Porém – continuava –, a partir da primeira revisão da Constituição, esta "fala sempre em normas", «[d]aí entender-se que a fiscalização é "de atos normativos, não de atos não normativos, designadamente, de atos políticos ou de governo e também de atos administrativos" (Professor Jorge Miranda, Manual de Direito Constitucional, II, 2ª ed., 1983, nº 86)»[465]. Ainda em linha com este último Professor, acrescentava, por último, que a Constituição saída da revisão de 1982 estabelecia «a garantia de recurso contencioso contra quaisquer atos administrativos, independentemente da sua forma (artigo 268°, nº 3, novo),[466] [pelo que] já nenhuma razão [havia] para alargar o conceito de norma no artigo 281º — como faziam anteriormente a Comissão Constitucional e o Conselho da Revolução — de maneira a abranger diplomas legislativos individuais e concretos"»[467], na medida em que, a partir desse momento, um ato administrativo sob forma legal poderia (e deveria) ser impugnado contenciosamente, e não junto do TC, sob pena de haver um conflito positivo de jurisdição;

[465] Cfr, parágrafo 1 da declaração de voto de Mário de Brito.

[466] Atual artigo 268.º, n.º 4, da Constituição.

[467] *Idem.*

ii) Já Luís Nunes de Almeida, embora tendo votado no sentido de considerar o TC competente para conhecer do pedido, fê-lo "com as maiores dúvidas". E isto por força de um único argumento: para este juiz conselheiro, "a solução [então] adotada quanto à questão prévia não se [apresentava] líquida e [podia] vir a suscitar grandes dificuldades: basta pensar, por exemplo, que não havendo prazo para requerer a declaração de inconstitucionalidade com força obrigatória geral, o ato administrativo constante de diploma com força de lei jamais se consolidaria"[468].

São críticas que, como se nota, incidem especialmente sobre o conceito *formal* de norma. Por força disso mesmo, e antes de nos debruçarmos sobre elas, torna-se relevante atentar criticamente nesse conceito, que, se por um lado pode atualmente parecer *irrelevante*, por outro, ainda não foi expressamente abandonado pelo Tribunal.

d) Uma apreciação crítica ao conceito *formal* de norma

VIII. Na verdade, se percorrermos a doutrina que se debruça sobre as eventuais problemáticas que podem estar (e estão) associadas ao conceito funcional de norma, verificamos que a análise se centra, precisamente, sobre o que se deve entender por norma *funcionalmente* adequada ao sistema de fiscalização da constitucionalidade, relegando para segundo plano o conceito *formal* de norma. Por sua vez, esta circunstância talvez se explique por a recente jurisprudência do TC não fazer qualquer tipo de alusão a esse primeiro conceito, o que, em termos estritos, parece que se deve à normalização da possibilidade que é constitucionalmente conferida pelo atual artigo 268.º, n.º 4, da Constituição.

IX. Como decorre desde logo do presente acórdão, se por um lado o conceito *formal* de norma foi desenvolvido quando o recurso associado ao artigo acabado de referir ainda não tinha consagração constitucional, por outro, e a partir do momento em que essa possibilidade surge, o conceito *formal* vai dar lugar, precisamente, ao conceito *funcional*, sendo praticamente consumido por este. Porém, e como se referiu, uma coisa é certa: sem prejuízo do silêncio da jurisdição constitucional quanto a este conceito, a verdade

[468] Cfr, parágrafo 1 da declaração de voto de Luís Nunes de Almeida.

é que ele (ainda) não foi expressamente rejeitado pelo TC, razão pela qual podemos continuar a afirmar que ainda existe e, consequentemente, pode ser invocado.

X. Assim, e de novo, na lógica do Tribunal, a partir do momento em que um comando individual, concreto e (até) consuntivo for aprovado sob a forma de ato legislativo, essa forma e essa força, uma vez que foram conferidas pela autoridade normativa competente à luz do sistema, fazem com que associado ao comando esteja implicitamente contida uma norma que irá credenciar o ato. A norma, no fundo, vai permitir que uma determinada situação que seria subsumida a uma previsão normativa mais geral, seja agora subsumida a uma previsão normativa especial, a partir do qual aquele ato é praticado, razão pela qual o Tribunal afirma que, sendo esse ato um desvio excecional, a norma que o credencia cria direito novo, que, consequentemente, permite o desvio e possibilita a existência do comando concreto, pontual e consuntivo.

XI. A verdade é que a pouca – e, arrisca-se a dizer, única – doutrina que se debruça, em termos estritos, sobre o conceito *formal* de norma, considera-o manifestamente insuficiente.

Referimo-nos, em particular, a Carlos Blanco de Morais, que a este propósito fala de uma "*noção dualista de norma*", que, para aquilo que importa, também abarcaria os "*comandos aprovados sob a forma de lei*, os quais seriam sempre norma jurídica para efeito da sua submissão ao sistema de fiscalização da constitucionalidade, independentemente do seu conteúdo poder ser geral e abstracto, ou individual e concreto (...)"[469].

Para este Autor, este conceito "*arrisca-se a ser um não conceito*", pois que "[o] *mesmo comando jurídico singular, aprovado por lei, assume simultânea e paradoxalmente duas naturezas e o conteúdo singular das leis ultrapassa todos os limites do razoável, em face do princípio da separação e poderes e dos critérios de racionalidade na produção jurídica*"[470].

Partindo em específico da situação mencionada *supra* por Mário de Brito, associada ao (atual) artigo 268.º, n.º 4, da Constituição, Blanco de Morais chama a atenção para uma "situação dogmaticamente desconcertante", nomeadamente «quando o tribunal administrativo "*a quo*" julga

[469] Cfr, C. Blanco de Morais, *Justiça*, I, pp. 444-445.
[470] *Idem*, p. 452.

a admissão preliminar do recurso para o Tribunal Constitucional (n.º 1 do art. 76.º da LTC), e se vê obrigado a adoptar o conceito [formal] de norma da Justiça Constitucional, relativamente a um acto que ele próprio não estimou como de natureza normativa, mas sim como administrativo, no âmbito do contencioso de anulação», sendo que «se o [TC] julgar inconstitucional a *referida "norma legal e singular"*, esta será ulteriormente desaplicada pela jurisdição administrativa, que a terá como nula, ou ineficaz embora, de novo, na qualidade de acto administrativo e não de norma». Assim, não só «o mesmo acto *"muda de natureza jurídica"* em conformidade com a fase processual em que se encontra a ser contenciosamente tramitado», o que, na perspetiva deste Autor, configura "uma situação esdrúxula"»[471], como a circunstância de o mesmo comando poder "encontrar-se ubiquamente presente em duas jurisdições sendo todavia valorado de uma forma diversa em cada uma delas" – "(...) para a jurisdição constitucional estar-se-á diante de uma norma jurídica de natureza legislativa, enquanto que para a jurisdição administrativa o acto em questão assumirá carácter administrativo – é "*inconcebível em termos de lógica jurídica*"»[472].

Criticando este "acto mutante", defende, em conformidade, uma "decomposição [dos comandos legislativos e singulares]", assim como o "reexame da verdadeira função constitucional do instituto previsto no n.º 4 do art. [268.º] da CRP"»[473].

O que pensar? Há, desde logo, que dar nota de dois aspetos que nos parecem particularmente relevantes.

XII. Em primeiro lugar, se já vimos que a Constituição só em situações específicas é que reclama as propriedades da generalidade e da abstração, também não deixa de ser certo que para o TC, todas as situações associadas ao conceito *formal* de norma não suscitam, à partida, problemas quanto a uma eventual intromissão ilegítima do legislador em domínios reservados constitucionalmente à Administração. De facto, há uma diferença entre um ato administrativo sob forma legal, cuja norma implícita e credenciadora, por ser inconstitucional, pode ser impugnada junto do TC, e uma lei que, tendo um conteúdo que coincide com o "núcleo essencial da administração ou do

[471] *Ibidem*, pp. 450-451.

[472] *Ibidem*, p. 457.

[473] *Ibidem*, p. 458.

executivo" é, ela própria, inconstitucional por violação do princípio da separação de poderes. É que, como se sabe, e tal como o Tribunal já referiu, se a lei pode dispor sobre todas as matérias sem exceção, naquilo que se designa por *reserva horizontal*, em termos *verticais*, contudo, há que ter em atenção o seu aspeto concretizador relativo a uma determinada matéria, desde logo para verificar se, com isso, não se está a invadir, por via legal, um domínio que exclusivamente confiado a outra função do Estado que não a legislativa[474].

XIII. É a partir daqui que, em segundo lugar, se deve chamar a atenção para o facto de a crítica formulada por BLANCO DE MORAIS ser *datada*. Queremos com isto afirmar que este Autor, nas asserções expostas sobre esta matéria, recupera um entendimento que já havia expressado anteriormente e que passa por entender que "[o] *conteúdo de um acto jurídico-público não pode simultaneamente revestir duas naturezas jurídicas: ou consiste numa manifestação da função legislativa dotada de um valor e de uma força próprias ao exercício da mesma função, ou antes de assume como produto de uma função subordinada à primeira, à qual igualmente corresponde um posicionamento hierárquico e ma operatividade próprias no ordenamento*"[475].

XIV. Há que atentar nesta afirmação com alguma cautela. Em nosso entender, não podemos olhar para esta questão numa lógica de *tudo* ou *nada*, no sentido de advogar, em absoluto, uma espécie de mandato constitucional de atos legislativos gerais e abstratos, que, em consequência, não permite que o seu conteúdo seja integrado por comandos individuais e concretos, pois que tal, a suceder, consubstanciará uma interferência inadmissível na função administrativa[476]. É que, se assim fosse, e como já referido, como é que se entenderia

[474] Trata-se de um problema que não irá ser analisado nesta dissertação, sendo apenas referido neste contexto.
A este propósito, e entre nós, veja-se, por todos, C. BLANCO DE MORAIS, *Curso*, I, pp. 145 e ss. Paradigmaticamente, e em termos jurisprudenciais, é de atentar no Acórdãos n.ºs 1/97, de 8 de Janeiro (Plenário; Preventivo; FERNANDA PALMA), disponível em: https://bit.ly/3IQ17Me, de onde a expressão "núcleo essencial da administração ou do executivo" é retirada, e 24/98, de 22 de Janeiro (Plenário; Preventivo; GUILHERME DA FONSECA), disponível em: https://bit.ly/3JP5jNF, que se debruçam especificamente sobre uma eventual limitação de conteúdo concretizador das leis, bem como no Acórdão n.º 214/2011, de 29 de abril (Plenário; Preventivo; VÍTOR GOMES), disponível em: https://bit.ly/3tStjd8, especificamente sobre a (não) ausência de uma reserva constitucional de regulamento a favor do Governo.

[475] Cfr, C. BLANCO DE MORAIS, *As Leis Reforçadas*, p. 136.

[476] Sobre esta circunstância, P. MONIZ LOPES, *Derrotabilidade*, II e III, p. 91.

possível (e legítima) – em linha com o que faz a jurisprudência do TC – a existência de leis de feição administrativa: portanto, integrando comandos não necessariamente gerais e abstratos? E também nessa *lógica dual* estrita, como se compreenderia a existência de leis-medida? Além disso, e atentando no artigo 268.º, n.º 4, parece que é legítimo concluir que é a própria Lei Fundamental que admite a existência de atos administrativos sob forma legal

XV. Face ao exposto, e como referido anteriormente, parece-nos que decorre da Constituição que as propriedades da generalidade e abstração, agora referentes ao conteúdo dos atos legislativos, são contingentes. E tal parece ser suficiente para se afastar a asserção de Blanco de Morais.

XVI. Mesmo assim, há um aspeto desta opinião que é certeiro, em linha com uma particularidade por nós já avançada.

Se vislumbrarmos a jurisprudência citada a propósito do conceito *formal* de norma, verificamos que em todos os arestos se fala em criação de "direito novo". E, de facto, faz sentido que assim seja. Como se viu, todos os casos analisados constituíam uma exceção à regra geral – *i.e.*, se expectavelmente se esperava que a solução fosse num determinado sentido, pois que o caso seria subsumível à previsão de uma norma existente, a verdade é que aquele ato consubstancia uma solução singular e excecional, que é possível de acontecer precisamente porque se subsume à norma implícita que o credencia. E essa norma existe (ou teve de existir), em termos causais, porque a autoridade normativa competente à luz do sistema, por força de um critério de valoração primário, decidiu que a situação que seria objeto de um ato administrativo reclamava uma solução nova e, consequentemente, excecional relativamente à solução geral.

XVII. Quanto isto sucede, não nos choca que a dita "norma implícita" possa ser objeto de fiscalização da constitucionalidade. E também não nos parece que haja um conflito irresolúvel entre jurisdições, na medida em que, conforme já salientado, num momento estar-se-á a controlar exclusivamente a norma; noutro, o controlo incidirá, em termos também exclusivos, sobre o ato. É claro que isto pressupõe uma diferenciação entre ato e norma, mas parece-nos que essa diferenciação, ao contrário do que afirma Blanco de Morais, não suscita as "maiores dificuldades"[477], como os exemplos que citamos assim demonstram[478].

[477] Cfr, C. Blanco de Morais, *Justiça*, I, p. 459.

[478] Veja-se, em especial, e de novo, o Parecer n.º 13/82.

XVIII. Assim, se o particular pretender contestar o ato administrativo, disporá do mecanismo previsto no artigo 268.º, n.º 4, para o impugnar junto da jurisdição administrativa, podendo simultaneamente suscitar a inconstitucionalidade da norma que o credencia, em termos de eventual acesso ao TC por via de uma decisão negativa de inconstitucionalidade[479]. Se, porventura, esta jurisdição considerar que o ato é válido, então é porque não só entende que não está em causa nenhuma questão controvertida de direito ordinário, como conclui que a dita "norma implícita" não colide com a Constituição. Se assim é, está aberta a via de acesso ao Tribunal, que, julgando a norma inconstitucional, provoca a reforma da decisão da jurisdição administrativa em conformidade – *i.e.*, invalidar um ato administrativo por a sua credenciação ir de encontro à Lei Fundamental.

XIX. Situação diferente sucederá se ato legislativo for ele próprio, e *de per si*, um ato administrativo – *i.e.*, quando o conteúdo consumir definitivamente a forma. Face ao que se avançou anteriormente, esta solução ocorrerá quando não se estiver perante uma situação que, reclamando uma solução nova através de ato administrativo, exige, inevitavelmente, uma norma prévia (o tal "direito novo") para o credenciar[480]. Aqui parece que existe, de facto, uma intromissão da função legislativa na função administrativa, pelo que há duas conclusões a extrair estritamente conexas: (*i*) se se trata de um ato

[479] Sobre esta tutela jurisdicional garantida pela Constituição, cfr, J. J. G. Canotilho e V. Moreira, *Constituição Portuguesa*, II, pp. 819-834; J. J. G. Canotilho, *Direito Constitucional*, pp. 502 e ss.; J. Miranda e R. Medeiros, *Constituição*, III, pp. 608-617; J. Miranda, "Uma Perspectiva Constitucional da Reforma do Contencioso Administrativo", in *Estudos em Homenagem ao Prof. Doutor Inocêncio Galvão Telles*, Volume V, Coimbra, 2003, pp. 39-40; D. Freitas do Amaral, *Curso*, II, pp. 639 e ss.; ID, "Direitos Fundamentais dos Administrados", in J. Miranda (org.), *Nos dez anos da Constituição*, Lisboa, Imprensa-Nacional Casa da Moeda, 1986, pp. 22-23; M. Aroso de Almeida, *Manual de Processo Administrativo*, Coimbra: Edições Almedina, 5.ª Edição, 2021, passim; V. Pereira da Silva, *O Contencioso Administrativo no Divã da Psicanálise. Ensaio sobre as Acções no Novo Processo Administrativo*, 2.ª Edição, Coimbra: Edições Almedina, 2013, pp. 169 e ss.; M. Lúcia Amaral, *Responsabilidade*, pp. 288-303; R. Chancerelle de Machete, "A Garantia Contenciosa para obter o Reconhecimento de um Direito ou Interesse Legalmente Protegido", in J. Miranda (org.), Nos dez anos, 227-247. Cfr, ainda, M. Melo Egídio, "As *bases constitucionais* do Contencioso Administrativo: a Constituição da República Portuguesa de 1976 e legislação processual administrativa", in C. Amado Gomes, A. F. Neves e T. Serrão (org.), *Comentários À Legislação Processual Administrativa*, 4.ª Edição, Lisboa: AAFDL Editora, 2020, pp. 65-73.

[480] Assim, e seguindo os exemplos avançados por Blanco de Morais, *Justiça*, I, p. 456, suponha-se uma lei "que execute para um caso singular, uma outra lei, seguindo os critérios definidos por esta última".

administrativo, ele poderá (e deverá) ser impugnado junto da jurisdição administrativa, mesmo que envolvido sob a forma legal – daí a razão de ser do artigo 268.º, n.º 4; (*ii*) precisamente por força disto mesmo, não se poderá recorrer à jurisdição constitucional para o controlar, na medida em que esta fiscaliza normas e não atos não normativos de aplicação do direito pré-existente[481] [482].

XX. Feita esta apreciação crítica, tendo presente os argumentos aí desenvolvidos, e retornando às declarações de voto mencionadas a propósito do Acórdão n.º 26/85, parece-nos que as razões de MÁRIO DE BRITO pecam por excesso de forma.

[481] Sem prejuízo, evidentemente, de uma inconstitucionalidade orgânica e material que possa estar presente, já que o conteúdo de um ato legislativo pertence exclusivamente a outra função do Estado, violando-se o princípio da separação de poderes – cfr, *supra*, Parte II, §2, 2.1.1., *b*). Em sentido semelhante a este entendimento, mas divergindo na conclusão relativa à necessária ausência de controlo constitucional, cfr, C. BLANCO DE MORAIS, *ob. cit.*, p. 462. Para este Autor, e na situação que acabamos de descrever, se "a lei violou o núcleo de domínio reservado à Administração (...), a Jurisdição Constitucional deve poder conhecer da questão da inconstitucionalidade do referido *comando jurídico*, já que se está perante uma conduta do poder que se pretende fazer passar indevidamente por norma, violando simultaneamente o princípio constitucional da separação de poderes". Porém, se se conclui (corretamente) que estamos perante um puro ato administrativo sem qualquer norma implícita associada, como é que o TC poderá conhecer de um comando que não é normativo? Note-se que referimos que o entendimento de BLANCO DE MORAIS é datado, na medida em que, em escritos posteriores, este Autor não recuperou a crítica que fez na obra citada anteriormente, dando por pacífica a existência do conceito formal de norma tal como desenvolvido pelo TC. Talvez esta mudança se explique pela circunstância de BLANCO DE MORAIS ter também adotado um entendimento de ato legislativo que (já) comporta um conteúdo não necessariamente geral e abstrato – cfr, C. BLANCO DE MORAIS, *Curso*, I, p. 83. Mesmo assim, e lamentando que Lei Fundamental não tenha «inserido uma disposição análoga ao art. 102, I, *a*), da Constituição brasileira de 1988, que submete à fiscalização da constitucionalidade "*leis*" e "*atos normativos*"», pois que, se isso tivesse sucedido, "ultrapassar-se-ia, com vantagem, um desconforto dogmático sobre a impossibilidade de criação de uma noção unitária de norma para efeitos de fiscalização", cfr, C. BLANCO DE MORAIS, *Justiça*, I, p. 446.

[482] Saliente-se, contudo, que apesar de todos os casos relativos ao conceito formal de norma se processarem em torno de atos administrativos sob forma legal, o Parecer n.º 3/78 (assim como o Acórdão n.º 80/86) parece deixar aberta a porta para situações em que uma lei pode ter como conteúdo comandos que se assemelham a normas de decisão, típicas da função judicial. Na verdade, e vislumbrando esse aresto, não seria despiciendo afirmar-se que eventualmente poderia ser isso que estava em causa, o que é (tacitamente) confirmado pelo TC quando afirma "o [facto de o] ato administrativo (*se é que assim pode qualificar-se*)" (itálico nosso). Não sem algumas dúvidas quanto ao que vamos afirmar, parece-nos que se eventualmente for esse o caso, a lógica será a mesma: na verdade, se há uma norma de decisão, é evidente que ela tem sempre de se fundar numa norma jurídica que, nesse caso, e também necessariamente, estará implícita e, consequentemente, poderá ser controlada pelo TC. Retornaremos às normas de decisão mais adiante.

XXI. De facto, e até como já tivemos oportunidade de dilucidar, numa justiça constitucional *objetiva*, como aquela que a Constituição da República Portuguesa pretendeu inaugurar a partir da sua entrada em vigor a 25 de abril de 1976, aquilo que é objeto de fiscalização da constitucionalidade são *normas* e não *enunciados normativos* de onde elas possam decorrer e que constam de diplomas[483]. Precisamente por isso, não será por acaso que o então artigo 207.º da CRP76 – que, como vimos, assumia (e assume) uma importância fundamental – clarificava que os tribunais (todos eles) não podiam aplicar "normas" inconstitucionais. É verdade que os artigos 277.º e 284.º falavam em "decreto" e em "diploma legal", mas faziam-no porque aquilo que era enviado ao CR e ao PR eram, precisamente, os "decretos" e os "diplomas" que haviam sido aprovados e que – esperava-se – seriam promulgados para valerem como lei ou decreto-lei, a não ser que algum desses órgãos tivesse dúvidas quanto à constitucionalidade de alguma das normas aí contidas e requeresse a apreciação da constitucionalidade desse mesmo diploma ao CR, que pedia parecer à CC.

XXII. Porém, aquilo que iria ser eventualmente declarado inconstitucional – porque, logicamente, seria aquilo que iria ser apreciado – era uma (ou várias) norma(s) aí incorporadas, pelo que não fazia sentido afirmar que o "objeto de fiscalização eram diplomas legais em sentido formal, e não em sentido material"[484] – o que será controlado não é o *ato*, mas a *norma*[485], inclusivamente nas situações em que um ato (administrativo) está contido num

[483] Sobre esta distinção, cfr, entre nós, M. Teixeira de Sousa, *Introdução*, pp. 199 e ss.; P. Moniz Lopes, *Derrotabilidade*, I, pp. 42-44 e ss; D. Duarte, *A Norma*, pp. 64-72: nos termos deste último Autor, p. 64, "o enunciado é a expressão da norma, é o conjunto de símbolos, nomeadamente linguísticos, através dos quais aquela é formulada, enquanto a norma, propriamente dita, é o significado representado, que constitui o sentido deôntico aí contido". Daí que, nas palavras de P. Moniz Lopes, *ob. cit.*, p. 42, normas e enunciados normativos encontram-se "numa relação de significação linguística, surgindo o primeiro [o enunciado normativo], na qualidade de significante, como ponto de partida para a obtenção, através da interpretação, do próprio direito enquanto conjunto de significados".
Na doutrina estrangeira, e entre tantos outros, cfr, R. Guastini, *Interpretar y Argumentar*, 2.ª Edición, Madrid: Centro de Estudios Políticos y Constitucionales, 2018, pp. 77-79, e, por todos, C. Alchourron e E. Bulygin, *Análisis Lógico y Derecho*, pp. 169 e ss.

[484] Cfr, parágrafo 1 da declaração de voto de Mário de Brito. Sobre a distinção, cada vez mais em desuso, entre lei em sentido formal e lei em sentido material, e concluindo pelo seu afastamento na Constituição, cfr, M. Lúcia Amaral, *Responsabilidade*, pp. 288-303. Cfr, ainda, C. Blanco de Morais, *As Leis Reforçadas*, pp. 47 e ss. Mantendo esta distinção, J. Miranda, *Manual*, V, pp. 143-150, assim como ID, *Atos Legislativos*, pp. 65 e ss.

[485] Cfr, M. Lúcia Amaral, *Responsabilidade*, p. 294.

diploma, pois que, como referido, objeto de controlo será a norma implícita que o credencia. Aliás, e se dúvidas ainda persistissem, bastava atentar no também já mencionado artigo 282.º, n.º 1, da CRP76, que era perentório ao estatuir que aquilo que os tribunais poderiam recusar aplicar, com fundamento em inconstitucionalidade, era uma "*norma constante* de lei, decreto-lei, decreto regulamentar, decreto regional ou diploma equiparável, (...)" (itálico nosso).

XXIII. Já o segundo argumento de Mário de Brito também não procede, sendo que foi inclusivamente rebatido por Cardoso da Costa no próprio aresto em análise.

Seguindo de perto as asserções que formulamos aquando da apreciação crítica ao conceito *formal* de norma, é um facto que, com a revisão constitucional de 1982, o recurso em apreço passou a abranger "quaisquer atos administrativos definitivos e executórios, *independentemente da sua forma*" – cfr, artigo 268.º, n.º 3, da CRP82 (itálico nosso). Como bem refere o relator da decisão, "o propósito do legislador de revisão, com esta explicitação, foi justamente o de inverter a orientação antes prevalecente na doutrina, e acolhida sem discrepância na jurisprudência do Supremo Tribunal Administrativo, segundo a qual escapavam ao controlo contencioso os atos administrativos sob a forma de lei"[486].

XXIV. Só que, mesmo dando este aspeto por adquirido, os controlos operados – *v.g.*, de legalidade, num caso, e de constitucionalidade, no outro –, situam-se em planos distintos, não havendo um conflito positivo de jurisdição. Como certeiramente afirmado por Cardoso da Costa, (*i*) enquanto a fiscalização da constitucionalidade opera sempre sobre a norma contida no preceito com eficácia equivalente à de um ato administrativo, o controlo contencioso incidirá sobre o ato de aplicação que decorre desse preceito, que, como vimos, lhe dá cobertura legal; (*ii*) além disso, e no que diz respeito à legitimidade de iniciativa, só no recurso contencioso contra atos administrativos é que um particular poderia reagir, o que não sucederia se, porventura, ele se sentisse lesado enquanto destinatário direto de uma norma com as características em apreço, pois que o acesso à fiscalização abstrata da constitucionalidade estava

[486] Cfr, parágrafo 8 do acórdão. Sobre as diferentes aceções de norma na jurisprudência administrativa, tendo como ponto de comparação essa mesma evolução em contexto de jurisprudência constitucional e ainda dando nota da respetiva evolução histórica, cfr, por todos, C. Blanco de Morais, *Justiça*, I, pp. 441-485.

reservado às entidades constantes dos artigos 277.º e 281.º da CRP76; (*iii*) por fim, importa também não esquecer que, mesmo que se efetive um recurso contencioso desse tipo sobre o ato contido num preceito desse género, e se um tribunal administrativo concluir pela sua ilegalidade, esta decisão «não é, ou pode não ser, a última decisão sobre a questão: porque ela contém simultânea e justamente um juízo sobre a "constitucionalidade" da respetiva norma, [pelo que] da mesma decisão caberá recurso para o Tribunal Constitucional, verificados que sejam os pressupostos processuais pertinentes, enunciados no artigo 280° da Constituição e nos preceitos aplicáveis da Lei nº 28/82»[487].

XXV. Já a crítica avançada por Luís Nunes de Almeida viria, igualmente, a ser afastada por Cardoso da Costa, pouco tempo depois, em 1988. No Acórdão n.º 157/88, de 7 de Julho[488], que se debruçou sobre um problema muito semelhante àquele que foi analisado em 1985, o (de novo) relator, aproveitando o facto de o parecer da então Auditoria Jurídica da Presidência do Conselho de Ministros ter mencionado o entendimento vertido na declaração de voto daqueloutro Juiz Conselheiro, vai contestar essa mesma argumentação. Para Cardoso da Costa, é verdade que a circunstância de a Constituição não estabelecer um prazo para requerer a fiscalização abstrata da constitucionalidade e consequente declaração de inconstitucionalidade, aliada à particularidade de permitir essa mesma fiscalização quanto a preceitos com eficácia equivalente à de um ato administrativo, que, como se sabe, nunca logra consolidar-se, pode criar uma "situação de grande incerteza e insegurança".

XXVI. Porém, entende corretamente o relator, «a objeção em causa esquece a categoria dos atos administrativos "nulos" (se não também a dos "inexistentes"), atos esses que justamente se não consolidam, podendo a sua nulidade ser contenciosamente declarada a todo o tempo: os atos administrativos incorporados em normas legais inconstitucionais não ficariam senão sujeitos a um regime idêntico (isto, prescindindo já de saber se eles mesmos não devem incluir-se naquela categoria)»[489].

[487] Cfr, parágrafo 8 do acórdão.

[488] Já citado, e que pode ser encontrado em: https://bit.ly/3kTv8Cq.

[489] Cfr, parágrafo 6 do acórdão. Sobre esta circunstância, e em geral, cfr, M. Aroso de Almeida, *Teoria Geral*, pp. 373 e ss.; M. Rebelo de Sousa e A. Salgado Matos, *Direito Administrativo Geral, Tomo III – Actividade Administrativa*, 2.ª Edição, D. Quixote, 2009, pp. 169 e ss.; P. Otero, *Direito do Procedimento Administrativo*, Volume I, Coimbra: Edições Almedina, 2016, pp. 655 e ss.;

XXVII. Além disso, e recuperando uma ideia avançada na decisão prolatada três anos antes, «sempre caberia pôr o problema de saber se, no âmbito de um julgamento de inconstitucionalidade recaindo sobre preceitos individuais e concretos de carácter consumptivo, não haverá que distinguir entre a norma e o ato que tal preceito, simultaneamente, incorpora, de tal jeito que aquele julgamento só à primeira respeitaria: quanto ao "ato" em si, continuariam a valer os princípios comuns relativos à impugnação contenciosa dos atos administrativos»[490].

Parece-nos que esta linha argumentativa faz todo o sentido. E parece que ela também acabou por convencer Luís Nunes de Almeida que, a final, sufragou o que o Acórdão n.º 157/88 concluiu – que é o mesmo que dizer: concordou com a crítica que lhe foi dirigida por Cardoso da Costa, não votando vencido nem produzindo qualquer declaração de voto[491].

e) Um conceito *formal* e *funcional* de norma

XXVIII. Chegados aqui, constate-se aquilo que parece já estar claro: como o Acórdão n.º 26/85 parece ter provocado um *alargamento* do conceito de norma para efeitos de acesso ao TC. Realmente, até aí, e partindo do conceito *formal*, qualquer disposição que estivesse contida num diploma legal – ou melhor: num ato legislativo –, mesmo que individual e concreta, poderia ser objeto de controlo pelo TC; porém, não era claro se isso também era

D. Freitas do Amaral, *Curso*, II, pp. 355 e ss.; L. Lopes Martins, "A invalidade do acto administrativo no novo Código do Procedimento Administrativo: as alterações mais relevantes", in C. Amado Gomes, A. F. Neves e T. Serrão, *Comentários ao Novo Código do Procedimento Administrativo*, Volume II, Lisboa: AAFDL Editora, 2018, pp. 287 e ss.; F. Quadros et al., *Comentários à revisão do Código do Procedimento Administrativo*, Coimbra: Edições Almedina, 2016, pp. 320 e ss.; A. Sousa Pinheiro, T. Serrão, M. Caldeira e J. D. Coimbra, *Questões Fundamentais para a Aplicação do CPA*, Coimbra: Edições Almedina, 2018, passim. Já antes, J. C. Vieira de Andrade, "Validade (do acto administrativo)", in *Dicionário Jurídico da Administração Pública* (DJAP), Volume VII, 1996, pp. 581 e ss.; ID, "Nulidade e anulabilidade do acto administrativo", in *Cadernos de Justiça Administrativa* (CJA), n.º 43, 2004, pp. 41 e ss.; M. Aroso de Almeida, *Anulação de Actos Administrativos e Relações Jurídicas Emergentes*, Coimbra: Edições Almedina, 2002, pp. 311-412.; P. Otero, *Legalidade e Administração. O sentido da vinculação administrativa à juridicidade*, Coimbra: Edições Almedina, 2003, pp. 957-1081. Especificamente sobre o aspeto salientado no Parecer, cfr, por todos, C. Blanco de Morais, *Justiça*, II, pp. 228-237.

[490] Cfr, parágrafo 6 do acórdão.

[491] O mesmo não acontecendo, porém, com Mário de Brito, que, em linha com o que já havia feito aquando do Acórdão n.º 26/85, votou «o não conhecimento do pedido, por não estarmos em presença de "normas" para o efeito de fiscalização da constitucionalidade (...)».

possível quanto a prescrições que adviessem de outra autoridade normativa que não o legislador.

XXIX. Ora, a partir do momento em que neste aresto se faz referência a uma *normatividade*, reportada à circunstância de se estar a falar de uma prescrição reguladora de uma conduta, que advém de um *poder normativo* público, aliada ao facto de o poder legislativo não ser o único que se possa nele incluir, então, e necessariamente, outros comandos que não constem de diplomas legais podem ser objeto de fiscalização da constitucionalidade, desde que preenchidas as restantes condições *funcionais* – *v.g.*, eles serem, realisticamente, um comando normativo, por conterem uma regra de conduta para os particulares ou para a Administração, ou mesmo um critério de decisão para esta ou para o juiz.

XXX. Note-se, porém, que o alargamento mencionado é apenas *aparente*. Com efeito, se se pode afirmar que a partir do Acórdão n.º 26/85 e da importância que aí assume o critério relativo à *normatividade*, o facto de não estarmos perante um comando contido num diploma legal já não é suficiente para se concluir pela inadmissibilidade de apreciação de constitucionalidade pelo Tribunal, a verdade é essa asserção vem necessariamente acompanhada da indispensabilidade de os demais requisitos *funcionais* estar preenchidos, pois que só assim é que essa apreciação pode ocorrer[492]. É o que se concretizará já de seguida.

[492] Como já foi mencionado, Blanco de Morais, a este propósito, *Justiça*, I, pp. 444-445, afirma que o TC inclui "na sua conceção funcional, uma *noção dualista de norma*", que abarca duas realidades: (*i*) por um lado, os "*comandos aprovados sob forma de lei*", (*ii*) por outro lado "os *restantes atos normativos desprovidos de forma legal*, os quais para integrarem o conceito funcional de norma deveriam ser pautados por comandos caracterizados pela sua generalidade e abstração". Trata-se, porém, de um entendimento que deve ser analisado com cautela.
Com efeito, se é verdade que o conceito *formal* de norma diz respeito à primeira realidade mencionada por Blanco de Morais, também é certo, como acabou de se ver, que em nenhum momento a jurisdição constitucional afirmou, em sede de conceito *funcional* de norma, que apenas conheceria daqueles comandos que fossem caracterizados pela generalidade e abstração, não só porque desde cedo se afastou o entendimento de que essas características seriam pretensamente identificadoras do conceito de "norma" para efeitos da nossa Constituição, como em jurisprudência posterior afinará ainda mais aquele conceito e ligá-lo-á à *normatividade* acabada de mencionar, no sentido de todos os atos do poder público que contiverem uma regra de conduta para os particulares ou para a Administração ou um critério de decisão para esta ou para o juiz poderem ser objeto de fiscalização da constitucionalidade, prescindindo-se "da natureza necessariamente geral e abstrata dos preceitos a sindicar" – cfr, C. Lopes do Rego, *Jurisprudência Constitucional*, p. 4. Daí que, sem

2.2.2. O Acórdão n.º 150/86, de 30 de Abril.

a) Duas questões

XXXI. Todas as decisões que têm vindo a ser analisadas, quer as da CC, quer as do TC, têm um ponto em comum: terem sido proferidas em contexto de fiscalização abstrata preventiva e sucessiva da constitucionalidade. Assim, e melhor dizendo, a construção do *conceito funcional de norma* iniciou-se nessa sede, pelo que se colocava a questão de saber se podia ser transposto para as hipóteses de fiscalização concreta[493].

XXXII. A resposta foi dada por Luís Nunes de Almeida no importante Acórdão n.º 150/86, de 30 de Abril[494], que, para além da solução aí contida, vai dar um importante contributo para o desenvolvimento e aprimoramento do conceito-chave que preside à presente investigação.

prejuízo do que se afirmará adiante, nos pareça precipitado afirmar que fora das situações associadas ao conceito formal de norma, o TC apenas conhecerá de normas gerais e abstratas, embora este raciocínio talvez se explique quer pela circunstância de em jurisprudência posterior, e tal como iremos ver de seguida, a jurisdição constitucional, a propósito de um conceito funcionalmente adequado, referir-se à pretensão de generalidade do comando normativo em causa, quer pela persistência deste Autor em elevar a generalidade e abstração a características da norma, incluindo em sede de construção de uma "noção de recorte pragmático" à luz da Constituição – cfr, C. Blanco de Morais, *Curso*, I, p. 101. Em sentido semelhante, cfr, J. J. Gomes Canotilho e V. Moreira, *Fundamentos*, pp. 246-247, referindo-se a um "*conceito misto*: formal, quando se trata das formas normativas típicas; material, nos restantes casos". Posteriormente, J. J. Gomes Canotilho, *Direito Constitucional*, p. 932, haveria de clarificar este entendimento, em linha com o que expusemos no texto, ao referir que o que conta é a "qualidade jurídica" da norma – portanto, a "ideia de norma como: *(i) padrão* de comportamentos [e] *(ii) acto* criador de *regras* jurídicas para a decisão de conflitos", sendo que "[a] norma, para valer como norma juridicamente vinculante, deve ser criada por um *poder normativo* legitimado para criar padrões de comportamento e regras de decisão de conflitos".

493 A explicação para o facto de o TC ter iniciado a construção de um conceito *funcional* de norma em sede de fiscalização abstrata, reside na circunstância histórica, já aludida, de apenas a partir de 1982, com a primeira revisão constitucional, ter ficado estabelecido, no nosso sistema de fiscalização, o *recurso por inconstitucionalidade* dirigido a particulares, permitindo-lhes um acesso indireto à jurisdição constitucional (cfr, artigo 280.º, n.º 1, alínea *b)*, da CRP82). Ora, tal não só vai acionar, em termos exponenciais, a fiscalização concreta sucessiva em detrimento da abstrata, como forçará o TC a pronunciar-se sobre o conceito de norma fiscalizável em sede do recurso em apreço. Ao mesmo tempo, e também como mencionado, foi também no final desse ano que foi aprovada e entrou em vigor a LOTC, que, consequentemente, contribuiu para o aperfeiçoamento desse mesmo recurso – cfr, *supra*, Parte I, Secção II, §5, 5.7.

494 Que pode ser encontrado em: https://bit.ly/3yaN5Ao.

> Nesta decisão, proferida pela então 2.ª Secção do TC, tratou-se da questão de saber se as normas de um regulamento de arbitragem aprovado pela "determinação" de uma comissão arbitral, prevista nas Condições Gerais da Venda de Energia Elétrica em Alta Tensão, anexas ao Decreto-Lei n.º 43 335, de 19 de novembro de 1960, na redação que lhe foi dada pelo Decreto-Lei n.º 296/82, de 28 de julho, e constituída para resolver um litígio entre a **D.**, e a Federação dos Municípios do Distrito de **E.**, podiam ser objeto de fiscalização concreta pelo Tribunal Constitucional.

Partindo do problema exposto, Luís Nunes de Almeida, apelando a duas ideias que já haviam sido desenvolvidas no Acórdão n.º 26/85, vai dar o seu entendimento quanto a duas questões cuja resposta se revelava essencial:

1) Podia o Tribunal Constitucional, em sede de fiscalização concreta da constitucionalidade, apelar ao conceito *funcional* de norma?
2) Se a resposta à questão anterior for afirmativa, poder-se-ia, ainda assim, excluir o controlo do TC tendo em conta a natureza da determinação que estava em causa?

Vejamos.

b) A resposta do Tribunal

XXXIII. Para este Juiz Conselheiro, o conceito *funcional* de norma "é tão válido em sede de fiscalização abstrata quanto em fiscalização concreta", e isto porque as razões que levaram ao seu desenvolvimento são as mesmas em ambas as situações. No caso em apreço, e tendo conta o tipo de fiscalização que estiver em causa, será necessário ter em conta os "objetivos constitucionalmente subjacentes à instituição do recurso para o Tribunal Constitucional, da sua finalidade, da sua concreta razão de ser"[495].

XXXIV. Adquirida esta ideia, Nunes de Almeida, em linha com o que havia sido desenvolvido no Acórdão n.º 26/85, esclarece que a fiscalização concreta da constitucionalidade visava (e visa) reservar ao TC a "última palavra relativamente a outras decisões judiciais que se pronunciem sobre a conformidade

[495] Cfr, parágrafo 9 do acórdão.

ou desconformidade de normas jurídicas"[496]. Ora, estando em causa uma "determinação" aplicada por uma decisão de uma comissão arbitral, admitir o seu não conhecimento pelo Tribunal significaria afirmar que a esta "caberia, afinal, a última palavra relativamente à conformidade ou desconformidade constitucional das regras de conduta e dos critérios de decisão constantes da referida determinação. E isto, com a agravante de tais regras e critérios terem sido emanados pela mesma comissão arbitral"[497].

XXXV. Note-se como aqui já se faz referência, em termos prévios, a "regras de conduta" ou a "critérios de decisão". Referimo-nos a esta circunstância porque uma maneira de impedir o TC de controlar esta "determinação" seria apelar, exclusivamente, ao conceito *formal* de norma, alegando aquilo que parece claro – o facto de ela não constar de nenhum diploma legal, pelo que, consequentemente, não deveria ser objeto de fiscalização. Só que, logicamente, esta linha argumentativa deixa de fazer sentido a partir do momento em que se desenvolve um novo conceito de norma para efeitos de acesso ao Tribunal, conceito esse que, como vimos, se caracteriza, no essencial, por um critério de *normatividade* – assim, e nas palavras do relator do aresto em análise, «no caso vertente, não se pode ignorar que a generalidade dos "preceitos" constantes da questionada determinação processual não se traduzem na mera aplicação, execução ou simples utilização de "normas", antes contêm verdadeiras regras de conduta para as partes e para a própria comissão arbitral ou fixam critérios de decisão para esta última».

XXXVI. Dito de outro modo, "ao definir os termos do processo, a comissão arbitral não estava a dizer o direito aplicável ao caso concreto, antes estava, na verdade, a *criar* esse direito; não estava a decidir um litígio, antes estava a fixar os critérios — ainda que atinentes a questões meramente adjetivas — que lhe permitiriam vir a resolvê-lo, num momento ulterior. Isto é, *não estava a exercer uma função materialmente jurisdicional*"[498] (itálico nosso).

XXXVII. Já se percebe que a resposta a ambas as questões há pouco levantadas não pode deixar de ser positiva. E veja-se como em ambas as respostas se faz uso do conceito *funcional* de norma: (*i*) por um lado, porque as razões

[496] Sobre este aspeto, e por todos, cfr, C. Blanco de Morais, *Justiça*, II, pp. 601 e ss.

[497] Cfr, parágrafo 10 do acórdão.

[498] Cfr, parágrafo 11 do acórdão.

que levaram ao seu surgimento – em especial, permitir ao TC o controlo de uma *norma* – não podem também deixar de estar presentes em sede de fiscalização concreta (resposta à primeira questão); (*ii*) por outro lado, e partindo desta ideia, porque a "determinação" em causa, mesmo vindo a ter relevância para a decisão judicial que, por si só, é estranha ao sistema de fiscalização da constitucionalidade, é, realística e materialmente, um comando *normativo*, pois que está a *criar* o direito que será aplicável ao caso concreto (resposta à segunda questão).

XXXVIII. O que acaba de ser exposto não é de somenos importância, já que deste raciocínio, que esclarece que o que o que iria ser verdadeiramente controlado não era a decisão judicial, mas o seu *momento prévio* – i.e., o momento em que o tribunal aprova uma "determinação", portanto, cria direito – decorre a possibilidade, admitida pelo Tribunal, de fiscalizar a constitucionalidade de normas que são criadas pelo julgador[499].

c) Clarificação do conceito funcional de norma

XXXIX. De facto, vislumbrado o que foi avançado a propósito do Acórdão n.º 26/85, rapidamente se percebe que as asserções há pouco avançadas (ainda) não são suficientes. Queremos com isto dizer que se por um lado é um dado adquirido que essa "determinação" mais não é do que uma prescrição traduzida num sentido *funcional*, pois que se traduz numa "regra de conduta" ou num "critério de decisão", resta saber, por outro lado, se ela advém de um *poder normativo público*: *i.e.*, de uma autoridade normativa competente.

XL. É por isso que o Acórdão n.º 150/86 vai ainda ser importante para o tema desta investigação por também clarificar este e outros dois requisitos que devem estar associados ao conceito *funcional* de norma:

(*i*) Como se expôs no parágrafo antecedente, no Acórdão n.º 26/85 estavam em causa dois comandos que, apesar de terem natureza individual e concreta, incorporavam-se num decreto-lei. Este diploma, por sua vez, estava imediatamente sujeito à Constituição, pelo que, logicamente, e nas palavras desse aresto, «também os preceitos com

[499] Veremos, *infra*, como este aspeto pode assumir especial relevância, nomeadamente quando relacionado com o artigo 10.º do Código Civil.

a natureza [aí] considerada [tinham] como parâmetro de validade imediato, não a lei ("outra" lei), mas a Constituição. Nada [justificava], por consequência, que o seu exame [escapasse] ao controlo específico da constitucionalidade – é dizer, à jurisdição e à competência [do] Tribunal»[500]. De facto, se o parâmetro imediato de validade fosse uma lei, do que se trataria, nesse caso, seria de uma questão de eventual ilegalidade, sobre a qual, à partida, o TC não se pode pronunciar, pois que tal não será uma matéria de fiscalização da constitucionalidade, mas, antes, da legalidade, exclusivamente cometida aos tribunais comuns[501] [502]. Mas bastará a circunstância de uma disposição

[500] Cfr, parágrafo 8 do Acórdão n.º 26/85.

[501] Referimos que o TC não terá essa competência "à partida", na medida em que ainda podem estar em causa processos de fiscalização da ilegalidade de determinadas categorias de normas: quer o processo de fiscalização concreta, quer o processo de fiscalização abstrata – cfr, atuais artigos 223.º, n.º 1, 280.º e 281.º, da CRP. Como se sabe, a fiscalização da ilegalidade não tinha respaldo na versão originária da Constituição, tendo sido incorporada na revisão constitucional de 1982 e, posteriormente, na de 1989. Daí que a referência no texto tenha sempre de ser afinada: assim, se o parâmetro imediato de validade for uma lei, o TC não poderá intervir a não ser que estejamos perante uma de três situações: (i) uma norma constante de ato legislativo que viola uma lei de valor reforçado; (ii) uma norma constante de diploma regional que viola um estatuto de uma região autónoma; (iii) uma norma constante de um diploma emanado de um órgão de soberania que viola um estatuto de uma região autónoma. Na medida em que, no âmbito da presente investigação, nos focaremos apenas na fiscalização da constitucionalidade, qualquer referência a eventuais questões de "ilegalidade" não deve ser entendida como reportando-se às formas qualificadas que reclamam a intervenção do TC, salvo indicação em contrário. Sobre os processos de fiscalização da legalidade, cfr, C. Blanco de Morais, *Justiça*, I, pp. 410 e ss.; ID, ob. cit., II, passim; J. J. G. Canotilho, *Direito Constitucional*, pp. 1039 e ss.; J. J. G. Canotilho e V. Moreira, *Constituição*, II, pp. 887 e ss.; J. Miranda e R. Medeiros, *Constituição*, III, pp. 743 e ss.; J. Miranda, *Fiscalização*, passim; F. Alves Correia, *Justiça*, pp. 284 e ss.; C. Queiroz, *Justiça*, pp. 151 e ss,; J. M. Cardoso da Costa, *A Jurisdição*, pp. 31 e ss.; C. Sarmento e Castro, *Estudos*, pp. 404 e ss.; V. Canas, *Os Processos*, *passim*.

[502] De ilegalidade ou, no limite, de *inconstitucionalidade indireta*. Veja-se, a este respeito, o Acórdão n.º 577/96, de 16 de Abril (2.ª Secção; Recurso; Luís Nunes de Almeida), onde se alegava que um regulamento que impunha o encerramento de supermercados ao fim de semana em determinados horários era nulo por "violação direta do nº 1 do artigo 1º do referido Decreto-Lei nº 417/838 [de 25 de novembro, que alargava o período de abertura e diversificava os horários de funcionamento dos estabelecimentos comerciais], e por exceder os limites de competência atribuídos ao agente autárquico donde emana por norma superior – artº 3º nº 1 do mesmo diploma e artº 242º da C. R. Portuguesa". Para o TC, "[o] vício apontado pela recorrida, por assentar na violação da lei pelo regulamento, não é do conhecimento deste Tribunal, já que configura um vício de **ilegalidade** e não uma **inconstitucionalidade**". Além disso, se, de facto, "a recorrida faz apelo ao preceituado no artigo 242º da Lei Fundamental, (...), isso em nada altera as coisas, uma vez que esta norma constitucional se limita a estabelecer uma regra de hierarquia, não sendo uma norma directamente repartidora de competências entre órgãos de soberania e órgãos autárquicos: só se

não constar de um diploma legislativo – que, portanto, tem, à partida, (apenas) a Constituição como parâmetro de validade – para se poder afirmar que ela não pode ser objeto de controlo da constitucionalidade, na medida em que, afinal, será uma questão de legalidade? Para Luís Nunes de Almeida, não: no âmbito do conceito *funcional* de norma, em especial no que se refere ao critério da *normatividade*, se aquelas disposições consideradas enquanto verdadeiras regras de conduta, embora não estando incorporadas em atos legislativos, tiverem como parâmetro de validade imediato a Constituição, devem ser, em consequência, objeto de controlo por parte do TC. E para aquele Juiz Conselheiro era isso que sucedia no contexto do Acórdão n.º 150/86, já que, "no caso em apreço, a lei limitou-se, praticamente, a atribuir à comissão arbitral competência para definir as regras processuais aplicáveis, as quais, de um ponto de vista material, têm como único parâmetro de validade, direta e imediatamente, a própria Constituição [mesmo não constando de nenhum diploma legal]"[503];

(*ii*) Um dos argumentos invocados para justificar a eventual incompetência do TC no controlo de constitucionalidade residia na circunstância de se alegar que a "determinação" que estava em causa era, na realidade, um ato normativo *privado* – portanto, que decorria da vontade dos particulares, para prosseguimento de *fins particulares*; se assim era, e por força do entendimento inaugurado pelo Acórdão n.º 26/85, então "os preceitos em causa só seriam suscetíveis de constituírem objeto da fiscalização concreta de constitucionalidade caso tivessem sido editados sob a forma de ato legislativo ou, quando muito, no exercício de um poder regulamentar"[504] – portanto, se tivessem uma natureza *pública*[505], advindo de uma autoridade normativa

poderia, assim, aqui falar de uma **inconstitucionalidade indirecta**, resultante da ocorrência da **ilegalidade**, sendo que é este vício o que aqui preleva para o efeito de se excluir a competência do Tribunal Constitucional". Acórdão disponível em: https://bit.ly/3rUoZao.

[503] Cfr, parágrafo 11 do acórdão. Curiosamente, mais tarde, em 1993, o então Juiz Conselheiro Sousa e Brito, em voto de vencido ao Acórdão n.º 172/93, de 10 de fevereiro (Luís Nunes de Almeida), disponível em: https://bit.ly/3rAo8vB, vai referir que as "normas do regulamento de arbitragem julgadas inconstitucionais no Acórdão nº. 150/86, (...) só violavam diretamente a Constituição por não estar em vigor a Lei nº. 31/86 de 29 de Agosto (artigo 16º.), que as teria tornado ilegais", e, portanto, insuscetíveis de controlo por parte do TC.

[504] Cfr, parágrafo 11 do acórdão.

[505] Ou, nas palavras do Acórdão n.º 26/85, já citado, se proviessem do "poder normativo do Estado (lato sensu)" (parágrafo 8).

competente, já que só aí, ao contrário da situação anterior, é que haveria uma orientação de comportamento que não só não estaria na disponibilidade das partes como se imporia independentemente da sua vontade. Para Luís Nunes de Almeida, porém, esta argumentação não colhia, precisamente "porque sendo a comissão arbitral um tribunal arbitral necessário, o afastamento das normas legais vigentes em matéria de processo e a consequente subordinação aos termos processuais fixados por aquela comissão em nada resulta da vontade das partes, pelo que se não pode aí descortinar uma manifestação da autonomia privada"[506]. Por outras palavras: as partes estão sujeitas a esses termos processuais não porque o querem ou decidem, mas, antes, porque a *vinculatividade* daqueles é lhes deferida por ato legislativo[507];

(*iii*) Mas como se isto não bastasse, importância fundamental ainda assume a entidade de onde essas regras de conduta provêm. Na verdade, havia-se referido, no Acórdão n.º 26/85, que o poder normativo em questão, para efeitos de conceito *funcional* de norma, deveria ser um poder normativo *público* – portanto, teria de estar em causa um comando normativo criado por uma autoridade normativa pública, que não necessariamente a legislativa (embora especialmente)[508]. Mas seria isso que estava em causa numa "determinação" aprovada por uma comissão (*v.g.*, tribunal) arbitral? Para o relator do Acórdão n.º 150/86, a resposta não podia deixar de ser afirmativa, e isto "porque os tribunais arbitrais exercem poderes *soberanos*, tal como os restantes tribunais, não sendo legítimo, por isso, negar o carácter *público* da função que desempenham"[509] (itálico nosso). Dito de outro modo, a natureza pública dessa função decorre do facto de os tribunais arbitrais

[506] Cfr, parágrafo 12 do acórdão.

[507] Com efeito, nos termos do artigo 49.º das Condições Gerais de Venda de Energia Elétrica em Alta Tensão, anexas ao Decreto-Lei n.º 43 335, de 19 de Novembro de 1960, na redação que lhe foi dada pelo artigo 1.º do Decreto-Lei n.º 296/82, de 28 de Julho, "as dúvidas, divergências ou, de um modo geral, todos os litígios de qualquer natureza que se levantarem entre o consumidor e o distribuidor sobre a interpretação ou execução de disposições legais ou contratuais aplicáveis às suas relações, incluindo a falta de cumprimento de obrigações e respetivas consequências, serão decididas por uma comissão de três árbitros, um indicado por cada uma das partes e o terceiro por acordo dos outros dois árbitros". O § 2.º do citado artigo estabelece ainda que "a comissão determinará os termos a seguir na instrução do processo, devendo, porém, ser sempre ouvidas as partes depois da preparação e antes da decisão da causa".

[508] Novamente, veja-se o parágrafo 8 do Acórdão n.º 26/85, já citado.

[509] Cfr, parágrafo 12 do acórdão.

encontrarem acolhimento no (então) artigo 212º da Lei Fundamental, ao mesmo título que qualquer outro tribunal, também sendo, por isso, órgãos com competência para administrar a justiça em nome do povo.

XLI. Veja-se, assim, a importância do Acórdão n.º 150/86 para a clarificação atrás mencionada:

1) Em primeiro lugar, esclarece-se que o facto de uma prescrição não constar de um diploma legislativo não é suficiente para se concluir que ela, de um ponto de vista material, não terá a Constituição como parâmetro imediato de validade;
2) Em segundo lugar, ressalva-se que para uma entidade – no caso, uma comissão arbitral – ser considerada autoridade normativa geradora de comandos que se imponham às partes, sendo, por isso, vinculativos, essa atribuição de competência terá de vir, necessariamente, de uma autoridade normativa reconhecida pelo sistema – do legislador –, que era o que sucedia, na medida em que a competência da comissão havia sido deferida por lei;
3) Em terceiro e último lugar, estipula-se de que essa "regra de conduta" ou "critério de decisão" tem de advir de uma autoridade normativa competente no desempenho de uma função de natureza pública – *i.e.*, de um poder normativo público.

2.2.3. Os primeiros requisitos do conceito *funcional* de norma

XLII. No espaço de um ano o Tribunal Constitucional vai, assim, fixar o sentido e o alcance do conceito *funcional* de norma, invocável quer em sede de fiscalização abstrata, quer em sede de fiscalização concreta da constitucionalidade. Para que tal invocação possa suceder, têm de estar reunidas, cumulativamente, as seguintes *condições*:

1) Estar-se perante um comando *normativo* – *i.e.*, perante uma regra de conduta, um critério de decisão, dirigido aos particulares, à Administração ou mesmo ao poder judicial;
2) Esse comando normativo ser *vinculativo*, no sentido de estabelecer uma orientação de comportamento que se impõe às partes, independentemente da sua vontade;

3) Que o seu o *parâmetro de validade imediato* seja a Constituição;
4) Que essa regra de conduta, tradução de uma manifestação normativa[510], tenha provindo de um poder *normativo público – rectius*: de uma autoridade normativa competente, no exercício de uma função de natureza pública.

Partindo destas condições, e conjugando os conceitos *formal* e *funcional* de norma:

i) Um ato individual e concreto da função administrativa, coincidindo com um ato administrativo, e sendo, por isso, um ato de aplicação de direito, não poderá ser objeto de fiscalização da constitucionalidade, a não ser que esteja incorporado num diploma legal. Se assim for, poderá haver um controlo de constitucionalidade através de um conceito *formal* de norma, embora, evidentemente, o que vá ser controlado não seja o *ato*, mas, sim, a *norma* (implícita) que lhe está subjacente e que o credenciou[511];

[510] Ressalve-se, neste contexto, que quando nos reportamos a "regra" de conduta, na terminologia do Tribunal, queremos referir-nos ao caráter necessariamente regulativo de uma *norma*, na medida em que esta, como se sabe, é funcionalizada à respetiva influência sobre a ação humana – i.e., à regulação de condutas. Veja-se, neste sentido, P. Moniz Lopes, *Derrotabilidade*, I, p. 75. Por sua vez, a norma em si mesmo considerada pode assumir-se ou enquanto *norma-regra*, ou enquanto *norma-princípio*, apenas interessando, para o presente efeito, que tanto num caso como no outro haja uma correspondência com uma "regra de conduta" entendida no sentido funcional pelo Tribunal, e que, evidentemente, tanto pode derivar de uma *norma-regra* ou de uma *norma-princípio*. Sobre a distinção entre *normas-regras* e *normas-princípios*, cfr, por todos, e com extensas referências bibliográficas, P. Moniz Lopes, *ob. cit.*, pp. 157-198.

[511] Veja-se, no entanto, a declaração de voto de vencido do Conselheiro Sousa e Brito, no já citado Acórdão n.º 172/93, onde afasta este "critério formal". Para Sousa e Brito, «concluir que todas as leis em sentido formal são normas (...) não é equivalente a dizer (...) que tal consideração postula "um critério ou noção formal de norma"», "[a] não ser que se entenda a expressão "formal" no sentido amplíssimo de "qualquer preceito ou disposição inserida num diploma normativo". Daí que a referência a conceito formal de norma tenha de estar associada a um correto entendimento de lei em sentido formal, que, para Sousa e Brito, se identifica com «"aquele acto do Estado que – segundo determina mais de perto o direito positivo – foi produzido e declarado de uma forma solene determinada, especialmente com intervenção da representação popular", e que *pode ter ou não como conteúdo uma proposição jurídica*» (itálico nosso). Contudo, se é certo que esta argumentação pode fazer sentido na lógica associada à referida declaração de voto, a verdade é, como se viu, o TC desde cedo que referiu que um ato do Estado, produzido e declarado de forma solene, mesmo que contenha um preceito que, à partida, revista apenas natureza aplicativa, não é suficiente para se afirmar que ele não pode ser considerado uma proposição jurídica, já que esta ainda pode estar presente, nomeadamente de forma implícita.

ii) Um ato judicial individualmente considerado, pelos mesmos motivos acabados de mencionar, também não pode ser controlado pela jurisdição constitucional. Porém, se nessa decisão tiver havido criação de direito e o juiz tiver estado deviamente habilitado para tal – *i.e.*, tiver sido reconhecido, para esse efeito, enquanto autoridade normativa competente –, então os comandos normativos criados podem chegar ao conhecimento do TC, sendo imperioso, contudo, que tenham a Constituição como parâmetro imediato de validade, como parece que foi o que sucedeu a propósito do acórdão acabado de analisar[512].

XLIII. Relativamente a *i)*, e recuperando o que mencionou há pouco, se é verdade que hipóteses como aquelas que foram analisadas são cada vez mais escassas, desde logo por força da normalização do recurso associado ao artigo 268.º, n.º 4, da Constituição, é também um facto que o controlo de constitucionalidade ainda pode ocorrer, na medida em que o Tribunal (ainda) não rejeitou o seu conceito *formal* de norma.

2.2.4. Controlo de normas *individuais* e *concretas*?

XLIV. Antes de avançarmos na nossa análise, cremos que há ainda um aspeto cuja importância não pode ser relativizada. Tal como tivermos oportunidade de explicitar, sem prejuízo de perfilharmos o entendimento que vê a generalidade (da previsão normativa) como uma das propriedades necessárias do conceito de norma jurídica, excluindo assim deste conceito as ditas normas individuais, a verdade é que o TC, se por um lado afirma que a Constituição não perfilha um conceito *material* de norma, por outro também não refere, de forma positiva, que as normas individuais e concretas são suscetíveis de fiscalização da constitucionalidade. Ora, tendo presente esta constatação, não se poderá negar, pelo menos em termos abstratos, que comandos individuais e concretos são entes prescritivos que impõem, proíbem ou permitem determinada conduta ao sujeito a quem são dirigidas[513]. Pergunta-se: poderão ser objeto de controlo pelo Tribunal Constitucional?

[512] Embora a essas "normas", segundo o Tribunal, ainda tenha de ser assacada uma outra característica, como teremos oportunidade de ver adiante.

[513] Neste sentido, J. SILVA SAMPAIO, "Separação de Poderes, Criação e Aplicação do Direito em Kelsen", in P. MONIZ LOPES (coord.), *O Pensamento*, p. 259.

XLV. Se vislumbrarmos a análise da jurisprudência citada até este momento, nota-se que pode haver uma certa confusão entre *ato* e *norma*. Na verdade, e por referência à individualidade, verifica-se que a única circunstância em que o Tribunal se pronuncia a favor do conhecimento de comandos individuais e concretos ocorre quando esses comandos se confundem com atos administrativos. Quando isso sucede, e tendo presente a questão que acabou de se colocar, já se sabe a resposta: pode haver fiscalização da constitucionalidade se esses comandos estiverem contidos num diploma legal, assim se acionando o conceito *formal* de norma.

XLVI. Ora, sem prejuízo de o próprio conceito de individualidade ser hoje discutido[514], o que ocorre se for o legislador a aprovar uma "norma" que não partilha das ditas características da generalidade e da abstração?

Vimos que as *leis-medida* são controláveis, mas e uma suposta "norma individual e concreta"? De novo, a resposta é idêntica. E a justificação que lhe está subjacente não pode causar estranheza.

XLVII. Tendo como ponto de partida uma circunstância já referida por mais do que uma vez – nomeadamente, que "as necessidades do actual Estado social tornam praticamente inevitável a emissão de leis (...) destinadas a regular situações concretas e aplicáveis só num dado momento a destinatários determináveis"[515], ou seja, a uma *classe fechada*[516], não são raras as ocasiões em que o legislador pode assumir as vestes da Administração. Deste fenómeno, por sua vez, podem resultar quer "leis gerais e concretas" (portanto, *leis-medida*), quer "normas individuais e concretas" que mais não são do que atos administrativos sob forma legal[517]. Assim, se a situação de o legislador aprovar

[514] Na doutrina nacional, e entre tantos outros, veja-se J. Reis Novais, *As Restrições*, pp. 808-809.

[515] Cfr, J. Reis Novais, *As Restrições*, p. 802.

[516] Sobre esta noção de *classe* ou *categoria fechada*, cfr, G. H. Von Wright, *Norm and Action. A Logical Enquiry*, London: Routledge & Kegan Paul, 1963, pp. 81 e ss.

[517] Para efeitos da presente investigação, tomamos a noção de ato administrativo tal como ela consta do artigo 148.º do CPA, que o define enquanto decisão que, no exercício de um poder jurídico-administrativo, visa "produzir efeitos jurídicos externos numa situação individual e concreta". Trata-se de uma definição que não é nova, na medida em que decorre do labor da doutrina e da jurisprudência ao longo dos anos. É esta razão que explica que esta definição, acabada de mencionar, seja hoje relativamente consensual, sem prejuízo de um debate histórico existente entre uma conceção restrita ou ampla de ato administrativo – sobre este debate, veja-se, em especial, P. Moniz Lopes, *Derrotabilidade*, II e III, pp. 86-87, nota 160, e referências bibliográficas aí citadas. Sobre o ato administrativo, na doutrina, entre tantos Autores que poderiam ser referidos

uma "norma individual e concreta" coincide com este fenómeno, então a resposta que se avançou há pouco também encontra aqui respaldo: o TC pode intervir em sede de fiscalização da constitucionalidade através do acionamento do seu conceito *formal* de norma, fiscalizando a norma implícita que credencia esse ato administrativo.

XLVIII. Por fim, e agora atentando nas normas entendidas no seu sentido *funcional*, já se sabe que para poder haver controlo de constitucionalidade necessário se torna que estejamos perante um (*i*) comando normativo; (*ii*) vinculativo e (*iii*) adveniente de um poder normativo público, e que *não necessariamente contido num diploma legal.*

XLIX. Assim, se um determinado regulamento administrativo contiver comandos que comungam destas mesmas características, será que poderão ser objeto de controlo de constitucionalidade?

L. Talvez a condição que possa tornar esta resposta mais duvidosa seja a relativa ao parâmetro imediato de validade, que, em regulamentos administrativos, coincide, regra geral, com a lei[518]. Mesmo assim, sem prejuízo de esta asserção ser verdadeira e do que se dirá adiante, ficou demonstrado que pode haver casos em que esse parâmetro coincide não (só) com a lei, mas com a Constituição. Se isso suceder, e se os restantes critérios relativos ao conceito *funcional* de norma estiverem presentes, é evidente que essa norma (regulamentar) também pode chegar ao conhecimento do Tribunal, realidade que, atentando na sua jurisprudência, não lhe é estranha[519]. Se assim não fosse,

e cingindo-nos aos consultados, veja-se M. Rebelo de Sousa e A. Salgado de Matos, *Direito Administrativo*, III, pp. 73 e ss.; D. Freitas do Amaral, *Curso*, II, pp. 191 e ss.; M. Esteves de Oliveira, *Direito Administrativo*, pp. 371 e ss.; F. Quadros et all. (org.), *Comentários*, pp. 295-298; M. Aroso de Almeida, *Teoria Geral*, pp. 181 e ss.; Cfr, ainda, com uma definição mais ampla, V. Pereira da Silva, *Em Busca do Acto Administrativo Perdido*, Coimbra: Edições Almedina, 2016 (reimp.), pp. 573 e ss, em especial pp. 613 e ss.

[518] Cfr, a este propósito, M. Rebelo de Sousa e A. Salgado de Matos, *Direito Administrativo*, III, pp. 250-251, sem prejuízo, claro está, dos regulamentos independentes, que, como se sabe, não executando uma lei em particular, e contendo disciplinas materialmente inovatórias, não se encontram numa relação de imediata subordinação à Constituição.

[519] De forma meramente exemplificativa, veja-se os Acórdãos n.ºs 19/19, de 9 de janeiro (3.ª Secção; Recurso; Maria José Rangel de Mesquita), 648/13, de 8 de outubro (1.ª Secção; Recurso; Maria Lúcia Amaral), 89/12, de 15 de fevereiro (Plenário; Sucessivo; Catarina Sarmento e Castro), todos disponíveis em: https://bit.ly/3tLBKXE.

aliás, que utilidade teria o conceito *funcional* de norma, que, precisamente, foi construído pelo TC para alargar o seu controlo constitucional a normas que não constam de diplomas legais?

Ainda no contexto deste exemplo, e cruzando-o com o que se referiu a propósito das "normas individuais e concretas", no âmbito da função administrativa pode suceder estar-se perante um regulamento que contém um comando *híbrido*: i.e., um comando que alguns entendem que não é totalmente geral e abstrato, mas, antes, mais individual e concreto[520]. Certo é que pode ser considerado um comando vinculativo adveniente de um poder normativo público, nomeadamente de uma faculdade normativa que foi atribuída pelo legislador à entidade administrativa que emitiu esse mesmo regulamento. No caso de se entender pela inconstitucionalidade desse comando, poderá ele chegar ao conhecimento do TC?

A resposta, podendo parecer complexa, parece-nos relativamente simples: se se concluir pela aplicação do regime do regulamento administrativo, e se as restantes condições associadas ao conceito *funcional* de norma estiverem preenchidas, evidentemente que sim, na exata medida do que se disse há pouco; se, por oposição, a conclusão for no sentido de se estar perante um comando individual e concreto, que, consequentemente, reclama a aplicabilidade do regime do ato administrativo, o acesso ao TC é bloqueado, pois que, não constando esse ato de diploma legal, não pode, por isso, ser sujeito a fiscalização da constitucionalidade.

LI. São todas estas considerações que nos permitem afirmar (e reforçar) que uma qualquer proposição precetiva, desde que reúna cumulativamente os requisitos *supra*, está abrangida pelo sistema de fiscalização da constitucionalidade[521], que, por esse mesmo motivo, não é pautado por um conceito *material* de norma[522].

[520] Esta problemática coincide com a questão da delimitação concetual das figuras do regulamento e do ato administrativo. Na verdade, enquanto este último é definido da maneira anteriormente descrita, o CPA define o regulamento enquanto "normas jurídicas gerais e abstratas" – cfr, artigo 135.º do CPA. Ora, se porventura um comando partilhar das características de um e de outro, qual o regime que deve ser aplicado? A resposta não é pacífica. Para um panorama geral recente, e por todos, cfr, M. Aroso de Almeida, *Teoria Geral*, 133-14 e referências bibliográficas aí citadas.

[521] Cfr, J. M. M. Cardoso da Costa, *A Jurisdição*, p. 35.

[522] Neste sentido, C. Lopes do Rego, *Os Recursos*, p. 27: "Prescinde-se, assim, da natureza necessariamente geral e abstrata dos preceitos a sindicar (...)", pelo que "partilham de *normatividade* todos os actos do poder público que contiverem uma *regra de conduta* para os particulares ou para

LII. Ora, tendo por base esta asserção, verificou-se, com o Acórdão n.º 150/86, que o julgador pode estar autorizado a criar normas, na medida em que, para certos e determinados efeitos, é considerado autoridade normativa competente. No entanto, se serão essas as normas que virão a ser aplicadas na decisão, (*i*) não só não se confundem com a *norma de decisão* traduzida no ato de julgamento, (*ii*) como, mesmo sendo aplicadas para uma situação e destinatários específicos, e desde logo para se libertarem das circunstâncias específicas do caso que as poderiam associar à decisão em si mesma considerada, terão de ser *suscetíveis de generalização.*

Sem prejuízo de voltarmos ao aspeto referido em (*i*) mais adiante, debrucemo-nos agora sobre esta suscetibilidade de generalização.

2.2.5. O Acórdão n.º 214/94, de 2 de Março: *normatividade* e *pretensão de generalidade*

a) A questão controvertida

LIII. Os quatro requisitos sintetizados supra serão ainda aperfeiçoados posteriormente, em especial os relativos à *normatividade* e à necessidade de o comando normativo advir de um poder público. Para esse efeito, importância fundamental assume o Acórdão n.º 214/94, de 2 de março, relatado por António Vitorino[523], que inverte um entendimento que havia sido expresso anteriormente, por Luís Nunes de Almeida, no Acórdão n.º 172/93, de 10 de Fevereiro[524]. A pergunta que presidia a ambas as decisões era a mesma:

> (*i*) *Podem as normas de uma convenção coletiva de trabalho ser objeto de fiscalização da constitucionalidade?*[525]

a Administração, um *critério de decisão* para esta última ou para o juiz ou, em geral, um *padrão de valoração de comportamentos*", e já antes, ID, *Jurisprudência Constitucional*, p. 4, "do ponto de vista do conteúdo" releva, essencialmente, a "criação de uma *regra* ou *padrão orientador e regulador de condutas e comportamentos* (embora não necessariamente, como se referiu, numa regra de natureza geral e abstracta)". Em sentido semelhante, J. J. Gomes Canotilho, *Direito Constitucional*, p. 933.

[523] E que pode ser encontrado em: https://bit.ly/3rPdn8X.

[524] Já citado, e que pode ser encontrado em: https://bit.ly/3rAo8vB

[525] No âmbito da presente investigação não nos debruçaremos sobre a *vexata quaestio* da sindicabilidade constitucional das disposições constantes das convenções coletivas de trabalho. Neste contexto, há apenas que dar nota de que esta questão sempre suscitou divisões, quer no TC, quer na doutrina: assim, num primeiro, e conforme se verá, o TC perfilhava do entendimento que

negava a essas disposições caráter normativo, não sendo por isso suscetíveis de fiscalização da constitucionalidade. Esta tese foi primeiramente avançada no Acórdão n.º 172/93, embora com uma importante declaração de voto de vencido do Conselheiro Sousa e Brito. Esta mesma declaração, como teremos oportunidade de verificar, será posteriormente utilizada pelo Conselheiro António Vitorino, que, no Acórdão n.º 214/94, inverte o entendimento do anterior aresto, assim sufragando a tese de que as cláusulas constantes de uma convenção coletiva de trabalho integram o conceito de norma para efeitos de fiscalização da constitucionalidade. A verdade é que estas duas decisões constituíram, durante alguns anos, os *leading cases* que sustentaram as posições que afirmavam e negavam competência ao TC para efeito da problemática em crise – veja-se, entre outros, os Acórdãos 209/93, de 16 de Março (2.ª Secção; Recurso; Sousa e Brito), 98/95, de 22 de Fevereiro (2.ª Secção; Recurso; Messias Bento), 368/97, de 14 de Maio (1.ª Secção; Recurso; Fernanda Palma), 637/98, de 4 de Novembro (2.ª Secção; Recurso; Luís Nunes de Almeida), 697/98, de 15 de Dezembro (1.ª Secção; Recurso; Artur Maurício), 284/99, de 5 de Maio (3.ª Secção; Recurso; Maria dos Prazeres Beleza), 19/03, de 15 de Janeiro (2.ª Secção; Recurso; Paulo Mota Pinto), 531/04, de 15 de Julho (1.ª Secção; Recurso; Pamplona de Oliveira), 580/04, de 28 de Setembro (2.ª Secção; Recurso; Fernanda Palma), 26/05, de 19 de Janeiro (1.ª Secção; Recurso; Maria Helena Brito), e 177/05, de 5 de Abril (1.ª Secção; Recurso; Pamplona de Oliveira). Tentando pôr termo a esta dissonância, o Acórdão n.º 224/05, de 27 de Abril (1.ª Secção; Recurso; Maria Helena Brito), que foi proferido em Plenário por determinação do então Presidente do TC para efeitos de uniformização de jurisprudência, numa decisão bastante dividida, concluiu que as cláusulas das convenções coletivas de trabalho não estavam sujeitas à fiscalização concreta da constitucionalidade, por não integrarem o conceito de *norma* utilizado nos artigos 280º, nº 1, alínea *b)*, da Constituição, e 70º, nº 1, alínea *b)*, da LOPTC. Mesmo assim, três anos depois, e novamente em Plenário por decisão do Presidente, e também para uniformizar jurisprudência, o TC, através do Acórdão n.º 174/08, de 11 de Março (Plenário; Recurso; Cura Mariano), afasta-se da posição vertida no Acórdão n.º 224/05 e conclui que a sua competência cognitiva abarca também o conhecimento da conformidade constitucional das normas das convenções coletivas de trabalho. Por certo é que, mesmo depois da entrada em vigor, em 2009, do (então novo) Código do Trabalho, e sem prejuízo de continuar a haver algumas divergências ao longo dos anos, este último entendimento parece ter-se tornado maioritário, tendo sido posteriormente adotado em vários acórdãos, de que são exemplo os Acórdãos n.º 367/08, de 2 de Julho (2.ª Secção; Recurso; Joaquim de Sousa Ribeiro), 384/09, de 23 de Julho (3.ª Secção; Recurso; Ana Guerra Martins), 365/11, de 13 de Julho (1.ª Secção; Recurso; Maria João Antunes), e, mais recentemente, os Acórdãos n.ºs 49/19, de 23 de janeiro (3.ª Secção; Recurso; Lino Rodrigues Ribeiro), e 318/21, de 18 de maio (Plenário; Sucessivo; Teles Pereira), ainda que, neste último, o Acórdão n.º 174/08 tenha sido invocado de forma lateral. Todos estes acórdãos citados estão disponíveis em: https://bit.ly/3tLBKXE. Na doutrina, a divisão também está presente: assim, pugnam pelo controlo de constitucionalidade das disposições contidas em convenções coletivas de trabalho, J. J. G. Canotilho, *Direito Constitucional*, p. 937, J. J. G. Canotilho e V. Moreira, *Constituição*, I, pp. 747-748., L. Lopes Martins, *RFDUC*, pp. 616 e ss., J. C. Vieira de Andrade, "A fiscalização da constitucionalidade de normas privadas pelo Tribunal Constitucional", *Revista de Legislação e Jurisprudência*, Ano 133, p. 163., V. Canas, *Introdução Às Decisões de Provimento do Tribunal Constitucional*, Cognitio, 1984, p. 60, nota 54, Barros Moura, *A Convenção Colectiva de Trabalho entre as Fontes de Direito: Contributo para a Teoria da Convenção Colectiva de Trabalho no Direito Português*, Coimbra: Edições Almedina., 1984, pp. 125 e ss.; por sua vez, afasta o controlo de constitucionalidade, C. Blanco de Morais, *Justiça*. I, pp. 430-433. Dubitativamente, J. Miranda, Fiscalização, pp. 205-206, remete para

LIV. Luís Nunes de Almeida, fazendo uso das quatro condições mencionadas e, em especial, da última, respondeu negativamente. Para este Juiz Conselheiro, se é verdade que, nesse contexto, se pode discutir "qual o exato alcance da palavra norma estabelecida no artigo 280.º, n.º 1, alínea *b)*, da Constituição, parece seguro pelo menos, que com ela se teve em vista apenas os *atos dispositivos de entidades investidas em poderes de autoridade*, e mais precisamente, os *atos dispositivos dos poderes públicos*"[526] (itálico nosso).

LV. Ora, "como as normas das convenções coletivas de trabalho não provêm de entidades investidas em poderes de autoridade, e muito menos provêm de poderes públicos, então não estão sujeitas à fiscalização concreta de constitucionalidade que incumbe a este Tribunal exercer, nos termos do artigo 280º, nº 1, alínea *b)*, da Constituição"[527]. Nunes de Almeida ainda teve a preocupação de acrescentar que a sua conclusão não ia de encontro ao decidido no Acórdão nº 392/89, de 14 de Setembro[528], que conheceu de uma norma constante de uma convenção coletiva de trabalho objeto de uma portaria de extensão.

LVI. E isto porque, conforme se assinalou nesse aresto, «a *cláusula* [da CCT] foi aplicada *ex vi* de uma *portaria de extensão*, que, assim, a "apropriou", fazendo *seu* o respetivo *conteúdo normativo*, sendo certo que "as normas de uma portaria preenchem, seguramente, o conceito de *norma* para o efeito da sua submissão ao controlo de constitucionalidade"»[529]. E preenchem porque, de facto, reúnem as quatro condições acima mencionadas – em especial, provêm de um poder (normativo) público, o que não sucedia na situação analisada quatro

a posição defendida por L. Lopes Martins, ob. cit., sem, no entanto, tomar posição. Sobre esta discussão na doutrina trabalhista, cfr, L. Menezes Leitão, *Direito do Trabalho*, 4.ª Edição, Coimbra: Edições Almedina, 2014, pp. 590-610, em especial p. 610; P. P. Romano Martinez, *Direito do Trabalho*, 7.ª Edição, Coimbra: Edições Almedina, 2015, pp. 1125-1153, em especial 1147-1153; assim como M. R. Palma Ramalho, *Tratado de Direito do Trabalho. Parte III – Situações Laborais Colectivas*, Coimbra: Edições Almedina, 2012, que fala de uma "*absoluta singularidade da convenção colectiva de trabalho*", também afirmando que "é a natureza parcialmente (mas predominantemente) normativa da convenção colectiva (...) que justifica a admissibilidade do controlo de constitucionalidade das cláusulas das convenções, recentemente sufragada pelo Tribunal Constitucional, em inflexão acertada da tendência jurisprudencial anterior" – cfr, *ob. cit.*, p. 346 – , citando, precisamente para esse efeito, o Acórdão n.º 171/08.

[526] Cfr, parágrafo 6 do acórdão.

[527] Cfr, parágrafo 7 do acórdão.

[528] Relatado pelo Conselheiro Messias Bento, e que pode ser encontrado em: https://bit.ly/3flXOR8.

[529] Cfr, parágrafo 6 do acórdão.

anos depois. Assim, pode-se até concluir que uma disposição de uma CCT tem um conteúdo normativo que se impõe às partes, por força da atribuição dessa competência por uma autoridade normativa reconhecida pelo sistema, podendo ter a Constituição como seu parâmetro imediato de validade; no entanto, a partir do momento em que essa norma não é emanada no desempenho de uma função pública de autoridade, então dela não pode o TC conhecer.

b) A argumentação de Sousa e Brito

LVII. António Vitorino, contudo, teve conclusão diversa. E este relator, para fundamentar o seu entendimento, vai transcrever para a decisão a declaração de voto de vencido que o Juiz Conselheiro Sousa e Brito havia feito ao Acórdão n.º 172/93, pugnando pela fiscalização da constitucionalidade das normas em apreço. Para António Vitorino – ou melhor dizendo, para Sousa e Brito –, o Tribunal deveria conhecer do pedido por força de dois esclarecimentos que se vão revelar determinantes:

(*i*) Em primeiro lugar, Sousa e Brito reconhece aquilo que, neste momento, para a nossa investigação, já é um dado adquirido: se é verdade que, fazendo uso do conceito *formal* de norma, as disposições contidas em "leis formais" são normas, para efeito de fiscalização da constitucionalidade[530], tal não implica "que só elas o sejam", até porque os "tribunais judiciais aplicam outras formas de regulação e orientação de comportamentos, nomeadamente normas gerais e individuais criadas por autoridades públicas, (...), normas de convenções coletivas de trabalho, normas gerais (como os regulamentos de empresa, de uso, de instalação, estatutos, etc.) e individuais criadas por pessoas privadas", sendo que "[e]m todos estes casos pode haver violação direta da Constituição"[531]. Sousa e Brito parte, portanto, do *critério da normatividade* aliado à Lei Fundamental enquanto parâmetro imediato de validade.
Só que, seguidamente, aquele Juiz Conselheiro chama a atenção para o facto de, ainda assim, a "delimitação das normas relativamente às quais se justifica a fiscalização da constitucionalidade pelo Tribunal

[530] Embora com a ressalva que se fez supra quanto à compreensão do conceito formal de norma por este Juiz Conselheiro – cfr, *supra*, nota 511.
[531] Cfr, parágrafo 8 do Acórdão n.º 214/94.

[implicar] outros critérios adicionais". Partindo dessa premissa, se, por um lado, Sousa e Brito escalpeliza as condições que têm de estar presentes para que se possa chamar à colação o conceito *funcional* de norma – em linha com o que se fez *supra*-, por outro, também alerta para a necessidade de ter de haver uma "relação essencial entre a normatividade e a generalidade", "decisiva para fixar o exato alcance de todos os critérios envolvidos". Noutros termos: tem de haver uma "pretensão de generalidade"[532]. E como é que isso deve ser entendido? Depois de excursar sobre o que, historicamente, significa a exigência de generalidade, Sousa e Brito associa essa pretensão ao requisito que apelida de *heteronormatividade*. Este critério, em parte, já havia sido avançado, nomeadamente quando se referiu que a eventual norma tem de estabelecer uma regra de conduta que se impõe às partes, independentemente da sua vontade. Porém, para Sousa e Brito tal não é suficiente – *i.e.*, "[a] heteronomia *funcionalmente* relevante para a definição de norma jurídica como objeto do processo constitucional não se basta com a simples suscetibilidade de imposição a terceiros" (itálico nosso), pois que, e em jeito de exemplo, "também as normas de uso por terceiros de certas instalações, de coisas ou de prédios privados, emitidas pelo seu proprietário como tal, e não no âmbito de relações obrigacionais de que seja sujeito, obrigam terceiros independentemente da vontade destes. E, no entanto, tais normas pertencem à autonomia privada". Assim, para que essa *heteronormatividade* possa ser relevante em termos funcionais, a ela tem de estar associada uma «pretensão de "generalidade", como qualidade da estatuição normativa»[533].

Deste modo, podemos estar perante um comando que até pode não ter a generalidade como característica. No entanto, se esse comando, embora não sendo geral, *pretender* sê-lo, no sentido em que a função orientadora do comportamento contido na sua estatuição poderá vir a ser aplicada não só àquela situação e àquele particular (ou àquelas situações e àqueles particulares), mas a outras/outros semelhantes, que ocorram no futuro, de forma repetida, então nele haverá uma suscetibilidade de generalização – quer dizer, uma *pretensão de generalidade*, que fará com que imposição do comando normativo deixe de ser

[532] Cfr, parágrafo 8 do Acórdão n.º 214/94.
[533] Cfr, parágrafo 8 do Acórdão n.º 214/94.

apenas considerada pelos seus destinatários e passe (ou passe a poder) também a abranger outros, que não aqueles associados ao momento da sua criação. E quando isso sucede, esses fins já não podem continuar a ser entendidos como sendo estritamente privados, porquanto essa mesma generalidade faz com que eles passem a ser considerados enquanto fins gerais, do Estado, que, evidentemente, se ligam à Constituição, pelo que se justifica o controlo de constitucionalidade[534].

(*ii*) É claro que esta última consideração está intimamente ligada à última condição, relativa ao *reconhecimento estatal*. Quanto a ela, Sousa e Brito é perentório ao afirmar aquilo que, embora menos explicitamente, já decorria do aresto anterior e, em nossa opinião, também nos parece inequívoco: que o Estado não é detentor de um monopólio normativo. Esta circunstância, em consequência, "não impede a existência de outros poderes que não são públicos, nem por si nem por delegação, com competência para criar normas heterónomas, que são reconhecidas como tais pelo Estado. Numa palavra: o Estado detém não o monopólio de criação, mas apenas o do reconhecimento das normas como normas jurídicas"[535].

LVIII. De facto, os exemplos atrás mencionados tinham em comum a circunstância de se referirem, ambos, a poderes *públicos*: poder legislativo, Administração e poder judicial, respetivamente. Especificamente no que diz respeito a este último, foi aí referido que para que uma "norma" por si produzida fosse passível de ser controlada pelo TC, o sistema tê-lo-ia de *reconhecer*, para esse efeito, enquanto autoridade normativa competente. Se isso sucedesse, o conceito funcional de norma seria acionado, pois que estar-se-ia a falar de uma "regra de conduta" formulada por uma autoridade normativa competente no exercício de uma função de natureza pública. Viu-se, também, que na situação associada ao Acórdão n.º 150/86 era o que sucedia.

LXIX. As asserções de Sousa e Brito, contudo, reportam-se agora a outro contexto. Com efeito, é evidente que quando uma entidade *privada* cria regras de conduta, ela exerce um poder no âmbito da sua autonomia privada, que será moldado de acordo com a sua vontade. Não será, contudo, uma autoridade normativa reconhecida pelo sistema, no exercício de um poder normativo,

[534] Cfr, parágrafo 8 do Acórdão n.º 214/94.
[535] *Idem*.

salvo se esse sistema entender o contrário. Isto pode suceder, por seu turno, quando o Estado decide atribuir determinados poderes (públicos) a entidades privadas, atribuição essa que pode incluir "a outorga de faculdades normativas". Quando assim é, não só essa entidade privada, para os fins previstos, assumir-se-á enquanto autoridade normativa competente, como as normas por ela emanadas, precisamente por força desse reconhecimento, deixarão apenas de relevar para a vontade das partes e passarão a relevar para a vontade geral. Essencial, contudo, é que essa outorga exista, que seja efetuada através de normas (legais ou constitucionais) "remissivas, de incorporação normativa ou de reconhecimento de fontes de direito"[536] e, claro, que os restantes requisitos associados ao conceito funcional de norma estejam presentes.

LX. Dito isto, António Vitorino, novamente através de Sousa e Brito, vai aplicar estes dois esclarecimentos àquilo que estava em causa nessa decisão. Assim:

(*i*) Dando por adquirido o conteúdo normativo das disposições de uma CCT, é inegável que a estas também pode ser associada a *pretensão de generalidade*, "dada a delimitação que a lei [lhes] faz do âmbito de aplicação pessoal (...)". Quer dizer, "elas não se aplicam a uma classe fechada, mas a uma classe aberta de casos e de pessoas, são *suscetíveis de aplicação indefinidamente repetida* (...). Aplicam-se, nomeadamente da forma indicada, a trabalhadores futuros e a futuras entidades patronais"[537] (itálico nosso);

(*ii*) Além disso, essas normas advêm de entidades (privadas) que exercem um poder (normativo) com reconhecimento estatal. Para o entendimento vertido neste acórdão, parece claro que a Constituição reconhece as CCT enquanto fontes de Direito – por outras palavras, há,

[536] *Ibidem*. Partindo daqui, compare-se o que agora se referiu com a situação presente no já analisado Acórdão n.º 150/86, e cujo entendimento pode ser refinado: aí, e como se viu, o poder era público, pois que, no entendimento do relator, um tribunal arbitral (ainda) exercia uma função de natureza pública, porquanto a Constituição o acolhia ao mesmo nível que os restantes tribunais; porém, esse tribunal, exercendo um poder dessa natureza, só tinha competência normativa por força da atribuição que decorria do então artigo 49.º do Decreto-Lei n.º 43 335, de 19 de Novembro cfr, *supra*, notas 506 e 507. Assim, e por outras palavras, a "determinação" que estava em crise no aresto citado, apesar de provir de um poder que tinha natureza pública por força da Constituição, não deixava de ter, mesmo assim, uma faculdade normativa outorgada por um ato legislativo e, portanto, reconhecida pelo Estado.

[537] Cfr, parágrafo 10 do acórdão.

na Lei Fundamental, uma norma de reconhecimento, nomeadamente aquela que advém do n.º 4 do artigo 56.º. Aí, ao estatuir-se que "[a] lei estabelece as regras respeitantes à legitimidade para a celebração das [CCT], bem como à eficácia das suas *normas*" (itálico nosso), conclui-se que é a própria Constituição que *reconhece* a existência das normas jurídicas de uma CCT e é o legislador que determina a respetiva eficácia – nas palavras do Acórdão, "[o] reconhecimento das normas das convenções coletivas é feito pela Constituição através da criação da forma jurídica da convenção coletiva, cujas normas, por revestirem essa forma, têm a eficácia que a lei, e não a vontade das partes, determina"[538]. Logo, por força da Constituição, as normas de uma CCT, apesar de à primeira vista se constatar que advêm de uma entidade cuja natureza não é pública (*v.g.*, os trabalhadores e as entidades patronais), são, ao mesmo tempo, regras de conduta ou padrões de valoração reconhecidos pelo Estado diretamente através da Lei Fundamental, pelo que, quando produzidas através de uma faculdade normativa que lhe foi atribuída pelo legislador, deixam de ter relevância estritamente *particular* e passam a ter relevância *pública*.

c) Pretensão de generalidade: apreciação crítica

LXI. Dos parágrafos antecedentes ficamos com a certeza que neste momento convém recordar: a de que, salvo casos excecionais, as propriedades da generalidade e da abstração não são constitucionalmente exigidas para que possa falar em norma nos termos da Lei Fundamental.

LXII. A verdade é que agora se afirma que a norma, pretensamente, tem de ser geral, para efeitos de poder ser entendida pelo TC através do seu conceito funcional. Daí que surja uma questão que nos parece legítima: será que o TC, ao associar essa dita pretensão à normatividade de uma disposição prescritiva – ou melhor dizendo, à normatividade da sua estatuição –, está a querer afirmar que, afinal, não prescinde das características tradicionalmente associadas a uma norma jurídica para efeitos de fiscalização da constitucionalidade?

[538] *Idem.*

LXIII. Sem prejuízo do nosso julgamento quanto a essa questão, importa não esquecer que temos de nos mover no âmbito da terminologia e do entendimento que são assumidos pelo Tribunal. E é por isso que esta *pretensão da generalidade* tem de ser devidamente compreendida e contextualizada à luz disso mesmo, sob pena de se ter de concluir pela positiva na resposta à questão que acabou de se colocar.

LXIV. Voltemos ao caso que estava em análise no Acórdão n.º 150/86: aí, a pergunta que havia a fazer era a de saber se uma "determinação" arbitral podia ser objeto de controlo de constitucionalidade. Como se viu, a resposta foi afirmativa, pois que essa "determinação" entrava, sem problema, no nosso sistema de fiscalização da constitucionalidade: **(1)** os preceitos aí constantes não se limitavam a aplicar direito, antes criando-o; **(2)** possuíam *heteronormatividade*, no sentido de se imporem às partes independentemente da sua vontade; **(3)** tinham a Constituição como parâmetro de validade imediato; e **(4)** decorriam de um poder normativo atribuído aos tribunais arbitrais, que a Constituição acolhia (e acolhe) ao mesmo nível que qualquer outro tribunal[539].

LXV. Porém, e mesmo assim, ainda sobrava um possível problema. É que todo esse "direito" tinha um único objetivo: definir os termos do processo – isto é, definir os termos daquele processo, aplicando-os ao caso e assim resolvendo o litígio[540]. Se é assim, haveria aqui uma eventual *pretensão de generalidade*? À partida, e utilizando o argumentário de Sousa e Brito, as normas dessa "determinação" – *rectius*: o comportamento contido nas suas estatuições –, só se aplicavam, logicamente, a uma *classe fechada* e, portanto, determinável, de pessoas, que eram as partes daquele processo, e àquele caso concreto, não parecendo possível afirmar que elas fossem de "aplicação indefinidamente repetida": findo o processo, as normas esgotariam a sua função, sendo que outras teriam de ser aprovadas caso surgisse um novo litígio, o que manifestamente não acontece com aquelas de uma CCT, que, como se viu, aplicar-se-ão a futuros trabalhadores e a futuras entidades patronais. Ora, enquanto estas são suscetíveis de se libertarem dos destinatários existentes à data da sua criação e, portanto, das particularidades do caso concreto, possibilitando

[539] Cfr, *supra*, nota 536.

[540] Veja-se, novamente, o artigo 49.º das Condições Gerais de Venda de Energia Elétrica em Alta Tensão, anexas ao Decreto-Lei n.º 43 335, de 19 de Novembro de 1960, na redação que lhe foi dada pelo artigo 1.º do Decreto-Lei n.º 296/82, de 28 de Julho.

a sua aplicação repetida, o mesmo não parece ser tão claro quanto à primeira situação, o que, nos termos deste novo requisito, poderia levar à rejeição de um eventual recurso junto do TC.

LXVI. Mas, mesmo assim, que garantias temos de que tal também não sucederá no caso da "determinação" arbitral? Sem prejuízo do que acabou de ser referido, não se pode deixar de reconhecer que é perfeitamente possível, no futuro, estar-se perante uma situação em que se repitam as mesmas circunstâncias de facto e de direito – que é o mesmo que dizer: estar-se perante uma situação em que faça sentido aplicar as normas de uma determinação arbitral aplicada a um caso antecedente e já resolvido, por as circunstâncias em questão serem exatamente as mesmas[541].

LXVII. Parece, assim, que a pretensão de generalidade não tem necessariamente de significar um pretenso *recuo* no entendimento do Tribunal, mas, ao invés, um aprimoramento do conceito *funcional* de norma. Contudo, e na lógica deste raciocínio, cremos que este novo requisito também reclama uma clarificação, que, por sua vez, pressupõe:

i) Não se entender que se está perante uma *pretensão,* porque tal pode querer significar que a entidade que formulou a norma tinha a intenção de ampliar o seu conteúdo a terceiros, o que não é o caso;
ii) E que essa dita "pretensão" não tenha tanto que ver com os destinatários *efetivos* da norma, mas, sim, com a suscetibilidade de ela poder ser generalizada, por, no futuro, poder vir a ser aplicada a situações semelhantes.

LXVIII. Daí que, em nossa opinião, e em linha com o que já fizemos, seja mais correto falar-se em *suscetibilidade de generalização.* Na verdade, se, aquando da sua criação, uma norma é dirigida aos destinatários específicos cuja conduta reclama regulação, também não deixa de ser certo de que todos esses destinatários, no contexto de uma determinada situação, partilham características comuns. A questão crucial, porém, é saber se essas características são suficientes para que se possa afirmar que a norma é suscetível de ser generalizada,

[541] Veremos como certa doutrina (corretamente) argumenta de forma semelhante para efeitos de rejeição de um critério erigido pelo TC a propósito do (não) conhecimento de recursos em que esteja presente uma questão de preenchimento de conceitos indeterminados e/ou cláusulas gerais. Cfr, *infra*, Secção III.

aplicando-se, no futuro, a outros casos que partilhem das mesmas condições objetivas daquele que reclamou regulação, bem como a destinatários que comunguem das propriedades relevantes dos ditos "destinatários efetivos".

LXIX. Tendo isto presente, verifica-se que é exatamente isso que sucede quanto aos comandos contidos numa "determinação" arbitral. Além disso, e recuperando o que se afirmou *supra*, a necessidade de generalização é especialmente relevante nesses casos, na medida em que as ditas normas foram produzidas num contexto de um julgamento operado pelo juiz *a quo*. Logo, precisamente para não se confundirem com a sindicabilidade da própria decisão, necessário se torna que elas sejam suscetíveis de ser generalizadas.

LXX. Face ao exposto, talvez seja isso que explique a afirmação de Sousa e Brito, no sentido de esta "pretensão" "[fundamentar] a heteronomia", tornando-a *funcionalmente* relevante – nas suas palavras, «[a] "normatividade", *se exclui a generalidade e abstração, como características essenciais das previsões das normas que são objeto possível do processo constitucional*, não exclui, antes possibilita, a apreciação da "generalidade" das estatuições, *como exigência da conformidade destas à vontade geral*»[542] (itálico nosso).

LXXI. Mesmo assim, e de novo se reforçando este aspeto, tudo o que acabou de ser afirmado a este propósito só pode ser plena e coerentemente entendido se os restantes requisitos associados ao conceito *funcional* não forem relegados, em especial o relativo ao reconhecimento normativo estatal e ao da *heteronormatividade*, que, como se viu, faz com que os fins particulares se transformem, em certa medida, em fins do Estado, deixando de se legitimar apenas em termos privados e passando a terem de se legitimar democraticamente, o que, em consequência, justifica (ou justificará) o seu controlo por parte do TC.

LXXII. No exemplo de há pouco, as normas de uso de um prédio privado, emitidas pelo seu proprietário, até se podem impor aos seus destinatários independentemente da sua vontade; se formos até mais longe e afirmarmos que elas também se poderão vir a aplicar a futuros terceiros que venham a residir nesse prédio, podemos até chegar à conclusão de que gozam, em certa medida,

[542] Cfr, parágrafo 8 do Acórdão n.º 214/94, já citado.

de uma *suscetibilidade de generalização*. No entanto, e num olhar mais atento, rapidamente percebemos que elas não podem ser consideradas como normas fiscalizáveis pelo TC porque, pura e simplesmente, (*i*) o Estado não as reconhece através de uma das formas avançadas anteriormente, (*ii*) não decorrendo, assim, de uma entidade que, reconhecidamente, e para esse efeito, seja considerada uma autoridade normativa competente, pelo que os fins por ela prosseguidos serão sempre, inquestionavelmente, de natureza particular e não de *interesse público*[543].

LXXIII. Em termos opostos, e voltando ao caso vertente, se de facto há uma norma constitucional – como a contida no artigo 56.º, n.º 4, para as CCT, ou a que deflui do (então) artigo 211.º, para a "determinação" arbitral– que reconhece a uma entidade competência para criar comandos normativos[544], sendo considerada, *para esse efeito*, um poder normativo que aprova normas reconhecidas pelo Estado, tal parece ser suficiente para se afirmar que, quando ela as produz está, consequentemente, a prosseguir fins do Estado – portanto, fins que já não provêm nem são apenas dirigidos da e para a vontade das partes. Além disso, e retomando o raciocínio de há pouco, se é verdade que as normas daí constantes são dirigidas, em termos imediatos, a concretos trabalhadores – *i.e.*, a uma concreta situação e a concretos destinatários –, nem por isso elas não deixam de ser suscetíveis de generalização, podendo, por isso mesmo, ser novamente chamadas à colação no futuro, na eventualidade de se instanciarem as mesmas circunstâncias de facto e de direito[545].

543 Assim, como bem refere C. Lopes do Rego, *Os Recursos*, p. 29, o facto de não estarmos perante um *poder normativo público* é suficiente para concluirmos pela impossibilidade de controlo pelo TC, pelo que, em consequência, consideram-se "excluídos do conceito de norma os actos de autonomia privada, *mesmo nos casos em que tenham alguma vocação para uma aplicação generalizante*" (itálico nosso).

544 Sendo certo que, como referido, no caso do Acórdão n.º 150/86, o (então) artigo 211.º da Constituição reconhecia natureza pública à função exercida pelo tribunal arbitral, enquanto o artigo 49.º do Decreto-Lei n.º 43 335, de 19 de Novembro de 1960 lhe conferia competência normativa – cfr, novamente, *supra*, nota 505.

545 Privilegiando, para este efeito, o reconhecimento estatal em detrimento da *pretensão de generalidade*, à qual não faz qualquer referência, cfr, G. Canotilho, *Direito Constitucional*, p. 934. Cfr, ainda, L. Lopes Martins, *BFDUC*, p. 618, nota 24.

2.3. Conceito *funcional* de norma: requisitos e objeto de controlo

I. Adiante veremos como a *pretensão de generalidade*, aqui entendida enquanto *suscetibilidade de generalização*, será ainda utilizada pelo Tribunal para justificar o eventual controlo de determinadas "normas", nomeadamente em sede de interpretações normativas.

II. Mas até aí se chegar, é ainda importante dar nota de um aspeto que Sousa e Brito refere e que, sem prejuízo de em parte já ter sido aflorado aquando da análise de um anterior aresto, não é demais revisitá-lo, por assumir especial relevância para o aprimoramento do conceito *funcional* de norma. Para justificar que a norma da CCT violava diretamente a Constituição, aquele Juiz Conselheiro avança que «não há uma primária ilegalidade que exclua o pretendido exame. É certo que as convenções coletivas não podem "limitar o exercício dos direitos fundamentais constitucionalmente garantidos" (alínca *a)* do nº. 1 do artigo 6º. da Lei da Regulamentação Coletiva de Trabalho), mas a disposição do artigo 6º. da Lei da Regulamentação Coletiva de Trabalho *não transforma as normas constitucionais em normas legais, não incorpora o princípio da igualdade, que é aplicável à relação de trabalho por força da Constituição e não por força da Lei da Regulamentação Coletiva de Trabalho*»[546] (itálico nosso).

III. Este entendimento faz todo o sentido. Anteriormente referimos que a partir do momento em que o parâmetro imediato de validade de uma norma é a lei e não a Constituição, será a jurisdição comum aquela que terá de intervir[547]. Porém, se a norma vai de encontro a uma disposição legal que mais

[546] Cfr, parágrafo 9 do Acórdão n.º 214/94.

[547] A este propósito, e a título de exemplo, veja-se o Acórdão n.º 34/86, de 18 de Fevereiro (Plenário; Sucessivo; Mário Afonso), disponível em https://bit.ly/3jy5AZt: estava em causa um pedido de fiscalização da constitucionalidade requerido pelo Provedor de Justiça e que se reportava à Portaria nº 1044/83, de 16 de Dezembro, que, ao abrigo do Decreto-Lei n.º 318/80, de 20 de Agosto, fixava taxas de juro de mora diferentes durante o mês de dezembro de 1983. Para o Provedor de Justiça, com essa circunstância «violou-se o princípio de que no primeiro mês de mora, "mês de calendário", a taxa de mora é sempre igual, contido nos Decretos-Leis n.os 49 168, de 5 de Agosto de 1969, 452/75, de 21 de Agosto, 353-L/77, de 29 de Agosto, 429/78, de 27 de Dezembro, e 318/80, de 20 de Agosto. Feriu-se, pois, um princípio constante de diplomas com maior força legal, tipicizando-se, assim, a inconstitucionalidade formal da mencionada portaria"». Porém, o TC teve entendimento diverso: com efeito, a portaria não podia "considerar-se diretamente inconstitucional, porque nenhum preceito inconstitucional impõe que a taxa de juros deva ser definida por lei". Além disso, mesmo "[s]e a mencionada norma do nº 3 do artigo 5º [do Decreto-Lei n.º 318/80, de 20 de Agosto, que habilita a portaria] fosse declarada inconstitucional, tal declaração apenas consentiria

não faz do repetir o que já decorre da Constituição, logicamente que, nesse caso, aquilo que é violado não é a lei ordinária, mas, antes, a Lei Fundamental, pelo que se justifica a intervenção da jurisdição constitucional.

IV. Aqui chegados, a verdade é que o Acórdão n.º 214/94 dissecou, pela primeira vez, e de forma relativamente aprofundada, as condições necessárias para que a invocação do conceito *funcional* de norma possa ocorrer. Assim, e tendo em conta tudo o que até aqui foi referido, é, portanto, indispensável:

1) Estar-se perante um comando *normativo* – *i.e.*, perante uma regra de conduta, um critério de decisão, dirigido aos particulares, à Administração ou mesmo ao poder judicial;
2) Esse comando normativo ser *vinculativo* ou *heteronormativo*, no sentido de estabelecer uma orientação de comportamento que se impõe aos seus destinatários, independentemente da sua vontade;
3) Estar-lhe associada uma *suscetibilidade de generalização*, no sentido de a função reguladora do comportamento poder ser suscetível de aplicação repetida em situações de facto e de direito que comunguem das mesmas características daquelas às quais a norma inicialmente se dirigiu;
4) Que o seu o *parâmetro de validade imediato* seja a Constituição, mesmo naquelas situações em que, violando o comando normativo uma "disposição legal", se constatar que esta corresponde a uma norma que já decorre da Lei Fundamental;
5) E que essa regra de conduta tenha provindo de um *poder normativo público*: *i.e.*, que tenha sido criada no âmbito de um poder de natureza pública – *v.g.*, que, reconhecidamente, exerça funções de natureza *pública* –, com competências normativas reconhecidas; ou, ao invés, por uma entidade *privada* à qual o Estado, através de normas remissivas, de incorporação normativa ou de reconhecimento de fontes de direito, tenha outorgado faculdades normativas, passando a reconhecer, com isso, as normas por aquela criadas, que, por esse mesmo motivo, perdendo a sua natureza estritamente *privada*, deixam de prosseguir fins que apenas decorrem e interessam da e para a vontade das partes, para prosseguir outros que relevam da e para a vontade geral, justificando-se a sua fiscalização da constitucionalidade.

a conclusão de que à dita portaria faltava cobertura legal, podendo assacar-se-lhe, assim, o vício de ilegalidade". Ora, ao ser assim, concluía, "o Tribunal careceria de competência para apreciar a ilegalidade da norma contida na referida portaria".

V. Partindo destas condições[548], e continuando a seguir o que até aqui foi exposto, a conclusão geral é a de que só os *atos normativos do poder público* que

[548] C. Blanco de Morais, *Justiça*, I, pp. 429-430, parece exigir mais uma condição para que se possa falar de *norma*, nomeadamente a relativa à *eficácia externa*, que pressupõe que o ato normativo "seja *publicado* e projecte os seus efeitos no âmbito da esfera pública, de modo a poder vincular terceiros" (itálico nosso). Para o fundamentar, serve-se do Acórdão n.º 1058/96, de 16 de Outubro (Plenário; Sucessivo; Vítor Nunes de Almeida), em que estava em causa um pedido de fiscalização abstrata sucessiva da constitucionalidade requerido pelo Provedor de Justiça, a propósito de um preceito contido num despacho do então Secretário de Estado dos Recursos Educativos, que, homologando um parecer da então Auditoria Jurídica do Ministério da Educação, esclarecia o âmbito de aplicação de certas normas de determinados diplomas legais relativos à carreira docente. Para aquilo que nos interessa, e observando a argumentação expendida pelo Tribunal, verifica-se que o que verdadeiramente relevou foi a ausência de várias das condições que se expuseram. Com efeito, para o TC (i) não se estava perante qualquer tipo de *heteronormatividade*, porquanto, apesar de se impor aos seus destinatários, só "através da prática dos necessários actos administrativos, [o "preceito"] se [projetaria] na esfera jurídica de terceiros administrados"; (ii) além disso, apesar de ser um ato do poder público – *rectius*: do Ministro da Educação –, a verdade é que a este faltavam competências normativas: como bem refere o Tribunal, «não se exorna o despacho questionado da *habilitaçao normativa*, da *invocação de quaisquer poderes conferidos por acto de hierarquia formal superior*, que lhe permitiria, ao abrigo dessa habilitação, (...) ser aplicado como parte integrante do ordenamento jurídico. Que lhe permitiria, por essa via, ser norma de conduta para os próprios tribunais, que lhe permitiria vinculá-los no sentido de que, para não aplicarem o que nele se dispõe, teriam de previamente julgá-lo inválido em decisão susceptível de recurso na ordem jurisdicional respectiva com fundamento em violação de um comando que, em princípio, estariam obrigados a respeitar. A esse título não constitui "regra de conduta" nem "critério de decisão", para os particulares e para os tribunais, requisitos que constituem notas caracterizadoras das normas susceptíveis de fiscalização da constitucionalidade de acordo com a jurisprudência do Tribunal» (itálico nosso) – cfr, parágrafo 10 do acórdão, disponível em: https://bit.ly/2Vk3Avu. É certo que o TC se refere à eficácia externa, mas apenas porque o Primeiro-Ministro havia argumentado que o *despacho* em questão, no seu entender, dela não poderia gozar por não ter sido *publicado* em Diário da República. Só que, esclarece (e bem) o Tribunal, «nesta norma constitucional [artigo 122.º, n.º 2, atual artigo 119.º, n.º 2], do que se trata é da eficácia – ou, sendo caso disso, da ineficácia – a que se propõe o *acto praticado*, própria do tipo formal de que foi revestido pelo órgão que é o respectivo autor. Ora bem, trata-se, como se viu, de despacho contido em ofício-circular. É essa a forma típica por ele assumida e a uma maior eficácia do que àquela que corresponde ao tipo formal "circular" não poderá aspirar este acto, até porque efectivamente tudo indica não mais pretender do que isso mesmo» (itálico nosso) – cfr, parágrafo 10 do acórdão.

Assim, uma coisa é a norma vincular os seus destinatários, o que, como se viu, é analisado através do requisito associado à *heteronormatividade*; outra, bem diferente, é a eficácia do ato jurídico-público em que essa norma está contida. Não se pode, por isso, transformar a questão de uma ineficácia do ato numa pretensa "ineficácia" da norma, que levaria a um não conhecimento do recurso, não só porque o que releva é a aferição por via da *heteronormatividade*, mas também porque nem o TC, neste aresto, nem sequer a doutrina, erigem a "eficácia externa" a novo requisito. Em sentido contrário, porém, afirmando que este aresto rejeitou o "conhecimento da inconstitucionalidade de normas de eficácia interna, em nome de um conceito funcional de norma", cfr, J. Miranda, *Fiscalização*, p. 202, nota 516.

as reúnam é que entram no conceito *funcional* de norma para efeitos de fiscalização da constitucionalidade[549]. Assim:

6) Os atos de autonomia privada, mesmo que estabeleçam regras de conduta (*lato sensu*) que possam ser generalizáveis, estão fora do controlo operado pela nossa jurisdição constitucional, pois que, essencialmente, o poder de criação dessas regras não reveste uma natureza pública, no sentido que atrás se expôs[550];
7) Os *atos não normativos* praticados no exercício da *função política* – v.g., atos políticos *stricto sensu* –, por não serem dotados de *normatividade*, também não poderão ser objeto de fiscalização da constitucionalidade[551];
8) O mesmo sucede quanto aos *atos não normativos* produzidos no exercício da *função administrativa* – *v.g.*, atos administrativos e contratos administrativos[552] –, salvo se os primeiros estiverem incorporados num diploma legal, pois que aí, sendo acionado o conceito *formal* de norma, o comando normativo que lhe está implícito pode chegar ao conhecimento do Tribunal;
9) Por fim, os *atos não normativos* produzidos no âmbito da *função judicial*, coincidindo com a decisão judicial, que, à semelhança das situações anteriores, mais não é do que um ato de aplicação (e não de criação) de direito, evidentemente que não podem ser controlados constitucionalmente pelo TC, conclusão (ainda mais) reforçada perante a inexistência, no sistema português de fiscalização da constitucionalidade, do mecanismo do *recurso de amparo*.

[549] Para um elenco destes atos, em especial no que diz respeito à função administrativa, cfr, J. Miranda, *ob. cit.*, pp. 202-203, bem como J. J. Gomes Canotilho, *Direito Constitucional*, pp. 932-939.

[550] Cfr, C. Lopes do Rego, *Os Recursos*, p. 29, chamando corretamente a atenção para o facto de, por vezes, "revelar-se difícil o delinear da precisa fronteira entre a devolução de um poder normativo público num ente privado e o puro ato de autonomia privada, o qual terá de passar pela análise cuidadosa dos regimes legais vigentes". Sobre este aspeto, cfr, L. Lopes Martins, *RFDUC*, pp. 615 e ss, assim como J. J. Gomes Canotilho, *Direito Constitucional*, pp. 944-945.

[551] Como bem refere J. Miranda, *Fiscalização*, pp. 197-198, com exemplos, "[e]xcluídos do controlo do Tribunal Constitucional encontram-se *quase* todos os atos políticos ou de governo" (itálico nosso).

[552] Cfr, J. J. Gomes Canotilho, *ob. cit.*, pp. 939-942.

VI. Por referência a **6)**, é evidente que quando falamos em atos de autonomia privada, estes podem ser *normativos* (por exemplo, e em linha com uma sugestão feita num aresto, um regulamento de condomínio) ou *não normativos* (por exemplo, um contrato ou um testamento[553]). O ponto comum é que nenhum poderá ser objeto de fiscalização da constitucionalidade, o que se explica por todos eles, salvo se forem produzidos no âmbito de um poder normativo público atribuído, se reportarem a relações entre particulares, que, por isso mesmo, estão "excluídas do exercício de poderes de autoridade pública, exercício que tange a relações de subordinação, quer entre sujeitos públicos, quer entre estes últimos e particulares"[554] [555]

VII. Já que diz respeito à função política, e tal como o Tribunal já reconheceu, pode haver atos que, sendo dotados de *normatividade*, a que acresce o preenchimento dos demais requisitos, podem, assim, conter normas entendidas na sua aceção *funcional*, que, consequentemente, poderão ser controladas constitucionalmente pelo TC – especialmente, as resoluções da Assembleia da República[556], determinadas Resoluções do Conselho de Ministros[557]

[553] Cfr, P. Otero, *Direito Constitucional*, II, p. 462.

[554] Cfr, C. Blanco de Morais, *Justiça*, I, p. 422. Sobre a autonomia privada e as suas diferentes concretizações, cfr, por todos, A. Menezes Cordeiro, *Tratado de Direito Civil, I – Introdução. Fontes do Direito. Interpretação da Lei. Aplicação das Leis no Tempo. Doutrina Geral*, 4.ª Edição, Coimbra: Edições Almedina, 2019, pp. 951-957.

[555] Mesmo assim, P. Otero, *Direito Constitucional*, II, pp. 462-463, elenca as "três únicas excepções que se podem encontrar no ordenamento jurídico português" em que pretensamente é possível haver fiscalização da constitucionalidade de atos não normativos privados, incidindo esta sobre os "actos constitutivos de partidos políticos e suas coligações, incluindo as suas designações, siglas e símbolos", as "eleições de órgãos de partidos políticos" e as "deliberações de órgãos de partidos políticos". Para Paulo Otero, "[e]m qualquer dos casos, estamos perante actos privados provenientes ou envolvendo entidades privadas que exercem ou participam no exercício da função política, apesar de os actos em causa não traduzirem, necessariamente, esse exercício privado de uma função pública". Parece-nos, contudo, que tendo em conta o que expusemos, será mais adequado remeter esses atos para o âmbito da função política, mesmo que se tenha de considerar que, quanto a esta, serão *atos atípicos*.

[556] E, por maioria de razão, as normas contidas no Regimento da Assembleia da República ou nos Regimentos das Assembleias Legislativas Regionais – cfr, a este propósito, os Acórdãos n.ºs 63/91, de 19 de Março (Plenário; Sucessivo; Bravo Serra) e 645/13, de 7 de outubro (Plenário; Sucessivo; Ana Guerra Martins), disponíveis em: https://bit.ly/3JI53iV.

[557] E, por maioria de razão, as normas contidas no Regimento do Conselho de Ministros – cfr, Acórdão n.º 130/06, de 14 de Fevereiro (Plenário; Sucessivo; Gil Galvão), disponível em: https://bit.ly/3JI53iV.

e dos Governos regionais, assim como determinados decretos do Presidente da República[558] [559].

No contexto da fiscalização da constitucionalidade de atos políticos, Cristina Queiroz afirma que "não se vê bem como prescindir aprioristicamente da competência judicial de controle dos tribunais de justiça constitucional quanto ao problema dos actos políticos"[560]. Assim, e partindo da inexistência constitucional de uma exigência geral de abstração e generalidade para que se possa falar de norma, esta Autora defende que "do mesmo modo em que nos é possível conceber regulamentos *imediatamente* subordinados ao texto constitucional, é-nos igualmente possível conceber a existência de actos políticos individuais imediatamente subordinados à Constituição, posto que também estes podem apresentar-se como *imediatamente inconstitucionais* (isto é, sem interposição do legislador), por violarem *directamente* normas e princípios constitucionalmente consignados"[561]. Se assim é, continua, "o acto encontra-se sujeito a um controle de constitucionalidade desde que para tanto se apresente como susceptível de conformação normativa, ou seja, desde que se apresente como uma *questão jurídica*, como tal *justiciável*", pois que "[a] alterantiva seria a ausência absoluta de controlo jurisdicional objectivo"[562].

[558] De facto, e se percorrermos a jurisprudência, verificamos que por mais do que uma vez o TC já fiscalizou normas contidas nos atos acabados de mencionar. Assim, e a título de exemplo, vejam-se o paradigmático Acórdão n.º 405/87, de 6 de Outubro (Plenário; Sucessivo; Mário de Brito), que fiscalizou uma resolução da AR que, no quadro do instituto da apreciação parlamentar determinou a suspensão de vigência de um decreto-lei; o Acórdão n.º 483/03, de 15 de Outubro (2.ª Secção; Recurso; Paulo Mota Pinto), que incidiu sobre uma Resolução do Governo Regional da Madeira; e, mais recentemente, os Acórdãos n.ºs 90/22, de 1 de fevereiro (1.ª Secção; Recurso; Teles Pereira), que julgou inconstitucional uma norma contida numa Resolução do Conselho de Ministros, e 87/22, de 1 de fevereiro (1.ª Secção; Recurso; José João Abrantes), que não julgou inconstitucional uma norma contida num Decreto da Presidência do Conselho de Ministros, todos disponíveis em: https://bit.ly/3JI53iV.

[559] Especificamente sobre os "decretos normativos do Presidente da República", fazendo-os coincidir com "o decreto de declaração do estado de sítio ou do estado de emergência [arts. 134.º, alínea d), 138.º e 19.º]; o decreto de declaração da guerra e o de feitura da paz [arts. 135.º, alínea c), e 19.º, n.º 5]; e o decreto de nomeação dos Ministros e Secretários de Estado, quando determine o número, a designação e as atribuições dos Ministérios e Secretarias de Estado, e as respetivas formas de coordenação [arts. 133.º, alínea h), e 188.º, n.º 3]", cfr, J. Miranda, *Fiscalização*, pp. 201-202.

[560] Cfr, C. Queiroz, *Os Actos Políticos*, p. 186.

[561] *Idem*, p. 188.

[562] Cfr, C. Queiroz, *Os Actos Políticos*, p. 188.

Sem prejuízo de este tema poder ser objeto de uma investigação autónoma, cremos, contudo, que o entendimento de CRISTINA QUEIROZ não procede. Uma coisa é um ato político ser inconstitucional; outra, bem diferente, é esse ato, por conter normas no seu sentido *funcional*, poder ser objeto de fiscalização da constitucionalidade. A questão, em ambos os casos, será sempre jurídica, mas apenas numa é que o TC poderá intervir, precisamente porque apenas aí é que haverá uma norma para efeitos de controlo constitucional. Além do mais, se é verdade que este entendimento faz com que determinados atos políticos estejam excluídos do sistema português de fiscalização da constitucionalidade, também não deixa de ser certo, como acabou de se mencionar, que essa exclusão se reporta aos atos políticos *stricto sensu*, já que outros há que, partilhando de uma *normatividade*, podem chegar ao conhecimento do TC. E se isto se passa desta maneira, será exagerado falar em "ausência absoluta" de controlo[563].

[563] A este propósito, veja-se C. LOPES DO REGO, *Os Recursos*, p. 28, e C. BLANCO DE MORAIS, *Justiça*, I, pp. 505-511, que neste contexto fala em "normas atípicas da função política", simultaneamente afirmando que sempre defendeu "a necessidade de submeter à fiscalização da constitucionalidade todos os actos políticos oriundos dos órgãos de soberania e das regiões autónomas, já que não faz sentido criar zonas brancas imunes ao controlo de constitucionalidade na esfera da função política (...)" – cfr, p. 509. Ressalve-se, ainda, que tendemos a concordar com este Autor quando afirma, *ob. cit.*, p. 510, que "a resolução que suspenda na totalidade um decreto-lei de conteúdo individual e concreto não é lei (pois carece de forma legal) [e, portanto, não entra no sistema português de fiscalização da constitucionalidade através do conceito formal de norma], nem assume conteúdo geral ou abstrato, não procedendo a tese de que a normatividade derivaria de um reporte directo ao parâmetro constitucional, já que o mesmo reporte tem lugar na globalidade de actos políticos não normativos (caso da promulgação e veto, referenda, moções parlamentares, de entre outros), e nem por isso os mesmos são fiscalizáveis". Apesar de, como se viu, o Tribunal, em sede de conceito funcional de norma, não falar em generalidade, mas em suscetibilidade de generalização, parece-nos que é precisamente este requisito que falha a propósito de uma norma contida numa resolução que suspende um decreto-lei, tenha este conteúdo individual e concreto ou não tenha. Veja-se, ainda, M. CALDEIRA, *Actos Políticos, Direitos Fundamentais e Constituição*, Lisboa: AAFDL Editora, 2014, pp. 56 e ss.

§ CONCLUSÕES

Chegados ao final da presente secção, podem ser formuladas as seguintes conclusões:

i) Tendo presente a natureza normativa do sistema português de fiscalização da constitucionalidade, o TC sentiu necessidade, logo num primeiro momento, de determinar aquilo que poderia ser objeto de controlo, desenvolvendo, para isso, um conceito *funcional* de norma;

ii) Essa construção, necessariamente, operou num contexto jurisprudencial, que se iniciou ainda com a Comissão Constitucional e foi posteriormente recuperado (e aprimorado) já pelo Tribunal Constitucional;

iii) O labor jurisprudencial girará sempre em torno de dois entendimentos que o Tribunal tem a preocupação de insistentemente salientar: que, por um lado, e como ponto de partida, a jurisdição constitucional não adota um conceito *material* de norma, no sentido de apenas conhecer daqueles comandos normativos que sejam gerais e abstratos, em linha com uma leitura sobre a Lei Fundamental que vai no mesmo sentido – *i.e.*, a circunstância de esta, salvo situações excecionalmente previstas, não exigir essas duas características para que se possa falar de norma; e, por outro lado, e como ponto de chegada, que insuscetíveis de controlo, independentemente do entendimento normativo que se adote, são sempre os atos não normativos individualmente considerados, de aplicação de direito, aqui destacando-se, em especial, as *decisões judiciais*, os *atos políticos* ou *atos de governo* em sentido estrito, bem como os *atos administrativos*;

iv) Tendo presente estes dois entendimentos, e dando um relevo especial à *forma*, norma, num primeiro momento, será todo o comando *individual, concreto* e de *eficácia consuntiva*, desde que esteja contido em lei. De facto, se isoladamente considerado, e na esmagadora maioria das vezes, esse comando mais não é do que um ato administrativo, a partir do momento em que ele se insere num ato legislativo, passará a ter natureza normativa para o Tribunal Constitucional. Quando isso sucede, porém, e por força do que se salientou no ponto anterior, o que será objeto de controlo não será o ato administrativo individualmente considerado, cuja fiscalização compete aos tribunais administrativos, mas, sim, a norma implícita que lhe está subjacente e que justificou a sua inserção na lei – eis, então, o conceito *formal* de norma;

v) Num segundo momento, restava saber que comandos não contidos em diplomas legais é que poderiam ser objeto de controlo. Logo nos anos 80, o Tribunal afirma aquilo que posteriormente vai ser utilizado em numerosos arestos: «onde um ato do poder público (...) contiver uma regra de conduta para os particulares ou para a Administração, ou um critério de decisão para esta última ou para o juiz, aí estaremos perante um ato "normativo", cujas injunções ficam sujeitas ao controlo da constitucionalidade». Estava dado o primeiro passo para o nascimento do conceito *funcional* de norma;

vi) A partir do Acórdão n.º 26/85, e até meados dos anos 90, o Tribunal vai limar esta afirmação, estabelecendo requisitos e condições para que uma "norma" possa ser funcionalmente entendida e, desse modo, ser objeto de fiscalização da constitucionalidade, nomeadamente em contexto de *recurso por inconstitucionalidade*, comummente designado de recurso de decisões negativas de inconstitucionalidade:

   a) Assim, e em primeiro lugar, o comando em causa tem de ser *normativo* – quer dizer, tem de se estar perante uma regra de conduta, ou um critério de decisão, que seja dirigido quer a particulares, quer à Administração ou mesmo ao juiz. Tem de haver, portanto, uma *normatividade* intrínseca;

   b) Esta *normatividade*, contudo, apenas pode estar associada à autoridade normativa competente à luz do sistema – *v.g.*, ao legislador – ou, então, a uma autoridade normativa que, não sendo o legislador, seja reconhecida por ele através de normas remissivas, de incorporação normativa ou de reconhecimento de fontes de direito. É por isso que a regra de conduta ou critério de decisão da/do qual o TC conhecerá tem necessariamente de ser o produto de um *poder normativo público*: *i.e.*, de um poder que exerça funções de natureza pública, nestas se incluindo competências normativas reconhecidas; ou, então, de uma entidade privada à qual o Estado, através do legislador, tenha outorgado faculdades normativas, passando a reconhecer, com isso, as normas por aquela criadas, que, por esse mesmo motivo, perdendo a sua natureza estritamente *privada*, deixam de prosseguir fins que apenas decorrem e interessam da e para a vontade das partes, para prosseguir outros que relevam da e para a vontade geral;

c) O comando normativo tem, ainda, de ser *vinculativo*, no sentido de estabelecer uma orientação de comportamento que se impõe aos seus destinatários, independentemente da sua vontade. Trata-se do requisito que o TC apelida de *heteronormatividade*;

d) Se é de fiscalização da constitucionalidade de que falamos, o *parâmetro de validade imediato* da norma que será objeto de controlo tem evidentemente de ser a Constituição, mesmo naquelas situações em que, violando o comando normativo uma "disposição legal", se constatar que esta corresponde a uma norma que já decorre da Lei Fundamental;

e) Por fim, e para não se confundir quer com o contexto em que é elaborada, quer com atos não normativos, à norma passível de fiscalização tem ainda de estar associada uma *suscetibilidade de generalização*, no sentido de a função reguladora do comportamento poder ser suscetível de aplicação repetida em situações de facto e de direito que comunguem das mesmas características daquelas às quais a norma inicialmente se dirigiu;

vii) Elaborado o conceito *funcional* de norma, verifica-se que os dois entendimentos avançados em *iii)* se mantêm incólumes. De facto, e no que ao segundo diz respeito, tendo em conta os requisitos que acabaram de se explicitar, os atos não normativos públicos nunca poderão ser objeto de fiscalização da constitucionalidade através deste conceito – *v.g.*, atos não normativos praticados no exercício da função política (*atos políticos*), atos não normativos praticados no exercício da função administrativa (*atos administrativos*) e atos não normativos praticados no exercício da função judicial (*decisões judiciais*);

viii) Mesmo assim, se, como se viu, os atos administrativos podem chegar até ao TC *apenas e só* por via do conceito *formal* de norma, a verdade é que tanto a função administrativa quanto a função judicial podem dispor, por vezes, de faculdades normativas. Quando isso sucede, ressalve-se, as normas que serão criadas pela Administração, nomeadamente através de regulamento administrativo, desde que estejam preenchidos os requisitos associados ao conceito funcional de norma, em especial o referido em *x)*, serão suscetíveis de controlo pelo TC; o mesmo sucederá com as normas criadas pelo juiz, dando-se aí especial destaque à *suscetibilidade de generalização*, pois que aquilo que pode ser controlado é a norma criada no contexto de uma decisão judicial, e não a decisão judicial individualmente considerada. Relativamente à função política, sem prejuízo de a regra geral ser a da exclusão do controlo de constitucionalidade, o Tribunal também reconhece que pode haver atos que, sendo dotados de *normatividade*, a que acresce o preenchimento dos demais requisitos, podem, assim, conter normas entendidas na sua aceção *funcional*, que, consequentemente, poderão ser controladas constitucionalmente pelo TC;

ix) Já quanto ao primeiro entendimento realçado em *iii)*, se desde cedo que a jurisdição constitucional admitiu a hipótese de conhecer *leis-medida* (gerais e concretas), que provêm do legislador e, claro, revestem a forma de ato legislativo, também sentiu a preocupação de afastar do seu controlo as ditas "normas individuais": as da função administrativa porque, coincidindo com um ato administrativo, mais não são do que um ato não normativo público, que, por isso mesmo, e novamente sem prejuízo do conceito *formal* de norma, não pode ser objeto de fiscalização da constitucionalidade; as da função judicial porque, coincidindo com a norma de decisão, traduz-se no ato de julgamento do juiz, que, também como sabemos, não só é insuscetível de controlo pelo Tribunal, como, associado a isto mesmo, explica a preocupação do TC no que ao critério da *suscetibilidade de generalização* diz respeito, precisamente para que as normas formuladas pelo juiz (normativamente habilitado) na sua decisão não se possam confundir com esta;

x) Por fim, em termos *formais* e em termos *funcionais*, os atos de autonomia privada, quer os não normativos, quer os que estabeleçam regras de conduta que possam ser generalizáveis, estão fora do controlo operado pela nossa jurisdição constitucional, pois que, essencialmente, o poder de criação dessas regras não reveste uma natureza pública, no sentido que atrás se expôs, donde que eles serão sempre, inevitavelmente, atos *privados*, sendo, por isso mesmo, apenas controláveis pelos tribunais judiciais.

SECÇÃO II

CONCEITO FUNCIONAL DE NORMA E CONTROLO DE INTERPRETAÇÕES NORMATIVAS

§ CONSIDERAÇÕES INICIAIS: AS FILTRAGENS PROCESSUAIS E SUBSTANCIAIS EM SEDE DE RECURSO DE DECISÕES NEGATIVAS DE INCONSTITUCIONALIDADE

I. Se analisarmos a esmagadora maioria das decisões do TC responsável pela construção do conceito *funcional* de norma, rapidamente chegamos a uma conclusão: num primeiro momento, se o esclarecimento àquele requerido foi feito em sede de fiscalização abstrata[564], a partir do momento em que se permitiu a invocação deste conceito em fiscalização concreta, tal vai levar a um aumento exponencial da jurisprudência do TC, que, de forma recorrente, se debruça sobre este conceito, contribuindo, com isso, para o seu aperfeiçoamento[565]. Mas isto sempre sem esquecer a natureza da nossa justiça constitucional.

II. Como se referiu na primeira parte da presente dissertação, o conceito sobre o qual temos vindo a desenvolver a nossa análise é um conceito de *norma* por, precisamente, o nosso sistema de fiscalização da constitucionalidade ser – ou, pelo menos, pretender ser – objetivista, muito embora impregnado de notas subjetivistas[566]. Daí que que não seja de estranhar que, mesmo depois dessa construção, fiquem de fora os atos elencados anteriormente – de facto,

[564] Nomeadamente até à revisão constitucional de 1982, que, como se viu, não só coincidiu com a instituição de um mecanismo de acesso *indireto* ao TC pelos particulares, como, também, com a entrada em vigor da LOTC – cfr, *supra*, Parte I, Secção II, §5, 5.6 e 5.7.

[565] Por referência aos últimos dados disponíveis, de 2020, das 1537 decisões proferidas pelo Tribunal nesse ano, 1395 foram-no em sede de fiscalização concreta.

[566] Cfr, *supra*, bibliografia citada na nota 392. No mesmo sentido, V. Canas, *Os Processos*, pp. 62-66. Cfr, ainda, J. Miranda, *Contributo*, pp. 271 e ss. Afirmando que "o sistema de fiscalização concreta assume uma natureza processual mista, com componentes objectivas e subjectivas, dominando claramente a componente subjectiva, nos recursos de decisões negativas de inconstitucionalidade, as quais são maioritárias", cfr, C. Blanco de Morais, *Justiça*, II, pp. 614-617, em especial p. 617.

o papel do TC é o de controlar a atuação do *legislador* e não a do *julgador*[567]. Se isto pode merecer críticas por parte daqueles que advogam que o nosso sistema não protege adequadamente os direitos fundamentais[568], a verdade é que, como se viu, essa circunstância é *compensada* com aquilo que decorre, respetivamente, dos artigos 280.º, n.º 1, alínea *b)*, e 70.º, n.º 1, alínea *b)*, da CRP e da LOTC: a possibilidade de, na ausência de um *recurso de amparo* ou *queixa constitucional*, o TC estar aberto, ainda que indiretamente, aos particulares[569]. Com efeito, estes artigos consagram o chamado *recurso de decisões negativas de inconstitucionalidade*[570], que, na verdade, parte de uma situação de inteira

[567] Entre outros, veja-se o Acórdão n.º 429/14, 11 de junho (Conferência; Recurso; PEDRO MACHETE) e, mais paradigmaticamente, o Acórdão n.º 695/16, de 20 de dezembro (3.ª Secção; Recurso; GONÇALO ALMEIDA RIBEIRO), disponíveis em: https://bit.ly/3tLBKXE.

[568] Cfr, por todos, J. REIS NOVAIS, *Sistema Português*, pp. 145 e ss.

[569] Sobre as circunstâncias históricas que envolveram o surgimento deste recurso, inclusive num contexto de defesa, por alguns, da instituição do mecanismo de recurso de amparo, cfr, *supra*, Parte I, Secção II, 5.7. Já sobre a inclusão deste mecanismo em Portugal, e entre tantos outros, cfr, A. VITORINO, "A Justiça Constitucional – Notas sobre o futuro (possível?) da justiça constitucional", in *Revista do Ministério Público* (RMP), ano VI, n.º 12, pp. 9-14; C. SANTOS BOTELHO, *A Tutela Direta*, pp. 147-162; ID, "Haja Uma Nova Jurisdição Constitucional. Pela introdução de um mecanismo de acesso directo dos particulares ao Tribunal Constitucional", in *Revista da Ordem dos Advogados* (ROA), Ano 70, Vol. I/IV, 2010, pp. 591-623; F. LUCAS PIRES, *Teoria*, pp. 266-267; J. REIS NOVAIS, *Themis*, n.º 10; ID, *Sistema Português*, pp. 241 e ss.; J. DE MELO ALEXANDRINO, *A Estruturação do Sistema de Direitos, Liberdades e Garantias na Constituição Portuguesa*, Vol. II, Coimbra: Edições Almedina, 2006, pp. 485-491; ID, "Sim ou não ao recurso de amparo?", in *Julgar*, 11, 2010, pp. 41 e ss.; J. J. GOMES CANOTILHO, "Constituição e Défice Procedimental", in *Estudos Sobre Direitos Fundamentais*, Coimbra Editora, Coimbra, 2004, pp. 69-84; J. M. FERREIRA DE ALMEIDA, *A Justiça Constitucional em Portugal*, Lisboa, 1985, p. 78, J. M. SÉRVULO CORREIA e J. BACELAR GOUVEIA, "Princípios constitucionais do acesso à justiça, da legalidade processual e do contraditório; junção de pareceres em processo civil; interpretação conforme à Constituição do artigo 525.º do Código do Processo Civil — Anotação ao Acórdão n.º 934/96 do Tribunal Constitucional", in *ROA*, Ano 57, Janeiro de 1997, Vol. I, pp. 301-302; M. REBELO DE SOUSA e J. DE MELO ALEXANDRINO, *Constituição*, p. 103; M. LÚCIA AMARAL, *Estudos Comemorativos dos 10 Anos da Faculdade de Direito da Universidade Nova de Lisboa*, Vol. I, Coimbra: Edições Almedina, 2008, pp. 496-499; P. OTERO, *Ensaio sobre o Caso Julgado Inconstitucional*, Lisboa: Lex, 1993, pp. 121 e ss.; V. MOREIRA, "Princípio da maioria e princípio da constitucionalidade: Legitimidade e Limites da Justiça Constitucional", in *Legitimidade e Legitimação da Justiça Constitucional: Colóquio no 10º Aniversário do Tribunal Constitucional*, Lisboa, 28 e 29 de Maio de 1993, Coimbra: Coimbra Editora, 1995, p. 192; R. MEDEIROS, *A Dec*isão, pp. 356 e ss.; F. ALVES CORREIA, *Justiça*, pp. 81 e ss.

[570] Naquilo que C. BLANCO DE MORAIS apelida de recurso com uma "clara preponderância subjectivista" – cfr, C. BLANCO DE MORAIS, "Fiscalização da constitucionalidade e garantia dos direitos fundamentais: apontamentos sobre os passos de uma evolução subjectivista", in *Estudos em Homenagem ao Professor Doutor Inocêncio Galvão Telles*, Coimbra: Edições Almedina, 2003, p. 115. Mais tarde, *Justiça*, II, p. 617, e como acabado de referir, concluirá que como as decisões negativas

normalidade[571] – como já foi sinalizado[572], nos termos da nossa Constituição (artigos 204.º e 280.º) todos os juízes possuem competência para decidir questões de constitucionalidade.

III. Se é assim, havendo um litígio, o juiz terá de aplicar ao caso concreto as normas que entender serem relevantes para resolver a contenda; simplesmente, o particular pode entender que uma das normas que o juiz tem em vista aplicar colide com a Constituição, sendo, por isso mesmo, e no seu entender, inconstitucional. Porém, mesmo depois dessa alegação, a verdade é que o juiz aplica a norma por considerar que ela não viola a Lei Fundamental. Se isso sucede, então através da decisão do tribunal comum não só há uma questão principal – um "feito submetido a julgamento" – de natureza cível, penal ou administrativa que foi resolvida pelo juiz, como, simultaneamente, há também uma questão de constitucionalidade que também foi objeto de decisão por esse mesmo juiz – *rectius*: ao aplicar uma norma reputada de inconstitucional pela parte, o juiz entende que ela não padece de qualquer tipo de inconstitucionalidade[573].

IV. A partir daqui, a parte (que em breve se transformará em *recorrente*) pode, à partida, e *por sua iniciativa*, aceder à jurisdição constitucional. Se o ponto de partida, como acabou de se ver, coincide com uma situação que não causa estranheza, porquanto o juiz "aplica uma norma em vigor, [sendo que] tal é o que normalmente se espera"[574], o caso muda de figura quando essa norma é reputada de inconstitucional pela parte. Mas posta a situação desta maneira, poder-se-ia pensar que o TC resolveria todas as contendas através deste

de inconstitucionalidade coincidem com a esmagadora maioria da jurisprudência do TC, isso faz com que "o sistema de fiscalização concreta [assuma] uma natureza processual mista, com componentes objectivas e subjectivas, dominando claramente a componente subjectiva". Porém, se esta conclusão é compreensível se se atentar nos respetivos dados estatísticos referidos supra, há que reconhecer que não são estatísticas que transformam um sistema objetivista em subjetivista.

[571] Cfr, J. Reis Novais, *Sistema Português*, p. 123.

[572] Cfr, *supra*, Parte I, Secção II, § 6.

[573] A este propósito, cfr, por todos, C. Blanco de Morais, *Justiça*, II, pp. 604-614. Cfr, ainda, V. Moreira, *Boletim da Faculdade de Direito*, pp. 831-832, em especial p. 829., e J. J. G. Canotilho, *Direito Constitucional*, pp. 983 e ss; M. Teixeira de Sousa, "Legitimidade e Interesse no Recurso de Fiscalização Concreta da Constitucionalidade" in *Estudos em Homenagem ao Prof. Doutor Armando M. Marques Guedes*, Coimbra: Coimbra Editora, 2004, p. 947 e ss., p. 958. Por último, cfr, J. M. M. Cardoso da Costa, *A Jurisdição*, pp. 79-80.

[574] Cfr, J. Reis Novais, *Sistema Português*, p. 124.

recurso, já que o particular, tendo sempre a possibilidade de concluir pela inconstitucionalidade de determinada norma aplicada pelo juiz, poderia sempre acionar aquele mecanismo de acesso ao Tribunal.

V. Na verdade, e em linha com um raciocínio que também já foi exposto, esta é uma diferença relevante por oposição ao *recurso de decisões positivas de inconstitucionalidade*, previsto nos artigos 280.º, n.º 1, alínea *a)* e 70.º, n.º 1, alínea *a)*, da Constituição e da LOTC, respetivamente, pois que aqui, ao contrário daquele, o seu acionamento depende, em exclusivo, do tribunal comum – *rectius*: de ele ter recusado a aplicação de uma norma por entender que ela é inconstitucional –, pelo que a questão de constitucionalidade, à partida, nunca será infundada[575].

VI. Ora, se esse poder, em sede de decisões negativas, passa para o particular, então, para evitar uma situação de permanente falta de fundamento terá de existir uma filtragem *processual* e *substancial* associada ao recurso de decisões negativas de inconstitucionalidade[576] [577]. Assim:

a) Em termos *processuais*, e por um lado, apenas se pode recorrer daquelas decisões judiciais que não admitam recurso ordinário dentro da

[575] Desde logo, e como se afirmou *supra*, porque o juiz, em linha com o princípio da constitucionalidade, e nos termos do artigo 204.º, é um garante da Constituição, tendo o dever de examinar se as normas relevantes para efeitos de decisão do litígio que tem de resolver são, ou não, conformes à Constituição. Logo, se o mesmo juiz entende não aplicar uma norma alegando que ela colide com a Lei Fundamental, é evidente que a razão subjacente a esse entendimento não é infundada, decorrendo, precisamente, do dever mencionado. Por oposição, o particular, não sendo um "juiz constitucional", não tem idêntica obrigação, pela que a alegação de uma eventual inconstitucionalidade não pode bastar para efeitos de acesso ao TC – veja-se, a este propósito, J. J. Gomes Canotilho e V. Moreira, *Constituição*, II, p. 519.
Sobre os recursos de decisões positivas de inconstitucionalidade, que, na presente investigação, e por força do que se expôs, não serão considerados, cfr, por todos, C. Blanco de Morais, *Justiça*, II, pp. 731 e ss. Cfr, ainda, C. Lopes do Rego, *Os Recursos*, pp. 66-75.

[576] Sobre a inclusão desta solução no artigo 70.º da Lei n.º 28/82, de 15 de novembro, naquilo que, quanto aos seus requisitos, foi apelidado de um modelo "generoso", cfr, supra, Parte I, Secção II, §5, 5.7.3., e referências bibliográficas aí citadas, em especial A. Araújo, *Análise Social*, p. 938.

[577] Sobre os pressupostos atinentes aos recursos de decisões negativas de inconstitucionalidade, cfr, por todos, C. Blanco de Morais, *ob. cit.*, pp. 744-785. Cfr, ainda, J. J. G. Canotilho, *Direito Constitucional*, pp. 983 e ss.; J. J. G. Canotilho e V. Moreira, *Constituição*, II, pp. 939-960; J. Reis Novais, *Sistema Português*, pp. 118-126; V. Moreira, *Boletim da Faculdade de Direito*, pp. 832-843; C. Lopes do Rego, *ob. cit.*, pp. 75 e ss.; F. Alves Correia, *Justiça*, pp. 265-284; C. Queiroz, *Justiça*, pp. 187 e ss.; J. Miranda, *Fiscalização*, pp. 253 e ss.; J. Miranda e R. Medeiros, *Constituição*, III, pp. 743 e ss.; V. Canas, *Os Processos*, pp. 73 e ss.; J. M. M. Cardoso da Costa, *A Jurisdição*, pp. 63-85.

respetiva ordem jurisdicional – artigo 70.º, n.ºs 2 e 4, da LOTC; por outro lado, e nos termos do artigo 280.º, n.º 4, da CRP, o recurso só pode ser interposto "pela parte que haja suscitado a questão da inconstitucionalidade" – quer dizer, "pela parte que haja suscitado a questão da inconstitucionalidade (...) de *modo processualmente adequado* perante o tribunal que proferiu a decisão recorrida, em termos de este estar obrigado a dela conhecer" (artigo 72.º, n.º 2, da LOTC, itálico nosso);

b) Em termos *substanciais*, ou de conteúdo, só são recorríveis as decisões judiciais que tenham aplicado uma *norma* cuja inconstitucionalidade haja sido suscitada durante o processo – *i.e.*, o TC debruçar-se-á não sobre a questão principal resolvida pelo juiz *a quo*, que permanecerá intocada, mas somente sobre a questão de (in)constitucionalidade de uma norma que haja sido por aquele aplicada e que tenha assumido especial importância para a resolução da questão principal, em termos de ter constituído a sua *razão de decidir* – ou, melhor dizendo, a sua *ratio decidendi*[578].

[578] A este propósito, cfr, C. Blanco de Morais, *Justiça*, II, pp. 749-752; J. J. G. Canotilho, *Direito Constitucional*, pp. 986-987; V. Moreira, *Boletim da Faculdade de Direito*, pp. 835-836; C. Lopes do Rego, *Os Recursos*, pp. 109-113; J. Reis Novais, *Sistema Português*, p. 125; J. Miranda, *Fiscalização*, pp. 248 e ss.; C. Queiroz, *Justiça*, pp. 191-195; F. Alves Correia, *Justiça*, pp. 268-269; J. M. M. Cardoso da Costa, *ob. cit.*, pp. 73-74. A necessidade de a norma aplicada ter constituído o fundamento do julgamento da causa decorre de numerosa e uniforme jurisprudência que desde cedo foi produzida pelo TC – cfr, neste âmbito, e entre tantos outros, Acórdãos n.ºs 193/87, de 5 de Junho (2.ª Secção; Recurso; Messias Bento) 227/88, de 12 de Outubro (2.ª Secção; Recurso; Mário de Brito), 63/90, de 14 de Março (2.ª Secção; Recurso; Bravo Serra), 92/90, de 28 de Março (2.ª Secção; Recurso; Luís Nunes de Almeida) 82/92, de 25 de Fevereiro (1.ª Secção; Recurso; Monteiro Diniz), 169/92, de 6 de Maio (2.ª Secção; Recurso; Messias Bento), 453/93, de 15 de Julho (1.ª Secção; Recurso; Ribeiro Mendes), 187/95, de 5 de Abril (2.ª Secção; Recurso; Sousa e Brito), 364/96, de 6 de Março (1.ª Secção; Recurso; Tavares da Costa), 152/98, de 10 de Fevereiro (1.ª Secção; Recurso; Tavares da Costa), 424/02, de 16 de Outubro (3.ª Secção; Recurso; Maria dos Prazeres Beleza), 71/03, de 12 de Fevereiro (2.ª Secção; Recurso; Mário Torres), 530/06, de 27 de Setembro (3.ª Secção; Recurso; Bravo Serra), 588/06, de 31 de Outubro (3.ª Secção; Recurso; Bravo Serra). Mais recentemente, e também entre outros que poderiam ser citados, cfr, Acórdãos n.ºs 374/20, de 10 de julho (Conferência; Recurso; Fátima Mata-Mouros), 360/20, de 10 de julho (Conferência; Recurso; Mariana Canotilho), 186/20, de 11 de março (Conferência; Recurso; Lino Rodrigues Ribeiro), 138/20, de 3 de março (Conferência; Recurso; Lino Rodrigues Ribeiro), 759/19, de 11 de dezembro (Conferência; Recurso; Maria José Rangel de Mesquita), 743/19, de 10 de dezembro (Conferência; Recurso; Claudio Monteiro), 442/19, de 15 de julho (Conferência; Recurso; Maria José Rangel de Mesquita), 637/18, de 20 de novembro (2.ª Secção; Recurso; Clara Sottomayor), 437/18, de 2 de outubro (Conferência; Recurso; Teles Pereira), 391/18, de 11 de julho (Conferência; Recurso; Gonçalo Almeida Ribeiro), 384/18, de 11 de julho (Conferência; Recurso; Joana Fernandes Costa) e 362/18, de 28 de junho (2.ª Secção; Recurso; Fernando Vaz Ventura), todos disponíveis em: https://bit.ly/3JI53iV.

Daí que, contrariamente àquilo que se poderia pensar à primeira vista[579], não é qualquer norma aplicada pelo julgador que pode ser objeto de recurso para o Tribunal, mas apenas aquela (ou aquelas) que, tendo sido aplicada *expressa* ou *implicitamente*[580], tenha constituído o fundamento jurídico da decisão relativa ao caso concreto[581]. Se a pronúncia do TC poderá ter implicações colaterais na decisão do feito submetido a julgamento, nomeadamente quando ela é de sentido contrário à do juiz *a quo*[582], o essencial mantém-se: o controlo de constitucionalidade não é um controlo de decisões – *rectius*: de decisões judiciais –, mas, antes, de normas. O seu objeto é, portanto, *normativo*[583].

579 Reportamo-nos também àquilo que foi referido *supra*, quando atentamos exclusivamente nos artigos 70.º da LOTC e 280.º da CRP, não considerando, portanto, a exigência de *ratio decidendi* que foi desenvolvida pelo TC.

580 O facto de a aplicação da norma enquanto *ratio decidendi* também poder ser feita *implicitamente* pelo tribunal *a quo*, é também um aspeto que decorre da jurisprudência do Tribunal – entre outros, e cingindo-nos apenas àqueles que constituem *leading cases*, cfr, Acórdãos n.ºs 318/90, 25/93, 445/99 e 49/09. Veremos, contudo, *infra*, como a circunstância de o TC, em sede de recurso, poder apreciar uma norma aplicada implicitamente, enquanto *ratio decidendi*, na decisão recorrida, poderá suscitar alguns problemas.

581 Sob pena de o recurso poder ser considerado *manifestamente infundado*, nos termos do artigo 76.º, n.º 2, parte final, da LOTC.

582 Sobre os efeitos da decisão do TC na decisão recorrida, em sede de recurso de decisões negativas de inconstitucionalidade, cfr, por todos, C. Blanco de Morais, *Justiça*, II, pp. 907-944. Cfr, ainda, J. J. G. Canotilho, *Direito Constitucional*, pp. 999-1003; V. Moreira, *Boletim da Faculdade de Direito*, pp. 839-841; C. Lopes do Rego, *Os Recursos*, pp. 285-309; R. Medeiros, *A Decisão*, pp. 533 e ss.; F. Alves Correia, *Justiça*, pp. 364-381; C. Queiroz, *Justiça*, pp. 205 e ss.; V. Canas, *Introdução*, pp. 31 e ss.; J. Miranda, *Fiscalização*, pp. 276-278; J. M. M. Cardoso da Costa, *A Jurisdição*, pp. 88-91.

583 Cfr, entre outros, Acórdãos n.ºs 74/02, de 21 de Fevereiro (3.ª Secção; Recurso; Tavares da Costa), 92/05, de 23 de Fevereiro (2.ª Secção; Recurso; Mário Torres), 131/05, de 15 de Março (1.ª Secção; Recurso; Maria João Antunes), 173/06, de 8 de Março (3.ª Secção; Recurso; Vítor Gomes), 247/07, de 30 de Março (1.ª Secção; Recurso; Pamplona de Oliveira), 267/08, de 13 de Maio (2.ª Secção; Recurso; Benjamim Rodrigues), 7/09, de 13 de Janeiro (2.ª Secção; Recurso; João Cura Mariano). Mais recentemente, cfr, Acórdãos n.ºs 614/18, de 21 de novembro (1.ª Secção; Recurso; Claudio Monteiro), 3/19, de 8 de janeiro (Conferência; Reclamação; Catarina Sarmento e Castro), 35/19, de 9 de janeiro (Conferência; Reclamação; Pedro Machete), 162/20, de 4 de março (Conferência; Recurso; Teles Pereira), 183/20, de 11 de março (3.ª Secção; Recurso; Gonçalo Almeida Ribeiro), 80/21, de 1 de fevereiro (Conferência; Reclamação; José João Abrantes), 248/21, de 28 de abril (Conferência; Reclamação; Mariana Canotilho), 161/22, de 17 de fevereiro (Conferência; Recurso; Lino Rodrigues Ribeiro) e 134/22, de 17 de fevereiro (Conferência; Reclamação; José Eduardo Figueiredo Dias), todos disponíveis em: https://bit.ly/3JI53iV.

Se os filtros processuais são de fácil verificação[584], o mesmo não sucede com os substanciais. De antemão, há sempre uma pergunta que os preside: o que é uma *norma*, para efeitos de recurso de decisões negativas de inconstitucionalidade?

VII. Como se viu, ao responder a esta pergunta, e tendo presente a preocupação de filtragem, o Tribunal chegou a um resultado que combina uma dimensão *formal* com outra *funcional*. Também como se expôs, em consequência da aplicação deste conceito de norma têm sido considerados sujeitos à fiscalização da constitucionalidade um conjunto de atos do poder público, excluindo-se outros que, por não reunirem as condições elencadas pelo TC, não podem ser objeto de controlo, destes se destacando as decisões judiciais.

VIII. Assim, e dito de outro modo, se o particular quiser recorrer para o TC da decisão do juiz que não julgou inconstitucional uma norma por aquele impugnada, terá de saber, desde logo, se a inconstitucionalidade que ele pretende imputar se reporta a um ato do poder público que reúna as condições para ser *funcionalmente* considerado *norma*, pois que, se assim não for, dele não poderá o Tribunal conhecer. Mas será apenas nestas situações – portanto, na presença de um ato normativo público que cumpra com os requisitos *funcionais* – que o particular poderá aceder ao TC por via do recuso em apreço? Em termos garantísticos para os particulares, e tendo presente a preponderância subjetiva deste recurso, o Tribunal responde que não. Vejamos como.

[584] No âmbito da presente dissertação, e porque o objeto do nosso estudo tem que ver com um aspeto particular em sede de recursos de decisões negativas de inconstitucionalidade, apenas elencamos os respetivos pressupostos processuais e substantivos expurgados das variadíssimas implicações e exigências que de cada um decorrem, sem prejuízo de, sempre que isso seja exigível, relevar aquilo que reveste importância para o tema. Sobre essas implicações e exigências, cfr, *supra*, bibliografia citada na nota 577.

§ 1. A FISCALIZAÇÃO DE *INTERPRETAÇÕES NORMATIVAS*

1.1. Norma e enunciado normativo

I. Nos parágrafos antecedentes verificou-se que não tardou que o TC ultrapassasse uma noção puramente *material* de norma, que a reduz às características da generalidade e da abstração, preferindo optar, no essencial, por um conceito *funcional*. Para aquilo que agora releva, há que dar nota de que também com antecedência o mesmo Tribunal constatou o que se tem por pacífico e que também já foi aflorado: que há que fazer uma dissociação entre *enunciado normativo* e *norma* – isto é, entre "a disposição normativa em relação às normas ou sentidos normativos que a primeira possa conter"[585] –, porquanto do mesmo enunciado normativo podem defluir, por interpretação, diferentes comandos normativos, (alternativos ou cumulativos) sendo que nem todos podem ter a suscetibilidade de, necessariamente, irem de encontro à Constituição[586]. Se essa interpretação é natural e exclusivamente realizada

[585] Cfr, C. Blanco de Morais, *Justiça*, II, pp. 1033-1034.

[586] Cfr, *supra*, referências bibliográficas da nota 483. No âmbito do Direito Constitucional, cfr, J. Reis Novais, *Sistema Português*, p. 205; F. Alves Correia, *Justiça*, pp. 193-195; J. M. M. Cardoso da Costa, *A Jurisdição*, p. 80, nota 103; J. J. G. Canotilho, *Direito Constitucional*, pp. 1201-1202 e p. 1218; R. Medeiros, *A Decisão*, pp. 319 e ss; V. Moreira, *Boletim da Faculdade de Direito*, pp. 836-837; C. Lopes do Rego, *Os Recursos*, pp. 50-52. Como bem refere C. Blanco de Morais, *ob. cit.*, p. 1035, no âmbito da Justiça Constitucional esta dissociação e consequente constatação de que de um enunciado normativo pode defluir mais do que uma norma, «[t]rata-se de um percurso que na Europa se encontra há muito assente nos sistemas que adoptam processos de fiscalização concreta com reenvio prejudicial, como em Itália e Espanha, a respeito da questão de constitucionalidade colocada pelo juiz "*a quo*" ao Tribunal Constitucional, quando suspende a instância, e em que o alto Tribunal Constitucional é chamado a conhecer e decidir sobre os "*significados concretos atribuídos às fórmulas contidas nos textos legislativos*".

pelo juiz *a quo*[587], e se dela é extraída um sentido normativo que o particular entende ser inconstitucional, então, e logicamente, daqui decorre uma consequência necessária e também natural para efeitos de recurso de decisões negativas de inconstitucionalidade: que o controlo a exercer pelo TC tem de incidir sobre a "norma" tal como ela foi aplicada no caso concreto pelo juiz *a quo* – que é o mesmo que dizer: tem de incidir sobre a inconstitucionalidade da norma resultante da interpretação que naquele caso foi dada pelo juiz comum ao enunciado normativo[588].

II. De facto, não sendo frequentes as ocasiões em que existe apenas um único significado normativo – *i.e.*, uma única *norma* – que possa estar contido num enunciado[589], seria incompreensível que o TC reduzisse o seu controlo apenas a estas situações[590], deixando de lado uma multiplicidade de outras que poderiam afrontar a Constituição, mas que, por aquela opção, ficariam de fora do sistema de fiscalização da constitucionalidade[591]. Assim, e para evitar isto mesmo, o TC disporá não só de competência para fiscalizar a constitucionalidade de normas que eventualmente violem a Constituição, mas, também, de *interpretações normativas*[592].

[587] Ultrapassada que está a sua caracterização enquanto mero aplicador do Direito, sem qualquer possibilidade de "intervir" perante o conteúdo dos preceitos que tem de aplicar, nomeadamente por via da interpretação – cfr, *supra*, Parte I, Secção I, §1, 1.4.

[588] Cfr, referências bibliográficas citadas na nota 586, em especial as relativas ao Direito Constitucional.

[589] Sendo, ao invés, frequente a situação em que uma norma pode ser assacada a mais do que um enunciado normativo, bem como aqueloutra, já referida, em que de um enunciado normativo pode defluir mais do que uma norma. Sobre este aspeto, cfr, D. Duarte, *A Norma*, pp. 66-71.

[590] I.e., às situações em que a norma é tomada no seu "sentido genérico e objectivo plasmado no preceito (ou fonte) que a contém", e não "em função do modo como foi perspectivada e aplicada pelo julgador" – cfr, C. Lopes do Rego, *ob. cit.*, pp. 31-32.

[591] Nas palavras do Acórdão n.º 516/20, de 20 de outubro (2.ª Secção; Recurso; Mariana Canotilho), «"*[d]e outro modo (...) se o Tribunal não sindicasse a conformidade constitucional das diferentes dimensões interpretativas dadas pelo julgador, nos casos concretos, às normas que por ele são aplicadas (ou cuja aplicação é recusada), a função que, especificamente, é atribuída à jurisdição constitucional (de administração da justiça em matérias jurídico-constitucionais: artigo 223.º) não viria a ser cabalmente cumprida*"».

[592] É com base nesta constatação que R. Medeiros, *Estudos em Homenagem ao Prof. Doutor Armando M. Marques Guedes*, pp. 185 e 202, afirma que o TC não teve consciência da "força expansiva do conceito de norma fiscalizável" que daí decorreu. Não podemos, contudo, acompanhar este entendimento: não só porque, como referido, a dissociação entre preceito e norma, com as consequências daí advenientes, é um dado adquirido absolutamente pacífico na Justiça Constitucional em geral (cfr, *supra*, nota 586), mas também porque, em particular, e como se irá ver, trata-se de um entendimento desce cedo assumido pelo Tribunal e, portanto, por ele *conscientializado*. No mesmo sentido,

No momento em que entramos na secção relativa às *interpretações normativas*, há que fazer uma ressalva metodológica que tem relevância no âmbito da presente investigação.

Como se terá oportunidade de verificar ao longo das próximas páginas, a nossa análise irá incidir sobre aqueles casos (que acabam por ser os mais recorrentes) em que o juiz *a quo*, partindo de um enunciado normativo, opera sobre ele uma interpretação, extrai uma norma e aplica-a na decisão, entendendo o recorrente que a norma que resultou dessa interpretação colide com a Constituição, motivo pelo qual a impugna junto da jurisdição constitucional, que, em sede de recurso de decisão negativa de inconstitucionalidade, recebe o sentido normativo assim extraído como um dado e limita-se a confrontá-lo com a Lei Fundamental, julgando-o ou não inconstitucional. Queremos com isto dizer que, sem prejuízo de a interpretação que foi efetivada pelo juiz ordinário ser sempre orientada pelas normas e princípios constitucionais, o que, como também se verá, assume uma especial relevância quando algum desses princípios ou normas limita a sua atividade interpretativa, não nos vamos debruçar sobre aquilo que se designa por *interpretação conforme à Constituição* e que encontra respaldo no artigo 80.º, n.º 3, da LOTC – *i.e.*, aquelas situações em que o juiz constitucional, se por um lado recebe um sentido normativo enquanto resultado de uma interpretação operada pelo juiz *a quo*, por outro, e tendo em conta o enunciado normativo em crise, vai alarga-lo a outros sentidos normativos não considerados pela jurisdição comum, procedendo, com isso, a uma interpretação diversa daquela que foi efetivada, nomeadamente ao impor à decisão recorrida a interpretação que, no entender do juiz constitucional, é conforme à Constituição, tendo o juiz ordinário de reformar a decisão recorrida em conformidade, quer se tiver efetivado uma interpretação colidente com a Lei Fundamental, que, agora, deixa obrigatoriamente de o ser, quer mesmo quando tenha considerado a norma resultante da sua interpretação conforme à Constituição, embora tenha agora de a aplicar de acordo com as condições ou limitações efetivadas pelo TC. Quando isto sucede, e como corretamente referido por Blanco de Morais, há uma atribuição de força de caso julgado

C. Blanco de Morais, *Justiça*, II, p. 1034. Insistindo que o controlo de interpretações normativas decorre, em especial, da "contradição [do nosso sistema de fiscalização da constitucionalidade] deixar [de fora] toda uma vasta zona crítica para a garantia dos direitos fundamentais que, mesmo com aquela concepção dual de norma, permaneceria à margem de controlo de constitucionalidade por parte do Tribunal Constitucional", cfr, J. Reis Novais, *Sistema Português*, p. 204.

"não apenas ao segmento dispositivo da sentença do Tribunal Constitucional que não julga a inconstitucionalidade de um dado preceito normativo, mas também à particular interpretação que constitua motivação exclusiva desse juízo de não inconstitucionalidade" – cfr, C. Blanco de Morais, *Justiça*, II, p. 920.

A solução contida no artigo 80.º, n.º 3, da LOTC, não é isenta de críticas na doutrina. De facto, há quem entenda que ela pode ser inconstitucional por, entre outros motivos, não só pôr em causa a independência dos tribunais da jurisdição comum, nomeadamente no que diz respeito à sua liberdade interpretativa, como, intrincado neste último aspeto, subverter o próprio sistema de recursos, ao transformar o Tribunal Constitucional numa instância detentora da última palavra quanto à mais correta interpretação do direito ordinário, negando assim essa faculdade aos tribunais comuns – neste sentido, e por todos, R. Medeiros, *A Decisão*, pp. 363 e ss., em especial pp. 370-386.; cfr, ainda, J. J. Gomes Canotilho, *Direito Constitucional*, pp. 1312-1314, e C. Lopes do Rego, *Os Recursos*, pp. 288-295. Por oposição, também encontramos na doutrina quer um entendimento que pugna pela não inconstitucionalidade da interpretação conforme à Constituição tal como se encontra prevista na LOTC, sem prejuízo de também entender, em termos simultâneos, que pode haver casos em que essa solução interpretativa "carece de vinculatividade" – cfr, C. Blanco de Morais, *ob. cit.*, pp. 930-932, em especial p. 932; quer sensibilidades que ou não questionam nem discutem o artigo em crise – veja-se, a título de exemplo, P. Otero, *Ensaio*, pp. 115 e ss.; V. Canas, *Introdução*, pp. 85 e ss.; e J. M. Cardoso da Costa, *A Jurisdição*, pp. 89-90 –, ou ainda não têm "tantas certezas" quanto à sua melhor compreensão – cfr, J. Miranda, *Fiscalização*, pp. 87-88.

Em termos jurisprudenciais, se é verdade que não é frequente o uso, pelo Tribunal Constitucional, da faculdade de fixação da interpretação normativa conforme à Constituição, certo, também, é que desde muito cedo que o mesmo Tribunal afirmou a sua competência para interpretar o direito ordinário, *sempre que* (e *apenas quando*) isso seja indispensável para a resolução da questão de constitucionalidade – cfr, Acórdão n.º 2/84, de 11 de Janeiro (2.ª Secção; Recurso; Mário Afonso) e, mais recentemente, e a título de exemplo, os Acórdãos n.ºs 233/20, de 22 de abril (1.ª Secção; Recurso; Teles Pereira), 180/19, de 19 de março (Plenário; Reclamação; Pedro Machete), 496/18, de 10 de outubro (2.ª Secção; Recurso; Pedro Machete) e 401/17, de 12 de julho (3.ª Secção; Recurso; Maria José Rangel de Mesquita), todos disponíveis em: https://bit.ly/3JI53iV.

Sobre o fundamento da interpretação conforme com a Constituição, corretamente distinguindo-a da interpretação orientada pela Constituição, cfr, M. Nogueira de Brito, *Introdução*, pp. 222-228, em especial pp. 227-228, bem como *Lições de Introdução À Teoria Da Constituição*, 2.ª Edição, Lisboa: AAFDL Editora, 2017, pp. 172-179.

Para um panorama geral sobre esta questão controvertida, com referências bibliográficas e uma análise sobre o seu respetivo debate noutros ordenamentos, cfr, por todos, C. Blanco de Morais, *ob. cit.*, pp. 920-944. Por fim, veja-se, também, F. Alves Correia, *Justiça*, pp. 332-338.

1.2. A abordagem inicial do Tribunal: Acórdãos n.ºs 102/84, 128/84 e 57/95

I. De facto, e como se aludiu, foi logo nos anos 80 que o Tribunal se pronunciou sobre esta possibilidade. No Acórdão n.º 102/84, de 31 de Outubro (2.ª Secção; Recurso; Mário de Brito)[593], em que estava em causa uma interpretação que o juiz *a quo* – no caso, o Supremo Tribunal de Justiça – havia feito ao artigo 51.º do Decreto-Lei n.º 402/82, de 23 de setembro, que introduzia alterações ao então Código de Processo Penal e estabelecia o regime de execução das penas e medidas de segurança, interpretação essa que o recorrente entendia ser inconstitucional, o TC foi esclarecedor ao afastar um eventual cenário de incompetência para conhecer do recurso e que havia sido alegado pelo Ministério Público, já que, segundo este, precisamente por estar em crise uma questão de interpretação, a mesma não podia ser considerada, à luz da Constituição e da LOTC, uma "questão de constitucionalidade". Para o TC, e de forma unânime, "nada [obstava] a que, em sede de fiscalização concreta da constitucionalidade (...), se [discutisse] a constitucionalidade de uma norma, *tal como ela foi interpretada e aplicada ao caso concreto*. Pode mesmo dizer-se que, ao submeter-se ao Tribunal Constitucional, em via de recurso, a apreciação da constitucionalidade de uma norma jurídica, o que o Tribunal deve fiscalizar é, não a constitucionalidade, em abstracto, da norma em questão (por isso ele não pode declarar a inconstitucionalidade dessa norma), mas a *constitucionalidade dessa mesma norma, na sua aplicação concreta*"[594] (itálico nosso).

593 Disponível em: https://bit.ly/3gtrvAj.

594 Cfr, parágrafo 2.1. do acórdão.

II. Nesse mesmo ano, e poucos meses depois, o TC retomaria esta argumentação, mas agora através do Acórdão n.º 128/84, de 12 de Dezembro (1.ª Secção; Reclamação; Monteiro Diniz)[595]: aí, e como predito, sem prejuízo de o conceito identificador da atividade do Tribunal coincidir com um conceito de norma, "tal facto não invalida que a interpretação constitucional incida por vezes tão só *sobre um ou outro segmento dos preceitos (cada preceito pode conter diversas normas) ou até sobre uma determinada interpretação*. Não é raro que uma mesma norma comporte várias interpretações, fenómeno que resulta, além do mais, de em certo momento, se conceder prevalência a um ou outro dos vários argumentos utilizados como auxiliares da interpretação – elemento histórico, sistemático, literal, teleológico. E não é impossível que dessas várias interpretações uma, ou várias até, tornem a norma compatível à Constituição, enquanto outra, ou outras, a condenem irremissivelmente"[596] (itálico nosso). Daí que, neste seguimento, e continuando a acompanhar a decisão, quando a inconstitucionalidade seja reportada a uma "determinada interpretação" torna-se necessário fazer uma pergunta – *rectius*: "qual o segmento ou vertente desta interpretação que a torna colidente com a Constituição? E com que norma ou princípio constitucional tal colisão se verificaria?"[597].

III. Merece ainda referência o Acórdão n.º 57/95, de 16 de Fevereiro (Plenário; Sucessivo; Alves Correia)[598], que, apesar de ter sido proferido na sequência de um pedido de fiscalização abstrata sucessiva, não só vai concretizar ainda mais esta ideia de dissociação, como vai assumir-se, simultaneamente, como uma das decisões do TC que, quanto a esta matéria, será posteriormente citada em numerosa jurisprudência[599]. Nas palavras do aresto, «como tem

[595] Disponível em: https://bit.ly/3xSw50D.

[596] Cfr, parágrafo 2. do acórdão.

[597] *Idem*.

[598] Disponível em: https://bit.ly/3k4U8V4.

[599] Cingindo-nos apenas aos mais recentes, veja-se, entre outros, os Acórdãos n.ºs 42/15, de 2 de janeiro (Conferência; Recurso; Fátima Mata-Mouros), 430/16, de 13 de julho (3.ª Secção; Recurso; Maria José Rangel de Mesquita), 40/17, de 9 de fevereiro (Plenário; Sucessivo; Catarina Sarmento e Castro), 244/17, de 17 de maio (Plenário; Sucessivo; Clara Sottomayor), 61/18, de 31 de janeiro (Conferência; Recurso; Fernando Vaz Ventura), 288/18, de 7 de junho (Conferência; Recurso; Fernando Vaz Ventura), 344/19, de 4 de junho (Plenário; Recurso; Lino Rodrigues Ribeiro), 652/19, de 13 de novembro (Conferência; Recurso; Fernando Vaz Ventura), 292/20, de 28 de maio (Conferência; Recurso; Fernando Vaz Ventura), 303/20, de 23 de junho (1.ª Secção; Recurso; Teles Pereira) e 475/20, de 1 de outubro (3.ª Secção; Recurso; Maria José Rangel de Mesquita), todos disponíveis em: https://bit.ly/3JI53iV.

salientado este Tribunal em jurisprudência reiterada e uniforme, objecto de fiscalização da constitucionalidade são normas jurídicas, entendidas estas como todo e qualquer acto do poder público que contiver uma "regra de conduta" para os particulares ou para a Administração, um "critério de decisão" para esta última ou para o juiz ou, em geral, "um padrão de valoração de comportamento" (...). Não se trata, porém, de normas *abstractamente* consideradas, mas de normas va[z]adas ou concretizadas num preceito. Por outras palavras, o Tribunal Constitucional, quando aprecia a constitucionalidade de uma norma jurídica, tem de referir essa norma a um preceito concreto, que constitui o seu *suporte formal*»[600]. Torna-se, portanto, claro, através desta decisão, aquilo que havíamos referido anteriormente: que a esmagadora maioria das situações objeto de controlo por parte do TC em sede de recurso de decisões negativas de inconstitucionalidade reporta-se a resultados normativos advenientes (v.g., *vazados*) da interpretação de um enunciado normativo (v.g., *preceito*) que constitui o seu *suporte formal*[601].

IV. É desta realidade, por seu turno, que decorre aquilo que já se aflorou e que também é incontestável, quer na jurisprudência do TC, quer na doutrina: que não só de um preceito ou enunciado normativo podem defluir diversas normas, como o inverso também é possível. Melhor dizendo, que objeto de controlo de constitucionalidade também pode ser uma "norma complexa" – *i.e*, uma norma que se reporte a diferentes enunciados normativos, ou mesmo a diferentes segmentos desses enunciados normativos. Enfim, uma norma cujo seu "suporte formal" seja constituído por um bloco normativo formado por diferentes preceitos[602]. É claro que quando isto sucede,

[600] Cfr, parágrafo 8.4.2. do acórdão.

[601] Daí a importância da referência deste suporte aquando da interposição de recurso, sob pena de ele poder ser considerado inidóneo, como o Tribunal tem vindo a vincar em vários arestos – neste sentido, veja-se, a título de exemplo, os Acórdãos n.ºs 302/94, de 24 de Março (2.ª Secção; Recurso; Luís Nunes de Almeida), 530/03, de 31 de Outubro (3.ª Secção; Recurso; Maria dos Prazeres Beleza), 532/05, de 14 de Outubro (3.ª Secção; Recurso; Vítor Gomes), 270/06, de 2 de Maio (2.ª Secção; Reclamação; Fernanda Palma), 51/07, de 30 de Janeiro (1.ª Secção; Recurso; Moura Ramos), 42/15, de 20 de janeiro (Conferência; Recurso; Fátima Mata-Mouros), 61/18, de 31 de janeiro (Conferência; Recurso; Fernando Vaz Ventura), 288/18, de 7 de junho (Conferência; Recurso; Fernando Vaz Ventura), 652/19, de 13 de novembro (Conferência; Recurso; Fernando Vaz Ventura), e 292/20, de 28 de maio (Conferência; Recurso; Fernando Vaz Ventura), todos disponíveis em: https://bit.ly/3JI53iV.

[602] Neste sentido, C. Lopes do Rego, *Os Recursos*, p. 51. Com idêntica orientação, cfr, C. Blanco de Morais, *Justiça*, II, p. 1035.

e como se verá, a exigência na enunciação da interpretação normativa é maior, pois que o recorrente terá de ser certeiro na identificação dos vários enunciados normativos aos quais aquele entendimento se reporta de maneira a aí haver uma coincidência, sob pena de falta de idoneidade do recurso[603].

1.3. A (necessária) fronteira entre controlo de norma e controlo de decisão

1.3.1. Ponto de partida

I. Por certo, o Tribunal teve sempre uma preocupação quanto ao *modo* como o recurso de inconstitucionalidade deve ser formulado nas hipóteses em que esteja em causa uma interpretação normativa. De facto, e como se acabou de constatar, se é pacífico, desde os primórdios da atividade do Tribunal, que por força da distinção entre enunciado normativo e norma não só podem decorrer várias normas de um só enunciado, como aquelas constituem, de alguma maneira, o *resultado* da sua interpretação, inultrapassável é que sobre as decisões judiciais o TC nunca se pode debruçar. Daí que esta questão assuma uma importância fundamental, pois que, em sede de controlo de *interpretações normativas* – i.e., interpretações que o juiz comum, *na sua decisão*, opera sobre um determinado enunciado normativo, dele extraindo uma norma que vai efetivamente aplicar, *com esse sentido*, na *mesma decisão* – a fronteira que separa o controlo da norma aplicada na decisão do juiz comum, por via interpretativa, do controlo da própria decisão, é muito porosa[604].

II. Antes de prosseguirmos, porém, um *lembrete*: a questão que neste momento se coloca não é idêntica à dos parágrafos antecedentes. É que, a bem dizer, já não é necessário saber se aquilo que se pretende que o Tribunal aprecie é um comando normativo. Agora, já existe uma norma, que não só se encontra

603 Situação semelhante pode ocorrer em sede de "normas implícitas", embora persista a necessidade de haver uma "fonte, ainda que meramente indirecta" – cfr, J. Miranda e R. Medeiros, *Constituição*, III, p. 781. Voltaremos a este assunto adiante.

604 Cfr, C. Blanco de Morais, *Justiça*, II, p. 1035; C. Lopes do Rego, *ob. cit.*, pp. 32 e ss.; R. Medeiros, *A Decisão*, pp. 336 e ss.; V. Moreira, *Boletim da Faculdade de Direito*, pp. 845-847.; P. Mota Pinto, "Reflexões sobre jurisdição constitucional e direitos fundamentais nos 30 anos da Constituição da República Portuguesa", in *Revista Themis*, Edição Especial, 2006, pp. 210 e ss.; J. M. M. Cardoso da Costa, *A Jurisdição*, p. 81 e nota 104.; J. Reis Novais, *Sistema Português*, pp. 215 e ss.

em vigor como foi aplicada pelo juiz a um determinado caso concreto. Simplesmente, ela foi aplicada com um determinado sentido através da escolha, pelo juiz, de um significado normativo contido no seu enunciado. Assim, e pelo menos por enquanto, já não é necessário indagar se houve, ou não, criação normativa e se a entidade em questão estava habilitada para isso: pelo contrário, há um enunciado normativo que foi aprovado pela autoridade normativa competente para a respetiva edição segundo as formas admitidas, sendo que, a partir dele, e como é natural, o juiz, através de uma tarefa interpretativa, retirou um determinado entendimento normativo que, estando naquele comportado, pode, porém, ir de encontro à Constituição.

III. Daí que o problema, como se disse, já não seja de *conteúdo*, mas de *forma processual*: nomeadamente, da forma como o particular suscita a questão *durante o processo*, em virtude de, nesta situação em específico, e de novo, poder ser bastante imprecisa a delimitação entre o critério de decisão aplicado no feito submetido a julgamento e o eventual controlo de constitucionalidade da decisão judicial, que, como sabemos, está vedado ao Tribunal, por se estar perante um ato do poder público que se limita, unicamente, a aplicar o direito pré-existente[605].

IV. Ora, partindo daqui, e com o objetivo de evitar situações *encapotadas* – *i.e.*, situações em que o recorrente, aparentando questionar uma certa interpretação normativa de um ou mais preceitos, o que faz, na realidade, é impugnar a concreta aplicação que a decisão recorrida faz das normas convocadas para a resolução do litígio, convertendo, para o efeito, essa aplicação casuística em "interpretação de normas"[606] – era premente, então, clarificar aqueles dois aspetos que, na verdade, se encontram interligados, o que, para o Tribunal, implicava assumir "a tarefa de traçar a fronteira da sua própria competência de fiscalização"[607]. E foi isso que o TC fez numa jurisprudência que, iniciando-se cedo, tem sido uniformemente reiterada ao longos dos anos.

605 Cfr, *supra*, Parte II, Secção I, §2, 2.3., e referências bibliográficas aí citadas.

606 Neste sentido, C. Lopes do Rego, *Os Recursos*, pp. 34-35.

607 Nas palavras de M. dos Prazeres Beleza, "Subsistência do controlo difuso ou migração para um sistema concentrado de reenvio prejudicial", in E. da Silva Ramos e C. Blanco de Morais (coord.), *Perspectivas de Reforma da Justiça Constitucional em Portugal e no Brasil*, Coimbra: Edições Almedina, 2012, p. 92.

1.3.2. *Evidência* e *destrinça*

V. Em primeiro lugar, e também logo nos anos oitenta, a *evidência*: "o TC não pode conhecer da suposta inconstitucionalidade de uma decisão judicial ela mesma, pois tal não cabe na sua competência. A competência do TC em matéria de fiscalização concreta da constitucionalidade só abrange as decisões dos tribunais que num certo processo se tenham recusado a aplicar normas por as considerarem inconstitucionais ou que tenham aplicado normas cuja inconstitucionalidade tenha sido suscitada no processo pelo recorrente. Tal é o regime que decorre claramente do artigo 280. ° da CRP"[608]. No fundo, tudo se reduz aos *fundamentos* do recurso: ou o juiz comum rejeitou a aplicação de uma norma por motivo de inconstitucionalidade, ou o recorrente suscitou, expressa ou implicitamente, a inconstitucionalidade de uma norma (ou interpretação normativa) que tenha sido de qualquer modo aplicada na decisão recorrida[609]. Assim, se aquilo que o recorrente suscita não se traduz numa inconstitucionalidade de uma norma ou de uma interpretação normativa, mas, ao invés, num juízo de censura quanto a uma opção tomada pelo juiz *a quo* na decisão que proferiu, tal não é (nem pode ser) suscetível de fiscalização da constitucionalidade[610].

VI. Em segundo lugar, a *destrinça*: aqui o TC sentiu a necessidade de, tendo em conta o disposto na LOTC[611], estabelecer alguma *bússola* que pudesse guiar os recorrentes quanto à suscitação prévia e processualmente adequada de uma questão de constitucionalidade associada a uma interpretação normativa, em termos aptos a poder legitimar um subsequente recurso para o Tribunal Constitucional. No Acórdão n.º 388/87, de 22 de Julho (2.ª Secção;

608 Cfr, Acórdão n.º 75/87, de 18 de Fevereiro (1.ª Secção; Recurso; Vital Moreira), parágrafo 2.1., disponível em: https://bit.ly/3soSYaQ.

609 Em sentido semelhante cfr, acórdão citado, parágrafo 2.1.

610 Veja-se, a este propósito, e do mesmo ano que o anterior aresto, o Acórdão n.º 69/87, de 11 de Fevereiro (2.ª Secção; Recurso; Cardoso da Costa), em que o TC não tomou conhecimento do recurso, porquanto o que se pretendia contestar era a aplicação, pelo juiz comum, de uma determinada norma em detrimento de outra que o recorrente entendia ser a correta. Acórdão disponível em: https://bit.ly/37NJM6s.

611 Em especial, e em termos óbvios, no artigo 70.º, n.º 1, alínea b), mas, também, no artigo 72.º, n.º 2, com a ressalva de que a parte que aqui releva – "*de modo processualmente adequado perante o tribunal que proferiu a decisão recorrida, em termos de este estar obrigado a dela conhecer*" – apenas foi introduzida pela Lei n.º 13-A/98, de 26 de fevereiro.

Reclamação; Cardoso da Costa)[612], em que se reclamava de um despacho de indeferimento de um recurso interposto ao abrigo da alínea *b)*, do n.º 1, do artigo 70.º, da LOTC, que entendeu não se estar perante nenhum fundamento válido que o pudesse acionar, Cardoso da Costa, relator do aresto quanto a essa reclamação, depois de reconhecer que o "entendimento" normativo de um determinado preceito legal também pode entrar na "questão da constitucionalidade de uma norma", esclarece que, mesmo assim, é sempre necessário distinguir consoante as situações e as circunstâncias. Assim:

a) Partindo do que já era um dado adquirido – *i.e*, que «uma coisa será a inconstitucionalidade de uma "norma" (susceptível de abrir o recurso para o Tribunal Constitucional) e outra a inconstitucionalidade simplesmente de uma "decisão judicial" (insusceptível de abrir aquele recurso)» –, «há que averiguar se, quando se fala da inconstitucionalidade da "interpretação" (...) é apenas a "decisão" judicial que, no fundo, se põe em causa, ou antes, realmente, a interpretação dada a uma certa "norma"[613], tal que se possa dizer que é a inconstitucionalidade desta norma, enquanto assim interpretada, que se questiona»[614];
b) Um elemento que assume relevante importância, desde logo confrontando o artigo 70.º, n.º 1, alínea b), da LOTC – nomeadamente o requisito que impõe que a questão seja suscitada pelo recorrente *durante o processo*[615] –, é a indispensabilidade de este último "[citar] qualquer

[612] Disponível em: https://bit.ly/37QPkgI.

[613] Importa ressalvar, neste contexto, que por uma questão de coerência para com os arestos que se citam, preferimos manter a terminologia que é adotada pelo Tribunal, apesar de não ser a correta. De facto, e como já se teve oportunidade de evidenciar, aquilo que é objeto de interpretação é um enunciado normativo do qual vai ser extraída, por via interpretativa, uma norma. A norma, por isso, é o resultado da interpretação. Deste modo, e logicamente, aquilo que se interpreta são preceitos, disposições, enunciados, e não normas.

[614] Cfr, parágrafo 7 do acórdão.

[615] Trata-se de um requisito que assume especial relevância em sede de recursos de decisões negativas de inconstitucionalidade. Para efeitos da presente dissertação, apenas nos referiremos àquilo que possa interessas às diversas questões que aqui se suscitam. Deste modo, e sobre este requisito, cfr, C. Blanco de Morais, *Justiça*, II, pp. 794 e ss.; C. Lopes do Rego, *Os Recursos*, pp. 75-90; F. Alves Correia, *Justiça*, pp. 268-269, notas 315 e 316; C. Queiroz, *Justiça*, pp. 192-195; G. da Fonseca e I. Domingos, *Breviário de Direito Processual Constitucional*, 2.ª Edição, Coimbra: Coimbra Editora, 2002, pp. 45 e ss.; J. Miranda e R. Medeiros, *Constituição*, II, pp. 755-762. Cfr, ainda, Isabel Alexandre, "A Norma ou princípio constitucional ou legal violado como elemento do objecto dos recursos de fiscalização concreta da constitucionalidade ou da ilegalidade", in *Jurisprudência Constitucional*, n.º 6, Abril/Junho, 2005, pp. 28-48.

disposição legal a cuja interpretação impute esse resultado [interpretativo]", e isto "em termos que permitam estabelecer e identificar de forma minimamente clara a norma ou normas que argui (ou cuja interpretação argui) de contrárias à Constituição"[616]. Na verdade, e em linha com o que se expôs, se do resultado da interpretação de um enunciado normativo – *v.g.*, de uma disposição legal – podem defluir diversas normas, e se a parte no processo entende que um desses resultados, extraído pelo juiz *a quo* e aplicado na decisão colide com a Constituição, é evidente que, para efeitos de futuro acesso ao Tribunal, ela terá de individualizar o enunciado normativo ao qual o imputa, porquanto o «controlo da constitucionalidade é concebido pela nossa Constituição (cf., em particular, o artigo 280º) como respeitando justamente às "normas" e não aos "preceitos" ou "disposições" que as veiculam»[617];

c) Só que, mesmo tendo havido essa referência por parte do recorrente, é ainda imprescindível para o Tribunal verificar se, de facto, a inconstitucionalidade de uma interpretação normativa de um preceito, pelo juiz comum, se reporta verdadeiramente a uma *norma*, em si mesma, ou à sua aplicação ao caso concreto – ou seja, à decisão que a aplicou. Aqui, embora reconhecendo dificuldades na resposta, CARDOSO DA COSTA conclui que no caso em apreço[618] tal não sucedia, porquanto «atentas estas transcrições, poderá dizer-se que toda a questão se

[616] Cfr, parágrafo 8 do acórdão. Este elemento já havia sido avançado supra – cfr, *supra*, nota 601 e jurisprudência aí citada.

[617] Cfr, parágrafo 10 do acórdão.

[618] Tratava-se de uma situação em que o particular (que era recorrente, para os devidos efeitos), tendo sido pronunciado por um tribunal de primeira instância como autor de determinados crimes, interpôs recurso do despacho de pronúncia, bem como de outro que havia indeferido uma reclamação que apresentara contra nulidades cometidas nesses autos, em seu entender, pondo em causa as suas garantias de defesa. O Tribunal da Relação de Coimbra negou provimento ao recurso, tendo o Supremo Tribunal de Justiça confirmado este entendimento. Inconformado, recorreu para o TC, suscitando a inconstitucionalidade de vários "entendimentos" das instâncias, em especial «a interpretação feita pelas instâncias e, nomeadamente, da decisão recorrida, no sentido de que "não é indispensável a presença de defensor nos autos de reconhecimento do arguido», quer no sentido de que "o juiz de instrução não tem de estar presente ao reconhecimento, e de que tal ausência é resultado da delegação feita ao abrigo do artigo 159º do Código de Processo Penal"». O recurso, porém, não foi admitido, por se entender que «o réu [se limita a dizer] que "a interpretação das instâncias" é inconstitucional, o que, manifestamente, não pode ser invocado como fundamento de recurso». Deste despacho de indeferimento, o recorrente, agora reclamante, reclamou para o TC.

joga, bem vistas as coisas, no *puro plano da "interpretação" da norma, e não também da valoração de circunstâncias exteriores àquela, mas relevantes na sua aplicação*» (itálico nosso)[619].

VII. Por aqui já se percebe o porquê de a *destrinça* a que nos referimos assumir uma importância crucial. Como mencionado, mas agora nas palavras do Tribunal, "na prática, nem sempre é fácil distinguir com precisão os casos em que se suscita efectivamente a inconstitucionalidade de uma norma daqueles em que se suscita tão-só a inconstitucionalidade de uma decisão judicial, principalmente quando a eventual inconstitucionalidade da norma se encontra dependente da interpretação que lhe for ou tiver sido dada (designadamente na decisão judicial recorrida)"[620]. E, como se disse, é esta realidade que faz com que a admissibilidade do recurso, nestes casos, dependa, "em larga medida, do modo e da forma como o recorrente tratou de equacionar e suscitar a questão no decurso do processo"[621]. Naturalmente, se à alegação da contrariedade à Constituição de uma interpretação normativa o recorrente não a associar a qualquer enunciado normativo donde ela eventualmente tenha partido, então o TC não poderá exercer o seu controlo[622];

[619] Cfr, parágrafo 11 do acórdão. De facto, continua o aresto, «o reclamante arguiu – embora sem dizê-lo por esta forma directa – a inconstitucionalidade da interpretação do artigo 159º do Código de Processo Penal em termos de este consentir a delegação pelo juiz de instrução noutras entidades da realização da diligência probatória do reconhecimento, ou seja (pois que é o mesmo), a inconstitucionalidade do artigo 159º, interpretado com esse sentido; e o Supremo, de seguida, rejeitou, ao fim e ao cabo, que tal entendimento, ou *a norma assim entendida*, fosse inconstitucional. Pelo que, em consequência, a aplicou com essa interpretação. Eis por que se julga não dever recusar-se que no caso se esteja perante a inconstitucionalidade de uma norma, e não apenas da "decisão" que a aplicou (...)» (itálico nosso).

[620] Cfr, Acórdão n.º 123/88, de 1 de Junho (2.ª Secção; Recurso; Luís Nunes de Almeida), parágrafo 4., disponível em: https://bit.ly/2Uu7O3s.

[621] Cfr, C. Lopes do Rego, *Os Recursos*, p. 33. Veja-se, ainda, a bibliografia citada *supra*, na nota 604.

[622] Neste sentido, e continuando em sede de decisões iniciais, cfr, Acórdão n.º 199/88, de 28 de Setembro (2.ª Secção; Recurso; Messias Bento), parágrafo 7: «Ora, este Tribunal tem decidido de forma reiterada e uniforme que só lhe cumpre proceder ao controlo da constitucionalidade de "normas", e não de "decisões" – o que exige que, ao suscitar-se uma questão de inconstitucionalidade, se deixe claro qual o preceito legal cuja legitimidade constitucional se questiona, ou, no caso de se questionar certa interpretação de uma dada norma, qual o sentido ou a dimensão normativa do preceito que se tem por violador da Lei Fundamental» – acórdão disponível em: https://bit.ly/3z29j88. De forma mais clara, ainda, veja-se o Acórdão n.º 175/06, de 8 de Março (2.ª Secção; Recurso; Benjamim Rodrigues): a "identificação da base legal à qual se imputa a norma cuja inconstitucionalidade se pretende ver apreciada é, pois, um momento insuprível do controlo de constitucionalidade, na medida em que importa saber se essa base legal elegida para a fiscalização

ao mesmo tempo, se isso suceder – *i.e.*, se essa associação ocorrer –, mas se se perceber que a putativa interpretação mais não é do que uma tradução normativa das "circunstâncias exteriores à norma", a intervenção do TC terá de ficar necessariamente bloqueada em virtude de o objeto do recurso não ser o "suporte normativo da decisão"[623], mas a decisão propriamente dita.

1.3.3. O Acórdão n.º 269/94, de 23 de Março

VIII. Continuando a ter presente esta preocupação no *distinguo*, o Acórdão n.º 269/94, de 23 de Março (2.ª Secção; Reclamação; MESSIAS BENTO)[624], vai avançar mais requisitos quanto ao modo da colocação da questão de constitucionalidade quando reportada a uma interpretação normativa. Assim, e nos termos do aresto, "*[s]uscitar a inconstitucionalidade* de uma norma jurídica é fazê-lo de modo tal que o tribunal perante o qual a questão é colocada saiba que tem uma questão de constitucionalidade determinada para decidir. Isto reclama, obviamente, que (...) tal se faça de modo claro e perceptível, identificando a norma (ou um segmento dela ou uma dada interpretação da mesma), que (no entender de quem suscita essa questão) viola a Constituição; e reclama, bem assim, que se aponte o porquê dessa incompatibilidade

da constitucionalidade se apresenta como idónea a suportar esse sentido" – acórdão disponível em: https://bit.ly/3gDyOEU.
No mesmo sentido, cfr, F. ALVES CORREIA, *Justiça*, p. 193: "(...) apesar da autonomia dos conceitos de norma e de preceito, a identificação da norma que se pretende submeter ao juízo do Tribunal Constitucional sempre terá de ser feita por referência aos preceitos que a suportam", sendo que "esta relação simbiótica entre norma jurídica e preceito normativo tem importância quer em sede do preenchimento dos pressupostos do recurso de constitucionalidade, quer em sede de definição ou delimitação do objeto do recurso".
Em sentido contrário, afirmando que "para além de se dever acolher um entendimento do direito de recurso consentâneo com o princípio *pro actione*, não se pode obliterar que o sistema de fiscalização da constitucionalidade se encontra, em Portugal, centrado no controlo de normas – e não necessariamente de disposições" – cfr, J. MIRANDA e R. MEDEIROS, *Constituição*, III, p. 781. Sem prejuízo de esta asserção ser evidente, a verdade é que uma norma decorre de uma (ou mais do que uma) disposição. É claro que a situação pode modificar-se se se estiver em contexto de normas "implícitas". No entanto, não só aí a norma, na maioria dos casos, coincidirá com a decisão, não podendo, por isso, ser objeto de controlo constitucional, como naqueles cenários em que se fala efetivamente de uma norma pressuposta haverá enunciados normativos, embora não coincidentes com a norma que foi efetivamente aplicada na decisão. Voltaremos a este assunto *infra*.

[623] Na sugestiva expressão utilizada pelo Acórdão n.º 105/90, de 29 de Março (2.ª Secção; Recurso; BRAVO SERRA), parágrafo 6, disponível em: https://bit.ly/3D5G2vE.

[624] Disponível em: https://bit.ly/3snX4QJ.

com a Lei Fundamental, indicando, ao menos, a norma ou princípio constitucional infringidos"[625].

IX. Vistas bem as coisas, esta exigência já decorria, em parte, das anteriores decisões mencionadas, embora se perceba a necessidade de insistência, em especial quando acompanhada de uma maior compreensão. Assim, retomando o que há pouco se aludiu bem como aquilo que decorre do presente parágrafo, verificar se a inconstitucionalidade de uma interpretação normativa de um preceito se reporta verdadeiramente a uma *norma* e não à decisão que a aplicou, reclama, da parte do recorrente, uma *precisão* e *clareza* na suscitação dessa mesma inconstitucionalidade no processo, que, por sua vez, requer:

(*i*) Que se identifique, de modo *claro* e *percetível*, o resultado normativo que vai de encontro à Lei Fundamental;
(*ii*) Que se identifique o enunciado normativo do qual se extraiu esse mesmo resultado;
(*iii*) Que se *fundamente* e se *justifique* o porquê de se entender que essa interpretação normativa é inconstitucional – *i.e.*, que se apontem quais as normas ou princípios[626] constantes da Constituição que aquele entendimento normativo afronta, assim criando no tribunal recorrido um dever de pronúncia sobre a questão de constitucionalidade[627].

X. Se isto tem de ser assim, então não basta alegar, como se fez no âmbito do aresto em análise, que determinados preceitos, "aplicados ao caso dos autos, são inconstitucionais", pois que, irremediavelmente, não se está a querer condenar o suporte normativo no qual se fundou a aplicação de uma norma ao litígio em concreto, mas, antes, a decisão judicial que a aplicou. Enfim, não se está a suscitar uma questão de inconstitucionalidade de uma eventual interpretação normativa de modo processualmente adequado[628].

[625] Cfr, parágrafo 7 do acórdão.

[626] Mais corretamente: que se apontem quais as *normas-regra* ou as *normas-princípio*.

[627] Cfr, C. Lopes do Rego, *Os Recursos*, pp. 96-99. De certa maneira, também, C. Blanco de Morais, *Justiça*, II, pp. 1034-1035. Veja-se, assim, como já antes de 1998 o requisito hoje previsto na parte final do n.º 2, do artigo 72.º, da LOTC – v.g., "*em termos de este* [o tribunal recorrido] *estar obrigado a dela* [questão de constitucionalidade] *conhecer*" – já decorria da jurisprudência do TC.

[628] Nas palavras do Acórdão, parágrafo 7, «dizer que determinados preceitos legais, "aplicados ao caso dos autos, são inconstitucionais", sem tão-pouco se indicar qualquer norma ou princípio

1.3.4. O Acórdão n.º 367/94, de 11 de Maio

XI. Uma maior assimilação do requisito relativo à *clareza* na suscitação de uma inconstitucionalidade reportada a uma interpretação normativa vai surgir no Acórdão n.º 367/94, de 11 de Maio (2.ª Secção; Recurso; MESSIAS BENTO)[629], que se transformará num *leading case* para o TC para efeitos da presente matéria[630]. Nesta decisão, depois de enunciar os pressupostos do recurso por referência ao artigo 70.º, n.º 1, alínea *b)*, da LOTC, o Tribunal afirma aquilo que será uniformemente citado em jurisprudência posterior:

> «*Como toda a interpretação tem que ter "na letra da lei um mínimo de correspondência verbal, ainda que imperfeitamente expresso" (cf. artigo 9º, nº 2 do Código Civil), ao questionar-se a compatibilidade de uma dada interpretação de certo preceito legal com a Constituição, há-de indicar-se um sentido que seja possível referir ao teor verbal do texto do preceito em causa. Mais ainda: esse sentido (essa dimensão normativa) do preceito há-de ser enunciado de forma que, no caso de vir a ser julgado inconstitucional, o Tribunal o possa apresentar na sua decisão, em termos de, tanto os destinatários desta, como, em geral, os operadores do direito, ficarem a saber, sem margem para dúvidas, qual o sentido com que o preceito em causa não deve ser aplicado, por, desse modo, afrontar a Constituição*»[631].

constitucional que os mesmos violem, não é suscitar, de modo processualmente adequado, a inconstitucionalidade desses preceitos. Pois foi isso que os recorrentes fizeram aos mencionados artigos 666º, nº 2, 1ª parte, e 667º, nº 1, do Código de Processo Civil: afirmaram que tais normativos, "aplicados ao caso dos autos, são inconstitucionais", mas não disseram nada sobre o porquê dessa sua afirmação».

[629] Disponível em: https://bit.ly/3k45ngM.

[630] Novamente cingindo-nos apenas aos mais recentes, veja-se, a título de exemplo, os Acórdãos n.ºs 145/15, de 3 de março (Conferência; Recurso; MARIA LÚCIA AMARAL), 292/15, de 20 de maio (Conferência; Reclamação; MARIA JOSÉ RANGEL DE MESQUITA), 574/16, de 2 de novembro (Conferência; Recurso; TELES PEREIRA), 598/16, de 9 de novembro (Conferência; Recurso; FERNANDO VAZ VENTURA), 234/17, de 5 de maio (Conferência; Recurso; GONÇALO ALMEIDA RIBEIRO), 404/17, de 12 de julho (Conferência; Recurso; CLARA SOTTOMAYOR), 104/18, de 21 de fevereiro (Conferência; Reclamação; CLAUDIO MONTEIRO), 283/19, de 15 de maio (Conferência; Recurso; PEDRO MACHETE), 341/19, de 30 de maio (Conferência; Recurso; CLAUDIO MONTEIRO), 623/20, de 11 de novembro (Conferência; Recurso; FERNANDO VAZ VENTURA) e 761/20, de 21 de dezembro (Conferência; Recurso; JOSÉ JOÃO ABRANTES), todos disponíveis em: https://bit.ly/3JI53iV.

[631] Cfr, parágrafo 6 do acórdão.

XII. Veja-se como deste trecho podemos, em termos imediatos, adicionar mais notas aos requisitos *supra*. Desta maneira, e atualizando o que aí foi mencionado:

(*i*) Se a parte, durante o processo, impugna uma determinada interpretação normativa realizada pelo juiz *a quo* e aplicada por este, então essa decisão negativa de inconstitucionalidade será suscetível de recurso para o TC;
(*ii*) Naquela impugnação, e para assegurar o recurso, o (futuro) recorrente terá de explicitar, desde logo, qual o enunciado normativo do qual o juiz extraiu o entendimento que se reputa como violador da Constituição;
(*iii*) Quando o faz, e cumprindo a exigência básica que decorre do artigo 9.º, n.º 2, do Código Civil, não poderá esquecer-se de que esse sentido normativo que à partida é inconstitucional ainda tem de ter na letra do preceito do qual foi extraído pelo juiz "um mínimo de correspondência verbal, ainda que imperfeitamente expresso" – portanto, tem de se tratar de um entendimento normativo que ainda seja possível de referir ao "teor verbal do texto do preceito em causa"[632];
(*iv*) Se esse sentido normativo é alegadamente inconstitucional, forçoso é que o recorrente também indique quais as normas ou princípios constitucionais que estão a ser afrontados[633];
(*v*) Por fim, e se as exigências anteriores estiverem preenchidas, **(*i*)** não só o tribunal recorrido terá de se ter pronunciado sobre a questão de

[632] A este propósito, cfr, C. Lopes do Rego, *Os Recursos*, p. 105. Sobre a exigência que decorre do artigo 9.º, n.º 2, do Código Civil e consequente elemento literal da interpretação, M. Teixeira de Sousa, *Introdução*, pp. 352-356; J. de Oliveira Ascensão, *O Direito*, pp. 395-398.; D. Freitas do Amaral, Manual, II, pp. 139-145; M. Nogueira de Brito, *Introdução*, pp. 204-210; M. Rebelo de Sousa e S. Galvão, *Introdução ao Estudo do Direito*, Lisboa: Lex, 2002, pp. 63 e ss., em especial pp. 67 e ss.; A. Menezes Cordeiro, "Artigo 9.º", in A. Menezes Cordeiro (coord.), *Código Civil Comentado. I – Parte Geral*, Coimbra: Edições Almedina, 2020, pp. 102-103; T. Guerra de Almeida, "Artigo 9.º", in L. Carvalho Fernandes e J. Brandão Proença (coord.), *Comentário ao Código Civil. Parte Geral*, Lisboa: Universidade Católica Editora, 2014, pp. 45-51; J. Baptista Machado, *Introdução ao Direito*, pp. 182; A. Castanheira Neves, "Interpretação Jurídica", in *Digesta. Escritos acerca do Direito, do Pensamento Jurídico, da sua Metodologia e Outros. Volume 2.º*, Coimbra: Coimbra Editora, 1995, pp. 337 e ss, bem como *O Actual Probema Metodológico Da Interpretação Jurídica – I*, Coimbra: Coimbra Editora, 2003, pp. 14 e ss. Cfr, ainda, na doutrina estrangeira, K. Larenz, *Metodologia da Ciência do Direito*, 2.ª Edição, Lisboa: Fundação Calouste Gulbenkian, 1989, pp. 385-387 e H. L. Hart, *O Conceito de Direito*, 2.ª Edição, Lisboa: Fundação Calouste Gulbenkian, 1996, p. 139

[633] Cfr, C. Lopes do Rego, *Os Recursos*, p. 105.

constitucionalidade que lhe foi colocada (no caso, não concordando com o entendimento da parte), (*ii*) como a partir daí o recorrente estará em condições de interpor, junto do TC, recurso dessa decisão negativa de inconstitucionalidade, fazendo constar do requerimento a questão que no tribunal *a quo* foi suscitada com *clareza* e *precisão* – *i.e.*, identificando a dimensão normativa de forma a que o TC, no caso de vir a julga-la inconstitucional em sede de recurso, a poder enunciar na sua decisão, possibilitando que os respetivos destinatários e, em geral, os operadores de direito, fiquem a saber que esse resultado interpretativo pelo recorrente identificado e coincidente com aquele adotado pelo juiz comum, indo de encontro a normas e princípios constitucionais, não pode ser aplicado – portanto, que a norma assim extraída por aquele não pode ser aplicada com esse sentido.

XIII. Atentando nestas condições, verifica-se que todas elas são perfeitamente compreensíveis no contexto do sistema recursivo vigente. Por certo, sabendo agora que o recurso de uma decisão negativa de inconstitucionalidade pode incidir não só sobre o sentido objetivo consignado num enunciado normativo positivado, mas, também, sobre os segmentos normativos que naquele possam estar contidos, é de absoluta evidência que quando algum desses segmentos é contestado pelo recorrente, este terá de identificar o *suporte formal* que o sustenta; esta identificação, por seu turno, assume uma importância crucial, na medida em que nessa relação *segmento normativo--suporte formal*, o primeiro apenas poderá ser considerado se puder encontrar respaldo no teor verbal do segundo – portanto, se ainda traduzir um dos sentidos possíveis imputáveis à literalidade do enunciado normativo que esteja em causa[634].

[634] Cfr, *supra*, e de novo, a nota 601. A circunstância de o recurso poder apenas incidir sobre uma dimensão normativa do preceito leva a que o TC profira as chamadas "sentenças interpretativas", que, por sua vez, se inserem nas "decisões intermédias". Aqui, e tendo em conta aquilo que temos vindo a referir, costuma distinguir-se entre: (*i*) *declaração da inconstitucionalidade parcial qualitativa ou vertical*, em que, permanecendo incólume o texto do preceito de onde é extraído um determinado segmento normativo (de vários que seriam possíveis), o TC, com a sua pronúncia, elimina essa dimensão, sem prejuízo de ficar salvaguardada a potencial validade das demais; e (*ii*) *declaração da inconstitucionalidade parcial quantitativa ou horizontal*, que ocorre naquelas situações em que, estando acumuladas diversas normas autónomas e de aplicação simultânea num preceito, a declaração de inconstitucionalidade de uma delas, reportada a um período ou frase do respetivo texto, sem prejuízo de não provocar alteração para as restantes, leva a que a norma que foi declarada inconstitucional passe a esgotar o sentido do enunciado normativo. Assim, enquanto

1.3.5. A suscitação da questão de constitucionalidade em contexto de interpretações normativas

XIV. Ora, se é imperioso saber se o suporte formal preferido pelo recorrente e utilizado pelo juiz é idóneo a suportar o sentido presente na interpretação normativa por ele impugnada, então, e retomando o que já foi aludido *supra*, não pode deixar de se constatar que haverá uma dificuldade acrescida quando a norma aplicada pelo julgador tiver sido extraída de vários enunciados normativos, na medida em que, mantendo-se estas exigências também nessa situação, existirá uma maior fluidez na identificação desse suporte, que, se não for suficientemente precisa, poderá levar à inconsistência da dimensão normativa quando confrontada com os preceitos invocados, provocando a inidoneidade do recurso[635].

na primeira situação a invalidade pronunciada pelo TC não implica uma ablação do texto, que permanece incólume, o mesmo já não sucede no segundo caso, porquanto, precisamente pela circunstância referida, há sempre uma supressão daquele período ou frase que levou à formulação da norma. Para a nossa investigação, e conforme já se tem vindo a verificar, interessar-nos-á, em especial, as inconstitucionalidades parciais qualitativas ou verticais, pois que elas partem da necessária distinção entre enunciado normativo e norma, com todas as consequências que daí possam ser extraídas, nomeadamente a preocupação de distinção entre controlo de norma e controlo de decisão. Sobre as sentenças interpretativas, cfr, por todos, C. Blanco de Morais, *Justiça*, II, pp. 402 e ss., que as integra na categoria das "sentenças redutivas", já que "restringem sempre o conteúdo normativo, real ou hipotético, emergente de uma determinada disposição, eliminando uma norma inconstitucional que nela se encontra contida" – *ob. cit.*, p. 403. Cfr, ainda, a este propósito, F. Alves Correia, *Justiça*, pp. 339-343; J. Miranda, *Fiscalização*, pp. 84-88; J. J. Gomes Canotilho, *Direito Constitucional*, pp. 957 e ss.; C. Queiroz, *Justiça*, pp. 232-252; ID, "A relação entre o Tribunal Constitucional e a Justiça Comum no processo de controle concreto de normas. Em particular, o caso das sentenças interpretativas", in *Estudos em Homenagem ao Prof. Doutor J. J. Gomes Canotilho*, Volume II, Coimbra: Faculdade de Direito da Universidade de Coimbra, 2012, pp. 605 e ss.; R. Medeiros, *A Decisão*, pp. 319 e ss.; V. Canas, *Introdução*, pp. 87-89; M. de Brito, "Sobre as decisões interpretativas do Tribunal Constitucional", in *RMP*, Ano 16, N.º 62, 1995, pp. 57-75; ID, "Ainda sobre as decisões interpretativas do Tribunal Constitucional", in *Estudos em Homenagem à Professora Doutora Isabel de Magalhães Collaço*, Coimbra: Edições Almedina, 2002, pp. 725-739; P. Moniz Lopes, "Sobre as sentenças de inconstitucionalidade parcial qualitativa: enunciados constitucionais de preferência", in C. Blanco de Morais (coord.), *As Sentenças Intermédias da Justiça Constitucional*, Lisboa: AAFDL Editora, 2009, pp. 477-577. Cfr, ainda, R. Branco, *O Efeito Aditivo da Declaração de Inconstitucionalidade com Força Obrigatória Geral*, Coimbra: Coimbra Editora, 2009, pp. 85 e ss.

[635] Neste sentido, e em termos paradigmáticos, vejam-se os Acórdãos n.ºs 107/99, de 10 de Fevereiro (3.ª Secção; Recurso; Messias Bento), 416/03, de 24 de Setembro (2.ª Secção; Recurso; Mário Torres), 477/05, de 26 de Setembro (3.ª Secção; Recurso; Vítor Gomes), 59/08, de 31 de Janeiro (3.ª Secção; Recurso; Carlos Fernandes Cadilha), 383/08, de 22 de Julho (1.ª Secção; Recurso; Maria João Antunes), 434/08, de 23 de Setembro (2.ª Secção; Recurso; Mário Torres), 20/09,

XV. Não é de censurar, por isso, quem afirma que a parte que queira assegurar o eventual acesso ao TC nestas hipóteses tenha de utilizar um "rigor cirúrgico"[636] no processo, pois que mais do que o concurso agora apontado entre dimensão normativa e enunciado, deve também haver uma necessária coincidência entre o entendimento normativo questionado pelo futuro recorrente e aquele que foi aplicado pelo juiz – quer dizer, a interpretação normativa que foi suscitada pelo recorrente como colidindo com a Constituição tem de coincidir com aquela que o juiz fez ao julgar o caso, aplicando-a como fundamento da sua decisão.

XVI. Se este *ónus de coincidência*, por si só, é mais custoso quando está em causa a viabilidade constitucional de certo preceito legal tomado segundo uma determinada interpretação das várias que são por ele possibilitadas, já que tal alarga a margem de manobra do juiz *a quo* na extração de resultados interpretativos, também aqui, nestas situações, a *prévia* tarefa a essa coincidência se torna significativa: na verdade, um *ónus de individualização* ou *especificação* de uma dimensão normativa é tão mais necessário quantas forem as dimensões suportadas pelo enunciado normativo. Nas palavras do Tribunal, "[t]al necessidade de individualização (...) torna-se, aliás, particularmente evidente (...) quando o preceito ao qual se imputa a inconstitucionalidade, logo pela sua redacção, contém *vários segmentos* normativos, ou se reveste de várias *dimensões* ou *sentidos* interpretativos, susceptíveis de suscitar questão de constitucionalidade *diversas*, eventualmente passíveis, também, de *respostas* distintas"[637].

de 14 de Janeiro (3.ª Secção; Reclamação; Carlos Fernandes Cadilha) e, mais recentemente, 247/15, de 29 de abril (3.ª Secção; Recurso; Catarina Sarmento e Castro), 104/17, de 22 de fevereiro (Conferência; Recurso; Fátima Mata-Mouros), 304/20, de 23 de junho (1.ª Secção; Recurso; Fátima Mata-Mouros) e 341/20, de 10 de julho (2.ª Secção; Recurso; Mariana Canotilho), todos disponíveis em: https://bit.ly/3JI53iV. Simbolicamente, e de novo nas palavras do Acórdão n.º 175/06, de 8 de março (2.ª Secção; Recurso; Benjamim Rodrigues), parágrafo 7, a "identificação da base legal à qual se imputa a norma cuja constitucionalidade se pretende ver apreciada é, pois, um momento insuprível do controlo de constitucionalidade, na medida em que *importa saber se essa base legal elegida para a fiscalização da constitucionalidade se apresenta como idónea a suportar esse sentido*" (itálico nosso).

[636] Na expressão de C. Lopes do Rego, *Os Recursos*, p. 100.

[637] Cfr, Acórdão n.º 116/02, de 13 de Março (2.ª Secção; Recurso; Paulo Mota Pinto), parágrafo II., disponível em https://bit.ly/3iWm5zl. Vejam-se, ainda, os Acórdãos n.ºs 21/06, de 10 de Janeiro (3.ª Secção; Recurso; Gil Galvão), 126/07, de 27 de Fevereiro (1.ª Secção; Recurso; Maria João Antunes), 244/07, de 30 de Março (1.ª Secção; Recurso; Moura Ramos), 476/08, de 7 de Outubro (3.ª Secção; Recurso; Vítor Gomes) e 16/09, de 14 de Janeiro (3.ª Secção; Recurso; Carlos Fernandes Cadilha), todos disponíveis em: https://bit.ly/3JI53iV.

XVII. Mas ao ónus de *coincidência* e, em especial, ao de *especificação,* ainda acresce uma outra exigência que, situando-se no requisito *(v)* enunciado *supra*, decorre, a final, dessa permanente preocupação do TC em delimitar a sua competência de fiscalização: por outras palavras, para efeitos de interposição de recurso, a parte, evitando que a dimensão normativa enunciada se confunda com a decisão judicial do tribunal *a quo,* terá de se referir a essa dimensão "com elevada abstração" – *i.e,* a respetiva individualização não se poderá traduzir num "momento meramente aplicativo da norma ao caso concreto", tendo, em consequência, de se libertar da valorização das tais circunstâncias exteriores à norma, que mais não são do que as particularidades do julgamento, de modo a que se possa afirmar que aquilo que o recorrente enunciou *(i)* não só se refere ao critério normativo *abstratamente* referido pelo juiz comum, porque destacado das circunstâncias específicas do caso concreto; *(ii)* como esse mesmo critério, precisamente por isso – *i.e,* por força dessa "elevada abstração" – é suscetível de (ou está vocacionado para) uma aplicação potencialmente *genérica*[638].

[638] Esta explicação e expressões são retiradas de um acórdão que assume especial importância não só para a presente temática, mas também no âmbito de uma questão que será *infra* analisada, nomeadamente a relativa a decisões judiciais que recorram à interpretação extensiva ou à analogia em domínio de tipicidade legal – referimo-nos ao Acórdão n.º 205/99, de 7 de Abril (2.ª Secção; Recurso; Fernanda Palma). Sem prejuízo desse aspeto, a verdade é que o aresto também vai servir como ponto de partida para que certa doutrina – *rectius*: C. Lopes do Rego, *Jurisprudência Constitucional*, p. 7 – declare que o recurso de constitucionalidade que temos vindo a analisar tenha de incidir "sobre uma regra abstractamente enunciada e vocacionada para uma aplicação potencialmente genérica – não podendo destinar-se a pretender sindicar o puro acto de julgamento enquanto ponderação casuística da singularidade própria e irrepetível do caso concreto". Curiosamente, será a formulação inaugurada assim por esta doutrina, e não aquela decisão, que será abundantemente citada em inúmeros acórdãos posteriores do TC – exemplificativamente, vejam-se os Acórdãos n.ºs 64/20, de 4 de fevereiro (Conferência; Recurso; Fátima Mata-Mouros), 451/19, de 5 de agosto (Conferência; Recurso; Pedro Machete), 286/19, de 15 de maio (Conferência; Recurso; Clara Sottomayor), 585/18, de 8 de novembro (Conferência; Recurso; Fátima Mata-Mouros), 330/17, de 22 de junho (Conferência; Recurso; Pedro Machete), 569/15, de 28 de outubro (2.ª Secção; Recurso; Cura Mariano), 759/14, de 12 de novembro (Conferência; Recurso; Catarina Sarmento e Castro), 105/13, de 20 de fevereiro (2.ª Secção; Recurso; Cura Mariano), 415/12, de 25 de setembro (Conferência; Recurso; Fernando Vaz Ventura), 281/11, de 7 de Junho (1.ª Secção; Recurso; Pamplona Oliveira), 138/06, de 21 de Fevereiro (2.ª Secção; Recurso; Mário Torres) e 304/05, de 8 de Junho (3.ª Secção; Recurso; Vítor Gomes), que identificamos como a primeira decisão a fazer menção àquele estudo, que data de 2004. Todos estes acórdãos estão disponíveis em: https://bit.ly/3JI53iV.

XVIII. Veja-se, assim, como a *suscetibilidade de generalização* referida a propósito do conceito funcional de norma está também presente em sede de interpretações normativas, assumindo agora uma relevância ainda maior, pois que já não se está a falar de uma norma que já existe aquando da decisão judicial e cuja questão assenta em saber se ela deve ser entendida no seu conceito *funcional*, mas, sim, de uma norma extraída no contexto de uma decisão judicial – portanto, no contexto de um ato de aplicação de direito que, *de per si*, é insuscetível de controlo –, razão pela qual, para ser suscetível de fiscalização, tenha necessariamente de estar liberta de todas as particularidades do caso concreto, sob pena de se querer realisticamente questionar o seu julgamento.

XIX. Quando se estiver perante uma comunhão de todas estas características, teremos, finalmente, uma dimensão normativa perfeitamente *autonomizada* da decisão do tribunal comum e que, agora sim, não só poderá ser objeto de fiscalização da constitucionalidade em sede de recurso de decisões negativas de inconstitucionalidade, como o TC, se a julgar inconstitucional, poderá apresentá-la na decisão de uma maneira tal que tanto os seus destinatários, quanto os operadores do direito, ficarão a saber, em termos seguros, com que sentido normativo aquele enunciado não deve ser aplicado pelo julgador.

XX. Face ao exposto, e em termos esquemáticos e cumulativos, podemos ilustrar da seguinte forma a suscitação da questão de constitucionalidade reportada a uma interpretação normativa, suscetível de abrir recurso de decisão negativa de inconstitucionalidade para o TC:

(1) Ónus de *especificação* da dimensão normativa (que, por sua vez, implica):

1.1. *Coincidência* dessa dimensão a especificar com o enunciado normativo que alegadamente a sustenta – *i.e.*, ter na letra do preceito do qual foi extraído "um mínimo de correspondência verbal, ainda que imperfeitamente expresso";

1.2. *Coincidência* dessa dimensão a especificar com aquela que foi efetivamente aplicada pelo juiz na decisão recorrida.

(2) *Suscitação* da dimensão normativa especificada enquanto *regra abstratamente enunciada e vocacionada para uma aplicação potencialmente genérica* – portanto, não coincidindo com o ato de julgamento, porque expurgada de qualquer referência às suas particularidades;

(3) *Explicitação* das razões por que entende que essa "regra abstrata" é inconstitucional, assim forçando o tribunal recorrido a sobre ela se pronunciar – *i.e.*, a formular um juízo que, se for de encontro ao entendimento da parte, consubstanciará uma decisão negativa de inconstitucionalidade[639].

1.4. *Interpretações normativas* e operações de subsunção

Tendo presente o que acabou de se evidenciar *supra*, não pode causar estranheza a circunstância de o TC afastar do seu controlo as meras operações subsuntivas realizadas pelo juiz comum, que se traduzem, precisamente,

[639] Nas palavras de Blanco de Morais, *Justiça*, II, p. 749, «[a] aplicação da referida norma ou interpretação normativa pressupõe, em regra, que o tribunal "*a quo*" se tenha abstido de *julgar a norma cuja inconstitucionalidade tenha sido arguida*, no decurso do processo-pretexto (...), decorrendo dessa decisão negativa, um juízo expresso ou tácito de não inconstitucionalidade». Não cuidamos aqui de saber se a suscitaçao da questao de constitucionalidade, nomeadamente no que diz respeito ao momento **(3)**, exige que o recorrente tenha indicado expressamente, durante o processo, a norma ou princípio constitucional violado, ou se é suficiente, para efeitos desse cumprimento, que o fundamento tenha sido apresentado ao tribunal recorrido de modo percetível, isto é, que decorra ou que se deduza da produção de certas afirmações pelo recorrente. A primeira hipótese foi defendida no Acórdão n.º 269/94, referido *supra*, e parece ser aquela que é hoje pacificamente acolhida – atentando apenas nas decisões mais recentes, cfr, os Acórdãos n.ºs 720/20, de 10 de dezembro (Conferência; Recurso; Gonçalo Almeida Ribeiro), 312/20, de 25 de junho (Conferência; Reclamação; Pedro Machete), 486/19, de 26 de setembro (Conferência; Recurso; Joana Fernandes Costa), 264/19, de 15 de maio (Conferência; Recurso; Gonçalo Almeida Ribeiro), 222/18, de 24 de abril (Conferência; Reclamação; Pedro Machete), 288/18, de 7 de junho (Conferência; Recurso; Fernando Vaz Ventura), 141/17, de 16 de março (Conferência; Recurso; Pedro Machete), 93/17, de 16 de fevereiro (Conferência; Recurso; Pedro Machete), 470/16, de 14 de julho (Conferência; Reclamação; Fernando Vaz Ventura), 55/16, de 2 de fevereiro (1.ª Secção; Recurso; Teles Pereira), 543/15, de 27 de outubro (Conferência; Reclamação; Teles Pereira) e 498/15, de 13 de outubro (Conferência; Reclamação; Fátima Mata-Mouros), todos disponíveis em: https://bit.ly/3JI53iV. Sobre esta questão, e com extensa argumentação quanto aos dois entendimentos, cfr, por todos, Isabel Alexandre, "A Norma ou princípio constitucional ou legal violado como elemento do objecto dos recursos de fiscalização concreta da constitucionalidade ou da ilegalidade", in Jurisprudência Constitucional, n.º 6, Abril/Junho, 2005, pp. 28-48, em especial pp. 30 e ss. Cfr, ainda, T. Violante e J. Miguel Silva, *Estudos em Homenagem ao Conselheiro Presidente Rui Moura Ramos*, I, pp. 529-575. Outro problema é o de saber se ainda tem de haver coincidência entre os fundamentos invocados perante o tribunal recorrido aquando da suscitação da questão e os que constam do requerimento de interposição de recurso: sem prejuízo de, em nosso entender, e se esse desencontro ocorrer, poder haver lugar a convite ao aperfeiçoamento, nos termos do artigo 75.º-A, n.ºs 5 e 6, da LOTC, a verdade que é Blanco de Morais, *ob. cit.*, p. 617, propugna que nestes casos o recurso não deve ser admitido. Sobre esta questão, tendendo para a admissão, sem prejuízo de prévio convite ao aperfeiçoamento, cfr, T. Violante e J. Miguel Silva, *ob. cit.*, p. 560 e nota 82.

naquele "momento meramente aplicativo da norma ao caso concreto" – portanto, na decisão judicial. Até aqui temo-nos vindo a debruçar sobre a possibilidade de uma interpretação normativa ser objeto de fiscalização da constitucionalidade, já sabendo que interpretar um enunciado normativo consiste em escolher umas das várias dimensões normativas nele contidas, configurando o resultado dessa interpretação uma *norma* que o juiz aplicará ao caso concreto[640].

1.4.1. Norma jurídica e *norma de decisão*

I. Torna-se deste modo necessário clarificar, com presteza, aquilo que tem vindo a decorrer da nossa exposição e que releva particularmente no presente âmbito: para a presente investigação, uma norma pode ser entendida numa dupla vertente[641] – (*i*) ou como a qualificação deôntica de um comportamento – *impondo-o*, *proibindo-o* ou *permitindo-o*; (*ii*) ou enquanto conexão de uma consequência jurídica (*v.g.*, de um resultado normativo) a uma circunstância de facto.

II. Se a primeira hipótese se relaciona, como já se avançou, com os enunciados normativos aprovados pelas autoridades legitimamente competentes para a sua edição segundo as formas previstas e admitidas – *rectius*: com o labor de um poder normativo público – e dos quais podem emergir, por interpretação, distintos *critérios de decisão*, a segunda hipótese, por seu turno, traduz-se, a final, numa operação de *aplicação* que é exclusiva do julgador: este, depois de escolher a norma que resulta da interpretação que fez a um determinado preceito, tem de verificar se as circunstâncias do caso concreto que formam o litígio que tem obrigatoriamente de julgar[642] são, ou não, subsumíveis

640 Cfr, *supra*, referências bibliográficas da nota 483. Cfr, ainda, e em especial, J. J. Gomes Canotilho, *Direito Constitucional*, pp. 1243-1245.

641 Socorremo-nos, aqui, da definição que é avançada por R. Guastini, "Antinomias Y Lagunas", in *Anuario del Departamento de Derecho de la Univerisdad Iberoamericana*, Número 29, 1999, p. 437. Se a primeira coincide com a definição de norma jurídica enquanto unidade deôntica, e que é partilhada pelos Autores citados na nota referida, a segunda, como iremos ver, já não tem que ver com essa mesma unidade, precisamente porque diz respeito a um estrito momento de aplicação do direito ao caso.

642 Neste contexto, é de particular relevo recordar o que consta do artigo 8.º, n.º 1, do Código Civil: "O tribunal não pode abster-se de julgar, invocando a falta ou obscuridade da lei ou alegando dúvida insanável acerca dos factos em litígio".

à previsão dessa norma. Nessa verificação, e logicamente, o juiz terá de atentar nas específicas circunstâncias e propriedades do caso para, nos termos do poder que tem para conformar a sua decisão, e após uma ponderação casuística, subsumi-lo, ou não, à norma por ele escolhida. Assim, num cenário falamos de uma dimensão puramente *normativa*, enquanto noutro essa dimensão será meramente de *julgamento*.

III. Daí que, atentando na distinção supramencionada seja fácil de entender que só na primeira hipótese poderemos falar de *norma* no seu sentido *funcionalmente adequado*, enquanto criação de uma regra de conduta que impõe, proíbe ou permite determinado comportamento, pois que a situação descrita anteriormente coincide exclusivamente com a segunda hipótese, que, por sua vez, se resume àquilo que comummente se designa por *normas de decisão* – *i.e.*, aquelas que defluem da conjugação dos elementos presentes na norma aplicável ao caso concreto – em especial, da sua previsão genérica – com os factos relevantes desse mesmo caso, e não aqueloutras que emergem dos enunciados normativos aprovados pelas entidades com competência para o efeito[643].

[643] Sobre normas de decisão, cfr, por todos, D. Duarte, *A Norma*, pp. 190 e ss. Como bem refere este Autor, "[a] construção da norma de decisão é, portanto, uma conjugação entre o conteúdo expresso nos elementos estruturais de uma norma e a versão hipotética dos factos relevantes que o caso compreende (...)" (p. 190). Ela será *decisão* "quando estabelece o sentido deôntico que confere a solução jurídica do caso, ou seja, quando afirma que para aqueles factos, e de acordo com uma questão, a consequência jurídica é *x*", e será *norma* "quando, ao mesmo tempo, estabelece um sentido deôntico de aplicação genérica, cuja qualidade transcende a resolução específica de um problema jurídico" (p. 193). De facto, é evidente que as circunstâncias de facto presentes num caso concreto que constitui o problema jurídico que o juiz tem de resolver podem sempre repetir-se, no futuro, em casos semelhantes ou idênticos, pelo que o julgamento – i.e., a norma de decisão-adotado num caso anterior pode servir de ponto de partida para resolver esse caso semelhante. No entanto, o essencial mantém-se: a norma de decisão não é "uma norma do conjunto normativo em causa, dado que não consta de nenhum enunciado produzido através de formas admitidas", sendo, ao invés, "uma proposição de ciência que estabelece qual o sentido de dever ser relativamente a um caso jurídico, cuja função, por isso, é afirmar de forma universal o direito vigente, quando se pretende saber a correlativa resposta do conjunto normativo" (p. 194). Assim, "como conteúdo de uma proposição de ciência, a norma de decisão é uma afirmação sobre o objecto científico, no caso, o próprio direito (um conjunto normativo), não se podendo confundir, neste plano, o objecto da actividade científica com as afirmações que resultam dessa actividade" (*idem*). É tudo isto que explica a circunstância de a norma de decisão não compreender "a propriedade do dever ser que identifica uma norma dentro do conjunto, dado que não produz quaisquer efeitos, nem se encontra numa situação de determinação de consequências quando a sua previsão é preenchida: não é uma norma do conjunto porque não foi produzida como tal (...)" (pp. 194-195) – enfim, não é uma norma jurídica, "excepto, naturalmente, nos casos em que sobre ela vem a recair a convicção

IV. Assim, enquanto aqui se fala de *criação* de direito – de norma jurídica potencialmente aplicável –, ali apenas se pode falar de *aplicação* desse mesmo direito, porquanto a *norma de decisão* emerge única e exclusivamente da *mediação* que é feita entre uma *norma* existente, imputada a um poder normativo público, e as particularidades de um caso concreto, com o intuito de a aplicar, ou não, a esse caso através de um juízo decisório traduzido numa operação subsuntiva[644]. Dando isto por adquirido, já se percebe o porquê de nestas situações não poder haver intervenção do TC: não só porque elas coincidem com um puro ato de aplicação de direito – *i.e,* com as *decisões judiciais* –, estando por isso excluídas do nosso sistema de fiscalização da constitucionalidade[645], mas também porque, e por isso mesmo, admitir esta hipótese – *rectius*: admitir a hipótese de o Tribunal sindicar *normas de decisão* – equivaleria a reconhecer que ele poderia «(...)"[ultrapassar] *o âmbito do controlo estritamente normativo que lhe está cometido,* [estando] *a invadir as áreas de competência dos outros tribunais, nomeadamente no que se refere à interpretação do direito infraconstitucional, à apreciação da matéria de facto e do mérito da causa, naquilo que se não prende com a estrita resolução da questão de constitucionalidade suscitada (...)*"»[646].

V. Observando a jurisprudência produzida pelo Tribunal em sede de recurso de decisões negativas de inconstitucionalidade, verifica-se que a esmagadora

de juridicidade passível de lhe atribuir um *título* consuetudinário de vigência" (p. 194). Especificamente sobre este aspeto acabado de mencionar, cfr, P. Moniz Lopes, "O Valor Jurídico das Normas de Decisão Jurisprudenciais", in *O Direito,* Ano 140, N.º III, pp. 687 e ss. Sobre normas de decisão, cfr, ainda, E. Bulygin, *Análisis*, pp. 169 e ss; M. Nogueira de Brito, *Introdução*, pp. 174-178; J. Lamego, *Elementos de Metodologia Jurídica,* Coimbra: Edições Almedina, 2016, pp. 153 e ss. Especificamente no contexto do Direito Constitucional, e por todos, cfr, J. J. Gomes Canotilho, *Direito Constitucional*, p. 1221. De referir, por fim, que a norma de decisão também é comummente designada por "norma do caso" ou "norma individual". Pela nossa parte, preferimos a designação "original", pelo que é à norma de decisão que nos reportaremos.

644 Nas palavras de Cardoso da Costa, o TC cingirá, pois, o seu controlo, a esse "critério heterónomo de decisão" do qual o juiz é mediador, e não ao "juízo que [o juiz] há de emitir [emitiu] segundo o seu próprio critério (para o qual o legislador devolve – na grande massa das situações, até porque não pode ser de outro modo – e no qual confia)" – cfr, J. M. M. Cardoso da Costa, "Justiça constitucional e jurisdição comum (cooperação ou antagonismo?)", in *Estudos em Homenagem ao Prof. Doutor José Joaquim Gomes Canotilho*, vol. II, Coimbra: Coimbra Editora, 2012, p. 209, nota 12). Por outras palavras, o objeto do recurso é uma norma *interpretativamente mediatizada* pela decisão recorrida, porque aplicada com a interpretação que lhe foi dada nessa decisão pelo juiz – cfr, G. Canotilho, *ob. cit.*, p. 989; C. Blanco de Morais, *Justiça*, II, p. 1035.

645 Cfr, *supra*, Parte II, Secção I, §2, 2.3.

646 Nas palavras do Acórdão n.º 334/20, de 25 de junho (Conferência; Recurso; Maria José Rangel de Mesquita), parágrafo 7.1., disponível em: https://bit.ly/3yXzyMI.

maioria se traduz ou em indeferimentos de reclamações ou em não conhecimento do recurso[647]. Esta realidade é justificada por um aspeto ao qual já se teve oportunidade de aludir, mas cuja explicação agora é clara, por se encontrar estritamente ligado às *normas de decisão* – reportamo-nos àquelas situações em que o recorrente, aparentando questionar uma certa interpretação normativa de um ou mais preceitos, o que faz, na realidade, é impugnar a concreta operação de subsunção levada a cabo pelo julgador, convertendo-a, para o efeito, em "interpretação normativa"[648]. Se na *forma*, e à partida, poder-se-ia afirmar que o Tribunal poderia sindicar esse suposto resultado interpretativo, que eventualmente até será formulado com notas de generalidade e abstração, atentando no *conteúdo* rapidamente se chega a conclusão diversa, pois que aquilo que o recorrente pretende não é, na realidade, impugnar uma dimensão normativa que, tendo sido extraída de um enunciado normativo ele entende colidir com a Constituição, mas, ao invés, censurar a subsunção, pelo juiz comum, de determinadas circunstâncias do caso concreto à dimensão normativa que ele extraiu do preceito – portanto, censurar a conjugação dos elementos presentes na previsão da norma aplicável ao caso concreto com os factos relevantes desse mesmo caso. Assim, e novamente, aquilo que parecia uma *questão normativa* – melhor dizendo, de constitucionalidade –, suscitada durante o processo, mais não é do que uma *questão de julgamento.*

VI. Como certeiramente já foi afirmado pelo Tribunal, «pode haver normas no sentido (...) metodológico do termo que não são normas no sentido *funcionalmente adequado* ao exercício da justiça constitucional. É justamente (...) o caso daquelas razões das decisões jurisdicionais que não são recondutíveis a atos da autoridade pública dotados de força externa, ou seja, (...) que resultam da aplicação de direito para além da lei (...). Por outras palavras, suscetíveis de controlo pela jurisdição constitucional são, por princípio, apenas as razões heterónomas da justiça comum, aquelas normas infraconstitucionais que os tribunais aplicam em virtude da *autoridade política*, originária ou delegada, dos seus autores. Ora, as normas jurisdicionais ou "normas do caso" não têm

[647] Veja-se, de novo, os dados estatísticos referidos supra, na nota 565.

[648] Para uma ilustração destas situações, cfr, C. Lopes do Rego, *Os Recursos*, pp. 34-36. Face aos dados apresentados *supra*, é evidente que jurisprudência com eles conexionada é abundantíssima – exemplificativamente, veja-se a amostra de acórdãos citada na nota 583. Para a nossa investigação, e tal como teremos oportunidade de explicitar, deter nos emos, apenas, nas situações mais problemáticas no que a um eventual controlo da decisão judicial pelo TC diz respeito, e que, portanto, reclamam uma atenção e análise mais cuidada.

essa natureza política porque *não* têm carácter inovatório ou eficácia externa, dado que o poder jurisdicional é o poder de aplicar direito *pré-existente* e a sentença produz efeitos *apenas* no caso concreto»[649].

1.4.2. A (correta) abordagem do Acórdão n.º 484/19, de 26 de setembro

VII. Particularmente impressivo, neste âmbito, é o Acórdão n.º 484/19, de 26 de setembro (3.ª Secção; Reclamação; Joana Fernandes Costa)[650], que assume inegável importância por dois motivos que se encontram interligados: (*i*) por ser demonstrativo da ausência de um dos momentos *supra* identificados quanto à suscitação da questão de constitucionalidade; e, consequentemente, (*ii*) por constituir um exemplo de uma verdadeira interpretação normativa encapotada.

> Estava em causa um recurso interposto ao abrigo da alínea *b)*, do n.º 1, do artigo 70.º da LOTC, de um acórdão proferido pelo Supremo Tribunal de Justiça que decidiu não receber recursos de revista que lhe tinham sido interpostos, por considerar que o acórdão proferido pelo Tribunal da Relação de Lisboa, de que então se recorria, e através do qual fora declarado nulo o despacho de extinção da instância, por deserção, não apreciara uma "decisão interlocutória que recaia unicamente sobre a relação processual", nos termos e para os efeitos previstos no n.º 2 do artigo 671.º do Código de Processo Civil (doravante, CPC).
>
> De acordo com as então recorrentes, o objeto do recurso era integrado pela "*norma do artigo 671.º, n.º 2, al. b), do Código de Processo Civil, interpretada e aplicada no sentido de que o acórdão da Relação que revoga uma decisão da Primeira Instância de extinção da instância por deserção não aprecia uma decisão interlocutória que recaia unicamente sobre a relação processual e não é, <u>por isso</u>, suscetível de recurso de revista*" (sublinhado nosso), sendo esta dimensão normativa inconstitucional por ir de encontro ao princípio da igualdade

[649] Cfr, novamente, Acórdão n.º 695/16, de 20 de dezembro (3.ª Secção; Recurso; Gonçalo Almeida Ribeiro), parágrafo 10, disponível em: https://bit.ly/3z2nQAG. Mais adiante na nossa investigação voltaremos a esta decisão e à importância que dela decorre.

[650] Disponível em: https://bit.ly/3sqTANn. Note-se, mesmo assim, com a linha de raciocínio subjacente a este aresto já havia sido aflorada cerca de um ano antes, no Acórdão n.º 167/18, de 5 de abril (3.ª Secção; Reclamação; Joana Fernandes Costa).

de meios processuais ínsito na garantia constitucional de um processo equitativo, consagrada no artigo 20.º, n.º 4, da Constituição.

Através da Decisão Sumária n.º 393/2019, decidiu-se não tomar conhecimento do recurso, por se entender que o que as recorrentes pretendiam era que o TC se substituísse ao Supremo Tribunal de Justiça na resposta à questão de saber se o acórdão concretamente recorrido (da Relação) era ou não subsumível à previsão constante do n.º 2 do artigo 671.º do CPC, "pretensão essa que não tem lugar no âmbito de um sistema de fiscalização concreta da constitucionalidade de *natureza estritamente normativa*, como é aquele que se encontra acolhido no artigo 280.º, n.º 1, da Constituição". Inconformadas, as recorrentes (agora reclamantes) reclamaram desta decisão de não conhecimento para a Conferência.

VIII. O TC vai indeferir a reclamação por entender, de novo, que o que as reclamantes alegavam ser incompatível com a Constituição era, na realidade, «*o juízo* que, perante a previsão do n.º 2 do artigo 671.º do Código de Processo Civil, excluiu a possibilidade de subsumir à categoria legal de "*acórdãos da Relação que apreciem decisões interlocutórias que recaiam unicamente sobre a relação processual*" o "*acórdão da Relação que revoga uma decisão da Primeira Instância de extinção da instância por deserção*", com todos os efeitos daí decorrentes»[651]. De facto, ao utilizarem a expressão "*por isso*" – *i.e.*, o acórdão da Relação assim considerado, por não ser subsumível à previsão da norma aplicável, é, *consequentemente*, irrecorrível – as reclamantes fizeram coincidir aquilo que queriam ver apreciado com um *juízo* e não com "qualquer *norma* que estabeleça a irrecorribilidade do acórdão da Relação que revoga uma decisão de extinção da instância, por deserção, proferida pelo tribunal de primeira instância"[652].

IX. Concretizando este entendimento, o TC vai colocar a questão nos termos que expusemos nos parágrafos antecedentes para chegar à clara conclusão de que aquilo que estava em causa era uma *norma de decisão*, insuscetível de fiscalização da constitucionalidade. Para o Tribunal:

> "Na medida em que se limita a estabelecer a solução jurídica do caso através da afirmação de que, em face da norma aplicável («*os acórdãos da Relação que apreciem decisões interlocutórias que recaiam unicamente sobre*

[651] Cfr, parágrafo 7 do acórdão.
[652] *Idem*.

a relação processual [...] podem ser objeto de recurso de revista») e dos factos nele compreendidos (o «*acórdão da Relação que revoga uma decisão da Primeira Instância de extinção da instância por deserção»*), a solução jurídica é *x* («*o acórdão da Relação que revoga uma decisão da Primeira Instância de extinção da instância por deserção não aprecia uma decisão interlocutória que recaia unicamente sobre a relação processual e não é, por isso, suscetível de recurso de revista)*, a proposição sindicada é uma pura *norma de decisão*, não constituindo, por isso, objeto idóneo de um controlo *normativo* de constitucionalidade"[653].

X. Por aqui se percebe que aquilo que as reclamantes alegaram ser uma interpretação normativa, mais não era do que uma tradução (normativa) da conjugação dos elementos presentes na previsão da norma aplicável ao caso concreto e os factos relevantes desse mesmo caso. Mas ao mesmo tempo também se apreende que poderia ter havido sucesso na apreciação pretendida, se porventura as mesmas reclamantes tivessem suscitado a questão *adequadamente – rectius*: reportando-se, apenas, ao critério normativo *abstratamente* referido pelo juiz comum (ao *resultado da interpretação*), destacado das circunstâncias específicas do caso concreto. De facto, subjacente à decisão do Supremo, e conforme é referido pelo próprio TC, há um fundamento normativo que adveio da interpretação de um enunciado normativo previsto no CPC – *v.g.*, que *o acórdão da Relação que revoga uma decisão de Primeira Instância de extinção da instância por deserção não é suscetível de recurso de revista*. Foi esta a *dimensão normativa* que foi extraída por aquele tribunal e que podia ter sido perfeitamente *autonomizada*.

XI. Ora, ao terem construído o recurso do *modo* e da *forma* como o fizeram, as reclamantes acabaram por questionar não qualquer *norma* que adveio de uma *prévia* operação interpretativa, nomeadamente, aquela que se reportou ao sentido a dar à expressão "*decisões interlocutórias que recaiam unicamente sobre a relação processual*" prevista no enunciado normativo em questão, mas apenas um momento *posterior* – *i.e.*, havendo uma norma aplicável, verificar se as circunstâncias específicas do caso concreto podem, ou não, ser àquela subsumidas[654]. Se no primeiro caso ainda podemos falar de uma *norma* no seu sentido *funcionalmente adequado*, aqui entendida enquanto *interpretação normativa*,

[653] *Ibidem*. Como se vê, e como aliás consta do próprio acórdão, trata-se da (correta) formulação que decorre da doutrina citada quanto às normas de decisão, em especial D. Duarte, *A Norma*, p. 193.

[654] A este propósito, veja-se a esclarecedora declaração de voto de Gonçalo Almeida Ribeiro aposta ao aresto em análise.

e, por isso, suscetível de fiscalização por parte do Tribunal, a segunda situação, traduzindo-se apenas no questionamento de um acerto subsuntivo realizado no âmbito do *juízo mediador* que é feito entre os elementos estruturais de uma norma pré-existente e selecionada e as particularidades relevantes do caso concreto, e do qual emergirá uma "norma" – quer dizer, uma *decisão* –, não constitui, logicamente, um objeto normativo nessa compreensão funcional, pelo que não pode ser apreciado pelo TC[655].

1.4.3. A subsunção de categorias legais: o Acórdão n.º 106/92, de 19 de Março

XII. O cenário acabado expor é constantemente afastado pelo Tribunal em numerosas decisões que, embora variando no modo como rejeitam o recurso ou indeferem a reclamação, se reduzem sempre à mesma resposta: "*À ponderação concreta da situação do recorrente operada pelo Tribunal recorrido para efeitos da qualificação da situação e determinação do regime legal aplicável não pode o Tribunal Constitucional contrapor decisão diversa, sob pena de se desvirtuar o sistema recursivo vigente*"[656] (itálico nosso).

XIII. Ora, como se viu, a operação de subsunção traduz-se na inclusão de um *facto* – melhor dizendo, de uma situação fáctica atinente ao caso concreto – na *previsão geral* de uma *norma* que foi previamente selecionada pelo julgador. Retomando a situação do Acórdão n.º 484/19, aí estava-se perante uma (não) subsunção de uma circunstância factual na previsão de uma norma, que, por sua vez, havia sido extraída de um enunciado normativo que comportava uma

[655] Noutros termos, e tendo em conta os três momentos enunciados supra, até pode ter havido, à partida, uma especificação da dimensão normativa **(1)**, assim como uma coincidência dessa dimensão com o enunciado normativo que alegadamente a suporta **(1.1)**. – no caso, o artigo 671.º, n.º 2, do CPC. Porém, o momento previsto em **1.2.** – coincidência com a dimensão normativa aplicada pelo juiz *a quo* na decisão recorrida – é necessariamente precludido pelo não cumprimento da exigência que decorre de **(2)**. – i.e., pelo facto de as recorrentes, ao questionarem a aplicação da norma ao caso concreto, não terem suscitado, verdadeiramente, uma dimensão normativa enquanto regra *abstratamente enunciada e vocacionada para uma aplicação potencialmente genérica*.

[656] Nas palavras do Acórdão n.º 674/19, de 13 de novembro (Conferência; Recurso; Maria José Rangel de Mesquita), parágrafo 7.1., disponível em: https://bit.ly/3CWImVE. Precisamente por estas situações serem aquelas que provocam mais respostas do TC no traçar da sua competência de fiscalização, muitas das suas decisões coincidem com aquelas já mencionadas em parte, *supra*, na nota 638, pelo se remete para a jurisprudência aí citada

categorial legal, igualmente presente no resultado da interpretação – qual seja, "*acórdãos da Relação que apreciem decisões interlocutórias que recaiam unicamente sobre a relação processual*". Mas o que dizer das situações em que se subsume uma categorial legal de uma norma à categoria legal de outra norma? Será que aqui o Tribunal também não pode intervir?

XIV. Para o percebermos, há que recorrer a uma importante decisão do TC – *v.g.*, ao Acórdão n.º 106/92, de 19 de Março (2.ª Secção; Recurso; Sousa e Brito)[657]:

> Este recurso, interposto ao abrigo do artigo 70.º, n.º 1, alínea b), da LOTC, reportava-se à situação de um particular, que, sendo escriturário de uma empresa pública, havia requerido a sua inscrição como advogado na Ordem dos Advogados (OA). O Conselho Superior da OA recusou a inscrição, por entender que o particular estava abrangido pela incompatibilidade da então alínea i), do nº 1, do artigo 69º, do Estatuto da Ordem dos Advogados (Decreto-Lei nº 84/84, de 16 de março)[658], uma vez que, no entender da OA, a empresa onde aquele era escriturário constituía um *serviço público*. Embora o particular tenha interposto recurso da decisão de recusa de inscrição para o então Tribunal Administrativo do Círculo de Lisboa, que lhe deu razão, a OA recorreu desta última decisão para o STJ, que a revogou e aplicou a norma da alínea i), do nº 1, do referido artigo 69º, dando razão à Ordem. Inconformado, o particular – agora recorrente – interpôs recurso para o TC, reportando (não só, mas também) uma alegada inconstitucionalidade, por violação do princípio da igualdade e não discriminação, à norma adveniente do artigo em questão "*quando se pretende interpretar no sentido de incluir na primeira parte da regra, o pessoal das empresas públicas, qualquer que seja o seu tipo, ou, em outro ponto de vista ainda, das empresas públicas de regime geral de gestão privada, como é o caso da empresa onde trabalha o Recorrente (...)*".

[657] Disponível em: https://bit.ly/2W2t9kP.

[658] De acordo com este enunciado normativo, "**1** – O exercício da advocacia é incompatível com as funções e actividades seguintes: (...) **i)** Funcionário ou agente de quaisquer serviços públicos de natureza central, regional ou local, ainda que personalizados, com excepção dos docentes de disciplinas de Direito". O n.º 2 desse artigo ainda estipulava que "As incompatibilidades atrás referidas verificam-se qualquer que seja o tipo de designação, natureza e espécie do provimento e modo de remuneração e, em geral, qualquer que seja o regime jurídico das respectivas funções, e só não compreendem os funcionários e agentes administrativos providos em cargos com funções exclusivas de mera consulta jurídica, previstos expressamente nos quadros orgânicos do correspondente serviço, e os contratados para o mesmo efeito".

XV. Numa primeira leitura, parece que se poderia imediatamente concluir pelo não conhecimento do recurso em questão. Na verdade, e atentando no respetivo requerimento, se aquilo que o recorrente parece querer impugnar é uma interpretação normativa dada ao enunciado normativo do artigo 69.º do Estatuto da OA, tal interpretação, todavia, é "*no sentido de incluir*" (sublinhado nosso) na previsão geral da norma "*o pessoal das empresas públicas, qualquer que seja o seu tipo, ou, em outro ponto de vista ainda, das empresas públicas de regime geral de gestão privada*". Ora, não se traduz isto, a final, numa típica operação de subsunção? Para o TC até pode ser, mas nem por isso ela deixa de poder ser submetida a fiscalização da constitucionalidade.

Uma vez mais, temos uma questão controvertida que se reduz, no essencial, ao sentido a dar a um conceito – mais concretamente, que sentido dar ao conceito "serviço público".

XVI. Para o Tribunal, não se trata de controlar a subsunção de um escriturário de uma empresa (circunstância factual) a uma norma potencialmente aplicável – *rectius*: a extraída do artigo em apreço. Nas suas palavras, «[n]ão se diga que a decisão recorrida subsumiu um escriturário da **B.** no conceito de "funcionário ou agente de quaisquer serviços públicos de natureza central, regional ou local, ainda que personalizado", e que essa subsunção não é sindicável por este Tribunal, que só pode pronunciar-se sobre a inconstitucionalidade de normas»[659]. De facto, se se atentar, e utilizando a fórmula do Acórdão n.º 484/19, não se está a questionar um juízo do Supremo que, em face da norma aplicável ("*O exercício da advocacia é incompatível com a atividade de funcionário ou agente de quaisquer serviços públicos de natureza central, regional ou local*") e dos factos do caso ("*B. é escriturário de uma empresa pública*"), decidiu que a solução jurídica é *x* ("*B., por ser um funcionário de um serviço público de natureza central, regional ou local, não pode exercer advocacia*"). Assim, o que se pretende controlar não é a *norma de decisão*, mas, antes, o seu momento prévio: i.e., a *dimensão normativa* extraída pelo Supremo do enunciado normativo em crise e que, tendo-se traduzido abstratamente numa *norma* – designadamente, *o pessoal de empresas públicas, qualquer que seja o seu tipo, não pode exercer advocacia* – será *depois* conjugada com as particularidades do caso concreto para efeitos de subsunção e consequente *decisão*.

[659] Cfr, parágrafo 4 do acórdão.

XVII. Ora, nesse momento prévio – *i.e*, na escolha dessa dimensão normativa, das várias possíveis – "o tribunal recorrido teve de incluir certas empresas públicas no conceito de serviço público". Mas, de acordo com o TC, «[h]á que distinguir a **subsunção** de um *caso concreto* na *classe dos casos de um conceito*, como seja a subsunção do requerente na (...) na classe dos "funcionários ou agentes de serviços públicos", da **inclusão** da *classe dos casos de um conceito* na *classe dos casos de um conceito mais extenso*, como sejam a inclusão dos da classe de "escriturários da **B.**" na classe dos "funcionários ou agentes de serviços públicos"»[660] (itálico nosso). É que – continua – enquanto o Tribunal "está sujeito às subsunções feitas, explícita ou implicitamente na sentença recorrida", ele "não está vinculado à escolha dos conceitos relevantes para a subsunção sob a norma aplicada na decisão recorrida, sendo igualmente livre de determinar as relações dos conceitos legais com quaisquer outros conceitos. Estas escolhas competem-lhe **na medida em que** é livre na interpretação do direito"[661]. Afirmando esta ideia, o TC declara, assim, que nada o impede de «interpretar a al. i) do nº 1 do art. 69º do EOA no sentido de o conceito de "funcionário ou agente de serviços públicos" [*classe dos casos de um conceito*] não poder abranger [i.e., estar *incluído em*] certas classes de pessoas, como sejam, por exemplo, a classe dos "trabalhadores de empresas públicas não sujeitos ao regime geral da função pública" [*classe dos casos de um conceito mais extenso*]»[662].

[660] *Idem*.

[661] Cfr, parágrafo 4 do acórdão. Diga-se, contudo, que esta afirmação não é isenta de cautela: como mais tarde afirmará o Tribunal, e como já decorre da nossa exposição, "em regra, não se integra nos [seus] poderes a interpretação do direito ordinário". Por outras palavras, atendendo ao seu estatuto constitucional, e salvo situações excecionais, nomeadamente a que diz respeito à interpretação conforme à Constituição, o TC não se configura nem se pode configurar enquanto instância revisora das decisões dos tribunais comuns quanto à interpretação do direito infraconstitucional. Ainda assim, continua o TC, "se, para a resolução da questão de constitucionalidade equacionada nos autos, for indispensável proceder à interpretação do direito infraconstitucional, então, não o fazer equivaleria a deixar na competência do tribunal recorrido algo que a Constituição especificamente comete ao Tribunal Constitucional: administrar a justiça em matérias de natureza jurídicoconsitucional" – cfr, Acórdão n.º 279/00, de 16 de maio (1.ª Secção; Recurso; Vítor Nunes de Almeida), parágrafo 6. Ora, no âmbito do Acórdão n.º 106/92, e como se verá adiante, não era indispensável proceder à interpretação do direito ordinário, bastando atentar no resultado interpretativo do tribunal recorrido. Sobre a faculdade de o TC interpretar o direito ordinário aplicável ao mérito da causa, cfr, C. Blanco de Morais, *Justiça*, II, pp. 632-634.

[662] *Idem*.

XVIII. E, de facto, é isso que o Tribunal vai fazer, embora de uma forma que nos merece crítica: com efeito, e conforme este aresto assim reconhece, o TC já se havia pronunciado pela não inconstitucionalidade da proibição de advogar que atingia os funcionários e agentes da Administração, nomeadamente através do Acórdão n.º 169/90, de 30 de Maio (Plenário; Sucessivo; MESSIAS BENTO)[663]. O Acórdão n.º 106/92, porém, aparentando estar de acordo com o entendimento de 1990[664], o que vai fazer, na realidade, é *adaptá-lo* para o raciocínio que expôs a propósito da *subsunção vs. inclusão* para, com isso, ter uma base da qual partir para a conclusão que pretende atingir: de facto, sustenta o relator da decisão de 1992 que "a incompatibilidade estabelecida [no recurso] se funda em razões do género das referidas no citado acórdão [v.g., Acórdão n.º 169/90]. Ora, o denominador comum dessas razões, como consta das palavras citadas que as exprimem, é que elas **só valem para os funcionários ou agentes de serviços públicos que estejam sujeitos ao regime geral da função pública, isto é, para os funcionários públicos.** Tanto basta para concluir que a razão de ser da incompatibilidade *sub judice não abrange os trabalhadores das empresas públicas não sujeitos ao regime geral da função pública*"[665] (itálico nosso).

XIX. Partindo daqui, e depois de constatar que a empresa do recorrente era "ao tempo da decisão recorrida uma empresa pública, sujeita ao regime geral das empresas públicas estabelecido pelo Decreto-Lei nº 260/76 de 8 de Abril (com as alterações da legislação posterior), e ao regime particular do Decreto--Lei nº 502/76, de 30 de Junho, que contém o Estatuto da **B.**"[666], e, muito em especial, depois de analisar o artigo 13.º desse mesmo Estatuto[667], o órgão máximo da nossa justiça constitucional é claro ao concluir que "*os trabalhadores da **B.** e, portanto, o recorrente como escriturário daquela empresa – ponto que é insindicável por ter sido estabelecido pela subsunção operada pelo acórdão recorrido – não estão sujeitos ao regime geral da função pública, mas ao direito do trabalho aplicável*

[663] Disponível em: https://bit.ly/3k2g6bz.

[664] De referir que o relator do Acórdão n.º 106/92, JOSÉ DE SOUSA E BRITO, subscreveu a posição que obteve acolhimento no Acórdão n.º 169/90.

[665] Cfr, parágrafo 6 do acórdão.

[666] Cfr, parágrafo 7 do acórdão.

[667] Que dispunha que "As relações de trabalho entre a **B.** e os trabalhadores serão reguladas pela legislação aplicável ao trabalho prestado nas empresas de produção, transporte e distribuição de energia eléctrica, bem como pelas convenções colectivas de trabalho às quais têm estado vinculadas aquelas empresas e o seu pessoal, sem prejuízo da uniformização escalonada dos direitos e obrigações dos trabalhadores".

nas empresas privadas" (itálico nosso). E se era assim, então o Supremo, ao ter incluído a *classe dos casos de um conceito* – v.g., *pessoal de serviços públicos* – na *classe dos casos de um conceito mais extenso* – v.g., "*trabalhadores das empresas públicas não sujeitos ao regime geral da função pública*" –, fez uma "interpretação normativa" violadora do artigo 13.º da Constituição.

XX. Sem prejuízo de voltarmos novamente a esta decisão[668], a verdade é que, para aquilo que importa agora, não podemos concordar com o entendimento aí expresso. Em primeiro lugar, há novamente que salientar um aspeto que assume especial relevância: que não estamos perante o eventual controlo da *norma de decisão*. Que tal é claro decorre daquilo que já expusemos *supra*. Mesmo assim, parece-nos que o que foi objeto de fiscalização da constitucionalidade não foi uma questão normativa.

XXI. Do *modo* e da *forma* como foi construído o recurso, e tal como supramencionado, verifica-se que a eventual dimensão normativa que se pretendia ver confrontada com a Constituição, tendo presente o enunciado normativo e o caso concreto, era aquela que se resumia a considerar que "*o pessoal de empresas públicas, qualquer que seja o seu tipo, não pode exercer advocacia*". Parece claro que o ponto de partida para se chegar a essa norma passou por saber que sentido dar ao conceito "serviço público" (de natureza central, regional ou local) constante do mesmo enunciado. É também evidente que, nessa tarefa interpretativa que lhe é típica, e tendo o caso como ponto de partida, o juiz *a quo* entendeu que empresas públicas, qualquer que seja o seu tipo, entravam nessa categoria legal. E é precisamente por isto que a questão não pode ser configurada como tendo natureza normativa: é que, saber que sentido dar a esse conceito – incluindo-o ou não na classe de outros conceitos – é uma tarefa exclusivamente de direito ordinário. Enfim, é uma pura questão de interpretação. E se é assim, então o Tribunal não a pode controlar.

XXII. A única questão de constitucionalidade que se podia colocar era, evidentemente, a de saber se o sentido normativo que resultou da resposta a uma questão de direito ordinário – *rectius*: que "*o pessoal de empresas públicas, qualquer que seja o seu tipo, não pode exercer advocacia*" – vai, ou não, de encontro

[668] Nomeadamente a propósito da concretização de conceitos indeterminados e de cláusulas gerais – cfr, *infra*, Secção III.

à Lei Fundamental nos termos suscitados pelo recorrente[669]. Ora, ao analisar o Acórdão n.º 106/92, verifica-se que o TC decidiu da forma descrita não com base na *censura* do resultado, mas, antes, na *censura* de uma tarefa que está exclusivamente cometida ao juiz comum. É que, bem vistas as coisas, era possível chegar à mesma decisão da maneira que nos parece ser a correta: com efeito, se o juiz *a quo*, em termos de *ratio decidendi*, faz uso de uma norma que considera que o pessoal de empresas públicas, *qualquer que seja o seu tipo*, não pode exercer advocacia, subsumindo posteriormente a situação do recorrente à previsão dessa norma, tal poderá forçar o confronto desse comando normativo com o princípio da igualdade, porquanto a Constituição pode oferecer ponderosas razões para que empresas de certo *tipo* – v.g., *"empresas públicas não sujeitas ao regime geral da função pública"*, como era a do recorrente – sejam excluídas dessa proibição[670] [671]. No entanto, tendo preferido optar pela

[669] De novo, veja-se a declaração de voto de Gonçalo Almeida Ribeiro ao Acórdão n.º 695/16, já citado.

[670] Em sentido próximo com a nossa argumentação, veja-se a declaração de voto de vencido de Messias Bento. Para este Juiz Conselheiro, «o tribunal recorrido, para decidir se o recorrente se achava ou não abrangido pela incompatibilidade da alínea i) do nº 1 do artigo 69º – que este Tribunal teve por não desconforme com a Constituição, no seu Acórdão nº 169/90 – o que fez foi averiguar se, *à luz do Estatuto da* **B.** [portanto, à luz do Estatuto de uma empresa pública] ele era (ou não) um "funcionário ou agente" de qualquer serviço público "de natureza central, regional ou local, ainda que personalizado", havendo concluído que sim». Ora, ao fazer tal coisa – portanto, ao entender que o recorrente era um funcionário desse tipo, o TC "*subsumiu* essa *qualificação* à alínea i) do nº 1 do artigo 69º [i.e., a qualificação de "empresas públicas" como "serviço público de natureza central, regional ou local"] e concluiu achar-se [o recorrente] abrangido pela incompatibilidade aí prevista. Ora, as *qualificações* feitas pela decisão recorrida são insindicáveis pelo Tribunal Constitucional".

[671] Uma situação que à partida pode parecer semelhante foi analisada no Acórdão n.º 183/08, de 12 de março (Plenário; Sucessivo; Maria Lúcia Amaral), disponível em: https://bit.ly/3yZTDCc, e onde se alegava "a inconstitucionalidade da norma extraída das disposições conjugadas do artigo 119º, nº 1, alínea *a*), do Código Penal e do artigo 336º, nº 1, do Código de Processo Penal, ambos na redacção originária, na interpretação segundo a qual *a prescrição do procedimento criminal se suspende com a declaração de contumácia*" (itálico nosso). Sem prejuízo de voltarmos a esta decisão com mais propriedade quando analisarmos a problemática relativa ao eventual controlo de decisões judiciais que recorrem à interpretação extensiva ou à analogia em domínio de tipicidade legal, o que importa referir agora é que a argumentação do TC, que acaba por concluir pela inconstitucionalidade daquela interpretação normativa, gira em torno "de saber se – em abstracto – será possível incluir o conteúdo normativo *constante de uma norma* – o artigo 336.º do Código de Processo Penal – no conteúdo normativo *constante de outra norma* – o artigo 119.º, n.º 1, do Código Penal, na versão originária de 1982" – cfr, parágrafo 4 do acórdão. Ora, é verdade que estava em causa uma eventual operação analógica que o juiz *a quo* havia realizado, sendo esta constitucionalmente proibida pelo artigo 29.º, n.ºs 1 e 3 da Constituição. Só que a diferença quanto à decisão de 1992 é que esta pergunta é o TC que a faz, para efeitos da *sua* pronúncia quanto à dimensão normativa

forma que se expôs, o Tribunal não só chama a si uma tarefa que é reservada exclusivamente ao juiz comum, como, com isso, se transforma numa instância revisora de interpretações de direito ordinário, função essa que, como se sabe, é estranha à nossa jurisdição constitucional, atenta a sua natureza.

1.5. Síntese conclusiva e questões pendentes

I. De tudo quanto foi exposto anteriormente podemos retirar alguns dados que nos parecem adquiridos:

(*i*) Que o recurso para o TC – em especial o que nos ocupa, o recurso de decisões negativas de inconstitucionalidade – tem uma dimensão estritamente normativa;

(*ii*) Que, nesse âmbito, o Tribunal sentiu a necessidade de esclarecer o que entende por norma suscetível de fiscalização da constitucionalidade, adotando um conceito simultaneamente formal e funcional, e assim alargando o seu controlo a comandos que, à partida, poderiam não ser entendidos como tendo natureza normativa;

(*iii*) Que esse conceito funcional também abrange o controlo de interpretações normativas – portanto, da norma tal como foi interpretada na decisão pelo juiz *a quo*;

abstratamente enunciada, não cuidando de analisar a concreta tarefa interpretativa do juiz a quo, assim se explicando o facto de ela ser feita "em abstracto", expurgada da decisão recorrida. Dito de outro modo, enquanto no Acórdão n.º 106/92 o TC está *diretamente* a controlar a *tarefa interpretativa* do tribunal recorrido, a partir daí construindo a sua pronúncia de inconstitucionalidade, aqui parece estar a controlar *diretamente* a *dimensão normativa*, embora sabendo que, para efeitos desse controlo, haja uma questão prévia que tem de ser feita, de e para o Tribunal. É verdade que, quando assim sucede, e se a pronúncia for no sentido da inconstitucionalidade dessa norma, há sempre, *indiretamente*, uma censura do processo interpretativo do juiz, na medida em que se chega à conclusão de que a norma aplicada não cabe no sentido objetivo possível do enunciado da norma penal existente; porém, o ponto essencial mantém-se: num caso, há *controlo exclusivo* da *norma* e censura por aí, com efeitos *indiretos* no processo hermenêutico – i.e., esta norma, não encontrando, em termos mínimos, qualquer correspondência com o teor verbal dos preceitos donde foi extraída, não foi legitimamente produzida, por violar o sistema de fontes previsto na Constituição; noutro, há *controlo exclusivo* da *tarefa interpretativa* e censura por aí – i.e., saber se o juiz a quo, ao ter agido *concretamente* da forma como agiu (por exemplo, subsumindo uma determinada categorial legal a um conceito), "contaminou" inexoravelmente um resultado interpretativo, que apenas aparenta ser objeto de pronúncia de inconstitucionalidade, pois que, na realidade, a decisão incidiu sobre a forma como a ele se chegou. Como referido, voltaremos a esta decisão mais adiante.

(*iv*) E que, por força do referido em (i), conjugado com a circunstância já mencionada de o nosso sistema de fiscalização da constitucionalidade não comportar uma queixa constitucional ou um recurso de amparo, o TC não pode controlar as decisões judiciais em si mesmas.

II. Conforme se expôs, se é inequívoco que uma operação subsuntiva levada a cabo pelo juiz *a quo* não pode ser controlada pelo TC, pois que o que aí está em causa é uma tarefa típica e exclusiva do julgador, traduzida na aplicação de uma solução normativa a um caso concreto, o entendimento pode não ser tão claro noutras circunstâncias. Se num caso é possível, com nitidez, traçar uma fronteira que separa a norma da (norma de) decisão – portanto, que separa as tarefas típicas do juiz (quer no processo metodológico para chegar a um resultado normativo, quer na aplicação desse resultado normativo ao caso que tem de decidir) da norma aplicada –, a mesma nitidez pode não estar presente naquelas ocasiões em que, para extrair um determinado comando normativo que posteriormente aplicará, o juiz faz uso de um método interpretativo que, nesse particular contexto, é proibido pela Constituição, nomeadamente pelo facto de o caso que tem de decidir estar coberto pelo princípio da legalidade, inserindo-se, assim, num domínio de estrita tipicidade legal.

III. Se o juiz, com a sua atividade interpretativa, vai de encontro à Lei Fundamental – por exemplo, recorrendo à analogia quando constitucionalmente estava impedido de o fazer –, o que será objeto de controlo pelo Tribunal Constitucional? A norma extraída e aplicada na decisão ou o ato judicial de interpretação, traduzido no modo como o juiz chegou ao resultado da interpretação? É que, tendo em conta o que se afirmou anteriormente, enquanto na primeira hipótese o controlo é admissível, por ter natureza normativa, o mesmo já não acontece no cenário seguinte, em que está em causa uma tarefa típica do juiz comum na decisão, sem relevo normativo.

§ 2. A FISCALIZAÇÃO DE *INTERPRETAÇÕES NORMATIVAS* EM DOMÍNIOS SUJEITOS AO PRINCÍPIO DA LEGALIDADE

2.1. Colocação do problema

I. Naquilo que releva, a questão elencada anteriormente coloca-se, em particular, em domínios sujeitos ao princípio da legalidade – *rectius*: nos domínios penal e fiscal. Aqui, como sabemos, esse princípio faz com que as regras de interpretação fiquem sujeitas a determinados limites, sendo de nuclear importância atentar nas exigências que decorrem dos artigos 29.º, n.ºs 1 e 3, da Constituição, e artigo 1.º do Código Penal, no domínio penal, e dos artigos 103.º, n.ºs 2 e 3, da Constituição, e artigo 11.º, n.º 4, da Lei Geral Tributária (doravante, LGT), no domínio fiscal.

> I. Tendo em conta o objeto da nossa investigação, não nos vamos debruçar sobre o real significado do princípio da legalidade penal e fiscal, assim como as suas diversas consequências[672]. Para o que importa neste

[672] Sobre o princípio da legalidade penal, cfr, J. de Figueiredo Dias, *Direito Penal. Parte Geral. Tomo I – Questões Fundamentais. A Doutrina Geral do Crime*, 3.ª Edição, Coimbra: Gestlegal, 2019, pp. 210-241; M. Fernanda Palma, *Direito Penal. Conceito material de crime, princípios e fundamentos. Teoria da lei penal: interpretação, aplicação no tempo, no espaço e quanto às pessoas*, 4.ª Edição, Lisboa: AAFDL Editora, 2020, pp. 123-160; ID, "Constituição e Direito Penal – As Questões Fundamentais", in J. Miranda (org.), *Perspectivas Constitucionais. Nos 20 Anos da Constituição de 1976*, Coimbra: Coimbra Editora, 1996, pp. 227-237; A. Taipa de Carvalho, *Direito Penal. Parte Geral. Questões Fundamentais. Teoria Geral do Crime*, 2.ª Edição, Coimbra: Coimbra Editora, 2011, pp. 153-169; A. Castanheira Neves, "O Princípio da Legalidade Criminal", in *Digesta. Escritos Acerca do Direito, do Pensamento Jurídico, da sua Metodologia e Outros*, Volume 1.º, Coimbra: Coimbra Editora, 1995, pp. 349-473; ID, "O Princípio da Legalidade Criminal: o seu problema jurídico e o seu critério dogmático", *Boletim da Faculdade de Direito de Coimbra* (BFDC), Número Especial 1, 1984, pp. 307-469; J. de Sousa e Brito, "A Lei Penal na Constituição", in AAVV, *Estudos sobre a Constituição*, II, Lisboa: Petrony, 1978, pp. 249 e ss.; G. Marques da Silva, "Algumas Notas sobre a Consagração dos Princípios da Legalidade e da Jurisdicionalidade na Constituição", *ult. loc. cit.*, pp. 261 e ss.; ID, *Direito*

momento, apenas se torna necessário tecer algumas considerações sucintas. Assim, no primeiro dos domínios, é inequívoco que só a lei pode ser fonte de Direito Penal, que, por isso mesmo, tem de se consubstanciar num diploma aprovado pelo órgão de representação democrática, sem prejuízo de autorização legislativa ao Governo[673]. Trata-se de uma expressão da autolimitação do Estado perante os cidadãos, sendo uma manifestação do princípio da separação de poderes: como alguém já sintetizou, o *ius puniendi* reside na instância que representa o Povo, pelo que só ela é que pode intervir penalmente perante os cidadãos, em nome da segurança jurídica individual de cada um[674] – daí o famoso brocardo *nullum crimen sine lege scripta*. Mas este brocardo só se completa com duas outras condições que estão com ele estritamente conexionadas: (*i*) a primeira diz respeito ao princípio da tipicidade e exige que todos os pressupostos da incriminação e da responsabilidade penal tenham de estar descritos na lei da forma mais precisa possível, havendo, com isso, uma determinabilidade da conduta punível[675]; (*ii*) a segunda requer que as normas penais tenham de ser *estritamente* aplicadas de acordo com a sua definição legislativa – portanto, de acordo com a lei que declare punível o facto[676]. É tudo isto que explica que o n. º1 do artigo 29.º da Constituição seja perentório ao afirmar que tem de haver uma "lei anterior que declare punível a ação ou a omissão", exigência que, nos termos do n.º 3 do mesmo artigo, se estende às penas e às medidas de segurança: *nullum crimen, nullum poena sine lege scripta, stricta*

Penal – Introdução e Teoria da Lei Penal, Lisboa: Universidade Católica Editora, 2020, pp. 93-114; T. Beleza, *Direito Penal*, I, 2.ª Edição, Lisboa: AAFDL, pp. 400 e ss.; M. Cavaleiro de Ferreira, *Lições de Direito Penal. I – A Lei Penal e a Teoria do Crime no Código Penal de 1982,* 4.ª Edição, Lisboa/São Paulo: Verbo, 1992, pp. 54 e ss.; J. Miranda, "Os Princípios Constitucionais da Legalidade e da Aplicação da Lei Mais Favorável em Matéria Criminal", in *O Direito,* Ano 121, N.º 4, Outubro-Dezembro 1989, pp. 685-699; J. Miranda e R. Medeiros, *Constituição,* I, pp. 667-676; J. J. Gomes Canotilho e V. Moreira, *Constituição,* I, pp. 491-499.

673 Neste sentido, M. Fernanda Palma, *ob. cit.,* pp. 125-126. Neste contexto, saliente-se, precisamente, que o artigo 165.º, n.º 1, alínea c), da Constituição, estipula que a "[d]efinição dos crimes, penas, medidas de segurança e respetivos pressupostos (...)" é uma competência legislativa da reserva relativa da Assembleia da República.

674 Assim, J. de Figueiredo Dias, *Direito Penal,* pp. 211-212, e, também, A. Taipa de Carvalho, *Direito Penal,* pp. 154-155, e M. Fernanda Palma, *Direito Penal,* pp. 128-129. Em sentido semelhante, mas falando de fundamentos políticos e de fundamentos dogmático-jurídicos do princípio da legalidade penal, A. Castanheira Neves, *Digesta,* I, pp. 362 e ss.

675 Cfr, M. Fernanda Palma, *ob. cit.,* pp. 133-134; A. Taipa de Carvalho, *ob. cit.,* pp. 162-163; J. de Figueiredo Dias, *ob. cit.,* pp. 218-219.

676 Cfr, *supra,* nota anterior e nota 672.

e certa. Ora, se a *lege scripta e certa*, dirigida ao legislador, reclama uma lei anterior com uma determinabilidade da conduta, da *lege stricta*, dirigida ao juiz, tem necessariamente de decorrer uma proibição da analogia. Na verdade, se se permitisse ao juiz recorrer à analogia em Direito Penal, então isso significaria que ele poderia formular uma norma incriminadora – quer dizer: seria ele, e não o legislador, a não só decidir incriminar uma conduta sem previsão expressa em nenhuma lei, como a essa mesma decisão não estaria associado nenhuma legitimidade e controlo democráticos[677]. Não é de estranhar, por isso, que a proibição de analogia decorra do princípio da legalidade penal, constitucionalmente previsto, e como o próprio Código Penal tenha sentido a preocupação de expressamente afirmar isso mesmo, através do seu artigo 1.º, n.º 3. Assim, havendo um caso concreto que não esteja expressamente enquadrado, em termos penais, em lei anterior, não pode o juiz, analogicamente, recorrer a uma lei que declare punível um caso semelhante e aplicá-la ao caso *decidendo*, sob pena de violação do princípio da legalidade. Daí que esquecimentos, lacunas, funcionem sempre contra o legislador e a favor da liberdade[678].

Face ao que acabou de se referir, já se percebe o porquê de uma operação interpretativa levada a cabo pelo juiz em domínio penal ser, na maior parte das vezes, uma questão delicada. Se um crime ou uma pena apenas se podem fundar em lei anterior onde uma ação ou omissão devem estar tipicamente descritas, e se as palavras do enunciado normativo oferecem um conjunto de significações no qual o juiz se irá mover, é evidente que qualquer resultado interpretativo, mesmo que se possa atribuir ao pensamento do legislador, tem necessariamente de se enquadrar num dos sentidos possíveis atribuíveis ao texto daquele enunciado. É verdade que existe uma querela em torno de saber se a interpretação extensiva, ao contrário da analogia, é permitida em Direito Penal, havendo aqueles que, centrando-se nesta última, e procurando um critério fundado na racionalidade da sua proibição e desligado das "categorias tradicionais", preferem falar em "interpretação permitida e proibida"[679]. No entanto, e mesmo

[677] Cfr, M. Fernanda Palma, *ob. cit.*, pp. 140-141. Cfr, ainda, J. de Figueiredo Dias, *ob. cit.*, pp. 220-227.

[678] Cfr, J. de Figueiredo Dias, *ob. cit.*, p. 213.

[679] É o caso de Castanheira Neves, que oferece quatro condições de validade enquanto critério distintivo entre interpretação permitida e proibida: (1) a condição legal; (2) a determinação dogmática dos tipos legais; (3) a adequação sistemática; e (4) a garantia da unidade do Direito. Conjugando estas condições, Castanheira Neves entende que a "interpretação permitida" não será tanto aquela que caiba no sentido possível das palavras da lei, mas, essencialmente, a que

revele os valores jurídicos que a lei pretende atingir e seja compatível com a unidade do Direito, definida pelos tribunais, máxime pelo Supremo Tribunal de Justiça – logo, se, porventura, se chegar a um resultado interpretativo que possa pôr em causa um consenso institucionalmente formado em torno de uma determinada interpretação, então estaremos já no domínio da "interpretação proibida". Veja-se, assim, como para o entendimento de Castanheira Neves é irrelevante que o que esteja em causa seja uma analogia ou uma interpretação extensiva. Isto explica-se, em parte, pela visão muito particular que este eminente Professor tem da interpretação, pois que, no seu entender, objeto de interpretação não é o texto, mas, antes, os "critérios jurídicos de decisão dos casos concretos" – cfr, A. Castanheira Neves, *Digesta*, I, pp. 410 e ss. Cfr, ainda, para uma melhor compreensão do raciocínio deste Autor, A. Castanheira Neves, *Metodologia Jurídica. Problemas Fundamentais*, Coimbra: Coimbra Editora, 2013, pp. 83 e ss. Ora, como bem refere Fernanda Palma, *Direito Penal*, p. 151, eliminar-se do processo hermenêutico do juiz o momento da compreensão do significado do texto normativo, enfraquece necessariamente o processo de fundamentação da decisão jurídica e – acrescentamos nós – põe necessariamente em causa a segurança jurídica dos cidadãos, na medida em que, em abstrato, ao haver essa desconsideração textual em favor de elementos extraliterais permite-se chegar a um resultado interpretativo não coberto pela letra da lei e, por isso mesmo, violador do princípio da legalidade. Acresce, ainda, que ao mencionar a "unidade do Direito" enquanto critério determinante de uma interpretação permitida, afirmando que são as instâncias judiciais que a devem assegurar, Castanheira Neves parece estar a jurisprudencializar um princípio que, como sabemos, não é apenas dirigido ao juiz.
Fernanda Palma, por seu turno, começa por afirmar que, tendo em conta a razão de ser da proibição de analogia – v.g., segurança jurídica e controlo democrático da lei penal –, uma interpretação extensiva em domínio penal também poderá ofender o princípio da legalidade, nomeadamente quando o resultado interpretativo, embora atribuível ao pensamento do legislador, não corresponde a um entendimento juridicamente aceitável e previsível das palavras. Porém, e salientando que o Código Penal não proíbe expressamente a interpretação extensiva, também acaba por centrar o problema numa questão de "interpretação permitida e proibida", construída, porém, a partir da proibição de analogia, em razão da interpretação extensiva não ter força suficiente para resolver o problema em apreço – cfr, M. Fernanda Palma, *ob. cit.*, pp. 144-146. Assim, para esta Autora, a interpretação extensiva não é necessariamente permitida ou proibida, dependendo a resposta da enunciação de outos critérios derivados diretamente da ideia de segurança jurídica, ínsita no princípio da legalidade, que nos dirão se a interpretação é, antes, permitida ou proibida – *idem*, p. 145. Um critério fundamental será, ao contrário do anterior Autor, o texto jurídico, que se assume como "pré-determinante da interpretação permitida em Direito Penal", sendo o seu "sentido possível (...), o sentido comunicacional percetível do mesmo e não qualquer sentido lógico não sustentável pela linguagem social, pelo menos na sua forma simbólica", o "limite da interpretação permitida" – *idem*, p. 155.
Já para Figueiredo Dias, a questão resolve-se em termos imediatos, sendo irrelevante se o que está em causa é analogia ou interpretação extensiva. A partir do momento em que as palavras são polissémicas e o texto de um enunciado normativo carece de interpretação, o juiz, no seu processo hermenêutico, das duas, uma: ou chega a uma conclusão que ainda se mantém no quadro dos significados comuns atribuídos às palavras utilizadas pelo legislador, ou ultrapassa esse mesmo resultado. No primeiro caso, não haverá qualquer problema; no segundo, estaremos perante um procedimento ao qual falta legitimação democrática e que, por isso mesmo, viola a regra do Estado de Direito – *i.e.*, viola o princípio da legalidade. Assim, conclui este Autor que saber se se trata mesmo de uma analogia ou de uma interpretação extensiva é uma mera "questão terminológica desinteressante" – cfr, J. de Figueiredo Dias, *Direito Penal*, pp. 221-224.

para estes últimos[680], há um aspeto que é por demais evidente e que aqui nos interessa em particular: o facto de o juiz, com o seu processo hermenêutico, ter de atingir um resultado normativo que necessariamente caia dentro do quadro de significações possíveis das palavras do enunciado a que aquele se reporta, sob pena de, se assim não for, essa interpretação assumir uma "feição tipicamente legislativa"[681] – que é o mesmo que dizer: o juiz, com o seu processo interpretativo, extraindo um resultado que não é admissível face ao teor literal do enunciado normativo e aos significados comuns que ele comporta, criar uma norma em domínio penal e aplicá-la ao caso que tem de decidir, incriminando uma conduta com a sua decisão e violando, com isso, o princípio da legalidade penal com todas as suas inerentes exigências.

II. Considerações semelhantes podem ser feitas no domínio fiscal. Aqui, o princípio da legalidade, presente, como referido, no artigo 103.º, n.ºs 2 e 3, da Constituição, exige que os impostos tenham de ser criados e disciplinados nos seus elementos essenciais através de lei. Consequentemente, duas condições também se impõem: (*i*) em primeiro lugar,

Para Sousa e Brito, «uma interpretação que vá além do sentido possível das palavras é incompatível com o fundamento de segurança jurídica do princípio *nullum crimen, nulla poena sine lege*. Entre o sentido possível das palavras e "o mínimo de correspondência verbal" a que se refere o n.º 2 do artigo 9.º do Código Civil, há ainda um espaço a ser percorrido pela interpretação. A interpretação que, embora tendo na lei um mínimo de correspondência verbal, excede o sentido possível das palavras da lei, é interpretação extensiva e deve considerar-se proibida pelo artigo 29.º da Constituição» – cfr, J. Sousa e Brito, *Estudos sobre a Constituição*, II, p. 253. Este entendimento foi expendido antes da entrada em vigor do Código Penal de 1982 (que apenas proíbe explicitamente a aplicação analógica, no n.º 3 do artigo 29.º), mas o seu fundamento normativo-constitucional mantém-se Por fim, Taipa de Carvalho entende que pelas mesmas razões da proibição de analogia a interpretação extensiva não deve ser permitida, pois que "a razão de certeza e segurança jurídica do cidadão face ao poder punitivo estadual proíbe a aplicação de uma norma penal a uma situação que não esteja expressamente abrangida por um dos (eventuais) vários sentidos compatíveis com o texto legal em que a norma se manifesta" – cfr, A. Taipa de Carvalho, *Direito Penal*, p. 167. Pela nossa parte, e como iremos ver de seguida, sufragamos a posição analítica de que o cumprimento do princípio da legalidade penal se verifica até ao ponto em que o resultado interpretativo extraído pelo juiz a partir de um enunciado normativo não extravase o "sentido possível" das palavras.

680 Não se pode olvidar que, sem prejuízo da sua posterior desconsideração, Castanheira Neves, ao entender que o juízo incriminatório tem de ter fundamento efetivo numa norma penal positiva, sendo, com isso, "secundum legem", refere-se, ainda que indiretamente, ao texto legal. Cfr, *supra*, nota anterior.

681 Na sugestiva expressão de Fernanda Palma, *Direito Penal*, p. 157.

é a lei parlamentar que tem necessariamente de criar ou autorizar a criação de um imposto; (ii) em segundo lugar, e em contexto de tipicidade fiscal, essa mesma lei tem de conter uma disciplina tão completa quanto possível desse mesmo imposto[682] [683]– por outras palavras, e recorrendo ao n.º 2 do artigo 103.º, da Constituição, a lei tem de definir, para cada imposto, a sua "incidência, taxa, os benefícios fiscais e as garantias dos contribuintes".

Ora, e também num raciocínio semelhante ao de Direito Penal, se o princípio da legalidade fiscal exige que a lei discipline os elementos essenciais dos impostos, então, e de novo, qualquer lacuna que exista neste domínio não pode ser integrada por recurso à analogia, sob pena de se iludir a vontade do legislador e assim pôr em causa a segurança jurídica dos cidadãos (agora) contribuintes[684]. Se esta conclusão pode parecer pacífica, desde cedo houve quem a ela se opusesse, defendendo, por isso, a permissão da analogia em Direito Fiscal, por não só não haver qualquer disposição constitucional que direta ou indiretamente a proíba, como as razões que normalmente se invocam no sentido da sua interdição – v.g., segurança jurídica e princípio democrático – não colherem[685]. A verdade, porém, é que o artigo 11.º, n.º 4, da LGT, afirma expressamente que as "lacunas de normas tributárias abrangidas na reserva de lei da Assembleia da República não são suscetíveis de integração analógica"[686].

[682] Sobre o princípio da legalidade fiscal, cfr, por todos, A. P. Dourado, *O Princípio da Legalidade Fiscal. Tipicidade, Conceitos Jurídicos Indeterminados e Margem de Livre Apreciação*, Coimbra: Edições Almedina, 2012, pp. 103 e ss., e pp. 305 e ss., bem como *Direito Fiscal. Lições*, 6.ª Edição, Coimbra: Edições Almedina, 2021, pp. 139 e ss. Cfr, ainda, J. Casalta Nabais, *O Dever Fundamental de Pagar Impostos. Contributo para a Compreensão Constitucional do Estado Fiscal Contemporâneo*, Coimbra: Edições Almedina, 1998, pp. 321-394; ID, *Direito Fiscal*, 11.ª Edição, Coimbra: Edições Almedina, 2019, pp. 141-149; S. Vasques, *Manual de Direito Fiscal*, 2.ª Edição, Coimbra: Edições Almedina, 2019, pp. 326-339.

[683] Sobre as exigências referidas, cfr, J. Casalta Nabais, *Direito Fiscal*, pp. 146-147. S. Vasques, *ob. cit.*, pp. 329-339.

[684] Cfr, J. Casalta Nabais, *Direito Fiscal*, pp. 211-215, assim como A. P. Dourado, *Direito Fiscal*, pp. 292-294.

[685] É o caso de Casalta Nabais, *O Dever Fundamental*, pp. 385 e ss., que entende que integrar uma lacuna ainda é expressão do princípio democrático, pois que com ela se está a fazer atuar a vontade democrática do legislador deficiente, a que acresce que proibí-la não traz mais segurança jurídica do que as leis "hipertécnicas" dirigidas ao contribuinte e por este muitas vezes incompreendida. Saliente-se, contudo, que este entendimento foi posteriormente matizado em *Direito Fiscal*, pp. 216-217.

[686] Veja-se, a este propósito, a anotação a este artigo em D. Leite de Campos, B. Silva Rodrigues e J. Lopes de Sousa, *Lei Geral Tributária Anotada e Comentada*, 4.ª Edição, Encontro de Escrita Editora, 2012, pp. 120-127.

Mesmo assim, e ao contrário do primeiro domínio analisado, é hoje relativamente pacífico, quer na doutrina, quer na jurisprudência, que não só a interpretação extensiva é permitida em Direito Fiscal, como a analogia é apenas tendencialmente proibida, pois que, por força do artigo anteriormente citado, não só há quem entenda que é possível concluir, em termos implícitos, pela admissibilidade da analogia em matérias não integrantes na reserva de lei[687], como outros também afirmam que integrar uma lacuna por recurso à analogia será permitido se, e na medida em que, houver uma lei fiscal que expressamente o permita[688].

Queremos com isto dizer que em Direito Fiscal, se é certo que o juiz também tem de se mover cuidadosamente no quadro das significações das palavras da lei tributária, pode, contudo, ter uma maior flexibilidade na sua operação hermenêutica, por as exigências decorrentes do princípio da legalidade não serem tão estritas quanto as relativas ao mesmo princípio, mas no domínio penal.

II. Como se referia, fora destes domínios, o juiz, na sua tarefa interpretativa de direito ordinário, e para efeitos de resolução do litígio que tem a seu cargo, seguirá determinados métodos interpretativos que, no limite, e com o objetivo de integrar uma eventual lacuna, poderão passar pelo recurso à analogia[689]. Se a parte, entendendo que a norma configurada pelo julgador vai de encontro à Constituição, quiser vir a assegurar um eventual recurso para o TC, então, e como se viu, terá de individualizar a dimensão normativa em apreço, assegurando (não só, mas também) que ela tem um mínimo de correspondência verbal no texto do enunciado normativo de onde foi extraída pelo

[687] É o caso de S. VASQUES, *Manual*, pp. 369-370.

[688] Cfr, CASALTA NABAIS, *O Dever Fundamental*, pp. 393-394 e *Direito Fiscal*, p. 217. Em sentido próximo, defendendo que a analogia é permitida quando o legislador a autorize através de cláusulas anti abuso e nos precisos termos em que a autorize, A. PAULA DOURADO, *O Princípio da Legalidade*, pp. 337-339, e *Direito Fiscal*, pp. 293-294, que sufraga M. FERNANDA PALMA na questão da diferença entre interpretação permitida e proibida.

[689] Evidentemente, e tal como já aflorado *supra*, nessa sua tarefa, mesmo em domínios penal e fiscal, o juiz partirá sempre das normas do sistema que regulam a atividade interpretativa – i.e., as que decorrem dos artigos 9.º e 10.º do Código Civil. Sobre estas "regras de interpretação", cfr, M. TEIXEIRA DE SOUSA, *Introdução*, pp. 317 e ss.; J. DE OLIVEIRA ASCENSÃO, *O Direito*, pp. 400 e ss.; J. BAPTISTA MACHADO, *Introdução ao Direito*, pp. 180 e ss.; D. FREITAS DO AMARAL, *Manual*, II, pp. 137 e ss..; A. MENEZES CORDEIRO, *Código Civil*, pp. 99-111.; M. NOGUEIRA DE BRITO, *Introdução*, pp. 192 e ss.; A. CASTANHEIRA NEVES, *Metodologia*, pp. 83 e ss.; F. J. BRONZE, *Lições de Introdução ao Direito*, Coimbra: Coimbra Editora, 2002, pp. 828 e ss. Cfr, ainda, K. LARENZ, *Metodologia*, pp. 384 e ss.

julgador ou, de outra forma, demonstrando que resultou de um enunciado normativo cujas razões a ele subjacentes também se mostravam adequadas para o caso omisso.

III. Queremos com isto dizer que para lá dos domínios penal e fiscal, o problema, na maior parte das vezes, não está no *modo*, mas no *resultado*, precisamente por o juiz, no seu processo metodológico, não ter a sua liberdade coartada, que se pode manifestar numa simples interpretação declarativa ou numa eventual operação analógica[690]: tendo em conta um determinado enunciado normativo, e habilitado pelas normas gerais que regulam a atividade interpretativa, ele extraiu (ou "produziu"[691]) um determinado comando,

[690] Por agora, apenas nos reportamos às situações em que o juiz, encontrando-se apenas vinculado às normas gerais do sistema que regulam a atividade interpretativa, cumpre com as exigências que daí decorrem, não derivando, por isso, qualquer problema com o modo como interpretou determinado enunciado normativo de direito ordinário. Veremos, contudo, *infra*, como no caso em que houver um incumprimento dessas normas gerais, questão semelhante àquela que agora nos ocupa pode também ser suscitada. Será também nessa sede que nos reportaremos à pretensa possibilidade de criação normativa que é conferida ao juiz pelo artigo 10.º, n.º 3, do Código Civil.

[691] Utilizamos aspas neste contexto, na medida em que quando o juiz extrai uma norma de um enunciado normativo, essa mesma norma (ainda) pode ser reportada ao sistema – ao conjunto normativo –, pois que foi produzida pela forma admitida: i.e., foi produzida por uma autoridade normativa competente. No entanto, e como iremos ver *infra*, pode haver situações onde esse enunciado contém "propriedades linguísticas de incerteza (vagueza, polissemia e textura aberta)", o que, no entendimento de alguns Autores – entre nós, e por todos, P. Moniz Lopes, *Derrotabilidade*, II e III, p. 55 – "(...) confere uma feição claramente criativa à interpretação de textos jurídicos", estando nesta implicada "a criação de um enunciado interpretativo e de um enunciado interpretado: ao interpretar o texto, o intérprete cria uma norma que estabelece um nexo prescritivo de significação entre o texto posto e o significado atribuído". No entanto, não se pense que estamos perante uma norma jurídica criada pelo julgador. Como bem refere o Autor citado, do que se trata é de uma "dimensão inovatória" da interpretação, que, mesmo, assim, deve ter sempre em conta "as reservas necessárias estabelecidas pelas regras interpretativas". É isto que explica que, em linha com o raciocínio exposto relativo às normas de decisão, essa norma criada que estabelece esse nexo não seja norma nova pertencente ao sistema e criada pelo juiz enquanto (suposta) autoridade normativa, na medida em que não foi produzida enquanto tal e, por isso mesmo, não comunga da propriedade de dever ser. Cfr, ainda, R. Guastini, "Una Teoria Cognoscitiva de la Intepretación", in *Isonomia*, N.º 29, 2009, pp. 15 e ss.; E. Bulygin, "Creación y Aplicación del Derecho", in F. Atria et al. (eds.), *Lagunas en el Derecho. Una controvérsia sobre el derecho y la función judicial*, Madrid, 2005, pp. 29 e ss.; Id, "Los Jueces ¿Crean Derecho?", in *Isonomia*, N.º 18, 2003, pp. 13 e ss. Para uma crítica a este escrito, retomando o exposto na obra citada anteriormente e falando de «"criação"» na interpretação jurídica, a propósito da "interpretação cognitiva" e da "interpretação decisória", cfr, P. Moniz Lopes, «Uma incursão nos modelos teóricos de criação judicial de direito a partir de "Los Jueces ¿Crean Derecho?" de Eugenio Bulygin», in P. Moniz Lopes, *Estudos*, I, pp. 35-63, em especial pp. 56-63.

entendendo a parte que a norma assim configurada, e posteriormente aplicada, afronta a Constituição por motivos não relacionados com a tarefa interpretativa adotada.

IV. Por oposição, no âmbito penal e fiscal essa liberdade sofre limitações. De facto, se do princípio da legalidade decorrem exigências interpretativas especiais, é evidente que o juiz não poderá adotar um processo hermenêutico cujo resultado, a final, se consubstancie numa *nova* norma penal ou tributária que, evidentemente, a parte não podia contar, por não estar em vigor. Assim, ele não só terá de se mover no seio daquilo que existe e que se encontra previsto, como na sua tarefa não poderá recorrer a determinadas opções que tem à sua disposição em áreas não cobertas pelo princípio da legalidade, nomeadamente a analogia e/ou a interpretação extensiva. É precisamente esta circunstância que explica que nestes domínios o teor verbal presente em enunciados normativos assuma uma importância ainda maior. É que, a partir do momento em que o cidadão não pode ser penalmente punido nem sujeito a uma norma tributária fora do domínio da legalidade, a moldura semântica do texto assume-se como uma *barreira intransponível*[692], porquanto qualquer norma que se extraia de um enunciado normativo e que não cumpra este desiderato assumir-se-á sempre enquanto norma nova, passando essa *extração* legítima a *criação* constitucionalmente proibida.

V. Atentando na esquematização de requisitos que enunciamos *supra*, veja-se como agora a situação é diversa. Até este momento partimos do resultado normativo que foi extraído pelo juiz, tendo esse mesmo resultado suporte na letra do enunciado de onde foi retirado. Como analisado, preenchidas as demais condições aí elencadas, a parte suscita, no processo, essa "regra abstratamente enunciada", referindo, por exemplo, que ela viola a Constituição por ir de encontro ao princípio da igualdade consagrado no seu artigo 13.º, deixando assim intocado o processo de apuramento normativo empreendido pelo juiz por nele inexistir qualquer problema. Nos casos do presente parágrafo, porém, o problema reside logo em **1.1.** – *i.e.*, a dimensão normativa que o juiz pretende aplicar e que resultou da sua interpretação de um enunciado normativo, não tem, neste, qualquer correspondência verbal em termos de nexo de significação. Ora, se isto é assim, e sem prejuízo de o futuro

[692] Na expressão do Acórdão n.º 183/08, de 12 de março (Plenário; Sucessivo; Maria Lúcia Amaral), a que nos reportaremos *infra*.

recorrente ter de cumprir com os demais requisitos, a verdade é que aquele que decorre do primeiro momento se vai confundir com **(3)**, na medida em que o argumento de constitucionalidade invocado será esse: o juiz, por força e em consequência do seu processo interpretativo, foi de encontro às exigências que decorrem dos artigos 29.º e 103.º da Constituição.

VI. Chegados aqui, já se percebe o eventual problema. Se neste contexto se censura o processo interpretativo que foi utilizado pelo juiz – *rectius*: o *modo* como ele desempenhou a sua tarefa interpretativa – será que esta questão é verdadeiramente *de constitucionalidade*, podendo assim ser objeto de fiscalização por parte do TC? Estar-se-á, verdadeiramente, perante uma questão normativa ou, ao invés, perante uma controvérsia em torno de um ato de interpretação do juiz comum? A conclusão a favor de uma ou outra hipótese determinará a admissão do recurso[693].

2.2. A resposta do Tribunal: um caminho *errático*

2.2.1. Os primeiros acórdãos

I. A resposta dada pelo Tribunal não tem sido uniforme, antes decorrendo de um *ziguezaguear* de decisões que ora se pronunciam pelo conhecimento da questão, oram rejeitam-na. Em termos sucintos, vejamos como tem sido essa abordagem.

[693] Sobre este problema em específico, veja-se, na doutrina, C. Blanco de Morais, *Justiça*, II, pp. 1037 e ss., e já antes, *Estudos em Homenagem ao Professor Doutor Inocêncio Galvão Telles*, 2003, pp. 127-131; J. Reis Novais, *Sistema Português*, pp. 218-221 e, também antes, *Themis*, n.º 10, 2005, pp. 103-113; R. Medeiros, *A Decisão*, pp. 319 e ss; ID, *Estudos em Homenagem ao Prof. Doutor Armando M. Marques Guedes*, Coimbra, 2004, pp. 186 e ss.; ID, *Estudos em Homenagem ao Professor Doutor Manuel Afonso Vaz*, *passim*; C. Lopes do Rego, *Os Recursos*, pp. 39 e ss., seguindo de muito perto o escrito anterior, já citado, *Jurisprudência Constitucional*, 2004, pp. 11-15; A. Cortês, "O controlo constitucional do princípio da tipicidade penal – uma análise jurisprudencial", in AAVV., *35.º Aniversário do Tribunal Constitucional*, Volume II, Coimbra: Coimbra Editora, 2012, pp. 83-110; P. Mota Pinto, *Themis*, n.º 10, 2005, pp. 210-216; M. Serrasqueiro, "Legalidade e interpretação: A sindicabilidade pelo Tribunal Constitucional das normas enunciadas pelo juiz em matérias sujeitas ao princípio da legalidade e da tipicidade", in *e-Pública: Revista Eletrónica de Direito Público*, Vol. 2, N.º 2, Julho 2015, pp. 228-250: M. dos Prazeres Pizarro Beleza, "Tutela judicial efectiva e acesso dos cidadãos ao Tribunal Constitucional", in *Julgar* – N.º 29, 2016, *passim*; M. Miranda Barbosa e J. Pedro Rodrigues, "Da (in)competência do Tribunal Constitucional para apreciar eventuais violações do princípio da legalidade criminal: breve reposicionamento crítico em sede metodológica", in *Estudos em Homenagem ao Prof. Doutor António Castanheira Neves, Volume III: Direito Público, Direito Penal e História do Direito*, Coimbra: Coimbra Editora, 2008, pp. 83-120.

II. O problema colocou-se logo anos 80, nomeadamente em 1986. O TC, através do Acórdão n.º 353/86, de 16 de Dezembro (2.ª Secção; Recurso; MESSIAS BENTO)[694], viu-se confrontado com a circunstância de o então Supremo Tribunal Militar (doravante, STM) ter condenado o recorrente, um sargento do exército, a uma pena de dois anos e seis meses de prisão, acrescida, em especial, da pena acessória de demissão, então prevista no artigo 66.º do Código Penal[695]. Contudo, uma das questões que o recorrente suscitava era a de que esta última pena não lhe poderia ter sido aplicada, visto que aquele enunciado normativo a prescrevia para o "funcionário público", o que, alegava, não era manifestamente a sua situação, por ser um "militar". Assim, entendia que o STM, para "preencher o vazio legislativo", tinha recorrido à analogia, afrontando o princípio da legalidade, já que "isso só o legislador o pode fazer"[696].

III. Sem uma fundamentação muito desenvolvida, a verdade é que o Tribunal não vai conhecer desta questão por entender que ela configura um "acto de julgamento". De facto, depois de excursar sobre o objeto do recurso em sede de fiscalização concreta sucessiva da constitucionalidade, e de salientar que ele não abrange "actos jurídicos de índole diversa [às normas jurídicas], como sejam as decisões judiciais"[697], o TC conclui que a sua competência não pode abranger o conhecimento e apreciação de "uma decisão judicial que, por eventual erro de julgamento, haja violado directamente uma norma ou princípio constitucional"[698]. Assim, se o juiz, na sua decisão, e para efeitos de resolução de um litígio, recorreu à analogia quando tal lhe era constitucionalmente vedado, isso configura um problema dessa mesma decisão, traduzido num "erro de julgamento" que, por isso mesmo, é insuscetível de fiscalização da constitucionalidade.

IV. Idêntica questão se colocou no Acórdão n.º 634/94, de 29 de Novembro (2.ª Secção; Recurso; LUÍS NUNES DE ALMEIDA)[699], tendo o Tribunal

[694] Disponível em: https://bit.ly/3owY1WL.

[695] Cujo respetivo n.º 1 dispunha o seguinte: "Pode ser demitido da função pública na sentença condenatória o funcionário que tiver praticado o crime com flagrante e grave abuso da função que exerce ou com grave violação dos deveres que lhe são inerentes".

[696] Cfr, ponto 1.1. do acórdão.

[697] Cfr, ponto 1.2. do acórdão.

[698] Cfr, ponto 1.3. do acórdão.

[699] Disponível em: https://bit.ly/3Fjc5tl. Aqui, o recorrente, sargento-ajudante do exército, de entre várias questões suscitadas, alegava que a (agora) interpretação extensiva que o STJ havia feito aos artigos 66.º, n.º 2, e 437.º do Código Penal, no sentido de abarcarem membros das Forças Armadas, era inconstitucional, por violar (não só, mas também) o princípio da legalidade.

concluído que "o vício que se aponta é o da ilegalidade da decisão do tribunal: para o recorrente, os militares não são funcionários públicos e ao considerá-los como tal, a sentença incorreu em ilegalidade, pois a própria Constituição autonomiza as Forças Armadas relativamente à Administração Pública. Portanto, não se invoca aqui a inconstitucionalidade daqueles artigos 437.º e 66.º do Código Penal, mas sim da decisão do tribunal que os aplicou"[700].

V. Esta decisão, contudo, assume uma importância acrescida à anterior pela declaração de voto de vencido do seu primitivo relator, o Juiz Conselheiro Sousa e Brito, que, em nossa opinião, pode dar já algumas pistas sobre a melhor forma de responder ao imbróglio ora em análise. Sem prejuízo de entender que nem todas as questões suscitadas pelo recorrente tinham relevância normativa, a verdade é que Sousa e Brito, depois de relembrar que o TC também pode controlar interpretações normativas, defende que era isso que configurava a situação anteriormente descrita, pelo que deveria ter sido objeto de fiscalização da constitucionalidade. E sendo-o, haveria que analisá-la à luz do princípio da legalidade[701].

VI. Nesse contexto, se num primeiro momento este Juiz Conselheiro discorre sobre uma problemática há pouco mencionada – *rectius*: saber se, atento o disposto no artigo 29.º, n.º 3, da Constituição, a interpretação extensiva de normas penais positivas também deve ser interditada[702] –, certo é que acaba por se centrar naquilo que, como foi por nós referido, parece ser aqui essencial: tendo em conta o resultado interpretativo extraído, verificar se, ao pôr no mesmo plano "funcionários militares" e "funcionário civil", a norma em apreço afastou, ou não, o *mínimo de correspondência com a letra da lei* que seria exigível para o efeito, segundo o disposto no n.º 2 do artigo 9.º do Código Civil[703] – *i.e.*, se excedeu o sentido possível das palavras do texto. Como teremos oportunidade de desenvolver mais adiante, a questão, nesta sede, é estritamente normativa, pois que

[700] Cfr, ponto II-2 do acórdão.

[701] Cfr, a declaração de voto de vencido de Sousa e Brito, que reproduz, na íntegra, o projeto de acórdão que elaborou enquanto primeiro relator.

[702] Cfr, ponto D) da declaração de voto. Saliente-se que nesta declaração de voto Sousa e Brito faz referência ao seu escrito de 1978, onde se debruçou sobre a (in)admissibilidade da interpretação extensiva em Direito Penal, referindo que esse "[seu] entendimento foi expendido antes da entrada em vigor do Código Penal de 1982 (que apenas proíbe explicitamente a aplicação analógica, no n.º 3 do artigo 29.º), mas o seu fundamento normativo-constitucional mantém-se" – sobre o entendimento de Sousa e Brito, cfr, *supra*, nota 679.

[703] Cfr, ponto D) da declaração de voto.

aquilo que está a ser objeto de controlo é a *norma*: aquela norma extraída. Não se atenta no percurso do julgador, não se questiona a justificação dada para efeitos dessa equiparação; enfim, e muito em especial, não se corrige a aplicação dessa norma ao caso concreto. Pelo contrário: partindo dela, verifica-se se há um enunciado normativo, se há uma fonte legítima de Direito Penal, ao qual possa ser atribuída, nomeadamente àquela que pelo juiz foi invocada.

VII. Ora, para Sousa e Brito era «evidente que a expressão "funcionário civil", utilizada na alínea *a)* do n.º 1 do artigo 437.º do Código Penal, não [abrangia] funcionários militares»[704], pelo que o resultado da interpretação não podia ser assacado à letra do enunciado normativo de onde foi extraído. E veja-se como esta conclusão, por si, já é bastante: se é isso que sucede, então, e resumindo o que até aqui tem sido afirmado:

(*i*) Aquilo que à partida configurava uma extração normativa legítima, por não ter correspondência com o sentido possível das palavras do enunciado normativo, deixa de o ser;
(*ii*) Logo, e automaticamente, estaremos a falar de *criação normativa* pelo juiz em domínio penal, que é constitucionalmente proibida pelo princípio da legalidade;
(*iii*) Se, ainda assim, fosse reconhecida uma lacuna, com o objetivo de aplicar analogicamente a norma do artigo 437.º do Código Penal ao caso concreto, o problema de constitucionalidade mantinha-se, pois que a garantia que decorre do artigo 29.º, n.ºs 1 e 3, da Constituição, estaria a ser novamente afrontada, sendo esta circunstância ainda reforçada se se atentar no disposto no artigo 1.º, n.º 3, do Código Penal.

VIII. Por aqui novamente se percebe o porquê de, nestas situações em especial, configurarmos o texto enquanto barreira intransponível. Mais do que saber se o processo metodológico adotado pelo juiz comum configura uma interpretação extensiva ou uma analogia, a partir do momento em que a Constituição prescreve que alguém só pode ser penalmente responsabilizado ou fiscalmente tributado em virtude de lei anterior, ela será afrontada se uma norma revelada pelo juiz comum não puder ser imputada ao texto de nenhum enunciado normativo. Daí que essencial seja a apreciação do *resultado* e não do *processo hermenêutico*.

[704] *Idem*.

2.2.2. O Acórdão n.º 674/99, de 15 de Dezembro

IX. Sem prejuízo de posteriormente a estas decisões ainda ter havido outras no mesmo sentido, como, por exemplo, o Acórdão n.º 154/98, de 10 de Fevereiro (1.ª Secção; Recurso; TAVARES DA COSTA)[705], a verdade é que o ano de 1999 será marcado por um aresto que, no que à presente controvérsia diz respeito, se assumirá, durante algum tempo, como um *leading case*, não descontando, contudo, o voto de vencido a ele aposto. Referimo-nos ao Acórdão n.º 674/99, de 15 de Dezembro (2.ª Secção; Recurso; LUÍS NUNES DE ALMEIDA)[706]. Para aquilo que nos importa, um dos recorrentes, que havia sido condenado pelo crime de burla, sustentava que o tribunal *a quo*, ao abranger a *reserva mental de incumprimento* no conceito de *astúcia*, que se assume como elemento típico deste crime, havia ultrapassado o campo semântico natural desse conceito, indo de encontro às exigências decorrentes da Constituição nesta matéria.

a) A aplicação da doutrina RUI MEDEIROS

X. Ora, tendo em conta o relator e a secção, não será de estranhar que o Tribunal tenha mantido um entendimento idêntico àquele avançado em 1994, assim considerando que aquilo que vinha impugnado pelo recorrente não era uma norma, mas, ao invés, a decisão judicial que a aplicou, por via de um processo interpretativo constitucionalmente proibido. A novidade que há que dar nota é a de que este aresto acolhe, na sua fundamentação, a tese que RUI MEDEIROS recentemente havia defendido a propósito do problema em apreço[707].

XI. Para RUI MEDEIROS, se em Portugal vigorasse um sistema de fiscalização da constitucionalidade que incluísse uma queixa constitucional ou um recurso de amparo, não haveria qualquer obstáculo em recorrer para

[705] Disponível em: https://bit.ly/2Ykzid8.

[706] Disponível em: https://bit.ly/3AcNC4S. Especificamente sobre este acórdão, cfr, C. BLANCO DE MORAIS, *Justiça*, II, pp. 1037-1038; J. REIS NOVAIS, *Sistema Português*, pp. 219-221; C. LOPES DO REGO, *Os Recursos*, pp. 39-42; R. MEDEIROS, *Estudos em Homenagem ao Prof. Doutor Armando M. Marques Guedes*, pp. 191-192.

[707] Reportamo-nos à sua dissertação de doutoramento, já referida: *A Decisão de Inconstitucionalidade. Os Autores, o Conteúdo e os Efeitos da Decisão de Inconstitucionalidade da Lei*, Lisboa: Universidade Católica Editora, 1999.

o TC de uma decisão de um tribunal que tivesse aplicado analogicamente uma norma incriminadora, em violação do princípio da legalidade. Porém, como o legislador constituinte optou por não consagrar tal dimensão na Lei Fundamental, essa possibilidade é logicamente inexistente. Só que, para este Autor, e para efeitos de recurso de decisão negativa de inconstitucionalidade, «quando invoca a proibição da analogia, o que o recorrente suscita é *"a inconstitucionalidade do acto de julgamento e não a inconstitucionalidade de uma norma jurídica"*»[708] – i.e., se o recorrente, num sistema de fiscalização que desconhece uma dimensão de amparo, alega essa circunstância, é evidente que o TC dela não pode conhecer, pois que "uma coisa é dizer que a norma que um tribunal extrai, ainda que por analogia, de um acto normativo pode ser fiscalizada pelo Tribunal Constitucional, outra, bem diferente, é afirmar que a própria decisão jurisdicional constitui um acto normativo sindicável pelo Tribunal Constitucional"[709].

XII. Se este entendimento não surpreende, a verdade é que Rui Medeiros tenta oferecer um critério que, na sua perspetiva, permite traçar uma fronteira entre o que, nesse contexto, e tendo em conta o sistema português de fiscalização da constitucionalidade, pode e não pode ser controlado pelo Tribunal, afirmando aquilo que, em suma, será repetido no aresto em análise: "[t]udo somado, é possível concluir que, *nos casos em que o próprio legislador pode (sem ofender a Constituição) estabelecer por via legislativa solução idêntica àquela que resultava da interpretação ou integração inconstitucional da lei realizada pelo tribunal a quo, o Tribunal Constitucional não pode conhecer do recurso*"[710] (itálico nosso).

XIII. No fundo, parece que a putativa solução radica no *fundamento* oferecido pelo recorrente aquando da interposição do recurso: se aquilo que o recorrente invocar for a compatibilidade da norma assim extraída com a Constituição, desligada de qualquer problema com a sua obtenção – *i.e.*, sem qualquer referência ao princípio da legalidade –, então teremos uma questão de constitucionalidade suscetível de controlo por parte do TC; se, por oposição, a inconstitucionalidade invocada radicar exclusivamente na violação daquele princípio, a questão deixa de ter natureza normativa, porquanto o que estará

708 Cfr, R. Medeiros, *A Decisão*, p. 341.
709 *Idem.*
710 Cfr, R. Medeiros, *ob. cit.*, pp. 341-342.

em causa será, pura e simplesmente, o controlo do processo interpretativo do juiz *a quo*[711].

XIV. Dito de outro modo: se se questionar a procedência de uma norma extraída por interpretação de um enunciado normativo com a Constituição por motivos exclusivamente atinentes ao seu conteúdo – por exemplo, alegando que ela vai de encontro ao princípio da igualdade –, o recurso é admissível, na medida em que tal configura uma situação (hipotética) em que, se o legislador tivesse produzido legitimamente a mesma norma, continuaria a haver um problema de constitucionalidade por resolver– portanto, a inconstitucionalidade reporta-se, objetiva e exclusivamente, à norma, e não à sua criação; se, ao invés, essa mesma procedência se basear numa eventual violação do princípio da legalidade, o recurso já não pode ser admitido, porquanto tal configura um caso (também hipotético) em que o legislador, sendo (a única) autoridade normativa competente e reconhecida pelo sistema para efeitos de criação de normas penais, pode, por isso mesmo, e sem ofender a Constituição, estabelecer por via legislativa solução idêntica àquela que resultou da interpretação operada pelo juiz comum.

XV. Logo, quando o vício é imputado ao conteúdo objetivo da norma, a fiscalização é possível, pois que a inconstitucionalidade poderia continuar presente mesmo na situação de ter sido o legislador a produzi-la; já quando o vício é imputado ao modo de revelação da norma, por ter sido criada por quem não era autoridade normativa, a fiscalização não pode ocorrer, na medida em que, desaparecendo a inconstitucionalidade na hipótese de ter sido o legislador a produzir a norma, o que verdadeiramente está em crise é o processo metodológico ilegítimo. E se é assim, o Tribunal não pode intervir.

XVI. Conforme se disse, o TC vai acolher este entendimento na sua decisão, atingindo o veredito já referido. Assim, e para efeitos deste acórdão, o recorrente não questiona "que a norma em causa pudesse proceder, por opção expressa do legislador, à referida incriminação quando ocorresse apenas *reserva mental de incumprimento*", mas, sim, "que o julgador possa alcançar esse mesmo conteúdo normativo através de um processo interpretativo, já que, ao fazê-lo através de uma forma desrespeitadora dos limites fixados à interpretação da lei criminal, viola necessariamente o princípio da legalidade

[711] Neste sentido, J. Reis Novais, *Sistema Português*, pp. 219-220.

penal. Ou seja, não se questiona que o comportamento do recorrente possa ser objecto de uma incriminação, apenas se questiona se ele preenche efectivamente o tipo legal do crime de burla"[712]. Ao ser assim, a questão, "por não respeitar a uma inconstitucionalidade normativa, mas antes a uma inconstitucionalidade da própria decisão judicial, excede os poderes de cognição do Tribunal Constitucional"[713].

b) Uma doutrina insatisfatória

XVII. Sem prejuízo de voltarmos à tese defendida por Rui Medeiros quando fizermos referência à declaração de voto de vencida da Juíza Conselheira Maria dos Prazeres Beleza a propósito de outra decisão[714], não podemos deixar de sustentar, desde já, que ela é manifestamente insatisfatória. E, para nós, o ponto essencial reside num aspeto, que, em simultâneo, é demonstrativo da errada opção que foi tomada no Acórdão n.º 674/99. Aí, se se ler o relatório que precede a fundamentação, verifica-se que a questão em crise – recordando, saber se o conceito de *astúcia* podia abranger a *reserva mental de incumprimento*, para efeitos de crime de burla – não era líquida. Isto é, havia fundados motivos para se concluir pela inconstitucionalidade. Ao ter adotado o entendimento de Rui Medeiros, o TC ignora por completo uma violação da Constituição que pode estar presente.

XVIII. Quer na hipótese em que se questiona o conteúdo da norma, quer quando aquilo que está em causa é o alegado processo interpretativo ilegítimo, a verdade é que em ambos os casos existe um resultado normativo.

Suponhamos que o nosso sistema de fiscalização da constitucionalidade acolhia a solução defendida por Rui Medeiros. Imagine-se, também, que o juiz, em domínio penal, e ao arrepio das exigências constitucionais, havia "interpretado" um enunciado normativo e chegado a um determinado resultado, que mais não era do que uma norma nova penal a aplicar ao recorrente. Este, sabendo que alegar essa circunstância era impeditivo do recurso, interpõe-no com fundamento na violação do princípio da igualdade – portanto, com fundamento num vício imputado ao conteúdo da norma aplicada na decisão recorrida. Admitido o recurso, como expectável, o TC, contudo, conclui pela não inconstitucionalidade.

[712] Cfr, ponto 53 do acórdão.

[713] *Idem*.

[714] Cfr, *infra*, §2, 2.2.4., da presente Secção.

XIX. Quando isto ocorre, temos uma situação que não pode deixar de causar estranheza sob o prisma da garantia dos cidadãos e da Constituição, assim como do acesso à justiça constitucional: não declarando a inconstitucionalidade, o particular, num domínio sensível como é o domínio penal, é punido com base numa norma que, muito provavelmente, é inconstitucional por ter sido criada à margem da Lei Fundamental. Só que, neste cenário, o particular vê as suas garantias frustradas porque (*i*) por um lado, se invocar um fundamento que não radique no verdeiro motivo por que entende que a norma é inconstitucional, mas que é o único que lhe permite acionar o recurso, presumivelmente o TC pronunciar-se-á pela não inconstitucionalidade; (*ii*) por outro lado, não pode aceder ao recurso com base na mais provável razão de inconstitucionalidade, pois que isso, segundo o Tribunal, configura um caso de controlo do processo interpretativo do julgador, insuscetível de controlo. Portanto, e de novo, um cidadão será condenado por uma norma eventualmente inconstitucional, mas que sobre a qual o Tribunal, por uma opção incompreensível, não se pronuncia. Não estará o TC, com esta opção, a incumprir a sua missão no contexto do nosso sistema de fiscalização da constitucionalidade? Não configurará esta situação uma negação desproporcional do direito de acesso dos particulares à justiça constitucional? Em nossa opinião, a resposta não pode deixar de ser afirmativa em ambos os casos.

XX. Se ainda se podia apontar mais críticas quanto ao facto de esta tese fazer depender a aceitação do recurso do critério do fundamento suscitado[715], a verdade é que não podemos deixar de dar mais duas notas que nos parecem importantes:

Em primeiro lugar, o facto de Rui Medeiros menorizar certo tipo de inconstitucionalidades, nomeadamente as relativas à violação do princípio da legalidade nos domínios penal e fiscal. Com efeito, decorre da exposição anterior que se o recorrente quiser aceder ao TC, em sede de recurso de decisão negativa de inconstitucionalidade, terá de suscitar uma violação da Constituição que não esteja relacionada com aquele princípio. Ora, ao ser assim, parece que, por um lado, se está a configurar essa inconstitucionalidade como menor, quando, na verdade, ela é tão válida quanto as restantes[716],

[715] A este propósito, cfr, J. Reis Novais, *Sistema Português*, p. 220.

[716] Veremos, *infra*, como este argumento se cruza com outro que será rebatido por Maria dos Prazeres Beleza – reportamo-nos à circunstância de existirem tipos de inconstitucionalidade incidentes sobre a "formação" de um ato legislativo, nomeadamente as inconstitucionalidades orgânica e formal. Cfr, *infra*, 2.2.4

e, por outro lado, que essa menorização parte de uma premissa falsa: a saber, o princípio da legalidade ser apenas dirigido ao legislador, quando, como se viu, ele também é dirigido ao juiz, impedindo-o de extrair uma norma que não tem apoio no texto de qualquer enunciado normativo vigente, não podendo, por isso, ser reconhecida constitucionalmente[717].

XXI. Em segundo e último lugar, a declaração de voto de vencido do Juiz Conselheiro Sousa e Brito que, revisitando o que havia afirmado cinco anos antes, parece, uma vez mais, dar importantes contributos para a resolução desta questão sensível. Assim, e sucintamente, Sousa e Brito vai de novo considerar que, para o Tribunal, deve ser irrelevante se o "resultado interpretativo foi obtido por interpretação extensiva ou por integração, por meio de analogia ou, havendo integração de lacuna, por qualquer outro meio de preenchimento desta"[718]. É que, tendo em conta as garantias que decorrem quer do artigo 29.º, quer do artigo 103.º, ambos da Constituição, aquilo que verdadeiramente importa é saber se aquela norma, objetivamente considerada, ultrapassa o sentido possível das palavras da lei penal, sem curar de saber qual a correta interpretação do enunciado normativo de onde foi extraída. É que, como bem refere este Juiz Conselheiro, "a questão de inconstitucionalidade não se confunde com a questão de interpretação correcta do preceito legislativo em questão, [sendo que] o Tribunal pode ter de resolver quaisquer questões de direito instrumentais para a decisão sobre a inconstitucionalidade"[719].

XXII. Por fim, o TC, depois de aderir ao entendimento por nós rebatido, ainda refere que o que sempre se terá por excluído é que ele "possa sindicar eventuais interpretações tidas por erróneas, efectuadas pelos tribunais comuns, com fundamento em violação do princípio da legalidade", pois que, "se assim não fosse, o Tribunal Constitucional passaria a controlar, em todos os casos, a interpretação judicial das normas penais (ou fiscais), já que a todas as interpretações consideradas erróneas pelos recorrentes poderia ser assacada a violação do princípio da legalidade em matéria penal (ou fiscal). E, em boa verdade, por identidade lógica de raciocínio, o Tribunal Constitucional, por um ínvio caminho, teria que se confrontar com a necessidade de sindicar

[717] Veja-se, a este propósito, a declaração de voto do Juiz Conselheiro Mário Araújo Torres ao Acórdão n.º 196/03, de 10 de abril (2.ª Secção [Plenário]; Recurso; Benjamim Rodrigues), ao qual nos reportaremos infra. Veja-se, ainda, a bibliografia citada na nota 672.

[718] Cfr, declaração de voto de vencido do Juiz Conselheiro Sousa e Brito.

[719] *Idem.*

toda a actividade interpretativa das leis a que necessariamente se dedicam os tribunais (...) uma vez que seria sempre possível atacar uma norma legislativa, quando interpretada de forma a exceder o seu «sentido natural» (...), com base em violação do princípio da separação de poderes, porque mero produto de criação judicial, em contradição com a vontade real do legislador"[720]. Trata-se de um argumento importante e que merece especial atenção. Por isso mesmo, remetemos a sua análise para o momento em que formularmos o nosso entendimento final quanto a esta problemática[721].

2.2.3. Um diferente entendimento

XXIII. Sendo esta uma questão controvertida, não é de estranhar que ela seja caracterizada por um *ziguezaguear* em termos jurisprudenciais. É precisamente isto que justifica o facto de desde cedo também ter havido outras sensibilidades no TC que se pronunciaram em sentido inverso – portanto, no sentido da admissão do recurso. Foi o que sucedeu, desde logo, com o Acórdão n.º 141/92, de 7 de Abril (1.ª Secção; Recurso; ARMINDO RIBEIRO MENDES)[722].

XXIV. Resumidamente, tratava-se de um caso em que o recorrente havia sido condenado pelo crime de falsificação de documento, sendo que o tribunal *a quo* fez uso do então artigo 26.º do Código Penal, relativo à coautoria[723]. Atentando no disposto neste artigo, o recorrente entendia que só era punível a participação direta na execução do crime, o que pressupunha, nos termos do então n.º 2, do artigo 22.º[724], do mesmo Código, atos de execução.

[720] Cfr, ponto 53 do acórdão.

[721] Cfr, *infra*, §2, 2.4.4, da presente Secção.

[722] Disponível em: https://bit.ly/3iAIMsj.

[723] Ressalve-se que continuamos no âmbito do Código Penal de 1982, cujo artigo 26.º dispunha o seguinte: "É punível como autor quem executa o facto, por si mesmo ou por intermédio de outrem, ou toma parte directa na sua execução, por acordo ou juntamente com outro ou outros, e ainda quem, dolosamente, determina outra pessoa à prática do facto, desde que haja execução ou começo de execução".

[724] De acordo com o então n.º 2, do artigo 22.º, do Código Penal de 1982: "São actos de execução:
a) Os que preenchem um elemento constitutivo de um tipo de crime;
b) Os que são idóneos a produzir o resultado típico;
c) Os que, segundo a experiência comum e salvo circunstâncias imprevisíveis, são de natureza a fazer esperar que se lhes sigam actos das espécies indicadas nas alíneas anteriores".

Ora, para o recorrente, o tribunal *a quo*, ao interpretar o artigo 26.º no sentido de abranger meros atos de *"cooperação ativa e consciente para o bom êxito dum projeto criminoso"*, havia realizado uma interpretação extensiva proibida pelo artigo 29.º da Constituição.

XXV. Como questão prévia, o TC teve de se pronunciar sobre se se tratava, ou não, de um "recurso [de] uma *norma* do Código Penal interpretada em desarmonia com a Constituição ou, pelo contrário, [de] uma *decisão judicial* que, *inconstitucionalmente,* [houvesse] prejudicado [o recorrente], ao aplicar certa norma ao seu caso, através de uma interpretação extensiva da norma ou de uma aplicação analógica, em contradição com as regras gerais de interpretação e aplicação das leis penais e os princípios constitucionais na matéria"[725]. E, neste aresto, o Tribunal pronunciou-se no sentido da primeira hipótese: tratava-se, assim, de um recurso incidente sobre uma questão normativa. Salientando o "carácter sugestivo" do raciocínio que está subjacente à eventual transformação de uma matéria normativa numa "matéria decisória", para o TC era claro que "num plano perfunctório de análise de verificação dos pressupostos do recurso de constitucionalidade, ou seja, numa avaliação *prima facie* de tais pressupostos, entende-se que os mesmos se verificam no caso concreto", porquanto "[s]aber se a interpretação perfilhada foi ou não inconstitucional faz parte já do conhecimento da *questão de fundo* ou de mérito", sendo "indiferente saber se a interpretação da norma perfilhada pelo tribunal recorrido é a melhor ou se, pelo contrário, quem tem razão é o recorrente, quanto ao carácter inconstitucional daquela mesma interpretação"[726].

XXVI. Parece-nos, por isso, que daqui decorre a ideia que se tem vindo a avançar: que o que releva é a norma objetivamente considerada, desligada de qualquer avaliação sobre o percurso interpretativo operado pelo juiz comum ou sobre a qualificação dada a esse mesmo processo, no sentido de saber se ela ultrapassa, ou não, a barreira intransponível do texto na qual se fundou a sua revelação. E, de facto, olhando para o percurso da decisão, parece que foi isso que o TC fez, concluindo que "[c]omo no caso *sub judicio,* o sentido das normas incriminatórias conjugadas(...), aplicadas pelo acórdão recorrido, se retira da letra dessas normas, *não se põe manifestamente uma questão de interpretação extensiva* (e, muito menos, de uma *aplicação analógica,* para integrar uma

[725] Cfr, ponto 14 do acórdão.
[726] *Idem.*

eventual lacuna da lei penal (...))", pelo que não se pode pôr "a questão da inconstitucionalidade de uma interpretação extensiva ou de uma aplicação analógica, por violação do artigo 29.º, n.ºs 1 e 3, da Constituição"[727].

a) Os Acórdãos n.ºs 205/99, de 7 de Abril, e 285/99, de 11 de Maio

XXVII. Sem prejuízo de este aresto também ter tido votos de vencido no sentido do não conhecimento da questão, por se entender que ela se reportava à decisão judicial e não à norma pelo juiz aplicada[728], a verdade é que dois acórdãos posteriores vão também assumir uma importância fundamental no presente âmbito – reportamo-nos aos Acórdãos n.ºs 205/99, de 7 de Abril (2.ª Secção; Recurso; Maria Fernanda Palma)[729] e 285/99, de 11 de Maio (1.ª Secção; Recurso; Vítor Nunes de Almeida)[730].

XXVIII. Em ambos estava em causa uma questão relativa à prescrição do procedimento criminal, mais concretamente saber se havia ocorrido qualquer causa suscetível de interromper ou suspender o decurso do prazo prescricional, nos termos do então artigo 120.º do Código Penal de 1982. Se à primeira vista pode parecer simples, a questão complexifica-se a partir do momento em que havia entrado em vigor, em 1987, o novo Código de Processo Penal

[727] Cfr, ponto 18 do acórdão. Anote-se, contudo, que se *prima facie* concordamos com o método subjacente a este aresto – *i.e.*, atentar na norma objetivamente considerada –, não podemos deixar de reconhecer que o TC, ao afirmar que não se coloca uma questão de interpretação extensiva ou de analogia, acaba por avaliar, necessariamente, a tarefa interpretativa do juiz comum, o que, como temos vindo a defender, e atenta a natureza da nossa jurisdição constitucional, não pode nem deve acontecer.

[728] Reportamo-nos às declarações de voto dos Juízes Conselheiros Cardoso da Costa e Luís Nunes de Almeida. Se o primeiro entendia que "o que vem questionado é a violação do princípio da tipicidade criminal enquanto dirigido ao juiz, donde que tal violação, a ter lugar, houvesse de radicar na decisão daquele, e não na norma por ele aplicada", o segundo, não discordando da decisão do aresto quanto ao mérito, considerava, contudo, que "em causa estava apenas saber se a decisão recorrida *tinha feito ou não a interpretação da norma que lhe era assacada pelo recorrente*". Ora, sendo "patente que, na decisão recorrida, não fora feita tal interpretação (...) não se deveria ter tomado conhecimento do recurso, por não estar verificado um dos pressupostos daquele conhecimento: a aplicação de norma questionada com a interpretação que o recorrente acusa de violar a Constituição". Saliente-se, aliás, que Nunes de Almeida vai ao encontro de um dos aspetos que mencionamos na nota anterior, ao afirmar que o próprio aresto reconheceu, "na fundamentação da decisão final", (indevidamente, acrescentamos nós) que o juiz comum não efetivou a interpretação (inconstitucional) que o recorrente o acusava de ter feito.

[729] Disponível em: https://bit.ly/3adGH0A.

[730] Disponível: https://bit.ly/3mmoCmE.

(doravante, CPP87), que, entre outras reformas, ao determinar que seria o Ministério Público, e não o Tribunal de Instrução, a conduzir a investigação criminal, fez com que deixasse de figurar no sistema a "instrução preparatória", substituindo-a por outra realidade, nomeadamente a constituição de arguido no inquérito. A partir daqui o juiz comum, atentando no texto da alínea a), do n.º 1, do artigo 120.º, já referido, e conjugando-o com o sistema instituído pelo aquele novo Código, entendeu *atualizá-lo* à luz da reforma por este instituída, pelo que a interrupção da prescrição aí prevista já não seria determinada pelo "interrogatório do agente, como arguido, *na instrução preparatória*", mas, sim, pelo "primeiro interrogatório do arguido *no inquérito*". Porém, e para o recorrente, tal consubstanciava uma interpretação sem "o mínimo de suporte na literalidade do texto legal", e, portanto, violadora do artigo 29.º, n.ºs 1 e 3, da Constituição[731].

XXIX. Antes de entrar a fundo na questão, o Tribunal, de novo, indagou se a questão objeto de recurso de decisão negativa de inconstitucionalidade tinha, ou não, natureza normativa. Porque o segundo aresto remete para o primeiro, interessa-nos, muito em especial, a argumentação desenvolvida pela relatora do Acórdão n.º 205/99, que, conforme se verá, vai ao encontro de algumas ideias que já se expuseram. Assim, e de forma sucinta, o TC entendeu que várias razões intercediam no sentido da normatividade da questão suscitada:

a) Desde logo, porque aquilo que é submetido à apreciação do TC não é "um processo interpretativo utilizado pontualmente na decisão recorrida, isto é, a inserção do caso concreto num âmbito normativo pré-determinado pelo julgador (...), mas antes um certo conteúdo interpretativo atribuído ao artigo 120º, nº 1, alínea *a)*, o qual é identificado"[732];
b) Por outras palavras, «[q]uestiona-se, sem dúvida, se a fixação de sentido da norma, segundo a qual esta abrangerá, em geral, na interrupção da prescrição "a notificação ao arguido do despacho do Ministério Público para interrogatório no inquérito e a realização deste" é uma interpretação normativa compatível com a Constituição, em face dos artigos 29º, nºs 1 e 3 e 32º, nºs 1 e 4. É, assim, o conteúdo final da

[731] Sobre o problema penal subjacente a este aresto, veja-se, por todos, M. Fernanda Palma, *Direito Penal*, pp. 156-157. Cfr, ainda, C. Lopes do Rego, *Os Recursos*, pp. 41-42.
[732] Cfr, ponto 4 do acórdão.

interpretação, ou dito de outro modo, o resultado interpretativo pelo qual se atinge a norma que decide o caso, norma que eventualmente não tem competência constitucional para o decidir, que é submetido ao controlo de constitucionalidade"[733];

c) Acresce, ainda, "que o referido conteúdo interpretativo não é apenas determinado pelo caso concreto, mas é referido com elevada abstracção, na base de uma linha jurisprudencial anterior que utilizou a mesma perspectiva interpretativa para casos idênticos"[734];

d) Logo, se é assim – portanto, se não se trata "de um momento meramente aplicativo da norma ao caso concreto, isto é, de uma situação em que o recorrente suscite apenas a correcção lógico-jurídica da inclusão do caso na norma", mas, ao invés, da enunciação de uma dimensão normativa que, segundo o recorrente, "não corresponde fielmente às palavras do legislador, violando, por isso, o princípio da legalidade"[735] –, há que conhecer do recurso.

b) Apreciação crítica: uma correta abordagem

XXX. No nosso entendimento, esta decisão é de inquestionável importância por três motivos.

1. Em primeiro lugar, porque põe termo a uma imprecisão da posição contrária, espelhada quer em decisões do TC – v.g., Acórdão n.º 353/86, já citado –, quer na doutrina – *v.g.*, Rui Medeiros –, nomeadamente quando entende que o que o recorrente quer ver sindicado junto do TC é o "ato de julgamento". Se atentarmos naquilo que já expusemos, em especial quando nos referimos à *norma de decisão*, concluímos que essa consideração é manifestamente errada: o *ato de julgamento* coincide com a *norma de decisão* – portanto, diz respeito ao momento em que o juiz, fazendo uso da norma revelada por via interpretativa, atenta nas particularidades do caso concreto para as subsumir, ou não, à respetiva previsão genérica e assim julgar o litígio. Ora, conforme já se avançou[736], questões relativas à controvérsia ora em análise não se situam neste momento – *i.e.*, não dizem respeito ao julgamento do litígio –,

[733] *Idem.*

[734] *Ibidem.*

[735] *Ibidem.*

[736] Cfr, *supra*, §1, 1.4.1., da presente Secção.

mas, ao invés, naqueloutro, prévio a esse, em que o juiz faz uso de um (ou vários) enunciado(s) normativo(s) com o objetivo de extrair uma norma que aplicará, posteriormente, ao caso concreto;

2. Em segundo lugar, e em estreita ligação com o que acabou de se mencionar, porque inaugura um aspeto de crucial importância para efeitos de suscitação de uma questão de constitucionalidade em sede de interpretações normativas – a necessidade de ela ser referida com "elevada abstração", *i.e*, desligada das particularidades do caso concreto[737]. Como se viu[738], trata-se de um requisito subjacente a todas as questões de constitucionalidade relativas ao conceito funcional de norma, mas que será tão mais importante quanto a porosidade da fronteira que separa a norma da decisão for maior – o que, nestes casos, é o que sucede;
3. Em terceiro e último lugar, porque insiste naquilo que até aqui também tem vindo a ser por nós reforçado: que o que releva é o conteúdo do resultado normativo – quer dizer, a norma objetivamente considerada e não a tarefa que o juiz comum levou a cabo para a atingir. De facto, nesta sede, tendo em conta a dimensão normativa considerada e a questão de constitucionalidade a ela subjacente, a única indagação que há a fazer é a de saber se ela ainda encontra alguma correspondência literal mínima com o sentido possível do enunciado normativo no qual se apoiou. E a partir daqui, das duas, uma: (*i*) se a resposta for afirmativa, nenhum problema de constitucionalidade estará presente, pois que, havendo essa correspondência, daquilo que (ainda) falamos é de norma penal assente em lei anterior legitimamente aprovada pelo legislador; (*ii*) se, por oposição, o TC entender que aquele suporte não existe, então chegamos à conclusão de que a norma é inconstitucional, por ter sido criada pelo julgador quando tal lhe é constitucionalmente vedado pelo artigo 29.º, n.ºs 1 e 3, da Constituição.

[737] Tal como oportunamente se referiu, esta decisão vai de servir de ponto de partida para que certa doutrina comece a introduzir o critério relativo à "elevada abstração" como requisito essencial de suscitação de uma questão de constitucionalidade em sede de recurso de decisoes negativas de inconstitucionalidade – referimo-nos, essencialmente, a C. Lopes do Rego, *Jurisprudência Constitucional*, p. 7. Também como mencionado, será a partir deste escrito que a "elevada abstração" será recorrentemente referida em acórdãos do TC. Porém, o essencial mantém-se: o requisito não surgiu da doutrina, mas, antes, da própria jurisprudência do TC, nomeadamente do acórdão que agora analisamos. Cfr, *supra*, nota 638.

[738] Nomeadamente a propósito do critério relativo à *suscetibilidade de generalização* – cfr, *supra*, Parte II, Secção I, §2, 2.2.5., *c)*.

2.2.4. O Acórdão n.º 383/00, de 19 de Julho, e a declaração de voto de Maria dos Prazeres Beleza

XXXI. Tal como aconteceu com o entendimento contrário, a sensibilidade a favor do conhecimento do recurso nestas hipóteses será replicada noutros arestos, como o Acórdão n.º 122/00, de 23 de Fevereiro (2.ª Secção; Recurso; Bravo Serra)[739]. Mesmo assim, parece que a posição dominante era aqueloutra já apreciada, desde logo pela quase imediata "rejeição" da argumentação subjacente aos dois Acórdãos que acabaram de ser referidos pelo Acórdão n.º 674/99, do mesmo ano. Porém, a divisão dentro do Tribunal era clara, e tal é notório quando se analisa o Acórdão n.º 383/00, de 19 de Julho (3.ª Secção; Recurso; Messias Bento)[740]. A pergunta que presidia a este aresto e que também suscitava o problema de saber se se estava perante uma criação normativa pelo juiz comum, era a seguinte: poderia a "falsificação de uma matrícula automóvel" integrar o conceito de "falsificação de documento autêntico" para efeitos de condenação por crime de falsificação? Claro está que para o recorrente, tendo o juiz comum respondido afirmativamente a essa questão, ele foi de encontro ao princípio da legalidade.

XXXII. O aresto em análise limitou-se, pura e simplesmente, a acolher na sua fundamentação aquela que havia sido desenvolvida no Acórdão n.º 674/99, negando, por isso, o recurso. Mesmo assim, não é por este motivo que esta decisão perde importância, tendo em conta a declaração de voto de vencida a ele aposta pela Juíza Conselheira Maria dos Prazeres Beleza e subscrita por Sousa e Brito. No que releva para este momento, há que destacar alguns aspetos.

XXXIII. Desde logo, a circunstância de Maria dos Prazeres Beleza, em linha com o que temos vindo a explicitar ao longo destas páginas, ter enunciado corretamente a dimensão normativa em apreço – portanto, a norma objetivamente considerada –, a saber: "*quem falsificar a chapa de matrícula de veículo automóvel é punível como agente de um crime de falsificação de um documento com força igual à do documento autêntico*"[741]. Era esta a norma que estava em causa, sendo que, consequentemente, era a partir dela que o TC deveria ter empreendido a sua análise de constitucionalidade.

739 Disponível em: https://bit.ly/3iBZfMy.

740 Disponível em: https://bit.ly/2YptCyR.

741 Cfr, ponto 2 da declaração de voto de vencida da Juíza Conselheira Maria dos Prazeres Beleza.

XXXIV. De facto, e no dizer de MARIA DOS PRAZERES BELEZA, importa relembrar que é "a **norma** aplicada, interpretativamente extraída da respectiva **fonte** legal – e não a fonte em si mesma considerada, como acto legislativo ou como disposição legal –, que constitui objecto do recurso de constitucionalidade previsto na alínea b) do nº 1 do artigo 70º da Lei do Tribunal Constitucional"[742]. A partir desta constatação, e sem prejuízo de salientar que assenta em "argumentação ponderosa", a Juíza Conselheira aproveita para rebater o entendimento desenvolvido por RUI MEDEIROS, já analisado *supra*, assim acrescentado mais razões àquelas por nós avançadas:

a) Em primeiro lugar, e porque, como se viu, subjacente ao raciocínio de RUI MEDEIROS estão cenários hipotéticos, importa relembrar que "a norma cuja constitucionalidade se aprecia é a que foi **aplicada no processo**, e não uma norma hipoteticamente criada por acto legislativo"[743];
b) Em segundo lugar, "não se encontra base constitucional ou legal para excluir da fiscalização da **constitucionalidade de normas** (posto que se trate de efectivas normas, ainda que interpretativamente construídas, como no presente recurso) a apreciação de **um específico fundamento dessa inconstitucionalidade**"[744];
c) Além disso, há que constatar aquilo que parece por demais evidente: que "a inconstitucionalidade **da norma** pode resultar da violação da Lei Fundamental não pelo seu próprio **conteúdo**, mas pelo **processo da sua obtenção**: basta pensar nas hipóteses de inconstitucionalidade orgânica e formal, resultantes da violação, no processo de formação da norma, de preceitos constitucionais de competência e de forma. Também nestas últimas hipóteses, seria possível ao legislador elaborar uma norma de **conteúdo** idêntico, sem violar a Constituição. Mas essa seria uma **outra norma**, e não aquela cuja inconstitucionalidade orgânica ou formal se suscita"[745].

[742] Cfr, ponto 1 da declaração de voto de vencida da Juíza Conselheira MARIA DOS PRAZERES BELEZA.

[743] Cfr, ponto 4 da declaração de voto de vencida da Juíza Conselheira MARIA DOS PRAZERES BELEZA.

[744] *Idem.*

[745] *Ibidem*. É por este motivo que cai por terra o argumento avançado por RUI MEDEIROS para não conhecer de um recurso cujo fundamento de inconstitucionalidade radique na violação do princípio da legalidade: é que, conforme explica MARIA DOS PRAZERES BELEZA, também em situações de eventual inconstitucionalidade orgânica e/ou formal o legislador pode, sem ofender a Constituição, estabelecer solução legislativa idêntica.

XXXV. Rui Medeiros, em escrito posterior àqueloutro onde avançou com o seu juízo, criticou esta última ideia de Maria dos Prazeres Beleza, sustentando que ela assenta na confusão entre "acto-fonte" e "norma", porquanto uma inconstitucionalidade orgânica diz respeito à elaboração da fonte de onde se pode vir a extrair uma norma e não a esta última[746]. Sem prejuízo de esta asserção poder ser verdadeira, certo é que é não é suficiente para se afastar a rejeição do entendimento perfilhado por este Autor. Na verdade, e especificamente quanto a este aspeto, o problema relativo ao fundamento continua: por que razão se admite, num caso, o controlo de uma inconstitucionalidade reportada à formação/criação de uma fonte, e noutro, relativo à criação de uma norma, isso já não pode suceder, quando parece haver identidade de razão entre ambos?

XXXVI. Quando se alega que um diploma padece de uma inconstitucionalidade orgânica porque, por exemplo, deveria ter sido aprovado pela Assembleia da República e não pelo Governo, é evidente que o vício relativo a esse processo de criação da fonte não existiria se fosse aquela a aprová-la. Ora, esta conclusão – que é logica – não determina uma eventual rejeição de um pedido de fiscalização da constitucionalidade por parte do TC. E se isto é assim, por que razão tem de haver conclusão diferente se estivermos a falar de criação de norma pelo juiz? Em ambos os casos estamos perante uma situação em que há um resultado inconstitucional (fonte e norma, respetivamente) por força de um processo de obtenção violador da Constituição – *v.g.*, desrespeito de uma delimitação de competência constitucionalmente definida. Em ambos os casos tal vício deixaria de existir se, hipoteticamente, tivesse sido a autoridade normativa competente a produzir a fonte ou a criar a norma. E se é verdade que em contexto de interpretação normativa nos domínios que temos vindo a referenciar só interessa o resultado, certo é que a comparação destas situações é demonstrativa de que não faz qualquer sentido negar o recurso em função do fundamento invocado, pois que ambos os resultados têm natureza normativa e comungam da mesma idiossincrasia: estarem a ir de encontro a normas constitucionais.

XXXVII. Por fim, merece ainda referência um último argumento desenvolvido por Maria dos Prazeres Beleza para rebater o entendimento subjacente ao Acórdão n.º 383/00 e que, cremos, se assume como determinante

[746] Cfr, *Estudos em Homenagem ao Prof. Doutor Armando M. Marques Guedes*, p. 193.

se se atentar naquilo que até aqui tem sido exposto: o facto de a «violação do princípio da legalidade penal não [supor] necessariamente a exacta qualificação do **procedimento** metódico usado (analogia, interpretação extensiva), mas tão só apurar se a norma obtida "*ultrapassa o sentido possível das palavras da lei penal*" (cf. a declaração de voto do Conselheiro Sousa Brito no acórdão 674/99 e o acórdão nº 205/99, Diário da República, II Série, de 5 de Novembro de 1999)». E isto porque "uma disposição penal pode ser objecto de diferentes interpretações compatíveis com o princípio da legalidade", sendo que "[o] que este princípio proíbe é que o julgador alcance, contra o princípio *nullum crimen sine lege certa*, uma norma cujo conteúdo ultrapassa o sentido possível das palavras da lei"[747].

2.2.5. Duas tentativas de encerrar a questão

XXXVIII. Os anos seguintes continuariam a ser marcados pelo *pingue-pongue* de decisões que ora pendiam para o conhecimento, ora defendiam a rejeição do recurso, dependendo o veredito, essencialmente, da secção do TC responsável pela análise do requerimento de interposição. Para obstar a esta insegurança jurídica e, acima de tudo, a uma desigualdade de tratamento no acesso dos particulares à jurisdição constitucional[748], o TC, em plenário, tentou pôr um fim à controvérsia através da prolação de um entendimento que se desejava definitivo. Interessa-nos, por isso, dois acórdãos: o Acórdão n.º 196/03, de 10 de Abril (2.ª Secção [Plenário]; Recurso; Benjamim Rodrigues)[749] e o Acórdão n.º 183/08, de 12 de Março (Plenário; Sucessivo; Maria Lúcia Amaral)[750].

[747] Cfr, ponto 4 da declaração de voto de vencida da Juíza Conselheira Maria dos Prazeres Beleza.

[748] Sobre este aspeto, J. Reis Novais, *Sistema Português*, pp. 215-218. Para este Autor, *ob. cit.*, p. 215, esta "insegurança, decisionismo e desigualdade" advêm do facto de o sistema português de fiscalização da constitucionalidade recusar "o recurso de amparo e, consequentemente, [assentar] numa distinção capital, para efeitos de acesso dos particulares, ao Tribunal Constitucional, entre norma e decisão, mas para a qual não fornece, nem é possível fornecer, critérios objetivos de distinção (...) [acabando], em grande parte dos casos, por deixar a questão de saber quando é ou não possível recorrer na insuperável incerteza sobre a decisão de admissibilidade que será pontualmente tomada pelos juízes do Tribunal Constitucional".

[749] Disponível em: https://bit.ly/3mtO6yH.

[750] Disponível em: https://bit.ly/3a9Qk0z.

a) O Acórdão n.º 196/03, de 10 de Abril

XXXIX. A primeira decisão reportou-se a uma questão suscitada no domínio fiscal: o recorrente defendia que o tribunal *a quo* – no caso, o Supremo Tribunal Administrativo (STA) – havia adotado uma interpretação no âmbito do Código sobre o Rendimento das Pessoas Singulares (CIRS) que violava o princípio da tipicidade fiscal decorrente do artigo 103.º, n.º 2, da Constituição, ao considerar que *"os juros de títulos de dívida negociados, decorridos antes do vencimento ou reembolso, pagos pelo adquirente ou alienante aquando da transação efetuada, são rendimentos de capitais tributáveis e sujeitos a retenção na fonte no ato de pagamento"*. No entender do recorrente, isto acontecia porque da então alínea a), do n.º 3, do artigo 8º, do CIRS, resultava que *"a obrigação de imposto se constituía no momento do vencimento"*, sendo que, para assim não entender, o STA teve de adotar uma interpretação restritiva dessa alínea, não considerando ali incluídos os juros decorridos e sendo, então, obrigado a criar uma norma não existente na versão originária do CIRS.

XL. O TC, porém, decidiu não tomar conhecimento do recurso, sufragando a doutrina do Acórdão n.º 674/99. Se por força disso mesmo se limitou a transcrever para esta decisão a fundamentação ali adotada, nem por isso deixou de avançar outros argumentos para rebater a tese a favor da sindicabilidade:

a) Por um lado, afirmando que os princípios da legalidade e tipicidade fiscal e penal "são dirigidos essencialmente ao julgador, como limites da sua *actividade* de interpretação e *aplicação* da respectiva lei infraconstitucional" (itálico nosso)[751] – portanto, esgotando-se numa tarefa interpretativa e aplicativa, por isso mesmo excluída de controlo;

b) Por outro lado, e conexionado com o que acabou de ser referido, defendendo que "a tarefa de interpretação de leis infraconstitucionais se apresenta como constituindo uma arte de aplicação da lei infraconstitucional que rege os seus termos e que é levada a cabo pelos tribunais", e que, por isso mesmo, "tem de ser vista enquanto um acto relativo ao julgamento do caso, ainda que ferido ou atingido directamente de inconstitucionalidades e não enquanto uma questão normativa ou uma questão incluída no conceito funcional de norma", sendo

[751] Cfr, ponto 10 do acórdão.

que idêntico entendimento também se pode (e deve) "sustentar relativamente à actividade de integração de lacunas"[752].

XLI. Não podemos concordar com esta argumentação. E a nossa discordância é explicável se se atender àquilo que por nós tem vindo a ser avançado, em especial à circunstância de (novamente) o Tribunal incorrer no erro de reduzir esta problemática a um "ato relativo ao julgamento" quando, como se viu, não é isso que está em causa.

XLII. Ora, no contexto deste acórdão, se nove dos treze Juízes Conselheiros acabaram por sufragar a decisão, nem por isso outros quatro deixaram de votar vencidos: reportamo-nos a Maria Fernanda Palma, Maria dos Prazeres Beleza, Mário Araújo Torres e Paulo Mota Pinto. Sem prejuízo de as duas primeiras Juízas se terem limitado a repetir a argumentação que já tinham expedido no Acórdão n.º 205/99 e na declaração de voto de vencida ao Acórdão n.º 383/00, respetivamente, os outros dois Juízes adicionaram mais argumentos a favor do conhecimento do recurso nestes domínios e que nos parecem ser importantes relevar:

a) Em primeiro lugar, é inequívoco que «a interpretação de uma norma é, no processo metodológico de obtenção da solução do caso (...), uma actividade que incumbe *aos tribunais*», sendo que «[a] intervenção dos órgãos jurisdicionais na determinação da norma que o Tribunal Constitucional aprecia é, pois, iniludível em *todos* os recursos de constitucionalidade, não só no casos em que está em causa essa norma "em si mesma" – *rectius*, na sua interpretação declarativa, ou em todas as suas interpretações possíveis –, mas também, e sobretudo, quando apenas é impugnada uma sua específica dimensão interpretativa»[753];
b) Se é assim, e como não pode deixar de ser, não se vê «como pode qualificar-se diversamente o *objecto a apreciar* pelo Tribunal Constitucional em recurso de constitucionalidade – como "norma" ou como "decisão" (...) – consoante o *parâmetro* constitucional à luz do qual ele é controlado»[754], desde logo porque, conforme já se referiu, o nosso sistema de controlo da constitucionalidade apenas conhece

[752] *Idem*.
[753] Cfr, ponto 2 da declaração de voto de vencido do Juiz Conselheiro Paulo Mota Pinto.
[754] Cfr, ponto 5 da declaração de voto de vencido do Juiz Conselheiro Paulo Mota Pinto.

limitações quanto ao *objeto* – quer dizer, ou estamos perante uma norma sobre a qual se requer pronúncia do TC ou não estamos;

c) Além disso, e em linha com o que já se avançou *supra*, os princípios da legalidade ou da tipicidade penal ou fiscal não são apenas dirigidos ao legislador, mas também aos tribunais – *i.e.*, "as decisões dos tribunais, enquanto criadoras de normas por via interpretativa ou integrativa, estão sujeitas a esses princípios, cuja alegada violação integra manifestamente uma questão de constitucionalidade normativa, que ao Tribunal Constitucional incumbe apreciar"[755];

d) Assim, torna-se claro que, neste caso, a questão assumia essa natureza, pois que "[estava] em causa determinado resultado interpretativo que [era] uma norma, por vezes formulada, aliás, como elevada abstracção", sendo "irrelevante se [ele] foi obtido por interpretação extensiva ou analogia"[756].

XLIII. Enfim, e de novo, o TC, nestas situações, tem apenas uma tarefa: atentar na norma objetivamente considerada e que adveio de um processo interpretativo realizado pelo juiz *a quo*, e confrontá-la com o «o círculo dos "sentidos possíveis" da lei, para apurar se aquela ultrapassa o limite da letra»[757].

b) O Acórdão n.º 183/08, de 12 de Março

XLIV. Embora partindo de uma preocupação que não se pode deixar de considerar meritória – *v.g.*, pacificar o entendimento do Tribunal quanto a esta matéria –, a verdade é que a questão não ficou resolvida – que é o mesmo que dizer: a oscilação de posições entre as secções do TC continuou[758]. Por isso mesmo, o Tribunal tentou novamente pronunciar-se em definitivo sobre esta controvérsia, com o objetivo de lhe por um ponto final. Essa nova pronúncia, como se disse, traduziu-se no Acórdão n.º 183/08.

755 Cfr, ponto 2 da declaração de voto de vencido do Juiz Conselheiro Mário Araújo Torres.

756 Cfr, ponto 5 da declaração de voto do Juiz Conselheiro Paulo Mota Pinto.

757 *Idem*.

758 No mesmo ano, vejam-se, a título de exemplo, os Acórdãos n.ºs 331/03, de 7 de Julho (3.ª Secção; Recurso; Bravo Serra), disponível em: https://bit.ly/3lhlHwk, e que decidiu no sentido do não conhecimento do recurso; e 395/03, de 22 de Julho (2.ª Secção; Recurso; Mário Torres), disponível em: https://bit.ly/2Yy2b67, que seguiu a doutrina perfilhada nos Acórdãos n.ºs 205/99 e 285/99, já citados.

XLV. Aquilo sobre o qual se centrou esta decisão tinha que ver, uma vez mais, com a prescrição em Direito Penal – nomeadamente, saber se a norma extraída das disposições conjugadas do artigo 119º, nº 1, alínea a), do Código Penal e do artigo 336º, nº 1, do Código de Processo Penal, na interpretação segundo a qual "*a prescrição do procedimento criminal se suspende com a declara ção de contumácia*" ia, ou não, de encontro à Constituição. Tratava-se de uma questão que não era de somenos importância, desde logo porque partia de um Assento do Supremo Tribunal de Justiça (STJ) – *v.g.*, o Assento n.º 10/2000, de 19 de outubro –, que havia fixado jurisprudência no sentido de que "*[n]o domínio da vigência do Código Penal de 1982 e do Código de Processo Penal de 1987, a declaração de contumácia constituía causa de suspensão da prescrição do procedimento criminal*"[759].

Perante esta contenda, o TC vai simultaneamente entrar em diálogo com a jurisprudência contrária e afastá-la. Entra em diálogo ao recuperar aquilo que havia referido aquando da prolação do Acórdão n.º 674/99, em especial o facto de não vigorar, entre nós, "um sistema *de recurso de amparo ou de queixa constitucional*"[760], o que, consequentemente, faz com que a nossa jurisdição constitucional não possa conhecer "do mérito constitucional do acto casuístico de subsunção de um pormenorizado conjunto de factos concretos na

[759] Ressalve-se que este Assento foi proferido já após o TC se ter pronunciado pela inconstitucionalidade do artigo 2.º, do Código Civil, "na parte que atribui aos tribunais competência para fixar doutrina com força obrigatória geral", assim dissipando as dúvidas de constitucionalidade que sobre este artigo surgiram após a revisão constitucional de 1982 ter introduzido o então artigo 115.º, n.º 5 [hoje, artigo 112.º, n.º 5], pois que se entendia que, a partir daí, o artigo 2.º do Código Civil, ao conferir a atos de natureza jurisdicional "o poder de, com eficácia externa, interpretar ou integrar actos legislativos", ia de encontro à Constituição – cfr, Acórdão n.º 743/96, de 28 de Maio (Plenário; Sucessivo; Monteiro Diniz), disponível em: https://bit.ly/3DkvS9D. Daí que o Assento em causa fixe jurisprudência num determinado sentido e não doutrina. Sobre os assentos e o seu problema de constitucionalidade, cfr, por todos, A. Castanheira Neves, *O Instituto dos "Assentos" e a Função Jurídica dos Supremos Tribunais*, Coimbra: Coimbra Editora, 2014 (Reimpressão) e "O Problema da Constitucionalidade dos Assentos (comentário ao Acórdão n.º 810/93 do Tribunal Constitucional)", in *Digesta: Escritos acerca do Direito, do Pensamento Jurídico, da sua Metodologia e Outros*, Vol. 3, Coimbra: Coimbra Editora, 2010, pp. 337-377. Cfr, ainda, M. Teixeira de Sousa, *Introdução*, pp. 141-142; ID, "Sobre a constitucionalidade da conversão do valor dos assentos. Apontamentos para uma discussão", in *ROA*, 1996, pp. 707-716; J. de Oliveira Ascensão, *O Direito*, pp. 328 e ss.; M. Nogueira de Brito, *Introdução*, pp. 145-149. Para uma crítica à revogação dos assentos, com extensas referências jurisprudenciais, cfr, A. Menezes Cordeiro, *Tratado de Direito Civil. I – Introdução. Fontes do Direito. Interpretação da Lei. Aplicação das Leis no Tempo. Doutrina Geral*, 4.ª Edição, Coimbra: Edições Almedina, 2019 (reimp.), pp. 639 e ss.

[760] Cfr, ponto 4 do acórdão.

previsão abstracta de uma certa norma legal"[761]. Mas afasta-a ao perfilhar um entendimento que, inspirado na doutrina de Castanheira Neves[762], permite distinguir, pelo menos, três cenários – *rectius*: que "[a]s normas podem *referir-se (i)* a *factos concretos* cujo circunstancialismo envolvente será sempre inabarcável, podem também referir-se *(ii)* a *realidades típicas* não configuradas pelo legislador e podem, ainda, referir-se *(iii)* a *meras categorias normativas* fixadas por lei"[763].

XLVI. Ora, se no primeiro cenário a intervenção do Tribunal não pode ser acionada, porquanto a pergunta aí a fazer é a de se um facto concreto pode ser subsumido à previsão genérica de uma norma, pergunta essa à qual o TC não pode responder, o mesmo já não sucede nos restantes dois cenários, em especial no terceiro – aqui, de acordo com Tribunal, e tendo em conta o caso que se lhe apresentava, "[t]rata-se apenas de saber se – em abstracto – será possível incluir o conteúdo normativo *constante de uma norma* – o artigo 336.º do Código de Processo Penal – no conteúdo normativo *constante de outra norma* – o artigo 119.º, n.º 1, do Código Penal, na versão originária de 1982". E, quando assim é, "os argumentos fundamentais invocados para não conhecer das eventuais violações do princípio da legalidade não valem para este caso em que o possível *referente da norma é uma outra norma geral e abstractamente fixada por lei*"[764]. Face ao exposto, o Tribunal conclui que estava "habilitado a tomar conhecimento da questão da constitucionalidade que aqui se coloca quer o objecto do processo seja entendido como uma *interpretação normativa* do artigo 119.º do Código Penal de 1982, quer seja entendido como *norma extraída* das disposições conjugadas do artigo 119.º, nº 1, do Código Penal e do artigo 336.º, nº 1, do Código de Processo Penal (...)"[765].

XLVII. Já tivemos oportunidade de nos pronunciarmos, em parte, sobre esta decisão, nomeadamente a propósito de outra – o Acórdão n.º 106/92[766]. Importa agora enquadrar essa pronúncia à luz deste novo problema, adicionando alguns elementos que, nesta sede, assumem especial relevância, desde logo por referência à declaração de voto de vencido do Juiz Conselheiro

761 *Idem.*
762 Cfr, A. Castanheira Neves, *O Actual Problema*, pp. 251-268.
763 Cfr, ponto 4 do acórdão.
764 *Idem.*
765 Cfr, ponto 4 do acórdão.
766 Cfr, *supra*, 1.4.3.

BENJAMIM RODRIGUES. É que, no seu entender, "[o]que o acórdão fez foi demandar se o critério normativo que foi determinado [no Acórdão de fixação de jurisprudência, por via interpretativa] encontra no texto da lei ordinária o necessário suporte verbal. E assim sendo, o acórdão não fez outra coisa do que sindicar a correcção do processo intelectual de apuramento do sentido da lei levado a cabo pelo tribunal que fixou o critério normativo em causa"[767]. Terá sido mesmo assim?

XLVIII. É um facto que o Tribunal acaba por concluir, em certa medida, que o que interessa é o resultado interpretativo, analisando-o, posteriormente, à luz das exigências que decorrem do princípio da legalidade e decidindo no sentido da sua inconstitucionalidade. É também verdade que, previamente à sua pronúncia, e em termos abstratos, colocou uma questão: saber se é possível incluir o conteúdo normativo *constante de uma norma* no conteúdo normativo *constante de outra norma*.

Ora, conforme tivemos oportunidade de explicitar a propósito do Acórdão n.º 106/92, esta pergunta é perfeitamente legítima em sede de jurisdição comum: com efeito, e tendo em vista alcançar uma determinada dimensão normativa, o juiz *a quo*, na sua tarefa exclusiva, vai averiguar se aquela inclusão é possível para dar a essa dimensão futura um determinado sentido, sendo que é a norma com esse sentido que será posteriormente controlada pelo TC.

XLIX. Só que há uma diferença entre ambas as decisões: enquanto no Acórdão n.º 106/92 o TC faz essa pergunta com o objetivo de controlar a tarefa interpretativa do juiz comum, construindo a sua decisão *exclusivamente* com base na correção de um juízo prévio subsuntivo, feito por aquele, de um conteúdo de uma norma no conteúdo de outra, e descurando o confronto da norma posteriormente obtida com a Constituição, no Acórdão n.º 103/08, sem prejuízo de essa pergunta ocorrer, ela é feita em termos abstratos para, simplesmente, enquadrar a questão que se colocava ao Supremo, incidindo a decisão do TC *exclusivamente* sobre a dimensão normativa adveniente do Assento n.º 10/2000 no seu confronto com a Lei Fundamental. Assim, ao contrário do que afirma BENJAMIM RODRIGUES, e também ao contrário do que sucedeu com a decisão de 1992, não houve qualquer correção "do juízo de determinação do sentido da lei infraconstitucional, fazendo [o TC]

[767] Cfr, ponto 3 da declaração de voto de vencido do Juiz Conselheiro BENJAMIM RODRIGUES.

prevalecer o seu juízo interpretativo relativo à lei ordinária sobre o do Supremo Tribunal de Justiça"[768].

L. Porém, e reforçando que o caminho adotado pelo TC se centrou no controlo do resultado de uma tarefa interpretativa, a verdade é que o Tribunal responde afirmativamente à pergunta mencionada, alegando poder controlar a subsunção do conteúdo de uma norma no conteúdo de outra norma – *i.e.*, quando "o referente é pois, em primeira linha, o conteúdo geral e abstracto de uma norma legal e não um conjunto de factos concretos ou típicos". Não podemos concordar com este entendimento. Como se explicou a propósito do outro aresto, tal é competência do juiz comum na sua tarefa *prévia* de obtenção de um determinado resultado normativo: adaptando o que aí foi dito ao presente caso, averiguar se o conteúdo (geral e abstrato) de uma norma, designadamente a relativa à prescrição, abrange (ou inclui) a declaração de contumácia é um juízo que o julgador terá necessariamente de fazer e do qual resultará uma resposta. E é o sentido contido nessa resposta, formulado em termos "gerais e abstratos", que o TC terá a incumbência de analisar por referência à Constituição, pois que aquilo que ele recebe é uma solução que, é certo, já foi intermediada por aquela questão, mas à qual foi a jurisdição comum que respondeu.

LI. Portanto, e de novo, só a partir daqui – *i.e.*, só a partir do momento em que a dimensão normativa é revelada pelo juiz após todas as suas operações de subsunção, sejam estas atinentes a factos relevantes ou a conteúdo de outras normas– é que o TC pode intervir. E, de facto, bastava que isso tivesse sucedido no Acórdão n.º 183/08: ou seja, a partir do momento em que o Tribunal identifica a dimensão normativa corretamente individualizada e que reclama a sua análise, bastar-lhe-ia, consequentemente, confrontá-la com as exigências que decorrem do princípio da legalidade penal para efeitos de pronúncia de inconstitucionalidade.

2.2.6. Jurisprudência recente: algumas incoerências

LII. O esforço subjacente ao Acórdão n.º 183/08 parece ter conseguido provocar uma maior estabilização do que aquela pretendida pelo Acórdão

[768] Cfr, ponto 3 da declaração de voto de vencido do Juiz Conselheiro Benjamim Rodrigues.

n.º 196/03. Com efeito, e se atentarmos na jurisprudência mais recente, verificamos que ela tende, na maioria das vezes, para o conhecimento das decisões judiciais que recorrem à interpretação extensiva ou à analogia em domínios sujeitos aos princípios da legalidade e da tipicidade[769]. Não será por acaso que há quem afirme que o acórdão de 2008 marcou uma "viragem" na nossa jurisdição constitucional quanto a esta problemática[770].

LIII. Mesmo assim, e continuando a atentar nas últimas decisões do TC, constata-se que a forma que o Tribunal utiliza para se decidir pelo conhecimento do recurso não é uniforme, o que, por sua vez, tem uma *causa* e uma *consequência*: tal acontece porque nos parece que, sem prejuízo da orientação que aparenta ser hoje dominante, ainda não é possível afirmar que a jurisdição constitucional tenha chegado a uma posição *sedimentada* quanto à admissibilidade dos recursos nestas situações – i.e., quer quanto ao modo de responder afirmativamente à questão prévia sobre essa admissibilidade, quer, por vezes, quanto à própria decisão de admissão; logo, e por força disso mesmo, a insegurança para o recorrente persiste, porquanto a falta de estabilidade apontada gera, inevitavelmente, o risco de o recurso poder ser atendível num caso e não no outro consoante o juiz e, em especial, a Secção, que o decida. Queremos com isto dizer que existem casos em que o TC conhece do recurso (*i*) quando, no entender de outros juízes, não deveria tê-lo feito; (*ii*) adotando um caminho manifestamente contrário à sua natureza; ou (*iii*) apoiando-se num entendimento que nos parece supérfluo e, portanto, escusado. Para o demonstrar, vejam-se os seguintes exemplos.

a) O Acórdão n.º 587/14, de 17 de setembro: novos dados para uma resposta

LIV. Primeiramente, o Acórdão n.º 587/14, de 17 de setembro (1.ª Secção; Recurso; José Cunha Barbosa)[771], em que o TC se viu confrontado com

[769] Veja-se, a título de exemplo, os Acórdãos n.ºs 603/09, de 2 de Dezembro (3.ª Secção; Recurso; Carlos Fernandes Cadilha), 186/13, de 4 de abril (Plenário; Recurso; José Cunha Barbosa), 587/14, de 17 de setembro (1.ª Secção; Recurso; José Cunha Barbosa), e ao qual nos reportaremos de seguida, e 106/17, de 1 de março (1.ª Secção; Recurso; Teles Pereira), todos disponíveis em: https://bit.ly/3JI53iV.

[770] Curiosamente, trata-se de uma afirmação de Maria Lúcia Amaral, relatora da decisão de 2008, numa declaração de voto de vencida ao Acórdão n.º 852/14, de 10 de dezembro (1.ª Secção; Recurso; João Pedro Caupers), disponível em: https://bit.ly/3BlFd0m, e sobre o qual nos pronunciamos *infra*.

[771] Já referido *supra*, nota 769.

a apreciação de uma interpretação dada pelo juiz *a quo* em domínio penal, entendendo o recorrente estar-se perante uma analogia *in malam partem*, constitucionalmente proibida pelo artigo 29.º, n.º 1, da Constituição. O Tribunal tomou conhecimento do recurso, acrescentando novos dados quanto à forma de responder a essa admissibilidade: nomeadamente, defendendo uma «interpretação sistemática do texto constitucional [que] aconselha a que [a proibição de aplicação analógica de normas incriminadoras] se converta num "pedaço" de normatividade integrante do *objeto de controlo*. Daqui não resulta que o Tribunal Constitucional haja de escrutinar qualquer processo hermenêutico que, em matéria penal ou processual penal, venha a ser adotado a nível infraconstitucional. O *iter* metodológico seguido pelo tribunal recorrido no apuramento do sentido normativo da norma permanece insindicável, não cabendo ao Tribunal Constitucional repassá-lo, mas apenas verificar se foram ultrapassados os limites constitucionais a que esse *iter* está sujeito em matéria penal, concretamente, a proibição da analogia *in malam partem*»[772].

LV. Sem prejuízo de concordarmos com uma parte desta asserção, nomeadamente a referente à circunstância de o TC não poder "repassar" – ou *rever* – as interpretações feitas pela jurisdição comum, deixando por isso intocado o "iter metodológico", certo é que a proibição de analogia em matéria penal já tem natureza normativa, precisamente por decorrer das exigências subjacentes ao artigo 29.º da Constituição. Só que, conforme referido, deste enunciado normativo decorre mais do que isso – decorre a proibição de, em qualquer circunstância, o juiz comum criar normas em domínio penal. E se é assim, essa interpretação sistemática é desnecessária, porquanto a partir do momento em que o TC, atentando na norma objeto de controlo, verifica que ela não tem qualquer suporte no sentido possível do texto de onde foi extraída, a conclusão inevitável é a de que essa norma vai de encontro à exigência que obriga a que as interpretações normativas adotadas tenham respaldo na letra da lei que define os pressupostos da responsabilidade penal do indivíduo. E isto independentemente da qualificação da tarefa interpretativa, designadamente analogia ou interpretação extensiva – enfim, independentemente de saber se aquilo que "concretamente" foi adotado pelo julgador se consubstanciou numa "proibição da analogia *in malam partem*".

[772] Cfr, ponto 7 do acórdão.

LVI. De seguida, torna-se útil comparar os Acórdãos n.ºs 852/14, de 10 de dezembro (1.ª Secção; Recurso; João Pedro Caupers)[773], e 90/19, de 6 de fevereiro (1.ª Secção; Recurso; Claudio Monteiro)[774], já que ambos são demonstrativos das duas primeiras situações a que nos reportamos *supra*. Comecemos pela primeira decisão.

b) O Acórdão n.º 852/14, de 10 de dezembro: uma *errada* abordagem

LVII. No recurso subjacente ao Acórdão n.º 852/14, que havia sido interposto de uma decisão negativa de inconstitucionalidade, o que se questionava era – cite-se – a «suposta inconstitucionalidade da norma do artigo 132.º, n.º 1, do CP, relacionada com as várias alíneas do n.º 2 do mesmo preceito, quando interpretada "no sentido de nela (artigo 132.º, n.º 1, do CP) se poder ancorar a construção da figura do homicídio qualificado, por apelo direto à cláusula de especial censurabilidade ou perversidade, quando se não tenha verificado nenhuma das circunstâncias previstas no n.º 2 do mesmo preceito"»[775]. Se se atentar, o que se pretendia saber, uma vez mais, era que sentido dar à expressão legal "censurabilidade ou perversidade", não em termos valorativos, mas, antes, se nessa nela se podiam incluir outras circunstâncias que não aquelas expressamente previstas no n.º 2, do artigo 132.º, do Código Penal. Portanto, partindo daí, e em termos de *suscetibilidade de generalização*, a dimensão normativa questionada era a seguinte: "*quem matar outrem através de uma conduta equivalente a uma circunstância reveladora de especial censurabilidade ou perversidade é punido enquanto agente de um crime de homicídio qualificado*".

LVIII. De facto, e vislumbrando a decisão do Supremo Tribunal de Justiça, verifica-se que foi isso que sucedeu, porquanto esta instância, para efeitos de condenação, concluiu previamente que "a gravidade do facto cometido pelo arguido *equivale* à gravidade dos casos mencionados nos exemplos-típicos das alíneas *a), b), e)* e *j)* do n.º 2 do art. 132.º do CP"[776] (itálico e sublinhado nossos). Assim, esperava-se que fosse a partir dessa norma individualizada[777] que o TC construísse a sua decisão, confrontando-a com as exigências já expostas que

[773] Já referido *supra*, nota 769.

[774] Disponível em: https://bit.ly/3oIIyYkG.

[775] Cfr, ponto 15 do acórdão.

[776] Cfr, ponto 26 do acórdão.

[777] Que, ressalve-se, e tal como já mencionado, foi individualizada de outra forma pelo recorrente, sem prejuízo de haver coincidência na dimensão normativa questionada.

decorrem do artigo 29.º, n.º 1, da Constituição, em particular aquela que não deixa espaço para interpretações que contrariem o *elemento literal do tipo*, especialmente quando realizadas em sentido desfavorável ao arguido[778]. Necessário se tornava, por isso, que se averiguasse, à luz do princípio da legalidade penal, se o *sentido possível* subjacente a uma circunstância reveladora de "especial censurabilidade ou perversidade", prevista no n.º 1 do citado artigo 132.º, podia compaginar-se com uma "conduta equivalente" àquelas do seu n.º 2[779].

LIX. Ora, observando o Acórdão em questão, conclui-se que tal não só não aconteceu, como, inversamente, se procedeu a uma autêntica revisão da interpretação do tribunal recorrido, funcionando o TC, aí, como quarta instância de recurso. E isto porque em vez de ter ocorrido uma confrontação da norma com a Constituição, o que houve foi um juízo sobre a valoração das circunstâncias do caso concreto por referência ao enunciado normativo do Código Penal. Ao invés de partir da norma por referência à Lei Fundamental, o TC afirma, em primeiro lugar, que a "leitura (...) do acórdão sugere que, no processo lógico de decisão, o tribunal terá *identificado nas circunstâncias concretas do caso* uma estrutura valorativa equivalente àquela que seria possível extrair do conjunto dos exemplos-padrão inscritos naquelas alíneas do n.º 2 do artigo 132.º do CP"[780] (itálico nosso), para seguidamente acrescentar que essa mesma identificação decorreu da apreciação feita pelo julgador ao enunciado normativo, embora para o Tribunal «não exist[a] uma estrutura valorativa comum às condutas enumeradas nas alíneas a) e b) do n.º 2 do artigo 132.º, pelo menos no sentido de poder ser conjuntamente extraído destas alíneas um "denominador comum"»[781], sendo que "[o] mesmo se passa com as alíneas e) e j), atentas as diversas realidades presentes"[782].

[778] Isto porque, tendo em conta o fundamento, função e sentido do princípio da legalidade, este apenas proíbe operações interpretativas que sirvam para fundamentar ou agravar a responsabilidade do agente (*in malem partem*) e não o contrário (*favore reum* ou *in bonam partem*) – cfr, *supra*, §2, 2.1., I, I, da presente Secção, e referências bibliográficas aí citadas.

[779] Ainda para mais quando o próprio enunciado normativo deste n.º 2 refere que "[é] susceptível de revelar a especial censurabilidade ou perversidade a que se refere o número anterior, *entre outras*, a circunstância de o agente (...)" (itálico e sublinhado nossos).

[780] Cfr, ponto 26 do acórdão.

[781] *Idem*.

[782] Cfr, ponto 28 do acórdão.

Assim, e para o TC:

(*a*) Ao entender que do enunciado normativo em apreço, na sua relação com o caso concreto, poderia ser extraído um denominador comum de um juízo de especial censurabilidade ou perversidade, o Supremo havia interpretado o direito ordinário de forma equivocada e imprecisa;

(*b*) Consequentemente, ao ter valorado as circunstâncias do caso concreto a partir dessa interpretação – *i.e*, identificando uma estrutura valorativa aí presente que pudesse ficar alinhada com aquele denominador – aplicou erradamente esse mesmo direito ordinário – portanto, errou no seu juízo subsuntivo;

(*c*) Logo, e nas palavras do Tribunal, «a *interpretação / aplicação de um direito* assim tornado equívoco e impreciso não satisfaz a exigência de "normas prévias, escritas **e precisas**", própria do direito penal (...), **ofendendo, desta forma, os princípios da legalidade e da tipicidade penais, havendo de se considerar desconforme ao artigo 29.º, n.º 1, da CRP**»[783] (itálico e sublinhado nossos).

LX. É de manifesta clarividência que esta decisão é demonstrativa daquilo que não pode ocorrer. Em linha com o que se tem escrito até aqui, verifica-se que a única censura que advém do Acórdão n.º 852/14 é o facto de o Supremo Tribunal de Justiça ter (*i*) interpretado erradamente um enunciado normativo constante do Código Penal e (*ii*) ter aplicado essa errada interpretação na decisão recorrida. Aqui, sim, estamos perante um juízo incidente sobre um ato de julgamento e não sobre uma dimensão normativa. Como previamente se disse, a norma em crise poderia ser identificada e o TC tinha (e tem) consciência das exigências decorrentes do princípio da legalidade e, em especial, da tipicidade em domínio penal. Esperava-se, por isso, que aquilo que fosse sindicado fosse o resultado interpretativo, no sentido de saber se constituía, ou não, norma nova incriminadora em Direito Penal criada jurisprudencialmente e, portanto, inconstitucional. E para isso bastava que o Tribunal a confrontasse com a "barreira intransponível" do texto do respetivo enunciado normativo.

LXI. Da fundamentação do Tribunal – em especial, das referências doutrinárias aí mencionadas – perpassa, aliás, que havia fundadas razões que apontavam no sentido da eventual inconstitucionalidade da norma. Porém,

[783] Cfr, ponto 28 do acórdão.

e totalmente ao arrepio da sua natureza, não foi isso que sucedeu, pois que o TC: (*i*) por um lado, limita-se a discordar da eventual existência de um "denominador comum" entre as alíneas do n.º 2, do artigo 132.º, chamadas à colação pelo Supremo, sem se pronunciar sobre a norma decorrente dessa mesma interpretação: portanto, discorda da *tarefa interpretativa prévia* que a jurisdição comum empreendeu, partindo do caso concreto – *i.e.*, alegadamente entendendo que o enunciado normativo pode ser interpretado no sentido de comportar um "denominador comum" às várias condutas aí previstas –, para chegar à dimensão normativa *supra* identificada, não se pronunciando sobre se essa dimensão encontra respaldo no sentido possível do texto de onde foi extraída; (*ii*) por outro lado, e a partir daí, censura o *ato de julgamento* baseado na interpretação da qual discorda, afirmando que esta (e a respetiva aplicação daí decorrente), por serem "imprecisas", vão de encontro ao princípio da legalidade.

LXII. Mas será que ao ter adotado a dimensão normativa individualizada o Supremo criou uma nova norma? Essa norma ainda encontrava suporte no enunciado normativo de onde foi extraída, podendo-se assim concluir que as exigências subjacentes ao artigo 29.º da Constituição estavam a ser respeitadas? Ficamos sem resposta. É verdade que o veredito acabou por ficar em linha com o entendimento subjacente às referências doutrinárias expostas que, como se afirmou, apontavam no sentido da inconstitucionalidade. Só que esta pronúncia de inconstitucionalidade foi atingida por um desacertado caminho, porquanto, para o Tribunal, a violação do princípio da legalidade ocorre não pela contrariedade do conteúdo de uma norma com a Constituição, que legitimaria a sua intervenção, mas, antes, por força da "imprecisão" e "equívoco" de duas tarefas típicas e exclusivas do juiz comum sobre as quais aquele não se pode debruçar: (*i*) como interpretar direito ordinário e (*ii*) como aplicá-lo ao caso concreto, assim decidindo o litígio[784].

[784] Em sentido próximo, cfr a esclarecedora e impressiva declaração de voto de vencida da Juíza Conselheira MARIA LÚCIA AMARAL ao aresto em questão. Saliente-se, contudo, que LÚCIA AMARAL entende que "o Acórdão não demonstra que tenha sido seguido no caso um processo interpretativo que a Constituição absolutamente proíbe. A demonstração era no entanto necessária". Clarifique-se, contudo, que o controlo do Tribunal nestes casos não exige que se demonstre *que tipo* de operação interpretativa é que está em causa, mas, apenas, se o resultado normativo encontra suporte formal no sentido possível do texto do enunciado normativo de onde decorreu, para efeitos de averiguação de cumprimento da exigência de lei escrita, estrita e certa.

c) O Acórdão n.º 90/19, de 6 de fevereiro: uma *correta* abordagem

LXIII. Por seu turno, no Acórdão n.º 90/19 estava novamente em causa uma questão relativa à prescrição – *rectius*: aferir se era inconstitucional[785] o entendimento segundo qual a contagem do prazo de prescrição do crime de corrupção ativa se inicia apenas com a efetiva entrega da vantagem e não com a promessa de entrega dessa vantagem. Partindo daqui, havia, portanto, uma dimensão normativa perfeitamente delineada: "*o prazo de prescrição do crime de corrupção ativa corre desde o dia em que tenha havido entrega de vantagem*"

LXIV. O Tribunal acaba por concluir pela inconstitucionalidade desta dimensão normativa, entendendo que ela vai de encontro ao princípio da legalidade penal. Só que esta decisão não mereceu a concordância de Fátima Mata-Mouros, sendo relevante elencar os principais argumentos que esta Juíza Conselheira utiliza para justificar o seu dissenso[786]:

a) Em primeiro lugar, afirma que a decisão representa "uma inflexão do entendimento de há muito pacífico na nossa jurisprudência, segundo o qual não cabe ao Tribunal Constitucional sindicar a correção de eventuais interpretações, tidas por erróneas, efetuadas pelos tribunais comuns, com fundamento em violação do princípio da legalidade"[787];
b) Isto porque, segundo Mata-Mouros, se é verdade que o TC concluiu que se estava perante «"lei nova" jurisprudencialmente criada e nessa medida violadora do princípio da legalidade», tal «só foi possível (...) depois de ter fixado qual o sentido "correto" dos conceitos usados nos preceitos legais do Código Penal convocados para dirimir a questão de direito que era colocada ao tribunal recorrido»[788];
c) Logo, e ao ser assim, esta decisão não só «inflete entendimento de há muito pacífico na jurisprudência do Tribunal, segundo o qual "o que sempre se terá por excluído é que o Tribunal Constitucional possa sindicar eventuais interpretações tidas por erróneas, efetuadas pelos

[785] À luz dos artigos 119.º, n.º 1 e 374.º, n.º 1, ambos do Código Penal, na versão posterior à entrada em vigor do Decreto-Lei n.º 48/95, de 15 de março.
[786] Argumentos esses que coincidem com aqueles avançados por J. Reis Novais, *Sistema Português*, pp. 221 e ss.
[787] Cfr, declaração de voto de vencida da Juíza Conselheira Fátima Mata-Mouros.
[788] *Idem*.

tribunais comuns, com fundamento em violação do princípio da legalidade"», como, simultaneamente, desvirtua a sua «função no quadro da repartição de competências entre tribunais, designadamente entre o Tribunal Constitucional e as demais ordens jurisdicionais, transformando-se numa "quarta instância", que não se enquadra nas competências próprias que a Constituição lhe reserva. Não cabe ao Tribunal Constitucional definir qual a interpretação do direito ordinário que deve ser seguida pelas ordens jurisdicionais competentes»[789].

LXV. Como é bom de se notar, são argumentos ponderosos cuja relevância não pode ser negada, em particular se os confrontarmos com as funções do TC onde, como já se sabe, não se inclui o controlo e revisão de decisões da jurisdição comum. No entanto, e vislumbrando o acórdão, não podemos concordar com Fátima Mata-Mouros.

LXVI. Ao contrário do anterior aresto, no Acórdão n.º 90/19 não só a dimensão normativa é corretamente identificada, como o respetivo controlo de constitucionalidade é feito em termos adequados. Assim, começando por declarar que se encontra "definitivamente afastado o juízo de que as interpretações normativas extraídas de enunciados normativos de índole penal não são sindicáveis por esta jurisdição ao abrigo do princípio constitucional da legalidade criminal"[790], o TC releva que o que importa apurar é "se a interpretação adotada pelo tribunal *a quo* encontra o devido respaldo nos enunciados normativos em causa – em especial, no enunciado normativo tipológico constante no n.º 1 do artigo 374.º do CP – apresentando-se, nessa medida, conforme ao princípio da legalidade criminal. Ou se, pelo contrário, a interpretação perfilhada pelo tribunal recorrido no contexto da determinação do início da contagem do prazo prescricional dos procedimentos criminais relativos à prática de um crime de corrupção activa extravasa a letra da lei penal"[791]. Ora, contextualizando a regulação do crime de corrupção ativa no Código Penal, e servindo-se de referências doutrinárias sobre a questão, o TC, como afirmado, decide que a norma assim extraída pelo juiz comum – e não a "interpretação" –, "não beneficia de respaldo na letra da lei do artigo 374.º, n.º 1, do Código Penal"[792], sendo, por isso, inconstitucional por violação do princípio da legalidade.

[789] *Ibidem.*

[790] Cfr, ponto 37 do acórdão.

[791] Cfr, ponto 40 do acórdão.

[792] Cfr, ponto 46 do acórdão.

LXVII. Se se comparar esta decisão com a anterior, constata-se que as diferenças são manifestas. Aqui, e por oposição, o TC não se pronuncia sobre o comportamento da jurisdição comum: quer quando esta interpreta um enunciado normativo de determinada maneira, quer sobre o seu juízo incidente sobre o caso concreto, quer, muito menos, sobre a sua decisão judicativa. O que o Ttibunal faz é, simplesmente, identificar a dimensão normativa e confrontá-la com a barreira intransponível do texto do enunciado normativo, no sentido de averiguar se a exigência de lei *prévia, estrita* e *certa*, decorrente do artigo 29.º da Constituição, está a ser cumprida.

LXVIII. É claro que, nestes casos (e neste caso em especial), a partir do momento em que o Tribunal decide pela inconstitucionalidade da norma há uma censura indireta ao processo interpretativo do juiz comum, pois que se conclui, ao contrário daquilo que este entendeu, que a norma aplicada não cabe no sentido possível do enunciado de onde foi extraída, pelo que necessariamente a sua interpretação não foi a correta. Porém, não se pode esquecer o que aqui é essencial: que o controlo operado pelo TC foi estritamente normativo, porquanto incidente, única e exclusivamente, na norma enunciada, desligado do seu processo de obtenção[793]. Há, por isso, um controlo exclusivo da norma e censura por aí, ao invés de um controlo da tarefa interpretativa e censura por esse motivo e pelo concreto ato de julgamento. Não será por acaso que o Tribunal não se substitui ao juiz comum na sua tarefa de interpretar o preceito penal, estabelecendo qual a interpretação correta desse enunciado normativo, mas, pelo contrário, declara que uma norma daí extraída – que não necessariamente a única – colide com a Constituição.

LXIX. Daí que o outro argumento de Fátima Mata-Mouros, sobre a eventualidade de o TC ter fixado previamente "qual o sentido correto dos conceitos usados nos preceitos legais do Código Penal" também não proceda. É que uma coisa é o Tribunal adotar uma interpretação que considera ser a melhor por entender que a do juiz comum é "errónea"; outra, bem diferente, é simplesmente averiguar se a norma obtida por uma interpretação (*i.e.*, por uma tarefa interpretativa) que o TC não questiona – nem pode questionar – está comportada na dimensão semântica do enunciado normativo; e, se não estiver, não se tratará de uma "errada" interpretação, mas, sim, de uma interpretação inconstitucional, por se consubstanciar numa criação, por via

[793] Retornaremos a este aspeto mais adiante na nossa investigação.

jurisprudencial, de uma norma penal incriminadora. É por isso mesmo que o TC é uma instância de controlo da constitucionalidade de interpretações normativas e não de revisão de interpretações.

LXX. Atentando-se na declaração de voto desta Juíza Conselheira, verifica-se que o que estava em causa era, essencialmente, uma discordância que incidia sobre a decisão de inconstitucionalidade adotada pelo TC, porquanto para Fátima Mata-Mouros era seguro que existia uma correspondência da dimensão normativa com o sentido possível da letra dos preceitos. Trata-se de um dissenso perfeitamente normal e natural num Tribunal Constitucional onde os respetivos juízes não estão obrigados a estar de acordo no entendimento a dar uma questão normativa controvertida. Mas de uma divergência quanto ao sentido de uma decisão adotada pela maioria do Tribunal não se pode necessariamente concluir que este está a desvirtuar as suas funções.

Justificava-se, assim, que este voto de vencido tivesse sido aposto ao Acórdão n.º 852/14, pois que aí é que os motivos avançados tinham pleno sentido, na medida em que, como se viu, assistiu-se a uma subversão das funções cometidas ao Tribunal Constitucional.

d) O Acórdão n.º 182/20, de 11 de março: uma *supérflua* abordagem

LXXI. Por fim, é ainda importante atentar no Acórdão n.º 182/20, de 11 de março (3.ª Secção; Recurso; Joana Fernandes Costa)[794] que, pela primeira vez, tenta abordar a questão que nos tem vindo a ocupar sob um prisma diverso. Essa nova abordagem, diga-se, é certamente inspirada em determinada doutrina onde se sustenta que, no que ao controlo de interpretações normativas pretensamente violadoras do princípio da legalidade penal diz respeito, na "base do problema" está "a leitura dos preceitos sobre interpretação" – *rectius*: a eventual "inconstitucionalidade das normas sobre interpretação, quando interpretadas no sentido de permitir uma interpretação violadora do princípio da legalidade". Para esta sensibilidade, "serão essas as normas nas quais o juiz se vai fundar, expressa ou implicitamente, para proceder à atividade criativa violadora do princípio da legalidade imposto pela Constituição (por hipótese, num caso em que se analise o princípio da legalidade penal, estará em crise a constitucionalidade da interpretação dos

[794] Disponível em: https://bit.ly/3mC7V6R.

n.ºs 1 e 3 do artigo 1.º do Código Penal conjugados com os artigos 9.º ou 10.º do Código Civil)"[795].

LXXII. Ora, vislumbrado o Acórdão n.º 182/20, verifica-se que era isso que ocorria: resumidamente, em causa estava o artigo 90.º, n.º 2, do Código do Imposto sobre o Rendimento de Pessoas Coletivas (doravante, CIRC), relativo a deduções à coleta. O juiz *a quo* entendeu que para efeitos de apuramento do *quantum* do imposto devido em resultado da aplicação das taxas de tributação autónoma, a que se referia o artigo 88.º do mesmo Código, o preceito podia ser objeto de uma interpretação corretiva. E, para sustentar este entendimento – portanto, para justificar o facto de o artigo 90.º, n.º 2, do CIRC, poder ser objeto dessa interpretação – serviu-se do artigo 9.º, n.ºs 1 e 2, do Código Civil, invocando-os expressamente na sua decisão. Face ao exposto, o TC concluiu que «a questão que se [colocava] no (...) recurso [incidia] diretamente sobre a conformidade dos critérios normativos extraídos dos n.os 1 e 2 do artigo 9.º do Código Civil, expressamente adotados pelo Tribunal recorrido para suportar o sentido interpretativo imputado ao n.º 2 do artigo 90.º do Código do IRC, com o n.º 2 do artigo 103.º da Constituição. Ou seja — repete-se —, em causa está, *não* a interpretação normativa alcançada em resultado do processo hermenêutico seguido, mas sim a potencial *"inconstitucionalidade das normas sobre interpretação, quando interpretadas no sentido de permitir uma interpretação violadora do princípio da legalidade"*». Logo, é "a compatibilidade desse critério normativo extraído dos n.os 1 e 2 do artigo 9.º do Código Civil e *não* do 90.º, n.º 2, do CIRC com o princípio da legalidade fiscal consagrado no artigo 103.º, n.º 2, da Constituição, que constitui a questão central a decidir no presente recurso"[796].

LXXIII. A pergunta de partida era, portanto, a seguinte: *podem os n.ºs 1 e 2, do artigo 9.º, do Código Civil, ser interpretados no sentido de aí ser extraída uma norma que autorize uma interpretação corretiva de um enunciado normativo em domínio fiscal?* Para responder, o TC vai empreender uma análise a três níveis: (*i*) perceber o sentido e o alcance das disposições relevantes do Código Civil;

[795] Reportamo-nos a M. Serrasqueiro, *e-Pública: Revista Eletrónica de Direito Público*, Vol. 2, N.º 2, p. 218, já referido. Diga-se, contudo, que este escrito de Mafalda Serrasqueiro parece inspirar-se grandemente na solução propugnada por C. Blanco de Morais, *Justiça*, II, pp. 1040-1041, no que ao controlo de interpretações normativas em domínios sujeitos ao princípio da legalidade diz respeito. Esta circunstância será mais bem apreendida quando virmos, *infra*, o entendimento deste autor.

[796] Cfr, ponto 8 do acórdão.

(*ii*) deslindar, com isso, o que se deve entender por interpretação corretiva; e (*iii*), por fim, saber se esse tipo de interpretação pode ocorrer no domínio fiscal, atento o disposto no artigo 103.º, n.º 2, da Constituição e, em especial, a eventual diferença que nesta sede deve existir entre analogia e interpretação extensiva[797].

LXXIV. Conjugando estas três dimensões, a conclusão do Tribunal é clara: "[s]e a *interpretação corretiva* da lei não implicar — como não implica de modo necessário — a *criação* de um critério normativo de resolução do conflito verdadeiramente *inovador*, sem o mínimo de adesão, ainda que imperfeita ou incompleta, ao texto interpretando, não se vê como possa ser afrontada" não só a exigência decorrente do princípio da legalidade fiscal, mas, também, o "*princípio da separação de poderes* (artigo 111.º, n.º 1, da Constituição), sobretudo se se tiver em conta que, no domínio em que nos situamos, tal princípio é concretizado tanto através da *subordinação exclusiva dos tribunais à lei* (artigo 203.º), como da *reserva da função jurisdicional* (artigo 202.º, n.os 1 e 2)"[798].

LXXV. Cremos, porém, que esta pretensa nova abordagem é desnecessária, porque supérflua. E, para o demonstrar, partamos de um caso concreto em tudo semelhante àqueles que têm vindo a ser analisados.

LXXVI. Imagine-se, assim, que o juiz comum pretende fazer uma interpretação a um enunciado normativo de natureza penal ou fiscal; essa interpretação, no entanto, mais não é do que uma analogia, embora o juiz a apelide de "interpretação corretiva"; como resultado, "extrai" uma norma e aplica-a na sua decisão – portanto, cria, ao arrepio da Lei Fundamental, uma norma em domínios sujeitos ao princípio da legalidade e da tipicidade. O particular recorre para o TC, alegando que aquilo que o juiz fez, e ao qual chamou de "interpretação corretiva", é, na realidade, uma analogia, dela decorrendo uma norma que, por ser inovadora, afronta o artigo 29.º (ou 103.º) da Constituição. Como se tem vindo a defender, e partindo do pressuposto que a dimensão normativa foi corretamente enunciada pelo recorrente, ao Tribunal bastará nela atentar e confrontá-la com o arco semântico do enunciado normativo de onde foi extraída para saber se ainda se está perante uma norma que possa ser assacada ao sentido possível de uma lei *prévia, estrita* e *certa*. Assim, qual

[797] Para um vislumbre desta análise, vejam-se, em especial, os pontos 12 e ss. do acórdão.
[798] Cfr, ponto 14 do acórdão.

a utilidade de saber se o juiz a quo interpretou disposições do Código Civil no sentido de lhe permitir realizar uma interpretação violadora do princípio da legalidade?

LXVII. A resposta a esta questão é ainda mais desnecessária quando se constata, *a priori*, que ela já decorre da própria Lei Fundamental. De facto, e atentando nos artigos 29.º e 103.º já referidos, é evidente que o juiz não pode interpretar o artigo 9.º, n.ºs 1 e 2, do Código Civil no sentido anteriormente exposto: *i.e.*, se o princípio da legalidade, com acolhimento constitucional, reclama (não só, mas também) que um particular só pode ser punido ou tributado por força de lei anterior[799], qualquer interpretação que se faça a preceitos infraconstitucionais e que desemboque num sentido inverso àquela exigência constitucional, com o objetivo de habilitar uma futura operação interpretativa a ela oposta, é evidentemente violadora da Constituição.

LXVIII. Acresce que uma abordagem neste sentido pode provocar mais ambiguidades no que ao recurso e respetivo controlo de constitucionalidade diz respeito, levando a que inconstitucionalidades reportadas ao conteúdo da norma extraída dos preceitos fiscais ou penais fiquem por declarar. Se se verificar a fundamentação do Tribunal, nota-se que aí é feita uma diferença entre "pressuposto hermenêutico" e "solução normativa final"[800], diferença essa que é perfeitamente natural tendo em conta aquilo que se tem vindo a expor: a circunstância de o julgador, para revelar uma norma que irá aplicar na sua decisão (*solução normativa final*) ter previamente de realizar uma interpretação a um enunciado normativo (*pressuposto hermenêutico*). Transportando este raciocínio para o aresto, o primeiro pressuposto hermenêutico, nesse caso, seria a interpretação dada ao artigo 9.º, n.ºs 1 e 2, do Código Civil, daí advindo uma norma que permitisse ao julgador realizar uma interpretação corretiva em domínios de estrita tipicidade legal.

Podemos, desta forma, individualizar dois momentos:

(*i*) Aquele em que o julgador interpreta um enunciado normativo sobre interpretação (**pressuposto hermenêutico$_1$**), dele retirando uma norma sobre interpretação (**solução normativa$_1$**) – no caso, a que o habilita a uma interpretação corretiva no domínio fiscal ou penal;

[799] Cfr, *supra*, §2, 2.1., I, I, da presente Secção, e referências bibliográficas aí citadas.
[800] Cfr, ponto 8 do acórdão.

(*ii*) Aquele em que o mesmo julgador, tendo em conta um enunciado normativo penal ou fiscal e a norma sobre interpretação extraída, interpreta esse enunciado corretivamente (**pressuposto hermenêutico$_2$**) e dele extrai uma norma que aplicará na sua decisão (**solução normativa$_2$**).

LXXIX. Como é bom de ver, a análise do Tribunal pretende centrar-se exclusivamente no primeiro momento – nas suas palavras, «o que é pedido a este Tribunal não é que confronte a interpretação normativa do n.º 2 do artigo 90.º do CIRC (...) de modo a apurar se foram *criadas novas normas* em domínio reservado ao legislador, mas *apenas* que verifique se (...) foi adotado pelo Tribunal recorrido "*um instrumento hermenêutico vedado pela Constituição*"»[801]. Só que assim construído parece que o que se quer analisar (e porventura censurar) é se o juiz comum andou ou não bem ao decidir realizar uma interpretação corretiva – portanto, ao adotar um determinado instrumento hermenêutico –, quando, por oposição, e conforme se tem vindo insistentemente a referir, a fiscalização da constitucionalidade só deve incidir sobre o resultado e não sobre o modo de aí chegar.

LXXX. Há, por fim, que dar nota de outro aspeto que não pode deixar de causar estranheza. É verdade que o TC chega a uma conclusão que, por ser evidente, não surpreende: tendo em conta as exigências advenientes quer das normas do sistema que regulam a atividade interpretativa, quer do princípio da legalidade fiscal, dos preceitos sobre interpretação constantes do Código Civil apenas é possível retirar uma norma que permita interpretar (corretivamente) enunciados normativos penais ou fiscais, independentemente da qualificação desse processo hermenêutico, se o resultado normativo que daí advier ainda encontrar respaldo no sentido possível da letra da lei. E parece que para o Tribunal foi isto que sucedeu, já que não há "qualquer evidência que leve a infirmar que a interpretação que o Tribunal arbitral designa como *corretiva* encontra na lei um mínimo de correspondência verbal e obedece às *regras gerais de interpretação jurídica*"[802].

LXXXI. Assim, parece que a missão do Tribunal estava concluída, pois que à primeira (e, à partida, única) pergunta mencionada *supra*, relativa a saber

[801] *Idem*.

[802] Cfr, ponto 15 do acórdão.

se dos n.ºs 1 e 2, do artigo 9.º, do Código Civil, pode ser retirada uma norma que autorize uma interpretação corretiva de um enunciado normativo em domínio fiscal, o TC dá uma resposta: *pode, desde que essa norma de interpretação assim extraída habilite uma interpretação corretiva que ainda encontre nos preceitos sobre os quais vai incidir um mínimo de correspondência verbal.* Só que mesmo assim, e num segundo momento, verifica-se que o TC, ao atentar na segunda parte da asserção feita pelo recorrente – *i.e,* se o enunciado normativo fiscal pode ser objeto de uma interpretação corretiva "*para efeitos de apuramento do quantum do imposto devido, na parte que resulta da aplicação das taxas de tributação autónoma previstas no artigo 88.º do mesmo Código*"[803] –, chama-a para a sua pronúncia e ainda acaba por verificar, *a latere,* se o resultado dessa interpretação corretiva operada sobre o preceito fiscal (**solução normativa$_2$**) está de acordo com a norma sobre interpretação que adveio do primeiro momento, com o sentido atrás explicitado (**solução normativa$_1$**). Daí que ao que inicialmente parece uma prolação sobre uma norma extraída de um enunciado normativo sobre interpretação, se *sobreponha* outra respeitante, direta ou indiretamente, ao resultado normativo extraído de um preceito fiscal através de uma interpretação corretiva[804].

Face a tudo o que se expôs, resta-nos, por isso, concluir o seguinte:

i) Saber se os n.ºs 1 e 2, do artigo 9.º, do Código Civil, podem ser especificamente interpretados no sentido de daí poder ser extraída uma norma que habilite uma interpretação corretiva de um enunciado

[803] Cfr, ponto 3 do acórdão.

[804] De facto, por um lado, afirma o TC, "*da perspetiva do Tribunal a quo*, o resultado alcançado não só constitui inequivocamente uma interpretação [corretiva] *secundum legem*, plenamente obediente à sua *ratio*, como é até o sentido que mais naturalmente decorreria do respetivo teor verbal" (itálico e sublinhado iniciais nossos) – cfr, ponto 15 do acórdão. Por outro lado, o próprio TC chega ao mesmo veredito ao afirmar que (i) "[n]ão [está] em causa [da sua perspetiva] a atribuição ao preceito interpretando de um sentido que se afirme substancialmente *praeter* ou *contra legem*"; (ii) que esse sentido "não contrasta, aliás, com os resultados interpretativos alcançados por uma parte significativa da jurisprudência"; (iii) pelo que, "[p]ara além de não se mostrar incompatível com o princípio da legalidade fiscal, a *norma sindicada* não é censurável, em suma, à luz de qualquer outro dos demais parâmetros invocados pela recorrente, tanto mais quanto certo é que tudo quanto se afirmou nos pontos precedentes serve para afastar, por identidade de razão, a existência da alegada violação da reserva relativa de competência da Assembleia da República, constante da alínea *i*) do n.º 1 do artigo 165.º da Constituição, e o n.º 5 do seu artigo 112.º, na medida em que dispõe sobre os limites materiais do *poder legislativo* e não do *poder jurisdicional*" (*idem*) – cfr, pontos 13 e 15 do acórdão. Veja-se, aqui, como a dita "norma sindicada" já não é a que decorre da interpretação do artigo do Código Civil, mas, sim, da do CIRC.

normativo em domínio fiscal é desnecessário, como demonstra a resposta dada pelo Tribunal: se tal só e possível se essa interpretação corretiva encontrar cobertura semântica no enunciado normativo sobre o qual vai incidir, verifica-se que esta solução já decorre, inequivocamente, dos artigos 29.º e 103.º da Constituição, mais concretamente da proibição de criar normas jurisprudenciais por força da exigência de lei prévia;

ii) É, portanto, da conjugação destas normas com aquelas que decorrem do artigo 1.º, do Código Penal, e do artigo 11.º, da LGT, que o juiz comum, logo ao saber que não pode realizar uma operação interpretativa sobre enunciados normativos fiscais e/ou penais que se resuma, a final, à extração de uma norma de sentido desfavorável que não encontra apoio no sentido possível do texto de onde proveio, sabe também que, pelos mesmos motivos, essa dita "interpretação" e resultado normativo final não podem ter como suporte uma norma retirada de um enunciado normativo sobre interpretação que permita, em geral, uma interpretação violadora do princípio da legalidade, por as limitações interpretativas que advêm deste princípio condenarem-na irremediavelmente à inconstitucionalidade desde o momento em que é revelada;

iii) Daí que, contemplando os dois momentos *supra*, se conclua que a solução passe por atentar apenas no segundo, porquanto, como se disse, e no âmbito do presente tema, a questão subjacente ao primeiro é *irrelevante*;

iv) Deste modo, havendo uma norma extraída por interpretação naqueles dois domínios, há que atender ao resultado que daí adveio e verificar se ele encontra correspondência (mínima) no texto de onde foi retirado;

v) Em consequência, torna-se forçoso concluir que esta pretensa nova abordagem é escusada para o recorrente e para o TC pelo mesmo motivo: para o recorrente, porque se entender que se está perante uma criação normativa proibida pelas exigências decorrentes do princípio da legalidade, basta alegar fundamentadamente que a norma que resulta da interpretação de um enunciado normativo fiscal ou penal não encontra correspondência na barreira intransponível do texto; para o TC, porque basta analisá-la à luz dessa mesma exigência, expurgada de pretensas questões prévias que não só nada de útil acrescentam, por já encontrarem resposta na própria Constituição, como podem dificultar umaa pronúncia que se deseja unívoca e sem sobreposições.

2.3. A resposta da doutrina

I. Ainda no que diz respeito a este tema, verifica-se que a doutrina não oferece uma resposta unívoca quanto à questão de saber se o Tribunal pode controlar interpretações normativas em domínios sujeitos ao princípio da legalidade (e da tipicidade). Para além do entendimento de Rui Medeiros, já exposto e afastado[805], cumpre referir o seguinte, muito sucintamente:

i) Reis Novais, começando por afirmar que a distinção entre norma extraída da interpretação e processo interpretativo que levou a essa mesma extração é "inoperativa", por não ser "possível concluir da eventual inconstitucionalidade da norma (...) sem apreciar a legitimidade constitucional do próprio processo interpretativo"[806], considera, seguidamente, que a posição de admissibilidade do recurso nestas situações é "a mais correta". Porém, acaba por concluir que, se assim fosse, o TC passaria a ser "um juiz dos juízes" a partir do momento em que, no seu entender, todas as decisões podem ser reconfiguradas como "criação de norma de caso"[807], aliado à circunstância de o recurso em apreço, como já sabemos, ter natureza estritamente normativa. Outra consequência nefasta dessa pretensa admissibilidade, já avançada *supra* em algumas declarações de voto a arestos citados, residiria na circunstância de o TC, com a pronúncia nesses casos, passar a ser o "tribunal oficial com a última palavra na interpretação de todo o direito ordinário", o que subverteria a "distribuição constitucional das competências entre justiça constitucional e justiça comum"[808]. Daí que a solução oferecida por este Autor para resolver este impasse passe pela reforma do sistema de fiscalização da constitucionalidade, nomeadamente através (não só, mas também) da consagração do recurso de amparo, que, para aquilo que aqui interessa, possibilitaria que a decisão judicial recorrida pudesse ser diretamente controlada sem que se suscitassem quaisquer problemas de admissibilidade[809];

[805] Cfr, *supra*, §2, 2.2.2., *b)*, da presente Secção.

[806] Cfr, J. Reis Novais, *Sistema Português*, p. 219.

[807] *Idem*, p. 221.

[808] *Idem*.

[809] *Idem*, pp. 248-259. Cfr, ainda, nota 569, *supra*, e referências bibliográficas aí citadas.

ii) Blanco de Morais, depois de excursar sobre alguma jurisprudência relativa a esta matéria, salienta que o ponto de partida para a admissibilidade dos recursos de constitucionalidade nos termos da alínea *b*), do n.º 1, do artigo 70.º, da LOTC, tem de ser a "norma (...) efectivamente aplicada ao feito e não uma solução interpretativa previamente concebida pelo juiz, para chegar àquele resultado, sob pena de se sindicar o próprio julgamento"[810]. Contudo, uma exceção a esta "regra geral" acontece quando ao processo interpretativo são aplicáveis "princípios constitucionais cogentes" – como o princípio da legalidade – que podem invalidar um critério normativo que, havendo sido concebido pelo juiz, "se revele como pressuposto necessário para a obtenção da solução normativa final"[811]. Se é verdade que este critério normativo adotado pelo juiz ao seu processo interpretativo não equivale à norma aplicada, segundo Blanco de Morais nem por isso ele deixa de condicionar a sua validade, precisamente por força daquela pressuposição. Assim, para este Autor, numa solução parcialmente inspirada no Acórdão n.º 196/03 e que, por sua vez, também inspirará, em certa medida, doutrina e decisões do Tribunal[812], se na base da norma extraída por interpretação estiver um critério normativo que haja sido construído pelo juiz comum "em termos tais que não assuma uma singularidade irrepetível no processo", então esse critério pode ser impugnado se contrariar a Constituição[813]. Justificando o seu entendimento com uma argumentação próxima à de Rui Medeiros, salienta, contudo, que se essa impugnação suceder o "recorrente não se [pode] limitar a impugnar a solução normativa final, ou a norma que no processo acarretou essa solução, devendo sim impugnar as duas"[814]. Para este Autor, isto terá de ser assim porque (*i*) se apenas se impugnasse a norma pressuposta, como não foi efetivamente aplicada na decisão, o acesso ao recurso ficaria bloqueado; (*ii*) se, por sua vez, a impugnação visasse apenas a norma aplicada, a respetiva inconstitucionalidade poderia não ser inequívoca, pois que estaria desligada da "norma inconstitucional, não impugnada, que constituiria o seu pressuposto"[815];

[810] Cfr, C. Blanco de Morais, *Justiça*, II, p. 1040.

[811] *Idem*.

[812] Referimo-nos ao escrito de Mafalda Serrasqueiro, já citado, assim como ao Acórdão n.º 182/20, também já analisado – cfr, *supra*, §2, 2.2.6., *d*), da presente Secção.

[813] *Idem*, pp. 1040-1041.

[814] *Idem*, p. 1041.

[815] *Ibidem*.

iii) Lopes do Rego, também partindo da jurisprudência do Tribunal, começa por entender como "certeiros" alguns dos argumentos contidos nas declarações de voto ao Acórdão n.º 196/03, em especial o que diz respeito à possibilidade de, nas situações em análise, uma solução normativa "de índole generalizante" poder ser impugnada, desde que tenha sido "explicitamente [adotada] pela decisão recorrida através da enunciação de um conteúdo interpretativo perfeitamente autonomizado do caso concreto e, portanto, claramente diferenciado de uma pura actividade subsuntiva"[816]. Mesmo assim, acaba por dar prevalência a um dos argumentos da tese que rejeita a admissibilidade do recurso e que tem vindo a ser por nós aflorado: o facto de um eventual controlo pelo TC acabar por «expropriar, de forma radical, os tribunais que integram as restantes ordens jurisdicionais do seu poder – e competência – para interpretar as normas de direito infraconstitucional, passando sempre a competir ao [TC] a "última palavra" acerca da interpretação correcta e adequada de todas as normas de direito ordinário vigentes em áreas sujeitas ao princípio da legalidade»[817]. No entender de Lopes do Rego isto seria assim porque apenas é possível saber se se está perante uma norma nova depois de o Tribunal, em jeito de questão prejudicial, fixar o sentido exato e preciso do enunciado normativo – portanto, a "interpretação correta" – a partir do qual aquela foi revelada, tarefa que é da exclusiva competência da jurisdição comum. Para este Autor, porém, o mesmo já não sucederá quando o tribunal recorrido autoqualificar expressamente o seu critério interpretativo como "interpretação atualista" ou "inovatória", pois que aí «já não carece obviamente o [Tribunal] de proceder à prévia fixação do sentido "correcto" da norma de direito infraconstitucional em causa, podendo dirigir o julgamento de inconstitucionalidade directamente ao critério interpretativo que o [tribunal recorrido] tratou de autonomizar (relativamente à pura actividade subsuntiva que realizou aquando da aplicação da norma) e expressamente invocou e enunciou»[818]. Portanto, e de forma conclusiva, das duas uma: (*i*) ou o juiz *a quo*, na sua decisão, afirma expressamente que o seu processo interpretativo se consubstancia numa "interpretação atualista"

[816] Cfr, C. Lopes do Rego, *Os Recursos*, pp. 42-43.

[817] *Idem*, p. 44.

[818] *Idem*, p. 45.

ou "inovatória", podendo, por isso mesmo, ser objeto de controlo por parte do TC no plano de uma eventual violação do artigo 29.º, n.º 1, da CRP, que proíbe isso mesmo; (*ii*) ou, não o fazendo, é bloqueada a possibilidade de recurso, porquanto admiti-lo nesse caso significaria que o Tribunal, para saber se está perante criação normativa jurisprudencial, teria previamente de exercer uma tarefa que é da exclusiva competência da jurisdição comum – fixar a melhor, mais correta e mais adequada interpretação de um preceito;

iv) António Cortês, por seu turno, não vê qualquer problema num eventual controlo a operar pelo Tribunal Constitucional. Começando por constatar que "pode haver sobreposições de competência entre os tribunais comuns e o tribunal constitucional em todas matérias relacionadas com direitos, liberdades e garantias"[819], defende que bloquear a fiscalização do TC nesta situação concreta equivaleria a ele ficar «desprovido da apreciação da violação de um "direito, liberdade ou garantia", directamente instituído para protecção dos cidadãos, contra toda a lógica da própria existência de uma jurisdição constitucional autónoma" e a cuja criação esteve (não só, mas também) associada uma especial preocupação na "específica protecção que [esses mesmos] direitos, liberdades e garantias devem ter"[820];

v) Por fim, também Paulo Mota Pinto, Maria dos Prazeres Beleza e Maria Fernanda Palma são favoráveis à fiscalização pelos motivos expostos nos acórdãos e declarações de voto citados, e que, em determinadas ocasiões, serão repescados para efeitos doutrinários[821]. No mesmo sentido se pronuncia Mafalda Serrasqueiro[822], sem prejuízo de, como se viu, não concordarmos com a pretensa "nova abordagem" sugerida por esta Autora, pese embora já tenha merecido o acolhimento do Tribunal no Acórdão n.º 182/20, do qual somos críticos.

[819] Cfr, A. Cortês, *35.º Aniversário do Tribunal Constitucional*, II, p. 106.

[820] *Idem.*

[821] Veja-se P. Mota Pinto, *Revista Themis*, 2006; M. Fernanda Palma, *Direito Penal*, 2020; e M. dos Prazeres Beleza, *Julgar* – N.º 29, 2016, todos já citados.

[822] Cfr, M. Serrasqueiro, *e-Pública: Revista Eletrónica de Direito Público*, Vol. 2, N.º 2, p. 250.

2.4. Posição adotada

Pela nossa parte, e atendendo à configuração e à natureza do nosso sistema de fiscalização da constitucionalidade, não vemos razão para rejeitar um controlo do TC nestes casos. Vejamos porquê.

2.4.1. Ponto de partida

I. Independentemente do domínio que esteja em apreço – i.e., domínio de estrita tipicidade legal por força do princípio da legalidade –, é inequívoco que a atividade interpretativa está necessariamente implicada no processo aplicativo do direito[823]. O juiz, quer esteja em causa uma matéria civil, penal ou administrativa, tem de efetivar uma interpretação sobre um determinado enunciado normativo, daí extraindo uma norma que, posteriormente, fundamentará a sua decisão.

II. Como referido anteriormente, fora dos domínios sujeitos aos princípios da legalidade e da tipicidade, o juiz, partindo do caso concreto, e com o objetivo de identificar o conteúdo normativo de um enunciado que ele entende ser determinante para a solução desse caso, goza de uma ampla margem de liberdade no seu processo interpretativo. Esta liberdade interpretativa permite-lhe que a norma extraída possa decorrer de uma simples interpretação declarativa ou, no limite, de uma interpretação extensiva, assegurando-se que entre a norma assim revelada e o texto do enunciado normativo exista um nexo de significação[824]. A partir do momento em que o juiz, com o seu processo interpretativo, alcança esse produto normativo, das duas uma: (*i*) ou constata que o caso concreto mais não é do que uma instanciação do caso genérico previsto no antecedente da norma extraída por interpretação, assim subsumindo aquele a esta e resolvendo o litígio através de uma (sua)

[823] Cingindo-nos aos Autores já citados, cfr, P. Moniz Lopes, *Derrotabilidade*, II e III, pp. 49-58; D. Duarte, *A Norma*, pp. 64-75; M. Teixeira de Sousa, *Introdução*, pp. 327 e ss.; M. Nogueira de Brito, *Introdução*, pp. 168 e ss. Na doutrina estrangeira, e também continuando nos Autores citados, cfr, por todos, E. Bulygin, *Análisis*, pp. 169 e ss., e R. Guastini, *Interpretar*, pp. 31-53.

[824] Sobre aquilo que designa de "resultados da interpretação", cfr, M. Teixeira de Sousa, *ob. cit.*, pp. 373-385.; J. de Oliveira Ascensão, *O Direito*, pp. 419 e ss.; J. Baptista Machado, *Introdução ao Direito*, pp. 185-188; D. Freitas do Amaral, *Manual*, II, pp. 168-181.; M. Nogueira de Brito, *Introdução*, pp. 255-263.; F. J. Bronze, *Lições*, pp. 809 e ss.

norma de decisão[825]; (*ii*) ou verifica que essa subsunção não pode ocorrer, atingindo um veredito diferente do anterior. Certo é que qualquer entendimento decisório do juiz tem de estar apoiado numa norma, sob pena de a decisão ser arbitrária[826].

III. Ora, o recorrente, atentando no conteúdo normativo que o julgador atingiu e que aplicou ao litígio, pode entender que ele vai de encontro à Constituição. Se isso suceder, e partindo do pressuposto que os requisitos a que já se fez alusão estão preenchidos, poderá recorrer dessa decisão negativa de inconstitucionalidade para o TC. O Tribunal, atento o fundamento, verificará se o recorrente tem razão, determinando se a norma afronta, ou não, a Constituição. O controlo, portanto, incidirá exclusivamente sobre a norma eventualmente inconstitucional. E essa norma – ressalve-se em especial –, precisamente por haver aquele nexo de significação, é assacada ao texto de uma fonte aprovada por uma autoridade normativa competente nos termos da Lei Fundamental[827].

IV. Aqui, e de novo, trata-se de uma situação de absoluta normalidade: por um lado, porque o juiz, com o seu processo interpretativo e de acordo com as normas gerais que regulam a atividade interpretativa[828], extrai uma norma de um enunciado normativo; por outro lado, porque o particular, entendendo que a norma assim revelada é inconstitucional – inconstitucionalidade,

[825] A este propósito, e falando em «interpretação "em concreto"», cfr, R. Guastini, *Interpretar*, pp. 33-36. Cfr, ainda, E. Bulygin, *Isonomia*, p. 13.

[826] Cfr, E. Bulygin, *ob. cit*, pp. 23-25. Já anteriormente, e no mesmo sentido, cfr, "Sentencia Judicial y Creacion de Derecho", in C. E. Alchourron e E. Bulygin, *Análisis*, pp. 355-369. Cfr, ainda, P. Moniz Lopes, *Estudos*, I, pp. 56-63, já citado. Voltaremos a este assunto mais adiante, quando nos referimos às situações de lacunas normativas.

[827] Portanto, a norma, apesar de ter sido revelada pelo juiz, foi criada por uma autoridade normativa competente, necessariamente pertencendo ao sistema, por força do "critério de legalidade", a que nos reportaremos adiante – cfr, por todos, E. Bulygin e D. Mendonca, *Normas y Sistemas Normativos*, Madrid: Marcial Pons, Ediciones Jurídicas y Sociales, S.A., 2005, p. 47 e ss. Por sua vez, advindo a competência de outra norma que a confere àquela autoridade, então a norma revelada e criada também será válida – cfr, E. Bulygin, *Análisis*, p. 363. Esta constatação, evidentemente, não só não prejudica o que se disse *supra*, a propósito das normas de decisão e da dimensão inovatória da interpretação em casos de vagueza, polissemia e textura aberta, como o reforça, sem prejuízo, também, do que será referido *infra*.

[828] I.e., aquelas que defluem do artigo 9.º do Código Civil, desde logo porque "[a]s dificuldades da interpretação têm de ser vencidas através do recurso aos elementos da interpretação [aí enunciados]" – cfr, M. Teixeira de Sousa, *Introdução*, p. 335.

essa, que suscitou durante o processo –, recorre da decisão negativa de inconstitucionalidade para o TC. Estamos, pois, perante um recurso estritamente normativo, na medida em que o que se questiona é a validade constitucional de uma norma e não as opções subjacentes ao processo interpretativo do juiz, nem a norma de decisão por ele adotada. E isto é – e *tem de ser* – assim porque nesses casos estamos a falar de tarefas que estão exclusivamente cometidas ao julgador e sobre as quais o TC, num recurso de natureza normativa, não pode intervir, mesmo que por vezes, e como se viu, o recorrente pretenda que isso aconteça camufladamente[829]. Anda bem o TC, por isso, quando, confrontado com estes casos, rejeita liminarmente conhecer do recurso.

V. Já nos domínios penal e fiscal, a margem de liberdade interpretativa do julgador é consideravelmente menor, pois que entramos numa zona coberta pelo princípio da legalidade e, em especial, da tipicidade legal. Face ao que se referiu *supra*, se o juiz *a quo* tem de resolver um litígio associado a uma destas matérias, é evidente que no seu processo interpretativo terá sempre de ter conta as exigências específicas que para ele decorrem dos citados artigos da Constituição. Assim, e focando-nos em especial no artigo 29.º da Lei Fundamental e na sua exigência de lei *prévia*, *estrita* e *certa*, se o juiz, para resolver um litígio penal, tiver de efetivar uma interpretação sobre um enunciado normativo, não só um requisito típico que advém das normas que regulam a atividade interpretativa assumirá um relevo especial, como certas opções que o juiz teria fora deste contexto deixam de existir: por outras palavras, estar-lhe-á vedado o recurso à analogia e à interpretação extensiva, ao mesmo tempo que qualquer resultado interpretativo terá necessariamente de ter um nexo de significação com o sentido possível do texto do enunciado interpretado[830].

VI. Todo o juiz tem consciência destas limitações que lhe são constitucionalmente impostas, pelo que, e de forma expectável: (*i*) ou adotará um processo interpretativo conducente a uma norma que, encontrando suporte no sentido possível do texto de onde foi extraída, advém, por isso mesmo, de uma fonte aprovada pela única autoridade normativa que, nos termos da Constituição, tinha competência para o fazer; (*ii*) ou ao invés, se isso não suceder, essa norma estará em conflito com o que se encontra subjacente ao artigo 29.º da Constituição, sendo, por isso, inconstitucional.

[829] Cfr, *supra*, §1, 1.3., da presente Secção.

[830] Cfr, *supra*, §2, 2.1., I, I., da presente Secção, e referências bibliográficas aí elencadas.

VII. Na verdade, se estamos perante uma norma que não encontra qualquer suporte no sentido possível do texto do enunciado penal interpretado, tal necessariamente significa que ela não pode ser assacada a nenhuma fonte penal aprovada pelo legislador. Logo, já não se poderá falar de revelação normativa a partir de uma fonte aprovada pelo legislador, mas, antes, de criação normativa pelo juiz em domínio penal. Se é isso que sucede, tal norma conflituará inexoravelmente com o artigo 29.º da Constituição, pois que um litígio penal não foi decidido a partir de uma lei *prévia, estrita* e *certa*, mas, sim, com base numa norma que, tendo sido criada jurisprudencialmente, apenas naquele momento foi revelada, não podendo o destinatário contar com ela. Assim, da perspetiva de quem cria, há inexoravelmente uma violação do princípio da legalidade, assim como do princípio da separação de poderes; da perspetiva do destinatário, há uma clara afronta ao princípio da segurança jurídica[831].

2.4.2. Interpretação-atividade *vs.* interpretação-produto

VIII. Em qualquer caso – ou melhor dizendo, em qualquer domínio – pode (e deve) fazer-se uma distinção entre interpretação enquanto *atividade* ou *processo* e interpretação enquanto *produto*[832]. Para aquilo que agora nos interessa, cremos que a questão pode ser perfeitamente resolvida se nos focarmos única e exclusivamente no resultado interpretativo – portanto, na interpretação enquanto produto: na norma.

IX. Na situação de há pouco, é evidente que o juiz atingiu aquele resultado normativo por força de um processo interpretativo contrário à Constituição – *i.e.*, incumprindo uma das exigências específicas que do artigo 29.º da Constituição decorrem para a sua atividade interpretativa. A sensibilidade que defende que o TC não deve fiscalizar interpretações normativas em domínios penal e fiscal centra-se precisamente nesta circunstância: se o julgador,

[831] Sobre este princípio e as suas implicações , cfr, J. Reis Novais, *Princípios Estruturantes de Estado de Direito*, 2.ª Edição, Coimbra: Coimbra Editora, 213-235; P. Mota Pinto, «A protecção da confiança na "jurisprudência da crise"», in AAVV., *O Tribunal Constitucional e a Crise*, Coimbra: Edições Almedina, 2014, pp. 135 e ss.; V. Canas, *O Princípio da Proibição do Excesso na Conformação e no Controlo de Atos Legislativos*, Coimbra: Edições Almedina, 2019, pp. 1123 e ss. Cfr, ainda, P. Moniz Lopes, *Princípio da Boa Fé e Decisão Administrativa*, Coimbra: Edições Almedina, 2011, pp. 256 e ss.

[832] Sobre esta distinção, cfr, por todos, R. Guastini, *Interpretar*, pp. 31-32.

no seu processo interpretativo, tomou uma opção que constitucionalmente lhe era vedada – por exemplo, recorrendo à interpretação extensiva –, o problema residiu aí: nessa escolha feita no âmbito de uma atividade que, como referido, sendo própria e exclusiva do juiz *a quo*, é por isso insuscetível de controlo por parte do Tribunal no contexto de um recurso normativo. De facto, admiti-lo significaria que o TC se poderia pronunciar sobre um processo metodológico sem natureza normativa; enfim, sobre o conteúdo da decisão do juiz *a quo*[833]. Ora, tendo em conta o nosso sistema de fiscalização da constitucionalidade, tal não pode manifestamente acontecer.

X. A interpretação enquanto *atividade* consubstancia-se, por isso, num processo metodológico que tem como objetivo chegar a um resultado normativo. Daí que naquela distinção há pouco avançada, só a última dimensão da interpretação é que tem natureza normativa, pois só aí é que existe norma. Até lá, existe um percurso – *metodológico* e *não normativo* – que é adotado pelo julgador para deslindar o conteúdo normativo de um enunciado interpretado: *i.e.*, partindo deste último, o juiz averigua quais os vários significados que podem ser atribuídos ao seu texto em termos de sentido literal possível; tendo em conta esta exigência, escolhe um significado onde tem necessariamente de estar presente o nexo de significação entre o texto posto e o significado atribuído; ao escolher, e como consequência normativa, revela o conteúdo normativo associado àquele texto – portanto, revela a norma[834]. A distinção entre *processo/atividade* e *produto* traça, assim, a fronteira entre o controlo possível e desejável do TC, porque incidente sobre uma norma, e a insusceptibilidade de operar esse mesmo controlo, porque relativo a um processo interpretativo que, sendo metodológico, se traduz na atuação do juiz para alcançar um resultado normativo.

XI. Transpondo esta lógica para o problema em análise, e em linha com o que já foi afirmado anteriormente quer pela nossa parte, quer por certos Juízes Conselheiros[835], se é verdade que a fiscalização do TC não pode incidir sobre

[833] A este respeito, cfr, E. Bulygin, *Isonomia*, pp. 13-14.

[834] Sobre os vários momentos implicados nesta operação hermenêutica, partindo de uma "interpretação cognitiva", passando por uma "interpretação decisória" e culminando numa "interpretação em abstrato", cfr, R. Guastini, *Interpretar*, pp. 33-36, pp. 45 e ss. e p. 75. Em sentido próximo, cfr. P. Moniz Lopes, *Estudos*, I, pp. 56 e ss.

[835] Cfr, *supra*, em especial o Acórdão n.º 205/99, de 7 de Abril, a declaração de voto de vencida de Maria dos Prazeres Beleza ao Acórdão n.º 383/00, assim como o voto de vencido de Paulo Mota Pinto ao Acórdão n.º 196/03.

o processo, o mesmo já não acontece quando estamos a falar do produto. Num caso em que esteja em causa a eventual inconstitucionalidade de uma norma extraída por interpretação em domínios de estrita tipicidade legal, o Tribunal pode – e deve – controlar a constitucionalidade dessa norma assim revelada por referência aos artigos pertinentes da Constituição. Regressando de novo ao domínio penal, e atentando no disposto no artigo 70.º, n.º 1, alínea *b*), da LOTC, sabemos que o recurso de uma decisão negativa de inconstitucionalidade vai incidir sobre uma norma cuja inconstitucionalidade foi suscitada durante o processo; essa inconstitucionalidade, por seu turno, advém da circunstância de a norma estar em colisão com o artigo 29.º da Constituição. Ora, no seguimento do que tem vindo a ser referido, quando uma situação destas sucede o TC sabe (*i*) que a norma eventualmente inconstitucional foi revelada através de um processo interpretativo adotado pelo juiz comum; (*ii*) e que, vislumbrando em especial o artigo 29.º da Lei Fundamental, qualquer norma, enquanto resultado de uma interpretação feita em domínio penal, tem de poder ser assacada ao sentido possível do texto de um enunciado normativo aprovado pela autoridade normativa competente, coincidente com o legislador.

XII. Assim, se o primeiro cenário é irrelevante para o Tribunal, o mesmo já não sucede no segundo. Se a lei *prévia, estrita* e *certa* exige que o julgador revele um comando normativo que tem necessariamente de encontrar correspondência no sentido possível do texto de onde foi extraído, num caso em que a inconstitucionalidade de uma norma seja reportada à violação do artigo 29.º da Constituição, o TC apenas terá uma tarefa: atentar no produto da interpretação e verificar se existe nexo de significação com o enunciado penal interpretado. Se existir, há uma norma penal revelada a partir de uma fonte de direito penal aprovada pela autoridade normativa competente; se tal não acontecer, há norma penal criada *ex novo* pelo juiz *a quo*, porque não revelada a partir de qualquer enunciado normativo aprovado pelo legislador, e, portanto, inconstitucional por violação do princípio da legalidade, a que acresce uma necessária violação do princípio da separação de poderes[836].

[836] Ressalve-se que toda esta problemática que se analisa gira em torno da eventual violação do princípio da legalidade penal e fiscal, contido nos artigos 29.º e 103.º da Constituição, respetivamente – portanto, em torno de uma eventual inconstitucionalidade material. De facto, e vislumbrando a jurisprudência do Tribunal, verifica-se que é esse o fundamento invocado, sendo que é com base nesse mesmo fundamento que o TC profere a sua decisão. Porém, e em linha com o referido por alguns Juízes Conselheiros, associada a esta inconstitucionalidade estará necessariamente uma

E veja-se como o TC não tem de se debruçar sobre a interpretação enquanto *atividade* ou *processo* – *i.e.*, é-lhe indiferente a atuação do juiz consubstanciada na sua atividade interpretativa, assim como a qualificação que lhe é dada (*v.g.*, interpretação extensiva, interpretação atualista, analogia), não apenas porque sobre ela o Tribunal não se pode pronunciar, mas essencialmente porque a questão, sendo normativa, (só) pode ser plenamente respondida a partir do produto da interpretação, nomeadamente verificando se a norma pode ser assacada ao texto de um enunciado normativo penal.

2.4.3. A insuficiência dos argumentos avançados pela doutrina

XIII. Face ao exposto, não nos parecem convincentes os argumentos daqueles que entendem que o Tribunal não pode controlar a constitucionalidade destas interpretações normativas, bem como daqueloutros que, mesmo admitindo esse controlo, insinuam que tal desvirtuaria a natureza da nossa jurisdição constitucional, por eventualmente transformá-la numa instância de revisão de *todas* as interpretações realizadas pela jurisdição comum.

XIV. Partindo do nosso entendimento, é desde logo de refutar o juízo dos que advogam que não é "possível concluir da eventual inconstitucionalidade da norma (...) sem apreciar a legitimidade constitucional do próprio processo interpretativo"[837], pois que se se atentar no que acabou de ser referido rapidamente se percebe que tal pode suceder: assim, e de novo, numa inconstitucionalidade reportada à eventual violação do artigo 29.º da Constituição, o TC recebe um *dado* – *i.e.*, uma norma revelada por via interpretativa – para posteriormente verificar se ela ainda encontra respaldo no sentido possível do texto do enunciado penal interpretado. Com isso, e em linha com o que se referiu, o Tribunal não tem de cuidar da atividade interpretativa adotada pelo juiz comum para efeitos dessa revelação normativa.

XV. Considerações semelhantes podem e devem ser feitas relativamente a outro juízo já aflorado, mas que importa recordar: estar-se eventualmente a controlar um ato de julgamento. Como temos vindo insistentemente a referir,

inconstitucionalidade orgânica, na medida em que a norma não foi criada pelo legislador, enquanto autoridade normativa competente para a sua produção à luz da Constituição, mas, sim, pelo juiz. Voltaremos a este aspeto mais adiante na nossa investigação.

[837] Cfr, J. Reis Novais, *Sistema Português*, p. 219.

em qualquer caso – i.e., não apenas num contexto interpretativo penal ou fiscal – a norma revelada é marcada por um antes e por um depois. O *antes*, como se viu, traduz-se na interpretação enquanto atividade, que terá como ponto de partida o caso concreto, com as suas propriedades, e que desembocará no produto, que mais não é do que o resultado normativo; o *depois*, também já aludido, identifica-se com a subsunção do caso concreto à previsão genérica da norma revelada – aquilo a que supra se apelidou de "norma de decisão"[838]. Ora, é evidente que esses dois momentos não podem ser controlados pelo TC: o *antes* porque é um processo estritamente metodológico e que serve de suporte àquilo que o Tribunal pode controlar; a norma de decisão porque, nas certeiras palavras de um Juiz Conselheiro, não se reconduz a "normas infraconstitucionais que os tribunais aplicam em virtude da *autoridade política*, originária ou delegada, dos seus autores", não tendo, por isso, "carácter inovatório ou eficácia externa, dado que o poder jurisdicional é o poder de aplicar direito *pré-existente* e a sentença produz efeitos *apenas* no caso concreto"[839].

XVI. Estamos, pois, perante dois momentos que são exclusivamente reservados à jurisdição comum e que não comungam de natureza normativa. E se isto é assim, está equivocado Reis Novais quando afirma que, apesar da posição a favor do conhecimento do recurso ser a mais correta, admiti-lo seria transformar o TC num "juiz dos juízes", por todas as decisões poderem ser reconfiguradas como "criação de norma de caso"[840]. Se esta última asserção não pode deixar de ser verdadeira, dela não se deve extrair a consequência pretendida por este Autor. De facto, cada caso concreto implica a revelação prévia, pelo julgador, de uma norma à qual esse mesmo caso será subsumido, o que, por sua vez, traduzir-se-á na decisão do juiz comum. Ora, estando o juiz obrigado a decidir o litígio, é evidente que a essa mesma decisão estará sempre subjacente a criação de uma "norma de caso", que, como referido, implica um juízo subsuntivo que desembocará num ato de julgamento. Se, como acabou de ser demonstrado, esse juízo e esse ato não podem ser controlados pelo Tribunal, como é que este se transformaria num "juiz dos juízes? Como se teve oportunidade de demonstrar, o TC tem tido uma permanente preocupação em

[838] E que Guastini apelida de "interpretação em concreto", que é "orientada para os factos" – cfr, R. Guastini, *Interpretar*, p. 33.

[839] Cfr, o já referido Acórdão n.º 695/16, de 20 de dezembro (3.ª Secção; Recurso; Gonçalo Almeida Ribeiro), parágrafo 10.

[840] Cfr, J. Reis Novais, *Sistema Português*, p. 221.

esclarecer que, tendo em conta o recurso normativo de decisões negativas de inconstitucionalidade, aliado ao conceito funcional de norma, as normas do caso, pelos motivos que temos vindo a expor, não se podem incluir no objeto do recurso[841]. Logo, se o particular pretende recorrer para o TC, terá de individualizar a norma revelada pelo juiz *a quo* cuja inconstitucionalidade suscitou durante o processo – mas será a norma enquanto produto da atividade interpretativa e não a norma de caso enquanto juízo subsuntivo das suas particularidades à previsão genérica do resultado normativo atingido por interpretação. É que só num caso é que estamos perante uma norma jurídica. E, portanto, só num caso pode haver fiscalização da constitucionalidade.

XVII. Especial atenção merece o argumento que, como já se teve oportunidade de elucidar, foi primeiramente avançado no Acórdão n.º 674/99, sendo posteriormente acolhido por outros arestos e também por determinada doutrina, como, por exemplo, REIS NOVAIS e LOPES DO REGO[842]. Muito sucintamente, esta sensibilidade entende que admitir o controlo destas interpretações normativas significaria conferir ao TC a "última palavra" sobre a interpretação *correta* de todas as normas de direito ordinário vigentes.

XVIII. Este entendimento, porém, também não procede. Em primeiro lugar, e conforme já oportunamente demonstrado por alguns Juízes Conselheiros[843], porque confunde "interpretação errónea" (ou errada) com interpretação inconstitucional. Na verdade, uma coisa é não se concordar com o modo como o juiz comum interpretou determinado preceito – *i.e.*, com o seu sentido interpretativo, que o recorrente entende ser errado; outra, bem diferente, é estarmos perante uma interpretação da qual resulta uma norma contrária à Constituição[844]. É inequívoco que só se poderá acionar a intervenção do TC neste último caso, na medida em que uma interpretação errada não significa, necessariamente, uma violação da Lei Fundamental. Em linha com o que temos vindo a defender, o juiz comum, na sua atividade interpretativa, goza

[841] Cfr, *supra*, §1, 1.4.2., da presente Secção, a referência ao elucidativo Acórdão n.º 484/19, de 26 de setembro (3.ª Secção; Reclamação; JOANA FERNANDES COSTA).

[842] Cfr, *supra*, §2, 2.3., I, *i*) e *iii*), da presente Secção, e referências bibliográficas aí citadas.

[843] De novo, veja-se a declaração de voto de vencida de MARIA DOS PRAZERES BELEZA ao Acórdão n.º 383/00, assim como o voto de vencido de PAULO MOTA PINTO ao Acórdão n.º 196/03.

[844] É que, como refere SOUSA E BRITO em declaração de voto ao Acórdão n.º 674/99, "o juiz [está] autorizado pela Constituição a julgar tão bem como pode, mesmo que seja mal", sem que tal configure, necessariamente, uma inconstitucionalidade.

de uma margem de liberdade que lhe permite interpretar um enunciado normativo da forma que ele entende ser a melhor, assegurando o respeito pelas normas que regulam essa mesma atividade. A interpretação efetivada pode não coincidir com aquela que era esperada pelo particular, que, entendendo que o enunciado normativo deveria ter sido interpretado de outra maneira, a cataloga de "errónea". Mas não é essa circunstância que abre a porta do Tribunal. Pelo contrário: recorrer para o TC com este argumento significa, de novo, estar a querer que esta instância se debruce sobre um processo metodológico que é da exclusiva competência do juiz comum.

XIX. Situação diferente acontece quando o mesmo recorrente, para qualificar uma interpretação como "errónea" se baseia numa eventual violação da Constituição: se é verdade que nesse caso aquela qualificação se pode manter, pois o particular continua a entender que o enunciado não foi interpretado corretamente, certo é que ela é consumida por uma inconstitucionalidade – *i.e.*, já não estamos apenas a falar de uma opção metodológica que o julgador tomou e que o recorrente entende estar *errada*, mas, sim, de uma norma que, parecendo extraída por interpretação, vai alegadamente de encontro à Lei Fundamental por na verdade estar-se perante criação normativa não operada por uma autoridade competente. Assim, admitir a fiscalização da constitucionalidade das interpretações normativas que nos têm vindo a ocupar não significa que o TC "exproprie" as restantes ordens jurisdicionais do seu poder de interpretação, por passar a conhecer de todas as "interpretações erróneas" por elas efetivadas: ou dessa "errada" interpretação resulta uma norma que vai de encontro à Constituição, havendo, assim, uma necessidade de pronúncia por parte do TC que irá incidir sobre essa norma e não sobre uma tarefa interpretativa adotada pelo juiz; ou uma interpretação "errónea" mais não é do que uma discordância do particular quanto ao sentido dado a um enunciado normativo pelo juiz comum, o que, não suscitando qualquer questão normativa – *rectius*: não resultando, enquanto produto da atividade interpretativa, nenhuma norma eventualmente inconstitucional – bloqueia o acesso à jurisdição constitucional.

XX. A distinção que acaba de ser feita torna-se ainda mais clara quando se verifica que a tese que sustenta que o TC passaria a conhecer de todas as interpretações feitas pela jurisdição comum parte de uma errada assunção, à qual já nos reportamos– nomeadamente, a circunstância de, nesses casos, e para efeitos da sua pronúncia, o Tribunal ter de fixar previamente o sentido correto do enunciado para, posteriormente, verificar se aquele que é questionado pelo recorrente vai, ou não, ao encontro do por si fixado[845]. Seguindo este raciocínio, se isso se passar dessa forma, então necessariamente o Tribunal será, na realidade, uma instância revisora das interpretações operadas pela jurisdição comum e detentor da última palavra quanto à interpretação a dar a um enunciado normativo, ao fixar aquela que, no seu entender, está de acordo com a Constituição. Ora, basta atentar na jurisprudência constitucional para constatar que não é isso que sucede.

XXI. Quando o TC tem de se pronunciar sobre uma interpretação normativa em domínio penal e fiscal, aquilo que lhe é pedido não é que "petrifique" um sentido interpretativo do enunciado normativo sobre o qual o juiz comum efetivou uma interpretação para, a partir daí, verificar se esta é, ou não, certeira, por estar em linha com a avançada por aquele. E o que se acaba de afirmar, tendo em conta a jurisprudência constitucional, é uma constatação: num recurso normativo como o do artigo 70.º, n.º 1, alínea *b)*, da LOTC, e quando confrontado com uma interpretação normativa em domínio penal ou fiscal, do que se trata não é de interpretação correta que, em consequência, reclame uma intervenção da jurisdição constitucional sobre o melhor (porque constitucionalmente correto) sentido interpretativo a dar a um enunciado normativo, mas sim de averiguação da constitucionalidade de uma norma extraída por interpretação.

XXII. E é esta circunstância que, por um lado, explica que a atuação do Tribunal seja estritamente normativa, desligada de considerações prévias sobre o processo metodológico adotado pelo juiz para averiguar se isso o conduziu à "melhor" interpretação; e, por outro lado, que a eventual inconstitucionalidade de uma norma extraída por interpretação não signifique que outra, adveniente do mesmo preceito, também o seja, precisamente por o TC, com a sua pronúncia, não ter fixado, prévia e definitivamente, a correta interpretação do enunciado normativo – portanto, não ter afirmado que dele apenas pode ser extraída determinada(s) norma(s), assim limitando e bloqueando a atividade interpretativa da jurisdição comum

[845] Trata-se de uma asserção que se encontra quer na doutrina, quer na jurisprudência. Veja-se, a este propósito, C. Lopes do Rego, *Os Recursos*, p. 45 e J. Reis Novais, *Sistema Português*, p. 221, assim como a declaração de voto de vencida de Fátima Mata-Mouros ao Acórdão n.º 90/19, de 6 de fevereiro (1.ª Secção; Recurso; Claudio Monteiro), já citado.

XXIII. A distinção entre atividade interpretativa e resultado normativo também nos permite rejeitar o entendimento de BLANCO DE MORAIS avançado *supra*. Como aí se referiu[846], para BLANCO DE MORAIS, sempre que ao processo interpretativo adotado pelo juiz comum sejam aplicáveis "princípios constitucionais cogentes", então o recorrente, se porventura quiser que o TC sindique um resultado normativo – *i.e.*, a "norma aplicada" – que ele reputa de inconstitucional, não só terá de impugnar esta, mas também aqueloutra que tenha servido ao juiz como "pressuposto necessário para a obtenção da solução normativa final" – portanto, a "norma revelada no processo interpretativo".

XXIV. Esta argumentação, contudo, confunde dois planos. Partindo da distinção acabada de fazer entre interpretação enquanto processo e interpretação enquanto produto, quando o juiz *a quo* revela uma norma a partir de um enunciado normativo, é evidente que tal tem sempre subjacente uma atividade interpretativa que se assumiu como pressuposto necessário para essa mesma revelação. O essencial, porém, é que apenas num caso podemos falar de uma questão normativa, nomeadamente quando se questiona a validade constitucional da solução normativa final. Nos domínios que nos têm vindo a ocupar, o juiz comum tem consciência da limitação operada à sua liberdade interpretativa por força do princípio da legalidade; assim, e à partida, optará, no seu processo interpretativo, por adotar escolhas que estejam em conformidade com as exigências associadas a esse mesmo princípio. Se, porventura, isso não suceder, a norma revelada estará irremediavelmente inquinada, por se traduzir numa criação normativa jurisprudencial. É verdade que o resultado normativo decorreu, necessariamente, das escolhas feitas pelo juiz na sua atividade interpretativa, mas essas escolhas, como se tem vindo insistentemente a sublinhar, são-lhe exclusivamente reservadas, porque inseridas num processo metodológico que é apenas dele.

XXV. Queremos com isto dizer que não podemos transformar uma tarefa estritamente metodológica num problema normativo, não só porque norma só há uma – i.e., a "solução normativa final" a que se chegou por força do processo interpretativo, que não assume essa natureza precisamente por ser metodológico –, mas porque, em consequência, a questão, sendo normativa, apenas pode ser resolvida averiguando constitucionalmente essa mesma norma, como *supra* demonstrado. Não, há, assim, nenhuma norma

[846] Cfr, *supra*, §2, 2.3., I, *ii*), da presente Secção.

pressuposta, ou "revelada no processo interpretativo", que tenha constituído pressuposto necessário de um resultado normativo. Pelo contrário: a única norma revelada no (ou pelo) processo interpretativo é aquela que servirá de suporte à decisão do juiz *a quo*, sendo que é esta circunstância que traça a fronteira daquilo que o TC pode sindicar.

A não ser assim, aliás, dois problemas se colocam:

i) Por um lado, se se entender, nos termos do raciocínio deste Autor, que o "pressuposto normativo necessário" corresponde à norma derivada da interpretação e a dita "solução normativa final" corresponde àquilo que designamos de norma de decisão, isso implica impugnar esta última, o que, como visto, não pode ocorrer;

ii) Por outro lado, se a situação em que se pode configurar uma "norma pressuposta" da que será, a final, revelada, for a que ocorrer caso o juiz comum fizer uma interpretação aos enunciados normativos relativos à atividade interpretativa e deles extrair uma norma que lhe permita interpretar enunciados normativos penais ou fiscais de forma contrária ao princípio da legalidade, apesar de aqui já haver uma norma prévia, nem por isso um eventual controlo de constitucionalidade deixa de ser desnecessário, porque supérfluo, tal como demonstramos aquando da análise ao Acórdão n.º 182/20. Remete-se, por isso, para esse momento[847].

XXVI. Aquilo que se tem vindo a defender implica, necessariamente, que não se possa concordar com o que é afirmado por Lopes do Rego. Já se demonstrou que admitir o controlo destas interpretações normativas não implica uma "expropriação" da competência dos tribunais comuns para interpretar direito infraconstitucional; agora, não se pode entender como bom o critério avançado por este Autor para já permitir uma atuação do Tribunal nestes casos – nomeadamente, se o tribunal recorrido autoqualificar expressamente o seu processo interpretativo como "interpretação atualista" ou "inovatória", pois que se isso suceder supostamente o TC pode "dirigir o julgamento de inconstitucionalidade directamente ao critério interpretativo que o [tribunal recorrido] tratou de autonomizar"[848].

[847] Cfr, *supra*, §2, 2.2.6., *d*), da presente Secção.

[848] Cfr, C. Lopes do Rego, *Os Recursos*, p. 45.

XXVII. Como há pouco se afirmou, não só o julgamento do TC não pode ser dirigido a uma tarefa exclusivamente metodológica e, portanto, não-normativa, como, em especial, a jurisdição constitucional não pode ficar dependente do que o juiz a quo disser. Seguindo de perto um raciocínio já exposto a propósito da análise de um aresto do TC[849], se perfilhássemos o entendimento de Lopes do Rego, em domínios sujeitos a estrita tipicidade legal seria a jurisdição comum a determinar – e, mais do que isso, a *condicionar* – o acesso ao TC. De facto, sabendo que o Tribunal poderia atuar caso o juiz *a quo* desse uma qualificação ao seu processo interpretativo que pudesse indiciar que ele estava a ir de encontro às limitações que para esse processo decorrem do princípio da legalidade, então, para bloquear essa mesma atuação, bastaria ao juiz qualificar a sua atividade de maneira a não lhe poder ser assacada qualquer violação da Constituição – assim, e por exemplo, para se furtar a uma pronúncia da jurisdição constitucional incidente sobre uma norma extraída de um enunciado normativo penal por interpretação extensiva, seria suficiente afirmar, na sua decisão, que esse resultado normativo adveio de uma interpretação declarativa.

XXVIII. Ora, não só isto vai de encontro à lógica da colocação da questão de constitucionalidade em sede de recurso, que não está dependente das asserções que juiz comum verta na sua decisão a propósito da tarefa interpretativa por si desempenhada, como, em termos simultâneos, consubstancia uma negação injustificada do direito de acesso do particular recorrente à justiça constitucional[850]. Além disso, se o juiz deve saber que nos domínios em questão não pode recorrer a determinadas opções que lhe estão vedadas, que interesse teria em qualificar o seu processo interpretativo como uma interpretação que ele desde logo sabe que não pode efetivar e que motivará a atuação do TC?

2.4.4. Interpretações normativas e violação do princípio da separação de poderes

XXIX. Por fim, merece especial referência uma ideia também desde logo avançada no Acórdão n.º 674/99 e que já se mencionou: se se permitir uma fiscalização da constitucionalidade de interpretações normativas em domínios

[849] Nomeadamente o Acórdão n.º 182/20 – cfr, *supra*, 2.2.6., *d)*.

[850] Em sentido próximo, A. Cortês, *35.º Aniversário do Tribunal Constitucional*, Volume II, pp. 107-108.

sujeitos ao princípio da legalidade, então, e por identidade de razão, também terá de se permitir a impugnação dessas mesmas interpretações fora daqueles domínios, sempre que se invoque uma eventual *violação do princípio da separação de poderes* por constatar que elas excedem o sentido natural do enunciado normativo[851]. Se isso for assim, e conexionado com o que acabou de se expor, não se estará a transformar o Tribunal Constitucional numa instância revisora das interpretações do direito ordinário, subvertendo a distribuição constitucional das competências entre justiça constitucional e justiça comum?[852]

Cremos que esse controlo não pode deixar de ocorrer e que, ocorrendo, não briga com aquilo que é reservado à jurisdição comum. Vejamos porquê.

XXX. Há um ponto assente que é transversal a qualquer operação hermenêutica, quer por referência à Lei Fundamental, quer atentando nas normas do sistema que regulam a atividade interpretativa: a necessidade de haver um nexo de significação entre o texto posto e o significado atribuído[853]. Na verdade, e recuperando o que se afirmou *supra*, o juiz tem sempre de averiguar quais os diferentes significados possíveis que podem ser atribuídos ao texto de um enunciado normativo interpretado, devendo residir a sua escolha num significado em que esteja presente esse mesmo nexo, assim se determinando o respetivo conteúdo normativo[854]. É essa correspondência que faz com que a norma seja revelada a partir de uma fonte legitimada pelo sistema– *i.e.*, o juiz comum aplicou uma norma que, encontrando suporte formal no enunciado normativo ao qual pode ser assacada, adveio, em última análise, de uma autoridade normativa que o sistema reconhece. Se, porventura, esse nexo não existir, então significa que deixa de haver uma *revelação intra-sistemática* de uma norma para passar a haver uma *criação* normativa *extra-sistemática*: deixamos de estar perante interpretação permitida e passamos a estar perante uma criação proibida[855].

[851] Cfr, parágrafo 53 do acórdão.

[852] Assim, J. Reis Novais, *Sistema Português*, p. 221.

[853] Como bem refere M. Teixeira de Sousa, *ob. cit.*, p. 356, "[a] correspondência exigida pelo art. 9.º, n.º 2, CC impõe um limite mínimo (isto é, um limite abaixo do qual o intérprete não pode passar)", tendo a "letra da lei" de constituir, por isso, "um ponto de partida para a obtenção [do resultado da interpretação]".

[854] Novamente, veja-se R. Guastini, *Interpretar*, pp. 45 e ss. Cfr, ainda, P. Moniz Lopes, em crítica a Bulygin, *Estudos*, I, p. 53.

[855] Falando em "interpretação criadora", ou em "interpretação-criação", que consiste em «atribuir ao texto um significado "novo"», por não "[figurar] entre os significados possíveis da disposição", cfr, R. Guastini, *Interpretar*, pp. 46-47.

XXXI. Concretizando o que acaba de ser afirmado, é também um dado adquirido que uma norma *pertence* ao sistema jurídico se tiver sido criada por uma autoridade normativa desse mesmo sistema porque reconhecida por este[856].

Por seu turno, uma autoridade normativa só pode ser considerada enquanto tal – *i.e.*, como competente para produzir normas válidas porque *pertencentes* ao sistema – se este assim o determinar através de normas que confiram essa mesma competência[857].

XXXII. Se atentarmos nos artigos 111.º e 112.º da Constituição, e os conjugarmos com os artigos pertinentes referentes à Assembleia da República e ao Governo[858], verificamos que desses enunciados normativos, quando interpretados, resultam normas de competência normativa destes dois órgãos de soberania: Assembleia da República e Governo são, nos termos da Lei Fundamental, autoridades normativas competentes por serem detentoras do poder legislativo. Se é assim, imperioso se torna a correspondência de qualquer norma aplicada com o sentido possível do texto de um ato normativo adveniente do legislador, pois que apenas nessa situação se poderá afirmar que o juiz *a quo* fundou a sua decisão numa norma que foi criada por aquele e apenas revelada no processo por este através da sua atividade interpretativa.

XXXIII. De facto, se um dos significados possíveis que o juiz identificou tem um nexo de significação com o texto posto, quem realisticamente criou (ou ditou) a norma não foi ele, mas uma das autoridades normativas que o sistema reconhece. Por oposição, quando tal não sucede – *i.e.*, quando o juiz comum opta por escolher um significado que não tem qualquer tipo de correspondência com o sentido possível do texto do enunciado normativo interpretado –, deixa de haver uma revelação de uma norma que ainda possa ser imputada

856 Trata-se do "critério de legalidade", já aflorado *supra*. Este, juntamente com o "critério de dedutibilidade", formam aquilo que se designa de critérios de pertença (das normas) ao sistema-cfr, E. Bulygin e D. Mendonca, *Normas*, p. 47. Sobre sistema jurídico e pertença, cfr, por todos, E. Bulygin e D. Mendonca, *ob. cit.*, pp. 41-49 e pp. 62-91. Entre nós, cfr, entre outros, M. Teixeira de Sousa, *Introdução*, pp. 239-366.

857 Se os Autores da nota anterior incluem este requisito no critério de legalidade, Bulygin, em escrito anterior, também fala em "validade" – cfr, E. Bulygin, *Análisis*, p. 363. No entanto, a ideia central mantém-se: para que uma norma possa fazer parte do sistema jurídico, sendo, por isso mesmo, considerada válida, tem de ter sido ditada por uma autoridade normativa, sendo que é o mesmo sistema que determina quem são as autoridades normativas competentes, através de normas que conferem competência para a produção de outras normas.

858 *V.g.*, artigos 161.º, 164.º, 165.º e 198.º, da Constituição, respetivamente.

ao legislador, a uma fonte legitimada pelo sistema, e passa a existir criação de uma norma pelo julgador, que não é uma autoridade normativa competente, precisamente por não ser reconhecida enquanto tal pelo sistema. Uma inconstitucionalidade orgânica, assim como uma inconstitucionalidade material por violação do princípio da separação de poderes, serão, por isso, inevitáveis[859].

[859] Perfilhamos, aqui, o entendimento que nos parece mais correto quanto à norma da separação de poderes e que a define enquanto norma regulativa, que prescreve uma conduta – cfr, P. Moniz Lopes, *Derrotabilidade*, II e III, pp. 92 e ss. De facto, como bem salientado por este Autor, a norma de separação de poderes não é uma norma constitutiva – portanto, que atribui competências a um órgão –, na medida em que estas defluem sempre de outra norma, essa, sim, uma norma de competência – *idem* pp. 92-93. Concretamente, e no que à função legislativa diz respeito, verificamos que as normas de competência – i.e., aquelas que "constituem um órgão na aptidão para criar direito sobre uma determinada matéria" (p. 94) – são as que se identificam com os artigos 161.º, c) (complementado, evidentemente, pelos artigos 164.º e 165.º) e 198.º, quanto à Assembleia da República e Governo, respetivamente. Partindo desta constatação, necessário se torna concluir que a norma de separação de poderes é, antes, uma norma sobre o exercício de competências, na medida em que "determina condições de exercício de competências pelos órgãos de soberania e outros órgãos estaduais ou infra-estaduais" (p. 96). Atentando nos artigos que se acabaram de mencionar, já se sabe, à partida, quais as competências que dispõe cada órgão de soberania que se identifica com a função legislativa. Se isto é assim, e definida a natureza da norma de separação de poderes, o seu operador deôntico será o da imposição, pois que ela "impõe que, sempre que se conceba qualquer exercício de competências, nomeadamente também quando se projete a criação das próprias normas de competência, esse exercício deverá ocorrer no respeito por uma integração objectiva dessa competência numa determinada categoria, ocorrendo no respeito por uma correlação entre a categoria de competências em causa e um órgão típico da função constitucionalmente definida". Pode, portanto, ser enunciada da seguinte forma "os órgãos de soberania [e outros órgãos infra-estaduais] devem respeitar a separação estabelecida na Constituição" (*idem*). Face ao exposto, na situação que temos estado a descrever – portanto, quando o juiz, em vez de extrair uma norma a partir de um enunciado normativo aprovado por uma autoridade normativa competente, porque detentora dessa competência a partir da Constituição, cria uma norma nova – já se percebe porque se pode falar, em termos simultâneos, de uma inconstitucionalidade material e orgânica, mesmo para aqueles que restringem a primeira a uma "lesão directa" de uma norma constitucional (cfr, C. Blanco de Morais, *Justiça*, I, p. 138): (*i*) haverá *inconstitucionalidade material* porque se está a violar a norma (regulativa) de separação de poderes, ao não se verificar o estado de coisas que ela impõe: i.e,. o exercício dessa competência, que se insere numa determinada categoria, não está a ocorrer no respeito pela correlação entre essa categoria de competências em causa e o órgão típico da função constitucionalmente definida; (*ii*) haverá *inconstitucionalidade orgânica*, visto que se está a ir de encontro à delimitação de uma competência – nomeadamente, está-se a violar uma norma constitucional (constitutiva) de competência que correlaciona um órgão – no caso, a Assembleia da República ou o Governo – com a aptidão para criar direito sobre determinada matéria. Para mais desenvolvimentos, cfr, P. Moniz Lopes, *ob. cit.*, pp. 98 e ss.
Em sentido contrário, e entendendo a separação de poderes enquanto norma de competência, cfr, P. Otero, *Direito Constitucional*, II, p. 11, e, mais tarde, e de forma mais desenvolvida, *Manual*, p. 192. Sobre a dimensão positiva da norma de separação de poderes, no sentido da sua "alocação de

XXXIV. Quando uma situação destas ocorre, não vemos por que razão a norma aplicada pelo juiz e que fundamenta a sua decisão não pode ser objeto de fiscalização da constitucionalidade. É que aqui tudo se passa de forma bastante semelhante ao anteriormente descrito, na medida em que o essencial se mantém em ambas as situações – *i.e.*, ter de existir um nexo de significação entre o enunciado normativo interpretado e a norma dele adveniente. Se nos domínios sujeitos a estrita tipicidade legal, uma norma aplicada que não tenha essa correspondência vai de encontro, em primeira linha, às exigências específicas dirigidas à atividade interpretativa e que decorrem do princípio da legalidade tal como se encontra constitucionalmente previsto, fora dessas zonas aquilo que é posto em causa é a cadeia de competências normativas que a Constituição prescreve para efeitos de apuramento da autoridade normativa competente. É verdade que isso também ocorre no primeiro caso, mas simplesmente aí o apuramento de uma eventual inconstitucionalidade é reportado àquilo que especificamente a Lei Fundamental estabelece para o efeito – portanto, os artigos 29.º e 103.º da Constituição.

XXXV. A conclusão a sublinhar, como se disse, é que tanto numa situação como noutra estamos perante uma questão normativa: no primeiro caso, perante uma norma que, não tendo qualquer correspondência com o sentido possível do texto de onde foi extraída, viola as exigências que decorrem para o julgador do princípio da legalidade; no segundo, perante uma norma que, precisamente por força da mesma circunstância, deixa de ser norma criada por uma autoridade normativa competente e revelada pelo juiz para passar a ser norma criada por este, indo de encontro ao princípio da separação de

competências", cfr, N. Piçarra, "O Princípio da Separação de Poderes e Limites da Competência do Parlamento face ao Governo na Jurisprudência Constitucional Portuguesa", in *Estudos de Homenagem ao Prof. Doutor Jorge Miranda, Vol. III – Direito Constitucional e Justiça Constitucional*, Coimbra, 2012, pp. 33 e ss., e J. Reis Novais, *Separação de Poderes*, pp. 25 e ss.

No sentido de que a norma de separação de poderes é uma *norma-princípio*, cfr, J. J. Gomes Canotilho e V. Moreira, *Constituição*, I, p. 46; M. Rebelo de Sousa e A. Salgado de Matos, *Direito Administrativo*, I, p. 141.; A. Salgado de Matos, *A Fiscalização Administrativa*, p. 296; P. Moniz Lopes, *ob. cit.*, pp. 100-106. Diferentemente, entendendo-a enquanto *norma-regra*, cfr, J. Reis Novais, *Direitos Sociais – Teoria Jurídica dos Direitos Sociais enquanto Direitos Fundamentais*, 2.ª Edição, Lisboa: AAFDL Editora, 2016, p. 274.

A partir daqui, e sobre conflitos normativos no contexto da separação de poderes, cfr, L. Pereira Coutinho, RFDUL, 2000, pp. 109 e ss.

Por fim, sobre o acolhimento do princípio da separação de poderes na CRP76, em especial no que diz respeito à "fronteira legislativa-jurisdicional", e respetivas consequências, cfr, por todos, P. Fernández Sánchez, *Lei e Sentença*, II, pp. 440 e ss.

poderes. Ora, se se admite o controlo na primeira hipótese, por que razão não se há de admitir na segunda?

XXXVI. É que, bem vistas as coisas, a argumentação por nós desenvolvida anteriormente encontra respaldo nesta nova hipótese. Também aqui a justiça constitucional não necessita de se pronunciar sobre o processo interpretativo adotado pelo juiz comum, nem muito menos de se substituir a este na sua tarefa de interpretar direito ordinário, dizendo qual a melhor interpretação de um preceito através de uma eventual prévia fixação do seu sentido interpretativo adequado: basta-lhe, isso sim, atentar na norma impugnada e verificar se existe um nexo de significação com o texto do enunciado normativo, sendo irrelevante não só o percurso metodológico adotado pela jurisdição comum, mas também a qualificação dada a esse mesmo processo.

XXXVII. Impedir que o Tribunal se pronuncie se a razão invocada no recurso residir na eventual violação do princípio da separação de poderes, é novamente estar a fazer do critério do fundamento aquele que é decisivo no atual sistema de fiscalização da constitucionalidade, quando, como se viu, para o TC o que interessa é saber se estamos perante uma norma no seu sentido funcionalmente adequado, não havendo qualquer base na Constituição para excluir do seu controlo uma eventual inconstitucionalidade que assente num específico fundamento[860]. Ora, como acabou de ser demonstrado, é inequívoco que a questão é normativa, pelo que o Tribunal não pode abdicar da fiscalização com base num parâmetro constitucional que, pelo contrário, sendo fundamental, reclama a sua intervenção[861].

XXXVIII. Acresce, por fim, que tal como nem todas as interpretações normativas penais ou fiscais consideradas "erradas" pelo particular violam necessariamente o princípio da legalidade, o mesmo sucede fora desses domínios e por referência ao princípio da separação de poderes. É verdade que o juiz está autorizado a julgar tão bem quanto pode, mesmo que mal[862];

[860] Cfr, de novo, J. Reis Novais, *Sistema Português*, p. 220, bem como a declaração de voto de vencida da Conselheira Maria dos Prazeres Beleza ao Acórdão n.º 383/00.

[861] É também este argumento que nos leva a afirmar que não está aqui presente uma eventual questão de ativismo judicial, desde logo por o juiz constitucional não se estar a substituir ao legislador – cfr, a este propósito, M. Benedita Urbano, *Curso*, pp. 142 e ss.

[862] Cfr, a declaração de voto de Sousa e Brito ao Acórdão n.º 674/99, já mencionada *supra*, §2, 2.2.2., *b*), XXI, da presente Secção.

só que uma coisa é acusá-lo de julgar mal por se estar a contestar a bondade de uma sua interpretação, outra é isso acontecer por a sua decisão se fundar numa norma inconstitucional. E se for assim, tendo em conta o nosso sistema de fiscalização da constitucionalidade nenhuma razão há para infirmar o controlo do TC.

Não nos parecem convincentes, por isso, os argumentos avançados pelo TC, em jurisprudência recente, no sentido de não poder apreciar a constitucionalidade de uma norma que haja sido criada pelo juiz fora dos domínios sujeitos ao princípio da legalidade penal e fiscal. De facto, se parece pacífico que os mais recentes arestos, partindo dos citados artigos 29.º e 103.º da Constituição, pugnam por uma fiscalização da constitucionalidade de uma norma nova, traduzida na verificação do tal nexo de significação entre esse resultado da interpretação e a literalidade do preceito de onde foi extraído[863], o mesmo não sucede no outro caso.

Reportamo-nos, em específico, aos Acórdãos n.ºs 610/16, de 15 de novembro (1.ª Secção; Recurso; João Pedro Caupers), 383/17, de 12 de julho (2.ª Secção; Recurso; Lino Rodrigues Ribeiro) e 35/18, de 31 de janeiro (3.ª Secção; Recurso; Maria José Rangel de Mesquita)[864], todos referentes à mesma questão de constitucionalidade: o MP havia interposto recurso de uma decisão negativa de inconstitucionalidade proferida pelo STA – *v.g.*, acórdão de 31 de março de 2016 – , sustentando que este, ao interpretar o artigo 150.º, n.º 1, do CPTA no sentido de que "a Secção de Contencioso Tributário do Supremo Tribunal Administrativo é competente em razão da matéria para o conhecimento de recurso de revista interposto de acórdão proferido pela Secção de Contencioso Tributário do Tribunal Central Administrativo", havia criado uma norma jurídica num «domínio em que tal matéria, caracteristicamente atinente à "organização e competência dos tribunais", se integra na reserva relativa de competência legislativa da Assembleia da República (Constituição, art. 165.º, n.º 1, al. p), 1.ª parte)»[865].

[863] Veja-se, a título de exemplo, os Acórdãos n.ºs 106/2017, de 1 de março (1.ª Secção; Recurso; Teles Pereira), 606/18, de 14 de novembro (3.ª Secção; Recurso; Joana Fernandes Costa), 572/19, de 17 de outubro (2.ª Secção; Recurso; Pedro Machete), 731/20, de 10 de dezembro (3.ª Secção; Recurso; Maria José Rangel de Mesquita) e 402/21, de 8 de junho (1.ª Secção; Recurso; Teles Pereira), todos disponíveis em: https://bit.ly/3GNczY3.

[864] Disponíveis em: https://bit.ly/33gTyzh.

[865] Cfr, parágrafos 2 e 4 do Acórdão n.º 610/16.

Para aquilo que nos interessa, o TC afirmou que se é verdade que em sede de princípio de legalidade penal e fiscal, que são "domínios normativos em que é a própria Constituição a vedar o recurso à analogia, como meio de suprimento de lacunas legais, ou determinadas formas de interpretação", o Tribunal pode "controlar o resultado do processo de interpretação desenvolvido pelos tribunais"[866], o mesmo não pode suceder quando "não decorrem da Constituição, nesse específico domínio normativo [v.g., processual administrativo], específicas limitações em matéria de interpretação ou integração, pelo que, em abstrato, é lícito ao julgador aplicar os critérios legalmente previstos em ordem a determinar o sentido decisivo da lei ou, na ausência de previsão legal, a norma que deve usar como critério de julgamento (artigos 9.º e 10.º do Código Civil), não cabendo ao Tribunal Constitucional – sublinhe-se de novo – controlar o uso que as instâncias fazem dos instrumentos que a lei lhes concede para o efeito, considerando, desde logo, o irreprimível espaço de autonomia que a própria Constituição, em regra, reconhece aos tribunais na interpretação do direito ordinário que são chamados a aplicar (artigo 203.º da Constituição)"[867].

Se se atentar na argumentação que se expôs *supra*, é fácil perceber as razões da nossa discórdia. É inequívoco que dos artigos referentes ao princípio da legalidade penal e fiscal decorrem limitações à atividade interpretativa do julgador, sendo que é a partir dessas limitações que o TC retira a sua habilitação de controlo constitucional de normas extraídas por interpretação, nesses domínios, que ultrapassem o elemento literal. Assim, e de acordo com o raciocínio do Tribunal, se o julgador tem a sua liberdade interpretativa limitada, e se essa limitação advém de um específico parâmetro constitucional, torna-se evidente que a fiscalização é possível. Por oposição, fora desses domínios, uma vez que "não existe um parâmetro de constitucionalidade que imponha específicas limitações em *matéria de interpretação*"[868] (sublinhado e itálico nossos), a fiscalização não pode ocorrer.

Porém, o Tribunal confunde duas realidades: interpretação e criação de norma. Como afirmado, se em sede penal ou fiscal a jurisdição constitucional concluir que não existe nexo de significação entre a norma revelada

866 Cfr, parágrafo 10 do Acórdão n.º 610/16.

867 Cfr, parágrafo 11 do Acórdão n.º 610/16

868 Cfr, parágrafo 5 do Acórdão n.º 398/19, de 4 de julho (1.ª Secção; Recurso; Claudio Monteiro), disponível em: https://bit.ly/3oKrxYi.

e o texto do enunciado normativo de onde proveio, haverá inconstitucionalidade por violação (direta) dos artigos 29.º e 103.º da Constituição, nomeadamente na sua vertente de limitação à atividade interpretativa do juiz. Sem prejuízo da verdade desta asserção, importa não esquecer que mesmo nesse caso, e como demonstrado, estaremos perante criação normativa: de facto, se inexiste esse nexo, deixa de haver relevação e passa a haver criação, pelo que àquela primeira inconstitucionalidade ainda acresce outra – uma inconstitucionalidade material da norma criada por estar a colidir com o princípio da separação de poderes.

Ora, fora das situações a que aqueles artigos da Constituição se reportam, se é verdade que a inexistência de nexo de significação não comporta uma inconstitucionalidade pelo primeiro motivo indicado anteriormente, nem por isso o segundo vício deixa de estar presente. Assim, se a Lei Fundamental, em certos domínios, veda especificamente certos processos interpretativos ao juiz *a quo*, também determina, em termos simultâneos e independentemente da matéria, a proibição de o mesmo juiz criar normas jurídicas, precisamente por não ser, salvo situações excecionais, uma autoridade normativa reconhecida pelo sistema.

Admitir o controlo nestes casos não significa "controlar o uso que as instâncias fazem dos instrumentos que a lei lhes concede para o efeito", nem bulir com o "espaço de autonomia que a própria Constituição, em regra, reconhece aos tribunais na interpretação do direito ordinário"[869]. E não significa porque, e de novo: (*i*) o Tribunal não vai afirmar qual *a melhor* ou *mais correta* interpretação daquele preceito, mas, antes, atentando no fundamento invocado pelo recorrente, e à semelhança do que faz em domínio sujeitos ao princípio da legalidade, vai meramente verificar se existe nexo de significação entre a norma dita extraída e o texto do respetivo enunciado normativo; (*ii*) além de que, importa recordar, é a própria Constituição, salvo determinados casos reconhecidos pelo sistema, que limita o espaço de autonomia que os tribunais têm na interpretação do direito ordinário – nomeadamente, proibindo-lhes a criação de normas por esses mesmos tribunais não serem, à luz do sistema de fontes previsto na Lei Fundamental, uma autoridade normativa competente.

[869] Cfr, parágrafo 11 do Acórdão n.º 610/16.

Assim, havendo uma pretensa inconstitucionalidade, que não é sequer indireta[870], não se vislumbra qualquer razão justificativa para se negar o recurso nestes casos. Entendimento contrário, aliás, não só é incoerente, pois que, como demonstrado, e numa visão substancial das coisas, aquilo que o TC tem de fazer é exatamente o que (já) faz a propósito de normas alegadamente criadas em domínios sujeitos ao princípio da legalidade, como é remeter para a irrelevância um fundamento do recurso tão (ou mais) válido quanto os restantes.

Pode-se argumentar que um eventual controlo de constitucionalidade em casos de violação do princípio da separação de poderes pode constituir um verdadeiro *pass-partout*, por se transformar num fundamento que pode ser invocado em inúmeras situações para efeitos de recurso. Ora, se é verdade que isto não pode ser argumento para se adotar um entendimento contrário, na medida em que, independentemente dessa circunstância o risco de a Constituição estar a ser afrontada está presente, também não deixa de ser certo que este argumento parece implicar uma certa desconfiança quanto à jurisdição comum, nomeadamente à sua capacidade de interpretar direito ordinário dentro dos limites que a Constituição prescreve – portanto, não criando normas novas. Por fim, acresce que outras situações onde esse princípio pode estar a ser afrontado, nomeadamente em sede de integração de lacunas pelo juiz *a quo*, não podem merecer a fiscalização do TC. É o que se verá já de seguida.

2.5. Integração de lacunas e fiscalização da constitucionalidade

2.5.1. Ponto prévio

I. Em todas as situações que até este momento foram analisadas, quando existe uma norma potencialmente aplicável ao litígio que o juiz tem de resolver, e que advém de uma autoridade normativa competente à luz do nosso sistema, será essa que ele terá de aplicar após a sua revelação por força de uma atividade interpretativa incidente sobre um enunciado normativo. Queremos com isto dizer que nestas situações há um texto ao qual esse comando pode

[870] A este propósito, veja-se a declaração de voto de Gonçalo Almeida Ribeiro aposta ao Acórdão n.º 35/2018, de 31 de janeiro (3.ª Secção; Recurso; Maria José Rangel de Mesquita), disponível em: https://bit.ly/3tKAunK.

ser assacado, na medida em que a autoridade normativa identificou aquele caso genérico na previsão de uma norma jurídica, do qual o caso individual é uma sua instanciação. Mas se porventura não for possível identificar nenhum texto a partir do qual se possa extrair um comando normativo para a solução do caso individual, então isso significa duas coisas que estão necessariamente interligadas: (*i*) que não é possível o caso particular ser uma instanciação de um caso genérico, por não haver nenhuma norma jurídica que o preveja; (*ii*) pelo que, e como alguém já referiu, havendo um *silêncio do direito*, inexiste uma resposta normativa direta para a solução daquele litígio. Estaremos, assim, perante uma lacuna normativa[871].

[871] Cfr, E. Bulygin, *Isonomia*, pp. 15 e ss; E. Bulygin e D. Mendonca, *Normas*, pp. 43 e ss.; R. Guastini, *Interpretar*, pp. 139-165; F. Atrias, "Sobre las lagunas", in. F. Atrias et. all., *Lagunas*, pp. 18 e ss; K. Larenz, *Metodologia*, pp. 448 e ss. Entre nós, e por todos, M. Teixeira de Sousa, Introdução, pp. 385-395. Cfr, mesmo assim, J. de Oliveira Ascensão, *O Direito*, pp. 433-467; ID, "Interpretação das Leis. Integração das Lacunas. Aplicação do Princípio da Analogia", in *ROA*, Ano 57, III, 1997, pp. 913-941.; J. Baptista Machado, *Introdução ao Direito*, pp. 192-218.; D. Freitas do Amaral, *Manual*, II, pp. 193 e ss.; M. Rebelo de Sousa e S. Galvão, *Introdução*, pp. 76-87.; F. J. Bronze, *Lições*, pp. 952-976; M. Nogueira de Brito, I*ntrodução*, pp. 264 e ss.; A. Menezes Cordeiro, *Tratado*, I, pp. 737 e ss.; ID, *Código Civil*, pp. 106-111; A. Agostinho Guedes, "Artigo 10.º", in L. Carvalho Fernandes e L. Brandão Proença, *Comentário*, pp. 51-54.; P. Moniz Lopes, "Implicações da genericidade na (in)consistência e na (in)completude dos sistema jurídicos", in P. Moniz Lopes, *Estudos*, I, pp. 105 e ss. Tendo em conta o objeto e o objetivo da nossa dissertação, não nos cabe excursar sobre as reais causas e consequências da existência de uma lacuna. Partindo das referências bibliográficas mencionadas, teremos apenas de afirmar que uma lacuna existe quando um determinado caso com relevância jurídica – i.e., que reclama regulação – não é abrangido pelo antecedente de qualquer norma existente no sistema, não oferecendo este, por isso, resposta normativa quanto ao status deôntico de uma determinada conduta – portanto, não se encontrando no sistema qualquer solução jurídica para aquele caso – neste sentido, P. Moniz Lopes, *ob. cit.*, p. 126. Isto sucede porque, evidentemente, o sistema jurídico é (não só, mas também) caracterizado pela sua incompletude. Queremos com isto afirmar que não perfilhamos do entendimento segundo o qual o sistema comporta uma *norma de clausura* que, por isso mesmo, afasta a existência de uma lacuna: em especial, não acompanhamos a sensibilidade que, atentando na norma de liberdade geral de ação que decorre do artigo 26.º da nossa Constituição, advoga que esta estipula que quaisquer condutas, em quaisquer ocasiões, integradas na conduta genérica de agir, são *prima facie* permitidas, assim o titular as quiser realizar enquanto desenvolvimento da sua personalidade. Assim, se o sistema não oferecer uma resposta deôntica quanto a uma determinada conduta – *v.g.*, *deve* realizar-se ou *não deve* realizar-se –, então ela será *prima facie* permitida, conquanto possa ser considerada manifestação do desenvolvimento da personalidade do titular dessa mesma conduta, pela que "lacuna", no sistema jurídico português, apenas identificar-se-á com as chamadas *lacunas axiológicas*, ou seja, as que "descrevem o fenómeno no qual, muito embora as propriedades de um caso jurídico se subsumam na previsão de uma norma, a definição do *status* deôntico da conduta é tida por inadequada face a um determinado padrão externo (i.e., *padrão axiológico*)" – cfr, por todos, P. Moniz Lopes, *ob. cit.*, p. 127 e, em especial, pp. 138-140. Esta posição tem clara inspiração

II. Tal como já se adiantou *supra*, qualquer decisão do juiz tem necessariamente de ter um fundamento normativo sob pena de ser arbitrária. E isto é assim porque, por força da proibição de *non liquet*, o julgador está obrigado a decidir o litígio[872]. Ora, se isto se passa desta maneira, percebe-se que no caso de existir uma lacuna o sistema autorize o juiz a, excecionalmente, ser uma autoridade normativa competente para esse efeito. Reportamo-nos, claro, ao artigo 10.º do Código Civil.

2.5.2. Analogia e fiscalização da constitucionalidade

III. Partindo deste enunciado normativo, é inequívoco que o procedimento mais comum a que o julgador recorre para criar uma norma é o raciocínio analógico. E note-se que isto agora é possível porque já não estamos nos domínios penal ou fiscal, em que a liberdade do intérprete é coartada, precisamente por lhe ser constitucionalmente vedada essa possibilidade[873]. O procedimento é comum porque não são raros os casos em que o juiz consegue

no princípio da proibição de Kelsen (ou "regra geral negativa") – *rectius*: tudo o que não é proibido, é permitido –, que já foi habilmente desmontado por Bulygin, cujo entendimento seguimos de perto – cfr, de novo, E. Bulygin, *Isonomia*, pp. 15-24, bem como M. Nogueira de Brito, *ob. cit.*, pp. 267-269 e J. Lamego, *Elementos*, pp. 114-121. Da nossa parte, mantém-se o referido anteriormente: havendo incompletude do sistema, pode suceder que determinados casos com relevância jurídica não obtenham daquele qualquer resposta normativa, quando, por oposição, isso deveria ocorrer, tendo em conta a relevância do caso. Se é assim, não resta ao juiz outra opção que não integrar a lacuna normativa – quer dizer: criar direito novo. Esta criação, sendo discricionária, é sempre necessária, pois que o julgador está obrigado a resolver o litígio. Simplesmente, quando isso acontece há que ressalvar aquilo que é evidente e que teremos oportunidade de mencionar de novo: que criar uma norma nova, idónea a integrar uma lacuna, é uma tarefa conceptualmente distinta da interpretação de um enunciado normativo (pré-)existente.

872 Veja-se, de novo, o artigo 8.º, n.º 3, do Código Civil. É precisamente desta obrigação de julgar que decorre a necessidade de integração de uma lacuna, desde logo para oferecer uma solução normativa ao caso, sob pena da arbitrariedade apontada. Ora, sem prejuízo dessa obrigatoriedade que decorre para o juiz, a verdade é que, conforme referido na nota anterior, ele gozará de uma discricionariedade na escolha de uma decisão do conflito, no quadro da sua obrigação de administrar a justiça. Porém, e como se irá ver de seguida por referência ao artigo 10.º do Código Civil, não se trata de uma discricionariedade absoluta. Veja-se, a este propósito, e por todos, E. Bulygin, *Isonomia*, pp. 24-25.

873 Sobre a analogia jurídica, para além das referências bibliográficas mencionadas na nota 871, cfr, ainda, R. Guastini, *Interpretar*, pp. 71-72, e A. Kaufmann, «Analogy and "The Nature of Things" – A Contribution to the Theory of Types", in *Journal of the Indian Law Institute*, Vol. 8, Number 3, July-September 1966, pp. 358-401.

identificar um enunciado normativo que o informa acerca da existência de uma norma reguladora de um caso semelhante àquele que tem de resolver[874]. Como se sabe, se através de uma operação valorativa, assente num juízo de valor sobre a semelhança entre duas situações comparadas, o juiz concluir que no caso omisso estão presentes as "razões justificativas" subjacentes ao enunciado normativo identificado e à *ratio* ou fim da norma que dele decorre e que regula a situação semelhante, então ele aplicará analogicamente essa norma ao caso omisso – quer dizer, partindo da norma que regula o caso semelhante, criará uma norma nova (análoga) que aplicará ao litígio, assim o resolvendo. E isso é possível – insista-se – porque, (*i*) por um lado, o caso omisso não é subsumível à previsão da norma que regula o caso semelhante, pelo que a exigência de dar resposta normativa ao primeiro se mantém[875]; e porque, (*ii*) por outro lado, estreitamente ligado a esta última circunstância e partindo do pressuposto que os requisitos do artigo 10.º, n.ºs 1 e 2, do Código Civil, estão preenchidos, o sistema autoriza o juiz a assumir-se enquanto autoridade normativa para esse efeito[876].

[874] Para efeitos da nossa dissertação, apenas nos reportaremos à analogia *legis* e não à analogia *juris* – portanto, às situações em que da comparação com uma situação juridicamente regulada resulta a aplicação de uma norma, e não à situação em que a comparação implique a análise de vários enunciados normativos, com o propósito de identificar o sentido orientador da regulação dos casos regulados por essas normas, e com o objetivo de aplicar esse mesmo sentido à situação não regulada. Sobre esta distinção, cfr, M. Teixeira de Sousa, *ob. cit.*, pp. 407-409, assim como restantes Autores citados na nota 870.

[875] Evidentemente, se essa subsunção fosse possível não se estaria perante uma lacuna. Como bem refere Guastini, *Interpretar*, p. 275, não estamos aqui perante situações em que um enunciado normativo contém predicados de tal modo vagos que o caso regulado ainda se pode inserir na sua zona (literal) de penumbra, de tal maneira que podemos afirmar que ele (ainda) se subsume à previsão da respetiva norma. Pelo contrário: em situações de analogia, nem sequer esta última situação é possível, pelo que estaremos a aplicar uma norma a um caso excluído do campo de aplicação de qualquer outra, atendendo ao sentido literal possível das palavras dos diversos enunciados normativos; logo, e, consequentemente, a criar uma norma nova – neste sentido, também, M. Nogueira de Brito, *Introdução*, p. 262. É também isto que explica a circunstância de, por um lado, a criação judicial de normas jurídicas por analogia ser uma criação a partir de outras normas, e, por outro, que para que uma norma formulada por uma autoridade normativa possa ser considerada *criada* por ela, o conteúdo dessa norma não pode ser idêntico ao de outra pertencente ao sistema – quanto a este aspeto, cfr, E. Bulygin, *Análisis*, pp. 359 e ss.

[876] Seguindo o critério de legalidade (e validade) enunciado *supra*, as normas criadas pelo juiz nestas circunstâncias pertencerão ao sistema e serão válidas, pois que advêm de uma norma que confere competência para a produção de outras normas– *v.g.*, a que decorre do artigo 10.º do Código Civil: i.e., decorrem de uma norma que outorga essa competência ao juiz, transformando-o numa autoridade normativa. Por sua vez, esta norma, estando contida num diploma legislativo, adveio do legislador – *rectius*: de uma autoridade normativa reconhecida pelo sistema, por ser detentora do

IV. Suponhamos, então, que é isso que sucede: existe uma lacuna e o juiz tem de decidir o caso concreto; para esse efeito, identifica um enunciado normativo que descreve um caso e uma norma que o regula, caso esse que ele entende ser semelhante, em termos valorativos, àquele que tem de resolver; face ao exposto, e a partir da norma aplicável a esse caso semelhante, cria uma norma análoga e aplica-a na sua decisão. Contudo, o recorrente entende que ela colide com a Constituição. Poderá invocar esta inconstitucionalidade junto do TC? Não vemos por que não. De facto, a partir do momento em que a analogia é considerada como um critério de produção normativa dentro do sistema, e se os restantes requisitos estiverem preenchidos, também haverá uma norma entendida no seu sentido funcionalmente adequado, integrando-se, assim, no nosso sistema de fiscalização da constitucionalidade.

V. E se o fundamento da inconstitucionalidade residir na inexistência de semelhança entre o caso omisso e o caso análogo, não se podendo afirmar que a norma que foi aplicada se sustenta em qualquer raciocínio de cariz analógico a partir do enunciado normativo e norma identificados pelo juiz? Será que o recorrente poderá, então, impugnar essa norma análoga junto do TC?

VII. À partida, poder-se-ia afirmar que sim. De facto, a partir do momento em que se alega que a norma que o juiz aplicou não tem sustentação numa analogia, então isso significa que ela não foi criada de acordo com um critério de produção normativa que o sistema reconhece e atribui ao juiz[877]; e se

poder legislativo –, que, para efeitos da sua produção e aprovação, esteve necessariamente apoiado noutra norma de competência normativa e que, como referido, se encontra no topo da cadeia de validade – *i.e.*, a Constituição. Assim, e dito de outro modo: partindo de uma norma de competência normativa contida na Lei Fundamental, e que confere essa competência ao legislador no sentido de o reconhecer enquanto autoridade normativa, este, ao aprovar o Código Civil e fazendo uso dessa sua competência, criou uma norma que confere ao juiz competência para a produção de outras normas em específicas situações, assim o transformando, estritamente para esse efeito, numa autoridade normativa competente. Logo, as normas que este criar com fundamento nessa norma de competência normativa pertencerão necessariamente ao sistema e serão válidas.

[877] De facto, e na sequência do que foi anteriormente referido, o juiz, para criar uma norma sustentado na norma que decorre do enunciado normativo do artigo 10.º, n.ºs 1 e 2, do Código Civil, e que lhe confere competência para a produção de outras normas, tem de cumprir determinados requisitos, donde se destaca o referente à semelhança valorativa que é necessária existir entre o caso omisso e o caso semelhante que está regulado. Daí que a discricionariedade nessa tarefa de criação normativa não seja absoluta. Assim, e pela positiva, o juiz, quando recorre a um raciocínio analógico, só se poderá assumir enquanto autoridade normativa competente se detetar a referida semelhança a partir da qual poderá criar norma análoga. Logo, se esse requisito falha, parece que

assim foi, então essa norma, novamente, poderia ser inconstitucional por violação do princípio da separação de poderes.

VIII. Há, porém, uma diferença fundamental entre este caso e o relativo a interpretações normativas. Aqui, e como se analisou, a tarefa da jurisdição constitucional é a de, simplesmente, atentar no resultado da interpretação e no enunciado normativo invocados e deslindar se há um nexo de significação entre ambos, de tal forma que a norma ainda por ser imputada ao legislador. Queremos com isto afirmar que o Tribunal, com a sua tarefa, não tem de se pronunciar sobre o "feito submetido a julgamento", com o objetivo de saber se aquela norma foi corretamente chamada a decidi-lo pelo juiz, de forma a que se possa afirmar que as particularidades desse caso podem a ela ser subsumidas, não só porque não precisa de o fazer, por a questão ser normativa, mas, muito em especial, porque *não o pode fazer.*

IX. Numa situação de eventual operação analógica, é certo que também estamos perante uma norma que daí resultou. Porém, o fundamento de inconstitucionalidade invocado implica algo mais para o TC. E é esse algo mais que, parece-nos, pode bloquear o acesso a essa jurisdição.

X. Quando o particular entende que uma norma criada a partir de uma analogia viola o princípio da separação de poderes, tal significa, necessariamente, uma censura a uma operação valorativa do juiz tendo em conta as particularidades do caso concreto que tem de decidir[878]. Na verdade, se uma operação analógica implica, da parte do juiz *a quo*, e em termos valorativos, uma comparação entre a situação a regular e outras, eventualmente semelhantes, que já estejam reguladas, alegar que uma norma daqui resultante padece do vício invocado é estar necessariamente a censurar um juízo (valorativo) efetivado pela jurisdição comum.

As diferenças são, por isso, substanciais. Como evidenciado, em sede de interpretações normativas, invocar uma inconstitucionalidade por violação do princípio da separação também implica uma censura a um processo metodológico sem natureza normativa. Mas desta operação interpretativa que pelo

já não se não pode continuar a falar de criação normativa legitimada, antes de passando a falar de criação normativa violadora do princípio da separação de poderes, porque não sustentada numa norma que confere competência para a produção dessa norma. De novo, também aqui a poderá suscitar-se uma eventual inconstitucionalidade orgânica.

[878] Veja-se o que acabou de ser referido na nota anterior.

juiz comum foi efetivada não se servirá o Tribunal, na medida em que a sua pronúncia pode (e deve) ser exclusivamente construída a partir do resultado da interpretação e tendo a Constituição como parâmetro. O percurso hermenêutico adotado na decisão é, portanto, irrelevante, sem prejuízo de uma pronúncia por inconstitucionalidade acabar por censurá-lo indiretamente.

XI. Ora, querer que o Tribunal responda à questão de saber se uma norma análoga foi formulada de acordo com um critério de produção normativa que o sistema reconhece, significa que essa jurisdição, em termos necessários, terá sempre de ver se, tendo em conta o caso concreto que o juiz tinha de decidir, com todas as suas particularidades, ele andou ou não bem ao ter efetivado uma comparação valorativa com outros casos (regulados) para efeitos de construção de uma norma a partir de um enunciado normativo. É certo que, tal como na situação anterior, também existe um preceito e uma norma. Contudo, enquanto no primeiro caso a resposta do TC é estritamente normativa porque desligada de eventuais juízos que são cometidos ao julgador, noutro, e por oposição, o controlo constitucional de uma norma implica que o Tribunal avalie e eventualmente corrija um juízo do juiz *a quo* – nomeadamente, o que se concretizou na "ponderação sobre se as características essenciais do caso omisso e do caso previsto são suficientemente próximas para que os casos possam ser considerados análogos"[879].

XII. E note-se que não é só *avaliar*. Novamente, quando o TC conclui que uma norma está ferida de inconstitucionalidade orgânica e material porque inexiste nexo de significação entre ela e o enunciado normativo de onde foi extraída pela jurisdição comum, há uma censura do resultado desligada do modo: *i.e.*, a pronúncia adveio exclusivamente de uma análise normativa operada pelo Tribunal e alheada, por isso, do percurso interpretativo do juiz comum. Diferentemente, declarar que uma norma análoga criada pelo juiz *a quo* sofre de idênticos vícios de inconstitucionalidade, implica, necessária e diretamente, *censurar* uma operação valorativa e tendencialmente discricionária que lhe é exclusivamente reservada. Assim, e ao contrário do caso anterior, o TC só pode afirmar que uma norma análoga não foi criada, para esse efeito, por uma autoridade normativa competente, após concluir que do enunciado normativo invocado a norma impugnada não é passível de ser

[879] Cfr, M. Teixeira de Sousa, *Introdução*, p. 404. Vejam-se, ainda, as referências bibliográficas citadas na nota 871.

chamada à colação, o que, por sua vez, pressupõe que o juiz constitucional não só se tenha substituído ao juiz comum numa tarefa valorativa e discricionária, revendo-a, como também tenha substituído o juízo constante da decisão comum pelo seu, pois que, e afinal, havia uma diferença substancial entre o caso omisso e o caso regulado.

XIII. Em linha com aquilo que já foi avançado, numa operação normativa, seja de interpretação, seja de integração de lacuna, há sempre um antes e um depois. Quando interpreta um determinado preceito, o juiz, evidentemente, toma determinadas opções partindo do caso concreto, que incluem relevar particularidades deste último e, por vezes, a subsunção de categorias legais, e cujo resultado desembocará numa norma; esta, por sua vez, será o ponto de partida para, posteriormente, se chegar à norma de decisão, que, também como visto, coincide com o ato de julgamento. Se este não pode ser apreciado pelo TC, também não o podem as opções do juiz comum aquando da sua tarefa interpretativa, por se revestirem natureza meramente metodológica. E se isto se passa desta maneira, todas as razões procedem para que em sede de integração de lacuna por analogia a norma daí adveniente não possa ser suscetível de fiscalização da constitucionalidade por referência a uma eventual violação do princípio da separação de poderes, já que, como acabado de demonstrar, ela é exclusivamente construída a partir de um juízo valorativo do juiz comum, pelo que saber se esse princípio foi ou não afrontado, por oposição a um cenário de interpretação normativa, implicaria que o Tribunal subvertesse a distribuição de competências entre justiça constitucional e justiça comum.

2.5.3. Norma hipotética e fiscalização da constitucionalidade

XIV. Por fim, resta-nos atentar na última situação associada à existência de uma lacuna normativa: a circunstância de não haver, sequer, um caso análogo. Certo é que continua a existir um litígio que tem de ser resolvido, pelo que o juiz não pode invocar esta eventualidade para se furtar ao seu dever de decidir. Não se estranha, por isso, o poder de criação normativa que lhe é oferecido pelo sistema quando tal ocorre: assim, num cenário de lacuna normativa em que não exista um caso análogo e respetiva norma a partir do (e da) qual se possa criar uma norma análoga, o juiz a quo, partindo do caso concreto e das suas particularidades, terá o poder de criar *ad hoc* uma norma geral e abstrata, com a pretensão de regular todos os casos daquele género, onde o caso individual (que reclama decisão) se insere, por ser uma sua instanciação. Reportamo-nos, claro, ao artigo 10.º, n.º 3, do Código Civil[880].

XV. Mas note-se, contudo, como aqui a situação é meramente semelhante à que se acabou de analisar. Por certo, se numa situação de raciocínio analógico o recorrente entender que a norma criada partiu de um enunciado normativo e de uma norma dirigidas a um caso que nada tem de semelhante, em termos valorativos, com o seu caso concreto, então, e como se disse, tal significa que que ela não se encontra sustentada numa analogia – portanto, não foi criada de acordo com um critério de produção normativa que o sistema reconhece e atribui ao juiz, podendo esta situação consubstanciar uma eventual violação do princípio da separação de poderes, e sobre a qual, como se viu, o TC não se pode pronunciar.

XVI. O cenário é diferente, porém, quando inexiste caso análogo. Aqui, o juiz não tem um enunciado normativo que se prefigure como ponto de partida – que é o mesmo que dizer: não há qualquer operação metodológico-valorativa que a partir daí tenha de ser feita. Pelo contrário: atentando na descrição do caso individual, o juiz constata que neste não está presente qualquer propriedade definitória de um caso genérico identificado por uma autoridade normativa na previsão de uma norma – quer numa norma potencialmente aplicável por esse caso individual ser uma sua instanciação, quer numa norma aplicável a um caso omisso por, havendo semelhante, permitir que a partir daí seja criada uma norma análoga. Daí que o único "processo" que à partida o juiz tenha de empreender se sustente num *juízo* – *rectius*: a verificação de inexistência de resposta normativa para aquele caso.

[880] Sobre aquilo que, entre nós, se designa por "regra hipotética", cfr, M. Teixeira de Sousa, *Introdução*, pp. 409-411.; J. de Oliveira Ascensão, *O Direito*, pp. 460 e ss.; J. Baptista Machado, *Introdução ao Direito*, pp. 203 e ss.; D. Freitas do Amaral, *Manual*, II, pp. 202-209.; M. Rebelo de Sousa e S. Galvão, *Introdução*, pp. 85-86.; F. J. Bronze, *Lições*, pp. 952-976; M. Nogueira de Brito, *Introdução*, pp. 288-290.; A. Menezes Cordeiro, *Tratado*, I, pp. 766-769.; ID, *Código Civil*, pp. 106-111; A. Agostinho Guedes, "Artigo 10.º", in L. Carvalho Fernandes e L. Brandão Proença, *Comentário*, pp. 51-54 ; E. Bulygin, *Isonomia*, p. 21.; ID, *Análisis*, p. 361. Cfr, ainda. P. Moniz Lopes, *Estudos*, I, pp. 47-48. Nas palavras de M. Teixeira de Sousa, p. 409, "a regra hipotética só é utilizada como modo de integração de uma lacuna quando esta não possa ser preenchida através de analogia", sendo que isso "só pode suceder quando, havendo um caso omisso, não se encontre regulado nenhum caso análogo".

XVII. A verdade é que pode surgir uma situação que novamente se poderá relacionar com a eventual violação do princípio da separação de poderes: suponhamos que o juiz *a quo* recorre à opção que lhe é facultada pelo artigo 10.º, n.º 3, do Código Civil, e cria uma norma *ad hoc* que aplica ao caso, alegando, necessariamente, a existência de uma lacuna normativa sem possibilidade de se recorrer, sequer, a um raciocínio analógico. O particular, porém, entende que o sistema oferece resposta normativa para o caso concreto, que até podemos assumir como mais favorável do que aquela que decorre da norma criada. Será que, com base neste argumento, pode recorrer da decisão para o TC? Em nosso entender, a resposta continua a ser negativa.

XVIII. Como já tivemos oportunidade de demonstrar, uma vez que o juiz está obrigado a decidir o litígio e tem necessariamente de fundar a sua decisão numa norma, quando existe uma lacuna normativa o sistema reconhece-o enquanto autoridade normativa competente para, precisamente, a sua decisão não se tornar arbitrária. Assim, e se o sistema não oferecer resposta normativa, então das duas, uma: (*i*) ou o juiz, através de uma operação valorativa, cria uma norma a partir de outra que regula um caso semelhante àquele que tem de resolver; (*ii*) ou, não sendo possível recorrer à analogia, cria, *ad hoc*, uma norma e aplica-a na sua decisão.

Ora, na primeira opção, é verdade que (ainda) existe um enunciado normativo e uma norma, nomeadamente aquela que é aplicada a um caso semelhante ao caso omisso. Como se concluiu, mesmo existindo um resultado normativo que se prefigure como ponto de partida para aquele que será aplicado a final, a verdade é que este é insuscetível de controlo com fundamento numa pretensa violação do princípio da separação de poderes, por isso implicar, para o TC, uma análise de um juízo valorativo que pertence à jurisdição comum.

XIX. Na segunda hipótese, e diversamente, o ponto de partida da norma criada e aplicada pelo juiz a quo não é outra norma extraída de um enunciado normativo, mas, pelo contrário, um juízo – nomeadamente, o juízo de que inexiste no sistema uma resposta normativa para o caso concreto que tem de resolver.

XX. Se isto explica que o artigo 10.º, n.º 3, do Código Civil, se refira ao juiz como *presumível legislador* – portanto, como detentor de um poder legislativo originário, sem base normativa de sustentação, estritamente ficcionado para aquele efeito[881] –, também nos permite responder negativamente à questão suscitada supra.

De facto, se o recorrente impugna uma norma que foi criada pelo julgador a partir da atribuição de competência normativa que lhe advém do artigo 10.º, n.º 3, do Código Civil, e o fundamento dessa impugnação reside numa eventual violação do princípio da separação de poderes, por o recorrente entender que o sistema – *v.g.*, uma autoridade normativa competente à luz da Constituição – oferece solução normativa para o caso concreto, torna-se claro que aquilo que se questiona não é a norma criada, mas, sim, o juízo que levou a essa mesma criação. E é evidente que este juízo, por novamente se situar num estrito plano de direito ordinário, é insuscetível de fiscalização da constitucionalidade.

Assim, em sede de integração de lacuna por recurso à norma hipotética, o controlo de constitucionalidade apenas pode incidir sobre a norma que resulta do juízo de que o sistema não oferece resposta normativa para o caso que o juiz tem de decidir.

2.5.4. Síntese conclusiva

XXI. Aqui chegados, e à semelhança do que já afirmamos a propósito da analogia, é um dado assente que tanto num caso como noutro estamos perante uma norma que, estritamente para aquele efeito, foi criada pelo juiz, que, por sua vez, e também estritamente para aquele feito, era reconhecido pelo sistema enquanto autoridade normativa competente. Ora, se há norma, e se ela colidir com a Constituição, evidente se torna que sobre ela pode incidir um controlo constitucional em sede de recurso de decisões negativas de inconstitucionalidade.

XXII. O cenário modifica-se, contudo, quando o fundamento invocado é o da colisão com o princípio da separação de poderes, pois que tal implica, em ambas as situações, que o TC analise um juízo – quer um juízo de valoração

[881] Queremos com isto afirmar que é aqui que o juiz mais se aproxima do legislador, pois que, como referido *supra* na nota 875, e diferentemente da situação agora em análise, a criação judicial analógica é uma criação a partir de outras normas – portanto: há uma base normativa que prefigurar-se-á como ponto de partida para o juiz. O mesmo não sucede no caso da "regra hipotética" e no caso de a criação normativa provir do poder legislativo – *i.e.*, em ambas as situações há um resultado normativo que não adveio de qualquer norma pré-existente. Não espanta, por isso, que o artigo 10.º, n.º 3, do Código Civil, ao contrário do n.º 2, trate o juiz como "presumível legislador".

relativo à eventual semelhança entre dois casos, quer um juízo sobre uma pretensa inexistência de resposta normativa do sistema. Logo, o acesso à jurisdição constitucional com base neste fundamento não pode ocorrer.

XXIII. É o que acaba de ser evidenciado que explica que desde cedo o TC tenha pacificamente admitido a possibilidade de conhecer de recursos em que aquilo que se questiona é, precisamente, uma norma criada ao abrigo da possibilidade prevista no artigo 10.º, n.º 3, do Código Civil[882]:

- Foi o que aconteceu, desde logo, no já analisado Acórdão n.º 150/86. Como se escreveu *supra*, Parte II, Secção I, §2, 2.2.2., estavam em causa normas de um regulamento de arbitragem aprovado pela "determinação" de uma comissão arbitral. Sem prejuízo do que já foi referido aquando da análise deste aresto, importa agora realçar, para este efeito, que o TC entendia que essas normas haviam sido criadas por aquela comissão. Nas palavras do Tribunal, "ao definir os termos do processo, a comissão arbitral não estava a dizer o direito aplicável ao caso concreto, antes estava, na verdade, a criar esse direito", sendo que tal era possível porque "não se pode deixar de reconhecer que, em determinadas circunstâncias, os tribunais partilham efectivamente do exercício do poder normativo: é o que se verifica (...) sempre que, como no caso vertente, ao tribunal cabe criar o direito, mais que dizê-lo e aplicá-lo. É o que acontece, igualmente quando ao juiz, para integrar uma lacuna, é deferido pela lei (cf. artigo 10.º, n.º 3, do Código Civil português; artigo 1.º do Código Civil suíço; artigo 22.º da Lei sobre Fontes de Direito da Cidade do Vaticano) o poder de criar a norma aplicável, como se fosse o legislador (...)" – cfr, parágrafo 11 do acórdão. Como se vê, não foi a circunstância de a norma advir do juiz que o Tribunal negou o conhecimento do recurso;

[882] É claro que argumento idêntico pode ser utilizado em caso de analogia, se o juiz recorrer a um enunciado normativo semelhante quando, na verdade, e no entender do particular, existe um enunciado normativo que oferece uma norma que soluciona o caso concreto, pois que aí também falha o requisito para transformar o juiz em autoridade normativa reconhecida pelo sistema. Assim, e quando isso ocorre, o fundamento do recurso deixa de ser uma operação valorativa que, tendo sido (erradamente) empreendida pelo juiz, configurou uma criação normativa não sustentada num critério reconhecido pelo sistema, e passa a coincidir com aquele da situação que acabou de se expor.

- Mais recentemente, e de importância fundamental para a conclusão que formulamos a propósito do pretenso acesso à jurisdição constitucional em caso de inconstitucionalidade de norma criada por violação do princípio da separação de poderes para efeitos de integração de lacuna, é de mencionar o Acórdão n.º 385/20, de 13 de julho (Conferência; Reclamação; Gonçalo Almeida Ribeiro). O reclamante havia sido recorrente de um recurso interposto ao abrigo do artigo 70.º, n.º 1, alínea b), da LOTC, onde invocava a existência de uma lacuna no Código de Processo Penal: mais concretamente, "naquelas situações em que o recurso [em sede de processo penal] compreenda a reapreciação de prova gravada, entendendo o reclamante que tal lacuna existe, não sendo aplicável o artigo 411.º, n.º 1, do Código de Processo Penal, [e] devendo ser integrada pela aplicação da norma do artigo 638.º, n.º 7, do Código de Processo Civil, aplicável ex vi do disposto no artigo 4.º do Código de Processo Penal"[883]. Assim, entendia o recorrente que por força dessa integração deveria ser reconhecida a existência de um prazo de 40 dias para a interposição do recurso, tendo em conta que o mesmo tinha por objeto a reapreciação da prova gravada, sendo que entendimento contrário – *i.e.*, inexistência de lacuna e consequente aplicação do artigo 411.º, n.º 1, do Código de Processo Penal, e do prazo de 30 dias aí previsto – estaria a ir de encontro ao "princípio constitucional da garantia de processo criminal, estabelecido no artigo 32.º da CRP"[884].

  Por despacho da Vice-Presidente do Tribunal da Relação de Lisboa, não foi admitido o recurso de constitucionalidade, "por manifestamente infundado, uma vez que a decisão recorrenda não fez aplicação de norma, cuja inconstitucionalidade haja sido suscitada no processo". O TC, em sede de reclamação, não só confirma este entendimento, como fornece importantes elementos que relevam nesta sede e vão ao encontro do que há pouco se afirmou:

  (*i*) Em primeiro lugar, entende que o objeto do recurso carece de idoneidade "porque o ora reclamante não sindica a constitucionalidade da *norma* aplicada na decisão recorrida, segundo a qual

[883] Cfr, parágrafo 11 do acórdão. De acordo com o artigo 4.º do Código de Processo Penal, "[n]os casos omissos, quando as disposições deste Código não puderem aplicar-se por analogia, observam-se as normas do processo civil que se harmonizem com o processo penal e, na falta delas, aplicam-se os princípios gerais do processo penal".

[884] Cfr, parágrafo 10 do acórdão.

o prazo de interposição de recurso, ainda que este compreenda a reapreciação de prova gravada, é de 30 dias, segundo o disposto no n.º 1 do artigo 411.º, mas o *juízo* de que não existe nenhuma lacuna neste regime, ou seja, de que o caso dos recursos que impliquem a reapreciação de prova gravada não é omisso, juízo esse que se situa no estrito plano do direito ordinário"[885]. Dito de outro modo, o recorrente peca por, precisamente, o objeto do recurso por si interposto não ter natureza normativa: com efeito, se se critica apenas um entendimento do juiz *a quo*, de que não existe lacuna normativa, mas não se apresenta qualquer norma para efeitos de impugnação junto do Tribunal, é evidente que tal bloqueia a sua atuação;

(*ii*) Em segundo e último lugar, admite que "se pode questionar no plano da constitucionalidade a norma que *resulta* do juízo de que não existe caso omisso – no caso vertente, a norma segundo a qual o prazo de interposição dos recursos que compreendam a reapreciação de prova gravada é o fixado no n.º 1 do artigo 411.º do Código de Processo Penal –, mas já não é legítima a inclusão no objeto do recurso para o Tribunal Constitucional do próprio juízo que gerou tal resultado, o de que o artigo 411.º, n.º 1, do Código de Processo Penal, se aplica também aos recursos que compreendam a reapreciação de prova gravada, de tal modo que não há na lei nenhuma lacuna que careça de ser integrada"[886].

Assim, apesar de estarmos perante uma situação inversa àquela que foi descrita *supra*, por o recorrente entender que existe lacuna e que, por isso mesmo, ela deveria ser integrada da maneira por ele defendida, nem por isso o essencial deixa de se manter: a circunstância de se estar a questionar um juízo e não uma norma resultante desse mesmo juízo, sendo que "[t]al juízo – o de que a lei [é ou] não é omissa, porque se aplica [ou não se aplica] ao caso dos autos – é matéria de direito ordinário, que excede os poderes cognitivos da jurisdição constitucional"[887].

Sem prejuízo de não ter sido isso que sucedeu neste aresto, note-se, contudo, que seria absurdo invocar uma pretensa violação do princípio da separação de poderes neste caso, na medida em que não deixa de haver norma que possa (ainda) ser reportada ao legislador,

[885] Cfr, parágrafo 11 do acórdão.

[886] *Idem*.

[887] Cfr, parágrafo 11 do acórdão.

nomeadamente aquela que pelo juiz foi extraída de um enunciado normativo e aplicada na sua decisão. Se foi isso que sucedeu, e admitindo que existe nexo de significação entre a norma e o texto do enunciado, então o juiz não "vestiu" indevidamente as vestes de legislador, pelo que não há qualquer tipo de colisão com aquele princípio.

XXIV. De modo inverso, é evidente que o particular que pretende ser recorrente, em jeito de derradeira tentativa de protelamento de uma decisão definitiva sobre o seu litígio, pode sempre "inventar" uma alegada inconstitucionalidade baseada nos casos que se expuseram para efeitos de acesso ao TC. Porém, e se isso suceder, não só a justiça constitucional não pode conviver com a suspeição da existência de uma violação da Constituição que prejudique um particular, como também dispõe de mecanismos que permitem obviar a esta situações – *i.e.*, a suspeições que se revelam absolutamente infundadas[888].

XXV. Este entendimento deve manter-se mesmo na hipótese de o particular-recorrente continuar a entender que não existe qualquer nexo de significação entre o enunciado normativo e a norma, independentemente de essa inexistência ser manifesta ou porosa. Poder-se-á dizer que eventualmente isso consubstanciar-se-á numa enchente de recursos junto do Tribunal. Responde-se que não só tal não é necessariamente verdade, pois que, como se viu, nem sempre o objeto do recurso configura uma questão normativa, como, a sê-lo, é o preço a pagar em nome da garantia da Constituição e da tutela jurisdicional efetiva.

[888] Nomeadamente os que decorrem do artigo 76.º da LOTC. Sobre este assunto, e por todos, cfr, C. Blanco de Morais, *Justiça*, II, pp. 800 e ss., assim como C. Lopes do Rego, *Os Recursos*, pp. 219-222.

§ CONCLUSÕES

Terminada a secção dedicada à análise do controlo constitucional operado sobre interpretações normativas, importa tecer as seguintes conclusões:

i) É um hoje um dado adquirido, e desde cedo reconhecido pelo TC, que importa fazer uma distinção entre *enunciado normativo* e *norma* – *i.e.*, entre o conjunto de símbolos linguísticos através dos quais ela é formulada, e a própria norma enquanto resultado dessa representação linguística;

ii) Para a norma ser revelada e consubstanciar o resultado referido anteriormente, necessário se torna que o enunciado normativo seja objeto de *interpretação* pelo intérprete, que, para aquilo que nos interessa, coincidirá com o juiz;

iii) Tendo estes dados como ponto de partida, também a partir dos anos 80 o Tribunal vai dar mais um passo no seu conceito funcional de norma, ao incluir aí aquilo que designa de *interpretações normativas* – portanto, interpretações que o juiz comum, *na sua decisão*, opera sobre um determinado enunciado normativo, dele extraindo uma *norma* que vai efetivamente aplicar, *com esse sentido*, na *mesma decisão*;

iv) Intrincado no que acaba de se referir, é visível da jurisprudência do TC que esta jurisdição também tem consciência de que se por um lado a um enunciado normativo pode corresponder uma única norma, por outro, não só o inverso também é possível – *i.e.*, de um único enunciado normativo defluírem diferentes normas –, como uma única norma pode advir de diferentes enunciados;

v) Ora, se o Tribunal tem conhecimento desta realidade, se uma *interpretação normativa* mais não é do que uma norma extraída interpretativamente pelo juiz na sua decisão, e se esta, como já se sabe, nunca pode ser objeto de controlo pela jurisdição constitucional, o Tribunal, desde o princípio, teve a preocupação de estabelecer uma *bússola* que pudesse guiar o recorrente aquando da suscitação de uma questão de constitucionalidade assim entendida no contexto de um recurso de decisões negativas de inconstitucionalidade:

a) Em primeiro lugar, se há uma dimensão normativa que o recorrente entende ser inconstitucional, e que, por isso mesmo, pretende especificar, não só tem de haver uma *coincidência* (mínima) entre essa norma e o enunciado normativo que alegadamente constitui o seu suporte formal, como terá de ser essa dimensão aquela que o juiz efetivamente aplicou na decisão recorrida;

b) De seguida, porque se trata de uma norma extraída pelo juiz na sua decisão, e precisamente para não se confundir com esta, o recorrente terá de suscitar a dimensão normativa enquanto *regra abstratamente enunciada e vocacionada para uma aplicação potencialmente genérica* – portanto, não coincidindo com o ato de julgamento, porque expurgada de qualquer referência às suas particularidades;

c) Por fim, e porque estamos perante uma questão de constitucionalidade, necessário se torna que o recorrente explicite as razões por que entende que essa "regra abstrata" é inconstitucional, assim forçando o tribunal recorrido a sobre ela se pronunciar – *i.e.*, a formular um juízo que, se for de encontro ao entendimento da parte, consubstanciará uma decisão negativa de inconstitucionalidade.

vi) A verdade é que, vislumbrando a jurisprudência do Tribunal, verificamos que a esmagadora maioria das eventuais questões de constitucionalidade em sede de *interpretações normativas* reduz-se a *situações encapotadas*, pois que o recorrente, aparentando questionar uma certa interpretação normativa de um ou mais preceitos, o que faz, na realidade, é impugnar a concreta operação de subsunção levada a cabo pelo julgador, convertendo-a, para o efeito, em "interpretação normativa";

vii) Assim, muitos dos arestos proferidos neste contexto são de rejeição do recurso, na medida em que, conforme o TC, em maior ou menor medida, já referiu e continua a referir, a jurisdição constitucional não é competente para conhecer das chamadas *normas de decisão* – *i.e.*, aquelas que defluem da conjugação dos elementos presentes na norma aplicável ao caso concreto, em especial, da sua previsão genérica, com os factos relevantes desse mesmo caso. É verdade que a expressão *norma* está aqui presente, na medida em que o juiz, quando estabelece um sentido deôntico e soluciona juridicamente o caso, determinando qual a sua consequência, sabe que esse mesmo sentido é de aplicação potencialmente genérica, por as circunstâncias de facto presentes no litígio poderem sempre repetir-se, no futuro, em casos semelhantes ou idênticos; porém, não se trata de uma norma do conjunto normativo do sistema, pois que, ao contrário de uma norma jurídica, não consta de um enunciado normativo produzido segundo as formas admitidas;

viii) De facto, em qualquer decisão judicial, e atentando no juiz, há sempre um *momento anterior* e *posterior.* O *momento anterior* coincide com a interpretação que o juiz faz sobre um enunciado normativo para dele extrair uma norma; o *momento posterior* ocorre quando o juiz, já tendo uma norma extraída por interpretação, que, verificando a sua previsão genérica, entende ser aplicável, subsume as circunstâncias presentes no litígio a essa mesma norma e determina quais as consequências para o caso concreto:

a) Verificando estes momentos, é inequívoco que o TC apenas pode apreciar o resultado normativo do primeiro. Na verdade, e como se viu, quando o juiz interpreta um enunciado normativo, parte das características presentes no caso concreto e, eventualmente, do conteúdo de outras normas existentes no sistema para chegar ao resultado normativo. Aquilo que importa salientar é que esses juízos mediadores e subsuntivos, que mais não são do que a sua atividade interpretativa, que, por sua vez, é uma tarefa exclusiva de direito ordinário, são insuscetíveis de controlo por isso mesmo: por serem operações hermenêuticas sem natureza normativa;

b) Por seu turno, o segundo momento, coincidindo com a *norma de decisão*, ou seja, com o ato de julgamento, também não pode ser objeto de fiscalização da constitucionalidade por força das razões explicitadas em *vii*).

ix) Delinear a fronteira entre aquilo que ainda é controlo legítimo do Tribunal, por se estar a fiscalizar uma norma, e o que já não pode ser, por a fiscalização estar a incidir sobre a decisão recorrida, foi sempre uma preocupação premente do TC em contexto de *interpretações normativas*;

x) Se as situações encapotadas referidas anteriormente, e tendo em conta o que aí foi explicado, parecem ser facilmente desmontáveis, problemas maiores podem surgir quando o juiz interpreta um enunciado normativo penal e/ou fiscal, na medida em que essas áreas, estando constitucionalmente cobertas pelo princípio da legalidade (artigos 29.º e 103.º da Constituição), fazem com que a liberdade interpretativa do julgador seja limitada, impedindo-o de recorrer a determinadas opções que teria fora dessas zonas. Assim, qualquer operação interpretativa realizada pelo juiz *a quo* sobre um enunciado normativo penal e/ou fiscal, tem necessariamente de se traduzir numa norma com um *nexo de significação* ao enunciado de onde proveio, pois que, se assim não for, estaremos perante uma *norma nova* (incriminadora ou criadora de tributo), que, por ter sido criada pelo juiz, colide com o princípio da legalidade, pois que este, em especial no que a estes domínios diz respeito, não é (nem pode ser) uma autoridade normativa competente, que coincide exclusivamente com o legislador;

xi) Como acabou de se afirmar, a questão torna-se problemática quando tal ocorre – portanto, quando o juiz, nessas matérias, em vez de legitimamente extrair uma norma, cria, ao invés, norma nova ilegitimamente, ferindo-a de inconstitucionalidade material, por colisão com as exigências decorrentes daquele princípio, e de inconstitucionalidade orgânica, por não estar associada a um enunciado normativo elaborado, necessariamente, pela AR. Se o recorrente quiser constitucionalmente impugnar esta norma junto do TC com fundamento em violação do princípio da legalidade, será que o Tribunal, para efeitos da sua resposta, tem de se pronunciar sobre o processo interpretativo que foi adotado pelo juiz?

É que, vislumbrando esta pergunta, e tendo em conta o mencionado em *viii*), a única resposta possível será a negação do recurso, pois que admiti-lo significaria que o TC se pronunciasse sobre uma operação hermenêutica que é insuscetível de controlo.

xii) Sem prejuízo de, por um lado, a resposta do Tribunal ter sido *errática* ao longo dos anos, e de, por outro, a doutrina oferecer determinadas soluções que não nos parecem convincentes, cremos que nestes casos se pode afirmar, à semelhança do que alguns recentes acórdãos do TC já o fazem, que o controlo constitucional será estritamente normativo

a) Como ponto de partida, e partindo do pressuposto que ela é enunciada corretamente, o TC tem de atentar na norma enquanto resultado da interpretação e que é aquela que é impugnada em sede de recurso de decisão negativa de inconstitucionalidade;

b) Seguidamente, e tendo presente as específicas exigências que do princípio da legalidade decorrem para o julgador, o Tribunal apenas terá de verificar se existe um *nexo de significação* mínimo entre a norma e o enunciado normativo penal ou fiscal de onde ela foi extraída. Se existir, há norma revelada pelo juiz e imputada à (única) autoridade normativa competente nestes domínios à luz do sistema; se não existir, há norma criada pelo juiz e, portanto, inconstitucional, por este não ser reconhecido pelo sistema enquanto autoridade normativa competente;

c) Para chegar a este resultado, o Tribunal não se substitui ao juiz na sua tarefa exclusiva de interpretação de direito ordinário: de uma parte, porque a sua análise não vai incidir sobre a atividade interpretativa do julgador, que lhe é irrelevante, mas, apenas, sobre o resultado normativo daí adveniente – *i.e.*, não vai incidir sobre a *interpretação* enquanto *atividade*, mas, sim, sobre a *interpretação* enquanto *produto*; de outra parte, e em estreita ligação com o que se acaba de afirmar, porque o Tribunal não vai "petrificar" um sentido normativo a dar a determinado enunciado, por esse ser o *mais correto* ou *o melhor*, em oposição a um pretenso sentido "erróneo" dado pelo juiz, antes determinando, e por oposição, se uma norma extraída de um preceito penal ou fiscal (que, como já se sabe, pode não ser necessariamente a única que daí possa advir), norma essa que tem o princípio da legalidade como parâmetro constitucional de controlo, colide, ou não, com as exigências que desse princípio decorrem para o juiz ordinário, em especial aquela que o proíbe de criar normas novas (incriminadoras ou de tributo) nestes domínios.

xiii) São estas razões que também nos fazem rejeitar a conceção que afirma que admitir o recurso na situação que acaba de se analisar significa, necessariamente, controlar toda e qualquer interpretação normativa operada pelo juiz *a quo* e ferida de inconstitucionalidade por violação do princípio da separação de poderes, sendo que tal seria contrário à função do TC, que não é uma quarta instância de recurso. É que, parece-nos, não há qualquer razão objetiva para que não possa ocorrer uma fiscalização da constitucionalidade nesses casos:

a) Na verdade, se se acabou de verificar que o princípio da legalidade impõe exigências específicas à atividade interpretativa do juiz ordinário, também não deixa de ser certo que do princípio da separação de poderes decorre, para aquele, uma *exigência geral*:

a impossibilidade de, salvo situações excecionais, o juiz criar normas novas, precisamente por não ser uma autoridade normativa competente reconhecida pelo sistema;

b) De facto, no que à função legislativa diz respeito, verificamos que as normas de competência que constituem num determinado órgão a aptidão para criar direito, são aquelas que se reconduzem à AR e ao Governo. Se estas normas são *constitutivas*, a norma da separação de poderes não só será *regulativa*, como o seu operador deôntico será o da imposição, pois que ela impõe que os órgãos de soberania (e outros órgãos infra-estaduais) respeitem a separação de poderes estabelecida na Constituição;

c) Se isto é assim, quando o juiz, em vez de extrair uma norma a partir de um enunciado normativo aprovado por uma autoridade normativa competente, porque detentora dessa competência a partir da Constituição, cria uma norma nova, então estaremos de facto perante uma *inconstitucionalidade material*, pois que se está a violar a norma (regulativa) de separação de poderes, ao não se verificar o estado de coisas que ela impõe, mas também perante uma *inconstitucionalidade orgânica*, na medida em que se está a colidir com uma norma constitucional (constitutiva) de competência que correlaciona um órgão – no caso, a AR ou o Governo – com a aptidão para criar direito sobre determinada matéria;

d) Uma vez que a jurisdição constitucional não limita o conhecimento dos recursos em função do fundamento invocado, nenhuma razão há para também nestes casos não poder haver fiscalização da constitucionalidade. Além do mais, tudo se processará de idêntica forma descrita em *xii), b)*: partindo da norma impugnada, o TC verificará se há *nexo de significação* mínimo entre esse resultado normativo e o enunciado de onde ele proveio. Se houve, não há qualquer problema constitucional; se não, há uma dupla inconstitucionalidade pelos motivos indicados. Se este percurso já é feito pelo TC em sede de interpretações normativas em domínios penal e fiscal, por que razão não poderá suceder o mesmo aqui?

xiv) Por fim, e como referido, importa não esquecer as situações excecionais em que o sistema reconhece o juiz como autoridade normativa competente, nomeadamente quando é necessário integrar uma lacuna. Quando isso ocorre, é o próprio legislador a atribuir ao juiz a aptidão para criar direito, quer em termos analógicos, quer através da criação de uma norma hipotética – artigo 10.º do Código Civil. Contudo, e em linha com a preocupação de uma determinada sensibilidade que se mencionou em *xiii)*, será que a norma assim criada pode ser objeto de recurso junto do TC tendo como fundamento a violação do princípio da separação de poderes?

a) Começando pela analogia, à partida, a partir do momento em que se alega que a norma que o juiz aplicou não tem sustentação numa operação analógica, então isso significa que ela não foi criada de acordo com um critério de produção normativa que o sistema reconhece e atribui ao juiz;

b) Porém, há uma diferença fundamental entre este caso e o relativo a *interpretações normativas*. Aqui, e como se analisou, a tarefa da jurisdição constitucional é a de, simplesmente, atentar no resultado da interpretação e no enunciado normativo invocados e deslindar se há um *nexo de significação* entre ambos, de tal forma que a norma ainda pode ser imputada ao legislador. Em oposição, querer que o Tribunal responda à questão de saber se uma norma análoga foi formulada de acordo com um critério de produção normativa que o sistema reconhece, significa que essa jurisdição, em termos necessários, terá sempre de ver se, tendo em conta o caso concreto que o juiz tinha de decidir, com todas as suas particularidades, ele andou ou não bem ao ter efetivado uma comparação valorativa com outros casos (regulados) para efeitos de construção de uma norma a partir de um enunciado normativo;

c) Se em ambas as situações existe um preceito e uma norma, a verdade é que enquanto no primeiro caso a resposta do TC é estritamente normativa porque desligada de eventuais juízos que são cometidos ao julgador, aqui, e por oposição, o controlo constitucional de uma norma implica que o Tribunal avalie e eventualmente corrija um *juízo* do juiz *a quo* – nomeadamente, o que se concretizou na comparação valorativa sobre se as características essenciais do caso omisso e do caso previsto são suficientemente próximas para que os casos possam ser considerados análogos;

d) Logo, se um eventual veredito do TC, no sentido de a norma análoga não ter sido criada, para esse efeito, por uma autoridade normativa competente, só pode ser atingido após a conclusão que do enunciado normativo invocado a norma impugnada não é passível de ser formulada, então isso é suficiente para se concluir que, nesses casos, o Tribunal não pode intervir, pois que uma resposta contrária pressupõe que ele se substitua ao juiz comum numa tarefa valorativa e discricionária, revendo-a, como também substitua o juízo constante da decisão comum pelo seu, pois que, e afinal, havia uma diferença substancial entre o caso omisso e o caso regulado;

e) E considerações semelhantes podem e devem ser feitas a propósito de uma *norma hipotética* criada pelo julgador e que o recorrente também entende que viola o princípio da separação de poderes. Se o recorrente impugna uma norma que foi criada pelo julgador a partir da atribuição de competência normativa que lhe advém do artigo 10.º, n.º 3, do Código Civil, e o fundamento dessa impugnação reside numa eventual violação do princípio da separação de poderes, por o recorrente entender que o sistema – *v.g.*, uma autoridade normativa competente à luz da Constituição – oferece solução normativa para o caso concreto, torna-se claro que aquilo que se questiona não é a norma criada, mas, sim, o *juízo* que levou a essa mesma criação. E é evidente que este juízo, por novamente se situar num estrito plano de direito ordinário, é insuscetível de fiscalização da constitucionalidade.

xv) Assim, e ao contrário dos cenários descritos até aqui, as normas criadas pelo juiz à luz de uma atribuição de competências prevista no sistema, se é verdade que serão por este reconhecidas, não serão, contudo, passíveis de impugnação junto do TC com fundamento na eventual colisão com a norma de separação de poderes, pois que admitir esse recurso implicaria que o TC analisasse um *juízo* – quer um *juízo de valoração* relativo à eventual semelhança entre dois casos, quer um juízo sobre uma pretensa inexistência de resposta normativa do sistema.

SECÇÃO III
CONCEITO FUNCIONAL DE NORMA, CONCEITOS INDETERMINADOS E CLÁUSULAS GERAIS

§ CONSIDERAÇÕES INICIAIS

Se o conceito funcional de norma parece compaginar-se com interpretações normativas efetuadas pelo juiz *a quo*, quer em domínios penal e fiscal, quer fora deles, no sentido de o seu resultado ainda se poder consubstanciar numa norma funcionalmente adequada ao sistema português de fiscalização da constitucionalidade, com as ressalvas feitas anteriormente, e assim incidindo esse mesmo controlo sobre uma norma e não sobre a decisão recorrida, dúvidas haverá quando aquilo que esteja em causa na jurisdição comum seja a concretização ou densificação de cláusulas gerais e/ou de conceitos indeterminados. Se para efeitos de decisão de um litígio o julgador tiver de concretizar um determinado conceito ou mesmo uma cláusula, será que essa concretização poderá ser objeto de fiscalização da constitucionalidade?[889]

[889] Sobre este aspeto, e especificamente reportado à Justiça Constitucional, cfr, C. Blanco de Morais, *Justiça*, II, pp. 1036-10472; J. Reis Novais, *Sistema Português*, pp. 221-224; C. Lopes do Rego, *Os Recursos*, pp. 37-39.

§ 1. CLÁUSULAS GERAIS E CONCEITOS INDETERMINADOS

1.1. Conceitos indeterminados: *polissemia* e *vagueza*

I. Antes de se avançar para uma resposta – ou, pelo menos, para uma tentativa de resposta –, há desde logo que constatar uma certa equivocidade terminológica patente em certa doutrina, que tende a confundir esta questão com o preenchimento de conceitos indeterminados, assim equalizando aquilo que merece um tratamento diferenciado[890]. Tal como decorre de argumentação já avançada *supra*, é inequívoco que a esmagadora maioria dos predicados constantes de enunciados normativos é, por natureza, semanticamente incerta[891].

[890] É o caso de Blanco de Morais e de Lopes do Rego – cfr, *ob. cit., supra*.

[891] Sobre o assunto, entre nós e por todos, P. Moniz Lopes, *Derrotabilidade*, II e III, pp. 208-216; e D. Duarte, *A Norma*, pp. 499-508. Mesmo assim, cfr, ainda, M. Teixeira de Sousa, *Introdução*, pp. 305 e ss., e pp. 331-335, e já antes, "Linguagem e Direito", in *Estudos em Honra do Prof. Doutor José de Oliveira Ascensão*, Vol. I, Coimbra: Edições Almedina, 2008, pp. 267 e ss.; M. Nogueira de Brito, *Introdução*, pp. 313-319; D. Freitas do Amaral, *Manual*, II, pp. 144-147.; J. Lamego, *Elementos*, pp. 112-114.; A. Menezes Cordeiro, *Tratado*, I, pp. 773-778. Merece ainda destaque, por se reportar ao Direito Constitucional e pelo seu caráter pioneiro, a tese de doutoramento, de 1983, de J. J. Gomes Canotilho, *Constituição Dirigente e Vinculação do Legislador: Contributo para a Compreensão das Normas Constitucionais Programáticas*, Coimbra: Coimbra Editora, 2001, pp. 436 e ss., depois reaproveitada em "Fidelidade à República ou Fidelidade à NATO? : o poder das credenciações e o poder discriminatório da administração militar", in *Estudos em Homenagem ao Professor Doutor Afonso Rodrigues Queiró*, Coimbra: *BFDC*, 1987, assim como J. M. Sérvulo Correia, *Legalidade e Autonomia Contratual nos Contratos Administrativos*, Coimbra: Ediçoes Almedina, 2003, pp. 118-120, e C. Mota Pinto, *Cessão da Posição Contratual*, Coimbra: Edições Almedina, 1982, pp. 300 e ss. Na doutrina estrangeira, veja-se R. Guastini, *Intepretar*, pp. 68-71; B. Lewandowska-Tomaszczyk, "Polisemy, Prototypes, and Radial Categories", in D. Geeraerts e H. Cuyckens (eds.), *Oxford Handbook of Cognitive Linguistics*, Oxford, 2007, pp. 139 e ss.; T. Endicott, *Vagueness in Law*, Oxford, 2000, *passim*; C. Santiago Nino, *Introducción al Análisis del Derecho*, 2.ª Edición, Buenos Aires: Astrea, 2017 (reimp.), pp. 259-271. Veja-se, ainda, A. Castanheira Neves, *O Actual Problema*, pp. 107 e ss. Por fim, veja-se, H. L. Hart, *O Conceito*, pp. 137-149.

Esta incerteza, por sua vez, pode assumir duas vertentes: (*i*) a *polissemia*, que ocorre quando uma palavra tem dois ou mais significados ou sentidos; e (*ii*) a *vagueza*, ou *vaguidade*, que sucede quando o conceito presente num enunciado normativo, se por um lado admite uma zona de certeza positiva e negativa – portanto, em que não existem dúvidas de que um determinado facto relevante deve (e não deve) ser abrangido pelo significado do conceito em questão, determinando a sua (in)aplicação –, é ainda caracterizado por uma zona de fronteira fluida – i.e., uma penumbra, uma zona cinzenta – onde impera a dúvida, nomeadamente em saber se uma realidade é, ou não, subsumível a esse mesmo conceito[892].

II. Quando se está perante uma vagueza, há, então, uma relevante "margem extensional de dúvida"[893]. Isto significa que quando o juiz pretende extrair uma norma de um enunciado normativo que contém um conceito semanticamente indeterminado, se por um lado terá devidamente em conta a sua *intensão* – *i.e*, os "traços distintivos que dizem respeito ao conceito"[894], a "enumeração das propriedades comuns de todos os significados do conceito"[895] –, por outro, contudo, terá dificuldades relativamente à sua *extensão* – i.e., à classe de objetos ou casos que devem estar incluídos, por esse conceito os denotar ou referenciar[896].

III. Em ambas as situações acabadas de descrever estamos perante conceitos caracterizados por uma *textura aberta*[897], onde a referência é duvidosa. Se na polissemia o juiz pode ter uma tarefa menos difícil, tendo em conta a contextualização do caso concreto que tem de resolver, o mesmo não sucederá

[892] Cfr, P. Moniz Lopes, *Derrotabilidade*, II e III, pp. 210-212; D. Duarte, *A Norma*, 503-505; M. Nogueira de Brito, *Introdução*, p. 315.

[893] Assim, P. Moniz Lopes, *ob. cit.*, p. 212.

[894] Assim, M. Nogueira de Brito, *ob. cit.*, p. 315.

[895] Assim, P. Moniz Lopes, *ob. cit.*, p. 212, nota 398.

[896] Cfr, R. Guastini, *Interpretar*, pp. 68-69.

[897] Que, por sua vez, decorre "da impossibilidade de, na criação linguística do direito, se anteciparem todos os casos que venham a instanciar um conceito jurídico em virtude da eventual derrotabilidade futura" – cfr, P. Moniz Lopes, *ob. cit.*, p. 209, nota 390. Como bem salienta o Autor, "[a] utilização de um conceito, nomeadamente um conceito jurídico, não é susceptível de uma taxatividade – *lista fechada* – de propriedades definitórias que descrevam a realidade à qual este se aplica, devido à constante rebatibilidade das teorias subjacentes à conceptualização dos fenómenos" – *Idem*.

quanto à vagueza[898]. É verdade que a operação de determinação pode ser facilitada quanto mais precisa for a intensão de um predicado, pois que menor será a sua referência; porém, os casos mais duvidosos ocorrerão no sentido inverso – portanto, quando o sentido de um predicado é pouco preciso, pelo que a sua referência é necessariamente aberta[899]. Ora, na maior parte das vezes os ditos conceitos indeterminados identificam-se com os chamados "*hard cases*" – aqueles que, estando presentes num enunciado normativo, e tendo em conta um determinado caso concreto, fazem com que a aplicação da norma daí adveniente seja duvidosa[900]. Assim, e atentando em jurisprudência já mencionada, que significado se deve dar ao conceito de "serviço público"? O que se deve entender por "decisões interlocutórias que recaiam unicamente sobre a relação processual"? Será que uma matrícula automóvel pode ser considerada um "documento autêntico"?

IV. Como acabado de mencionar, todos estes exemplos têm algo em comum: a circunstância de o predicado constar de um enunciado normativo. Tendo em conta que estes, sendo descritivos, nos informam acerca da existência de uma norma[901], logicamente que deles advirá um resultado normativo. Ora, como oportunamente explicado, saber que sentido dar a essa expressão legal, a esse conceito, é uma questão de direito ordinário exclusivamente cometida à discricionariedade do juiz comum e que, consequentemente, não pode ser fiscalizada pelo TC[902]: o juiz, através de uma operação interpretativa, e partindo do caso, extrairá de um enunciado composto por um conceito

[898] Neste sentido, P. Moniz Lopes, *Derrotabilidade*, II e III, pp. 210-211; D. Duarte, *A Norma*, pp. 505-506. Embora M. Nogueira de Brito, *Introdução*, p. 318, ressalve que isto não exclui a circunstância de a vagueza ser "cumulável com todas as demais características dos conceitos indeterminados, pois em relação a todos eles é possível indicar uma área comunicativa clara e uma zona indefinida (...)".

[899] Cfr, R. Guastini, *Interpretar*, p. 69.

[900] Por oposição aos casos aos quais a norma é seguramente aplicável e àqueles aos quais, também seguramente, ela não pode ser aplicada – cfr, R. Guastini, *ob. cit.* Em sentido semelhante, C. Mota Pinto, *Cessão*, pp. 304-305.

[901] Cfr, de novo, as referências bibliográficas citadas na nota 483. Cfr, ainda, R. Guastini, *ob. cit.*, pp. 77-78: há que distinguir entre disposição/preceito, que corresponde a um enunciado normativo contido numa fonte de direito (por exemplo, numa lei); de norma, isto é, do significado normativo desse enunciado. Escusado será dizer, como aliás já foi salientado, que a operação intelectual que conduz o enunciado ao significado – *i.e.*, à norma – se identifica com a interpretação, razão pela qual se entende que a disposição/preceito/enunciado normativo é o *objeto* da interpretação e a norma o seu *resultado*.

[902] Cfr, *supra*, Parte II, Secção II, §1, 1.4.2 e 1.4.3.

indeterminado uma determinada norma a cuja previsão, posteriormente, subsumirá o caso concreto. Há, portanto, dois momentos:

(*i*) Aquele em que o juiz, tendo presente esse mesmo enunciado normativo, extrai uma norma que em si mesma comporta o preenchimento do conceito indeterminado aí constante; e
(*ii*) Aquele em que o juiz, tendo em conta a norma extraída, conjuga-a com as particularidades do caso e atinge um julgamento.

V. Ora, se é verdade que o particular não pode questionar nem este último juízo subsuntivo, que, como se sabe, coincide com a norma de decisão, nem a concreta operação de preenchimento do conceito indeterminado, que é deixada à (exclusiva) discricionariedade do julgador, pode, contudo, e também como já se viu, impugnar a norma extraída em (*i*), que mais não é do sentido legal que resultou da resposta àquela questão de direito ordinário, com o objetivo de saber se tal é conforme à Constituição, precisamente por essa resposta constar da norma extraída.

1.2. O Acórdão n.º 829/96, de 26 de Junho

I. No seguimento do que vem de ser dito, se vislumbrarmos determinada doutrina verificamos que uma decisão do TC que a este propósito costuma ser referida é o Acórdão n.º 829/96, de 26 de Junho (1.ª Secção; Recurso; Vítor Nunes de Almeida)[903]. Por sua vez, se atentarmos neste aresto rapidamente constatamos que a questão central se resume ao sentido a dar a uma expressão constante de um enunciado normativo:

> Muito resumidamente, uma sentença de um tribunal de 1.ª instância havia decretado o despejo de uma locatária, que figurava no contrato de arrendamento, embora o locado fosse habitado pelo seu filho maior de idade. Este, tendo em conta o disposto no então artigo 680.º do Código de Processo Civil, em especial no seu n.º 2[904], recorreu da sentença para

[903] Disponível em: https://bit.ly/320vpfz. Sobre este aresto, e na doutrina, veja-se C. Blanco de Morais, *Justiça*, II, p. 1037, e C. Lopes do Rego, *Os Recursos*, p. 37.

[904] À data, o artigo 680.º do Código de Processo Civil estipulava o seguinte: "1 – Os recursos, exceptuada a oposição de terceiro, só podem ser interpostos por quem, sendo parte principal na causa, tenha ficado vencido; 2 – Mas as pessoas directa e efectivamente prejudicadas pela decisão podem recorrer dela, ainda que não sejam partes na causa ou sejam apenas partes acessórias".

o Tribunal da Relação de Lisboa, que lhe negou o recurso por entender que ele não poderia ser considerado "pessoa directa e efectivamente prejudicada pela decisão" recorrida, assim confirmando a sentença que decretou o despejo. Da decisão da Relação o recorrente interpôs recurso junto do TC, alegando ser inconstitucional a «interpretação feita na decisão recorrida do artigo 680º, nº 2, do Código de Processo Civil (CPC), segundo a qual o filho da locatária, maior, que habita o local locado não pode qualificar-se como uma das "pessoas directa e efectivamente prejudicadas" pela sentença que decretou o despejo».

II. Como se vê, a centralidade do problema girava em torno de saber o que, para efeitos do litígio, poderia significar "pessoa direta e efetivamente prejudicada" pela decisão recorrida. Seguindo de perto um raciocínio já exposto, facilmente se conclui que a questão de constitucionalidade não foi corretamente suscitada pelo recorrente, por se traduzir na impugnação de um juízo subsuntivo do juiz. De facto, ao reputar a *qualificação* dada na decisão como inconstitucional, aquilo que é posto em causa não é o resultado normativo decorrente da interpretação feita pelo julgador ao enunciado normativo do artigo 680.º do Código de Processo Civil, mas, sim, a subsunção das particularidades do caso à previsão da norma extraída daquele enunciado normativo que continha um conceito indeterminado, previsão essa que, por sua vez, contém a resposta que o juiz deu para efeitos de preenchimento daquele predicado.

III. De novo, o que se pretendia impugnar era, assim, a norma de decisão: se em face da norma aplicável, ("*as pessoas direta e efetivamente prejudicadas pela decisão recorrida podem dela recorrer, mesmo não sendo parte na causa*") e dos factos compreendidos no caso ("*o filho da locatária, maior, que habita o locado*"), o que se questiona é a solução jurídica ("*o filho da locatária, maior, que habita o locado, não é uma pessoa direta e efetivamente prejudicada pela decisão recorrida, pelo que não pode dela recorrer*"), evidente se torna que tal não constitui objeto idóneo de um controlo normativo de constitucionalidade.

IV. Porém, havia uma dimensão normativa que podia ser perfeitamente autonomizada, sendo que era essa que deveria ter constituído a verdadeira questão de constitucionalidade – rectius: *os filhos dos locatários que habitem o locado não podem recorrer da decisão que resolve o contrato de arrendamento do qual não são partes.* Esta norma, como se nota, contém o sentido legal que adveio da resposta a uma questão de direito ordinário que o recorrente erradamente impugnou: na verdade, para chegar a este resultado normativo torna-se claro que o juiz *a quo*, fazendo uso do seu (exclusivo) poder discricionário, necessariamente entendeu que o recorrente, à luz do enunciado normativo a partir do qual a norma foi extraída, não podia ser considerado uma "pessoa direta e efetivamente prejudicada" pela decisão – *i.e.*, o seu caso não podia ser subsumido a esse conceito indeterminado. Ora, se o recorrente entende que essa não subsunção pode colidir com a Constituição, juízo que, como se nota, não pode ser impugnado, o mesmo não sucede com a resposta presente na norma aplicada que fundamentou a decisão e que já pressupõe o preenchimento do conceito indeterminado.

V. Esta circunstância, por sua vez, é reconhecida pelo próprio Tribunal quando identifica o modo como a questão normativa deveria ter sido suscitada – que é o mesmo que dizer: quando (erradamente) se substitui ao recorrente na tarefa de adequadamente suscitar uma questão de constitucionalidade[905].

Assim, a pretensão do recorrente poderia ter sido atingida se este houvesse formulado o recurso em termos normativos, pois que a norma em causa, coincidindo com a alegação por ele feita, também poderia, evidentemente, ir de encontro à Constituição

VI. Ora, se por um lado o TC corretamente afirma que "é [sua] jurisprudência uniforme e constante (...) que as qualificações jurídicas feitas pelo tribunal recorrido estão fora do âmbito dos poderes de cognição deste Tribunal, cuja competência se limita estritamente ao conhecimento das questões de constitucionalidade"[906] – facto que, só por si, levaria a uma decisão de não conhecimento –, por outro, nem por isso a sua abordagem deixa de ser errática, pois que mesmo assim o TC aceita conhecer de um recurso que foi desadequadamente construído, conhecimento esse que resulta do facto de a jurisdição constitucional ter suprido aquilo que o recorrente estava obrigado a fazer – *i.e.*, a identificar uma questão normativa passível de ser objeto de fiscalização da constitucionalidade[907].

[905] Cfr, parágrafo 4 do acórdão: "[a] questão que vem suscitada nos autos é a de saber se o requerente, enquanto filho maior da locatária, cujo contrato de arrendamento foi declarado resolvido, tem legitimidade para recorrer de tal decisão, não sendo parte principal na causa nem tendo nela uma intervenção acessória".

[906] Cfr, parágrafo 10 do acórdão.

[907] Veja-se, novamente, o parágrafo 4 do acórdão.

VII. Sem prejuízo do que acaba de ser evidenciado, a verdade é que, para o que agora releva, o essencial a destacar deste aresto é que ele se relaciona com um predicado vago – um conceito indeterminado – presente num enunciado normativo e do qual pode ser (e é) extraída uma norma que em si mesma comporta, necessariamente, a resposta dada pelo juiz *a quo* para efeitos de preenchimento desse conceito: ou seja, que comporta o sentido que resultou da resposta a uma questão de direito ordinário. Havendo uma norma, há, portanto, um objeto idóneo e, por isso, suscetível de ser controlado pelo Tribunal Constitucional.

1.3. Cláusulas gerais: *discricionariedade valorativa*

I. A situação modifica-se, contudo, quando estamos perante *cláusulas gerais*. Estas, ao contrário dos ditos conceitos indeterminados, se é verdade que também comungam de uma indeterminação linguística, pressupõem, contudo, uma *valoração extrajurídica* – i.e., não se referem a simples *factos* ou *objetos*, mas, antes, a situações que serão valoradas ou qualificadas através de um juízo de valor[908], precisamente porque essas cláusulas remetem para padrões éticos e morais que mais não são do que "realidades extrajurídicas"[909].

II. Na verdade, uma coisa é tentar deslindar o que se deve entender por "serviço público" ou se uma matrícula automóvel pode ser qualificada enquanto "documento autêntico": se, como referido, estes exemplos até podem ser demonstrativos de *hard cases* em sede de conceitos indeterminados, certo é que o juiz pode referenciar algo onde estejam presentes atributos previamente identificados, de maneira a subsumir esse algo ao conceito; outra coisa, bem diferente, é afirmar que determinada situação constitui um *abuso de direito* ou que vai de encontro à *boa-fé* ou aos *bons costumes*: aqui, por

[908] Sobre as cláusulas gerais, e entre nós, cfr, M. Nogueira de Brito, *Introdução*, pp. 316-319; J. de Oliveira Ascensão, *O Direito*, pp. 248-249 e p. 597; A. Menezes Cordeiro, *Da Boa Fé no Direito Civil*, Coimbra: Edições Almedina, 2011 (reimp.), pp. 661-901; ID, "Artigo 334.º", in ID, *Comentário*, pp. 925-942; ID, *Tratado*, I, pp. 773 e ss.; M. Teixeira de Sousa, *Introdução*, pp. 305 e ss.; J. Reis Novais, *Sistema Português*, pp. 221-224. Note-se, contudo, que alguns Autores agora citados, como Teixeira de Sousa e Menezes Cordeiro, igualizam conceitos indeterminados e cláusulas gerais, o que, conforme já tivemos oportunidade de evidenciar, não nos parece correto. Por fim, cfr, ainda, R. Guastini, *Interpretar*, pp. 72-73.

[909] Em sentido próximo, M. Nogueira de Brito, *ob. cit.*, p. 316.

oposição ao anterior cenário, já não estaremos perante uma operação de subsunção, mas, essencialmente, perante uma valoração realizada pelo julgador. Por outras palavras, o juiz *a quo*, quando faz apelo a uma cláusula geral, e partindo dos interesses que estejam presentes no problema que tem de resolver, ponderará a situação à luz de uma sua valoração ética e moral, o que significa que o critério de decisão será gerado e praticado num domínio que o legislador reserva ao exercício autónomo da função jurisdicional[910].

III. É evidente que a operação de subsunção identificada anteriormente também comporta uma valoração que, por sua vez, é também reservada autonomamente àquela função. Porém, e como referido, o conceito que se pretende determinar tem uma *intensão* e uma *extensão* a partir das quais o juiz se poderá guiar, enquanto as cláusulas gerais fazem essencialmente apelo a juízos próprios e pessoais do julgador – o nível de subjetivismo, por isso, é manifestamente maior, como também o é a margem de apreciação casuística. Em linha com uma doutrina clássica que se pronuncia sobre este aspeto e que é acolhida na jurisprudência do TC, as cláusulas gerais são, por isso, sindicantes das normas que o juiz chama à colação para resolver o litígio, funcionando como uma espécie de *válvula de segurança*[911].

IV. Em termos práticos, já sabemos que uma decisão do juiz tem necessariamente de ter um fundamento normativo; suponha-se, por isso, que para resolver um litígio o juiz considera que um determinado comportamento – por exemplo, o exercício de um direito, fundado numa norma –, que está em conflito com outro – fundado noutra norma –, consubstancia um caso de abuso de direito ou vai de encontro à boa-fé; nessa sequência, tendo presente esse conflito e através de uma valoração sua, dá prevalência à solução normativa que, no seu entender, fará com que a sua decisão não se consubstancie numa *injustiça do caso concreto*. Será que tal tem natureza normativa, sendo, por conseguinte, suscetível de controlo por parte do Tribunal Constitucional?

[910] Neste seguimento, cfr, C. Mota Pinto, *Cessão*, pp. 307-308. Falando em "valoração discricionária", embora por referência a conceitos indeterminados, C. Blanco de Morais, *Justiça*, II, p. 1037.
[911] Cfr, C. Mota Pinto, *ob. cit.*, pp. 312 e ss.

§ 2. A RESPOSTA DO TRIBUNAL

2.1. O Acórdão n.º 655/99, de 7 de Dezembro

I. Para tentarmos perceber de que forma é que o TC tentou responder a esta questão, torna-se necessário atentar no *leading case* sobre esta matéria – o Acórdão n.º 655/99, de 7 de Dezembro (1.ª Secção; Recurso; Paulo Mota Pinto)[912].

> A. havia vendido a B., em 1982, uma fração de um prédio rústico com uma área de 950 m². Acontece, contudo, que sem prejuízo de esta venda não ter sido afetada por nenhuma vicissitude, o mesmo não sucedeu, segundo A., relativamente a uma fração de 124 m² que B., "malogradas que foram as negociações de venda dessa parcela", decidiu ocupá-la mesmo assim, tendo aí efetuado uma construção – nomeadamente, um prédio urbano. A. pretendia, por isso, (*i*) que lhe fosse reconhecido o direito de propriedade sobre o seu prédio rústico, nele incluindo os 124 m² que B. ocupou, (*ii*) que esta fosse obrigada a demolir o que nessa área havia construído e (*iii*), bem assim, que lhe restituísse essa parcela e lhe pagasse uma indemnização. Quer o tribunal de 1.ª instância, quer o da Relação, quer o Supremo, julgaram procedente o pedido de reconhecimento do direito de propriedade de A. sobre o prédio em causa, decidindo que dele fazia parte uma área de 56,04 m² ocupada pela construção da B.[913], e condenaram esta a indemnizar A. pela ocupação dessa área

[912] Disponível em: https://bit.ly/3m2Apr6.

[913] E não de 124 m², como pretendido por A., na medida em que, segundo a jurisdição comum, não se conseguiu "provar que a diferença de 114 metros quadrados entre a área efectivamente ocupada e construída e a vendida fosse do terreno [dos autores], o que [estes] só lograram demonstrar relativamente a 56,04 metros quadrados" – cfr, parágrafo 8 do acórdão.

e pelos prejuízos sofridos. No entanto, nenhum dos tribunais julgou procedente o pedido de restituição feito por A. ao abrigo do artigo 566.º do Código Civil, por entenderem que tal, por referência ao disposto no artigo 334.º do mesmo Código, seria "ilegítimo", na medida em que se consubstanciaria num "excesso dos limites impostos pela boa-fé e pelos bons costumes".

Inconformado, A. interpôs recurso junto do Tribunal Constitucional «pretendendo ver apreciada a constitucionalidade da interpretação e aplicação feitas pelo acórdão recorrido das normas dos artigos 334º, 566º, n.º 1, e 829º, n.º 2, todos do Código Civil, por alegada ofensa "aos princípios consagrados nos artigos 62º, 17º, 18º, n.º 2, e 13º da Constituição da República Portuguesa"»[914].

II. Embora tal não tenha sido destacado pelo TC, é inequívoco que neste litígio estavam em causa dois direitos de propriedade: o direito de propriedade de A. sobre a dita parcela da fração autónoma e o direito de propriedade de B. sobre a construção efetuada nessa parcela. Sem prejuízo de a jurisdição comum ter entendido que deveria ser reconhecida a propriedade de A. sobre a parcela da fração autónoma, o mesmo não sucedeu no conflito entre os dois direitos relativos à construção aí existente, pois que B. não foi obrigado a demoli-la e a proceder à restituição pretendida por A. Tal ocorreu porque, segundo a mesma jurisdição comum, solução contrária transformaria a decisão numa injustiça do caso concreto[915].

III. Vislumbrando o acórdão que agora nos ocupa, verificamos que o TC nega conhecimento ao recurso, não se pronunciado sobre a inconstitucionalidade da "interpretação" suscitada pelo recorrente e alegadamente inconstitucional. Essencial para a jurisdição constitucional era a circunstância de o juiz *a quo* ter recorrido ao instituto do abuso de direito previsto no artigo 334.º do Código Civil para alcançar a sua decisão. Partindo desta constatação, e recorrendo à doutrina clássica anteriormente referida, o Tribunal começa por enquadrar este instituto – *i.e.*, a forma como foi recebido no Código Civil e as diferentes conceções que lhe podem ser associadas – para seguidamente justificar o porquê da rejeição do pedido do recorrente[916]. Nessa justificação

[914] Cfr, parágrafo 2 do acórdão.
[915] Cfr, parágrafo 8 do acórdão.
[916] Cfr, em especial, os parágrafos 7 e 8 do acórdão.

utilizará um entendimento que marcará a orientação do TC quanto a esta matéria e que também será utilizada pela doutrina para efeitos de concordância e de crítica, respetivamente[917].

IV. Começando por afirmar que o abuso de direito é uma "uma cláusula geral a que apenas se recorre, numa clara atitude valorativa e constitutiva, em face da hipótese concreta, recebendo, de acordo com o padrão valorativo a seguir, concretizações diversas no caso, mediante a decisão do juiz", e que, seguindo jurisprudência à data já sedimentada, «"em princípio, o Tribunal Constitucional não pode censurar o modo como os restantes tribunais aplicam o direito infra-constitucional", sendo certo que o juízo de contrariedade entre o resultado da estrita aplicação das normas e o sentimento ético-jurídico (ou de "clamorosa e intolerável injustiça do resultado" a que se chegaria na hipótese concreta), a mais de *destituído de sentido normativo* (...) se situa no plano infra-constitucional de que não cabe a este Tribunal curar"[918], a jurisdição constitucional vai centrar o núcleo da sua argumentação no facto de o recurso a essa cláusula geral pela jurisdição comum remeter para a singular decisão do caso concreto. Com efeito, a cláusula do abuso de direito "reveste-se de uma singularidade irrepetível na sua concretização, de acordo com os estalões ou padrões valorativos para que remete, em cada acto de concretização/aplicação, singularidade de concretização, essa, que desqualifica o seu juízo aplicativo como objecto do controlo de constitucionalidade, confinado este, como está, a normas, e excluindo decisões judiciais. De certa forma pode dizer-se que a cláusula geral aplicada numa decisão judicial implica, pela consideração das circunstâncias do caso à luz do padrão valorativo a considerar, em cada caso um sentido normativo concreto, que não se distingue para efeitos de controlo da constitucionalidade da concretização efectuada na decisão judicial"[919].

[917] A este propósito, na doutrina, veja-se, em especial, C. Blanco de Morais, *Justiça*, II, p. 1037; J. Reis Novais, *Sistema Português*, pp. 222-223; C. Lopes do Rego, *Os Recursos*, pp. 37-38.

[918] Cfr, parágrafo 8 do acórdão.

[919] Cfr, parágrafo 8 do acórdão.

2.2. Apreciação crítica

I. A decisão do TC não foi unânime, embora não seja percetível da declaração de voto de vencido qual o sentido que deveria ter sido adotado pelo Tribunal[920]. Pela nossa parte, sem prejuízo de concordarmos com o não conhecimento do recurso, não podemos acompanhar a argumentação expressa neste aresto.

II. É verdade que o recurso a uma cláusula geral constitui um momento singular numa decisão judicial, na medida em que a valoração realizada por aquele juiz *a quo* reporta-se especificamente às particularidades de um caso concreto que se traduz no litígio que tem de ser resolvido. A questão, porém, é que tal sucede em qualquer decisão judicial, independentemente de estar em causa uma valoração referente a uma cláusula geral: *i.e.*, conforme decorre da exposição realizada até aqui, qualquer veredito que pelo julgador seja adotado assenta em "padrões valorativos" concretos. Como se viu, depois de extrair uma norma de um enunciado normativo, o juiz *a quo* tem sempre de atentar nas especificidades do caso e assim valorá-las, para efeitos de eventual subsunção ao resultado normativo extraído. Ora, se também aqui está presente uma necessária valoração de um caso concreto, e se esta valoração, na terminologia do acórdão, e por se reportar a particularidades específicas, é irrepetível, pois que é feita no contexto *daquele* caso, qual a razão de se permitir o controlo constitucional num caso e não noutro?[921] Além disso,

[920] Referimo-nos à declaração de voto de vencido do Juiz Conselheiro Tavares da Costa, cujo sentido foi acompanhado por Maria Fernanda Palma e Vítor Nunes de Almeida. Tavares da Costa começa por afirmar "ser difícil neste caso, como em tantos outros, estabelecer uma nítida linha de demarcação entre controlo normativo e reapreciação da decisão judicial recorrida, em si mesma considerada – problema que sempre se levanta quando está em causa a interpretação ou sentido com que a norma questionada é, in concretu, tomada e aplicada". Porém, e "fiel à orientação jurisprudencial que tem aberto o recurso de constitucionalidade relativamente a interpretações normativas", acaba por concluir que "a interpretação dada pelo Supremo Tribunal de Justiça à norma do artigo 334º do Código Civil, independentemente da sua natureza, [era] jurídico-constitucionalmente sindicável", apenas porque aquele tribunal, "a partir do suporte fáctico apurado, [fez] uma interpretação da norma que, partindo da vertente de expediente técnico que a norma comporta, na sua aplicação concreta *surpreendeu um resultado ofensivo do sentimento de justiça dominante na comunidade social*" (itálico nosso). Com esta declaração, Tavares da Costa parece apenas traduzir a decisão recorrida em termos de abuso de direito tal como previsto no artigo 334.º do Código Civil, sem, no entanto, e em nosso entender, oferecer razões ponderosas e concretas para o conhecimento do recurso.

[921] Ressalvando-se, evidentemente, que aquilo que é controlado não é (nem pode ser) essa valoração, traduzida numa subsunção, mas, sim, a norma extraída previamente ao ato de julgamento.

de modo oposto, e como alguém já referiu, mesmo que se adote o critério da singularidade irrepetível para diferenciar o que é norma do que é decisão, no sentido em que se essa repetibilidade não estiver presente querer-se-á sindicar a decisão, fica-se sem saber o que permite afirmar, sem mais, que as mesmas circunstâncias de facto e de direito não se vão repetir no futuro. Se a resposta a esta pergunta terá necessariamente consequências ao nível da admissão do recurso e da fiscalização da constitucionalidade, também não deixa de ser certo que não existem garantias de que as circunstâncias referidas só ocorrerão uma única vez, sendo, assim, *irrepetíveis*[922].

[922] Neste sentido, J. Reis Novais, *Sistema Português*, p. 224, que a este propósito afirma, e bem, que "[b]asta, para tanto, imaginar uma situação, ou várias, em que pura e simplesmente se repitam as mesmas circunstâncias de facto e de direito. Como se poderia concluir que, tendo ocorrido uma vez, elas são irrepetíveis?".

§ 3. POSIÇÃO ADOTADA

I. O critério de rejeição do recurso – rejeição essa que, como referido, parece-nos correta – não pode passar pela singularidade irrepetível, tendo antes de se fundamentar no respetivo objeto. Concretizemos.

II. Todas as situações que até aqui foram analisadas – em especial as referentes às apelidadas "interpretações normativas" – dizem respeito a normas eventualmente inconstitucionais: *i.e.*, a normas que vão de encontro à Constituição por não terem sido criadas por uma autoridade normativa competente. Há, portanto, um objeto normativo que pode ser impugnado junto do TC, precisamente por haver (ou ter havido) um momento prévio que o inquinou e que fez com que a norma em si mesmo considerada fosse orgânica e/ou materialmente inconstitucional. Em situações de cláusulas gerais como o abuso de direito ou a boa-fé, tal não sucede. Conforme se explanou a propósito do Acórdão n.º 655/99, havia duas normas em conflito, nomeadamente a que conferia um direito de propriedade a A. e um direito de propriedade a B.; tais normas, em si mesmo consideradas, não padeciam de qualquer tipo de inconstitucionalidade – que é o mesmo que dizer: foram criadas pela autoridade normativa competente, não afrontando a Constituição. É exatamente esta circunstância que explica o facto de o recorrente não a ter impugnado, pois que nenhum motivo havia para tal.

III. Aquilo que sucedeu foi que o juiz *a quo*, no confronto entre essas duas normas, *escolheu* aplicar uma em detrimento de outra, com as consequências daí advenientes – *i.e.*, ao ter optado por uma aplicação preferente do direito de propriedade de B. quanto ao prédio urbano por si construído, assim negando o pedido de restituição de A., o julgador fez uma escolha. E essa escolha foi feita, precisamente, à luz da válvula de segurança associada à cláusula geral do abuso de direito prevista no artigo 334.º do Código Civil: portanto, à luz de uma ponderação por si realizada através de uma valoração sua. Pergunta-se: estamos perante algum objeto normativo idóneo? A resposta não pode deixar de ser negativa.

IV. Como oportunamente demonstrado, uma coisa é um enunciado normativo comportar um conceito indeterminado que necessariamente exige uma resposta do juiz. Esta resposta, por sua vez, terá natureza normativa, na medida em que desse mesmo enunciado será extraída uma norma que comporta o sentido que o juiz deu a uma questão de direito infraconstitucional, e que, na perspetiva do particular-recorrente, poderá ir de encontro à Constituição, assim se tornando premente uma eventual pronúncia do TC; outra, bem diferente, é duas normas em confronto, conformes à Constituição, coexistirem com uma cláusula geral da qual não pode decorrer um resultado normativo por ela apenas fazer apelo a *juízos* próprios e pessoais do julgador por referência à resolução de um caso concreto, tendo, por isso, consequências apenas ao nível da *aplicação* de uma norma. Se esta cláusula, à qual o juiz pode recorrer, lhe permite aplicar uma norma em detrimento de outra pelo facto de solução contrária, no seu entendimento, poder consubstanciar uma injustiça do caso concreto, e se essas normas constituem um objeto normativo, nenhuma delas, porém, é inconstitucional: sê-lo-á, na perspetiva do recorrente, a escolha – *rectius*: a valoração – operada pelo juiz. Simplesmente, essa valoração, essa escolha, coincidindo com a decisão, não tem natureza normativa, sendo por isso insuscetível de controlo por parte do TC.

V. Queremos com isto afirmar que para efeitos de cláusulas gerais aplicadas em decisões recorridas, e a não ser que um fundamento a elas associado seja invocado, as normas presentes nessa decisão permanecerão conformes à Constituição. Se o juiz decide preferir uma e não outra, essa preferência não terá qualquer efeito na constitucionalidade da norma, pois que ela não só foi criada por uma autoridade normativa competente, como, à partida, não afronta qualquer parâmetro constitucional.

VI. É verdade que em sede de interpretações normativas inconstitucionais também há uma escolha – *rectius*: uma escolha prévia, que se traduziu na decisão de o em juiz extrair uma norma sem nexo de significação com o texto do enunciado normativo, quando não o deveria fazer; só que enquanto essa escolha se traduz num resultado normativo e numa consequência na norma criada, que é inconstitucional em si mesma e pode, por isso mesmo, ser impugnada por constituir um objeto normativo idóneo – incidindo a fiscalização sobre essa norma e não sobre a(s) escolha(s) do juiz –, a escolha em sede de cláusulas gerais tem apenas consequências ao nível da decisão, na medida em que dela não decorreu nenhuma norma: pelo contrário, a norma já existe, foi aplicada e não padece de nenhum tipo de inconstitucionalidade, pelo que se se quer impugnar uma escolha feita pelo juiz ao abrigo de uma cláusula geral, tal significa que se quer impugnar a sua decisão, o que, ao contrário da situação anterior, não constitui um objeto normativo idóneo para efeitos de acesso à jurisdição constitucional. É que, como já bem sabemos, ao Tribunal Constitucional não compete aferir da constitucionalidade de decisões da jurisdição comum.

VII. A conclusão que acabou de se explanar parece-nos clara. Mesmo assim, e atentando na jurisprudência recente do TC sobre esta matéria, verifica-se que não só são escassas as situações em que se está perante cláusulas gerais, como também se tende a confundir esse caso com o preenchimento de conceitos indeterminados. A título exemplificativo, enquanto determinados arestos entendem que "não é liminarmente de afastar a possibilidade de sindicar perante o Tribunal Constitucional a concretização ou preenchimento de um conceito indeterminado em função das especificidades do caso concreto, desde que dessa operação de concretização possa resultar uma norma autonomizável"[923], outros defendem que "os conceitos indeterminados são preenchidos de forma valorativa e necessariamente casuística, pelo que tal não produz um critério geral e abstrato, suscetível de generalização, que possa integrar o conceito de norma para o [TC]"[924].

VIII. Partindo destes dois exemplos, constata-se que a jurisdição constitucional igualiza o que, como se viu, não deve ser igualizado: de facto, enquanto o primeiro juízo não bole com a apreciação que foi feita anteriormente, o mesmo não sucede quanto ao segundo. Porém, rapidamente se constata que, quanto a esse último acórdão, o entendimento fará sentido se se reportar não a conceitos indeterminados, mas, sim, a cláusulas gerais. Estas

[923] Conclusão que, como se viu, no estrito plano dos conceitos indeterminados, é de meridiana clareza – cfr, Acórdão n.º 618/14, de 30 de setembro (Conferência; Recurso; Carlos Fernandes Cadilha), parágrafo 2, disponível em: https://bit.ly/3pWDOst.

[924] Cfr, Acórdão n.º 160/17, de 22 de março (Conferência; Reclamação; Maria Clara Sottomayor), parágrafo 13, disponível em: https://bit.ly/3ypZTnb.

considerações levam, por isso, à conclusão de que "conceitos indeterminados" e "cláusulas gerais" são sinónimos de uma jurisprudência errática do Tribunal Constitucional[925].

[925] Para suportar esta afirmação, e cingindo-nos a jurisprudência mais recente, veja-se, a título de exemplo, o Acórdão n.º 162/18, de 5 de abril (Conferência; Recurso; Gonçalo Almeida Ribeiro), que retoma a doutrina avançada por este Juiz Conselheiro no Acórdão n.º 695/16, já citado, e que leva a um afastamento do controlo do TC relativamente ao preenchimento de conceitos indeterminados; o Acórdão n.º 115/21, de 4 de fevereiro (3.ª Secção; Recurso; Maria José Rangel de Mesquita), onde o TC indiretamente admite que pode conhecer de um recurso em que o recorrente alegue que a sua esfera jurídica foi comprimida com base em conceitos indeterminados, desde que seja claramente identificado o parâmetro constitucional alegadamente ofendido – cfr, parágrafo 17; e o Acórdão n.º 371/21, de 27 de maio (Conferência; Recurso; Fernando Vaz Ventura), onde se afirma que «decorre, com especial evidência, do raciocínio que faz decorrer a ofensa dos parâmetros de constitucionalidade invocados da circunstância de ter sido feita, na ótica da parte, uma "*avaliação discricionária por parte do tribunal*", ao arrepio das injunções legais, conjugado com o apelo a que este Tribunal proceda a uma densificação interpretativa dos pressupostos estatuídos no preceito legal, com a natureza de conceito indeterminado; na expressão do recorrente, "*enquadrar melhor, com mais clareza, a variabilidade e subjetividade de tal apreciação*"», sendo que isso significa "colocar a controlo o *próprio ato de julgamento*, e não um qualquer critério ou padrão normativo de decisão, questão a que o Tribunal não pode responder" – cfr, parágrafo 6.1. do acórdão.

§ CONCLUSÕES

Chegados ao final de mais uma secção, as conclusões que agora importa retirar são as seguintes:

i) A preocupação em traçar a fronteira entre controlo admissível sobre norma funcionalmente adequada ao sistema português de fiscalização da constitucionalidade, e controlo inadmissível sobre a decisão judicial recorrida, ganha novos contornos quando o juiz, para efeitos dessa mesma decisão, tem de preencher determinados *conceitos indeterminados* ou recorrer a *cláusulas gerais*;

ii) É um facto que muitos enunciados normativos que serão objeto de interpretação pelo juiz contêm predicados que são caracterizados pela sua *incerteza semântica*;

iii) Esta coincide, principalmente, com as situações de *polissemia*, em que uma palavra pode ter dois ou mais significados, e as de *vagueza*, que sucede quando um conceito, apesar de possibilitar saber, com certeza, aqueles factos que podem ou não ser abrangidos pelo seu significado, é ainda caracterizado por uma *zona de incerteza*, onde impera a dúvida sobre se uma determinada realidade lhe pode, ou não, ser subsumida;

iv) Tendo isto presente, sem prejuízo de a tarefa do juiz em sede de *polissemia* ser menos difícil, percorrendo a jurisprudência verifica-se que a questão relativa aos *conceitos indeterminados* se identifica com os casos em que o julgador tem de interpretar um enunciado normativo de onde consta um predicado *vago*, que, por sua vez, faz com que a aplicação ao caso concreto da norma que daí advirá seja duvidosa;

v) Assim, partindo do litígio que tem de resolver, e atentando no preceito em causa, o juiz interpretá-lo-á tendo especialmente em conta a *intensão* do conceito aí presente – portanto, os traços distintivos que lhe dizem respeito –, precisamente por a *vagueza* que lhe é intrínseca suscitar dificuldades quanto à sua *extensão* – *i.e*, quanto ao seu sentido, à sua referência, que, sendo pouco precisa, é necessariamente aberta;

vi) Ora, quando o juiz extrai a norma do respetivo enunciado normativo, nesse resultado da sua interpretação, nomeadamente na previsão da norma extraída, está necessariamente contida a resposta a uma estrita questão de direito ordinário – *rectius*: o preenchimento do *conceito indeterminado*;

vii) Em linha com um raciocínio que neste momento já não é (nem pode ser) estranho, se o recorrente não pode questionar a *norma de decisão* que se seguirá à tarefa interpretativa do juiz e que coincidirá com aquela situação em que este, tendo em conta a norma extraída, conjuga-a com as particularidades do caso e atinge um julgamento, idêntica asserção tem de ser feita quando atentamos na tarefa de preenchimento do *conceito indeterminado*. É que esta, para além de ser exclusivamente reservada à discricionariedade do juiz, também se consubstancia, tal como referido no ponto anterior, numa estrita questão de direito ordinário, não podendo ser, por isso mesmo, suscetível de controlo pelo TC;

viii) Esta conclusão não significa, necessariamente, que o recorrente fique constitucionalmente desprotegido, pois que, apesar de não poder impugnar um *juízo subsuntivo* do juiz, pode, contudo, impugnar a norma que comporta o sentido legal que resultou da resposta àquela questão de direito ordinário, desde que cumpridos os requisitos já expostos associados à suscitação de uma questão de constitucionalidade junto do TC em sede de recursos de decisões negativas de inconstitucionalidade;

ix) De facto, percorrendo a jurisprudência constitucional, verifica-se que o recorrente poderia ver a sua pretensão satisfeita se o fundamento associado à questão de constitucionalidade submetida junto do TC residisse não no preenchimento de um conceito semanticamente incerto, mas, ao invés, na colisão da norma extraída, que comporta o conceito preenchido, com uma norma ou princípio constitucional;

x) Diferentes asserções têm de ser formuladas a propósito das *cláusulas gerais*, que, apesar de também comungarem de uma indeterminação linguística, não se referem a simples *factos* ou *objetos*, mas, antes, a situações que serão valoradas ou qualificadas através de um *juízo de valor*, precisamente porque essas cláusulas remetem para padrões *éticos* e *morais* que mais não são do que realidades extrajurídicas. Os exemplos clássicos são os que se reportam a situações que, dependendo do que entender o juiz, podem consubstanciar um *abuso de direito* ou ir de encontro à *boa-fé*;

xi) Apesar de o Tribunal corretamente admitir que não pode fiscalizar normas às quais esteja associada o recurso a uma *cláusula geral*, não nos parece, contudo, que a resposta jurisprudencial que foi atingida logo nos anos 90 e utilizada de forma quase permanente em arestos posteriores seja a mais satisfatória. Em nosso entender, a solução não pode deixar de passar pela constatação de que, nessas situações, não há qualquer objeto normativo que possa ser impugnado junto do TC;

xii) Na verdade, uma coisa é um enunciado normativo comportar um conceito indeterminado que necessariamente exige uma resposta do juiz; essa resposta estar contida numa norma; e essa norma poder ser impugnada junto do Tribunal. Outra, bem diferente, é duas normas em confronto, conformes à Constituição, coexistirem com uma *cláusula geral* da qual não pode decorrer um resultado normativo por ela apenas fazer apelo a *juízos* próprios e pessoais do julgador por referência à resolução de um caso concreto, e o juiz a ela recorrer, circunstância que, como se vê, e por esse mesmo motivo, tem consequências apenas ao nível da *aplicação* de uma norma;

xiii) Enfim, se uma *cláusula geral* à qual o juiz pode recorrer permite-lhe aplicar uma norma em detrimento de outra pelo facto de solução contrária, no seu entendimento, poder consubstanciar uma *injustiça do caso concreto*, e se essas normas constituem um objeto normativo, nenhuma delas, porém, é inconstitucional. Sê-lo-á, na perspetiva do recorrente, a *escolha* – *rectius*: a *valoração*– operada pelo juiz. Simplesmente, essa valoração, essa escolha, coincidindo com um *juízo ponderativo* realizado pelo juiz *a quo* no contexto da sua decisão, não tem natureza normativa, sendo, por isso, insuscetível de controlo por parte do TC.

SECÇÃO IV

CONCEITO FUNCIONAL DE NORMA, "NORMAS IMPLÍCITAS" E FISCALIZAÇÃO DA CONSTITUCIONALIDADE

§ CONSIDERAÇÕES INICIAIS

Se uma eventual adoção, pelo Tribunal Constitucional, de uma abordagem que passe por permitir o controlo da densificação de cláusulas gerais pode suscitar sérias dúvidas sobre se aquilo que realisticamente está a ser controlado é a decisão recorrida, o mesmo sucede quanto às apelidadas "normas implícitas" – *i.e.*, normas que, apesar de não expressamente aplicadas, estão ínsitas naquela decisão, porque lhe subjacentes, de tal forma que «o tribunal "*a quo*" não [as] poderia deixar de ter aplicado para proferir a mesma decisão», uma vez que a solução jurídica aí contida, "de um ponto de vista lógico-jurídico", necessariamente passou pela consideração dessas normas implícitas, que foram indicadas pelo recorrente como estando feridas de inconstitucionalidade[926].

[926] Assim, e na doutrina nacional, C. Blanco de Morais, *Justiça*, II, p. 1042, e C. Lopes do Rego, *Os Recursos*, pp. 111-113.

§ 1. A FISCALIZAÇÃO DA CONSTITUCIONALIDADE DE "NORMAS IMPLÍCITAS"

1.1. Ponto de partida

Como demonstrado *supra*, a efetiva aplicação da norma eventualmente inconstitucional pela decisão recorrida, assumindo-se enquanto sua *ratio decidendi*, é um requisito essencial em sede de recursos de decisões negativas de inconstitucionalidade. No entanto, e como iremos ver, desde cedo que o Tribunal considerou que essa aplicação também pode ser implícita, abrindo-se a porta ao eventual questionamento junto desta jurisdição das normas implícitas, tal como definidas anteriormente.

1.2. Normas "implícitas" *vs.* normas *pressupostas*

I. Também aqui, contudo, há que fazer uma precisão terminológica. É que normas implícitas, em sentido estrito, são aquelas que derivam dedutivamente de normas expressas criadas por autoridades normativas competentes: havendo uma sequência de normas explícitas existentes, elas serão premissas de raciocínio ou argumentos em favor de uma conclusão, que, por sua vez, consubstanciar-se-á na norma implícita. Se este resultado se pode atingir mediante raciocínios logicamente válidos, certo é que a conclusão, a norma implícita, é deduzida a partir de normas explícitas, necessariamente derivando delas[927].

[927] Seguimos de perto o entendimento de R. GUASTINI, *Interpretar*, pp. 165-168. É verdade que em sede de analogia também se pode falar de normas implícitas. Como certeiramente apontado por este Autor, *ob. cit.*, pp. 271-272, e em linha com um raciocínio já exposto nesta dissertação, quando no contexto de integração de uma lacuna se constata que um determinado caso concreto, que carece de regulação, é substancialmente análogo a outro, distinto, que por sua vez é regulado por

II. Feita esta precisão, verifica-se que não é de normas implícitas que falamos quando vislumbramos a jurisprudência constitucional sobre esta matéria. Na verdade, não está em causa uma norma que o juiz *a quo* deduz de normas existentes e aplica na decisão recorrida, mas, antes, de uma norma subjacente a esta decisão, embora não expressamente aplicada por aquele. De facto, uma coisa é o julgador recorrer a um determinado raciocínio e entender que de duas normas pode derivar outra: aqui, necessariamente por força dessa derivação, a norma ainda pode ser reportada a uma autoridade normativa competente, pelo que, à partida, e não padecendo de nenhuma inconstitucionalidade relacionada com a sua criação, o juiz aplicá-la-á na decisão enquanto *ratio decidendi*[928]. Outra, bem distinta, é o recorrente (*i*) sustentar

uma norma, podemos concluir que daí surge uma norma implícita que conecta o caso carente de regulação com a mesma consequência jurídica da norma aplicável ao caso regulado. Porém, e para aquilo que agora interessa, há uma diferença substancial que necessariamente tem de ser destacada: enquanto no exemplo acabado de mencionar, e tal como se viu, falamos de criação normativa, pois que ao aplicar uma norma a um caso excluído do seu campo de aplicação estamos a elaborar uma norma nova – que coincide com a dita norma implícita –, o mesmo não sucede na situação que agora está em apreço. Aqui, a norma, apesar de não ter sido formulada por uma autoridade normativa, está logicamente implícita numa norma explícita – quer dizer, advém de normas explícitas através de um raciocínio logicamente válido – *idem*, pp. 166-167. Num exemplo clássico, que também é avançado por Guastini, pp. 166-167, se há uma norma explícita que estabelece que "Os maiores de idade têm direito de voto" e outra norma explícita que estipula que "São maiores de idade as pessoas que tiverem completado 18 anos de idade", então daqui podemos lógica e validamente inferir uma norma implícita: "As pessoas que tiverem completado 18 anos de idade têm direito de voto". Não se trata de uma inovação normativa, precisamente porque este resultado deriva, lógica e validamente, de normas explícitas, criadas por uma autoridade normativa competente, pelo que, por isso mesmo, ainda pode ser reportado a essa autoridade; por oposição, na primeira situação estamos perante uma norma criada a partir de normas explícitas – quer dizer: perante uma norma que nunca havia sido formulada por nenhuma autoridade normativa. Por fim, note-se que a idêntica conclusão – *rectius*: criação de norma nova – se pode chegar se, em sede de normas implícitas (supostamente) dedutíveis de normas explícitas, for adotado um raciocínio não dedutivo e logicamente inválido – cfr, R. Guastini, *ob. cit.*, pp. 167-168.
Entre nós, e incorretamente confundindo "regras implícitas" (coincidentes com os argumentos *a simile*, *a contrario* e *a fortiori*) com argumentação jurídica, cfr, M. Rebelo de Sousa e S. Galvão, *Introdução*, pp. 73-75; no sentido correto, integrando essas "regras" na "argumentação relativa à matéria de direito", que mais não serão do que as "premissas de direito" sobre as quais assentará a decisão, M. Teixeira de Sousa, *Introdução*, pp. 436-443.

[928] Razão pela qual, seguindo de perto o que acabou de se referir na nota anterior, e de acordo com Bulygin, estas normas ainda pertencerão ao sistema. Se, como visto, podemos afirmar que uma norma pertence ao sistema se tiver sido criada por uma autoridade normativa competente desse mesmo sistema, é evidente que essa pertença também estará presente quando a norma for uma consequência lógica – *i.e.*, dedutível – de normas pertencentes ao sistema, porque criadas por autoridades normativas competentes. No primeiro caso falaremos de uma *relação de legalidade*,

durante o processo que determinado raciocínio do julgador se encontra apoiado numa norma – explícita, existente, ou mesmo implícita e, portanto, derivada de outras explícitas – e que essa norma afronta a Constituição, (*ii*) o juiz *a quo* não a invocar expressamente na sua decisão, mas (*iii*) a solução nesta contida se apoiar nela, ainda que sob o pretexto de outros enunciados normativos invocados. Como bem se nota, a situação é diferente da anterior: aquilo que o recorrente constitucionalmente questiona até pode ser uma norma logicamente deduzida de outras; porém, e na terminologia da Justiça Constitucional, o que releva para este efeito é a circunstância de o juiz, na decisão recorrida, não ter expressamente invocado a norma, embora se possa afirmar que ela lhe está logicamente subjacente. Assim, o caráter implícito não reside no facto de o comando normativo questionado ser logicamente dedutível de uma norma, mas, antes, de estar ínsito na decisão do juiz, embora não expressamente aplicado por este.

III. Tendo em conta o referido anteriormente, parece mais correto identificar estes casos com os de "normas pressupostas": portanto, normas – explícitas ou implícitas – que, tendo constituído *ratio decidendi* da decisão recorrida, e entendendo o recorrente que elas alegadamente violam a Constituição, não foram, contudo, expressamente aplicadas pelo juiz *a quo*, embora se possa considerar que ele necessariamente as pressupôs na decisão, de tal forma que se lhe encontram subjacentes[929].

enquanto na última situação essa relação será de *dedutibilidade*. Cfr, E. Bulygin e D. Mendonca, *Normas y Sistema*, p. 47. Já antes, cfr, E. Bulygin, *Análisis*, p. 363. Esta diferença necessariamente impõe que se coloquem em planos distintos *extração* e *dedutibilidade* de normas: como tem vindo a ser por nós referido ao longo desta dissertação, uma coisa é o juiz, a partir de um enunciado normativo constante de uma fonte que foi aprovada pela autoridade normativa competente, e através de uma atividade interpretativa, extrair uma norma que tem correspondência com esse mesmo enunciado – aqui, essa norma, por poder ser assacada ao texto do preceito de onde foi extraída, é, portanto, e ainda, uma norma criada por uma autoridade normativa competente; outra, diferente, é a partir de duas normas enquanto resultado (ou produto) de uma atividade interpretativa, deduzir, em termos lógicos, outra norma – neste caso não há uma correspondência da norma com um enunciado normativo, mas, antes, uma relação lógica dessa norma deduzida com as outras normas a partir da qual se deu essa relação de dedutibilidade. Como a norma deduzida pode ser logicamente assacada às existentes, então necessariamente também terá sido criada por uma autoridade normativa competente. No exemplo de há pouco, relativo à analogia, essa dita "norma implícita" apenas será válida porque o sistema autoriza excecionalmente o juiz a assumir as vestes de autoridade normativa, assim criando uma norma para um caso que reclama regulação.

[929] Também falando em normas pressupostas, cfr, J. Reis Novais, *Sistema Português*, pp. 206-207.

§ 2. A RESPOSTA DO TRIBUNAL

2.1. O Acórdão n.º 481/94, de 12 de Julho

I. Para ilustrar o que para o Tribunal significa uma norma pressuposta, veja-se o Acórdão n.º 481/94, de 12 de Julho (2.ª Secção; Reclamação; Messias Bento), que é um dos primeiros arestos a debruçar-se sobre esta possibilidade[930].

> A. havia sido condenado, pelo Supremo Tribunal de Justiça de Macau (STJM), por um crime de homicídio involuntário previsto no então artigo 132.º do Código Penal Chinês, que, por sua vez, permitia que o condenado pudesse ser sujeito à pena de morte. A República Popular da China (RPC) havia requerido a extradição de A., tendo o STJM deferido o pedido por dois motivos essenciais: (i) em primeiro lugar, porque a RPC *se obrigou*, através de *promessas* do seu Ministério da Segurança Pública, a não condenar A. a essa pena, nem à de prisão perpétua; (ii) em segundo lugar, e como consequência do que acabou de ser referido, porque essas promessas «*"como actos jurídicos unilaterais de um sujeito do Direito Internacional*, integram, ao lado do [referido] artigo 132º, o *princípio da legalidade da pena* de que beneficiará o extraditando A."», pelo que este não estaria sujeito «"nem à pena de morte nem à pena de prisão perpétua pelo crime de homicídio voluntário por que se encontra indiciado, mas somente a pena de prisão com o limite máximo de 15 anos, face ao disposto no artigo 40º do Código Penal da RPC"». O artigo 33.º, n.º 3, da Constituição, não estaria, por isso, a ser afrontado.

930 Disponível em: https://bit.ly/3pOZWoM.

A., contudo, sustenta que o Supremo se "baseou numa argumentação que pressupõe um juízo de constitucionalidade da norma (...) do artigo 4º, nº 1, alínea a), do Decreto-Lei nº 437/75, de 16 de Agosto[931], na medida em que acaba por sustentar o deferimento do pedido de extradição na garantia ou promessa de substituição da pena de morte oferecida pelo Estado requerente e no seu valor eliminatório da pena capital", o que, no seu entender, iria de encontro ao artigo 33.º, n.º 3, da Constituição. O STJM, porém, e por força da conclusão a que chegou, sustenta que "*não há que invocar o artigo 4º, nº 1, alínea a), do DL nº 437/75, que não tem assim que ser submetido a um juízo de constitucionalidade*", na medida em que "[e]*ste preceito terá a ver com aquelas hipóteses sobre que se tem debruçado a nossa jurisprudência onde, na ausência de emissão de uma* ***promessa*** *relevante como* ***acto jurídico unilateral****, o Estado requerente anuncia que não é habitual em casos como o ajuizado ser aplicada a pena máxima prevista, mas sem qualquer compromisso de não aplicação da mesma*".

Tendo A. recorrido desta decisão para o TC, foi-lhe negado esse recurso por o Supremo entender que não foi aplicada a norma que A. entendia ser inconstitucional – portanto, a que decorria do artigo 4.º do Decreto-Lei nº 437/75, de 16 de Agosto –, faltando assim um pressuposto essencial para efeitos de admissão. A., mesmo assim, reclama dessa rejeição junto do TC, já que, na sua ótica, a norma, mesmo assim, não deixou de ser aplicada.

II. No fundo, para o STJM o raciocínio foi simples: para verificar se ao crime imputado a A. cabia "abstratamente" a pena de morte, haveria que lançar mão não só do preceito incriminador, mas, também, do bloco de legalidade, onde, no seu entender, incluir-se-iam as promessas de um Estado enquanto ato jurídico unilateral de um sujeito de Direito Internacional. E se daqui se podia concluir que a pena de morte não seria aplicada pela RPC, então não era necessário recorrer à norma do referido artigo 4.º.

[931] Decreto-Lei esse que definia o regime jurídico da extradição e cujo artigo 4.º, como epígrafe "casos em que pode negar-se a extradição", estipulava o seguinte no referido n.º 1, alínea a): "1. A extradição pode ser negada quando:
a) O crime for punível no Estado requerente com a pena de morte ou com prisão perpétua, e não houver garantia da sua substituição (...)".

III. Para o TC, todavia, e em linha com o recorrente, o entendimento foi diverso. Em primeiro lugar, o Tribunal começa por salientar a *pergunta normativa* que estava em causa:«"[t]*erá (...) o acórdão recorrido, para autorizar a extradição do ora reclamante, aplicado este artigo 4º, nº 1, alínea a), interpretado no sentido de permitir que se conceda a extradição por crimes a que caiba, abstractamente, pena de morte, desde que o Estado requerente assuma o compromisso de que tal pena não é aplicada no caso, considerando-o, nessa interpretação, compatível com o artigo 33º, nº 3, da Constituição, que dispõe que "não há extradição por crimes a que corresponda pena de morte segundo o direito do Estado requisitante"?*»[932].

IV. Seguidamente, profere uma conclusão que, no que a esta específica matéria diz respeito, vai assumir uma importância fundamental: se é verdade que em termos aparentes o STJM, enquanto *ratio decidendi,* aplicou a norma do artigo 2.º do referido Decreto-Lei[933], "numa visão substancial das coisas" a sua decisão nunca poderia ter deixado de passar pela consideração do que decorre do artigo 4.º do mesmo diploma, desde logo por o crime ser punível, abstratamente, com a pena de morte.

V. Para o TC, houve, assim, uma «"*implícita aplicação do regime jurídico* estatuído" no dito artigo 4º, nº 1, alínea a)»[934]:

(*i*) O crime era punido com pena de morte;
(*ii*) Sendo que, para o Supremo, havia garantia da sua substituição por força da referida promessa;
(*iii*) Ao ser assim, a decisão recorrida aplicou implicitamente o regime que decorre dessa norma que o recorrente entende ser inconstitucional, devendo entender-se "que há recurso para o Tribunal Constitucional de decisões dos tribunais que aplicam o regime estatuído pela norma cuja inconstitucionalidade foi suscitada, *mesmo quando essa aplicação é feita sob a invocação de outro ou outros preceitos*

932 Cfr, parágrafo 8 do acórdão.

933 Que tinha como epígrafe "Fim e fundamento da extradição", e cujo n.º 2, em especial, determinava o seguinte: "2. Para qualquer desses efeitos [*i.e.*, procedimento criminal ou para cumprimento de pena privativa da liberdade por crime cujo julgamento seja da competência dos tribunais do Estado requerente], só é admissível a entrega da pessoa reclamada nos casos de autoria, cumplicidade ou encobrimento de crime, ainda que só frustrado ou tentado, punível pelas leis dos Estados interessados com pena privativa de liberdade superior a um ano.".

934 Cfr, parágrafo 9 do acórdão.

> *jurídicos*"[935] (itálico nosso) – por outras palavras, a verdadeira norma que havia servido de fundamento da decisão era, portanto, essa norma *pressuposta* e não a do artigo 2.º *efetivamente aplicada.*

Logo, estavam preenchidos os pressupostos do recurso, pelo que a reclamação foi deferida.

2.1.1. Apreciação crítica

Duas notas quanto a este aresto:

VI. A primeira tem que ver com uma circunstância apontada pelo Tribunal que, podendo parecer irrelevante, todavia assume importância: por força da restrição à questão de constitucionalidade, o TC afirma que apenas se poderia debruçar sobre a eventual aplicação da norma do artigo 4.º pela decisão recorrida e não sobre a interpretação aí constante feita ao artigo 2.º do diploma – *i.e.*, a jurisdição constitucional parece querer dar a entender que o recorrente poderia ter suscitado a eventual inconstitucionalidade da norma extraída pelo STJM do artigo 2.º e efetivamente aplicada por este na sua decisão[936];

VII. A segunda, mais importante, decorre do entendimento do TC quanto à questão principal: é verdade que em termos efetivos a norma que pelo Supremo foi extraída e aplicada foi a do artigo 2.º; porém, também não deixa de ser verdade que o mesmo tribunal confrontou a norma do artigo 4.º, afastando-a.

VIII. De facto, decorrem da apreciação do STJM duas considerações a que já aludimos e que estão interligadas: a primeira reside no facto de o Supremo, a partir da alegação feita pelo recorrente, entender que não havia qualquer questão de constitucionalidade relativa a essa norma; a segunda, intimamente ligada a esta, foi a de que para o mesmo tribunal o segundo pressuposto de aplicação dessa norma – a inexistência de garantia de substituição da pena de morte – não estava preenchido, razão pela qual ela não foi aplicada na decisão. Queremos com isto dizer que a norma do artigo 4.º chegou a ser

[935] Cfr, parágrafo 9 do acórdão.

[936] *Idem.*

apreciada, ainda que lateral e indiretamente, por aquele tribunal, com o objetivo de concluir que aquilo que a ela se encontra subjacente – *rectius*, e nas palavras do Supremo: situações em que o Estado requerente não assume um compromisso em não aplicar a pena de morte – não estava presente no caso. Contudo, é evidente que o STJM apenas se socorreu da norma adveniente do artigo 2.º porque do artigo 4.º retirou outra com o sentido de permitir que se conceda a extradição por crimes a que caiba, abstratamente, pena de morte, desde que o Estado requerente assuma o *compromisso* de que tal pena não é aplicada no caso.

IX. Na verdade, se nos termos do artigo 2.º, n.º 2, do Decreto-Lei n.º 437/75, de 16 de Agosto, "só é admissível a entrega da pessoa reclamada nos casos de autoria, cumplicidade ou encobrimento de crime, ainda que só frustrado ou tentado, punível pelas leis dos Estados interessados *com pena privativa de liberdade superior a um ano*" (itálico nosso), só se concluiu que tal sucedia no caso porque da RPC veio uma *promessa* de não aplicar pena de morte, mas, antes, somente pena de prisão com o limite máximo de 15 anos. Ora, é evidente que o juiz *a quo* recorreu a esta norma que possibilita a entrega *depois* de verificar que a dita *promessa* – de aplicação da pena de prisão ao invés da de morte –, incluindo-se na garantia prevista no artigo 4.º, n.º 1, alínea a), conforme indiretamente referido pelo tribunal, afasta a aplicação dessa norma, assim possibilitando a extradição.

X. Logo, e como referido, sem prejuízo de ter sido a norma do artigo 2.º a que foi chamada à colação na decisão recorrida e aí aplicada, o regime fundante dessa aplicação – *i.e.*, a norma que possibilitou a aplicação dessa outra norma – foi o do artigo 4.º, pelo que a norma daí decorrente, servindo de suporte à que formalmente foi aplicada, estava necessariamente *pressuposta* na decisão em termos de *ratio decidendi*[937].

[937] Recorde-se o que se referiu supra a propósito de "pressuposto normativo" e "norma" – cfr, *supra*, Parte II, Secção 2, §2, 2.4.3., XXIV e XXV. No caso que agora se analisa existe, de facto, um pressuposto normativo, mas que coincide com a norma aplicada, embora em termos pressupostos. Já na análise efetuada *supra*, esse "pressuposto" mais não era do que a operação interpretativa efetivada pelo juiz para chegar à norma, que, como se sabe, não pode ser suscetível de fiscalização da constitucionalidade. Logo, e em jeito conclusivo, enquanto num caso há norma aplicada sob a aparência formal de outra norma, noutro caso também há norma aplicada, embora extraída através de um processo insuscetível de controlo.

XI. Face ao exposto, o entendimento do aresto analisado não nos parece de rejeitar. Como se notou, era claro que o tribunal recorrido tinha extraído um determinado entendimento normativo do preceito invocado pelo recorrente, absolutamente fundamentador da aplicação formal (e única) da norma decorrente do artigo 2.º. Concomitantemente, era também claro que o mesmo tribunal recorrido entendia não ser necessário qualquer "juízo de inconstitucionalidade" sobre a norma adveniente do artigo 4.º, já que, havendo uma garantia da parte do Estado requerente, tinha excluído a sua aplicação ao caso.

XII. Porém, onde esta clareza não esteja presente, dúvidas fundadas podem surgir, quer por parte do recorrente, ao nível da identificação da eventual norma pressuposta na decisão; quer por parte do TC, ao nível da admissão (ou não) do recurso.

2.2. O Acórdão n.º 49/09, de 28 de Janeiro

I. Partindo do caso anteriormente analisado, vejamos outro aresto paradigmático no que às normas pressupostas diz respeito. Falamos do Acórdão n.º 49/09, de 28 de Janeiro (3.ª Secção; Recurso; Carlos Fernandes Cadilha)[938].

> A. foi condenado em 1.ª instância a uma pena de 11 anos de prisão pela prática de determinados crimes. Desta decisão recorreu para Tribunal da Relação do Porto (TRP) que, em 20 de junho de 2007, rejeitou o recurso. Por considerar que havia motivos para tal, A. formulou um pedido de aclaração junto do mesmo tribunal, que, por acórdão de 3 de outubro de 2007, entendeu nada haver a aclarar. Face ao exposto, A. interpôs recurso junto do Supremo Tribunal de Justiça (STJ), tendo por objeto, entre outros, a questão que tinha dado motivo ao pedido de aclaração junto do TRP – a saber, a circunstância de entre o acórdão da Relação inicialmente proferido e o que conheceu do pedido de aclaração, ter sido publicada e ter entrado em vigor a Lei n.º 48/2007, de 29 de Agosto, que reviu o Código de Processo Penal (CPP), alterando diversas normas, nomeadamente no livro respeitante aos recursos.

[938] Disponível em: https://bit.ly/3m5rQeZ.

De facto, e quanto à admissibilidade do recurso, no então artigo 400º, n.º 1, alínea f), do CPP, segundo a redação dada pela Lei n.º 59/98, de 25 de Agosto, não era admissível recurso dos acórdãos condenatórios proferidos em recurso pelas relações, que confirmassem decisão de primeira instância, em processos por crime a que fosse aplicável pena de prisão não superior a 8 anos, mesmo em caso de concurso de infrações. Apesar de A. ter sido condenado, em cúmulo jurídico, a uma pena única de 25 anos de prisão, o que, por sua vez, poderia levar à conclusão de que o recurso seria admitido, o Supremo entendeu que quando os crimes que determinam uma conexão do processo (e consequente cúmulo jurídico) têm um limite superior da moldura que não excede os 8 anos (que era o caso), então nunca tais crimes seriam passíveis de recurso caso fossem julgados isoladamente, pelo que o recurso não seria de admitir.

Acontece que A. entendia que a Lei n.º 48/2007, de 29 de Agosto, no que à recorribilidade destas decisões dizia respeito, continha um regime mais favorável ao arguido, tendo salientado esse aspeto junto do Supremo. Partindo daqui, e verificando que este tribunal nada havia dito quanto a esse respeito, requer a declaração de nulidade do acórdão por omissão de pronúncia. No entanto, o Supremo afasta essa invocada nulidade, afirmando que a lei a aplicar era a que estaria em vigor à data da decisão – portanto, a Lei n.º 59/98, de 25 de Agosto, vigente à data de 20 de junho de 2007, que coincide com a decisão do TRP Para o recorrente, o Supremo, para chegar a esse entendimento, necessariamente interpretou o artigo 5.º do CPP[939] no sentido de, em matéria de recursos, e em caso de sucessão de leis, se aplicar a lei em vigor à data da decisão, violando o disposto no artigo 29.º, n.º 4, da Constituição. Com base nisto, recorre para o TC.

II. Como se nota, parece que estamos perante um caso semelhante àquele sobre o qual o Acórdão n.º 481/94 incidiu. Também aqui o recorrente sustenta que para chegar a um determinado resultado – aplicação do regime decorrente do artigo 400.º, n.º 1, alínea *f)*, do CPP, na redação dada pela Lei n.º 59/98, de 25 de Agosto –, o tribunal recorrido fez, "implícita mas necessariamente", uma interpretação ao artigo 5.º do mesmo Código, dele

[939] Que, tendo como epígrafe "Aplicação da lei processual no tempo", dispõe o seguinte: "A lei processual penal não se aplica aos processos iniciados anteriormente à sua vigência quando da sua aplicabilidade imediata possa resultar: a) Agravamento sensível e ainda evitável da situação processual do arguido, nomeadamente uma limitação do seu direito de defesa; ou b) Quebra da harmonia e unidade dos vários atos do processo".

extraindo uma norma que o levou a aplicar um regime que, sendo antecedente ao daquela lei, era, na perspetiva do recorrente, mais desfavorável, o que consubstanciava uma violação do artigo 29.º, n.º 4, da Constituição.

III. Para o Supremo, porém, o entendimento era diverso: na sua perspetiva, e "de harmonia com os ensinamentos da doutrina", a lei aplicável no que à recorribilidade da decisão dizia respeito era, simplesmente, a lei em vigor à data da decisão. Sendo a data desta última coincidente com o período de vigência da lei suprarreferida, naturalmente que deveria ser a redação desse diploma a ser tida em consideração na apreciação da questão. Nas palavras do STJ, "como a questão se [apresentava] equacionada no acórdão, não se [tratava] de um problema de sucessão das leis no tempo"[940], na medida em que esta instância, por força do que acabou de ser exposto, não teve sequer de equacionar a aplicação de um regime que seria mais favorável – que é o mesmo que dizer: para a resolução da questão, não teve de confrontar dois regimes, optando por um em detrimento de outro, na medida em que à data da decisão recorrida só um diploma é que estava a em vigor. Assim, tornava-se evidente que uma interpretação do artigo 5.º do CPP e consequente extração de uma norma no sentido definido pelo recorrente não havia sido aplicada na decisão recorrida enquanto *ratio decidendi*.

IV. A pronúncia do TC foi no mesmo sentido. Parece, de facto, que esta situação é diferente da anterior num aspeto que não é de somenos importância: é que aqui, ao contrário do descrito *supra*, não só o tribunal recorrido, num primeiro momento – coincidente com a decisão do recurso –, não invoca, nem sequer lateralmente, a norma impugnada pelo recorrente, como também, num momento posterior – coincidente com a eventual omissão de pronúncia – afasta expressamente o entendimento que aquele transpôs para o recurso.

V. Entendendo que se tratava de uma questão de simples resolução, o Supremo limitou-se a aplicar a lei que vigorava à data da decisão, não equacionando uma eventual sucessão de leis no tempo que o forçasse a recorrer ao artigo 5.º do CPP – portanto: nem sequer pesando uma eventual aplicação da norma decorrente desse artigo, mesmo que implicitamente. Nas palavras do TC, é verdade que "objectivamente a decisão recorrida acaba por implicar que tenha sido aplicado, no caso, um regime de recurso que a recorrente entende

[940] Cfr, parágrafo I. do acórdão.

ser mais desfavorável do que aquele que resultaria da nova lei". Só que "[d]aí não decorre, no entanto, que tenha havido uma aplicação implícita da norma do artigo 5º do Código de Processo Penal"[941]. Recordando que a jurisdição constitucional já admitiu "recursos interpostos de sentenças de aplicação *implícita* de normas", relembra que "essa jurisprudência assenta no pressuposto de que uma certa *interpretação normativa* (que constitui o objecto do recurso) está subjacente à decisão judicial que tenha sido proferida por ser a necessária decorrência da solução jurídica que se adotou, ainda que não tenha sido invocado o preceito legal ou princípio jurídico que nela está implicado ou a interpretação tenha sido feita sob a invocação de outro ou outros preceitos jurídicos (...). Não é possível, contudo, considerar verificada uma interpretação implícita de norma quando tribunal recorrido expressamente afasta a aplicação dessa norma ao caso concreto, por considerar justamente que essa disposição não é convocável para a resolução da questão de direito."[942]. Assim, por entender que era isso que sucedia na situação em apreço, para o TC não só não tinha havido qualquer omissão de pronúncia, como, consequentemente, de nenhuma interpretação implícita relativa ao artigo 5.º do CPP se poderia falar, quer por esta não ter sido minimamente pensada pelo tribunal recorrido, quer por este, quando pela primeira vez confrontado com ela através do rerecorrente, a ter expressamente afastado.

2.3. Algumas conclusões prévias

I. Como já foi aflorado, o entendimento sobre "normas implícitas" contido no Acórdão n.º 49/09 fará com que este aresto se assuma como um dos mais paradigmáticos quanto a esta matéria, o que é visível quer em jurisprudência posterior do Tribunal, quer em doutrina[943]. Há, no entanto, que clarificar determinados aspetos.

941 Cfr, parágrafo II. do acórdão.

942 *Idem.*

943 Em termos jurisprudenciais, e apenas atentando nos mais recentes, vejam-se, a título de exemplo, os Acórdãos n.ºs 34/20, de 16 de janeiro (3.ª Secção; Reclamação; JOANA FERNANDES COSTA), 474/18, de 3 de outubro (3.ª Secção; Reclamação; LINO RODRIGUES RIBEIRO), 567/15, de 28 de outubro (2.ª Secção; Recurso; JOÃO CURA MARIANO), 106/13, de 15 de julho (2.ª Secção; Recurso; FERNANDO VAZ VENTURA) ou 103/10, de 4 de Março (3.ª Secção; Reclamação; VÍTOR GOMES), todos disponíveis em: https://bit.ly/3JI53iV. Paradigmaticamente, na doutrina, cfr, C. LOPES DO REGO, *Os Recursos*, pp. 111-112, parecendo-nos que também sobre esta matéria que agora ocupa a nossa análise sucedeu o mesmo que se apontou *supra*, na nota 638.

Das duas últimas situações descritas parece-nos que podem ser retiradas duas conclusões prévias:

(*i*) Se uma norma (a N1) for apreciada pelo tribunal recorrido, mesmo que lateralmente, mas constituir suporte formal-fundamentador da aplicação efetiva de outra norma, a N2, de tal forma que se possa concluir que foi com base nessa N1 que o litígio foi decidido, poder-se-á afirmar que ela se encontra pressuposta na decisão, por ter constituído a sua *ratio decidendi*;

(*ii*) Se o recorrente sustentar que o tribunal recorrido apoiou "implicitamente" a sua decisão numa norma que não só por este não foi pensada, como ele expressamente a afastou, então não se poderá falar em "norma pressuposta" como eventual via de acesso ao TC.

II. Assim, uma pronúncia sobre uma norma, mesmo que absolutamente secundária, pode não significar que sobre ela o TC não se possa debruçar, se se tornar claro que está pressuposta na decisão recorrida; já uma rejeição pelo tribunal recorrido de um entendimento normativo dito "implícito", por este nem sequer ter sido aí equacionado, terá de equivaler, necessariamente, a uma rejeição do recurso[944].

2.4. Os Acórdãos n.ºs 502/07 e 685/20

I. Se estas conclusões parecem relativamente simples, problemas podem surgir quando o TC se desvia delas, sendo necessário verificar se as razões para esse desvio foram, ou não, justificadas. A este propósito, veja-se o Acórdão n.º 502/07, de 10 de Outubro (3.ª Secção; Recurso; Maria Lúcia Amaral)[945]:

> A. havia sido condenado, em outubro de 2006, por acórdão do Tribunal Coletivo do Círculo Judicial de Oeiras, a uma pena única de 20 anos

[944] Como se explicita no Acórdão n.º 806/14, de 2 de dezembro (2.ª Secção; Reclamação; João Cura Mariano), disponível em: https://bit.ly/3dQZ8dx, "[s]e é verdade que são suscetíveis de fiscalização pelo Tribunal Constitucional interpretações normativas implícitas, é necessário constatar-se que essas interpretações estão necessariamente subjacentes à decisão judicial proferida, *não sendo possível considerar verificada uma interpretação implícita quando o tribunal recorrido a afasta expressamente, ou quando sustenta interpretação diferente*" (itálico nosso).

[945] Disponível em: https://bit.ly/3GOknsC.

de prisão pela prática de diversos crimes. Inconformado, recorreu para o Tribunal da Relação de Lisboa (TRL), sustentando que o tribunal de 1.ª instância havia errado na apreciação da matéria de facto, por ter dado como provados factos que não resultavam dos depoimentos prestados em audiência. A Relação deu-lhe razão, assim anulando o acórdão recorrido e determinando novo julgamento, o que veio efetivamente a acontecer em junho de 2007, quando o mesmo Tribunal Coletivo do Círculo Judicial de Oeiras condenou A. a uma pena única de 22 anos de prisão.

O Ministério Público, porém, entendia que o tribunal de 1.ª instância, ao aplicar esta nova pena de prisão em novo julgamento, havia aplicado norma já anteriormente julgada inconstitucional pelo Tribunal Constitucional, "*ainda que não citada expressamente*" na decisão – nomeadamente, a norma contida no artigo 409º, nº 1, do Código de Processo Penal. Face ao exposto, entendia o MP que o TC deveria conhecer do recurso por aquele interposto ao abrigo do n.º 1, da alínea g), do artigo 70.º da LOTC, dando-lhe provimento.

II. O aspeto relevante a retirar desta decisão é o facto de o TC admitir que "[e]m momento algum invoca o acórdão do Tribunal Colectivo do 1º Juízo Criminal de Oeiras – de que interpõe recurso o Ministério Público – o instituto de proibição da *reformatio in pejus*, contido no nº 1 do artigo 409º do CPP"[946]. Atentando nesta afirmação do Tribunal e confrontando-a com a primeira conclusão salientada *supra*, poder-se-ia pensar que o recurso não deveria ser conhecido, pois que da parte do tribunal recorrido não tinha havido qualquer pronúncia, ainda que secundária, sobre a norma adveniente do enunciado normativo citado. No entanto, há uma circunstância que merece ressalva e que pode fundadamente justificar que, mesmo assim, a decisão da jurisdição constitucional passe pelo respetivo conhecimento.

III. Para o TC, era inequívoco que o tribunal recorrido tinha atingido a sua decisão por força de uma interpretação àquele instituto no sentido de reduzir o seu âmbito de aplicação – *i.e.*, uma interpretação "segundo o qual o âmbito da proibição de *reformatio in pejus* não abrange as situações da chamada *reformatio* indirecta: não abrange aqueles casos em que se proceda a novo julgamento, cuja realização tenha sido ordenada em virtude de anulação de julgamento anterior decidida em recurso exclusivamente interposto

[946] Cfr, parágrafo 2 do acórdão.

pelo arguido ou exclusivamente interposto no seu interesse"[947]. Se esta abordagem adotada pelo TC pode ser estranha, na medida em que parece que é o próprio Tribunal que está a explorar "o raciocínio do recorrente com o único fito de atingir a decisão"[948], ela, no entanto. é justificada pela circunstância de o mesmo Tribunal, no Acórdão n.º 236/07, de 30 de Março (2.ª Secção; Recurso; MÁRIO TORRES)[949], já ter proferido uma decisão sobre esta matéria, julgando inconstitucional, "por violação do artigo 32.º, n.º 1, da Constituição da República Portuguesa, a norma do artigo 409.º, n.º 1, do Código de Processo Penal, interpretada no sentido de não proibir o agravamento da condenação em novo julgamento a que se procedeu por o primeiro ter sido anulado na sequência de recurso unicamente interposto pelo arguido."[950].

IV. Ora, se se reparar, a decisão deste acórdão coincide exatamente com o raciocínio subjacente ao Tribunal Coletivo do Círculo Judicial de Oeiras. Sendo o Acórdão n.º 236/07 anterior à sentença do tribunal recorrido, e apesar de esta não ter expressamente invocado o artigo 409.º, não parece haver dúvidas de que subjacente à sua decisão estava um entendimento normativo que já havia sido julgado inconstitucional.

V. Logo, se é verdade que a norma decorrente daquele artigo não foi expressamente aplicada pelo tribunal e que nem sobre ela houve qualquer pronúncia, mesmo que lateral, também não deixa de ser certo que não se tratava de uma norma imaginária ou virtual, que "nunca foi pensada" e que coincidia estritamente com o juízo do juiz *a quo*. Pelo contrário: não só a norma existia, como já havia sido declarada inconstitucional pelo TC, sendo ainda visível que havia constituído o fundamento da decisão recorrida em termos de ratio *decidendi*.

VI. Ora, se só por força desse entendimento inconstitucional é que aquela solução jurídica foi adotada, motivos existiam, por isso, para fundadamente se concluir que não se estava perante uma norma "[reconstituída] ou [fabricada] pelo Tribunal Constitucional para poder pressupor que a decisão recorrida se determinou por uma interpretação constitucional"[951]: tendo havido pronúncia de inconstitucionalidade pela jurisdição constitucional

[947] *Idem.*

[948] Nas palavras de C. BLANCO DE MORAIS, *Justiça*, II, p. 1042.

[949] Disponível em: https://bit.ly/3yrpv3d.

[950] Cfr, parágrafo 3 do Acórdão n.º 236/07.

[951] Cfr, C. BLANCO DE MORAIS, *Justiça*, II, p. 1042.

sobre um determinado comando normativo, é evidente que quando essa mesma norma se encontrar presente numa decisão – que, por isso, mesmo desrespeita a referida pronúncia –, mesmo que de forma pressuposta, o Tribunal pode (e deve) intervir para reafirmar a respetiva inconstitucionalidade já declarada.

VII. Situação similar pode ser vislumbrada numa decisão mais recente – o Acórdão n.º 685/20, de 26 de novembro (2.ª Secção; Recurso; Pedro Machete)[952]:

> Em termos muito sumários, A. havia sido condenado em primeira instância, pela prática, em autoria material, de um crime de passagem de moeda falsa, previsto e punido pelo artigo 265.º, n.º 1, alínea a), do Código Penal, na pena de nove meses de prisão, suspensa na sua execução pelo período de um ano, com regime de prova. Inconformado, recorre desta decisão para o Tribunal da Relação de Lisboa (TRL), que em 25 de junho de 2019 julga improcedente o recurso interposto. A verdade é que, mesmo assim, o recorrente arguiu a nulidade deste último acórdão, por omissão de pronúncia: o recurso interposto para o TRL baseava-se (não só, mas também) na circunstância de o recorrente entender que determinados pontos da matéria de facto haviam sido incorretamente julgados, razão pela qual, nos termos do artigo 412.º, n.ºs 3 e 4, do CPP[953], especificou esses mesmos pontos, bem como as concretas provas que impunham decisão diversa da recorrida e as provas que deveriam ser renovadas. Essa especificação deu-se nas motivações do recurso, assim como nas conclusões dessa motivação, embora de forma bastante mais resumida.
>
> Ora, como referido, o TRL acaba por confirmar a decisão da 1.ª instância, mas, segundo o recorrente, fá-lo necessariamente com base numa norma que já havia sido julgada inconstitucional pelo TC: de acordo com

[952] Disponível em: https://bit.ly/3m2N39u.

[953] Este artigo, que tem como epígrafe "Motivação do recurso e conclusões", dispõe o seguinte nos seus n.ºs 3 e 4:
"3 – Quando impugne a decisão proferida sobre matéria de facto, o recorrente deve especificar:
a) Os concretos pontos de facto que considera incorrectamente julgados;
b) As concretas provas que impõem decisão diversa da recorrida;
c) As provas que devem ser renovadas.
4 – Quando as provas tenham sido gravadas, as especificações previstas nas alíneas b) e c) do número anterior fazem-se por referência ao consignado na ata, nos termos do disposto no n.º 3 do artigo 364.º, devendo o recorrente indicar concretamente as passagens em que se funda a impugnação".

o recorrente, o TRL, ao "[interpretar] as normas constantes do n.º 3 e do n.º 4 do art.º 412.º do Código de Processo Penal no sentido de que, para dar cumprimento ao disposto nestes artigos, é necessário que as concretas passagens dos depoimentos das testemunhas que, no entender do Recorrente, impõem decisão diversa da recorrida e que, como tal, devem ser renovadas, sejam indicadas nas conclusões da motivação de Recurso apresentada e que, não o sendo, (...) não tem o Tribunal o dever de reapreciar ou tão pouco de se pronunciar sobre a matéria de facto constante da referida prova, mas tão somente sobre os considerandos do Recorrente que constem diretamente do texto da Sentença recorrida", vai de encontro a decisões do TC que se haviam prenunciado pela «inconstitucionalidade das "normas constantes dos artigos 412.º, n.º 3 e n.º 4 do Código de Processo Penal, quando interpretadas no sentido de que a falta de indicação nas conclusões da motivação de Recurso – dos elementos que os referidos artigos enunciam – tem como efeito o não conhecimento da impugnação da matéria de facto e a improcedência do Recurso nessa parte, sem que ao recorrente seja dada a oportunidade de suprir tal deficiência"». Desatendida essa nulidade por decisão do mesmo TRL, de 11 de dezembro de 2019, o recorrente interpõe recurso desta decisão junto do TC, (não só, mas também) ao abrigo da alínea g), do n.º 1, do artigo 70.º da LOTC, alegando uma eventual violação do artigo 32.º, n.º 1, da Constituição.

VIII. À semelhança do acórdão anterior, o TC começa por referir que "não resulta da [decisão recorrida], de forma expressa, a adoção do critério normativo objeto do presente recurso e que veio a ser julgado desconforme com a Constituição na aludida jurisprudência"[954], embora ressalve que para esse efeito «tanto releva "a expressa aplicação da norma já anteriormente julgada ou declarada inconstitucional pelo Tribunal Constitucional (...), como uma aplicação implícita, em que o tribunal *a quo* acaba, em termos substanciais (e analisada a estrutura lógico-jurídica da solução dada ao litígio), por fazer inelutavelmente apelo ao regime jurídico consagrado na norma já inconstitucionalizada – não respeitando ou não tendo em conta o sentido e alcance do anterior juízo de inconstitucionalidade emitido pelo Tribunal Constitucional"»[955].

[954] Cfr, parágrafo 12 do acórdão.

[955] *Idem.*

IX. Partindo deste entendimento, na perspetiva da jurisdição constitucional era claro que o TRL havia ido ao encontro da norma declarada inconstitucional[956]. E se era assim, "o tribunal recorrido, ao menos de forma implícita, nos termos expostos, interpretou o disposto nos n.ºs 3 e 4 do CPP, no sentido de que a falta de indicação, nas conclusões da motivação do recurso em que o arguido impugne a decisão sobre a matéria de facto (...) tem como efeito o não conhecimento da impugnação daquela matéria e a improcedência do recurso nessa parte, sem que ao recorrente seja dada a oportunidade de suprir tal deficiência", o que coincide com a dimensão normativa anteriormente julgada inconstitucional pelo mesmo Tribunal, nomeadamente no Acórdão n.º 322/04, de 5 de Maio (3.ª Secção; Recurso; Gil Galvão)[957].

2.4.1. Apreciação crítica

X. Estes dois acórdãos do TC têm em comum a circunstância de a norma julgada inconstitucional não ter sido invocada pelo tribunal recorrido na sua decisão, mesmo que em termos secundários. Porém, e também como já foi referido, parece-nos claro que ela não só existe no sistema, como está subjacente às decisões – *i.e.*, não se tratou de uma norma construída pelo recorrente ou pelo TC a partir da decisão recorrida, mas, antes, de um comando normativo que, sendo passível de ser extraído de um determinado enunciado, já foi julgado inconstitucional pelo Tribunal, sem prejuízo de, mesmo assim, a jurisdição comum ainda o aplicar.

[956] E isto porque, por um lado, na decisão de 25 de junho de 2019 o TRL afirmou não só que o recorrente tem, «"*nas suas conclusões* de especificar, quais os pontos de facto que considera terem sido incorretamente julgados, quais as provas específicas que impõem decisão diversa da recorrida, bem como referir as concretas passagens/excertos/segmentos das declarações/depoimentos que, no seu entender, obrigam à alteração da matéria de facto, transcrevendo-as (itálico acrescentado)"», como também que a «"referência genérica à totalidade das declarações das testemunhas, não satisfaz as exigências legais da impugnação alargada da matéria de facto, nos termos do art.º 412º do CPP"», impedindo «"o tribunal de recurso de modificar a decisão proferida relativamente à matéria de facto"»; por outro lado, porque em sede de resposta a uma eventual omissão de pronúncia, e ao aderir à fundamentação do Acórdão do Tribunal da Relação de Coimbra, de 8 de fevereiro de 2012, onde se refere que «"[s]e o recorrente não retoma nas conclusões *as questões que desenvolveu no corpo da motivação* (porque se esqueceu ou porque pretendeu restringir o objeto do recurso), o Tribunal Superior só conhecerá das que constam das conclusões. (itálico acrescentado)"», retira-se idêntica conclusão – cfr, parágrafo 12 do acórdão.

[957] Disponível em: https://bit.ly/3dUX840.

XI. Com efeito, atentando no que foi explicitado *supra*, é de destacar o facto de ser perfeitamente visível um conjunto de circunstância aí presentes:

(*i*) A impugnação de uma norma pelo recorrente;
(*ii*) Essa norma já ter existido no sistema;
(*iii*) Ter sido julgada inconstitucional pelo TC;
(*iv*) Estar subjacente à decisão recorrida – portanto, haver um "encaixe" entre um sentido normativo já afastado pela jurisdição constitucional e um critério normativo aplicado pela jurisdição comum como *ratio decidendi*, pois que na respetiva decisão são visíveis e destacáveis menções à norma já inconstitucionalizada.

XII. Apesar de essa norma não ter sido invocada expressamente nas decisões recorridas, somos do entendimento de que estas circunstâncias são suficientes para formarem uma base sólida no sentido de se afirmar que também aqui estamos na presença de uma norma pressuposta, que, constituindo *ratio decidendi* da decisão recorrida, pois que a aplicação da efetiva solução jurídica aí adotada só foi possível em virtude (ou como consequência) de um entendimento normativo já declarado inconstitucional, pode ser apreciada pelo TC, por o recurso (ainda) ter um objeto normativo.

XIII. Enfim, em jeito de ponto de situação, e atentando na jurisprudência até aqui mencionada, a admissão de recursos em sede de normas pressupostas depende de a decisão judicial consubstanciar uma necessária decorrência dessa solução jurídica impugnada, ou que, de um ponto de vista substancial, ela não possa ter deixado de passar pela consideração do sentido normativo que o recorrente reputa como inconstitucional, quer quando essa norma é apenas apreciada em termos laterais, mas o juiz *a quo*, embora formalmente apoiado noutro comando normativo, a aplica na decisão em termos de *ratio decidendi*, servindo assim de seu suporte fundamentador, quer quando se verifica que a norma, apesar de não ter sido de todo invocada na decisão, "encaixa" num sentido normativo que, estando-lhe subjacente, já existiu e já foi julgado inconstitucional pelo TC, sendo que só com base nessa norma é que foi possível ao juiz *a quo* atingir o seu veredito. Por outras palavras, em todos estes casos falamos de normas *existentes* no sistema – *i.e.*, que lhe pertencem – e que *decorrem* da decisão recorrida.

2.4.2. Uma questão por resolver

XIV. Ora, se se pode afirmar que nos casos *supra* expostos o recurso ainda continua a ter natureza normativa, a verdade é que também tem de se reconhecer que o conhecimento de recursos em contexto de normas pressupostas, para não ser acusado de ser poroso e ambíguo, tem de deixar claro aquilo que não pode ser admitido, por já não estarmos a falar de um objeto normativo, mas, antes, de um controlo inadmissível da decisão recorrida. Com efeito, e como bem salientado pela doutrina, o que dizer em eventuais situações em que o Tribunal Constitucional admite «recursos que [têm] por objecto normas imateriais que nunca foram pensadas, tanto pelo legislador, como pelo tribunal "*a quo*"»[958]? E o que pensar quando se denota que, apesar de a questão não ser inequívoca, é o próprio Tribunal a "explorar o raciocínio do recorrente com o único fito de atingir a decisão"[959]?

[958] Portanto, e necessariamente, normas que não pertencem ao sistema. Assim, e de novo, C. Blanco de Morais, *Justiça*, II, p. 1042.

[959] *Idem.*

§ 3. NORMAS PRESSUPOSTAS ENQUANTO "NORMAS VIRTUAIS"

3.1. Colocação do problema

A propósito desta problemática, determinada doutrina torna-a coincidente com aquilo que apelida de "normas virtuais" – i.e., as que são "[(re)construídas] *a posteriori* através de uma operação mental que, configurando mentalmente a decisão judicial concreta e individual do caso enquanto norma ou critério normativo potencialmente generalizável e aplicável a todas as possíveis futuras situações em que se reproduza a ocorrência dos mesmos factos relevantes, chega inevitavelmente a uma equalização prática entre acto judicial de decisão do caso e norma susceptível de fiscalização"[960].

3.2. Dois planos distintos

I. Sem prejuízo de isso poder suceder, tal como iremos ver de seguida, a verdade é que, como já tivemos oportunidade de demonstrar[961], há que separar dois planos que são distintos: o plano do controlo normativo – portanto, de norma extraída de determinado(s) enunciado(s) normativo(s) e aplicada na decisão enquanto *ratio decidendi*; e o plano da norma de decisão, que se reporta ao momento em que o juiz *a quo*, partindo da norma extraída, subsume as circunstâncias presentes no caso concreto que tem de resolver à previsão daquela, assim proferindo a sua decisão judicial. Enquanto no primeiro caso

[960] Cfr, J. Reis Novais, *Sistema Português*, p. 207. Veja-se, ainda, R. Medeiros, *Estudos*, pp. 186-190. A favor da fiscalização destas normas, num primeiro momento, encontrava-se C. Blanco de Morais, *Estudos em Homenagem ao Professor Doutor Inocêncio Galvão Telles*, pp. 129-131, entendimento que viria a infletir posteriormente – cfr, *Justiça*, II, pp. 1042-1043.

[961] Cfr, *supra*, Secção II, §1, 1.4.1.

teremos um recurso com objeto idóneo, o mesmo não sucederá no segundo, pois que o se quer controlar é a decisão e não uma norma aí aplicada, mesmo que em termos pressupostos, e que lhe serviu de fundamento.

II. O facto é que percorrendo a jurisprudência do TC, verificamos que a esmagadora maioria das situações em que é invocada uma "norma implícita" corresponde, precisamente, à "norma virtual" como acabou de ser caracterizada – portanto, a situações em que o recorrente tenta normativizar uma decisão, alegando que "implicitamente" uma norma lhe serviu de fundamento, norma essa que corresponde ao ato de julgamento aí. No entanto, vislumbrando quer jurisprudência recente, quer o que já foi referido *supra* a propósito de outras questões, é de reconhecer o esforço que pelo TC tem sido empreendido no sentido de rejeitar o recurso nestes casos[962].

III. Como bem refere a nossa jurisdição constitucional, de nada vale invocar um determinado preceito legal que supostamente foi aplicado em termos "implícitos" pelo tribunal recorrido, quando se percebe que para justificar o porquê de a norma daí extraída ser inconstitucional, o recorrente «destaca diversas particularidades que, *na sua ótica*, ocorreram no caso concreto, que não têm um mínimo de correspondência no teor do mencionado preceito legal, [e] a partir das quais elaborou um "critério normativo" pretensamente aplicado pelo tribunal *a quo*»[963], particularidades essas que mais não são do que uma tradução normativa da discordância sobre o modo como o tribunal recorrido aplicou o direto ordinário ao caso, pretendendo-se assim "submeter essa discordância ao escrutínio do Tribunal Constitucional"[964].

IV. É evidente que casos como estes, em que a "impugnação da recorrente [se dirige], na prática, a tentar obter junto do Tribunal Constitucional aquilo que lhe foi negado (...) no acórdão recorrido: um *reexame* da decisão recorrida"[965], e mesmo que se alegue a suposta presença de uma "norma implícita" violadora da Constituição, têm de ser rejeitados pelo TC, na medida em que estamos perante um objeto inidóneo para efeitos de acesso à jurisdição

[962] Veja-se, a este propósito, a jurisprudência citada *supra*, Parte II, Secção II, §1, 1.4.

[963] Cfr, Acórdão n.º 347/20, de 10 de julho (2.ª Secção; Recurso; Pedro Machete), parágrafo 5, disponível em: https://bit.ly/320TUcP.

[964] *Idem*.

[965] Cfr, Acórdão n.º 510/18, de 10 de outubro (2.ª Secção; Reclamação; Pedro Machete), parágrafo 5, disponível em: https://bit.ly/3m6QtIx.

constitucional por via de recurso de decisão negativa de inconstitucionalidade: transformar a contestação a uma fundamentação adotada pela jurisdição comum em questão normativa, equalizando o ato judicial de decisão do caso e norma suscetível de fiscalização, "é matéria desprovida de natureza normativa e reportada exclusivamente ao mérito da decisão recorrida. Tal juízo não cabe, por isso, nas competências do Tribunal Constitucional, já que, na falta de um recurso de amparo no nosso sistema de fiscalização da constitucionalidade, não lhe compete sindicar da bondade do conteúdo das decisões proferidas pelas instâncias"[966].

3.3. O entendimento de Jorge Reis Novais – apreciação crítica

I. Se este esforço de rejeição é visível da parte do Tribunal, não podemos concordar com a asserção daqueles que entendem que, neste contexto, "em inúmeras situações as decisões de não admissibilidade de um recurso por não estar em causa a inconstitucionalidade de uma norma, mas sim de uma decisão, podiam facilmente, com um pequeno esforço de reformulação argumentativa, ser reconvertidas em decisões de admissibilidade"[967].

Reportamo-nos especificamente a Jorge Reis Novais, que ilustra esta afirmação com um exemplo, que mais não é do que "um caso típico (...) de direitos fundamentais em que colidem os direitos à liberdade de expressão/liberdade de imprensa com o direito à honra, ao bom nome ou à privacidade"[968]. Como certeiramente salientado pelo Autor, no confronto entre essas normas não há qualquer problema de constitucionalidade a elas associado, pois que "há anos permanecem em vigor, sem contestação de constitucionalidade (normas do Código Civil, da lei de imprensa, do estatuto dos jornalistas ou outras"[969]. Ora, se há um conflito entre essas normas a ser resolvido pelo juiz, é evidente que este terá de recorrer a uma operação de ponderação, com o objetivo de, tendo em conta o "peso dos interesses, bens e direitos que se situam de um e do outro lado"[970], fazer

[966] Cfr, Acórdão n.º 38/18, de 31 de janeiro (3.ª Secção; Recurso; Lino Rodrigues Ribeiro), parágrafo 6.1., disponível em: https://bit.ly/3pXfZ3S.
[967] Cfr, J. Reis Novais, *Sistema Português*, p. 211.
[968] *Idem.*
[969] *Ibidem.*
[970] *Ibidem.*

ceder um direito em detrimento de outro. Essa cedência consubstanciar-se-á, necessariamente, numa intervenção restritiva sobre um direito – nomeadamente, o que foi cedido. Pergunta-se: pode esta decisão ser suscetível de recurso para o TC?

Para Reis Novais, "[n]uma leitura imediata, dir-se-á que não, uma vez que se trata essencialmente de um juízo de ponderação"[971], pelo que "tratando-se de acto/decisão judicial e não de norma/interpretação normativa, entre nós não seria possível ao titular do direito afectado recorrer ao Tribunal Constitucional"[972]. No entanto, Reis Novais defende que esta conclusão, "sem grande esforço argumentativo", é passível de ser afastada, bastando reconfigurar o problema em "questão de interpretação normativa eventualmente inconstitucional"[973]: assim, "quando (...) o juiz fez ceder o direito *x* no confronto com o direito *y*, tal aconteceu, pelo menos implicitamente, porque, a partir da interpretação dos enunciados normativos vigentes, o juiz considerou igualmente em vigor e aplicou ao caso uma norma *n* segundo a qual, em caso de conflito entre o direito *x* e o direito *y* nas circunstâncias fácticas *z* (isto é, circunstâncias do caso), o direito *y* deve prevalecer e o direito *x* deve ceder na medida *i* (precisamente, a intervenção restritiva decidida pelo juiz, no caso, imagine-se, uma indemnização que o juiz impôs ao titular de *x*"[974]. Para este Autor, esta norma *n* "pode ser sempre extraída como estando pressuposta na decisão e pode ser sempre (re)construída enquanto norma geral ou critério normativo genérico que será o seguinte: sempre que se reproduzir um conflito entre *x* e *y* nas circunstâncias *z*, deve ser imposto *i*"[975]. Que é o mesmo que dizer: estaremos perante uma norma pressuposta suscetível de ser impugnada junto do TC por via de recurso de decisão negativa de inconstitucionalidade.

II. Não podemos concordar com este entendimento. E isto porque, vistas bem as coisas, o Autor incorre na crítica que faz às "normas virtuais", na medida em que equaliza o ato judicial com a suposta norma que é suscetível de fiscalização. Para o perceber, formularemos um raciocínio que anda muito perto daquele que já foi referido a propósito do preenchimento de cláusulas gerais[976].

[971] *Idem*, p. 212.
[972] *Ibidem*.
[973] *Ibidem*.
[974] Cfr, J. Reis Novais, Sistema Português, p. 212.
[975] *Idem*, pp. 212-213.
[976] Cfr, *supra*, Secção III, § 3.

III. Como é corretamente mencionado por Reis Novais, o caso convoca duas normas que não vão de encontro à Constituição – a norma que consagra a liberdade de imprensa, por um lado, e a norma que consagra o direito à honra, por outro. Também como corretamente avançado por este Autor, esse conflito normativo é resolvido através de uma operação de ponderação – portanto, através de uma *escolha* operada pelo juiz, tendo em conta o princípio da proporcionalidade, que, como se sabe, tem consagração constitucional[977]. Ora, se atentarmos na suposta norma *n* que é construída por Reis Novais, verificamos que ela coincide precisamente com essa escolha. Por outras palavras, com essa norma Reis Novais pretende constitucionalmente censurar, à luz do princípio da proporcionalidade, uma determinada prevalência, por entender que ela é proporcionalmente injustificada. No entanto, pergunta-se: estamos perante um eventual recurso cujo objeto é normativo? Se à primeira vista poder-se-ia pensar que sim, na medida em que existe um parâmetro constitucional que alegadamente está a ser desrespeitado por uma suposta "norma", numa análise mais atenta a resposta não pode deixar de ser negativa, pois que apesar de esse parâmetro existir, o que se que se quer impugnar não é uma *norma*, mas, sim, uma *escolha* que foi feita pelo juiz.

[977] A bibliografia relativa à ponderação enquanto modo de resolução de um conflito normativo é vastíssima, pelo que se torna impossível, no presente contexto, referenciar todos os Autores que sobre ela se debruçaram. Para a presente dissertação, e na doutrina nacional, destacamos P. Moniz Lopes, *Derrotabilidade*, I, pp. 387 e ss.; ID, "Derrotabilidade Normativa e Jurisdição Constitucional", P. Moniz Lopes, *Estudos*, I, pp. 275-286.; D. Duarte, *A Norma*, pp. 263 e ss.; ID, "Normative Conditions of Balancing: Drawing Up The Boundaries of Normative Conflicts That Lead to Balances", in J. R. Sieckmann (ed.), *Legal Reasoning: the Methods of Balancing*, Estugarda, 2010, pp. 51 e ss.; C. Blanco de Morais, *Curso*, II, 2, pp. 663 e ss.; J. Reis Novais, *As Restrições*, pp. 639 e ss.; ID, *Limites dos Direitos Fundamentais. Fundamento, Justificação e Controlo*, Coimbra: Edições Almedina, 2021, pp. 39 e ss.; ID, *Princípios Estruturantes*, pp. 99 e ss.; V. Canas, *O Princípio*, pp. 675 e ss.; J. J. Gomes Canotilho, *Direito Constitucional*, pp. 1236 e ss.; J. Pereira da Silva, *Direitos Fundamentais. Teoria Geral*, Lisboa: Universidade Católica Editora, 2018, pp. 286 e ss.; J. C. Vieira de Andrade, *Os Direitos Fundamentais na Constituição Portuguesa de 1976*, 5.ª Edição, Coimbra: Edições Almedina, 2012, pp. 298 e ss.; J. M. Sérvulo Correia, "Direitos Fundamentais – Sumários", in F. Paes Marques, J. D. Coimbra e T. Fidalgo de Freitas (org.), *Escritos de Direito Público, Volume IV – Direito Constitucional, Direito Europeu e Direito Internacional Público*, Coimbra: Edições Almedina, 2019, pp. 115 e ss.; J. Miranda, *Manual de Direito Constitucional, Tomo IV – Direitos Fundamentais*, 6.ª Edição, Coimbra: Coimbra Editora, 2015, pp. 362-365.; M. Teixeira de Sousa, *Introdução*, pp. 417 e ss.; M. Nogueira de Brito, *Introdução*, pp. 326 e ss.; J. Lamego, *Elementos*, pp. 66 e ss. Na doutrina estrangeira, e por todos, até porque foi a partir daí que o desenvolvimento doutrinário quanto a este tema se iniciou, R. Alexy, *A Theory of Constitutional Rights*, Oxford: Oxford University Press, 2 010, pp. 44 e ss.

IV. A partir do momento em que aquelas duas normas que estão em conflito não padecem de nenhum tipo de inconstitucionalidade, qualquer censura que se faça nos termos dessa "norma virtual" é exclusivamente dirigida ao ato judicial de decisão – portanto, à decisão de, num determinado conflito normativo, dar prevalência a um direito em detrimento de outro. Não se está, assim, perante um eventual momento anterior de criação normativa pelo juiz, que, como se viu, pode (e deve) ser suscetível de ser controlado pelo Tribunal à luz dos parâmetros constitucionais que impedem essa criação, mas antes perante uma situação em que o parâmetro constitucional se dirige a uma escolha, a um momento desprovido de natureza normativa, no sentido de poder provocar o acesso ao TC.

V. Como se referiu noutro parágrafo[978], é verdade que na situação de criação normativa também há uma *escolha* – o juiz escolheu criar uma norma quando não o podia fazer; só que enquanto o parâmetro constitucional que (também) incide sobre essa escolha tem uma consequência *normativa*, traduzida na inconstitucionalidade do resultado normativo dela adveniente, aplicado na decisão e que constitui objeto idóneo do recurso para o TC, no caso em análise – *i.e.*, para efeitos de uma operação de ponderação – o parâmetro constitucional apenas rege a escolha a efetuar pelo juiz tendo em conta duas normas já criadas pela autoridade normativa competente, pelo que só tem consequência na decisão: de facto, o que foi "criado", embora formalmente apelidado de norma, corresponde, em termos materiais, a um ato de julgamento inssidicável pelo TC, não advindo, evidentemente, de um enunciado normativo aprovado pela autoridade competente para a sua edição; além de que, e como mencionado, as verdadeiras normas que se encontram em conflito e foram aplicadas na decisão recorrida não sofrem de nenhuma inconstitucionalidade, pelo que questionar a "norma virtual" é, realisticamente, questionar um ato judicial de ponderação à luz do princípio da proporcionalidade.

VI. Logo, tendo em conta o sistema português de fiscalização da constitucionalidade, é evidente que essa norma *n*, não sendo um comando normativo que lhe seja funcionalmente adequado, mas, antes, uma tradução normativa de uma decisão da jurisdição comum, não pode ser objeto de controlo pelo TC. E admitir o contrário significaria, como refere Reis Novais, a tal equalização prática entre ato judicial de decisão do caso e norma suscetível de fiscalização.

[978] Cfr, *supra*, Parte II, Secção III, §3, VI.

VII. Veja-se, ao mesmo tempo, como este exemplo, no contexto das normas pressupostas, difere dos anteriores. Nos acórdãos atrás citados estivemos sempre perante (*i*) uma norma – *i.e.*, perante um resultado extraído de um enunciado normativo; (*ii*) passível de ser extraída do enunciado normativo invocado; (*iii*) eventualmente já declarada inconstitucional pelo Tribunal; (*iv*) e que "encaixa" no critério normativo mobilizado pelo tribunal recorrido, mesmo que formalmente apoiado noutra(s) norma(s). Assim, e pelo contrário, não se trata de casos em que aquilo que está em causa são "normas imateriais" que nunca foram pensadas pelo legislador e/ou pelo tribunal *a quo*, quer porque não se está a falar de um ato judicial de decisão que foi normativizado, quer porque não correspondem, a final, a uma fundamentação da decisão recorrida que se pretende contestar.

§ 4. POSIÇÃO ADOTADA

4.1. Três conclusões

Face ao que se expôs, há três conclusões que necessariamente têm de ser avançadas:

i) A primeira tem que ver com a crítica que se fez a Reis Novais. Percebe-se que este Autor dê este exemplo, na medida em que ele se insere numa sua defesa de transformação do sistema português de fiscalização da constitucionalidade em direção (não só, mas também) a um recurso de amparo[979]. De facto, se este existisse, nenhuma estranheza haveria que apontar à situação descrita, pois que aí as decisões da jurisdição comum e consequentes atos de julgamento, cumpridos determinados pressupostos, poderiam ser suscetíveis de controlo pelo TC. Até isso eventualmente suceder, porém, há que trabalhar com o que existe. A partir do momento em que se defende, como o fizemos, que a dita norma *n* e o preenchimento de cláusulas gerais pelo juiz *a quo* não podem ser objeto de recurso junto do Tribunal pelos motivos aí expostos, daí necessariamente decorre que as intervenções restritivas provocadas por decisões judiciais com base em operações de ponderação nunca poderão ser apreciadas pela jurisdição constitucional. Se num primeiro momento esta consequência pode parecer catastrófica, ela é rapidamente suplantada pela constatação de que, ao contrário do que alguns parecem querer dar a entender, não parece existir verdadeiramente um défice no sistema de garantia dos direitos

[979] Cfr, J. Reis Novais, *Sistema Português*, pp. 241-259, em especial pp. 248-259.

fundamentais nestes casos, desde logo porque os remédios que entre nós existem para fazer face a essas lesões parecem ser suficientes[980];

ii) A segunda coincide com uma precisão que tem de ser feita: o facto de se reconhecer o esforço empreendido pelo TC para, em contexto de normas pressupostas, rejeitar aqueles casos que coincidem com um objeto inidóneo para efeitos de recurso junto do Tribunal, não significa que este, por vezes, não fuja à regra e aceite conhecer de recursos que manifestamente deveriam ter sido rejeitados[981];

[980] Sobre este aspeto, cfr, por todos, C. Blanco de Morais, *Justiça*, II, pp. 1044-1061.

[981] Reportamo-nos, paradigmaticamente, ao (ainda) famoso Acórdão n.º 416/03, de 24 de Setembro (2.ª Secção; Recurso; Mário Torres), disponível em: https://bit.ly/3yvZShs, que foi interposto na sequência de uma decisão do Tribunal da Relação de Lisboa que havia negado o recurso do despacho do Juiz de Instrução que tinha determinado a prisão preventiva do recorrente. Se se atentar neste aresto, verifica-se que o recorrente, partindo de um enunciado normativo – *rectius*: os n.ºs 1, 4 e 5, do artigo 141.º do Código de Processo Penal, na redação dada à data –, constrói uma norma que entende que foi aplicada pelo juiz na decisão e que é inconstitucional – nomeadamente, que no «interrogatório judicial de arguido detido, é suficiente "*a formulação de perguntas genéricas e abstractas, não concretizadoras das exactas circunstâncias de tempo, modo e lugar*"» – cfr, parágrafo 6 do acórdão. Ora, como o próprio Tribunal reconhece, esta "norma" corresponde, na verdade, a um "*critério geral de ponderação* a que se deveria seguir a sua aplicação concreta, tendo em conta as particulares especificidades não apenas do processo em causa, mas também dos individuais elementos probatórios cujo acesso seria relevante" (itálico nosso) – cfr, parágrafo 9 do acórdão: de facto, era claro que a jurisdição comum, para efeitos de informação a prestar ao arguido no interrogatório, tinha de efetivar uma operação de ponderação sobre dois interesses conflituantes – a saber, *o interesse* do arguido em aceder irrestritamente aos autos, por um lado, e os *interesses* das vítimas e da eficácia da investigação criminal, limitadores de tal acesso, por outro. Atentando no que temos vindo a defender, evidentemente que desta valoração casuística não poderia o Tribunal conhecer, pois que isso significaria controlar um ato de julgamento do juiz a *quo* ao arrepio do sistema português de fiscalização da constitucionalidade. No entanto, e contrariando este entendimento, o recurso vai ser admitido: é que, para o TC, a partir do momento em que o advogado do recorrente, aquando da exposição dos factos, pronunciou-se «contra a propugnada aplicação da medida de coacção de prisão preventiva, imediatamente antes da prolação do despacho judicial que a determinou, [aduzindo] "*não terem sido referidos o local das alegadas práticas sexuais, o momento em que as mesmas ocorreram, as idades dos alegados intervenientes e outros elementos aptos a permitir ao arguido um esclarecimento mínimo dos factos que agora lhe estão a ser imputados*"» (cfr, parágrafo 8 do acórdão), e a partir do momento em que esta discordância "não foi contrariada por nenhum dos restantes intervenientes processuais presentes no interrogatório nem no despacho que determinou a prisão preventiva (...), não tendo o acórdão recorrido questionado a veracidade das afirmações do recorrente no sentido da não concretização dos factos imputados" (*idem*), concluiu o Tribunal que o acórdão recorrido, "ao menos implicitamente", acolheu "a interpretação normativa arguida de inconstitucional pelo recorrente, no sentido de que a exposição, pelo juiz ao arguido, dos factos que lhe são imputados, prevista no n.º 4 do artigo 141.º do Código de Processo Penal, se basta com a formulação de perguntas genéricas e abstractas, sem concretização das circunstâncias de tempo, local e modo em que tais factos terão ocorrido" (*ibidem*).

iii) A terceira, em linha com esta última, tem que ver com a porosidade que há pouco se mencionou. Como foi referido, em contexto de normas pressupostas, e para não ser acusado de ambiguidade, o TC tem de deixar claro aquilo que não pode ser admitido por já não estarmos a falar de um objeto normativo, mas, antes, de um controlo inadmissível da decisão recorrida. Assim, não só o recurso deve ser rejeitado se não cumprir com os requisitos supramencionados, como também, e em especial, se se chegar à conclusão de que a norma alegadamente pressuposta e impugnada pelo recorrente foi construída *de baixo para cima* – isto é, começando por atentar na factualidade do caso concreto para, posteriormente, enunciar o único pressuposto normativo que seria apto a legitimar a decisão do juiz *a quo* e que o recorrente entende ser inconstitucional, pressuposto normativo esse que, na esmagadora maioria dos casos, corresponde a uma "norma virtual". É que, quando isso sucede – *i.e.*, quando o recurso é construído dessa maneira, identificando-se um pressuposto normativo de direito infraconstitucional que necessária e "implicitamente" foi acolhido pelo tribunal recorrido para efeitos da sua decisão a partir das premissas factuais que aí constam –, tal implica que o apuramento, pelo Tribunal, dessa norma dita pressuposta e supostamente aplicada na decisão em termos de *ratio decidendi*, tenha de passar por uma análise da apreciação de direito efetivada pela jurisdição comum, no sentido de saber se esta incluiu (ou não) as referidas premissas que eventualmente suportam aquele pressuposto normativo e que foram alegadas pelo recorrente: portanto, pressupõe um escrutínio da decisão recorrida no plano infraconstitucional, que, como bem se sabe, não é possível no atual sistema português de fiscalização da constitucionalidade[982].

Veja-se, assim, como este acórdão é ilustrativo de tudo aquilo que não pode (nem deve) acontecer em contexto de normas pressupostas: (*i*) o recorrente, apesar de apoiado num determinado enunciado normativo, constrói uma "norma virtual" que mais não é do que a contestação de uma operação de ponderação efetivada pela jurisdição comum – portanto, constrói uma norma imaterial que nunca foi pensada; e (*ii*) o Tribunal Constitucional, em vez de rejeitar o recurso por evidente falta de idoneidade do objeto, explora o raciocínio do recorrente, admite o recurso e, assim, atinge – i.e., *revê* – a decisão recorrida, subvertendo a distribuição de competências entre a jurisdição constitucional e a jurisdição comum. Crítico deste acórdão, cfr, em especial, J. Reis Novais, *Themis*, N.º 10, 2005, pp. 108 e ss. Cfr, ainda, C. Blanco de Morais, *Justiça*, II, p. 1043.

982 Na verdade, uma coisa é identificar um enunciado normativo a partir do qual uma norma pertencente ao sistema foi extraída e aplicada; outra, bem diferente, é vislumbrar a fundamentação adotada na decisão recorrida e normativizá-la, "arranjando", até, um enunciado normativo ao

Por fim, e ainda em sede de normas pressupostas, é de aceitar um entendimento do TC que se assume como pacífico, quer na sua jurisprudência, quer na doutrina: falamos daqueles casos em que uma decisão da jurisdição comum, se confirmar, em sede de recurso ordinário, o decidido pelo tribunal inferior, aí constando a aplicação de uma norma alegadamente inconstitucional e sobre a qual o tribunal de recurso não se pronuncia quando o deveria tê-lo feito, então a decisão deste último pressupõe necessariamente uma aplicação "implícita" dessa mesma norma[983].

qual possa ser associada e assim alegando que esse pressuposto normativo era o único a partir do qual o juiz poderia ter decidido. Enquanto no primeiro caso o TC apenas terá de confrontar essa norma com o parâmetro constitucional invocado, na medida em que não haverá qualquer questão associada à sua aplicação enquanto *ratio decidendi*, no segundo caso, e como tarefa prévia, o Tribunal, para efeitos de apuramento da dita "norma" pressuposta aplicada enquanto *ratio decidendi*, tem necessariamente de analisar a decisão para perceber se daí constam as premissas alegadas pelo recorrente e que, no seu entendimento, levaram o juiz a quo a recorrer "implicitamente" a um comando normativo para justificar essa mesma decisão – portanto, significa chamar o TC para responder a uma questão de direito ordinário, a saber, se o tribunal *a quo*, na sua apreciação de direito, incluiu as premissas de facto alegadas pelo recorrente, só assim se podendo concluir que a "norma" implícita foi acolhida na decisão. Se se reparar, parece que também foi isto que sucedeu no Acórdão n.º 416/03, já criticado. Próximo deste entendimento, veja-se o Acórdão n.º 606/19, de 22 de outubro (2.ª Secção; Reclamação; Pedro Machete), disponível em: https://bit.ly/3276yXx, parágrafo 7.2.: "resulta claro que o recorrente, desta forma, teve em vista questionar aquele julgamento efetuado pelo tribunal *a quo*. E, para o efeito, enunciou os únicos pressupostos normativos que, *em seu entender*, seriam aptos a legitimar tal decisão, no plano do direito infraconstitucional – e que, por isso, conforme reitera agora, teriam sido *necessária* e *implicitamente* acolhidos pelo tribunal recorrido – questionando a constitucionalidade desses mesmos pressupostos, de forma a abrir a via de recurso para o Tribunal Constitucional. No entanto, é de afastar, no caso, tal suposta aplicação implícita da interpretação normativa que o recorrente pretende questionar. É que, conforme se realçou na decisão reclamada, a interpretação normativa objeto do recurso de constitucionalidade só terá sido implicitamente acolhida na decisão recorrida, caso se considere, com o recorrente, que o tribunal de recurso (isto é, o tribunal *a quo*), na apreciação de direito, incluiu «premissas de facto que não constam da factualidade assente, nem foram objeto de ampliação no tribunal do recurso». E tal apreciação pressuporia a análise da decisão recorrida *exclusivamente* no plano do direito infraconstitucional, no sentido de averiguar se, tal como entende o reclamante, a decisão tomada pelo tribunal *a quo* é ilegal, por ter violado o disposto no artigo 149.º do C.P.T.A., escrutínio esse que, conforme referido a propósito do sentido e alcance do sistema português de fiscalização concreta da constitucionalidade, está vedado ao Tribunal Constitucional." Veja-se, também, o Acórdão n.º 474/18, de 3 de outubro (3.ª Secção; Reclamação; Lino Rodrigues Ribeiro), disponível em: https://bit.ly/3F4t7KK.

983 Cfr, em termos paradigmáticos, o Acórdão n.º 355/05, de 6 de Julho, (1.ª Secção; Recurso; Maria João Antunes), disponível em: https://bit.ly/32am7h6, parágrafo 1: "A este propósito há que reconhecer, antes do mais, que o Tribunal Constitucional, na verificação dos pressupostos processuais do recurso, tem uma jurisprudência firme no sentido de ser irrelevante o facto

4.2. Fiscalização da constitucionalidade de normas pressupostas: requisitos

I. Concluindo, não se rejeita que em normas pressupostas a fronteira entre aquilo que ainda é (ou pode ser) controlo admissível de constitucionalidade e o que já consubstancia uma pronúncia sobre a decisão recorrida pode ser mais permeável do que nos restantes casos que já foram analisados. É por isso mesmo que o Tribunal tem de ser claro nos requisitos que devem estar preenchidos para que nesse contexto se possa conhecer de um eventual recurso. Assim, e em síntese:

i) Sempre que na decisão recorrida – *rectius*: da que se recorre, para efeitos do artigo 70.º, n.º 1, alínea *b*), da LOTC – for invocada, ainda que lateral ou secundariamente, uma norma extraída de um enunciado normativo que o recorrente entende que serviu de pressuposto fundamentador daquela, embora o juiz *a quo* tenha invocado, como suporte dessa mesma decisão e em termos efetivos, outra norma, a norma pressuposta pode ser impugnada junto do TC;

ii) Se eventualmente não houver, da parte do juiz *a quo*, invocação da norma que o recorrente entende estar pressuposta na decisão, mas o critério normativo por aquele adotado corresponder diametralmente a uma norma já julgada inconstitucional pelo Tribunal, então também continuará a haver uma via de acesso para o TC;

de a decisão judicial recorrida omitir o conhecimento da questão de constitucionalidade que os recorrentes pretendem ver apreciada por este Tribunal. Determinante é a circunstância de a decisão judicial ter aplicado como *ratio decidendi* a norma ou a interpretação normativa questionada *sub specie constitucionis* e o reconhecimento de que essa questão foi efectivamente suscitada, pelo recorrente, perante o tribunal que proferiu aquela decisão. Nesta medida, o Tribunal Constitucional basta-se com a verificação de que o tribunal recorrido *devia* ter conhecido da questão de constitucionalidade suscitada".

Como se percebe, a jurisprudência quanto a esta questão é "firme", remontando logo aos anos 80 – veja-se, entre outros, os Acórdãos n.ºs 176/88, de 14 de Julho (2.ª Secção; Recurso; Cardoso da Costa), 318/90, de 12 de Dezembro (2.ª Secção; Recurso; Alves Correia) e 184/96, de 27 de Fevereiro (Plenário; Recurso; Armindo Ribeiro Mendes). Mais recentemente, cfr, também a título de exemplo, os Acórdãos n.ºs 249/17, de 24 de maio (Conferência; Recurso; Teles Pereira), 648/18, de 27 de novembro (Conferência; Recurso; Lino Rodrigues Ribeiro), 101/19, de 19 de fevereiro (Conferência; Recurso; Joana Fernandes Costa) e 509/20, de 6 de outubro (2.ª Secção; Reclamação; Fernando Vaz Ventura), todos disponíveis em: https://bit.ly/3JI53iV. Na doutrina, cfr, por todos, C. Lopes do Rego, *Os Recursos*, pp. 112-113.

iii) Se o juiz *a quo* aplicar na sua decisão uma norma que o recorrente entende ser inconstitucional, aquele desatender essa alegação e o recorrente recorrer da decisão para o tribunal de recurso, invocando (não só, mas também) a inconstitucionalidade da norma, poder-se-á afirmar que ela será aplicada "implicitamente" por esse tribunal se a pronúncia em sede de recurso não se debruçar sobre a questão de constitucionalidade quando deveria tê-lo feito.

II. Cremos que estes casos, cumpridos que também devem estar os requisitos gerais associados a este tipo de recurso e que já forma por nós explanados[984], são aqueles em que se pode afirmar, com relativa certeza, que se torna "evidente que a sentença recorrida não poderia ter chegado a uma dada solução" sem essa norma pressuposta alegadamente inconstitucional, e isto sem se incorrer num subjetivismo extremo que, deixando a "evidência" nas mãos de uma avaliação reportada a critérios ambíguos, faria com que a admissão do recurso fosse caracterizada por uma excessiva incerteza.

III. De modo oposto, se o recurso de uma decisão negativa de inconstitucionalidade se apoiar numa reconstrução normativa do ato de julgamento do juiz *a quo* ou da fundamentação que por este foi aí aplicada, evidente que o respetivo objeto, não sendo normativo, será inidóneo, devendo o recurso ser rejeitado: esses casos serão também evidentes nas ditas "normas imaginárias" ou "virtuais" – *i.e.*, quer quando se constata que a "norma" corresponde ao juízo presente na decisão recorrida que por essa via se quer contestar; quer quando o recorrente a constrói a partir das premissas de facto alegadamente adotadas pelo juiz, com o objetivo de posteriormente sustentar que esse pressuposto normativo de direito infraconstitucional assim construído era o único apto a legitimar a decisão recorrida, em termos de *ratio decidendi*. Por fim, idêntica decisão de rejeição deverá ser tomada naqueles casos em que o tribunal recorrido expressamente afasta a aplicação da dita norma pressuposta ao caso concreto, por considerar que a disposição a partir da qual supostamente ela foi extraída não é convocável para a resolução da questão de direito

[984] Cfr, supra, Secção II, § Considerações Iniciais, bem como §1, 1.3.5.

IV. Enfim, e de novo, apesar de a maioria dos casos de norma pressupostas corresponder à equalização entre ato judicial e norma, sendo assim facilmente rejeitada, nem por isso o Tribunal não deve dispor de critérios seguros que lhe permitam conhecer do recurso, por o seu objeto se reportar a uma *norma* tal como esta deve ser entendida pela jurisdição constitucional neste contexto: *existente, não inventada, fundamentadora* da decisão recorrida e, por isso mesmo, não correspondente ao juízo aí aplicado.

§ CONCLUSÕES

Relativamente à presente secção, eis as conclusões que importa reter:

i) Talvez as situações em que a linha de fronteira entre controlo de norma e controlo de decisão é mais ténue diz respeito às chamadas "normas implícitas". Primeiramente, porém, é necessário clarificar que não é de normas implícitas de que falamos, mas, ao invés, de *normas pressupostas*;

ii) Com efeito, *normas implícitas*, em sentido estrito, são aquelas que derivam dedutivamente de normas expressas criadas por autoridades normativas competentes: havendo uma sequência de normas explícitas existentes, elas serão premissas de raciocínio ou argumentos em favor de uma conclusão, que, por sua vez, consubstanciar-se-á na norma implícita. Esta, por sua vez, não se traduz numa inovação normativa, precisamente porque este resultado deriva, lógica e validamente, de normas explícitas, criadas por uma autoridade normativa competente, pelo que a *norma implícita* ainda pode ser reportada a essa mesma autoridade;

iii) Daí que, em nosso entender, seja mais correto referir-se a *normas pressupostas*, pois que nas situações que se analisaram na secção que agora termina não está em causa uma eventual norma que o juiz *a quo* tenha logicamente deduzido de normas expressas, mas, sim, uma norma que, apesar de se encontrar subjacente à decisão recorrida em termos de *ratio decidendi*, não foi aí expressamente aplicada;

iv) Quando se está perante uma *norma pressuposta*, e se o recorrente entender que ela colide com a Constituição, surge necessariamente a questão de saber se essa norma pode ser impugnada junto do TC, desde logo por força de um dos requisitos associados à suscitação de uma questão de constitucionalidade, tal como se viu, ser a coincidência da norma impugnada com aquela que o juiz aplicou na sua decisão;

v) Se, por um lado, o Tribunal desde cedo admitiu que essa aplicação tanto pode ser *expressa* quanto *implícita*, não deixa de ser certo, por outro, que as situações em que uma norma pressuposta pode ser fiscalizada pelo TC têm de ser cuidadosamente balizadas;

vi) Vislumbrando a jurisprudência constitucional que se pronuncia sobre esta questão, conclui-se que tal pode ocorrer em três situações:

  a) Sempre que na decisão recorrida – *rectius*: da que se recorre, para efeitos do artigo 70.º, n.º 1, alínea b), da LOTC – for invocada, ainda que lateral ou secundariamente, uma norma extraída de um enunciado normativo que o recorrente entende que serviu de pressuposto fundamentador daquela, embora o juiz *a quo* tenha invocado, como suporte dessa mesma decisão e em termos efetivos, outra norma, a *norma pressuposta* pode ser impugnada junto do TC;

  b) Se eventualmente não houver, da parte do juiz *a quo*, invocação da norma que o recorrente entende estar pressuposta na decisão, mas o critério normativo por aquele adotado corresponder diametralmente a uma norma já julgada inconstitucional pelo Tribunal, então também continuará a haver uma via de acesso para o TC;

  c) Se o juiz *a quo* aplicar na sua decisão uma norma que o recorrente entende ser inconstitucional, aquele desatender essa alegação e o recorrente recorrer da decisão para o tribunal de recurso, invocando (não só, mas também) a inconstitucionalidade da norma, poder-se-á afirmar que ela será aplicada "implicitamente" por esse tribunal se a pronúncia em sede de recurso não se debruçar sobre a questão de constitucionalidade quando deveria tê-lo feito.

vii) Da nossa perspetiva, se estes casos coincidem com aqueles em que se pode afirmar, com relativa certeza e sem incorrer num subjetivismo extremo, que se torna evidente que a sentença recorrida não poderia ter chegado a uma dada solução sem essa *norma pressuposta* alegadamente inconstitucional, estando-se, por isso, (ainda) no âmbito de um controlo normativo e não de um exame da decisão recorrida, não podemos, contudo, acompanhar aqueles que sustentam que as "normas implícitas", verdadeiras "normas virtuais", podem ser utilizadas pelo recorrente para transformar normativamente o ato de julgamento do juiz, abrindo-se assim uma via de acesso ao TC que, em circunstâncias normais, e como se sabe, estaria bloqueada, por aquilo que se questiona ser estranho à nossa jurisdição constitucional;

viii) De facto, se se atentar no raciocínio desenvolvido por essa sensibilidade, verifica-se que essa suposta norma nunca poderia constituir objeto idóneo de controlo de constitucionalidade, pois que, apesar de existir um parâmetro constitucional à luz do qual ela supostamente poderia ser fiscalizada, num olhar mais atento nota-se de imediato que o que se quer impugnar não é uma norma, mas, sim, uma *escolha* que foi feita pelo juiz à luz de uma *ponderação* necessariamente baseada no *princípio da proporcionalidade*;

ix) De modo mais claro, e em linha com o entendimento avançado a propósito das *cláusulas gerais*, se há duas normas em conflito que não padecem de nenhum tipo de inconstitucionalidade, qualquer censura que se faça nos termos da dita "norma virtual" é exclusivamente dirigida ao ato judicial de decisão – portanto, à decisão de, num determinado conflito normativo, dar prevalência a um direito em detrimento de outro. E se é assim, o controlo do Tribunal não pode operar;

x) Por fim, e tendo em conta a preocupação de balização suscitada em *v*), se há que tornar claro quais as situações em que *normas pressupostas* podem ser constitucionalmente fiscalizadas, também o oposto deve merecer igual atenção. Assim:

   a) Se o recurso de uma decisão negativa de inconstitucionalidade se apoiar numa reconstrução normativa do ato de julgamento do juiz *a quo* ou da fundamentação que por este foi aí aplicada, evidente que o respetivo objeto, não sendo normativo, será inidóneo, devendo o recurso ser rejeitado;

   b) O mesmo deve acontecer em contexto de "normas imaginárias", quer quando se constata, intricado com a última alínea, que a "norma" corresponde ao juízo presente na decisão recorrida que por essa via se quer contestar; quer quando o recorrente a constrói a partir das premissas de facto alegadamente adotadas pelo juiz na decisão, com o objetivo de posteriormente sustentar que esse pressuposto normativo de direito infraconstitucional assim construído era o único apto a legitimar a decisão recorrida, em termos de *ratio decidendi*;

   c) Por fim, a rejeição também deve ocorrer nos casos em que o tribunal recorrido expressamente afasta a aplicação da dita norma pressuposta ao caso concreto, por considerar que a disposição a partir da qual supostamente ela foi extraída, e que é alegada pelo recorrente, não é convocável para a resolução da questão de direito, comprovando-se que efetivamente ele tem razão e sendo essa "norma pressuposta", por isso mesmo, um mero *obter dictum* e não *ratio decidendi* da decisão recorrida.

SECÇÃO V

BALANÇO FINAL: UM RECURSO NORMATIVO DE CONSTITUCIONALIDADE

§ A IMPORTÂNCIA DO ACÓRDÃO N.º 695/16, DE 20 DE DEZEMBRO

I. A compreensão de todas as questões ditas "de fronteira" no que ao controlo de constitucionalidade diz respeito – *v.g.*, saber se o que está a ser controlado ainda é uma norma ou já a decisão judicial –, e que temos vindo a fazer ao longo da presente dissertação, tem como base necessária (e lógica) uma constatação que se fez logo nos primeiros parágrafos: o facto de o recurso de constitucionalidade ser essencialmente *normativo.*

II. Tal como se evidenciou logo na Introdução, e como (agora) se pode comprovar, se por um lado a nossa análise se reporta, maioritariamente, a decisões do Tribunal proferidas em contexto de recurso de decisões negativas de inconstitucionalidade, que, no nosso sistema de fiscalização da constitucionalidade, se assume como aquele cujas notas subjetivas estão mais presentes, por outro, e mesmo assim, nem por isso o controlo deixa de incidir sobre normas.

III. É verdade que o recorrente, para efeitos de (tentativa de) acesso ao Tribunal, e por vezes estimulado por uma *fluidez errática* traduzida em acórdãos contraditórios, tenta aproveitar-se ao máximo desse recurso, normativizando aquilo que não tem (nem pode ter) natureza normativa. Porém, e tal como se pretendeu demonstrar, todas as questões podem ser desconstruídas se tivermos em mente a realidade acabada de ressalvar.

IV. De facto, quer em sede de controlo de *normas de decisão*, quer em contexto de *interpretações normativas*, de preenchimento de *conceitos indetermin*ados e de *cláusulas gerais*, assim como em *normas pressupostas*, verificou-se que o eventual acesso ao Tribunal depende apenas de uma única circunstância: saber se o que se pretende controlar é, ou não, um comando normativo, garantindo-se idoneidade ao objeto do recurso. Assim, tal não sucederá:

(*i*) Quando o que se pretende impugnar é a conjugação dos elementos constantes da previsão de uma norma extraída por interpretação com as particularidades do caso a decidir, pois que tal se traduz, a final, na *norma de decisão* que coincidirá com o ato de julgamento;
(*ii*) Quando se transforma a fundamentação do juiz, adotada numa decisão recorrida, em questão normativa;
(*iii*) Quando, não se fazendo uma dissociação entre *interpretação enquanto atividade* e *interpretação enquanto resultado*, quer-se impugnar uma atividade interpretativa, traduzida num processo hermenêutico, e não a norma que dela adveio;
(*iv*) Quando, em vez de se contestar a norma enquanto resultado de uma operação interpretativa que (também) passou por saber que sentido dar a um conceito dito indeterminado, impugna-se, ao invés, o preenchimento judicial desse mesmo conceito;
(*v*) Quando, amparado numa suposta "norma virtual" ou num comando normativo supostamente interligado a uma cláusula geral, o recorrente pretende que o Tribunal aprecie um juízo ponderativo adotado pelo juiz *a quo* na sua decisão;
(*vi*) E quando, em nome de uma pretensa norma "implícita" adotada na decisão recorrida, pretende-se transformar o Tribunal Constitucional numa quarta instância de recurso.

V. Por aqui se percebe que é essencial que qualquer resposta que pelo Tribunal for dada aos problemas elencados tenha necessariamente de passar por uma pré-compreensão de que a nossa justiça constitucional é, antes de tudo, normativa. E se ainda não dispomos de um acórdão de charneira que, precisamente partindo desse entendimento, e para cada uma das situações descritas, clarifique, de forma inequívoca, os pressupostos normativos que devem estar preenchidos para que o Tribunal possa dar provimento ao recurso, especial destaque merece uma decisão da 3.ª Secção que nos parece que deu um primeiro passo quanto à pré-compreensão referida e que, inclusivamente, já foi citada em momentos anteriores da nossa investigação – falamos do Acórdão n.º 695/16, de 20 de dezembro (3.ª Secção; Recurso; Gonçalo Almeida Ribeiro)[985].

[985] Disponível em: https://bit.ly/3yQybAi.

Em causa estava um recurso interposto de uma decisão do Tribunal Central Administrativo do Norte (TCAN). O recorrente havia recorrido para este tribunal de uma sentença proferida pelo Tribunal Administrativo e Fiscal do Porto (TAF-Porto), em 9 de julho de 2013, que julgou extinta a instância na ação administrativa especial por si interposta contra o IFAP – Instituto de Financiamento da Agricultura e Pescas, I.P., por inutilidade superveniente da lide.

O IFAP havia rescindido unilateralmente o contrato de atribuição de ajudas e cancelamento de projeto, com exigência de devolução das ajudas processadas e juros respetivos, alegando incumprimento da parte do recorrente. Para este, porém, o procedimento que conduziu à adoção desse ato administrativo era, para efeitos do artigo 32.º, n.º 1, da Constituição, um procedimento sancionatório que, por isso mesmo, reclamava o direito de audiência prévia previsto no n.º 10 do artigo citado. Não tendo isso sucedido, o recorrente entendia que o ato administrativo de rescisão do contrato, por ofender o conteúdo essencial do direito fundamental de audiência em procedimentos de natureza sancionatória, era nulo, nos termos do então artigo 33.º, n.º 2, alínea d), do Código do Procedimento Administrativo (CPA), pelo que requeria a respetiva declaração de nulidade.

O TCNA, porém, (*i*) não só entendeu que o procedimento administrativo que conduziu à adoção do ato administrativo não podia ser considerado um procedimento de natureza sancionatória, para efeitos do artigo 32.º, n.º 1, da Constituição, como (*ii*) também que ainda que a esse procedimento pudesse ser atribuída essa dita natureza, a preterição, por ilegal dispensa, do direito de audiência prévia não afetava o conteúdo essencial do direito estabelecido no mesmo artigo e, como tal, não era geradora da nulidade do ato praticado, antes da sua mera anulabilidade.

Inconformado, o recorrente interpõe recurso junto do TC desta decisão e da eventual norma aí aplicada e "que se extrai da conjugação dos artigos 100.º, 103.º, n.º 2, al. a), 133.º, n.º 2, al. d), 135.º e 139.º, n.º 1, al. a), do Código do Procedimento Administrativo («CPA») e 287.º, al. e) (atual artigo 277.º, alo e)) do Código de Processo Civil («CPC»), *ex vi* do disposto no artigo 1.º do Código de Processo nos Tribunais Administrativos («CPTA»)", quando interpretada no sentido acabado de expor.

VI. Analisando tudo o que por nós foi exposto e discutido, e atentando em especial no parágrafo antecedente, verifica-se que Gonçalo Almeida Ribeiro formula asserções que não podemos deixar de acompanhar:

i) Em primeiro lugar, e no seguimento do que há pouco se avançou a propósito das normas pressupostas e, em especial, da referida "norma virtual", afirma, e bem, "que se por «norma» se entendesse qualquer «regra abstrata» identificada pelo recorrente na decisão recorrida, a distinção entre norma e decisão seria inviável. Com efeito, estando os tribunais vinculados ao dever de fundamentar expressamente as suas decisões, articulando para elas razões imparciais e objetivas, e sendo as razões, *hoc sensu*, critérios de decisão universalizáveis, na medida em que dizem *sempre* respeito a toda uma *série de casos potenciais* para os quais são válidas, não há decisão jurisdicional alguma que não seja suscetível de uma tradução normativa nos termos defendidos pelo recorrente — que tenha por fundamento, quer isto dizer, uma «norma do caso» ou *ratio decidendi*", sendo que admitir o recurso em tais situações equivaleria a "uma *reductio ad absurdum* de todo o nosso sistema de fiscalização concreta da constitucionalidade *normativa*"[986];

ii) Em segundo lugar, e em jeito de contextualização, relembra a "ideia, há muito assente na jurisprudência deste Tribunal, de que «*para o efeito do disposto nos artigos 277.º e seguintes da Constituição* [deve procurar-se] *um conceito funcional de "norma", ou seja, funcionalmente adequado ao sistema de fiscalização da constitucionalidade aí instituído.*», embora «*na averiguação e determinação do que seja "norma", para esse efeito, não pode partir-se de uma noção material, doutrinária e aprioristicamente fixada, desse conceito. E, designadamente, não pode partir-se da ideia clássica que liga ao mesmo conceito notas da "generalidade" e da "abstração".*» (Acórdão do Tribunal Constitucional n.º 20/85)". Se assim é, então daí "resulta não apenas que pode haver normas nesse sentido *funcional* que não são regras gerais e abstratas — nomeadamente as denominadas leis-medida ou leis-providência (*v.* Acórdãos n.ºs 26/85, 80/86, 157/88 e 365/91) — como também que pode haver normas no sentido doutrinário ou metodológico do termo que não são normas no sentido *funcionalmente adequado* ao exercício da justiça constitucional"[987];

[986] Cfr, parágrafo 10 do acórdão.

[987] *Idem.*

iii) Pergunta-se: e que quando é que tal sucederá? I.e., o que serão normas "no sentido doutrinário do termo" e que não o serão em termos de conceito funcional de norma? As "razões das decisões jurisdicionais que não são recondutíveis a atos da autoridade pública dotados de força externa, ou seja, que o tribunal *a quo* não acolhe enquanto fonte de direito por força da sua subordinação ao princípio da legalidade", pelo que "suscetíveis de controlo pela jurisdição constitucional são, por princípio, apenas as razões heterónomas da justiça comum, aquelas normas infraconstitucionais que os tribunais aplicam em virtude da *autoridade política*, originária ou delegada, dos seus autores". Ora, a partir deste entendimento, para ALMEIDA RIBEIRO é evidente que "as normas jurisdicionais ou «normas do caso» não têm essa natureza política porque *não* têm carácter inovatório ou eficácia externa, dado que o poder jurisdicional é o poder de aplicar direito *pré-existente* e a sentença produz efeitos *apenas* no caso concreto"[988];

iv) Consequentemente, e a final, elas não poderão ser suscetíveis de fiscalização de constitucionalidade junto do TC, e isto por uma razão que para GONÇALO ALMEIDA RIBEIRO é (e deve ser) clara: "[t]odo o sistema português de controlo da constitucionalidade normativa assenta na ideia de que a jurisdição constitucional deve ser o *juiz das normas* e não *o juiz dos juízes*. O papel do Tribunal Constitucional na arquitetura da nossa democracia constitucional é o de controlar a atuação do legislador e dos seus sucedâneos; os erros judiciais são corrigidos através do regime de recursos próprio da ordem jurisdicional a que as decisões pertencem"[989].

[988] Cfr, parágrafo 10 do acórdão. Esta conclusão, tendo em conta o que já se afirmou *supra*, não é (nem pode ser) de estranhar.

[989] *Idem*.

§ UM ENTENDIMENTO (AINDA) NÃO UNÂNIME

I. Ora, vislumbrando as conclusões que temos vindo a adotar ao longo da presente dissertação, todas estas afirmações de Gonçalo Almeida Ribeiro nos parecem perfeitamente pacíficas. Mesmo assim, não se pode deixar de formular uma crítica quanto a um aspeto que assume relevância.

II. A dado passo, a propósito das normas "em sentido metodológico" que, por isso mesmo, não podem ser objeto de controlo de constitucionalidade, o juiz relator do aresto em análise identifica-as com as "razões que resultam da aplicação de direito para além da lei — obtido através de métodos como o preenchimento de conceitos indeterminados e a concretização de cláusulas gerais, o recurso à extensão analógica e à redução teleológica, ou a ponderação de princípios jurídicos", sendo que, como mencionado anteriormente, "suscetíveis de controlo pela jurisdição constitucional são, por princípio, apenas as razões heterónomas da justiça comum, aquelas normas infraconstitucionais que os tribunais aplicam em virtude da *autoridade política*, originária ou delegada, dos seus autores". Ora, sem prejuízo de concordarmos com a ideia subjacente a este trecho do acórdão, nem por isso podemos acompanhar Almeida Ribeiro na afirmação posterior, de que "os tribunais não têm em caso algum a autoridade de *decretar* ou *articular* uma norma válida para casos futuros", cingindo-se a "autoridade dispositiva do poder judicial (...) ao caso decidendo, o que significa que apesar de as suas decisões terem *fundamentos* normativos, ora heterónomos ora autónomos relativamente à função jurisdicional, não têm *força* normativa — não aprovam, decretam ou *criam* (...) quaisquer normas, quaisquer critérios de conduta vinculativos no futuro"[990].

[990] Cfr, parágrafo 10 do acórdão.

III. Se é verdade que (não só, mas também) por força do princípio da separação de poderes esta asserção corresponde à regra geral – *i.e.*, o poder judicial não tem competência para criar normas, desde logo porque não é uma autoridade normativa competente –, nem por isso deixa de ser certo que ela comporta exceções – que é o mesmo que dizer: que há situações excecionais em que o sistema reconhece o juiz como uma autoridade normativa competente[991], pelo que, nesse caso e para esse efeito, ele pode criar uma norma que, apesar de apenas aplicável para o caso concreto (e não para o futuro), será válida e pertencente ao mesmo sistema.

IV. Prova disso mesmo, e como oportunamente referido, é a circunstância de o próprio Tribunal já ter reconhecido esta evidência e, consequentemente, ter assumido a possibilidade de fiscalizar normas criadas pelo poder judicial[992].

V. Dito isto, tendo em conta a importância do entendimento explicativo avançado neste acórdão, esperava-se que os restantes Juízes Conselheiros dessa secção também o subscrevessem. Porém, sem prejuízo de a maioria acompanhar o sentido da decisão, nem por isso deixaram de se afastar da respetiva fundamentação:

a) Maria José Rangel de Mesquita por entender que as "alegadas questões de constitucionalidade se reconduz[iam] a questões de qualificação pelo tribunal *a quo* e, assim, de subsunção, matéria insuscetível de constituir objeto idóneo de um recurso de constitucionalidade", pelo que não subscreveu "o teor do ponto 10"[993];

b) Joana Fernandes Costa, por sua vez, bastar-se-ia, "para concluir pela impossibilidade de conhecimento do objeto do recurso, com a consideração de que as dimensões interpretativas pretendidas sindicar se encontra[vam] construídas em torno de elementos integralmente coincidentes com o resultado da atividade subsuntiva própria das instâncias"[994]. A esse propósito, esta Juíza Conselheira formula, pela primeira vez, a estrutura da *norma de decisão*, que não só não pode ser sindicada pelo TC, como será utilizada por aquela em posteriores arestos para efeitos de rejeição do recurso. Mesmo assim, apesar

[991] Cfr, *supra*, Parte II, Secção II, §2, 2.5.

[992] Cfr, *supra*, Parte II, Secção II, §2, 2.5.4., XXIII.

[993] Cfr, a respetiva declaração de voto.

[994] Cfr, o primeiro parágrafo da respetiva declaração de voto.

de acompanhar, "em suma, os fundamentos que em convergência se articulam no presente Acórdão, bem como aqueles que se referem estritamente ao conceito *funcional* de norma desenvolvido pela jurisprudência do Tribunal Constitucional", dispensava, "no entanto, tudo o que em acrescento se afirma no respetivo ponto 10"[995];

c) Já Maria Clara Sottomayor, afastando-se também do referido ponto 10, decidiu sustentar a sua discórdia em considerações relativas ao sistema português de fiscalização da constitucionalidade. Afirmando que o conceito funcional de norma, por muito que "seja criticado por alguma doutrina, que o considera demasiado amplo, e, por isso, fomentador de incerteza jurídica e de subjetividade, é inegável que (...) permitiu alargar as possibilidades de intervenção fiscalizadora do Tribunal Constitucional"[996], acrescenta, ainda, que "[e]ste papel do Tribunal Constitucional, enquanto fiscalizador de interpretações normativas elaboradas pelos tribunais comuns, está reconhecido pelo artigo 80.º, n.º 3, da LTC, que faculta ao Tribunal Constitucional que substitua à interpretação da lei feita pelo tribunal *a quo* a sua própria interpretação, para assim evitar um juízo de inconstitucionalidade"[997].

Porém, enquanto por um lado esta Juíza Conselheira entende que "[a] dificuldade no estabelecimento de linhas de fronteira entre uma questão de inconstitucionalidade normativa de uma dada interpretação e as situações em que se está a controlar a decisão judicial em si mesma é inerente ao sistema e não deve ser eliminada através de uma redução das funções do Tribunal Constitucional"[998], por outro também não deixa de reconhecer que "[o] sistema de fiscalização concreta assenta em critérios formais de admissibilidade do recurso e reveste-se de uma complexidade técnica, que o torna pouco acessível aos recorrentes mais desfavorecidos e que permite o aumento dos recursos com fins dilatórios dos recorrentes com maior poder económico"[999]. Assim, para Clara Sottomayor "[s]eria mais adequado, do ponto de vista da segurança jurídica e da igualdade entre os cidadãos, uma reforma profunda do sistema que introduzisse

[995] Cfr, o quarto parágrafo da respetiva declaração de voto.
[996] Cfr, o quinto parágrafo da respetiva declaração de voto.
[997] *Idem.*
[998] Cfr, o sexto parágrafo da respetiva declaração de voto.
[999] Cfr, o sétimo parágrafo da respetiva declaração de voto.

o recurso de amparo, de natureza subsidiária, para tutela dos direitos fundamentais não só contra normas, mas também contra atos políticos e decisões judiciais", o que "para uma democratização da justiça constitucional e para uma cultura de direitos fundamentais na justiça comum e na consciência social dos cidadãos (...)"[1000];

d) Por fim, também João Caupers não subscreveu o "sentido das reflexões produzidas pelo Relator no Ponto 10. da fundamentação da decisão"[1001]. Para este Juiz Conselheiro, "[s]em embargo de entender que tais reflexões justificam debate", afirma que "a serem subscritas, delas resultaria, seguramente, uma forte restrição ao objeto do recurso de constitucionalidade, tornando a fiscalização sucessiva concreta desta – com a sua obsessiva procura da *norma* por detrás da decisão – ainda mais difícil e intrincada do que já hoje é. À complexa teia de requisitos processuais acrescentar-se-ia mais uma limitação ao conhecimento do objeto do recurso, tornando este, provavelmente, uma raridade"[1002]. Além disso, "ainda que partilhasse do sentido de tais reflexões, delas não parece emergir, com um mínimo de clareza, um qualquer conceito funcional de norma, suscetível de constituir alternativa operacional àquele que a jurisprudência do Tribunal vem, com maior ou menor dificuldade, utilizando"[1003], pelo que perfilhar o entendimento de Almeida Ribeiro "tornaria indispensável, a [seu] ver, a revisão global do sistema de fiscalização da constitucionalidade sucessiva concreta"[1004].

O que pensar destas declarações de voto?

VI. Sendo coerentes com aquilo que temos vindo a defender ao longo da presente dissertação, é evidente que acompanhamos as considerações de Maria José Rangel de Mesquita, assim como de Joana Fernandes Costa, pois que ambas são esclarecedoras de situações que, não sendo normativas, não podem (nem devem), por isso mesmo, constituir objeto idóneo do recurso de constitucionalidade.

1000 *Idem.*

1001 Cfr, o segundo parágrafo da respetiva declaração de voto.

1002 *Idem.*

1003 Cfr, o quarto parágrafo da respetiva declaração de voto.

1004 Cfr, o quinto parágrafo da respetiva declaração de voto.

VII. O mesmo não podemos afirmar, contudo, quanto às asserções de CLARA SOTTOMAYOR e JOÃO PEDRO CAUPERS. No que diz respeito à primeira Juíza Conselheira, é manifesta a incoerência da respetiva declaração de voto: na verdade, ao sustentar que o nosso sistema de fiscalização da constitucionalidade se reveste de uma extrema "complexidade técnica, que o torna pouco acessível", defende, ao mesmo tempo, que a referida "dificuldade" em estabelecer uma fronteira "entre uma questão de inconstitucionalidade normativa de uma dada interpretação e as situações em que se está a controlar a decisão judicial em si mesma é inerente ao sistema e não deve ser eliminada". Ora, se essa complexidade técnica respeitante ao recurso de decisões negativas de inconstitucionalidade advém (não só, mas também) da falta de estabilização de um conjunto de critérios associados ao conceito funcional de norma, precisamente para efeitos de destrinça entre norma e decisão, como é que se pode defender que a inexistência de uma linha de fronteira entre estes dois atos não deve ser eliminada? Além disso, CLARA SOTTOMAYOR ainda incorre num erro ao afirmar que o papel do TC enquanto jurisdição que pode controlar interpretações normativas efetuadas pelo juiz comum é reconhecido no artigo 80.º, n.º 3, da LOTC – é que, como se viu, essa possibilidade decorre, essencialmente, da circunstância de ainda estarmos a falar de uma norma, vista enquanto resultado da interpretação, desde que cumpridos os restantes requisitos enunciados *supra*. O artigo citado, por oposição, tem que ver com a interpretação conforme à Constituição, que ocorre quando o TC em vez de receber a interpretação efetuada pelo juiz comum com um *dado*, substitui-a por sua iniciativa, para assim torná-la compatível com a Lei Fundamental. [1005].

VIII. É claro que a argumentação de CLARA SOTTOMAYOR faz sentido num contexto de defesa de reforma do nosso sistema de fiscalização da constitucionalidade. Porém, e como já referido, até isso eventualmente suceder temos de partir daquilo que o sistema oferece e torná-lo o menos incerto possível. É também por este motivo que não se pode acompanhar as considerações de JOÃO PEDRO CAUPERS. Na verdade, a tarefa do TC em contexto de fiscalização sucessiva concreta não pode ser a da "procura da norma por *detrás* da decisão" (itálico nosso), mas, simplesmente, a de verificar se o juiz *a quo* aplicou – de forma *expressa* ou *pressuposta* – uma norma na decisão recorrida, enquanto *ratio decidendi* desta. O exercício que temos vindo a fazer, e que coincide, em parte, com o entendimento de GONÇALO ALMEIDA RIBEIRO, não se traduz,

[1005] Cfr, *supra*, Parte II, Secção II, §1, 1.1., II, e referências bibliográficas aí citadas.

ao contrário do que afirma João Caupers, numa "limitação ao conhecimento do objeto do recurso, tornando este, provavelmente, uma raridade".

IX. Pelo contrário: em todas as situações analisadas o fio condutor foi necessariamente o mesmo, tendo em conta o objeto idóneo de um recurso de constitucionalidade e o conceito funcional de norma a este associado: saber se aquilo que se pretende que o TC fiscalize pode, ou não, ser considerado uma norma *funcionalmente* adequada. Analisando de novo os casos em que se concluiu pela exclusão de um controlo de constitucionalidade, parecem-nos claras as razões de tal rejeição. E essas mesmas razões assentam, precisamente, na natureza do nosso sistema de fiscalização da constitucionalidade. Dito de outro modo: não admitir o recurso nessas situações não reclama uma "revisão global do sistema de fiscalização da constitucionalidade sucessiva concreta", traduzida numa eventual "alternativa operacional", mas, sim, que o TC, sendo fiel àquela natureza, pré-compreenda que é um tribunal de normas e, com base nisso, adote critérios firmes que permitam afirmar, com clareza, se aquilo que se pede ao Tribunal é que ultrapasse uma fronteira que está proibido de ultrapassar – nomeadamente, que se pronuncie sobre o mérito de uma decisão judicial quando, na verdade, apenas pode fiscalizar a norma que aí foi aplicada em termos de *ratio decidendi*.

ÍNDICE BIBLIOGRÁFICO

Indicam-se, de seguida, as principais obras consultadas, compreendendo os elementos disponíveis e publicados até novembro de 2021, salvo indicação em contrário.

Alexandre, Isabel, "A Norma ou princípio constitucional ou legal violado como elemento do objecto dos recursos de fiscalização concreta da constitucionalidade ou da ilegalidade", in *Jurisprudência Constitucional*, n.º 6, Abril/Junho, 2005, pp. 28-48.

Alexy, Robert, *A Theory of Constitutional Rights*, Oxford: Oxford University Press, 2010.

Almeida Ribeiro, Gonçalo,

— "Judicial Review of Legislation in Portugal: A Brief Genealogy", in F. Biagi, J. O. Frosini e J. Mazzone (eds.), *Constitutional History: Comparative Perspectives*, Brill, 2019, pp. 1-24.

— "Constituição" in A. Marques e A. Santos Campos (coord.), *Dicionário de Filosofia Moral e Política*, 2.ª série, Lisboa: Instituto de Filosofia da Nova, 2018.

Alves Correia, Fernando, *Justiça Constitucional*, 2.ª Edição, Coimbra: Edições Almedina, 2019.

Amaral, Maria Lúcia,

— *Responsabilidade e Dever de Indemnizar do Legislador*, Coimbra: Coimbra Editora, 1998.

— "O Modelo Português de Justiça Constitucional. Análise Crítica", in *Anuario Iberoamericano de Justicia Constitucional*, Número 11, Madrid, 2007, pp. 17-40.

— «Queixas Constitucionais e Recursos de Constitucionalidade (Uma Lição de "Direito Público Comparado")», in *Estudos Comemorativos dos 10 Anos da Faculdade de Direito da Universidade Nova de Lisboa*, Vol. I, Coimbra: Edições Almedina, 2008, pp. 473-507.

— "Acesso dos Particulares à Jurisdição Constitucional", in *Estudos de Homenagem ao Prof. Doutor Jorge Miranda, Volume II – Direito Constitucional e Justiça Constitucional*, Coimbra: Coimbra Editora, 2012, pp. 699-723.

— "Problemas da Judicial Review em Portugal", in *Revista Themis* – Ano 6, N.º 10, 2005, pp. 67-92;

— "Justiça Constitucional, Proteção dos Direitos Fundamentais e Segurança Jurídica Ou Que Modelo de Justiça Constitucional Melhor Protege Os Direitos Fundamentais?", in *Anuário Português de Direito Constitucional*, II, Coimbra, 2002, pp. 11-22.

— "O Modelo Europeu de Justiça Constitucional. Origens e Fundamentos", in *Estudos Em Memória do Conselheiro Artur Maurício*, Coimbra: Coimbra Editora, 2014, pp. 1025-1040.

— "Revisitar Carl Schmitt: a defesa da Constituição", in C. Blanco de Morais e L. Pereira Coutinho (org.), *Carl Schmitt Revisitado*, Lisboa, 2014, ICJP, pp. 133-149.

— *A Forma da República. Uma introdução ao Estudo do Direito Constitucional*, Coimbra: Coimbra Editora, 2005.

Amaral, maria lúcia e **Afonso Pereira, Ravi**, "Um tribunal como os outros. Justiça Constitucional e Interpretação da Constituição", in *Estudos em Homenagem ao Conselheiro Presidente Rui Moura Ramos*, Volume I, Coimbra: Edições Almedina, 2016, pp. 381-465.

Andrade, Manuel Augusto Domingues, *Noções Elementares de Processo Civil*, Coimbra: Coimbra Editora, 1979.

Anselmo de Castro, Artur, *Direito Processual Civil Declaratório*, Vol. I, Coimbra: Livraria Almedina, 1981.

Araújo, António,

— "A construção da justiça constitucional portuguesa: o nascimento do Tribunal Constitucional", in *Análise Social*, Vol. XXX (134), 1995 (5.ª), pp. 881-946.

— "O 2.º Pacto MFA/Partidos: entrevista a Miguel Galvão Teles", in *Malomil*, 2015, disponível em: http://malomil.blogspot.com/2015/04/o-2-pacto-mfapartidos-entrevista-miguel.html.

Araújo, António e **Cardoso da Costa, Joaquim Pedro**, "III Conferência da Justiça Constitucional da Ibero-América, Portugal e Espanha", separata do Boletim do Ministério da Justiça, n.º 493, Lisboa, 2000, pp. 5-67.

Araújo, António e **Nogueira de Brito, Miguel**, "Para a História da Fiscalização da Constitucionalidade em Portugal", in *Revista Brasileira de Direito Constitucional*, N.º 2 (Jul-Dez 2003), pp. 277-286.

Araújo, António e **Pereira, Teles**, "A Justiça Constitucional nos 30 anos da Constituição Portuguesa: Nota para uma Aproximação Ibérica", in *Jurisprudência Constitucional*, N.º 6, Abril-Junho, 2005, pp. 15-27.

Aroso de Almeida, Mário,

— *Anulação de Actos Administrativos e Relações Jurídicas Emergentes*, Coimbra: Edições Almedina, 2002.

— *Teoria Geral do Direito Administrativo*, 8.ª Edição, Coimbra: Edições Almedina, 2021.

— *Manual de Processo Administrativo*, 5.ª Edição, Coimbra: Edições Almedina, 2021.

Atrias, Fernando, "Sobre las lagunas", in. F. Atrias et al., *Lagunas en el Derecho. Una controvérsia sobre el derecho y la función judicial*, Madrid, 2005, pp. 15-24.

Aumann, Francis R., "The Doctrine of Judicial Review", in *Kentucky Law Journal*, vol. 20, No. 3, March 1932, pp. 276-303.

Baptista Machado, João, *Introdução ao Direito e ao Discurso Legitimador*, Coimbra: Edições Almedina, 2010 (Reimp.).

Barbosa, José, *Projecto de Constituição*, Lisboa: Typographia Bayard, 1911.

Barros Moura, José, *A Convenção Colectiva de Trabalho entre as Fontes de Direito: Contributo para a Teoria da Convenção Colectiva de Trabalho no Direito Português*, Coimbra: Edições Almedina, 1984.

Bassok, Or, "The Schmitelsen Court: The Question of Legitimacy", in *German Law Journal*, Volume 21, Issue 2, 2020, pp. 131-162.

Beleza, Teresa, *Direito Penal*, I, 2.ª Edição, Lisboa: AAFDL Editora, 1984.

Benedita Urbano, Maria, *Curso de Justiça Constitucional. Evolução Histórica e Modelos do Controlo da Constitucionalidade*, Vol. I, 2.ª Edição, Coimbra: Edições Almedina, 2020.

Benvenutti, Sara, "The Referral Mechanism and the Role of Ordinary Judges: Cappelletti and beyond", in *ICON*, Vol. 14, N. º 2, 2016, pp. 474-479.

Blanco de Morais, Carlos,

— *As Leis Reforçadas. As Leis Reforçadas pelo Procedimento No Âmbito dos Critérios Estruturantes das Relações Entre Actos Legislativos*, Coimbra: Coimbra Editora, 1998.

— "Fiscalização da Constitucionalidade e Garantia dos Direitos Fundamentais: Apontamentos sobre os Passos de uma Evolução Subjectivista", in *Estudos em Homenagem ao Professor Doutor Inocêncio Galvão Telles*, Coimbra: Edições Almedina, 2003, pp. 107-133.

— *Justiça Constitucional, Tomo I – Garantia da Constituição e Controlo da Constitucionalidade*, 2.ª Edição, Coimbra: Coimbra Editora, 2006.

— *Curso de Direito Constitucional. Lei e Sistema Normativo*, Tomo I, 4.ª edição, Coimbra: Edições Almedina, 2022.

— *Curso de Direito Constitucional, Tomo II – Teoria da Constituição*, 2.ª edição, Coimbra: Edições Almedina, 2018.

— *Justiça Constitucional. Tomo II – O Direito do Contencioso Constitucional*, 2.ª Edição, Coimbra: Coimbra Editora, 2011.

— "O significado do debate Schmitt-Kelsen e a razão do seu retorno no primeiro quartel do Século XXI", in P. Moniz Lopes (coord.), *O Pensamento de Hans Kelsen. Influências, Contexto e Atualidade*, 1.ª Edição, Lisboa: AAFDL Editora, 2020, pp. 203-215.

Bulygin, Eugenio,

— "Normas, proposiciones normativas y enunciados jurídicos", in. C. E. Alchourron e E. Bulygin, *Análisis Lógico y Derecho*, Madrid: Centro de Estudios Constitucionales, 1991, pp. 169-195.

— "Creación y Aplicación del Derecho", in F. Atria et al. (eds.), *Lagunas en el Derecho. Una controvérsia sobre el derecho y la función judicial*, Madrid, 2005, pp. 29-43.

— "Sentencia Judicial y Creacion de Derecho", in C. E. Alchourron e E. Bulygin, *Análisis Lógico y Derecho*, Madrid: Centro de Estudios Constitucionales, 1991, pp. 355-371.

Branco, Ricardo, *O Efeito Aditivo da Declaração de Inconstitucionalidade com Força Obrigatória Geral*, Coimbra: Coimbra Editora, 2009.

Brito, Mário de,

— "Sobre as decisões interpretativas do Tribunal Constitucional", in *Revista do Ministério Público*, Ano 16, N.º 62, 1995, pp. 57-75.

— "Ainda sobre as decisões interpretativas do Tribunal Constitucional", in *Estudos em Homenagem à Professora Doutora Isabel de Magalhães Collaço*, Coimbra: Edições Almedina, 2002, pp. 725-739.

Bronze, Fernando José, *Lições de Introdução ao Direito*, Coimbra: Coimbra Editora, 2002.

Bulygin, Eugenio e Mendonca, Daniel, *Normas y Sistemas Normativos*, Madrid: Marcial Pons, Ediciones Jurídicas y Sociales, S.A., 2005.

Cabral de Moncada, Luís, *Filosofia do Direito e do Estado. Parte Histórica*, Vol. I, 2.ª Edição (reimpressão), Coimbra: Coimbra Editora, 2014.

Caetano, Marcello,

— *A Constituição de 1933: Estudo de Direito Político*, Coimbra: Coimbra Editora, 1957.

— *Manual de Ciência Política e Direito Constitucional*, Vol. I, 5.ª Edição., Lisboa, 1965.

Caldeira, Marco, *Actos Políticos, Direitos Fundamentais e Constituição*, Lisboa: AAFDL Editora, 2014.

Canas, Vitalino,

— *Introdução às Decisões de Provimento do Tribunal Constitucional*, Lisboa: Cognitio, 1984.

— *Os Processos de Fiscalização da Constitucionalidade e da Legalidade pelo Tribunal Constitucional. Natureza e Princípios Estruturantes*, Coimbra: Coimbra Editora, 1986.

— *O Princípio da Proibição do Excesso na Conformação e no Controlo de Atos Legislativos*, Coimbra: Edições Almedina, 2019.

Cappelletti, Mauro,

— *Judicial Review in the Contemporary World*, Indianopolis: The Bobbs-Merrill Company Inc., 1971;

— "Judicial Review in Comparative Perspective", in *California Law Review*, Vol. 58, N. º 5, Oct. 1970, pp. 1017-1053.

— The Expanding Role of Judicial Review in Modern Societies," in *Revista Juridica*, Vol. 58, N. º 1, 1989, pp. 276-303.

Cappelletti, Mauro e **Adams, John Clarke,** "Judicial Review of Legislation: European Antecedents and Adaptations", in *Harvard Law Review*, 79, 1965/1966, pp. 1207-1224.

Cardoso da Costa, José Manuel M.,

— "A elaboração da Lei do Tribunal Constitucional", in J. Miranda e M. Rebelo de Sousa (coord.), *A Feitura das Leis*, Vol. I, Instituto Nacional de Administração, Oeiras, 1986, pp. 83-95.

— "Algumas Reflexões em Torno da Justiça Constitucional", in *Boletim da Faculdade de Direito, Studia Juridica* 41, Colloquia – 3, Coimbra: Coimbra Editora, 1998, pp. 113-130.

— *A Jurisdição Constitucional em Portugal*, 3.ª Edição, Coimbra: Edições Almedina, 2007.

— "Justiça Constitucional e Jurisdição Comum (Cooperação ou Antagonismo?)", in *Estudos em Homenagem ao Prof. Doutor José Joaquim Gomes Canotilho*, Volume II, Coimbra: Coimbra Editora, 2012, pp. 193-212.

Casalta Nabais, José,

— *O Dever Fundamental de Pagar Impostos. Contributo para a Compreensão Constitucional do Estado Fiscal Contemporâneo*, Coimbra: Edições Almedina, 1998.

— *Direito Fiscal*, 11.ª Edição, Coimbra: Edições Almedina, 2019.

Castanheira Neves, António,

— "O Princípio da Legalidade Criminal: o seu problema jurídico e o seu critério dogmático", *Boletim da Faculdade de Direito de Coimbra*, Número Especial 1, 1984, pp. 307-469.

— "Interpretação Jurídica", in *Digesta. Escritos acerca do Direito, do Pensamento Jurídico, da sua Metodologia e Outros. Volume 2.º*, Coimbra: Coimbra Editora, 1995, pp. 337-372.

— *O Actual Problema Metodológico da Interpretação Jurídica - I*, Coimbra: Coimbra Editora, 2003.

— "O Problema da Constitucionalidade dos Assentos (comentário ao Acórdão n.º 810/93 do Tribunal Constitucional)", in *Digesta: Escritos acerca do Direito, do Pensamento Jurídico, da sua Metodologia e Outros*, Vol. 3, Coimbra: Coimbra Editora, 2010, pp. 7-64.

— *Metodologia Jurídica – Problemas Fundamentais*, Coimbra: Coimbra Editora, 2013.
— *O Instituto dos "Assentos" e a Função Jurídica dos Supremos Tribunais*, Coimbra: Coimbra Editora, 2014 (Reimpressão).

Castro Mendes, João de e **Teixeira de Sousa, Miguel**, *Manual de Processo Civil*, Volume I, Lisboa: AAFDL Editora, 2022.

Cavaleiro de Ferreira, Manuel, *Lições de Direito Penal. I – A Lei Penal e a Teoria do Crime no Código Penal de 1982*, 4.ª Edição, Lisboa/São Paulo: Verbo, 1992.

Collaço, José Maria Tello de Magalhães, *Ensaio Sobre a Inconstitucionalidade das Leis no Direito Português*, Coimbra: França e Armenio, 1915.

Cortês, António, "O controlo constitucional do princípio da tipicidade penal – uma análise jurisprudencial", in AAVV., *35.º Aniversário do Tribunal Constitucional*, Volume II, Coimbra: Coimbra Editora, 2012, pp. 83-110.

Cortês, António e **Violante, Teresa**, "Concrete Control of Constitutionality in Portugal: A Means Towards Effective Protection of Fundamental Rights" in *Penn State International Law Review*, Vol. 29, N.º 4, 2011, pp. 759-776.

Corwin, Edward S., *Doctrine of Judicial Review*, Princeton: Princeton University Press, 1914.

Costa Gonçalves, Pedro, *Manual de Direito Administrativo*, Vol. 1, Coimbra: Edições Almedina, 2020.

Domingos, Inês e **Menéres Pimentel, Margarida**, "O Recurso de Constitucionalidade (espécies e respectivos pressupostos)", in *Estudos sobre a Jurisprudência do Tribunal Constitucional*, Lisboa, 1994, pp. 428-451.

Dourado, Ana Paula,
— *O Princípio da Legalidade Fiscal. Tipicidade, Conceitos Jurídicos Indeterminados e Margem de Livre Apreciação*, Coimbra: Edições Almedina, 2012.
— *Direito Fiscal. Lições*, 6.ª Edição, Coimbra: Edições Almedina, 2021.

Duarte, David,
— "Lei-Medida e Democracia Social", in *Scientia Iuridica*, N.º 238-240, Tomo XLI, Braga, 1992, pp. 301-347.
— *A Norma de Legalidade Procedimental Administrativa. A Teoria da Norma e a Criação de Normas de Decisão na Discricionariedade Instrutória*, Coimbra: Edições Almedina, 2006.
— "Normative Conditions of Balancing: Drawing Up The Boundaries of Normative Conflicts That Lead to Balances", in J. R. Sieckmann (ed.), *Legal Reasoning: the Methods of Balancing*, Estugarda, 2010, pp. 51-62.

Esteves de Oliveira, Mário, *Direito Administrativo*, Vol. I, Coimbra: Edições Almedina, 1980.

Fabião, Gonçalo, "Ordenamento jurídico e stufenbautheorie" in P. Moniz Lopes (Coord.), *O Pensamento de Hans Kelsen. Influências, Contexto e Atualidade*, 1.ª Edição, Lisboa: AAFDL Editora, 2020, pp. 113-131.

Fallon, Jr., Richard H., "Stare Decisis and the Constitution: An Essay On Constitutional Methodology", in *New York University Law Review*, Vol. 76, 2001, pp. 570-597.

Fausto de Quadros et al., Canuto Joaquim, *Comentários à revisão do Código do Procedimento Administrativo*, Coimbra: Edições Almedina, 2016.

Favoreau, Louis, "Modèle Européen et Modèle Américain de Justice Constitutionnelle", in *Annuaire International de Justice Constitutionnelle*, N.º 4, 1990, pp. 51-66.

Favoreu et al., Louis, *Droit Constitutionnel*, 21.ª Edição, Paris: Dalloz, 2019.

Fernanda Palma, Maria,

— "Constituição e Direito Penal – As Questões Fundamentais", in J. Miranda (org.), *Perspectivas Constitucionais. Nos 20 Anos da Constituição de 1976*, Coimbra: Coimbra Editora, 1996, pp. 21-30.

— *Direito Penal. Conceito material de crime, princípios e fundamentos. Teoria da lei penal: interpretação, aplicação no tempo, no espaço e quanto às pessoas*, 4.ª Edição, Lisboa: AAFDL Editora, 2020.

Fernández Sánchez, Pedro, *Lei e Sentença. Separação Dos Poderes Legislativo E Judicial Na Constituição Portuguesa*, Volume II, Lisboa: AAFDL Editora/Lisbon Law Editions, 2017.

Ferreira de Almeida, José Mário, *A Justiça Constitucional em Portugal: Notas para um Estudo*, Lisboa: Cognitio, 1985.

Figueiredo Dias, Jorge de, *Direito Penal. Parte Geral. Tomo I – Questões Fundamentais. A Doutrina Geral do Crime*, 3.ª Edição, Coimbra: Gestlegal, 2019.

Fonseca, Guilherme da e **Domingos, Inês**, *Breviário de Direito Processual Constitucional*, 2.ª Edição, Coimbra: Coimbra Editora, 2002.

Fioravanti, Mario,

— "Sieyès et le jury constitutionnaire: perspectives historico-juridiques", in *Annales Historiques de la Révolution Française*, 349, juillet-septembre, 2007, pp. 87-103.

— *Constituzionalismo. Percorsi della storia e tendenze attuali*, Editora Laterza, 2009.

Freitas do Amaral, Diogo,

— "Direitos Fundamentais dos Administrados", in J. Miranda (org.), *Nos dez anos da Constituição*, Lisboa, Imprensa-Nacional Casa da Moeda, 1986, pp. 9-28.

— *Manual de Introdução ao Direito*, Vol. I, Coimbra: Coimbra Editora, 2012.

— *História do Pensamento Político Ocidental*, Coimbra: Edições Almedina, 2016.

— *O Antigo Regime e a Revolução – Memórias Políticas (1941-1975)*, Lisboa: Bertrand Editora, 1995.

— *Curso de Direito Administrativo*, Volume II, 3.ª Edição, Coimbra: Edições Almedina, 2016.

Galvão Teles, Miguel,

— *Eficácia dos Tratados na Ordem Interna Portuguesa (Condições, Termos e Limites)*, Lisboa, 1967.

— "A Segunda Plataforma de Acordo Constitucional entre o Movimento das Forças Armadas e os Partidos Políticos", in *As Vozes da Constituinte - uma exposição virtual, 25 anos depois....*, 2004, disponível em: https://app.parlamento.pt/LivrosOnLine/Vozes_Constituinte/home.html

— "A concentração da competência para o conhecimento jurisdicional da inconstitucionalidade das leis", in M. Galvão Teles, *Escritos Jurídicos*, I, Coimbra: Edições Almedina, 2013, pp. 23-54.

Garcia, Alfonso Herrera, "El recurso de amparo en el modelo kelseniano de jurisdicción constitucional ¿un elemento atípico?", in *InDret – Revista Para El Análisis Del Derecho*, 2011, pp. 1-28.

Garcia, Maria da Glória, *Da Justiça Administrativa em Portugal. Sua Origem e Evolução*, Lisboa: Universidade Católica Editora, 1994.

García de Enterría, Eduardo, *La Constitución como Norma y el Tribunal Constitucional*, 3.ª Edição, Civitas: Madrid, 1985.

Goldoni, Marco,

— "At the Origins of Constitutional Review: Sieyès' Constitutional Jury and the Taming of Constituent Power", in *Oxford Journal of Legal Studies*, Vol. 32, N.º 2, 2012, pp. 211-234.

— "La natura del giuri costituzionale di Sieyès", *Materiali per una Storia della Cultura Giuridica*, Vol. XL, N.º 2, pp. 291-316.

Gomes Canotilho, José Joaquim,

— *Constituição Dirigente e Vinculação do Legislador: Contributo para a Compreensão das Normas Constitucionais Programáticas*, Coimbra: Coimbra Editora, 2001.

— "Fidelidade à República ou Fidelidade à NATO?: o poder das credenciações e o poder discriminatório da administração militar", in *Estudos em Homenagem ao Professor Doutor Afonso Rodrigues Queiró*, Coimbra: *Boletim da Faculdade de Coimbra*, 1987, pp. 131-207.

— "Constituição e Défice Procedimental", in *Estudos Sobre Direitos Fundamentais*, Coimbra: Coimbra Editora, 2004, pp. 33-43.

— *Direito Constitucional e Teoria da Constituição*, 7.ª Edição, Coimbra: Edições Almedina, 2007.

Gomes Canotilho, José Joaquim e **Moreira, Vital,**

— *Fundamentos da Constituição*, Coimbra: Coimbra Editora, 1991.

— *Constituição da República Portuguesa Anotada*, Volume I, 4.ª Edição, Coimbra: Coimbra Editora, 2007.

— *Constituição da República Portuguesa Anotada*, Volume II, 4.ª Edição, Coimbra: Coimbra Editora, 2010.

Gonçalves Pereira, André, "Da Fiscalização da Constitucionalidade das Leis no Ultramar", in *Revista da Faculdade de Direito da Universidade de Lisboa*, Lisboa, 1965, pp. 171-221.

Grote, Rainer, "Judicial Review", in *Max Planck Encyclopedia of Comparative Constitutional Law*, 2018, falta aqui bastante informação.

Guastini, Riccardo,

— "Antinomias y Lagunas", in *Anuario del Departamento de Derecho de la Univerisdad Iberoamericana*, N.º 29, 1999, pp. 437-450.

— "Una Teoria Cognoscitiva de la Intepretación", in *Isonomia*, N.º 29, 2009, pp. 15-31.

— *Interpretar y Argumentar*, 2.ª Edición, Madrid: Centro de Estudios Políticos y Constitucionales, 2018.

Guedes, Agostinho, "Artigo 10.º", in L. Carvalho Fernandes e L. Brandão Proença, *Comentário ao Código Civil: Parte Geral*, Lisboa: Universidade Católica Editora, 2014, pp. 51-54.

Guerra de Almeida, Tiago, "Artigo 9.º", in L. Carvalho Fernandes e J. Brandão Proença (coord.), *Comentário ao Código Civil. Parte Geral*, Lisboa: Universidade Católica Editora, 2014, pp. 45-51.

Hamilton, Alexander, Madison, James e **Jay, John**, *O Federalista*, 2.ª Edição, Fundação Calouste Gulbenkian, 2011.

Hart, Herbert Lionel, *O Conceito de Direito*, 2.ª Edição, Lisboa: Fundação Calouste Gulbenkian, 1996.

Hespanha, António Manuel,

— "Direitos, Constituição e Lei no Constitucionalismo Monárquico Português", in *Revista Themis*, N.º 10, 2005, pp. 7-40.

— "O Constitucionalismo Monárquico Português: Breve Síntese", in *História Constitucional*, N.º 13, 2012, pp. 477-526.

KAUFMANN, ARTHUR, "Analogy and "The Nature of Things" - A Contribution to the Theory of Types", in *Journal of the Indian Law Institute*, Vol. 8, Number 3, July-September 1966, pp. 358-401.

KELSEN, HANS,

— "Quem deve ser o guardião da Constituição?", in H. KELSEN, *Jurisdição Constitucional*, 3.ª Edição, São Paulo: WMF Martins Fontes, 2013, pp. 235-298.

— "A Jurisdição Constitucional (Exposição de Hans Kelsen)", in H. KELSEN, *Jurisdição Constitucional*, 3.ª Edição, São Paulo: WMF Martins Fontes, 2013, pp. 121-186.

— *Teoria Pura do Direito*, 7.ª Edição da Tradução Portuguesa, Coimbra: Edições Almedina, 2008.

LAGI, SARA, "Hans Kelsen and the Austrian Constitutional Court (1918-1929)", in *Revista Co-herencia*, Vol. 9, No. 16, Enero - Junio 2012, pp. 273-295.

LAMEGO, JOSÉ,

— *Elementos de Metodologia Jurídica*, Coimbra: Edições Almedina, 2016.

— *A Teoria Pura do Direito de Kelsen*, Lisboa: AAFDL Editora, 2019.

— "Kelsen e Carl Schmitt", in P. MONIZ LOPES (coord.), *O Pensamento de Hans Kelsen. Influências, Contexto e Atualidade*, 1.ª Edição, Lisboa: AAFDL Editora, 2020, pp. 19-31.

LARENZ, KARL, *Metodologia da Ciência do Direito*, 2.ª Edição, Lisboa: Fundação Calouste Gulbenkian, 1989.

LEBRE DE FREITAS, JOSÉ, *A Ação Declarativa Comum À Luz do Código de Processo Civil de 2013*, 4.ª Edição, Coimbra: Gestlegal, 2017.

LEITE DE CAMPOS, DIOGO, SILVA RODRIGUES, BENJAMIM E LOPES DE SOUSA, JORGE, *Lei Geral Tributária Anotada e Comentada*, 4.ª Edição, Encontro de Escrita Editora, 2012.

LEWANDOWSKA-TOMASZCZYK, BARBARA, "Polisemy, Prototypes, and Radial Categories", in D. GEERAERTS e H. CUYCKENS (eds.), *Oxford Handbook of Cognitive Linguistics*, Oxford, 2007, pp. 139-169.

LOBO ANTUNES, MIGUEL, "A fiscalização da constitucionalidade das leis no primeiro período constitucional: a Comissão Constitucional", in *Análise Social*, vol. XX (81-82), 1984, pp. 309-336.

LOEWENSTEIN, KARL, *Teoria de la Constitución*, Ariel: Madrid, 1976.

LOPES DO REGO, CARLOS,

— "O Objeto Idóneo dos Recursos de Fiscalização Concreta da Constitucionalidade: As *Interpretações Normativas* sindicáveis pelo Tribunal Constitucional", in *Jurisprudência Constitucional*, N.º 3, Julho-Setembro 2004, pp. 4-15.

— *Os Recursos de Fiscalização Concreta na Lei e na Jurisprudência do Tribunal Constitucional*, Coimbra: Edições Almedina, 2010.

LOPES MARTINS, LICÍNIO,

— "O Conceito de Norma na Jurisprudência do Tribunal Constitucional", in *Boletim da Faculdade de Direito*, N.º 75, Coimbra, 1999, pp. 599-648.

— "A invalidade do acto administrativo no novo Código do Procedimento Administrativo: as alterações mais relevantes", in C. AMADO GOMES, A. F. NEVES e T. SERRÃO, *Comentários ao Novo Código do Procedimento Administrativo*, Volume II, Lisboa: AAFDL Editora, 2016, pp. 283-323.

Lucas Pires, Francisco,
— *Uma Constituição para Portugal*, Coimbra: Edições Almedina, 1975.
— *Teoria da Constituição de 1976: A Transição Dualista*, Coimbra, 1988.

Machete, Pedro, "O Recurso de Constitucionalidade como Meio de Acesso dos Particulares à Constituição: sentido e limites", in *Estudos em Homenagem a Rui Pena*, Coimbra: Edições Almedina, 2019, pp. 949-971.

Machete, Rui Chancerelle de, "A Garantia Contenciosa para obter o Reconhecimento de um Direito ou Interesse Legalmente Protegido", in J. Miranda (org.), *Nos Dez Anos da Constituição*, Lisboa: Imprensa Nacional, 1986, pp. 225-247.

Magalhães Godinho, José de, *Direitos, Liberdades e Garantias Individuais*, Lisboa: Seara Nova, 1973.

Marques da Silva, Germano,
— "Algumas Notas sobre a Consagração dos Princípios da Legalidade e da Jurisdicionalidade na Constituição", in J. Miranda (org.), Estudos sobre a Constituição, Lisboa: Petrony, 1979, pp. 255-263.
— *Direito Penal – Introdução e Teoria da Lei Penal*, Lisboa: Universidade Católica Editora, 2020.

Melo Alexandrino, José de,
— *A Estruturação do Sistema de Direitos, Liberdades e Garantias na Constituição Portuguesa*, Vol. II, Coimbra: Edições Almedina, 2006.
— "Sim ou não ao recurso de amparo?", in *Julgar*, N.º 11, 2010, pp. 41-49.
— *Lições de Direito Constitucional*, Volume I, 3.ª Edição, Lisboa: AAFDL Editora, 2017.
— *Lições de Direito Constitucional*, Volume II, 3.ª Edição, Lisboa: AAFDL Editora, 2018.

Medeiros, Rui,
— *A Decisão de Inconstitucionalidade. Os Autores, o Conteúdo e os Efeitos da Decisão de Inconstitucionalidade da Lei*, Lisboa: Universidade Católica Editora, 1999.
— "A Força Expansiva do Conceito de Norma no Sistema Português de Fiscalização Concentrada de Constitucionalidade", in *Estudos em Homenagem ao Prof. Doutor Armando M. Marques Guedes*, Faculdade de Direito da Universidade de Lisboa, 2004, pp. 183-202.
— "Futuro da Fiscalização Concreta em Portugal: Uma Proposta de Evolução na Continuidade", in *Estudos em Homenagem ao Professor Doutor Manuel Afonso Vaz*, Porto: Universidade Católica Editora, 2020, pp. 359-390.

Melo Egídio, Mariana, "As *bases constitucionais* do Contencioso Administrativo: a Constituição da República Portuguesa de 1976 e legislação processual administrativa", in C. Amado Gomes, A. F. Neves e T. Serrão (org.), *Comentários à Legislação Processual Administrativa*, 4.ª Edição, Lisboa: AAFDL Editora, 2020, pp. 85-127.

Menezes Cordeiro, António,
— *Da Boa Fé no Direito Civil*, Coimbra: Edições Almedina, 2011 (reimp.).
— *Tratado de Direito Civil, I – Introdução. Fontes do Direito. Interpretação da Lei. Aplicação das Leis no Tempo. Doutrina Geral*, 4.ª Edição, Coimbra: Edições Almedina, 2019.
— "Artigo 9.º", in A. Menezes Cordeiro (coord.), *Código Civil Comentado. I – Parte Geral*, Coimbra: Edições Almedina, 2020, pp. 99-106.

Menezes Leitão, Luís, *Direito do Trabalho*, 4.ª Edição, Coimbra: Edições Almedina, 2014.

Miguel Bárcena, Josu de Miguel e **Tajadura Tejada, Javier**, "Kelsen Y Schmitt: Dos Juristas En Weimar", in *Revista de Historia Constitucional*, N.º 20, 2019, pp. 367-400.

MIRANDA, JORGE,

— "Inviolabilidade do Domicílio", in *Revista de Direito e Estudos Sociais*, Vol. XIX, 1974, pp. 379-421.

— *Um Projecto de Constituição*, Braga, 1975.

— *A Constituição de 1976 – Formação, Estrutura e Princípios Fundamentais*, Lisboa: Livraria Petrony, 1978.

— "Os Princípios Constitucionais da Legalidade e da Aplicação da Lei Mais Favorável em Matéria Criminal", in *O Direito*, Ano 121, n.º 4, Outubro-Dezembro, 1989, pp. 685-699.

— "Nos dez anos de funcionamento do Tribunal Constitucional", in *Legitimidade e Legitimação da Justiça Constitucional: Colóquio no 10.º Aniversário do Tribunal Constitucional*, Coimbra: Coimbra Editora, 1995, pp. 91-104.

— "Uma Perspectiva Constitucional da Reforma do Contencioso Administrativo", in *Estudos em Homenagem ao Prof. Doutor Inocêncio Galvão Telles*, Volume V, Coimbra, 2003, pp. 35-62.

— *Contributo Para Uma Teoria Da Inconstitucionalidade*, (reimpressão), Coimbra: Coimbra Editora, 2007.

— *Manual de Direito Constitucional. O Estado e os Sistemas Constitucionais*, Tomo I, 1, 10.ª Edição, Coimbra: Coimbra Editora, 2014.

— *Manual de Direito Constitucional. O Sistema Constitucional Português*, Tomo I, 2, 10.ª Edição, Coimbra: Coimbra Editora, 2014.

— *Manual de Direito Constitucional, Tomo IV – Direitos Fundamentais*, 6.ª Edição, Coimbra: Coimbra Editora, 2015.

— *Manual de Direito Constitucional. Tomo V – Actividade Constitucional do Estado*, 4.ª Edição, Coimbra: Coimbra Editora, 2010.

— *Manual de Direito Constitucional, Tomo VI – Inconstitucionalidade e Garantia da Constituição*, 4.ª Edição, Coimbra: Coimbra Editora, 2013.

— *Fiscalização da Constitucionalidade*, Coimbra: Edições Almedina, 2017.

— *Atos Legislativos*, Coimbra: Edições Almedina, 2019.

MIRANDA, JORGE e **MEDEIROS, RUI,**

— *Constituição Portuguesa Anotada*, Tomo I, 2.ª Edição, Coimbra: Coimbra Editora, 2010.

— *Constituição Portuguesa Anotada*, Tomo III, Coimbra: Coimbra Editora, 2007.

MIRANDA BARBOSA, MAFALDA e **PEDRO RODRIGUES, JOÃO**, "Da (in)competência do Tribunal Constitucional para apreciar eventuais violações do princípio da legalidade criminal: breve reposicionamento crítico em sede metodológica", in *Estudos em Homenagem ao Prof. Doutor António Castanheira Neves, Volume III: Direito Público, Direito Penal e História do Direito*, Coimbra: Coimbra Editora, 2008, pp. 83-123.

MONIZ LOPES, PEDRO,

— "O Valor Jurídico das Normas de Decisão Jurisprudenciais", in *O Direito*, Ano 140, N.º III, 2008, pp. 645-695.

— "Sobre as sentenças de inconstitucionalidade parcial qualitativa: enunciados constitucionais de preferência", in C. BLANCO DE MORAIS (coord.), *As Sentenças Intermédias da Justiça Constitucional*, Lisboa: AAFDL Editora, 2009, pp. 477-577.

— *Princípio da Boa Fé e Decisão Administrativa*, Coimbra: Edições Almedina, 2011.

— «Uma incursão nos modelos teóricos de criação judicial de direito a partir de "Los Jueces ¿Crean Derecho?" de Eugenio Bulygin», in P. MONIZ LOPES, *Estudos de Teoria do Direito*, Vol. I, Lisboa: AAFDL Editora, 2018, pp. 35-63.

— "Derrotabilidade Normativa e Jurisdição Constitucional", in P. Moniz Lopes, *Estudos de Teoria do Direito*, Vol. I, Lisboa: AAFDL Editora, 2018, pp. 275-286.

— *Derrotabilidade Normativa e Normas Administrativas. O Enquadramento das Normas Regulamentares na Teoria dos Conflitos Normativos. Parte I – A Estrutura da Norma e a Derrotabilidade Normativa*, Lisboa: AAFDL Editora/Lisbon Law Editions, 2019.

— *Derrotabilidade Normativa e Normas Administrativas. O Enquadramento das Normas Regulamentares na Teoria dos Conflitos Normativos. Parte II – Separação de Poderes, Legalidade e Transitividade Normativa. Parte III – Normas Regulamentares e Conflitos Normativos*, Lisboa: AAFDL Editora/ Lisbon Law Editions, 2019.

Moreira, Vital,

— "Princípio da maioria e princípio da constitucionalidade: Legitimidade e Limites da Justiça Constitucional", in *Legitimidade e Legitimação da Justiça Constitucional: Colóquio no 10.º Aniversário do Tribunal Constitucional*, Coimbra: Coimbra Editora, 1995, pp. 177-198.

— «A "Fiscalização Concreta" no Quadro do Sistema Misto de Justiça Constitucional», in *Boletim da Faculdade de Direito*, Volume Comemorativo, Coimbra, 2003, pp. 815-848.

Moreso, José Juan, "Kelsen On Justifying Judicial Review", in G. Ramirez Cleves, *Ecos de Kelsen: Vida, obra y controversias*, Universidad Externado de Colombia, 2012, pp. 354-378.

Mota Pinto, Carlos, *Cessão da Posição Contratual*, Coimbra: Edições Almedina, 1982.

Mota Pinto, Paulo,

— "Reflexões sobre jurisdição constitucional e direitos fundamentais nos 30 anos da Constituição da República Portuguesa", in *Themis*, Edição Especial, 2006, pp. 201-216.

— «A protecção da confiança na "jurisprudência da crise"», in AAVV., *O Tribunal Constitucional e a Crise*, Coimbra: Edições Almedina, 2014, pp. 133-182.

Moura Vicente, Dário, *Direito Comparado*, Volume I, 4.ª Edição, Coimbra: Edições Almedina, 2021.

Nadais António, Vitorino, António e Canas, Vitalino, *Lei Sobre Organização, Funcionamento e Processo do Tribunal Constitucional (Introdução e Normas Complementares)*, Lisboa: AAFDL, 1984.

Nogueira de Brito, Miguel,

— *A Constituição Constituinte. Ensaio Sobre O Poder De Revisão Da Constituição*, Coimbra: Coimbra Editora, 2000.

— *Introdução ao Estudo do Direito*, Lisboa: AAFDL Editora, 2017;

— *Lições de Introdução À Teoria Da Constituição*, 2.ª Edição, Lisboa: AAFDL Editora, 2017.

Oliveira Ascensão, José de,

— "Interpretação das Leis. Integração das Lacunas. Aplicação do Princípio da Analogia", in *Revista da Ordem dos Avogados*, Ano 57, III, 1997, pp. 913-941.

— *O Direito – Introdução e Teoria Geral*, 13.ª Edição, Coimbra: Edições Almedina, 2005.

Olechowski, Thomas, "The beginnings of constitutional justice in Europe", in M. Rask Madsen e C. Thornhill, *Law and the Formation of Modern Europe*, Oxford: Oxford University Press, 2014, pp. 77-95.

Otero, Paulo,

— *Ensaio sobre o Caso Julgado Inconstitucional*, Lisboa: Lex, 1993

— *O Poder de Substituição em Direito Administrativo. Enquadramento Dogmático-Constitucional.* Vol. I, Lisboa: Lex, 1995.

— *O Poder de Substituição em Direito Administrativo. Enquadramento Dogmático-Constitucional*, Vol. II, Lisboa: Lex, 1995.
— *Legalidade e Administração. O sentido da vinculação administrativa à juridicidade*, Coimbra: Edições Almedina, 2003.
— *Instituições Políticas e Constitucionais*, Volume I, Coimbra: Edições Almedina, 2009.
— *Direito Constitucional Português, Volume I – Identidade Constitucional*, Coimbra: Edições Almedina, 2010.
— *Direito Constitucional Português, Volume II – Organização do Poder Político*, Coimbra: Edições Almedina, 2010.
— *Manual de Direito Administrativo*, Volume I, Coimbra: Edições Almedina, 2013.
— *Direito do Procedimento Administrativo*, Volume I, Coimbra: Edições Almedina, 2016.

Palma Ramalho, Maria do Rosário, *Tratado de Direito do Trabalho. Parte III – Situações Laborais Colectivas*, Coimbra: Edições Almedina, 2012.

Pasquino, Pasquale,
— "A Political Theory of Constitutional Democracy: On Legitimacy of Constitutional Courts in Stable Liberal Democracies", in T. Christiano et al. (eds.), *Morality, Governance, and Social Institutions*, Palgrave Macmillan, 2018, pp. 197-232.
— *Sieyès et l'invention de la constitution en France*, Paris: Odile Jacob, 1998.
— "Constitutional Adjudication and Democracy. Comparative Perspectives: USA, France, Italy", in *Ratio Juris*. Vol. 11, N.º 1, March 1998, pp. 38-50.

Paulson, Stanley L., «Hans Kelsen and Carl Schmitt: Growing Discord, Culminating in the "Guardian" Controversy of 1931" », in J. Meierhenrich e O. Simons (eds.). *The Oxford Handbook of Carl Schmitt*, Oxford: Oxford University Press, 2016, pp. 510-546.

Pereira Coutinho, Luís,
— "As Duas Subtracções: elaboração de uma reconstrução da separação entre as funções de legislar e administrar", in *Revista da Faculdade de Direito da Universidade de Lisboa*, 1997, pp. 99-133.
— *A Autoridade Moral da Constituição. Da Fundamentação da Validade do Direito Constitucional*, Coimbra: Coimbra Editora, 2009.
— *Direito Constitucional. Sumários sobre Atos Legislativos*, Lisboa: AAFDL Editora, 2020.

Pereira da Silva, Jorge, *Direitos Fundamentais. Teoria Geral*, Lisboa: Universidade Católica Editora, 2018.

Pereira da Silva, Vasco,
— *O Contencioso Administrativo no Divã da Psicanálise. Ensaio sobre as Acções no Novo Processo Administrativo*, 2.ª Edição, Coimbra: Edições Almedina, 2013.
— *Em Busca do Acto Administrativo Perdido*, Coimbra: Edições Almedina, 2016 (reimp.).

Piçarra, Nuno,
— "A Reserva de Administração", in *O Direito*, N.º 122, II, 1990, pp. 325-353.
— "O Princípio da Separação de Poderes e Limites da Competência do Parlamento face ao Governo na Jurisprudência Constitucional Portuguesa", in *Estudos de Homenagem ao Prof. Doutor Jorge Miranda, Vol. III – Direito Constitucional e Justiça Constitucional*, Coimbra: Coimbra Editora, 2012, pp. 33-60.

Pizarro Beleza, Maria dos Prazeres,
— "Subsistência do controlo difuso ou migração para um sistema concentrado de reenvio prejudicial", in E. da Silva Ramos e C. Blanco de Morais (coord.), *Perspectivas de Reforma da Justiça Constitucional em Portugal e no Brasil*, Coimbra: Edições Almedina, 2012, pp. 89-99.
— "Tutela Judicial Efectiva e Acesso dos Cidadãos ao Tribunal Constitucional", in *Julgar*, N.º 29, 2016, pp. 61-75.
Queiró, Afonso, "O controlo da constitucionalidade das leis", in *Estudos de Direito Público*, Vol. II, Tomo II, Coimbra: Imprensa da Universidade, 2002, pp. 200-240.
Queiroz, Cristina,
— *Os Actos Políticos no Estado de Direito. O Problema do Controle Jurídico do Poder*, Coimbra: Edições Almedina, 1990.
— *Justiça Constitucional*, Vila Franca de Xira: Petrony Editora, 2017.
Rebelo de Sousa, Marcelo,
— *Direito Constitucional, I – Introdução à Teoria da Constituição*, Braga: Livraria Cruz, 1979;
— *O Valor Jurídico do Acto Inconstitucional*, Lisboa, 1988.
— "Um exemplo de actualidade da Constituição de 1911 – O seu Artigo 63.º", in *A Assembleia Constituinte e a Constituição de 1911*, Lisboa, 2011.
Rebelo de Sousa, Marcelo e **Galvão, Sofia,** *Introdução ao Estudo do Direito*, 4.ª Edição, Lisboa: Lex, 2000.
Rebelo de Sousa, Marcelo e **Melo Alexandrino, José de,** *Constituição da República Portuguesa Comentada*, Lisboa: Lex, 2000.
Rebelo de Sousa, Marcelo, e Salgado de Matos, André,
— *Direito Administrativo Geral, Tomo I – Introdução e Princípios Fundamentais*, 2.ª Edição, Dom Quixote, 2006.
— *Direito Administrativo Geral, Tomo III – Actividade Administrativa*, 2.ª Edição, D. Quixote, 2009.
Reis Novais, Jorge,
— *Separação de Poderes e Limites da Competência Legislativa da Assembleia da República*, Lisboa: Lex, 1997.
— "Em defesa do recurso de amparo constitucional (ou uma avaliação crítica do sistema português de fiscalização concreta da constitucionalidade)" in Revista *Themis*, N.º 10, 2005, pp. 91-117.
— *Contributo Para Uma Teoria Do Estado De Direito*, Coimbra: Edições Almedina, 2006.
— *Direitos Sociais – Teoria Jurídica dos Direitos Sociais enquanto Direitos Fundamentais*, 2.ª Edição, Lisboa: AAFDL Editora.
— *Teoria das Formas Políticas e dos Sistemas de Governo*, 2.ª Edição, Lisboa: AAFDL Editora, 2019.
— *Sistema Português de Fiscalização da Constitucionalidade. Avaliação Crítica*, Lisboa: AAFDL Editora, 2021.
— *As Restrições aos Direitos Fundamentais Não Expressamente Autorizadas pela Constituição*, 3.ª Edição, Lisboa: AAFDL Editora, 2021.
— *Limites dos Direitos Fundamentais. Fundamento, Justificação e Controlo*, Coimbra: Edições Almedina, 2021.
— *Princípios Estruturantes de Estado de Direito*, 2.ª Edição, Coimbra: Coimbra Editora, 2022.

Remédio Marques, João Paulo, *Acção Declarativa À Luz Do Código Revisto*, 3.ª Edição, Coimbra: Coimbra Editora, 2011.

Romano Martinez, Pedro, *Direito do Trabalho*, 7.ª Edição, Coimbra: Edições Almedina, 2015.

Salgado de Matos, André,

— *A Fiscalização Administrativa da Constitucionalidade: Contributo Para o Estado das Relações entre Constituição, Lei e Administração Pública no Estado Social de Direito*, Coimbra: Edições Almedina, 2004.

— "Silva Ferrão e o Nascimento do Princípio da Constitucionalidade em Portugal", in *Estudos em Homenagem ao Professor Doutor Jorge Miranda, Volume I – Direito Constitucional e Justiça Constitucional*, Coimbra: Coimbra Editora, 2012.

Santiago Nino, Carlos, *Introducción al Análisis del Derecho*, 2.ª Edición, Buenos Aires: Astrea, 2017 (reimp.)

Santos Botelho, Catarina,

— *A Tutela Directa dos Direitos Fundamentais. Avanços E Recuos Na Dinâmica Garantística Das Justiças Constitucional, Administrativa E Internacional*, Coimbra: Edições Almedina, 2010.

— "Haja Uma Nova Jurisdição Constitucional. Pela introdução de um mecanismo de acesso directo dos particulares ao Tribunal Constitucional", in *Revista da Ordem dos Advogados*, Ano 70, Vol. I/IV, 2010, pp. 591-623.

Sarmento e Castro, Catarina, "O Modelo Português de Justiça Constitucional", in *Estudos em Memória do Conselheiro Luís Nunes de Almeida*, Coimbra: Coimbra Editora, 2007, pp. 381-459.

Schmitt, Carl, *La Defensa De La Constitución. Estudio Acerca de las Diversas Especies Y Posibilidades de Salvaguarda de La Constitución*, Editorial Tecnos, 1983.

Schupmann, Benjamim A., *Carl Schmitt's State and Constitutional Theory*, Oxford: Oxford University Press, 2017.

Serrasqueiro, Mafalda, "Legalidade e interpretação: A sindicabilidade pelo Tribunal Constitucional das normas enunciadas pelo juiz em matérias sujeitas ao princípio da legalidade e da tipicidade", in *e-Pública: Revista Eletrónica de Direito Público*, Vol. 2, N.º 2, Julho 2015, pp. 228-250.

Sérvulo Correia, José Manuel,

— *Legalidade e Autonomia Contratual nos Contratos Administrativos*, Coimbra: Edições Almedina, 2003.

— "Direitos Fundamentais – Sumários", in F. Paes Marques, J. D. Coimbra e T. Fidalgo de Freitas (org.), *Escritos de Direito Público, Volume IV – Direito Constitucional, Direito Europeu e Direito Internacional Público*, Coimbra: Edições Almedina, 2019.

Sérvulo Correia, José Manuel e **Bacelar Gouveia, Jorge**, "Princípios constitucionais do acesso à justiça, da legalidade processual e do contraditório; junção de pareceres em processo civil; interpretação conforme à Constituição do artigo 525.º do Código do Processo Civil — Anotação ao Acórdão n.º 934/96 do Tribunal Constitucional", in *Revista da Ordem dos Advogados*, Ano 57, Vol. I, Janeiro de 1997, pp. 295-357.

Silva Ferrão, António Fernandes da, *Analyse critica e jurídica, Demonstrativa Da Improcedencia Dos Argumentos, Com Que, Na Camara Dos Senhores Deputados Da Nação Portugueza Foi Sustentada A Proposta De Lei Regulamentar Do § 3.º Do Artigo 145.º Da Carta Constitucional Da Monarchia*, Lisboa: Typ. Do Panorama, 1850.

Silva Sampaio, Jorge, "Separação de Poderes, Criação e Aplicação do Direito em Kelsen", in P. Moniz Lopes (Coord.), *O Pensamento de Hans Kelsen. Influências, Contexto e Atualidade*, Lisboa: AAFDL Editora, 2020, pp. 249-273.

Sousa e Brito, José de, "A Lei Penal na Constituição", in AAVV, *Estudos sobre a Constituição*, II, Lisboa: Petrony, 1978, pp. 197-254.

Sousa Pinheiro, Alexandre, Serrão, Tiago, Caldeira, Marco e Coimbra, José Duarte, *Questões Fundamentais para a Aplicação do CPA*, Coimbra: Edições Almedina, 2018.

Stone Sweet, Alec, "Why Europe Rejected American Judicial Review - and Why it May Not Matter", in *Michigan Law Review*, Vol. 101, 2003, pp. 15-61.

Taipa de Carvalho, Américo, *Direito Penal. Parte Geral. Questões Fundamentais. Teoria Geral do Crime*, 2.ª Edição, Coimbra: Coimbra Editora, 2011.

Teixeira de Sousa, Miguel,

— "Sobre a constitucionalidade da conversão do valor dos assentos. Apontamentos para uma discussão", in *Revista da Ordem dos Advogados*, Vol. 56, N.º 1, 1996, pp. 707-718.

— "Linguagem e Direito", in *Estudos em Honra do Prof. Doutor José de Oliveira Ascensão*, Vol. I, Coimbra: Edições Almedina, 2008, pp. 267-290.

— "Legitimidade e Interesse no Recurso de Fiscalização Concreta da Constitucionalidade", in *Estudos em Homenagem ao Prof. Doutor Armando M. Marques Guedes*, Coimbra: Coimbra Editora, 2004, pp. 947-963.

— *Introdução ao Direito*, Coimbra: Edições Almedina, 2012.

Troper, Michel, "Kelsen y El Control de Constitucionalidad, Derechos y Libertades", in *Revista Del Instituto Bartolomé De Las Casas*, Universidad Carlos III de Madrid. Instituto Bartolomé de las Casas: Boletín Oficial del Estado, 1995, pp. 307-332.

Vasques, Sérgio, *Manual de Direito Fiscal*, 2.ª Edição, Coimbra: Edições Almedina, 2019.

Vaz, Manuel Afonso, *Lei e Reserva da Lei. A Causa da Lei na Constituição Portuguesa de 1976*, 2.ª Edição, Coimbra: Coimbra Editora, 2013.

Vieira de Andrade, José Carlos,

— "Validade (do acto administrativo)", in *Dicionário Jurídico da Administração Pública* (DJAP), Volume VII, 1996, pp. 581-586.

— "A fiscalização da constitucionalidade de normas privadas pelo Tribunal Constitucional", *Revista de Legislação e Jurisprudência*, Ano 133, 2001, pp. 357-363.

— "Nulidade e anulabilidade do acto administrativo", in *Cadernos de Justiça Administrativa* (CJA), n.º 43, 2004, pp. 41-49.

— *Os Direitos Fundamentais na Constituição Portuguesa de 1976*, 5.ª Edição, Coimbra: Edições Almedina, 2012.

Vilallon, Pedro Cruz, *La Formación del Sistema Europeo de Control de Constitucionalidad (1918-1939)*, Madrid: Centro de Estudios Constitucionales, 1987.

Violante, Teresa e Miguel Silva, Jorge, "O Objeto do Processo nos Recursos de Constitucionalidade: Reflexões à luz do Sistema Português de Fiscalização Concreta", in *Estudos em Homenagem ao Conselheiro Presidente Rui Moura Ramos*, Volume I, Coimbra: Coimbra Editora, 2016, pp. 529-575.

Vitorino, António, "A Justiça Constitucional – Notas sobre o futuro (possível?) da justiça constitucional", in *Revista do Ministério Público*, Ano VI, N.º 12, pp. 9-14.

Von Wright, Georg Henrik, *Norm and Action. A Logical Enquiry*, London: Routledge & Kegan Paul, 1963.

Zagrebelsky, Gustavo e **Marcenò, Valeria**, *Justicia Constitucional, Vol. 1: Historia, Principios e Interpretaciones*, Puno: Zela, 2018.

ÍNDICE DE JURISPRUDÊNCIA

Indicam-se, de seguida, as decisões da Comissão Constitucional e do Tribunal Constitucional que foram utilizadas e citadas no âmbito da presente dissertação, ordenadas cronologicamente.

Relativamente às decisões do Tribunal Constitucional, por cada citação é referido, entre parêntesis, a respetiva secção do Tribunal de onde a decisão proveio, o contexto em que foi proferida – *preventivo, sucessivo, recurso* ou *reclamação* –, bem como o respetivo relator.

Pareceres da Comissão Constitucional

- Parecer n.º 3/78, de 19 de Janeiro (Joaquim Costa Aroso)
- Parecer n.º 13/82, de 31 de Março (Cardoso da Costa)

Acórdãos do Tribunal Constitucional

- Acórdão n.º 2/84, de 11 de janeiro (2.ª Secção; Recurso; Mário Afonso)
- Acórdão n.º 102/84, de 31 de Outubro (2.ª Secção; Recurso; Mário de Brito)
- Acórdão n.º 128/84, de 12 de Dezembro (1.ª Secção; Reclamação; Monteiro Diniz)
- Acórdão n.º 26/85, de 15 de Fevereiro (Plenário; Preventiva; Cardoso da Costa)
- Acórdão n.º 34/86, de 18 de Fevereiro (Plenário; Sucessivo, Mário Afonso)
- Acórdão n.º 80/86, de 11 de Março (Plenário; Sucessivo; Monteiro Diniz)
- Acórdão n.º 150/86, de 30 de Abril (Plenário; Reclamação; Luís Nunes de Almeida)
- Acórdão n.º 353/86, de 16 de Dezembro (2.ª Secção; Recurso; Messias Bento)
- Acórdão n.º 69/87, de 11 de Fevereiro (2.ª Secção; Recurso; Cardoso da Costa)
- Acórdão n.º 75/87, de 18 de Fevereiro (1.ª Secção; Recurso; Vital Moreira)
- Acórdão n.º 193/87, de 5 de Junho (2.ª Secção; Recurso; Messias Bento)

- Acórdão n.º 388/87, de 22 de Julho (2.ª Secção; Reclamação; Cardoso da Costa)
- Acórdão n.º 405/87, de 6 de Outubro (Plenário; Sucessivo; Mário de Brito)
- Acórdão n.º 123/88, de 1 de Junho (2.ª Secção; Recurso; Luís Nunes de Almeida)
- Acórdão n.º 157/88, de 7 de Julho (Plenário; Sucessivo; Cardoso da Costa)
- Acórdãos n.ºs 176/88, de 14 de Julho (2.ª Secção; Recurso; Cardoso da Costa)
- Acórdão n.º 199/88, de 28 de Setembro (2.ª Secção; Recurso; Messias Bento)
- Acórdão n.º 227/88, de 12 de Outubro (2.ª Secção; Recurso; Mário de Brito)
- Acórdão nº 392/89, de 14 de Setembro (2.ª Secção; Recurso; Messias Bento)
- Acórdão nº 63/90, de 14 de Março (2.ª Secção; Recurso; Bravo Serra),
- Acórdão nº 92/90, de 28 de Março (2.ª Secção; Recurso; Luís Nunes de Almeida)
- Acórdão n.º 105/90, de 29 de Março (2.ª Secção; Recurso; Bravo Serra)
- Acórdão n.º 169/90, de 30 de Maio (Plenário; Sucessivo; Messias Bento)
- Acórdão n.º 318/90, de 12 de Dezembro (2.ª Secção; Recurso; Alves Correia)
- Acórdão n.º 63/91, de 19 de Março (Plenário; Sucessivo; Bravo Serra)
- Acórdão n.º 82/92, de 25 de Fevereiro (1.ª Secção; Recurso; Monteiro Diniz)
- Acórdão n.º 106/92, de 19 de Março (2.ª Secção; Recurso; Sousa e Brito)
- Acórdão n.º 141/92, de 7 de Abril (1.ª Secção; Recurso; Armindo Ribeiro Mendes)
- Acórdão n.º 169/92, de 6 de Maio (2.ª Secção; Recurso; Messias Bento)
- Acórdão n.º 172/93, de 10 de Fevereiro (2.ª Secção; Recurso; Luís Nunes de Almeida)
- Acórdãos n.º 209/93, de 16 de Março (2.ª Secção; Recurso; Sousa e Brito)
- Acórdão n.º 453/93, de 15 de Julho (1.ª Secção; Recurso; Ribeiro Mendes)
- Acórdão n.º 214/94, de 2 de Março (1.ª Secção; Recurso; António Vitorino)
- Acórdão n.º 269/94, de 23 de Março (2.ª Secção; Reclamação; Messias Bento)
- Acórdão n.º 302/94, de 24 de Março (2.ª Secção; Recurso; Luís Nunes de Almeida)
- Acórdão n.º 367/94, de 11 de Maio (2.ª Secção; Recurso; Messias Bento)
- Acórdão n.º 481/94, de 12 de Julho (2.ª Secção; Reclamação; Messias Bento)
- Acórdão n.º 634/94, de 29 de Novembro (2.ª Secção; Recurso; Luís Nunes de Almeida)
- Acórdão n.º 57/95, de 16 de Fevereiro (Plenário; Sucessivo; Alves Correia)
- Acórdão n.º 98/95, de 22 de Fevereiro (2.ª Secção; Recurso; Messias Bento)
- Acórdão n.º 187/95, de 5 de Abril (2.ª Secção; Recurso; Sousa e Brito)
- Acórdão n.º 184/96, de 27 de Fevereiro (Plenário; Recurso; Armindo Ribeiro Mendes)
- Acórdão n.º 364/96, de 6 de Março (1.ª Secção; Recurso; Tavares da Costa),
- Acórdão n.º 577/96, de 16 de Abril (2.ª Secção; Recurso; Luís Nunes de Almeida)
- Acórdão n.º 743/96, de 28 de Maio (Plenário; Sucessivo; Monteiro Diniz)
- Acórdão n.º 829/96, de 26 de Junho (1.ª Secção; Recurso; Vítor Nunes de Almeida)
- Acórdão n.º 1058/96, de 16 de Outubro (Plenário; Sucessivo; Vítor Nunes de Almeida)
- Acórdão n.º 1/97, de 8 de Janeiro (Plenário; Preventivo; Fernanda Palma)
- Acórdão n.º 368/97, de 14 de Maio (1.ª Secção; Recurso; Fernanda Palma)
- Acórdão n.º 24/98, de 22 de Janeiro (Plenário; Preventivo; Guilherme da Fonseca)
- Acórdão n.º 52/98, de 10 de Fevereiro (1.ª Secção; Recurso; Tavares da Costa),
- Acórdão n.º 154/98, de 10 de Fevereiro (1.ª Secção; Recurso; Tavares da Costa)
- Acórdão n.º 637/98, de 4 de Novembro (2.ª Secção; Recurso; Luís Nunes de Almeida)
- Acórdão n.º 697/98, de 15 de Dezembro (1.ª Secção; Recurso; Artur Maurício)

- Acórdão n.º 107/99, de 10 de Fevereiro (3.ª Secção; Recurso; Messias Bento)
- Acórdão n.º 205/99, de 7 de Abril (2.ª Secção; Recurso; Maria Fernanda Palma)
- Acórdão n.º 284/99, de 5 de Maio (3.ª Secção; Recurso; Maria dos Prazeres Beleza),
- Acórdão n.º 285/99, de 11 de Maio (1.ª Secção; Recurso; Vítor Nunes de Almeida)
- Acórdão n.º 655/99, de 7 de Dezembro (1.ª Secção; Recurso; Paulo Mota Pinto)
- Acórdão n.º 674/99, de 15 de Dezembro (2.ª Secção; Recurso; Luís Nunes de Almeida)
- Acórdão n.º 122/00, de 23 de Fevereiro (2.ª Secção; Recurso; Bravo Serra)
- Acórdão n.º 279/00, de 16 de Maio (1.ª Secção; Recurso; Vítor Nunes de Almeida)
- Acórdão n.º 383/00, de 19 de Julho (3.ª Secção; Recurso; Messias Bento)
- Acórdão n.º 74/02, de 21 de Fevereiro (3.ª Secção; Recurso; Tavares da Costa)
- Acórdão n.º 116/02, de 13 de Março (2.ª Secção; Recurso; Paulo Mota Pinto)
- Acórdão n.º 424/02, de 16 de Outubro (3.ª Secção; Recurso; Maria dos Prazeres Beleza),
- Acórdão n.º 19/03, de 15 de Janeiro (2.ª Secção; Recurso; Paulo Mota Pinto)
- Acórdão n.º 71/03, de 12 de Fevereiro (2.ª Secção; Recurso; Mário Torres),
- Acórdão n.º 196/03, de 10 de Abril (2.ª Secção [Plenário]; Recurso; Benjamim Rodrigues)
- Acórdão n.º 331/03, de 7 de Julho (3.ª Secção; Recurso; Bravo Serra)
- Acórdão n.º 395/03, de 22 de Julho (2.ª Secção; Recurso; Mário Torres)
- Acórdão n.º 416/03, de 24 de Setembro (2.ª Secção; Recurso; Mário Torres)
- Acórdão n.º 483/03, de 15 de Outubro (2.ª Secção; Recurso; Paulo Mota Pinto)
- Acórdão n.º 322/04, de 5 de Maio (3.ª Secção; Recurso; Gil Galvão)
- Acórdão n.º 530/03, de 31 de Outubro (3.ª Secção; Recurso; Maria dos Prazeres Beleza)
- Acórdão n.º 531/04, de 15 de Julho (1.ª Secção; Recurso; Pamplona de Oliveira)
- Acórdão n.º 580/04, de 28 de Setembro (2.ª Secção; Recurso; Fernanda Palma)
- Acórdão n.º 26/05, de 19 de Janeiro (1.ª Secção; Recurso; Maria Helena Brito)
- Acórdão n.º 77/05, de 5 de Abril (1.ª Secção; Recurso; Pamplona de Oliveira)
- Acórdão n.º 92/05, de 23 de Fevereiro (2.ª Secção; Recurso; Mário Torres),
- Acórdão n.º 131/05, de 15 de Março (1.ª Secção; Recurso; Maria João Antunes)
- Acórdão n.º 224/05, de 27 de Abril (1.ª Secção; Recurso; Maria Helena Brito)
- Acórdão n.º 304/05, de 8 de Junho (3.ª Secção; Recurso; Vítor Gomes)
- Acórdão n.º 355/05, de 6 de Julho, (1.ª Secção; Recurso; Maria João Antunes)
- Acórdão n.º 477/05, de 26 de Setembro (3.ª Secção; Recurso; Vítor Gomes)
- Acórdão n.º 532/05, de 14 de Outubro (3.ª Secção; Recurso; Vítor Gomes)
- Acórdão n.º 21/06, de 10 de Janeiro (3.ª Secção; Recurso; Gil Galvão)
- Acórdão n.º 130/06, de 14 de Fevereiro (Plenário; Sucessivo; Gil Galvão)
- Acórdão n.º 138/06, de 21 de Fevereiro (2.ª Secção; Recurso; Mário Torres)
- Acórdão n.º 173/06, de 8 de Março (3.ª Secção; Recurso; Vítor Gomes)
- Acórdão n.º 270/06, de 2 de Maio (2.ª Secção; Reclamação; Fernanda Palma)
- Acórdão n.º 530/06, de 27 de Setembro (3.ª Secção; Recurso; Bravo Serra)
- Acórdão n.º 588/06, de 31 de Outubro (3.ª Secção; Recurso; Bravo Serra)
- Acórdão n.º 51/07, de 30 de Janeiro (1.ª Secção; Recurso; Moura Ramos)
- Acórdão n.º 126/07, de 27 de Fevereiro (1.ª Secção; Recurso; Maria João Antunes)
- Acórdão n.º 236/07, de 30 de Março (2.ª Secção; Recurso; Mário Torres)
- Acórdão n.º 244/07, de 30 de Março (1.ª Secção; Recurso; Moura Ramos)

- Acórdão n.º 247/07, de 30 de Março (1.ª Secção; Recurso; Pamplona de Oliveira)
- Acórdão n.º 502/07, de 10 de Outubro (3.ª Secção; Recurso; Maria Lúcia Amaral)
- Acórdão n.º 59/08, de 31 de Janeiro (3.ª Secção; Recurso; Carlos Fernandes Cadilha)
- Acórdão n.º 174/08, de 11 de Março (Plenário; Recurso; Cura Mariano)
- Acórdão n.º 183/08, de 12 de Março (Plenário; Sucessivo; Maria Lúcia Amaral)
- Acórdão n.º 267/08, de 13 de Maio (2.ª Secção; Recurso; Benjamim Rodrigues),
- Acórdão n.º 367/08, de 2 de Julho (2.ª Secção; Recurso; Joaquim de Sousa Ribeiro)
- Acórdão n.º 383/08, de 22 de Julho (1.ª Secção; Recurso; Maria João Antunes)
- Acórdão n.º 434/08, de 23 de Setembro (2.ª Secção; Recurso; Mário Torres)
- Acórdão n.º 476/08, de 7 de Outubro (3.ª Secção; Recurso; Vítor Gomes)
- Acórdão n.º 7/09, de 13 de Janeiro (2.ª Secção; Recurso; João Cura Mariano)
- Acórdão n.º 20/09, de 14 de Janeiro (3.ª Secção; Reclamação; Carlos Fernandes Cadilha)
- Acórdão n.º 16/09, de 14 de Janeiro (3.ª Secção; Recurso; Carlos Fernandes Cadilha)
- Acórdão n.º 49/09, de 28 de Janeiro (3.ª Secção; Recurso; Carlos Fernandes Cadilha)
- Acórdão n.º 384/09, de 23 de Julho (3.ª Secção; Recurso; Ana Guerra Martins)
- Acórdão n.º 603/09, de 2 de Dezembro (3.ª Secção; Recurso; Carlos Fernandes Cadilha)
- Acórdão n.º 103/10, de 4 de Março (3.ª Secção; Reclamação; Vítor Gomes)
- Acórdão n.º 281/11, de 7 de Junho (1.ª Secção; Recurso; Pamplona Oliveira)
- Acórdão n.º 365/11, de 13 de Julho (1.ª Secção; Recurso; Maria João Antunes)
- Acórdão n.º 415/12, de 25 de setembro (Conferência; Recurso; Fernando Vaz Ventura)
- Acórdão n.º 105/13, de 20 de fevereiro (2.ª Secção; Recurso; Cura Mariano)
- Acórdão n.º 186/13, de 4 de abril (Plenário; Recurso; José Cunha Barbosa)
- Acórdão n.º 406/13, de 15 de julho (2.ª Secção; Recurso; Fernando Vaz Ventura)
- Acórdão n.º 645/13, de 7 de outubro (Plenário; Sucessivo; Ana Guerra Martins)
- Acórdão n.º 429/14, 11 de junho (Conferência; Recurso; Pedro Machete)
- Acórdão n.º 587/14, de 17 de setembro (1.ª Secção; Recurso; José Cunha Barbosa)
- Acórdão n.º 618/14, de 30 de setembro (Conferência; Recurso; Carlos Fernandes Cadilha)
- Acórdão n.º 759/14, de 12 de novembro (Conferência; Recurso; Catarina Sarmento e Castro)
- Acórdão n.º 806/14, de 2 de dezembro (2.ª Secção; Reclamação; João Cura Mariano)
- Acórdão n.º 852/14, de 10 de dezembro (1.ª Secção; Recurso; João Pedro Caupers)
- Acórdão n.º 42/15, de 2 de janeiro (Conferência; Recurso; Fátima Mata-Mouros)
- Acórdão n.º 145/15, de 3 de março (Conferência; Recurso; Maria Lúcia Amaral)
- Acórdão n.º 247/15, de 29 de abril (3.ª Secção; Recurso; Catarina Sarmento e Castro)
- Acórdão n.º 292/15, de 20 de maio (Conferência; Reclamação; Maria José Rangel de Mesquita)
- Acórdão n.º 498/15, de 13 de outubro (Conferência; Reclamação; Fátima Mata-Mouros)
- Acórdão n.º 543/15, de 27 de outubro (Conferência; Reclamação; Teles Pereira)
- Acórdão n.º 567/15, de 28 de outubro (2.ª Secção; Recurso; João Cura Mariano)
- Acórdão n.º 569/15, de 28 de outubro (2.ª Secção; Recurso; Cura Mariano)
- Acórdão n.º 55/16, de 2 de fevereiro (1.ª Secção; Recurso; Teles Pereira)
- Acórdão n.º 430/16, de 13 de julho (3.ª Secção; Recurso; Maria José Rangel de Mesquita)
- Acórdão n.º 470/16, de 14 de julho (Conferência; Reclamação; Fernando Vaz Ventura)
- Acórdão n.º 574/16, de 2 de novembro (Conferência; Recurso; Teles Pereira)
- Acórdão n.º 598/16, de 9 de novembro (Conferência; Recurso; Fernando Vaz Ventura)

- Acórdão n.º 610/16, de 15 de novembro (1.ª Secção; Recurso; João Pedro Caupers)
- Acórdão n.º 695/16, de 20 de dezembro (3.ª Secção; Recurso; Gonçalo Almeida Ribeiro)
- Acórdão n.º 40/17, de 9 de fevereiro (Plenário; Sucessivo; Catarina Sarmento e Castro)
- Acórdão n.º 104/17, de 22 de fevereiro (Conferência; Recurso; Fátima Mata-Mouros)
- Acórdão n.º 106/17, de 1 de março (1.ª Secção; Recurso; Teles Pereira)
- Acórdão n.º 141/17, de 16 de março (Conferência; Recurso; Pedro Machete)
- Acórdão n.º 160/17, de 22 de março (Conferência; Reclamação; Maria Clara Sottomayor)
- Acórdão n.º 234/17, de 5 de maio (Conferência; Recurso; Gonçalo Almeida Ribeiro)
- Acórdão n.º 244/17, de 17 de maio (Plenário; Sucessivo; Clara Sottomayor)
- Acórdão n.º 249/17, de 24 de maio (Conferência; Recurso; Teles Pereira)
- Acórdão n.º 330/17, de 22 de junho (Conferência; Recurso; Pedro Machete)
- Acórdão n.º 383/17, de 12 de julho (2.ª Secção; Recurso; Lino Rodrigues Ribeiro)
- Acórdão n.º 401/17, de 12 de julho (3.ª Secção; Recurso; Maria José Rangel de Mesquita)
- Acórdão n.º 404/17, de 12 de julho (Conferência; Recurso; Clara Sottomayor)
- Acórdão n.º 35/18, de 31 de janeiro (3.ª Secção; Recurso; Maria José Rangel de Mesquita)
- Acórdão n.º 38/18, de 31 de janeiro (3.ª Secção; Recurso; Lino Rodrigues Ribeiro)
- Acórdão n.º 61/18, de 31 de janeiro (Conferência; Recurso; Fernando Vaz Ventura)
- Acórdão n.º 104/18, de 21 de fevereiro (Conferência; Reclamação; Claudio Monteiro)
- Acórdão n.º 162/18, de 5 de abril (Conferência; Recurso; Gonçalo Almeida Ribeiro)
- Acórdão n.º 167/18, de 5 de abril (3.ª Secção; Reclamação; Joana Fernandes Costa)
- Acórdão n.º 222/18, de 24 de abril (Conferência; Reclamação; Pedro Machete)
- Acórdão n.º 288/18, de 7 de junho (Conferência; Recurso; Fernando Vaz Ventura)
- Acórdão n.º 362/18, de 28 de junho (2.ª Secção; Recurso; Fernando Vaz Ventura)
- Acórdão n.º 384/18, de 11 de julho (Conferência; Recurso; Joana Fernandes Costa)
- Acórdão n.º 391/18, de 11 de julho (Conferência; Recurso; Gonçalo Almeida Ribeiro)
- Acórdão n.º 437/18, de 2 de outubro (Conferência; Recurso; Teles Pereira)
- Acórdão n.º 474/18, de 3 de outubro (3.ª Secção; Reclamação; Lino Rodrigues Ribeiro)
- Acórdão n.º 496/18, de 10 de outubro (2.ª Secção; Recurso; Pedro Machete)
- Acórdão n.º 510/18, de 10 de outubro (2.ª Secção; Reclamação; Pedro Machete)
- Acórdão n.º 585/18, de 8 de novembro (Conferência; Recurso; Fátima Mata-Mouros)
- Acórdão n.º 606/18, de 14 de novembro (3.ª Secção; Recurso; Joana Fernandes Costa)
- Acórdão n.º 614/18, de 21 de novembro (1.ª Secção; Recurso; Claudio Monteiro)
- Acórdão n.º 637/18, de 20 de novembro (2.ª Secção; Recurso; Clara Sottomayor)
- Acórdão n.º 648/18, de 27 de novembro (Conferência; Recurso; Lino Rodrigues Ribeiro)
- Acórdão n.º 3/19, de 8 de janeiro (Conferência; Reclamação; Catarina Sarmento e Castro)
- Acórdão n.º 35/19, de 9 de janeiro (Conferência; Reclamação; Pedro Machete)
- Acórdão n.º 41/19, de 30 de maio (Conferência; Recurso; Claudio Monteiro)
- Acórdão n.º 49/19, de 23 de janeiro (3.ª Secção; Recurso; Lino Rodrigues Ribeiro)
- Acórdão n.º 90/19, de 6 de fevereiro (1.ª Secção; Recurso; Claudio Monteiro)
- Acórdão n.º 101/19, de 19 de fevereiro (Conferência; Recurso; Joana Fernandes Costa)
- Acórdão n.º 180/19, de 19 de março (Plenário; Reclamação; Pedro Machete)
- Acórdão n.º 264/19, de 15 de maio (Conferência; Recurso; Gonçalo Almeida Ribeiro)
- Acórdão n.º 283/19, de 15 de maio (Conferência; Recurso; Pedro Machete)

- Acórdão n.º 286/19, de 15 de maio (Conferência; Recurso; Clara Sottomayor)
- Acórdão n.º 344/19, de 4 de junho (Plenário; Recurso; Lino Rodrigues Ribeiro)
- Acórdão n.º 442/19, de 15 de julho (Conferência; Recurso; Maria José Rangel de Mesquita)
- Acórdão n.º 451/19, de 5 de agosto (Conferência; Recurso; Pedro Machete)
- Acórdão n.º 484/19, de 26 de setembro (3.ª Secção; Reclamação; Joana Fernandes Costa)
- Acórdão n.º 486/19, de 26 de setembro (Conferência; Recurso; Joana Fernandes Costa)
- Acórdão n.º 572/19, de 17 de outubro (2.ª Secção; Recurso; Pedro Machete)
- Acórdão n.º 606/19, de 22 de outubro (2.ª Secção; Reclamação; Pedro Machete)
- Acórdão n.º 652/19, de 13 de novembro (Conferência; Recurso; Fernando Vaz Ventura)
- Acórdão n.º 674/19, de 13 de novembro (Conferência; Recurso; Maria José Rangel de Mesquita)
- Acórdão n.º 743/19, de 10 de dezembro (Conferência; Recurso; Claudio Monteiro)
- Acórdão n.º 759/19, de 11 de dezembro (Conferência; Recurso; Maria José Rangel de Mesquita)
- Acórdão n.º 34/20, de 16 de janeiro (3.ª Secção; Reclamação; Joana Fernandes Costa)
- Acórdão n.º 64/20, de 4 de fevereiro (Conferência; Recurso; Fátima Mata-Mouros)
- Acórdão n.º 86/20, de 11 de março (Conferência; Recurso; Lino Rodrigues Ribeiro)
- Acórdão n.º 138/20, de 3 de março (Conferência; Recurso; Lino Rodrigues Ribeiro)
- Acórdão n.º 162/20, de 4 de março (Conferência; Recurso; Teles Pereira),
- Acórdão n.º 182/20, de 11 de março (3.ª Secção; Recurso; Joana Fernandes Costa)
- Acórdão n.º 183/20, de 11 de março (3.ª Secção; Recurso; Gonçalo Almeida Ribeiro)
- Acórdão n.º 233/20, de 22 de abril (1.ª Secção; Recurso; Teles Pereira)
- Acórdão n.º 292/20, de 28 de maio (Conferência; Recurso; Fernando Vaz Ventura)
- Acórdão n.º 303/20, de 23 de junho (1.ª Secção; Recurso; Teles Pereira)
- Acórdão n.º 304/20, de 23 de junho (1.ª Secção; Recurso; Fátima Mata-Mouros)
- Acórdão n.º 312/20, de 25 de junho (Conferência; Reclamação; Pedro Machete)
- Acórdão n.º 334/20, de 25 de junho (Conferência; Recurso; Maria José Rangel de Mesquita)
- Acórdão n.º 341/20, de 10 de julho (2.ª Secção; Recurso; Mariana Canotilho)
- Acórdão n.º 347/20, de 10 de julho (2.ª Secção; Recurso; Pedro Machete)
- Acórdão n.º 360/20, de 10 de julho (Conferência; Recurso; Mariana Canotilho)
- Acórdão n.º 374/20, de 10 de julho (Conferência; Recurso; Fátima Mata-Mouros)
- Acórdão n.º 385/20, de 13 de julho (Conferência; Reclamação; Gonçalo Almeida Ribeiro)
- Acórdão n.º 475/20, de 1 de outubro (3.ª Secção; Recurso; Maria José Rangel de Mesquita)
- Acórdão n.º 509/20, de 6 de outubro (2.ª Secção; Reclamação; Fernando Vaz Ventura)
- Acórdão n.º 516/20, de 20 de outubro (2.ª Secção; Recurso; Mariana Canotilho)
- Acórdão n.º 623/20, de 11 de novembro (Conferência; Recurso; Fernando Vaz Ventura)
- Acórdão n.º 685/20, de 26 de novembro (2.ª Secção; Recurso; Pedro Machete)
- Acórdão n.º 720/20, de 10 de dezembro (Conferência; Recurso; Gonçalo Almeida Ribeiro)
- Acórdão n.º 731/20, de 10 de dezembro (3.ª Secção; Recurso; Maria José Rangel de Mesquita)
- Acórdão n.º 761/20, de 21 de dezembro (Conferência; Recurso; José João Abrantes)
- Acórdão n.º 80/21, de 1 de fevereiro (Conferência; Reclamação; José João Abrantes)
- Acórdão n.º 371/21, de 27 de maio (Conferência; Recurso; Fernando Vaz Ventura)
- Acórdão n.º 402/21, de 8 de junho (1.ª Secção; Recurso; Teles Pereira)
- Acórdão n.º 248/21, de 28 de abril (Conferência; Reclamação; Mariana Canotilho)
- Acórdão n.º 318/21, de 18 de maio (Plenário; Sucessivo; Teles Pereira)

- Acórdão n.º 90/22, de 1 de fevereiro (1.ª Secção; Recurso; Teles Pereira)
- Acórdão n.º 87/22, de 1 de fevereiro (1.ª Secção; Recurso; José João Abrantes)
- Acórdão n.º 134/22, de 17 de fevereiro (Conferência; Reclamação; José Eduardo Figueiredo Dias)
- Acórdão n.º 161/22, de 17 de fevereiro (Conferência; Recurso; Lino Rodrigues Ribeiro)